日本官吏与公务员制度史:1868～2005

刘文英　著

北京图书馆出版社

本书的出版得到“日本国际交流基金”的资助

绪 论

1985 年,我在日本关西大学考察讲学时,顺便搜集一批关于明治维新、战后改革和日本官吏与公务员制度的资料。从那时起,我便下定决心:回国以后一定在充分占有资料的基础上,撰写一部日本官吏与公务员制度变迁史。但由于我对这一问题知之甚少,几乎所有的问题均须从头学起,加上平素教学任务很重,工作十分繁忙,所以此书历经二十余载,先后修改过三次,直到今日才定稿成书。

本书定名《日本官吏与公务员制度史(1868 - 2005)》。原来本想在本书第一章专设一节,以明治维新是日本近代史的开端为题,专门介绍明治维新的起迄年代、社会性质及其与官吏制度改革的关系。但后来想到这些问题极为复杂,处理不妥会引起许多争议,所以不得不改变原来的想法,仅在此简略地说明一下本人对这些问题的基本观点。作者认为明治维新开始于 1853 年美国"黑船来航",结束于 1889 年颁布明治宪法;在这三十六年期间,基本上可划为两个时期。第一个时期可称为明治维新前史,始于 1853 年培理叩关,终于 1868 年王政复古之前,这个时期实际上是幕府末期史,也可以称为明治维新的前半期的历史[①],其中心内容为攘夷和倒幕。第二个时期可称为明治维新正史,始于 1868 年王政复古政变,终于 1889 年颁布明治宪法;这个时期主要是明治时代史,也可以称为明治维新的后半期的历史,其中心内容为革命和改革。至于明治维新的性质,作者的基本观点是:明治维新在日本从封建社会向资本主义社会的过渡中,起着关键性和决定性的作用;它是日本史无前例的政治、经济、社会、军事、文化和教育上的大变革[②],是具有划时代意义的资产阶级革命和改革[③]。但明治维新作为资产阶级革命 很不彻底,改革又都是自上而下进行,所以农民的土地要求并未得到满足,资产阶级的民主自由更是徒托空言,封建主义的因素在政治、经济、军事、文化等领域仍大量存在。资产阶级革命的不彻底给日本历史的发展所带来了后果,即使它日后成为军事封建的帝国主义[④]。明治维新遗留下来的任务,只能在战后日本改革的洪流中解决,日本历史学家在《史料日本近现代史》一书中说:战后日本的民主改革"是与明治维新不相上下的巨大的历史的变革"[⑤]。中国历史学家俞辛焞在《试论日本的战后改革》一文中,甚至把日本的战后改革称为第二次明治维新[⑥]。以上便是我的明治维新观和战后改革观,而且以此"两观"为基准将日本官吏与公务员制度史分为前四章和后四章。

本书共分八章。前四章以明治维新为开端,分别阐述明治、大正和昭和前期这三个时期日本官吏的各种制度,包括官等、任用、考试、晋升、办公、官纪、分限、惩戒、工资、恩给等制度;后四章则是以战后改革为起点,分别阐述战后初期日本官吏制度的改革,美国胡佛顾问团的建议,国家公务员法的公布和国家公务员的各种制度,地方公务员法的公布和地方公务员的各种制度。

考虑到我国至今尚未出版一本关于战前日本官吏制度的著作,也很少有人撰写这一方面的文章,所以本书的前四章,在阐述官吏的各种制度时,原则上以介绍为主,但对极少数的问题,也根据历史唯物主义观点,参考日、中、俄三种文字资料,提出了作者个人的见解。如本书的第四章,作为战前日本官吏制度的历史总结,重点论述了以下六个专题,即伊藤博文是日本官吏制度的播种者、实施者和奠基者;具有日本特色的高等文官考试;培养"专门官僚"的东京大学;新旧两代官僚的交替和换代;东大毕业、高文合格的"专门官僚"是"资本主义帝国主义的各项政策即法律体系的直接的设计者、制定者和执行者"[7];战前日本官吏制度的历史作用及其根本性和技术性的缺陷[8]。

战后的四章,与战前的四章相比,具有许多的新内容。

第一,战后日本的公务员制度,虽然在其运用当中,承袭了战前日本官吏制度不少的观点和方法,但两者之间却有极大的不同。根据《国家公务员法》建立的国家公务员制度,有以下两个主要的特色。一是在战前日本,天皇掌握官吏的任命大权,官吏的任免、身份、权利义务等,均由天皇颁布的敕令规定。官吏作为天皇的官吏,对天皇和天皇政府,不仅负有忠实而又无定量地进行工作的公法上的义务,而且负有身份上、伦理上、法令上的义务[9]。但战后日本的公务员,则由天皇的臣仆改为国民的服务员,国家公务员法明确规定:"所有职员作为全体国民的服务员,必须为公共利益进行工作,工作须竭尽全力,专心致志"。二是战前日本的官吏制度,缺乏用民主方法选拔并指导,实行低效率的公务的运营;但战后日本的公务员制度,则是以保证公务对国民既有民主又有高效率的运营为目的,国家公务员法第1条就曾指出:"本法的目的,是确立国家公务员……的各种根本标准,规定职员用民主方法选拔并指导,以使职员在执行职务中充分发挥才能,保证公务对国民既有民主又有高效率。"正是由于以上两点原因,战后日本的公务员制度,与战前日本的官吏制度相比,增加了许多的前所未有的新内容,如设置中央人事行政机关(人事院),采用职务分类制(职阶制),建立基于成绩主义的原则的任用考试制度,推进统一的提高职员的公务效率的计划(职员进修、职员保健、职员休养、职员安全、职员福利),实施工作成绩评定制度,保护职员的利益和权利,以及确保政治上的中立性等[10]。也正是因为如此,本书在阐述日本国家公务员制度时,除了详述任用、工资、分限、惩戒等原来的一些课题外,还加大力度详细阐述某些新的课题,如公务员的各种考试、公务员的各类进修、工作成绩评定制度、共济组合(互助会)制度、公务灾害补偿、退职津贴和退职年金以及中央人事行政机关等。

第二,战前日本虽然标榜实行地方自治,但民治的色彩淡薄,官治的色彩极浓。明治年间制定的《文官任用令》、《文官考试规则》等,也大都是针对国家官吏,很少涉及地方吏员。第二次世界大战结束后,随着地方自治法的公布,1947 年制定国家公务员法,建立了国家公务员制度,1950 年又制定地方公务员法,建立了地方公务员制度。与此相适应,在日本的学术界,有的专写国家公务员制度,如伊藤达夫撰写的《国家公务员制度》,竹子内一幸与桥本基弘撰写的《国家公务员法的解说》、人事院撰写的《国家公务法的沿革史》等;也有些专写地方公务员制度,如鹿儿岛重治编著的《要说地方公务员制度》,坂弘二编著的《地方公务员制度》,地方公务员法制研究会编著的《地方公务员制度》(全七卷)等。中国出版的日本公务员制度的著作,大都是专写国家公务员制度,偶尔也略提一下地方公务员制度。作者注意到这一倾向,决定本书专设两章,即第六章和第七章,分别阐述国家公务员的各种制度和地方公务员的各种制度。齐藤寿、梅木崇编著的《现代行政法论》一书说:"尽管地方公务员制度具有国家公务员制度的副本的性质,但仍然可以看到它们之间的以下几点的差异。"[11]由于新设的两章的字数比较多,不仅可使读者详细地了解国家公务员和地方公务员的各种制度,而且便于查考它们之间的共同性和区别点。

第三,由于公务员制度的全面推行,正如本书第八章各节所说,现今日本的公务员队伍,发生了深刻的变化,具有以下一些特点。1. 公务员人数较为稳定:由于实施总定员法和不断进行行政的改革,根本扭转了官员过剩的趋向,公务员的人数始终被控制在一定的数额以内。以2005年为例,公务员总人数约为412万人,其中国家公务员约96万人,地方公务员约316万人。2. 公务员的年龄结构比较合理:中央政府五十余万官员和职员的平均年龄,1977年为40.3岁,1982年为40.6岁,1991年为39.7岁,1997年为40.1岁,2002年为41.1岁,2005年为40.9岁[12]。3. 公务员的知识化水平颇高:在约50余万人的中央政府的官员和职员中、高学历者的人数直线上升,低学历者的人数急剧减少。仅以2004年为例,最终学历别人员的构成比率是:大学毕业者(包括硕士或博士课程修业者)占46.7%,短期大学毕业者占18.3%,高等学校毕业者占34%,中学毕业者占0.08%[13]。4. 公务员的专业化水平较高:由于公务员大都是根据专业分科的考试录用,且其平均工作年数(日本称此为平均经验年数)较长,所以公务员的专业化程度较高。如在职职员的平均工作年数,1977年为19.4年,1982年为19.7年,1997年为18.8年,2005年为19.8年。5. 公务员伦理法的具体实施:由于连续不断地发生贪污受贿事件,继各市町村相继制定《伦理条例》之后,1999年制定《国家公务员伦理法》,翌年又依照伦理法制定《国家公务员伦理规程》,根据这两个法律,凡有贪污受贿等违法行为者,都将受到惩戒处分,或提交法院审理。如在实施伦理法后五年内,先后有49人受到惩戒处分,其中免职13人,停职6人,减薪15人,警告15人。6. 公务员的健康水平逐年提高:由于政府不断采取健康安全管理的对策,公务员的健康状况不断改善,国家公务员的死亡人数逐年减少;1976年为1606人,1981年为1521人,1986年为1321人,1990年为1142人,1996年为977人,2003年为772人。又对比一下2003年国家公务员与国民(18岁至60岁)的死亡率(对10万人的比率),国家公务员为98.7人,而国民则为187.1人[14]。7. 日本公务员以高效精干闻名于世:根据1996年日本总务厅的调查报告,每1000人口中的公务员人数,日本为39人,德国为77人,美国为80人,英国为84人,法国为103人。(上述数字包括军队或自卫队在内)。8. 公务员的受贿犯罪状况:在本书的第八章第十节,列举了1968－1978年公务员受贿概况、1945－1992年政治家公务员犯罪事件简史以及1988－1998年主要公务员的贪污受贿事件,可以看出日本公务员的贪污受贿状况相当严重,但对最近八、九年的状况,由于没有看到综合性的专门资料,现在还不能作出准确的估计。

本书根据日、中、俄三种文字资料写成。参考书籍的种类包括四种,即原始资料、学术专著、专业辞书以及专题论文。为了说明资料的来源,每一章的每一节均作出详细的注释,书后还附有本书重要的参考书目。

以上所写的内容,简要地介绍了本书的指导思想,基本内容及其结构。从上述的内容可以看出,明治维新以来日本官吏与公务员制度的变迁的历史,具有时间长(137年)、变化大(最大的变化是从战前的官吏制度改为战后的公务员制度)、内容广、争议多等特点。《诗经》上说:"他山之石,可以攻玉"。尽管日本官吏与公务员制度有这样或那样的问题,或对它有这样或那样的评价,但它对我国当前正在实施的公务员制度,仍有一定的借鉴意义和参考价值。例如,战前日本的官吏制度,大都是效仿德国,又残留着大量的前近代的封建因素,但它们的某些作法,仍有一定的借鉴意义,如具有五十多年历史的高等文官考试,创立东京大学和京都大学以培养高级官僚,制定《官吏服务纪律》和地方吏员服务纪律等。又如,战后日本的公务员制度,深受美国的影响,所有旧的法令也全被废除。尽管出现许多的问题,也引起很多的争议,但其中的某些制度和措施,仍有不可忽视的参考价值。如根据报考者的不同情况实施公务员的各种考试⑮,针对职员的不同类型实施公务员的各类进修,采取多种的有效的办法评定职员的工作成绩⑯,依照既吸取职位分类精神又结合日本实际状况的工资分类来制定10类18种工资表⑰,建立"具有日本特色的综合的社会保险制度"即公务员互助会制度⑱,推行行之有效的公务灾害补偿和通勤灾害保护⑲,以及将职员的养老金和抚恤金由恩给改为退职年金后来又改为退职互助年金等⑳。

为了撰写本书,近二十多年来,我多次去过北京、上海、天津、沈阳、长春的图书馆、研究所或资料室。国家图书馆藏书最多,因而对我的帮助也最大。我平均每两年去一次北京,每到北京大都坐在国图的借书处和各阅览室,选择,查阅或复印各种资料。我还多次走访北京大学、南开大学和华东师范大学的图书馆,以及中国社会科学院、吉林师范大学、吉林大学的日本研究所的资料室;至于辽宁大学的图书馆,以及辽大日本所的历史资料室,我更是每隔几天就去一次,看书、借书或印书。我对上述各单位的负责同志和管理人员,多年来给予我的诸多支持和帮助,表示衷心的感谢。

本书得到日本国际交流基金的资助,谨在此致以深切的谢意。特别是本书由北京图书馆出版社出版,由于本书的写作水平不高,不足之处甚多,所以我对出版社的负责同志、编审人员和校对人员,对本书的出版所给予的巨大支持和所付出的辛勤劳动,表示最真诚、最深厚的谢意。

本书的特点是边学边教和边写。"学然后知不足",教然后就更知不足,写则是在学和教的基础上的提高和升华,因而在写作的过程中就更加感到知识的不足,写作能力的不足,弥补不足的唯一办法就是:虚心求教,不断进步。所以值此本书出版之际,我诚恳地希望学者、专家和广大读者给予批评和指正。

注释

① [日]小西四郎著:《日本的历史》19,开国和攘夷,第499页,中央公论社,1969年版。

② [日]井上清著,天津市历史研究所译校:《日本历史》中册,第530 – 532页,天津人民出版社,1976年版;[日]田中彰撰写:《明治维新》、《国史大辞典》13卷,第722 – 729页,1992年版。

③ 弗・伊・列宁在《1870年以来世界历史主要资料综合试作》一文中,在1870—1875年期间的"革命运动(非无产阶级性质的)"一栏里写道:"1868 – 1871年:日本(革命和改革)",见《列宁全集》中文版,第39卷第779页。

④ 周一良,吴于廑主编,《世界通史》近代部分,上册,第428页,人民出版社,1964年版。

⑤ [日]历史协议会,中村尚美、君岛和颜、平男哲男编:《史料日本近现代史》第3册,第20页,三省堂,1985年版。

⑥ 俞辛焞著:《试论日本的战后改革》、《世界历史》杂志,1980年第5 – 6期。

⑦ [日]原口清著:明治宪法体制的成立,《讲座日本历史》近代2,第340页,岩波书店,1976年版。

⑧ [日]井出嘉宪著:战后改革与日本官僚制,《战后改革》第3卷,第178 – 187页,东京大学出版会,1980年版。

⑨ [日]日本公务员制度史研究会编著:《官吏与公务员制度之变迁》,第53 – 54页,第一法规出版株

式会社,1989 年版。

⑩ [日]《公务员人事行政之变迁》,资料、总理府、人事院,第 40 - 46 页,人事行政调查会,1962 年版。

⑪ [日]齐藤寿、梅木崇著:《现代行政法论》,181 - 182 页,劲草书房,1982 年版。

⑫ [日]人事院编:《公务员白皮书》,昭和五十三年第 50 页;昭和五十八年第 51 - 52 页;平成四年第 206 页;平成十年第 274 页;平成十三年和平成十六年,均见平成十七年第 176 页。

⑬ [日]人事院编:《公务员白皮书》平成十七年版,第 175 页,第 191 页。第 198 页。

⑭ [日]资格问题研究会编,资格和特技丛书,《各种国家考试》,日本每年出版一本,本书仅复印其中的两本,启明书房,1989 年版,1996 年版。

⑮ [日]石桥孝雄编:《地方公务员制度》4,定员管理、公务效率、进修、成绩评定,第 199 - 247 页,行政出版株式会社,1991 年版。

⑯ 王雷保主编:《公务员职位分类教程》,第 271 页,机械工业出版社,1989 年版。

⑰ 伊藤正己等编:《国民法律百科大辞典》第 3 卷,第 316 - 317 页,印刷制本凸版股份公司,1991 年版。

⑱ [日]佐藤达夫著:《国家公务员制度》,第 153 - 163 页,学阳书房,1997 年版。

⑲ [日]竹之内一幸,桥本基弘著:《国家公务员法的解说》,143 - 147 页,一桥出版,1993 年版。

刘文英
2007 年 7 月 20 日

目 录

第一章　明治时代前期日本的行政机构和官吏制度

所谓明治时代前期，指的是1867年1月明治天皇即位到1885年12月内阁制度建立之前的这一历史时期。由于这一时期的大部分时间都处于明治维新时代，所以不论在行政机构方面，还是在官吏制度方面，都发生了一系列的重大的变革。

首先，在行政机构方面，先是建立三职制度(1868年1月3日－6月11日，庆应三年12月9日－庆应四年闰4月21日)，即三职、七科和八局；后来又建立太政官制(1868年6月11日－1885年12月22日，庆应四年闰4月21日－明治十八年12月22日)，主要根据《政体书》、《职员令》、《太政官职制》进行了三次重大的改革。经过上述的一系列改革，明治初年强藩藩主和保守派公卿的势力逐渐失坠，以萨摩、长州、土佐、肥前的下级武士为主体的倒幕维新派逐渐成为明治政府的核心力量，从而为明治时代后期内阁制度的建立和明治宪法的颁布创造了有利的条件。

其次，在官吏制度方面，以倒幕派下级武士为核心的明治政府，在官吏的任用、办公、服务、分限、惩戒、工资、恩给等方面，进行了一系列的重大改革。正是因为如此，"这个时代的官吏制度，在任用、工资等各种制度方面，虽然不能说是得到充分的确立，但却从中可以看到后来的官吏制度的原型"①。如修改后的位阶制度和官等制度，与明治后期建立的位阶制度和官等制度一脉相承②；《官吏非职条例》和《官吏惩戒条例》，与1899年制定的《文官分限令》和《文官惩戒令》有不少相似之处，1882年公布的《行政官吏服务纪律》更为明治后期制定的《官吏服务纪律》所继承③；1884年公布的《官吏恩给令》，经过修改后于1890年制定为《官吏恩给法》等④。

本章分为二节。第一节简单介绍明治时代前期日本的行政机构；第二节主要叙述明治时代前期日本的官吏制度。

第一节　明治时代前期日本的行政机构

在从1868年的王政复古到1885年内阁制度建立之前的这一历史时期中，以倒幕维新派领袖为核心的明治政府，为了建立近代的国家制度和废除封建的幕藩体制，在政治、经济、军事、文化、教育、社会等各方面进行了一系列的改革。本节只是在叙述这一时期的官吏制度的改革之前先介绍一下日本中央政府的行政机构的变革。

一、三职制度

1. 三职

在农民和市民暴动风起云涌、倒幕派举兵讨幕的形势已经成熟之际，萨摩藩倒幕派领袖大久保利通和西乡隆盛，与改革派公卿岩仓具视秘密谋划，于1968年1月3日(庆应三年12月9日)在京都宫廷发动了王政复古政变，促使年仅15岁半的明治天皇颁布了《王政复古大号令》。《王政复古大号令》的中心内容有三：一是批准德川庆喜奉还大政和辞去将军职位；二是废止摄政、关白和幕府制度，设立总裁、议定、参与三职组成的体制；三是宣布"洗除旧弊"、"广开言路"、"登用人材"、"万事一新"等施政方针。

在颁布王政复古诏书的当天晚上，在"小御所"举行的三职会议上，又决定德川庆喜"辞官纳地"，令其再辞"内大臣"之职并把领地交给朝廷。王政复古虽然是一次政变，但它使封建领主掌握的政权变为封建地主和资产阶级掌握的联合政权，部分地改变了政权的性质，因而它标志着明治维新的正式开始。

王政复古政变后组成的三职政府，其人员构成大致如下：置总裁1人，由皇族有栖川宫炽仁亲王担任；设议定10人，其中有2名皇族(仁和寺宫嘉彰亲王，山阶宫晃亲王)、3名公卿(中山忠能，正亲町三条实爱，中御门经之)、5名藩主(前尾张藩主德川庆胜，前越前藩山松平庆永，前土佐藩主山内丰信，萨摩藩主岛津忠义，安艺藩世子浅野茂勋)；还设参与20人，内有5名公卿(大原重德、万里小路博房、长谷信笃、岩仓具视、桥本实梁)、15名藩士(由尾张、越前、安艺、土佐、萨摩五藩各推派3人)，如萨摩藩士西乡隆盛、太久保利通，土佐藩士后藤象二郎、福冈孝弟，尾张藩士田中不二磨，安艺藩士辻将曹等均被任命为参与[5]。

为了健全政府机构，新政府后来又采取了一些措施。2月2日，首先设置了原来三职中所没有的副总裁，任命议定三条实美和岩仓具视两名公卿担任此职，从而形成了政府的实际领导核心。2月5日，在九条道孝官邸设立了太政官代(代指官署)，作为中央的政府机构，处理政府的各种事务。议定和参与的成员，也有相应的调整，如三条实美和岩仓具视均被增补为议定，改革派公卿西园寺公望，倒幕派长州藩士广泽真臣和井上馨都被任命为参与等。

不难看出，王政复古后刚成立的三职政府，"可以说是参加王政复古政变的五藩的武家与倒幕派公卿掌握的公家的联合政权"[6]。也有些学者认为"新政府具有以朝廷为主体的萨长土肥等雄藩联合政权的性质"[7]。不过，应该特别指出，在三职政府中，倒幕维新派一直占着上风。作为政府领导核心的总裁有栖川宫炽仁亲王和副总裁三条实美和岩仓具视，都是辅佐天皇的倒幕维新派的代表人物。长期担任议定的嘉亲王、晃亲王、中山忠能(明治天皇的外祖父)、中御门经之等，也都作为倒幕派的皇族和公卿积极参与了王政复古政变。至于在参与当中，更有一些出身下级武士的倒幕派活动家，特别是萨摩藩士西乡隆盛、大久保利通，长州藩士广泽真臣、井上馨等。

2. 三职七科

1868年2月10日，即庆应四年1月17日，明治政府制定了《三职分课职制》，决定将国务分为神祇、内国、外国、海陆军、会计、刑法及制度七个事务科，同时对总裁、议定、参与三职的任用资格和职务权限作了具体规定。

按照《三职分课职制》的规定，总裁由宫家(指赐有宫号的皇族)担任，其职权是"总裁万机，决定一切事务"。议定由宫家、公卿、诸侯担任，他们既充任各事务科的行政长官，"分掌各科的事务”，又兼任立法机关的成员，参加“决定议事”。参与由下级藩士和公卿担任，充任各事务科的中级官员，“参议事务，分务各科”。

《三职分课职制》对七个事务科（相当于部）的组织机构也作了规定。规定各科均设总督（相当于部长）和事务挂（相当于司局长）。其中：神祇事务科（宗教部）设总督 3 人，事务挂 3 人；内国事务科（内政部）设总督 4 人，事务挂 3 人；外国事务科（外交部）设总督 4 人，事务挂 2 人；海陆军事务科（军事部）设总督 3 人，事务挂 2 人；会计事务科（财政部）设总督 4 人，事务挂 2 人；刑法事务科设总督 2 人，事务挂 2 人；制度事务科（称制度寮，为立法部），设总督 1 人，事务挂 3 人。各课总督均由皇族、公卿、藩主充任，事务挂大都是下级公卿或各藩的下级武士，如萨摩藩士大久保利通，安艺藩士辻将曹任内国事务科事务挂，萨摩藩士五代友厚，长州藩士伊藤博文，井上馨、木户孝允任外国事务科事务事务挂，长州藩士广泽真臣，萨摩藩士西乡隆盛任海陆军科事务挂，土佐藩士福冈孝弟，越前藩士由利公正，尾张藩士田中不二麿任制度事各科事务挂等⑧。

又，在一时期，根据参与福冈孝弟的建议，于庆应三年 12 月底，设立了作为议事机关的议事所。议事所有上、下之分，称上议事所和下议事所。上议事所的成员有天皇、宫家、公卿及诸侯，下议事所的成员则为政府选任的征士和藩主选任的贡士。上、下议事所主要是对总裁等提出的问题分别进行议事。议事程序通常的情况是：头一天由上议事所确定议题，第二天在下议事所进行审议，然后经上议事所讨论和议定职复议，最后提请总裁决定。1868 年 6 月政体书公布后，上、下议事所均解散并入上局和下局⑨。

3. 三职八局

三职七科制实施后约半个月，1968 年 2 月 25 日，即庆应四年 2 月 3 日，又对中央政府体制做了一次局部改正，决定设立总裁局，统理原来七科的事务，同时将七科改为七局，从而形成了三职八局制度。

总裁、议定、参与三职的职务内容，对天皇的辅弼责任及征士、贡士制度等，大体上沿袭了从前的制度，但任职资格稍有变化。总裁职由郡赐有宫号的皇族充任，副总裁职则改由公卿和诸侯担任，他们的职权是“总理万机，决定一切事务”；议定职由宫、公卿和诸侯担任，其职权为“分督事务各科，决定议事”；参与职改由公卿，诸侯和征士担任，其职权为“参议事务，分务各科”。

新设立的总裁局是后来行政官、太政官的前身，实际上是中央政府的首脑机关（相当于内阁总理府）。设总裁 1 人，仍由有栖川宫炽仁亲王担任，置副总裁 2 人，继续由三条实美、岩仓具视充任。还设辅弼 2 人，顾问 3 人，弁事 8 人，史官 2 人。

总裁局之下的七个事务局（相当于部），均设督（相当于部长）、辅（相当于副部长）、权辅（相当于司局长）、判事（相当于处长）、权判事（相当于副处长）和书记（相当于秘书）。其中：神祇事务局设督 2 人，辅 3 人，判事 4 人，权判事 4 人；内国事务局设督 1 人，辅 1 人，权辅 2 人，判事 12 人，权判事 3 人；外国事务局设督 1 人，辅 2 人，权辅 2 人，判事 2 人，判事 11 人；军防事务设督 1 人，辅 2 人，权辅 1 人，判事 4 人；会计事务局设督 1 人，辅 1 人，权辅 1 人，判事 4 人，权判事 1 人；刑法事务局设督 1 人，辅 1 人，权辅 1 人，判事 3 人；制度事务局设督 1 人，辅 2 人，权辅 1 人，判事 2 人，权判事 1 人。

王政复古政变后，经过几次调整和变动，到三职八局时政府机构大体整顿就绪。与三职、三职七科时相比，三职八局政府有以下几个特色。第一，强化了总裁局，加强了集权化。

第二,精简了官僚机构。三职七科时,一科主官(总督)最高达到五名,次官(事务挂)多达八九名,亲贵把持高位,各藩均分官职,结果必然是离心涣散,权能脱节。但到三职八局时,七局主官(督)通常是1人,次官一般是1至2人,官僚机构缩减,行政效率提高[⑩]。第三,天皇近臣的势力增强。王政复古后暂设的三职政府,不过是以天皇为名义元首的"雄藩联合政权"。建立七科以后,尾张、越前、安艺、土佐、萨摩等强藩藩主均任议定兼各科总督。及至改行八局时,总裁局的正副总裁、辅弼及其他七局的主官(督)均由皇族或公卿充任,原来占据高位的强藩藩主只能担任次官(辅)。第四,倒幕派下级武士的实力和作用不断加强。三职七科时,领导王政复古的强藩下级武士,虽以征士的身份占有参与的地位,但在3月前就任参与的有55人,萨摩、长州、土佐三藩的藩士只占其中的16人(肥前无人参加),还不能掌握决定性的力量。但到三职八局时,倒幕派的下级武士,如伊藤博文、大隈重信等人,均以参与、判事等身份,成为政府中的颇为活跃的人物。特别是长州藩士木户孝允、萨摩藩士大久保利通和土佐藩士后藤象二郎,均以参与的资格担任总裁局顾问,作为实力派而被提拔到决定政策的中枢部门,获得了使朝廷按照自己的意图行事的地位[⑪]。

二、根据《政体书》进行的官制改革

1. 五条誓文的发布

1868年4月6日(庆应四年3月14日),即政府军决定对江户实施总攻击的前一天,明治天皇率公卿诸侯及群臣百官在紫宸殿祭祀天地神祇,然后按照预定程序由副总裁三条实美宣读了以下五条誓文:1. 广兴会议,万机决于公论;2. 上下一心,盛行经纶;3. 官武一途,以至于庶民,须使各遂其志,人心不倦;4. 破旧来之陋习,立基于天地之公道;5. 求知识于世界,大振皇基。同时,在五条誓文之后的结语中还宣称:"兹欲行我国前所未有之变革,朕当身心率众誓于天地神明,以大定国是,立保全万民之道,尔等亦须依照本趣旨齐心协力。"[⑫]

五条誓文原由越前藩士出身的参与由利公正起草,后经土佐藩士出身的参与福冈孝弟加工,最后由长州藩士出身的总裁局顾问木户孝允修改定稿。由于文字极其概括,有的甚至很含混,后世有些人根据需要对它作出各种解释。但根据日本史学家的论证,誓文中疑义最多的"广兴会议"含有倡导"尊重会议"之意,是对福冈案提出的"兴列侯会议"的一种否定,但也有些人认为广兴会议实际上就意味着兴列侯会议[⑬]。至于誓文中的"上下一心"指的是上自天皇下至庶民同心协力,"盛行经纶"则指的是大力发展经济[⑭],"官武一途"是指公卿与武家合作,"破旧来之陋习"是指破除盲目排外的丑陋习惯[⑮],"求知识于世界"则是强调奉行开国进取的政策,"大振皇基"是要积极树立新诞生的天皇政府的权威。所以,从五条誓文及其结语来看,该誓文的主要目的是号召举国上下齐心协力,对内进行"前所未有之变革",对外推行开国进取的政策,努力发展国家的财政经济,全力巩固天皇的统治基础。也就是说,五条誓文的出发点是"上下一心","官武一途",创造一个"人心不倦"的所谓安定的政治局面,中心点则是对内改革,对外开放,学习西方国家的科学技术,努力发展国家的财政经济,但落脚点则是"大振皇基",即把诸侯、藩士和民众都吸引到天皇政府的周围,建立"以天皇政权独裁的理念为基础"的政治体制[⑯]。

2.《政体书》的公布

1868年6月11日(庆应四年闰4月21日),明治政府根据五条誓文的趣旨,参考西方国家三权分立的思想,公布了作为政府组织法的《政体书》[⑰]。

参加起草政体书的主要人物为肥前藩士副岛种臣和土佐藩士福冈孝弟。副岛深攻儒学，还通晓国学，在游学长崎时又接受英学的洗礼，可谓深通日汉洋三学。福冈作为土佐藩公议舆论的代表人物，一方面学习启蒙思想家福泽论吉的《西洋情况》和美国的宪法，另一方面参考《令义解》、《职原抄》、《文献通考》等古书，折中日汉洋三学设计日本的"政体"（宪法）。

按照《政体书》规定，"天下之权力皆归太政官，使政令无出于二途之患"。"太政官之权力分为立法、行政、司法三权，使其无偏重之患。立法官不得兼任行政官，行政官不得兼任立法官。但诸如临时巡察都府与接待外宾，得由立法官负责。"该政体书还规定："凡非亲王、公卿、诸侯不得升任一等官者，所以敬大臣也。设征士之法，虽藩士、庶人，犹能任二等官者，所以贵贤人也。""各府、各藩、各县皆出贡士为议员，建立议事之制，为实行舆论公议也。""立官等之制，为使各官自知其职责任之重而不敢自轻也。"[18]

随着政体书的公布，中央行政机构进行了根本性的改革。废止了原来的三职八局制，设立了统称为太政官的七官，即执掌立法事务的议政官，执政行政事务的行政官、神祇官、会计官、军务官和外国官，以及执掌司法事务的刑法官。

议政官是明治初年掌握立法权力的行政机关。分为上、下两局。上局由议定、参与、史官和笔生构成。议定最初为10人（后增至23人），由亲王、公卿和诸侯充任。参与最初为9人（后增至22人），由公卿、诸侯、大夫、藩士及庶人担任。上局的权限较大，掌管创立政体，确定法制，决定机要政务，铨衡三等官以上官吏，以及宣战议和等事项。下局设议长2人，由行政官判事兼任，议员由贡士充任，其职权为依上局之命，审议租税、造币、通商、条约、宣战、讲和等事项。

从行政官到外国官的五官均为行政机关。其中的行政官是总裁局的后身，是中央政府的首脑机关，统辖神祇、会计、军务、外国四官。设辅相2人、弁事和史官若干人。辅相相当于后来的太政大臣和内阁总理大臣，由议定三条实美和议定岩仓具视担任，其职权为辅弼天皇，统督国内事务，总制宫中庶务。神祇官是明治初年掌管神祇祭祀和行政的政府机关，设知官事（部长）、副知官事、判官事、权判官事等职，其中的知官事先后由公卿鹰司辅熙、近卫忠房、中山忠能充任。会计官是明治初年掌管财政事务的政府机关，也设知官事、副知官事、判官事、权判官事等职，其中的知官事先后由公卿万里小路博房、中御门经之充任。军务官是明初年的军事行政机关，设海军、陆军两局和筑造、兵船、兵器、马政四司，知官事由皇族嘉彰亲王担任，还设副知官事、判官事、权判官事等职。外国官是明治初年掌管对外事务的行政机关，最初设于大阪，后来迁到京都，最后移至东京。知官事先后由宇和岛藩主伊达宗城、公卿泽宣嘉担任。还置副知官事1人、判官事6人。

刑法官是掌管司法事务的政府机关。辖监察、鞫狱、捕亡三司，后来废除监察司，设立弹正台。知官事先后由公卿大原重德、冈山藩主池田章政、公卿正亲町三条实爱担任，还置副知官事1人、判官事4人[19]。

《政体书》标榜三权分立，实际上辅相兼任议定，刑法官也未脱离辅相独立。且议政官1868年6月成立，10月即被废止，翌年5月重建，6月又被废除。至于下局，成立后一个月即改称贡士对策所，三个月后便被停止活动，翌年4月以公议所名义恢复，8月公议所则改称集议院。不难看出，作为议政官的上、下两局，始终处于时存时亡、无足轻重的地位。因此，不能把政体书的三权分立主义，看做是近代的政治原则的采用[20]。

值得注意的是,在第一次太政官制的这一时期,天皇已经走出后宫每日亲裁政务[21],所以政体书规定辅相的职权是"掌管辅佐天皇,奏宣议事,督国内事务,总判宫中庶务"。但过去对总裁未提"辅佐天皇",只说"总裁万机,决定一切事务"。又,在这一时期,倒幕维新派的阵容更为强大,如在22名的参与中,许多人都出身于倒幕派下级武士,其中包括被称为明治维新三杰的木户孝允、西乡隆盛和大久保利通。还有一些人被提拔到政府的显要岗位,如长州藩士广泽真臣被任命为后建的民部官副知官事,曾指导长州藩军制改革的大村益次郎被任命为军务官副知官事,萨摩藩陪臣之子寺岛宗则被任命为外国官副知官事,佐贺藩士大隈重信先后被任命为外国官副知官事、会计官副知官事等。

三、根据《职员令》进行的官制改革

随着戊辰战争的胜利和奉还版籍的实施,1869年8月15日(明治二年7月8日),明治政府公布了《职员令》,宣布废除根据政体书建立的中央行政机构,建立以二官六省为中心的第二次太政官制。

二官指神祇官和太政官。神祇官是掌管神祇祭祀和行政事务的政府机关,设神祇伯1人,由公卿中山忠能充任,还设大、少副,大祐、权大祐,少祐、权少祐,大史、权大史等职。太政官是中央最高国务机关(类似国务院),设左、右大臣各1人,左大臣暂缺未设,右大臣由公卿三条实美充任,左、右大臣的职权是:"辅佐天皇,总理大政,总判官事。"还设大纳言3人(后增至5人),参议4人(后增至8人),他们的职权是:"参预大政、敷奏宣旨。"[22]

在太政官的管辖之下,设民部、大藏等六省(相当于部)。其中:民部省主管户籍等民政事务,大藏省主管财政金融事项,兵部省主管军政军令事宜,刑部省掌管司法事务,宫内省掌管宫内事务,外务省掌管对外事务。各省均设卿(部长级)、大辅(副部长级)、少辅(司局长级)和大丞四级领导职位[23]。

太政官还管辖大学校、弹正台、集议院和待诏院。大学校为昌平学校的后身,它既是日汉洋三学综合制的大学校,又具有新设的行政机关的位置,置别当,大、少监,大、少丞,大、少主簿,大、中、少博士,大、中、少助教等职[24]。弹正台是掌管执法守律、弹劾非法行为的警察机关,设长官尹、2等官大弼、3等官少弼、4等官大忠等职[25]。集议院为明治初年的咨询机关,是公议所的改称,设长官、次官、判官、权判官、大主典、权大主典等职[26]。待诏院原称待诏局,是受理各种建议书的机关,置上、下两局,上局有名无实,下局后来被拼入集议院。又,在这一时期,还设宣教使和镇守使,前者负责宣传王政复古的趣旨和神道国教的政策,后者主管北海道开拓事宜。

二官六省的太政官制具有浓厚的复古主义色彩:它仿效日本古代的律令制,标榜"祭政一致"的原则,将神祇官置于太政官之上,企图借助神祇的精神权威来强化天皇的实际权力。二官六省的太政官制还具有明显的集权主义趋向:政体书中所标榜的那些三权分立的东西完全化为乌有,立法、行政、司法三权实际上全部被掌握在最高官府太政官之手;由于国家与皇室没有分离,新设的宫内省也隶属于太政官之下;又由于军令和军政没有分开,军事事项也由太政官——兵部省所管辖。在地方统治方面,实行府藩县三治体制:府在知事之下,设正权大参事、正权少参事、正权大少属及史生等;县设正权知事、大少参事、正权大少属及史生等;藩在知事之下,设正权大少参事,他们作为政府的官员被编入《官位相当表》之中。由于奉还版籍的实行和《职员令》的公布,国家机构的集权化加强了[27]。

又,在这一时期,藩士出身的政治家的实力进一步加强。大久保利通、广泽真臣、木户孝允、大限重信等人,均陆续被增补为参议。及至1871年,大久保利通和大木乔任,分别被任命为大藏卿和民部卿。还有一些人,如民部大辅广泽真臣、井上馨,兵部大辅大村益次郎、山县有朋,大藏大辅大限重信等,他们虽然担任各省副职,但却掌握很大一部分政府的实际权力,成为明治政府不可缺少的骨干力量。

四、根据《太政官职制》进行的官制改革

1871年8月29日(明治四年7月14日),明治政府宣布实行废藩置县。同年9月13日,制定《太政官职制》,大幅度地改革了中央统治机构,建立了三院八省的第三次太政官制[28]。根据这次的改革,太政官分为正院、左院和右院,废止了从前的左右大臣和大纳言,首次设置了太政大臣的官职。

正院相当于现今的内阁,是中央的最高国务机关。设太政大臣、纳言、参议等职。太政大臣由公卿三条实美充任,其职权为辅佐天皇,总揽庶政,有祭祀、外交、宣战、议和、缔约之权,并掌管陆海军的事宜。纳言次于太政大臣,在太政大臣不在时可代行其职务;后来纳言被废除,设左大臣和右大臣,右大臣由公卿岩仓具视担任,左大臣由岛津久光充任(后改由炽仁亲王担任)。参议"参与大政,判议官事",辅佐太政大臣和纳言,审议决定太政官的有关事务。参议最初只设4人(后增至25人),由木户孝允、西乡隆盛,大限重信、板垣退助充任。又,在正院的统辖和指挥之下,设神祇、外务、大藏、工部、兵部、司法、宫内、文部八省,分别掌管各省的行政事务。各省均设卿(部长)、大辅(次官)等职务,大多数的省卿均由藩士出身的政治家充任,如内务省卿由大久保利通,文部省卿由大木乔任,工部省卿由伊藤博文担任等等。

左院主管立法工作,由参议兼任的议长和正院任命的一等、二等、三等的议员组成。其职责是应答正院的咨询,或根据左院自身的动议"讨议诸立法之事"。左院开会、闭会以及议事规则,均须得到正院的批准。会议决定的法案对正院没有任何约束力,是采纳或拒绝由正院自由决定。又所有议事均属机密。审议中的事固不必说,即使审议完毕作出决议之事,在正院未作出决定之前,都不得向外透露。不难看出,左院实际上是一个政府咨询机关。

右院是由各省长官(卿)和次官(大辅)组成的各省联络和协商机关。它主要是根据正院的咨询和各省的提议,讨论各省事务的法案以及审议行政的实际利害。按《右院事务章程》规定:"凡议事皆属机密,故审议中的事以及已向正院申报但尚未裁决的事,虽属各自的意见,也不得向他人泄漏。"

所以,在正、左、右三院中,正院的权力最大。凡有关立法、行政和司法事项,均须由左、右两院上报,由正院裁可,"正院拥有立法、行政、司法等一切事务的最高决定权"[29]。

五、《太政官职制》的几次改正

由于国内形势的不断发展变化,后来太政官职制经过几次修改。

第一次修改是在1873年5月进行,改革的主要内容有四:一是规定只有太政大臣及左右大臣有辅弼天皇之职责,而参议作为"内阁之议官"则"掌管诸机务议判之事项";二是扩大了正院的权力,缩小了各省的权限;三是废止了右院的常设机构,右院只能依照敕令举行临时会议;四是逐渐强化了左院作为关于立法的咨询机关的色彩,后来公布的左院事务章程

更明文规定:左院为“正院之辅佐,是讨议其垂问之事的机关”。

第二次修改是在1875年4月进行。即是年4月14日,颁发了所谓《关于立宪政体的诏书》,同时宣布对《太政官职制》进行修改。根据这次修改,废除了左院和右院,新设了元老院和大审院。元老院(1875年4月14日－1890年10月22日)是明治初年的立法机关,职责是“制定新法,改正旧法”,设议长、副议长、干事和议官[30]。大审院(1875年5月24日－1947年5月3日)是战前日本的最高司法机关,职责是“接受民事刑事之上告,破除上等法院以下审判之不法者,主持全国法宪之统一”,下设上等法院和府县法院[31]。1877年1月18日,又废止了正院的名称,至此左、正、右三院制宣告结束。

1880年2月,对太政官职制进行了第三次修改。根据这次修改,为使参议“专心审议国策”,原则上不许参议兼任省卿,但为了加强内阁的权限,又在太政官之下,设立法制、会计、军事、内务、司法、外务六部,让参议们分别掌管各部的事务。

1881年10月,进行了太政官职制的第四次修改。此次修改的背景是:由于明治十四年政变,参议大隈重信下野,同年10月12日颁发了于1890年召开议会的诏书,并在太政官内设置了负责立宪准备工作的参事院(1881年10月21日－1885年12月22日),以伊藤博文为议长,集中了一批有能力的官僚,拥有极大的权限[32]。同时,还决定参议可兼任各省省卿,从而使内阁和各省的关系日益紧密化。

另外,在这一时期,还对正院管辖的行政省作了多次调整。1872年5月,废除了兵部省,改设陆军省和海军省。同年4月,废止神祇省,设立教部省。1877年1月,教部省被撤销。1873年11月,设立内务省。1881年4月,新设农商务省。这样,经过裁减、分建和增设,在内阁制成立之前的四年中,日本政府共有10个行政省。即内务省、外务省、大藏省、陆军省、海军省、司法省、文部省、工部省、宫内省和农商务省。

第三次太政官制,从建立到废止,历时近14年另5个月。这一时期的重要特点是:幕府末期的倒幕派逐渐变成了明治前期的当权派。例如,在太政官时代各省卿的实际人数34人中,宫家(获有宫号的皇族)为2人,占5.7%;公卿为6人,占17%;藩主为2人,占5.7%;士族为24人,占70.6%;表明宫家、公卿和藩主在宫界中的势力,逐渐被下级武士出身的士族所取代[33]。又如,1878年,士族出身的官吏人数占官吏总人数的75.3%,士族出身的郡吏人数占郡吏总人数的62.6%;1880年,士族出身的官吏人数占官吏总人数的73.8%,士族出身的郡吏人数占郡吏总人数的64.5%;1882年,士族出身的官吏人数占官吏总人数的61.2%,士族出身的郡吏人数占郡吏总人数的57.2%;说明下级武士出身的士族,不论在政府的官吏中,还是在郡区的吏员中,均占据优势的地位[34]。

特别是出身萨摩、长州、土佐、肥前四藩下级武士的倒幕派领袖,通过王政复古、戊辰战争、奉还版籍、废藩置县等革命和改革,又经过平定神风连之乱、秋月之乱、萩之乱、西南战争等反动士族叛乱,到第三次太政官制的最后几年,大都成为明治政府的高级官僚。例如,在第三次太政官时期,在25名参议中,除1名幕府官吏外,其他24人大都出身萨摩(鹿儿岛县)、长州(山口县)、土佐(高知县)、肥前(佐贺县)四藩的下级武士或一般平民,其中萨摩藩出身者为9人(第1位),长州藩出身者为6人(第2位),土佐藩出身者为5人(第3位),肥前藩出身者为4人(第4位)[35]。又如,在1871年7月至1885年12月担任大辅(副部长)以上的125名政府高级官员中,鹿儿岛为38人,山口为35人,高知为16人,佐贺为15人,即萨、长、土、肥四藩合计104人,占83%;而公家为6人,幕臣为5人,熊本则为0。从这一数字可以看出,公卿势力和熊本藩阀首先从政治权力的中枢中被排除出去,明治政府的权力已转入以萨长两藩为中心的倒幕派下级武士之手[36]。

另外,1869 年 7 月,明治政府命令各藩奉还版籍时,同时将原公卿和原诸侯(大名)一律改称华族。1884 年 7 月,制定《华族令》,规定除旧华族外,还增加维新前后的"功臣"即新华族。新旧华族均按门第、功勋标准,分别授予公、侯、伯、子、男五种爵位[37]。根据华族令,萨长土肥的核心成员,如萨摩的黑田清隆、寺岛宗则、西乡从道、川村纯义、松方正义、大山 、伊藤佑麿、桦山资纪、野津道贯、仁礼景范,长州的伊藤博文、山县有朋、井上馨、山田显义、三浦梧楼、鸟尾小弥太、三好重臣,土佐的佐佐木高行、福冈孝弟、谷干城,肥前的大木乔任、中牟田仓之助等人,均被授予伯爵爵位,而已死去的木户孝允和大久保利通之子则被授予侯爵爵位[38]。这就是说,在太政官制即将结束、内阁制度行将建立之际,萨长土肥出身的倒幕派代表人物,全都加官封爵,成为政府的高级官僚。

总之,在第三次太政官制时代,明治政府的重要交椅,几乎全部被萨、长、土、肥四藩,特别是萨长两藩的藩士所占据。这些人利用旧藩时代的同志或同僚的关系,结成了被称为"藩阀"的派阀,垄断政府要职并掌握国家实权。他们作为地主资产阶级的代表人物,具有明显的双重性格。在对内方面,他们一面积极推行改革、开放和大力发展资本主义的经济政策,一面又极力维护天皇制的专制统治,残酷镇压工农群众运动和自由民权运动。在对外方面,他们一面竭力争取废除幕府时代同欧美国家签订的不平等条约,维护国家主权和民族独立,一面又狂热鼓吹"征韩"、侵台,大力推行侵占朝鲜,独吞中国的大陆扩张政策。

明治时代前期主要官制附表

三职七科八局

3 职	7 科	8 局
(庆应 2. 129 ~ 庆应 4. 闰 4. 21,1868)	(庆应 4.1.17 ~4.2.3,1868)	庆应(4.2.3 ~4. 闰 4.21,1868)
总 裁 议 定 参 与	总裁 · 副总裁 神祇事务科(总督—事务挂) 内国事务科(总督—事务挂) 外国事务科(总督—事务挂) 海陆军务科(总督—事务挂) 会计事务科(总督—事务挂) 刑法事务科(总督—事务挂) 制度事务科(总督—事务挂)	总裁局(总裁—副总裁—辅弼) 神祇事务局(督—辅—判事) 内国事务局(督—辅—判事) 外国事务局(督—辅—判事) 军防事务局(督—辅—判事) 会计事务局(督—辅—判事) 刑法事务局(督—辅—判事) 制度事务局(督—辅—判事)
注:	1. 副总裁就任总督。 2. 总督兼任议定。 3. 事务挂兼任参与。	1. 总裁、辅弼、督、辅兼任议定。 2. 辅或判事兼任参与。

资料来源:日本近现代史辞典编辑委员会编:《日本近现代史辞典》(日文版),东洋经济新报社,1978 年版,第 768 – 772 页。

太政官制 1　八官(庆应四年闰 4 月 21 日–明治二年 7 月 8 日 1868–1869)

<table>
<tr><td rowspan="8">太 政 官</td><td>议政官:1. 上局(议定·参与等)
2. 下局(议长·贡士)</td><td>立法机关</td></tr>
<tr><td>行政官(辅相、弁事、权弁事、史官等)</td><td rowspan="6">行政机关</td></tr>
<tr><td>神祇官(知官事、副知官事、判官事等)</td></tr>
<tr><td>会计官(知官事、副知官事、判官事等)</td></tr>
<tr><td>军务官(知官事、副知官事、判官事等)</td></tr>
<tr><td>外国官(知官事、副知官事、判官事等)</td></tr>
<tr><td>刑法官(知官事、副知官事、判官事等)</td><td>司法机关</td></tr>
<tr><td colspan="0"></td></tr>
<tr><td>注:</td><td colspan="2">1. 辅相兼任议定。
2. 下局议长为弁事、议员为贡士。</td></tr>
</table>

资料来源:日本公务员制度史研究会编著:《官吏公务员制度之变迁》(日文版),第一法规 1988 年版,第 8 页。

太政官制 2　二官六省(明治二年 7 月 8 日–明治四年 7 月 29 日–1868–1871 年)

神　祇　官
神 祇 伯
神 祇 大 副
太　政　官
右　大　臣
大　纳　言
参　　议

民部省·大藏省·兵部省·刑部省·宫内省·外务省

民部卿·大藏卿·兵部卿·刑部卿·宫内卿·外务卿

民部大辅·大藏木辅·兵部大辅·刑部大辅·宫内大辅·外务大辅

资料来源:战前官吏制度研究会编,泰郁彦著:《战前时期日本官僚制度的制度、组织、人事》(日文版),东京大学出版社,1989 年版,第 266–278 页。

太政官制 3 .(明治四年 7 月 29 日–明治十八年 12 月 22 日,1871–1885 年)

这一时期中央行政机构经过多次变化,本表为 1871 年制定太政官职制当时的中央统治机构。

【太政官职制】(明治四年太政官达第 386 号)制定当时的中央统治机构。

<table>
<tr><td rowspan="14">太
政
官</td><td>右院</td><td>诸省长官次官</td><td></td></tr>
<tr><td rowspan="11">正院</td><td>太政大臣</td><td></td></tr>
<tr><td rowspan="9">纳言、后左右大臣</td><td>神祇省(卿、大辅、少辅等)</td></tr>
<tr><td>大藏省(卿、大辅、少辅等)</td></tr>
<tr><td>兵部省(卿、大辅、少辅等)</td></tr>
<tr><td>外务省(卿、大辅、大弁务使、少辅、中弁务使等)</td></tr>
<tr><td>宫内省(卿、大辅、大典医、侍徒长、少辅等)</td></tr>
<tr><td>司法省(卿、大辅、大判事、少辅、确大判事等)</td></tr>
<tr><td>工部省(卿、大辅、少辅等)</td></tr>
<tr><td>文部省(卿、大辅、大博士等、少辅、中博士等)</td></tr>
<tr><td></td></tr>
<tr><td>参议</td><td></td></tr>
<tr><td rowspan="2">左院</td><td colspan="2">议长</td></tr>
<tr><td colspan="2">一等~三等议员</td></tr>
</table>

资料来源:日本公务员制度史研究会编著:《官吏公务员制度之变迁》(日文版),第一法规,1988 年版,

第11页。

注　释:

①③　日本公务员制度史研究会编著:《官吏、公务员制度之变迁》(日文版),第一法规出版株式会社,平成元年(1989年)版,第5页,第28-29页。

②　战前官僚制研究会编,秦郁彦著:《战前日本官僚制的制度、组织、人事》(日文版),东京大学出版社,1981年版,第663-664页。

④　内阁官房编:《内阁制度七十年史》(日文版),大藏省印刷局,1955年版,第263-264页。

⑤　维新史料编纂会编:《概观维新史》(日文版),明治书院,1944年版,第746-756页。

⑥⑳　远山茂树:《明治维新》(日文版),岩波书店,1976年版,第216-217页;第236-237页。

⑦　小西四郎:《日本大百科事典》(日文版)17卷,小学馆,1981年版,第363-364页。

⑧　山崎丹照:《内阁制度之研究》(日文版),高山书院,1942年版,第4-7页;还可参看《日本近现代史辞典》(日文版)附录5明治初期主要官职补任,东洋经济新报社,1978年版,第769-772页。

⑨　《日本历史大辞典》(日文版)第5卷,河出书房新社,1961年版,第270页。

⑩　吕万和:《简明日本近代史》,天津人民出版社,1984年版,第39-41页。

⑪　信夫清三郎:《日本政治史》(日文版)第2卷,南窗社,1978年版,第127-128页。

⑫大久保利谦等编:《近代史史料》(日文版),吉川弘文馆,1975年第4版,第51页;译文引自《明治维新基本文献史料选译》,"五条誓约",见《法令全书》,《近代史史料》,第51页,聂长振、马斌译,周一良校。又,由于对"五条誓文"每一条的解释,日本和中国学者有许多不同的观点,故本注释第13至17号,将对各条的解释详细注明其出处。

⑬　田中彰:五条誓文,见《大日本百科全书》第9卷第100页,小学馆,1986年版;神田文人:五条誓文,见《大日本百科事典》第7卷第299页,小学馆,1969年版;神山茂树:五条誓文,见《万有百科大事典》5日本历史第415-416页,小学馆,1978年版。

⑭　远山茂树:《明治维新》(日文版),岩波书店,1976年版,第233-234页;小西四郎:五条誓文,见《日本历史大辞典》第8卷第26-27页,河出书房新社,1958年版;神山文人:五条誓文,见《大日本百科事典》第7卷第299页,小学馆,1969年版。

⑮　坂田吉雄:《明治维新史》(日文版),未来社1979年版,第216-219页;小西四郎:五条誓文,见《日本历史大辞典》第8卷第26-27页;神川文人:五条誓文,见《大日本百科事典》第7卷第299页。刘文英:五条誓文,见《世界历史词典》,上海辞书出版社,1985年版,第62-63页。

⑯　井上清:《日本历史(20)明治维新》(日文版),中央公论社,1969年版;第84-88页("五条誓文"的发布)。

⑰㉒㉘　山崎丹照:《内阁制度之研究》(日文版),高山书院,1942年版,第11-20页;第20-30页;第30-75页。

⑱大久保利谦等编:《法令全书》,译自《近代史史料》,第51-53页;摘自《明治维新基本文献史料选译》,"政体书",聂长振、马斌译,周一良校。

⑲　远山茂树:《明治维新》(日文版)岩波全书,1976年版,第236-237页。

⑳　维新史料编纂会编,《维新史》(日文版),吉川弘文馆,1983年版,第395-403页。

㉑　児玉幸多编:《天皇》(日文版),明治天皇,244-245页。

㉓　万峰:《日本近代文官制度形成沿革考析》,《世界历史》,1982年第3期。

㉔　大久保利谦:大学,《国史大辞典》(日本版)8卷,吉川弘文馆。1987年版,第698-699页。

㉕　杉井六郎:弹正台,《日本近代现代史辞典》(日文版),东洋经济新报社。1978年版,第407页。

㉖　梅溪昇:集议院,《日本近代现代史辞典》(日文版),东洋经济新报社,1978年版,第290页。

㉗㉙　原口清:明治初年的国家权力,《大系日本国家史》4,近代1,东京大学出版会(日文版),第92-

93页,第119－120页

㉚ 春畝公追颂会(代表人金子陞太郎)编:《伊藤博文传》上卷(日文版),统正社,1944年版,第921－939页。

㉛㉜ 井田良知、山中永之佑、石川一三夫:《日本近代法史》(日文版),法律文化社,1982年版,第48－49页;第68－69页。

㉝㉞ 福地重孝:《士族和士族意识》(日文版),春秋社,1956年版,第327－328页;第333－334页。

㉟日本近现代史辞典编转委员会:《日本近现代史辞典》(日文版),东洋经济新报社,1978年版,第774页。

㊱泰郁彦:《官僚之研究》(日本版),讲谈社,1983年版,第70－71页。

㊲刘文英:华族,见《世界历史词典》,上海辞书出版社,1985年版,第229－230页。

㊳田中惣五郎:《日本官僚政治史》(日文版),河出书房,1954年版,第76－79页。

第二节 明治时代前期日本的官吏制度

明治时代前期,日本政府在官吏的任用、工资等七个方面进行了一系列的改革。尽管改革后的官吏制度,并未取得重大的突破,但它被称为"后来的官吏制度的原型",占有不容忽视的历史地位。现分述如下:

一、任用

1.三职制度与征士、贡士之制

王政复古政变后建立的三职政府,为了"洗除旧弊"和"百事一新",急需从全国各地破格选拔一批资历浅但有才能的中青年充当政府官吏。1868年1月3日颁布的《王政复古大号令》指出:"登用人材乃为第一之急务,如有适当之人,务希急速上报。"[①]同年2月10日,公布了《三职分科职制》,决定建立三职七科的政府机构,并实行征士和贡士制度。

按照《三职分科职制》规定:"征士,无定员。诸藩士及都鄙有才者得选举拔擢任参与职,其在下议事所者则为议事官,而因分科任其科之挂者,则专司其科之事务。采选举之法,经公议拔擢,则命为征士;在职4年则退,以求广让人才;若其人有才器尚不能退时,得延期4年,即在职8年,应遵照众议。"[②]根据这一规定,从各藩藩士及城市中选拔的征士,一般担任中央政府的参与、下议事所的议员或各事务科的事务挂(相当于我国中央政府的副部长)。在七科改为八局之后,征士不再担任下议事所的议员,只任参与或各局的判事。据后来公布的《政体书》称:"设征士之法,虽藩士、庶人,犹能任二等官者,所以贵贤人也。"

征士制度在使倒幕派下级武士占据政府中枢机构方面起了一定作用。明治维新的杰出领导人大久保利通(萨摩藩士)和木户孝允(长州藩士),大久保死后两名最有实力的政治家伊藤博文(长州藩士)和大隈重信(佐贺藩士),以及长期从事财政工作的由利公正(越前藩士)和多年致力于教育改革事业的田中不二磨(尾张藩士)等人,都是经过众议选拔为征士,担任各种重要职务,活跃于明治时代的政治舞台[③]。但是,随着戊辰战争的胜利结束,政府的统治基础刚一巩固,1969年8月4日,明治政府便下令废止了这一征士制度。

根据《三职分科职制》的规定,除征士制度外,还建立了贡士制度。但贡士与征士不同,征士是经众议选拔,充当政府官吏。贡士则由各藩藩主举荐、代表藩论充任议事机关的议员。藩主举荐贡士有名额规定,大藩(封土40万石以上)推3人,中藩(封土10万以上至39万石)推2人,小藩(封土1万石以上至9万石)推1人。贡士虽有名额规定,但无任期限制,他们与藩主共进退,其中有才能者也可被推举为征士。

贡士在三职七科时代表藩论任下议事所的议员。1868年6月,根据政体书设立议政官时,贡士均任下局的议员,其职责是依据上局之命,审议租税、造币、通商、外交等事项。后来下局改称贡士对策所,贡士都成为该所的议员。不久贡士与留守居役合并称为公务人,公务人后来又改称公议人。1871年8月废藩置县后,公议人这一职务也被废止了[④]。

2. 根据《政体书》进行的官吏公选

(1)关于官吏公选的规定

1868年6月公布的《政体书》,除了对政治体制、政府机构等问题作了具体规定外,还对官等制度和官吏公选问题作了以下规定:“立官等之制,使各官知其职任之重,乃不敢自轻也。”“诸官以四年为任期,宜采用公选投票之法,但今后初次改选时,应保留其中的一半,延期两年再更换,务使断续得当。若其人为众望所属,暂时难以去职者,仍可延任数年。”

根据《政体书》的趣旨,明治政府将全国官吏分为九等,其议定(含兼任辅相者)和知官事等为第1等官,参与和副知官事等为第2等官,弁事(含下局议长兼任者)、判官事等为第3等官,以下一直到第9等官。第3等官以上的官吏由议定和参与全衡。又第3等官以上的官员,对外国一律称大臣。

至于官吏公选,由于政事繁忙,加上阻力较大,一直没有进行。但机构臃肿,冗员愈益增多,且经常出现按人情任用官吏一类的事,促使政府内部对立的状况日益加剧。征士出身的参与大久保利通对此深为忧虑,为了防止任人唯亲,做到“适材适所”,曾多次建议采取官吏公选制度。由于大久保、岩仓具视等人的积极活动,1869年6月22日(明治二年5月13日),明治天皇颁发了关于施行公选之法的诏书,并在诏书的别纸中规定:选举的对象包括辅相、议定、参与、六官知事、内廷职知事(相当于后来的宫内大臣)、六官副知事等6个官职;辅相、议定、六官知事、内廷职知事等4个官职从公卿、诸侯中选出,参与和六官副知事两个官职则“不拘贵贱”任选;选举定员为辅相1人,议定4人,参与6人,诸官知事6人,内定职知事1人,各官副知事6人;选举权只赋予第3官等以上的官员[⑤]。

(2)官吏公选的具体进行

1869年6月22日,即在天皇下诏的当天,第3等官以上的官员,通过互相票选的方式,选出辅相1人、议定4人、参与6人。6月23日,又以同样的选举办法,选出六官知事6人、内廷职知事4人、六官副知事6人。

所谓官吏公选,虽然只是三等官官员们互相“公选”,但仍然取得了不容忽视的成果。第一,精简了政府机构。通过这次选举,大幅度地缩减了辅相2名、议定17名、参与20名的政府要员,建立了辅相1名、议定4名、参与6名的新的定员[⑥]。许多公卿和藩主离开政府要职。特别是在戊辰战争初期由于对有力强藩的照顾而担任政府要职的大部分藩主,如蜂须贺茂昭、池田庆德、浅野长勋、德川庆胜、毛利元德、池田章政、锅岛直大、细川护久等人,均由于这次选举被迫离开了政府的中枢部门。还有些在政府内部对岩仓具视等人所采取的政策持有异议的人们(大原重德、山内丰信、由利公正、神山郡廉等),也都从政府的枢要部门转入其他机关,或不久就不再担任政府职务[⑦]。第二,倒幕维新派官僚开始占据政府的中枢地位。官吏“公选”的结果,三条实美和岩仓具视两名最有实力的公卿,分别以49票和48票当选为辅相和议定;除公卿东久世通禧外,萨摩藩士大久保利通、长州藩士木户孝允、肥前藩士副岛种臣、士佐藩士后藤象二郎和板垣退助,分别以49票、42票、31票、23票和21票当选为参与;长州藩士广泽真臣、佐贺藩士大限重信、长州藩士大村益次郎、萨摩藩士寺岛重则、士佐藩士佐佐木高行,则分别当选为民部官、会计官、军务官、外国官、刑法官的副知事[8]。通过这次选举,倒幕维新派开始确实地掌握了决定政策的政府中枢部门。

但是,在政府内部,山内丰信、松平庆永等人,一直对官吏公选持反对态度。就连被选为军务官副知事的大村益次郎,也认为长期奉行此法,他日必将产生倡导共和政体之人。因此,官吏公选实施后不到2个月,就根据1869年8月公布的职员令被废除。而在战前日本,高级官员"公选"也仅此一次,以后就再也没有进行。

3.《职员令》与《官位相当表》

为了加强天皇制的官僚统治,明治政府改革了旧的位阶体制,建立了新的官位制度。

日本的位阶制度,开始于公元603年建立的冠位12阶。后来经过几次改动,到公元701年确定了冠位30阶(从正1位到少初位下),5位以上是根据天皇敕令叙任的敕任官,6至8位为根据太政官奏请任命的奏任官,初位为根据太政官的判断出任的判任官。4、5位以上称为殿上人,其中3位以上又特殊称为卿[9]。

明治维新后,1869年8月15日(明治二年7月8日),明治政府颁布了《职员令》,决定废除标榜三权分立的第一次太政官制,建立了具有浓厚的保守主义、集权主义色彩的第二次太政官制。同一天,公布了《官位相当表》,即以表格的形式表示何种官职相当于何种官位。根据这一官位相当表,各官职的官位,从从1位到从9位,分为17个阶级。以太政官为例,左右大臣为从1位和正2位,大纳言为从2位,参议为正3位,大弁为从3位,中弁为正4位,少弁为从4位,大史为从5位,权大史为正6位,少史为从6位,权少史为正7位,主记为正8位,官掌为从8位。再以外务省为例,卿为正3位,大辅为从3位,少辅为正4位,大丞为从4位,权大丞为正5位,少丞为从5位,权少丞为正6位,大译官为从6位,大录中译官为正7位,权大录少译官为从7位,少录为正8位,权少录为从8位,史生为正9位,省掌为从9位[10]。详见明治二年官位相当表。

三日后,即8月18日(明治二年7月11日),将4位以上的官吏定为敕授官,6位以上的官吏定为奏授官,7位以下的官吏定为判授官。明治二年7月27日,敕授官改称敕任官,奏授官改称奏任官,判授官改称判任官。接着,明治二年8月20日,又设立了正从9位加上大小初位的20阶,正1位和大少初位均为虚位[11]。

但是,第二次太政官制建立的官位制度的明显缺陷是:太政官内诸职和省卿、大辅,及府藩县知事之间的官位关系定的不恰当。如参议和省卿为同格均为正3位,大弁与大辅、府知事、大藩知事均为从3位,中弁与少辅、中藩知事同为正4位,少弁和大丞、府大参事、小藩知事、县知事都是从4位。大纳言和参议与隶属于它们之下的省卿是同格,1万石的小藩知事和50万石的大藩知事是同格,又府藩县的顺序在格式上有上下的差别,即使同样是藩也有大、中、小三等的格差。所有这些都是由藩的体制仍然存在,各省的卿都是从华族中任命的这一现状造成的,可以说是阻碍统一的政令的贯彻和中央集权化的一种制度上的缺陷[12]。

4.《太政官职制》公布后官等制度的修改

1871年9月13日(明治四年7月29日),明治政府公布了《太政官职制》,决定废除二官六省的第二次太政官制,建立由正院、左院、右院组成的第三次太政官制。同时,对官等进行了改正,规定官等从1等至15等,3等以上为敕任官,4至7等为奏任官,8等以下为判任官(太政官第400号)。

太政大臣、左右大臣和参议不设等级,明确规定"太政大臣、左右大臣、参议三职为辅翼天皇之重官,其地位在各省长官之上,故不设官等"[13]。因此,各省卿为1等官,大辅为2等官,少辅为3等官,以下按照顺序排列确定官等。以外务省为例,官吏分为1至15等:卿为1等官,大辅和特命全权大使为2等官,少辅和办理公使为3等官,大丞和代理公使为4等官,少丞、总领事和1等书记官为5等官,领事和2等书记官为6等官,副领事和3等书记官为7等官,大录和1等书记生为8等官,权大录和2等书记生为9等官,中录和3等书记生为10等,权中录和4等书记生为11等官,少录和5等书记生为12等官,权少录和6等书记生为13等官,7等书记生为14等官,8等书记生为15等官[14]。

又,按照规定,敕任官的任免,须由三职辅佐,天皇决定;奏任官和判任官的任免,则由正院负责进行(见正院事务章程)。还规定左院议员分为三个等级,其任免权由正院掌握执行(见左院事务章程)。

二、服务

1.明治初年关于官吏纪律的若干规定

战前,日本官吏对天皇及其政府负有无定量的奉献的义务,但在1882年7月制定《行政官吏服务纪律》之前,在太政官布告等文件中对官吏的服务纪律也作了某些个别的规定。

1868年6月公布的《政体书》规定:"为官者不得私自在家中与他人议论政事,若有请求面谒陈述意见者,应使赴官府公议。"1869年2月政府又规定:"告诫百官,不得收纳贿赂和谋取私利。"这些规定可以说是关于官吏工作规则的原型。

官吏在报纸等刊物上揭载"宫中事务"一事当时也被禁止(明治六年太政官第131号布告,明治八年太政官第119号令);官吏及其家属经商一事原则上也被禁止(明治八年太政官第65号令)。但是,1881年,根据太政官第37号令,官吏及其家属可以成为以建筑、运输、开垦、殖产为目的的公司的股东。

2.《行政官吏服务纪律》

为了明确官吏服务准则,严明官吏工作纪律,1882年7月27日,明治政府公布了《行政官吏服务纪律》(太政官第44号令)。《行政官吏服务纪律》规定了官吏的一般的工作纪律,其内容共有以下12条:

第一条,凡官吏必须服从法律及职制章程,各尽其职责;

第二条,凡官吏必须遵守太政大臣及本部长官所下达的命令;

第三条,所属官吏在处理政府事务时,必须依照本部长官的命令执行职务;

第四条,所有官吏,不论职务内外,务须注重廉耻;

第五条,官吏不得泄漏政府机密,退职后亦须如此;

第六条,官吏非经本部长官之许可,不得直接或间接从事本职以外的获取报酬的其他工作;

第七条,官吏非经本部长官之许可,不得因职务关系接受他人之馈赠;

第八条,官吏不得接受他人请托寻私乱公;

第九条,官吏非经本部长官之许可,不得擅自离开职守,不得借故或托病旷废本职工作;

官位相当表(明治二年)

	敕任							
	从一位	正二位	从二位	正三位	从三位	正四位	从四位	正五位
神祇官			伯		大副	少副	大祐	权大祐
宣教使				长官 自神祇官兼之	次官		判官	权判官 大宣教师
太政官	左大臣 右大臣		大纳言	参议	大弁	中弁	少弁	
民部省				卿	大辅	少辅	大丞	权大丞
地理·土木 驿通·租税 监督·通商 矿山　司								
大藏省				卿	大辅	少辅	大丞	权大丞
造币寮								头
出纳司 用户司								
兵部省				卿	大辅	少辅	大丞	权大丞
兵学寮								头
武库会计司 糺问司								
刑部省				卿	大辅	少辅	大丞 大判事	权大丞 中判事
逮部司 囚狱司								
宫内省				卿	大辅	少辅	大丞	权大丞 侍从 大典医
女官				尚	侍	典	侍	掌

奏任			判任					
从五位	正六位	从六位	正七位	从七位	正八位	从八位	正九位	从九位
少祐	权少祐	大史	权大史	少史	权少史	史生	官掌	
权大宣教师	中宣教师	权中宣教师	大主典 少宣教师	权大主典 权少宣教师	少主典 大讲义生	权少主典 中讲义生	史生 少讲义生	
大史	权大史	少史	权少史		主记	官掌		
少丞	权少丞		大录	权大录	少录	权少录	史生	省掌
	正	权正	大祐	权大祐	少祐	权少祐	大令史	少令史
少丞	权少丞		大录	权大录	少录	权少录	史生	省掌
权头	助	权助	允	权允	大属	权大属	少属	权少属
	正	权正	大祐	权大祐	少祐	权少祐	大令史	少令史
少丞	权少丞		大录	权大录	少录	权少录	史生	省掌
权头	助	权助	允	权允	大属	权大属	少属	权少属
	正	权正	大祐	权大祐	少祐	权少祐	大令史	少令史
少丞 少判事	权少丞	大解部	大录 中解部	权大录 少解部	少录	权少录	史生	省掌
	正		大祐		少祐		伍长	逮部
少丞 中医典	权少丞 少医典		大录	权大录	少录	权少录	史生	省掌
侍	命妇							

外务省				卿	大辅	少辅	大丞	权大丞
侍诏院								
				长官	次官		判官	权判官
大学校				别当	大监	少监	大丞	权大丞 大博士
弹正台				尹	大弼	少弼	大忠	权大忠
皇太后宫职					大夫		亮	
皇后宫职					大夫		亮	
春宫坊				傅	大夫		亮	学士
府					知事		大参事	权大参事
藩 大					知事			大参事
藩 中						知事		
藩 小							知事	
县							知事	权知事
留守官				长官	次官		判官	权判官
开拓使				长官	次官		判官	权判官
按察使				长官	次官		判官	权判官

少丞	权少丞	大译官	大录 中译官	权大录 少译官	少录	权少录	史生	省掌
			大主典	权大主典	少主典	权少主典	史生	院掌
少丞 中博士	权少丞 少博士	大助教	大主簿 中助教 大寮长	权大主簿 少助教 大寮长	少主簿 大得业主 少寮长	权少主簿 中得业主 大写学生	史生 少得业主 中写学生	校掌 少写学生
少忠	权少忠	大巡察	大疏	少巡察	少疏	巡察属	史生	台掌
大进	权大进	少进	权少进	大属	权大属	少属	权少属	史生 职掌
大进	权大进	少进	权少进	大属	权大属	少属	权少属	史生 职掌
大进	权大进	少进	权少进	大属	权大属	少属	权少属	史生 职掌
少参事	权少参事	典侍	权典侍	大属	权大属	少属	权少属	史生
权大参事	少参事	权少参事						
大参事	权大参事	少参事	权少参事					
	大参事	权大参事	少参事	权少参事				
	大参事		少参事	大属	权大属	少属	权少属	史生
			大主典	权大主典	少主典	权少主典	史生	官掌
			大主典	权大主典	少主典	权少主典	史生	使掌
			大主典	权大主典	少主典	权少主典	史生	使掌

第十条,官吏违反上述各条规定时,情节严重者,本部长官应按情节轻重上报,令其辞职或依照惩戒条例给予处分;若以功过相补认为应该宽大处理时,本部长官应具实报请太政大臣裁定;

第十一条,各部门长官有责任检查所属官吏的工作;

第十二条,派出临时巡察使,检察官吏之政绩及功过,然后具实直接上报太政大臣。[15]

又根据同一天公布的太政官第45号令,该《行政官吏服务纪律》也适用于司法官,但基于职务的性质,其中的第三条不适用于法官。

与发布《行政官吏服务纪律》的同时,还公布了《行政官吏服务纪律说明书》(1882年7月27日太政官令)。该说明书可以说是《行政官吏服务纪律》的逐条解说书,它一开头说明确指出:"行政官吏为政府之机关,治化之本源,宜有特殊之纪律,以维持精神并严守义务;纪律的根本点:一是守法,二是顺从,三是廉耻,四是缜密,五是清白,六是公正,七是勤勉。"[16]

三、办公时间及休假[17]

1. 办公时间

三职七科制建立之后不久,明治元年1月21日,明治政府制定《参退时刻休假日及议事规定》,决定下议事所的议事官,每天午前10时(已刻)出勤,午后4时(申刻)退勤。此后,官吏出勤时间多次变动,先后规定9时(明治三年太政官第555号令)、8时(明治四年太政官等166号令)、7时(明治四年太政官第210号令)、9时(明治四年第363号令)出勤。1873年6月10日又规定,各官厅午前6时出勤,午后3时退勤。同年7月23日再规定,8月2日至8月31日,每天办公时间为午前8时至正午12时。自此以后,因季节关系,出退勤时间虽然常有变动,但明治前半期官吏的办公时间大致情况如下:

5月上旬至7月上旬午前8时上班,午后2时下班。

7月上旬至9月上旬午前8时上班,正午12时下班。

9月上旬至8月上旬午前9时上班,午后4时下班。

2. 休假制度

明治时代前期,官吏休假制度已初步建立,休假种类大致如下:

(1)休假日

根据明治元年1月制定的《参退时刻休假日及议事规则规定》,1日和6日定为休假日。但是,随着日本历法由阴历改为阳历(将明治五年12月3日改为明治六年1月1日),根据1874年3月公布的文部省令,各学校均以星期日为休息日。1876年3月12日,政府决定废除从前的一·六休假制,建立星期日休假制度,并规定星期六下午也给予休假(明治四年太政官第27号令)。

(2)祝日·祭日

根据1873年太政官第1号布告,废除了从前的人日(1月7日)、上巳(3月3日)、端午(5月5日)、七夕(7月7日)、重阳(9月9日)五个节日,规定只有神武天皇即位日(根据1873年太政官第91号布告改为纪元节)和天长节为全国的节日。同年10月14日,制定了《年中祭日祝日休假之规定》(太政官第344号布告),决定年中祭日祝日等休假日如下:

元始祭　　1月3日

新年宴会　1月5日
孝明天皇祭　1月30日
纪元节　2月11日
神武天皇祭　4月3日
神尝祭　9月17日
天长节　11月3日
新尝祭　11月23日

1878年6月5日，根据太政官第23号令，又将春季皇灵祭（春分日）、秋季皇灵祭（秋分日）列为休假日。翌年7月5日，依照太政官第27号令，又将神尝祭从9月17日改为10月7日。

(3)年初、年末及父母的祭日

1873年1月7日，根据太政官第2号布告，规定1月1日至3日、6月28日至30日（不久被取消）、12月29日至31日休假。同年9月14日，又依照太政官第318号令，规定父母的祭日也给予休假。

(4)暑期休假

1873年7月22日，政府决定给予官吏暑期休假，规定从8月1日至8月31日（但住在东京以外的场合为9月30日）之间，奏任官以上的官吏可休假15天以内，判任官以上的官吏可休假5天以内。翌年7月3日，又作出了《给予诸官员暑期休假》（太政官第84号令）的决定，规定从7月11日至9月10日之间，可根据工作的方便给予休假。后来，又发布了每年7月上旬给予暑期休假的太政官令，成为官吏每年暑期休假的依据。

(5)其他休假

1869年6月9日，规定官吏因公务去东京以外的地方出差时，回来后给予3天的休假。翌年8月又规定，根据出差地区的距离来确定休假的日数：100里以上为3天，50里以上为2天，25里以上为1天。

又，1873年4月12日，政府决定官吏回家探亲时，给予30天的休假（往返所需的日数除外）。这一休假在温泉疗养时也被确认，即如果出现患病等不得已的情况时，根据本人申请也可再休假30天。

四、分限

1.分限与非职

分限一词在日文中有许多种解释。单从官吏与公务员制度角度上看，分限一词就有各种解释。日文版《广辞苑》一书称：分限是指根据本人的身份、地位、能力等确定的最大限度的范围和限界，也指法律上的地位及资格[18]；日文版《国语大辞典》一书说：分限是指关于公务员的身份的基本的纪律，即身份的保障、免官、休职、转职等[19]；日文版《新版新法律学辞典》一书说：所谓分限是“身份保障以及以身份保障为前提的免官、休职、转职等官吏的身份上的变化的总称”[20]。又，日本学者村井龙彦在《公务员、公物》一书中说：所谓分限，在封建时代中，是指基于封建武士的俸禄额（禄米额、封上额）的变化而对其身份上的制约。1899年公布的《文官分限令》中的分限的意义，可以认为是意味着适应其本人的资格的公法上的地位以及根据其本人的身份所享有的法律上的利益的限度[21]。这就是说，每一官吏均具有适应其本人的资格的公法上的地位以及根据其本人身份的法律上的利益,这是一条基本的界线,但如果超过了这一界线,本人就将受到包括休职在内的分限处分。例如《文官分限令》规定:如果由于废除官职需要裁减人员,或由于本人患病不能胜任工作时,某些官吏就可能被迫休职。官吏休职期间,仍保留原来的身份,但不能担任原有的职务。就这一点来说,《文官分限令》规定的休职与以下《官吏非职条例》规定的非职,内容大致相同[22]。

2. 官吏非职条例

1884年1月,明治政府制定《官吏非职条例》,规定由于废除官职或本人患病等原因,本部门长官可令其所辖官吏非职,非职期间3年以内只支给其薪金的1/3,期满以后则免除其官职。故非职即指非职人员不"经常从事其所担任的职务",相当于现今日本的休职。

《官吏非职条例》(1884年3号太政官令)[23]全文共五条:

第1条,官吏在在职期间,由于废除官职、撤除官厅,或官厅事务弛张以及其他疾病等原因,本部门长官可命令其所辖官吏非职,但敕任官的非职须由天皇批准,奏任官的非职须经太政大臣认可;

第2条,非职人员奉戴其本部长官,但不常从事其所担任的职务,其他总的来说与在职官吏无异;

第3条,本部门长官根据工作的需要,可随时命令非职人员继续从事其原来的职务,但非职人员复职时,敕任官须由天皇裁定,奏任官须经太政大臣的认可;

第4条,非职以3年为一期,期满后免除其官职;

第5条,非职期间的薪俸,支给其现俸的1/3。

同年9月,依照1884年太政官第77号令,对《官吏非职条例》进行了修改,规定非职人员经本部门长官的批准,可以"从事地方医院、学校及农工商陆海运输等公司的业务",并可担任其公司的负责人员(役员)(第7条)。但是,"非职期间从事第7条规定之业务,其接受报酬的时间不支给第5条规定的薪俸"。[19]

五、惩戒

1.《新律纲领》及《官吏赎罪例图》

明治三年(1870)5月,明治政府制定《弹例》(太政官第336号令),规定了对官吏违法行为的处分方法和惩戒手续。同年12月,又制定《新律纲领》(太政官第944号令),一方面规定了对官吏处刑方面的特殊处理,另一方面又比较详细地规定了对官吏处分的内容。按照《新律纲领》规定,在官吏"犯有公罪或有错误过失",应处以笞罪(犯有以鞭子责打之罪)或杖罪(犯有用棍棒责打之罪)的场合,将依照禁闭("谨慎")或反省("闭门")的方式断处(该当笞刑10的场合,禁闭5天;该当笞刑20的场合,禁闭10天……该当杖刑90的场合,反省45天;该当杖刑100的场合,反省50天)。又,在该当处徒刑以上之罪的场合,则规定必须降低官等。

但是,由于禁闭和反省,将使行政事务停滞,明治四年(1871年)8月,制定了《官吏赎罪例图及改正名例》(太政官第434号令),规定今后官吏"犯有公罪及有错误过失"时,须"依照官吏赎罪例图断处"。按照《官吏赎罪例图》规定,在官吏"犯有公罪及有错误过失",应当处以杖刑以下之罪时,可"依照条例,任其赎罪"。具体地说,即按照敕任、奏任、判任官等区别,依照以下图表的规定交付赎金。但在应当处以徒刑以上之罪时,仍然和以前一样,没有敕任、奏任、判任的区分，一律都要降低官等。

官吏赎罪例图

（1871年太政官第434号令）

	笞10	20	30	40	50	杖60	70	80	90	100
敕任	2两	4两	6两	8两	10两	12两	14两	16两	18两	20两
奏任	1两2分	3两	4两2分	6两	7两2分	9两	10两2分	12两	13两2分	15两
判任	1两	2两	3两	4两	5两	6两	7两	8两	9两	10两

明治五年(1872)10月，对官吏的私罪也采取了同样的措施。即制定《官吏私罪赎罪条例图表及罚俸条例图表》(太政官第321号布告)，规定在官吏蓄谋犯有私罪，犯下杖刑以下之罪时，从前按照自刑处断，今后则改为与公罪一样，依照赎罪的办法处理，并原则上规定令其在5天以内将赎金交付司法省。同时还规定，在官吏犯有公罪，须判处徒刑以上之罪时，过去须受降低官等的处分，现在则改为罚薪即减薪处罚。按照《官吏罚薪条例图表》规定，如处徒刑1年时，则罚薪1个月。其支付方法是，每月扣留一半薪俸，按数扣完后则交付司法省。因此，徒刑1年时分两个月，徒刑1年半时分3个月减半发薪。但是，在免职或死亡的场合，则免除其支付的义务。

另外，明治五年3月，还制定了《敕奏官位犯罪条例》(太政官第80号布告)，规定敕任官、奏任官等人犯罪时，须上奏天皇。

2. 官吏惩戒条例[24]

1876年4月14日，明治政府公布了《官吏惩戒条例》(明治九年4月14日太政官第34号令)，对官吏惩戒处分的种类和方法作了明确规定。《官吏惩戒条例》共10条，现摘要译述如下：

第1条，今后，除私罪以外，对官吏职务上的过失，本部门长官有惩戒权；

第2条，官吏惩戒之法有三种：第一是谴责，第二是罚薪，第三是免职；

第3条，谴责作为最轻的惩戒处分，由本部门长官发给谴责书；

第4条，罚薪是剥夺半个月至3个月的薪俸，罚薪的方法是扣留每月工资的一半，数满后送交大藏省；

第5条，依照惩戒处分免职者，须遵照本部门长官的意见，但对奏任官的免职则须具实奏请朝廷批准，并使其返还叙位证书；

第6条，各省长官惩戒所属奏任官和判任官；

第7条，府县奏任官由太政大臣惩戒之，府县及警视厅判任官则由其长官惩戒之；

第8条，4等以下判事之过失，由司法卿惩戒之；

第9条，府县长官、警视长官在惩戒其所属判任官时，除了可独自进行谴责外，对于罚薪或免职，为了顺利进行处分，须迅速向内务卿申报。兼任府县官判事者，在对其所属判任官进行罚薪或免职时，为顺利进行处分起见，须及时向司法卿申报；

第10条，故意犯有私罪者，虽属职务上的犯罪，亦须移交司法官，本部门长官不得擅自处分。

与颁发《官吏惩戒条例》的同时，还公布了《各长官依官吏惩戒条例实施惩戒处分须知》，提示了各长官在进行惩戒处分时应该注意的事项，该文件共有9条，现摘其主要者译述如下：

第1条，各长官平生监督其所属官吏，若有过失须依照惩戒条例予以处分；

第2条，所谓过失是指错误出于无意者。错误出于疏忽怠惰者亦为过失；而品行不佳，有辱于官吏体面者，亦准于过失；均须予以惩戒；

第3条，过失之事有害者，须从重处分。若其事虽然有害，但尚可改正者，以及事情根本无害者，可从轻论处。但在依照其情节，酌量轻重处分时，可遵照本部长官的意见处理；

第4条，同僚之官吏，犯有共同之过失者，由主管其事的上级长官(如主持省务的省的长官，主持厅务的厅的长官等)负其责任；

第5条，所属官吏察觉自己有过失，终日东张西望酌量进退时，本部门长官须追究此事。若其仅为过失者，可依照条例进行处分；若涉及到故意犯罪，可依照惩戒条例第10条，由本部长官移交司法官。若司法官判定其人并非故意制造事端，又未触及刑律时，可将此案退还给本部长官，本部长官仍可依照惩戒条例进行处分；

第6条，依照惩戒条例被免职者，非经过两年以上的时间，不得重新录用；

第7条，其他官厅想录用被免职者时，必须通知原来的本部长官，征求其意见，并得到答复；

第8条，因过失被免职者，由长官说明旨意，令其递上辞表；若本人违背旨意，拒不递交辞表者，可直接免除其职务；

第9条，旧任中有过失者，转任之后被察觉时，须通知旧任的本部长官，由新任的本部长官予以惩戒[25]。

3. 巡查惩罚条例

1874年6月，明治政府制定了《巡查惩罚条例》，对巡查的惩罚作了详细的规定。后来，这一条例，经过多次修改，于1876年公布了新的统一的《巡查惩罚条例》。新制定的《巡查惩罚条例》共有五条，其主要内容如下：

第1条，凡违背职务规则及玩忽职守者，须按其情节课以不少于1个月工薪的1%，不多于1个月工薪的罚款；轻者不罚款，只给予谴责；

第2条，凡犯罪状况有辱于职务者，则免除其职务；

第3条，凡在未交完罚款期间免职或死亡者，免除追惩之事；

第4条，凡罚款均通过扣除每月薪金的办法使其付清，但扣留金额不得超过本人月薪的1/3；

第5条，凡遗失和损坏公物者，须课以一定数额的罚款，作为赔偿其所损失物资的代价。

对《官吏惩戒条例》适用于巡查问题，根据1876年6月政府作出的决定，因巡查另有惩罚规则，不受本条例的限制。但警视、警部、警部补的惩罚，与一般文官一样，须按照《官吏惩戒系列》处置。

六、工资[26]

明治时代前期，日本官吏的工资报酬，并不是根据工作的难易及工作范围的差异来确定，而是按照以官职和官等的高低为基础的官吏的地位来决定的。现简述如下：

1. 从王政复古到奉还版籍时期的官吏工资制度

王政复古政变后，作为中央行政机构，短期内进行了几次改正，先是暂设总裁、议定、参与三职，接着设立三职七科，后来又建立三职八局。

在官吏工资制度方面,明治元年3月(旧历)制定了《月俸暂定》,确定了三职八局时期官吏的月薪。《月俸暂定》将当时的官职分为三等九级,以总裁的月薪1000元为最高,以使丁的月薪10元为最低,详见下表:

(月薪暂定)(抄)

上等

总裁职	月	1000元
议定职	月	800元
参与职	月	500元

中等

头官	月	300元
助官	月	200元
属官	月	100元

下等

书记	月	30元
书生	月	20元
使丁	月	10元

但是,到2个月后的5月间,由于战争时期开支巨大,政府决定各级官吏的月薪一律减发一半。

同年6月13日,与根据《政体书》的趣旨改正的官等相适应,明治政府制定了《月薪规则》。即将官等分为九等。但在关东平定之前,1、2、3等官的月薪均减发一半,4、5等官的月薪则减发1/3。

(月俸规则)(抄)

第1等	金	700元……(辅相、议定、知官事等)
第2等	金	600元……(参与、副知官事等)
第3等	金	500元……(议长、弁事、判官事等)
第4等	金	300元……(权弁事、权判官事等)
第5等	金	150元……(史官等)
第6等	金	50元
第7等	金	30元
第8等	金	20元
第9等	金	10元

2. 从奉还版籍到废藩置县时期的官吏工资制度

1869年7月,明治政府宣布实行奉还版籍,同年8月,公布了具有浓厚的复古主义色彩的《职员令》,对中央行政机构进行了改革,对官吏工资制度也进行了改革,制定了复古主义的《官禄定则、官禄兑换定则及官禄规则》。根据这一文件,官吏工资从月俸改为年俸(官禄),工资等级分为18等,从第1等的左右大臣的官禄现米1200石到最低等级的官禄现米12石;官禄的支付方法,按月平均计,每两月发给一次。官禄支付的原则,除根据个人要求支给一部分现米外,其余部分均按前月10日、20日、30日(月末)的市场现米平均价格折算成现金支付,但从同年12月27日起,现米市价定为1石8两。

第1等　现米　1200石
第2等　现米　1000石
第3等　现米　700石
第4等　现米　600石
第5等　现米　500石
第6等　现米　420石
第7等　现米　340石
第8等　现米　270石
第9等　现米　200石
第10等　现米　130石
第11等　现米　85石
第12等　现米　67石
第13等　现米　50石
第14等　现米　33石
第15等　现米　26石
第16等(又分3等)
　第16等之1　现米　20石
　第16等之2　现米　15石
　第16等之3　现米　12石

3. 从废藩置县到内阁制度建立之前的官吏工资制度

废藩置县之后不久,1871年9月24日,明治政府修改了官等制度,将官吏等级分为1等至15等,并设太政大臣、纳言(后改为左右大臣)、参议三职、三职未定等级,但其地位"在各省长官之上"。与此同时,在官吏薪俸方面,也进行了改正。根据新制定的《月俸定则》,官吏薪俸从发给禄米的年俸,改为支付现金的月俸。官俸最高者为太政大臣(原1等官),月薪800两,官俸最低者为少驭者(原16等官),月薪15两。另外,等外官分为4等,1等月俸12两,4等月俸6两。

《月俸定则》见下表:

月俸定则(1871年太政官第457号令)(抄)

太政大臣	800两	从前	1等
左右大臣	300两	从前	2等
参议、议长、诸省卿、宣教长官	500两	从前	3等
副议长、诸省大辅、宣教次官 大弁务使、文部大博士、大典医	400两	从前	4等
大内史、大议官、一等寮头、诸省少辅 中弁务使、文部中博士、司法大判事 侍从长、中典医	350两	从前	5等
权大内史、大外史、中议官、一等寮权头 诸省大丞、宣教判官、少弁务史、二等寮头 文部少博士、司法中判事、少典医	250两	从前	6等

（续表）

少内史、权大外史、少议官、一等寮助 诸省少丞、三头寮头、一等医正、文部大教授 司法少判事、侍从、大侍医	200 两	从前	7 等
权少内史、少外史、外务大记、二等寮助 一等司正、二等医正、文部中教授	150 两	从前	8 等
外务少记、三等寮助、一等司权正、一等军医 二等司正、文部少教授、次侍从、少侍医	100 两	从前	9 等
中略			
少主记、诸省少禄、大舍人、中伶人 诸司少令史、内含人、大驭者	25 两	从前	14 等
权少主记、诸省权少禄、权大含人、少伶人 诸司权少令史、权内含人、中驭者	20 两	从前	15 等
少驭者	15 两	从前	16 等
以下略			

1877 年 1 月，政府决定减少 4 等官以下官吏的月俸，3 等官以上官员即敕任官虽然没有减少月俸，但须征收相当于月俸 20% 数额的官禄税。1879 年 12 月，政府决定部分恢复原来被减薪的官吏的月俸，如 4 等官月俸由 200 元增为 250 元，5 等官月俸由 150 元增至 200 元。

详见以下两表：

1877 年太政官第 4 号令（抄）

4 等官		200 元
5 等官		150 元
6 等官		100 元
7 等官		80 元
8 等官		60 元
中略		
15 等官		20 元
16 等官		15 元
17 等官		12 元
以下略		

1879 年太政官第 5 号令（抄）

4 等官	月俸	250 元
5 等官	月俸	200 元
6 等官	月俸	150 元
7 等官	月俸	100 元
8 等官上等级	月俸	75 元
下等级	月俸	60 元
9 等官以下同前		

七、恩给

1. 军人的恩给

恩给在日文中一般指养老金和抚恤金。养老金是官吏或军人退职时以政府的名义发给的退职金,抚恤金是官吏或军人死亡时政府发给其家属的赡养费。

日本的退职金、抚恤金制度,可以说是从军人中首先开始的。1875年制定《陆军武官负伤补助与死亡祭祀供品及其家属抚恤概则》(明治八年太政官第48号令)。翌年废止了这一概则,以太政官第99号令,制定了《陆军恩给令》及《退役金及抚恤金令》。在海军方面,1875年以太政官第148号令,制定和公布了《海军隐退令》,其内容与《陆军恩给令》和《退役金及抚恤金令》大致相同。

1883年,对上述几个恩给令进行了大幅度的修改,新制定《陆军恩给令》(太政官第37号令),《海军恩给令》(太政官第38号令)。两个恩给令的主要内容有:退职恩给、公务伤病增加恩给、寡妇孤儿补助金、一次性支给的账恤金、一次性支给的补助金等。[27]

2.文官的恩给

(1)《官吏恩给令》制定前的某些措施

在《官吏恩给令》制定以前,明治政府也采取过一些可以说具有恩给前身性质的官吏退职抚恤金的措施。

1869年8月,在《官禄定则、官吏兑换定则及官禄规则》中,规定对在职中病死的官吏的家属,一次发给相当于本人3个月薪俸的遗属抚恤金。1870年3月制定的《官员免职时赐予规则》,又规定在奉职满2年以上的官吏退职时,可按敕任、奏任、判任官等的区分,发给纺织品等物品和1个月薪俸的退职金。1872年7月,制定了《任职满三年以上官员免官时赐物规则》,对一次性发给退职金的必要条件作了一些变更。1874年5月,又制定了《月俸规定》,其中规定"对免职和在职中死亡的官吏,发给当时月俸半额乘任职以来年数(按连续工作一年的年数计算)的退职金和抚恤金,但如本人在免职时有败坏廉耻行为或犯有1年以上之私罪时,则不在此限"。《月俸规则》的这一规定,后来经过一些修改,于1884年1月作了以下改正:"奉职满5年以上15年未满的官吏死亡或因废除官厅、撤销机构根据谕旨退职时,可一次性地发给其一定的金额;但领取恩给者、等外官、御用挂、雇员以及因犯罪失去官职者,因惩戒被免职者,则不发给这项金额。"根据这次的改正,奉职满5年以上10年未满的官吏死亡或退职时,可一次发给3个月薪俸的抚恤金或退职金;奉职满10年以上15年未满的官吏死亡或退职时,可一次发给4个月薪俸的抚恤金或退职金。这个一次支付退职金、抚恤金的规定,于1884年4月根据太政官第36号令被废止,而在《官吏恩给令》中则追加了一项关于"一时金"(一次性发给退职金或抚恤金)的规定。

(2)《官吏恩给令》的制定

1884年1月14日,以太政官第1号令,公布了《官吏恩给令》[28]。全文共28条。按照该令第1条规定,勅任官、奏任官和判任官,在其退官后可根据本官的任职年数及其年龄支给官吏恩给即退职金和抚恤金。恩给的种类有以下四种:

第1种是恩给,即相当于现今日本的普通恩给。按照该令第2条规定,官吏任职满15年以上,年龄至60岁时准予退官者;或年龄虽未到60岁,但已任职满15年以上,后因废除官职,撤除机构,或患有不治之症,确实证明其不堪任其职者,均支给其终身养老金即普通恩给。大臣、参议、各省卿、元老院议长及参事院议长,在任职满2年以上退官时,亦可依照特旨支给其终身恩给。又,虽在职满15年以内,但因公务患不治之症,或身负重伤不堪担任其职,因而令其退职者,亦终身支付恩给(第3条)。另外,因公务负有重伤,或患不治之症,在提出开业医院的诊断书,证明其不堪任职时,则准许其退职,且不拘在职年数,终身支付其恩给(第4条)。

第2种是增加恩给,即相当于现代日本的增加恩给。根据《官吏恩给令》第4条第2项规定,在因公务负有重伤或患不治之症,被免除官职或准予退职的场合,对其中的盲、聋或一肢以上失去作用者,除了按照规定支给一定数额的恩给之外,还可依照特旨增加支付恩给。

第3种是赡养费。《官吏恩给令》第10条规定:敕、奏任官在任职中已经达到可以领取恩给的时期死亡时,或者已经领取恩给的敕、奏任官死亡时,可根据情况终身支给其寡妇死者生存中恩给年额1/2以内的赡养费。如没有寡妇时,可支给其继嗣之孤儿(不论男女,不管是实子还是养子),到年满20岁时为止。判任官在任职中已经达到可以领取恩给的时期因公务死亡时,也可依照特旨支给其寡妇一定金额的赡养费,但孤儿、父母、祖父母以及兄弟姐妹均不发给。

第4种是一次性赡养费。《官吏恩给令》第14条规定:死者没有可以接受赡养费的寡妇、孤儿、父母或祖父母,但有过去依靠死者生活,未满20岁,或虽满20岁,但身体残废的兄弟姐妹;对于以上这些人,可根据情况,依照特旨,一次性支给他们相当于寡妇不少于1年不多于5年的赡养费。

按照《官吏恩给令》规定,官吏普通恩给的年额是:凡任职15年或未满15年者,其恩给为本人退职当时薪俸年额的1/4,即60/240;尔后每满1年增加1/240,直到满35年时,达到80/240,即薪俸年额的1/3为止(第5条)。

该令还规定:虽然任职满15年,但年龄尚未到60岁,根据自己的方便请求退官者;或因违反服务纪律依照谕旨退官,以及因惩戒处分或刑事宣判被免官者,均不支付恩给即退职金(第6条)。

1884年4月,对《官吏恩给令》进行了部分的修改,规定对任职5年以上11年未满的退官者,支给退职当时3个月份薪俸的退职金;对任职11年以上15年未满的退官者,支给退官当时4个月份薪俸的退职金。

另外,在《官吏恩给令》公布之前,1882年7月还制定了《巡查看守补助条例》(太政官第41号令)(24)规定巡查看守的补助有五种:一是退职补助,即连续工作满10年以上者支给终身补助,满5年以上者支给一次性补助;二是负伤补助:对因公务负伤者支给终身补助;三是死亡补助:支给职务死亡者的家属;四是医疗费:支给因职务负伤和患传染病者;五是祭祀费:支给奉职中死亡者。补助费分为最高基准和最低基准,内容由各地方决定,经内务省批准,然后付清施行。

注　释:

① 历史科学协议会编著:《史料日本近现代史》1卷(日文版),三省堂,1985年版,第36-40页。

② 田中物五郎:《日本官僚政治史》(日文版),河出书房,1954年版,第50-51页。

③⑨ 战前官僚制研究会编,秦郁彦著:《战前日本官僚制的制度·组织·人事》(日文版),第一部主要官僚的履历,东京大学出版会,1981年版,第56页(太久保利通)、第85页(木户孝允)、第29页(伊藤博文)、第56-57页(大限重信)、第250页(由利公正)、第141页(田中不二麿)等;第四部制度、组织之解说,第663-664页。

④ 井上勋:贡士,见《日本大百科全书》(日文版)第8卷,小学馆1986年版,第714页;吉田常吉:贡士,见《日本历史大辞典》第7卷(日文版),河出书房新社,1970年版,第238页;乌海靖:公务人,见《国史大辞典》第5卷第526页;池田敬正:公务人,见《日本历史大辞典》第7卷第314页。

⑤ 山崎丹照:《内阁制度之研究》(日文版),高山书院,1942年版,第17－20页。

⑥ 信夫清三郎:《日本政治史》(日文版),第2卷,南窗社,1978年版,第209页。

⑦ 下山三郎:《戊辰战争与维新政权》,岩波讲座日本历史(日文版),14,近代1,岩波书店1975年版,第98页。

⑧⑪ 维新史料编纂会编:《维新史》(日文版)第3卷,吉川弘文馆,1983年版,第405－407页;第412页。

⑩⑭ 东京大学史料编纂所编:《读史备要》(日文版),讲谈社,1976年版,第544－550页(明治二年官位相当表)。

⑫⑬ 原口清:《明治初年的国家权力》,《大系日本国家史》4,近代1、东京大学出版社,第96页;第122页。

⑮⑰㉓㉖ 日本公务员制度史研究会编著:《官吏、公务员制度之变迁》(日文版),第一法规出版株式会社,平成元年(1989年)版,第28－29页(行政官吏服务纪律);第29－34页(办公时间及休假);第34－35页(《官吏非职条例》);第21－27页(工资制度)。

⑯㉔㉕㉘ 日本公务员制度史研究会编著:《官吏、公务员制度之变迁》(日文版),官吏、公务员制度关系资料,第一法规出版株式会社,1989年版,第329－334页(行政官吏服务纪律说明书);第328页(官吏惩戒条例);经328－329页(各长官依官吏惩戒条例实施惩戒处分须知);第331－334页(官吏恩给令)。

⑱㉒ 新村出编:《广辞苑》(日文版),岩波书店,1984年版,第2141－2142页;第608页;第2018页。

⑲ 尚学图书编:《国语大辞典》(日文版),小学馆,1982年版,第2138页。

⑳ 编辑代表我妻荣:《新版新法律学辞典》(日文版),第1070页。

㉑ 村井龙彦:《公务员的分限和惩戒》,见《现代行政法大系》(日文版),第9卷《公务员·公物》,有斐阁,1984年版,第217页(分限的意义)。

㉗ 内客官房编著:《内阁制度七十年史》(日文版),大藏省印刷局,1955年版,第261－265页。

第二章　明治时代后期日本内阁制度的建立和官吏制度的确立

所谓明治时代后期，是指从1885年12月建立内阁制度，到1912年7月明治天皇逝世的这一历史时期。在明治时代后期这26年的时间内，日本近代天皇制的政治体制和官吏制度可以说已经全面确立。

在政治体制方面，1885年12月，废止实施多年的太政官制，建立了适应立宪体制需要的近代内阁制度；1889年2月，颁布《大日本帝国宪法》，标志着近代天皇制的确立和完成。在这个时期，除了宪法这一国家的根本大法外，明治政府还陆续颁布了《民法》（1890年公布旧民法典，1898年颁行新民法典）[①]、《刑法》（1880年颁布旧刑法典，1907年公布新刑法典）[②]、商法（1890年公布旧商法典，1899颁行新商法典）[③]、民事诉讼法（1890年公布）[④]、刑事诉讼法（1890年公布）[⑤]、行政裁判法（1890年公布）[⑥]、裁判所构成法（1890年公布）[⑦]等一系列的基本法律。又，为了强化地方的统治体制，1888年4月，伊藤内阁制定市制、町村制；1890年5月，山县内阁公布府县制，郡制[⑧]。

在官吏制度方面，1885年12月，首任内阁总理大臣刚一上台，就宣布政纲五章，也称官纪五章。1886年3、4月和7月，先后公布高等官官等工资令、判令官官等工资令、技术官官等工资令、地方官官等工资令。1887年7月，制定文官考试试补及见习规则，并公布官吏服务纪律。1893年10月，公布文官任用令，又制定文官考试规则。1899年3月，第二次山县内阁公布了所谓“文官三令”，即全面修改文官任用令，同时制定文官分限令和文官惩戒令。“文官三令”的公布，标志着近代文官制度的确立。又，在这前后，明治后期的历届内阁，还制定和公布一系列的关于文职官吏的退职金和抚恤金制度。如1890年制定《官吏恩给法》、《官吏遗属扶助法》、《市町村立小学教员退职金及遗属抚恤金法》、《府县立师范学校薪俸及公立学校职员退职金及遗属抚恤金法》等。

本章分为两节。第一节概述明治后期内阁制度的建立和明治宪法的颁布，第二节全面剖析明治后期关于官吏的各种制度。

第一节　明治时代后期内阁制度的建立和明治宪法的颁布

一、内阁制度的建立

1. 代替太政官制的近代内阁制度

1885年12月22日，根据太政官第69号令，废除设立多年的太政官制，仿效西方国家建立近代内阁制度。旧有的太政大臣、左右大臣、参议及各省卿一律撤销,新设内阁总理大臣及宫内、外务、内务、大藏、陆军、海军、司法、文部、农商务、递信各大臣。又在此当中,除宫内大臣外,内阁总理大臣和其他各省大臣组织内阁。宫内省与内阁分离,专门负责处理宫内事物,以使国务与宫内事物严格分开,明确所谓宫中府中之别。与此同时,根据太政官第68号令,在宫内除宫内大臣外,还设作为76—84常侍辅弼之职的内大臣,另置15人以内的宫中顾问官[9]。

明治后期新建的近代内阁制度,与先前的太政官制相比,有许多的不同之处。

(1)以前的太政官是以太政大臣为首长的独任机关,而内阁则是由国务大臣全体成员组织的合议机关。

(2)在太政官制度之下,各省长官(卿)不过是隶属于太政官的分部长官,但在内阁制度之中,各省大臣与内阁总理大臣一起,在制度上均为当然的内阁阁员。

(3)在太政官时代,太政大臣对各省大臣在制度上有完全的指挥监督权限,但内阁总理大臣却没有这种权限,新制定的《内阁职权》只是规定"内阁总理大臣作为各省大臣之首,奏宣机务、承旨指示大政方向,统督行政各部"。

(4)以前,宫中府中没有分离,宫内省也与其他各省一样隶属于太政官,但新制度却明确了宫中与府中之别,将宫内省置于内阁之外[10]。

另外,在太政官制时代,太政大臣和左右大臣,只能由公卿和旧领主充任,如三条实美、岩仓具视两名公卿和旧萨摩藩主岛津久光,长期地分别担任太政大臣和左右大臣,而下级武士出身的改革派政治家,如大久保利通、木户孝允、大限重信、伊藤博文等人,只能担任参议及各省长官(卿);但新的内阁制度建立后,首任内阁总理大臣由长州藩士出身的前参议伊藤博文担任,而各省大臣也大都是长州、萨摩两藩下级武士出身者,公卿和旧藩主出身者在阁僚中一个人也没有。详见下表:

初代内阁一览(1885年12月22成立)[11]

内阁	爵位	姓名	出身	年龄
内阁总理大臣	伯爵	伊藤博文	长州藩士	45岁
兼宫内大臣	伯爵			
外务大臣	伯爵	井上馨	长州藩士	51岁
内务大臣	伯爵	山县有朋	长州藩士	48岁
大藏大臣	伯爵	松方正义		51岁
陆军大臣	伯爵	大山岩	萨摩藩士	44岁
海军大臣	伯爵	西乡从道	萨摩藩士	43岁
司法大臣	伯爵	山田显义	长州藩士	42岁
文部大臣	子爵	森有礼	萨摩藩士	39岁
农商务大臣	子爵	谷干城	土佐藩士	50岁
递信大臣	子爵	榎本武杨	幕臣	50岁
内阁顾问	伯爵	黑田清隆	萨摩藩士	46岁

总之,近代内阁制度的建立,是明治时代后期日本宪政史上的一件大事,驻维也纳公使西园寺公望在写给伊藤博文的信中说:建立内阁制度,"实为我国千古未有之大美事、大事业,能如此我国政府将成为与文明诸国同等之政府,能如此他日开设议院亦不足忧"[12]。

2.从《内阁职权》到《内阁官制》

(1)内阁职权

与宣布建立内阁制度的同时，又公布了作为内阁运营准则的《内阁职权》，全文共七条，中心内容有三：

一是规定内阁总理大臣的职权，如第1条规定："内阁总理大臣作为各大臣之首，奏宣机务、承旨指示大政方向，督统行政各部。"第2条规定："内阁总理大臣得考察行政各部之成绩，要求其说明以及检查之。"第3条规定："内阁总理大臣认为必要时，得令行政各部停止处分或命令，以俟亲裁。"第4条规定："内阁总理大臣监督各项法律起草委员。"

二是规定内阁总理大臣与各省大臣的关系。如第5条规定："凡法律命令均由内阁总理大臣副署，其属于各省主管之事务，可由内阁总理大臣及主管大臣副署之。"第6条规定："各省大臣须随时向内阁总理大臣报告其主管事务状况。"

三是规定军令机关即参谋本部是不属于内阁管辖的机构，如第6条下半段规定："但事关军机，应由参谋本部长直接上奏者，陆军大臣亦须将其事件报告内阁总理大臣。"

值得注意的是：《内阁职权》与后来制定的《内阁官制》相比，曾经相当强烈地规定了内阁总理大臣对各省大臣的统治权限⑬。

(2)内阁官制

1889年12月24日明治政府公布了《内阁官制》。内阁官制的内容虽然沿袭了《内阁职权》，但与《内阁职权》相比，至少有三个不同点。一是内阁总理大臣对各省大臣的统制权限被削弱了；二是专门列举了阁议附议事项；三是除了各省大臣以外，可依照特旨设置成为内阁成员的国务大臣。

此中的第一点至关重要。例如，在《内阁职权》的第1条规定："内阁总理大臣作为各大臣之首，奏宣机务、承旨指示大政方向，督统行政各部"，而在《内阁官制》的第2条中则规定："内阁总理大臣作为各大臣之首班奏宣机务，承旨保持行政各部之统一。"又如，在《内阁职权》的第5条中规定："凡法律命令均由内阁总理大臣副署，其属于各省主管之事务，可由内阁总理大臣及主管大臣副署之。"但在《内阁官制》的第4条中规定："凡法律及一般行政之敕令由内阁总理大臣及主任大臣副署，属于各省专任行政事务之敕令则由主任之各省大臣副署之。"由于内阁总理大臣作为各大臣之首，仅能承旨保持行政各部之统一，而不能承旨统督行政各部，所以一旦内阁出现分歧不能解决时，内阁便不得不集体辞职。如1922年的高桥内阁、1931年的第二届若槻内阁和1941年的第三届近卫内阁，都是由于内阁意见不能统一导致内阁总辞职⑭。

因此，自大正时代，特别是昭和时代前期，随着国内形势的剧烈变化，日本历届内阁不断强化内阁总理大臣的权限。例如，1939年9月制定《关于国家总动员法等的实施的统辖的事项》，承认了各省大臣对总理大臣的协议及总理大臣对各省大臣统辖上的指示权；后来又由于1943年3月的《战时行政职权特例》(第133号敕令)，内阁总理大臣的统制力进一步强化了。

3. 内阁的组织手续

战前，在明治宪法的体制下，作为内阁的组织程序，首先须由天皇选定内阁总理大臣，然后任命其他国务大臣。在天皇选任内阁总理大臣时，主要依靠内大臣和元老们参与进行，但参与的方式各个时期均有不同。或者是只由元老奉答天皇的垂询，或者是由内大臣与元老协商之后奉答天皇，也有时由元老与其他重臣商议然后将其商议结果上奏天皇。但不管怎样，在天皇选任内阁总理大臣时，元老具有巨大的影响力。

据历史记载,自1889年以后,根据明治、大正天皇的诏敕或意旨,先后有9人作为国家的元勋,受到元老的待遇,其中有伊藤博文、黑田清隆、山县有朋、松方正义、井上馨、西乡从道、大山岩、桂太郎和西园寺公望。9名元老全为高级文武官员,内有6人任过首相。但他们不论在执政期间,还是在退官以后,均可参与决定重大的国家事务,并在内阁更迭之际有向天皇奏荐后任内阁总理大臣之权。大正年间元老们相继死亡,仅存西园寺一人[15]。1941年11月西园寺病死以后,辅佐天皇选任内阁总理大臣一事,则由内大臣召集重臣会议进行。

由于内阁总理大臣的选定权属于天皇,奏荐权一般属于元老,所以在明治时代后期的14届内阁总理大臣中,除了4届带有政党色彩的内阁、内阁总理大臣由宪政党或政友会的领袖担任外,其他10届内阁5名内阁总理大臣均由萨长藩阀实力派首脑充任,如长州藩阀领袖伊藤博文四次组阁(第四次组阁时伊藤博文组织立宪政友会),山县有朋两次组阁,桂太郎两次组阁;萨摩藩阀领袖黑田清隆一次组阁,松方正义两次组阁等。

参见下表:

1885—1912年14届内阁表[16]

内阁名	总理大臣	总理大臣的出身及其他	成立年月日	存在时间
1. 伊藤内阁	伊藤博文	山口(原长州藩)	1885年12月22日	2年另4个月
2. 黑田内阁	黑田清隆	鹿儿岛(原萨摩藩)	1888年4月30日	1年另7个月
3. 山县内阁	山县有朋	山口(原长州藩)、陆军	1889年12月24日	1年另4个月
4. 松方内阁	松方正文	鹿儿岛(原萨摩藩)	1891年5月6日	1年另3个月
5. 第2次伊藤内阁	伊藤博文	山口(原长州藩)	1892年8月8日	4年另1个月
6. 第2次松方内阁	松方正文	鹿儿岛(原萨摩藩)	1896年9月18日	1年另3个月
7. 第3次伊藤内阁	伊藤博文	山口(原长州藩)	1898年1月12日	6个月
8. 大隈内阁	大隈重信	佐贺、宪政党	1898年6月30日	4个月
9. 第2次山县内阁	山县有朋	山口(原长州藩)	1898年11月8日	1年另11个月
10. 第4次伊藤内阁	伊藤博文	山口(原长州藩)、立宪政友会	1900年10月19日	7个月
11. 桂内阁	桂太郎	山口(原长州藩)陆军	1901年6月2日	4年另7个月
12. 西园寺内阁	西园寺公望	东京、立宪政友会	1906年1月7日	2年另6个月
13. 第2次桂内阁	桂太郎	山口(原长州藩)、陆军	1908年7月14日	3年另1个月
14. 第2次西园寺内阁	西园寺公望	东京、立宪政友会	1911年8月30日	1年另3个月

4. 内阁设置的各省

在明治时代后期的14届内阁中,历届内阁大多设外务、内务、大藏、陆军、海军、司法、文部、农商务、递信9个省(1896年4月增设拓殖务省,但翌年9月即被废除)。此后,经过多次调整,到1945年8月日本投降时,铃木内阁共设以下11个省:外务省、内务省、大藏省、陆军省、海军省、司法省、文部省、农商务省、军需省、运输省、大东亚省[17]。

在内阁设置的各省中,陆军省和海军省占有特殊的地位。

陆军省和海军省为日本陆军和海军的军政统辖机关。1872年4月,两省分别成立。1885年12月它们作为内阁的两个省(部),分别掌管军队编制、兵器备用、薪资、纪律、检阅等陆、海军的军事行政事宜。陆、海军大臣长期采用现役武官制,即陆军大臣必须由现役陆军大将或中将担任,海军大臣必须由现役海军大将或中将担任。又,陆、海军大臣与其他各省大臣不同,其他各省大臣不能越过内阁总理大臣直接上奏天皇,而陆军大臣和海军大臣与参谋总长和海军军令部长一样,有直接上奏天皇之权,即所谓"帷幄上奏权"。由于现役武官制和"帷幄上奏权",陆、海军大臣在内阁中有举足轻重的地位。特别是军部首脑经常利用陆、海军大臣现役武官制左右内阁的命运，并通过陆、海军两大臣干预内阁的政策。

5. 内阁直辖的机构

在明治宪法的体制下，“内阁”这个词有两种含义，一是指国务大臣组成的合议体，二是指作为行政大臣的内阁总理大臣及其管辖的行政机关。因此，在旧宪法之下内阁设立的官制也有双重含义，一是作为合议体的内阁管辖的官职，二是内阁总理大臣管辖的官职[18]。

(1)作为合议体的内阁管辖的行政机关

作为合议体的内阁管辖的行政机关，只有法制局和赏勋局。

法制局为起草和审议法令的内阁直属机关。1885 年 12 月建立内阁制成立。最初由内阁总理大臣管辖、置长官(敕任)、参事官(奏任)、书记官(奏任)、属官等职；局内设行政部、法制部、司法部。但后来根据 1890 年 6 月制定的法制局官制规定：法制局改为直属内阁，除了赏勋局以外，其地位高于其他内阁直属部局。其有职员 55 人，其中包括长官(1 人，敕任)、部长(第 1、2、3 部，敕任或奏任 1 等)、参事官(15 人，奏任)、书记官(2 人，参事官兼任)、试补(6 人)、属官(30 人，判任)。此制后来经过几次变化，机构不断缩小，但它所管辖的事务一直没有变，主要是负责提高、制定或修改法律及命令，并主管关于文官高等考试的事务。法制局长官经常列席内阁会议，其职员也都从各省采用者当中选拔优秀合格者。

赏勋局为掌管勋位、勋章等荣典事务的内阁直属机关。1876 年 12 月设立。内阁制建立后，根据 1890 年 9 月制定的赏勋局官制规定：赏勋局直属内阁，主管勋位、勋章、记章、褒章等荣典事务。设总裁(敕任)、副总裁(1 人敕任)、议定官(15 人以内)、书记官 2 人、属官(15 人)。1893 年 10 月进行了官制改革，规定设总裁、副总裁、书记官(2 人奏任)、属官(9 人判任)，同时作出了赏勋会议规定，会议由总裁、副总裁、议定官组成，议长由总裁充任。第二次世界大战结束后，1947 年 7 月除了赏勋会议，1949 年 6 月赏勋局改组为内阁总理大臣官房赏勋部。

(2)内阁总理大臣管辖的行政机关

根据 1890 年 7 月公布的《内阁所属职员官制》内阁总理大臣直辖的机构和官职是：第一，设内阁书记官室(1923 年改为内阁官房)，置内阁书记官长 1 人，由敕任官担任，其职责是承内阁总理大臣之命，掌管机密文书、总理内阁庶务、监督所部科员及任免判任官以下官吏。第二，设恩给、记录、统计、官报、会计五局，各局置局长 1 人，由一等至三等奏任官担任，其职责是承内阁总理大臣之命，掌理局内事务，统辖所部官吏。第三，设书记官(专任 4 人)、内阁总理大臣秘书官(专任 2 人)、恩给局审查官(专任 2 人)、试辅(2 人)、属官(150 人)、技手(5 人)等职。

此制后来经过许多次变化，内容又非常复杂，所以只能略而不述了。

二、明治宪法的颁布

1. 伊藤博文奉命赴欧洲考察宪法

在自由民权运动不断高涨的形势下，制定宪法和召开议会成为不可阻挡的时代潮流。面对这一时代潮流，当时主要有三种观点[19]：

一是板垣退助等自由党的人们所号称的激进论，大体上也可以说是法国式的，主张议院采取一院制，实行今日的普通选举制。二是大隈重信等进步党的人们所主张的限制选举的上下两院制，大体上也可以说是英国式的。他们主张内阁须是以政党为基础的责任内阁，而在议会中占过半数议席的政党首领应该为内阁首相。三是岩仓具视等庙堂派人们主张的大体依照普鲁士宪法建立国家制度。他们主张日本宪法应为钦定宪法;国会不是采用英国式的,而是采用普鲁士式的,国务大臣由天皇亲任,以使其地位安定;国务大臣对天皇负责,不负连带责任;建立实施预算的制度。岩仓具视是右大臣,后来负责制定宪法的伊藤博文基本上支持岩仓的观点,有些人甚至称伊藤博文是岩仓具视的后继人[20]。

以上述事实为基本背景,明治政府加紧进行准备制宪的工作。1881 年 10 月 12 日,明治天皇公布召开国会敕谕,决定十年后召开议会。翌年 2 月 25 日,伊藤博文受命前往欧洲,考察欧洲国家立宪政治。同年 3 月 3 日,伊藤受赐如下的敕语,内称:"现在派你去欧洲立宪各国,与其政府或硕学之士接触,观察其组织及其关系,以完全了解立宪政体。"在这一敕谕中,还附有调查研究项目,全文共 29 条:

(1)就欧洲立宪君主国之宪法,探索其渊源,考察其沿革,观察其现行的实际状况,研究其利害得失之所在。

(2)皇室的各种特权。

(3)皇室及皇族财产。

(4)内阁的组织及其关于立法、行政、司法、外交等事之职权。

(5)内阁制责任法。

(6)内阁大臣与上下两院之间的各种关系。

(7)上院及下院。

(8)贵族制度及贵族特权。

(9)上院与下院之权限及其事务处理之手续。

(10)关于上院及下院之皇室特权。

(11)上院及下院之开会、闭会、解散及延期。

(12)上院及下院之自由讨论。

(13)关于上院及下院之特权之争议。

(14)议事规则。

(15)皇室对于上下两院议院之待遇。

(16)上下两院议员之间的各种关系。

(17)提出议案之处及各种议案。

(18)上下两院议决会计预算及审查决算的方法。

(19)上下两院之司法权。

(20)各种请愿及行政裁判法。

(21)上下两院议员之资格及议事法。

(22)法律与行政规则之分界。

(23)各省之组织权限。

(24)各省与上下两院之间的各种关系。

(25)各省与地方的关系。

(26)司法官与上下两院的关系。

(27)诸官的责任及进退。

(28)诸官养老特典。

(29)地方制度。[21]

2. 巩固皇室基础和大权不致旁落最为重要

伊藤博文一行于1882年3月14日出发，先赴德国首都柏林，后来转到奥地利首都维也纳，考察了德国宪法的大概情况。翌年去英国首都伦敦，然后经过俄罗斯，于当年8月4日回国。其时随行的人员有山崎直胤、伊藤巳代治、河岛醇、平田东助、吉田正春、三好退藏、西园寺公望、岩藏具定、广桥贤光、相良赖绍、户田氏共等。

伊腾等人在德国和奥地利滞留的时间最长。先是拜会了柏林大学法学教授鲁道夫·冯·格奈斯特，并约定他每周做三次谈话；此外更请一些法学家从德国宪法以至政府之组织、地方自治之界限等，依照法学上的顺序，每周做三次讲演，将其大要一一笔记。后来，去奥地利，听维也纳大学法学教授洛林茨·冯·施泰因讲课。格奈斯特和施泰因两人都是当时的大学者，是各国学者所特别称赞的人物。伊藤博文对两人的学术观点虽然不完全赞同，但至少对他的影响极大。

又，伊藤对俾斯麦统治下的新兴的德意志帝国，不仅对其宪法的内容，而且对其宪法的实际运用，特别是对其议会制度、政府组织、地方制度等国家政治的全面的实际情况负有调查的任务。因此，每有机会，他们就走访德意志帝国的各统治机关，了解其实际情况，找出其矛盾的所在。他们特别欣赏俾斯麦的操纵议会的政策。因为，在当时的德国，以两次暗杀威廉皇帝未遂事件为开端，俾斯麦首相公布了社会主义镇压法，成功地制服了议会内的反对势力[22]。

通过访问、调查和分析研究，伊藤充分确信在制宪中，巩固皇室之基础和大权不致旁落最为重要。1882年8月11日，他从维也纳在给左大臣岩仓具视的信中说："兹从德国两位著名学者格奈斯特和施泰因处得知国家组织的基本知识后，深信巩固皇室之基础和大权不致旁落最为重要。今日我国之现状，是国人只读英、美国法自由过激论的著作，误信他们为金科玉律，以致几乎倾覆国家，但现今已经有了挽回的理论和手段……现今欧洲之形势，君权逐渐削弱，政府有堕落为国会之臣仆之势，以至使统治之实权无所归，此绝非扩张国权，保持民众幸福之道也。故实行君主立宪，必须使君权完整，巩固立法行政两立并行之组织，此乃真正的政体，又是真理所不得不然者也。由此视之，如我皇室，于两千五百余年未定国体之前，即已居君主地位，岂待制定宪法、建立国会之时，始承认其为君主耶！欧洲之政治学者，主张君位驾于国宪之上之说既然如此，又何况我国皇室乎！"[23]从这封信可以看出，伊藤认为民权派的宪法案为"自由过激论者的著作"，"几乎使国家倾覆"，主张日本的宪法，应以普鲁士式的君权主义为蓝本，尽量限制作为立法府的议会的权限，"巩固皇室之基础"，以强大的君主权为中心。[24]

9月11日，伊藤在给松方正义大藏卿的信件，就能更好地说明这时伊藤的心境。伊藤在信中批评了"改选先生"即大限重信，对格奈斯特和施泰因表示敬意，以及与德国皇帝的谈话等，下面仅摘译其中有关宪法的部分："改选先生等人的举动，也实在可怜。……即使到1890年，制定了宪法并召开了议会，也决不会以他们所希望的国会的多寡，来决定内阁宰相的进退更迭。所谓议会政府，并不适合我日本的国情，这是不言而喻的事。且其非为纯粹的君权完全的政治，只不过是英国依照数百年间的历史沿革所建立的古今无比的一种政体的一例而已。……然而时至今日，发生了各式各样的变化，如出现的社会党，或出现了虚无党，而在有国会的国家，迟早也会主张削弱君主统制之权，将国政的得失委任给无知识无学问的议员的多数。凡是不能制止甚至放任其这样做的国家，今日不知道怎样与之共事，内阁宰相自己也不知道何时会因为议院而进退，结果自然会削弱负责其事的人的力量。由于上述的各种理由，有远见卓识的学者政治家，都一心一意想救护此弊。”[25]从这封信中可以看出，伊藤非常厌恶大隈所主张的英国式的君主立宪和责任内阁制，极力主张保持君权完整，防止将国家政权委诸所谓“无知识无学问的议员的多数”。

1883年2月，伊藤一行离开柏林，经荷兰和比利时，于3月初到达英国伦敦。西园寺公望分担调查关于英国皇室的各种制度，他亲自参观了白金汉宫的内部，详细调查了关于英国皇室的财产及开支情况，然后报告伊藤博文。伊藤等人约在伦敦滞留两个月，收集了世界各国的宪法及其他有关的资料。5月，从伦敦出发，奉命赴俄国参加俄罗斯皇帝的加冕典礼。6月，再赴那不勒斯港，踏上了归国之途，于8月4日归国。

3. 宪法的制定、颁布和施行

伊藤博文回国以后，首先向天皇汇报了赴欧考察宪法的基本情况，接着便着手制定宪法及其他制度的准备工作。

1884年3月，出任在宫内新设的制度调查局长，负责宪法及其他各种制度的调查工作。局员有寺岛宗则、井上毅、尾崎三郎、伊东已代治、金子坚太郎、牧野伸显等人，其中负责起草宪法者，只有井上、伊东和金子。

1884年7月，制定《华族令》。根据《华族令》，除了原来公卿、大名出身的旧华族外，另增加明治维新前后的功臣即新华族。新旧华族均按门第、功勋标准，分别授予公、侯、伯、子、男五种爵位。伊藤博文、田清隆等被授予伯爵，木户孝允、大久保利通之子，由于其父的功勋则被授予侯爵。

1885年12月，废除太政官制，建立新内阁制，伊藤博文出任首届内阁总理大臣，同时兼任宫内大臣。伊藤一上台，就宣告《政纲五章》，也称官纪五章，即明确官员职责、选拔录用官吏、精简繁文缛礼、节省冗杂费用、严明官吏纪律[26]。

1886年2月，伊藤内阁制定了《各省官制》。《各省官制》分为通则和各则。在通则中规定了各省大臣的职务权限及各省共同设置的次官、局长等官职；在各则中，则规定了外务省以下各省管辖的事务、内部机构及奏任官的定员等。

1886年7月，伊藤内阁又公布了《地方官官制》。规定各府县均置知事一人，由二等敕任官或一等奏任官充任；府县知事统辖下属官吏，并可依照法律惩戒所辖官吏；在非常紧急的场合，还可请求镇台或营司令官出兵警护。

由于初建的内阁时代政府总体的改革事业非常繁忙，所以起草宪法的工作一直到1886年和1887年才陆续展开。参加起草宪法的工作者只有四人，即除了内阁总理大臣伊藤博文外，还有井上毅、伊东已代治、金子坚太郎等新进俊秀的青年学子。当时(1886年)，伊藤博文45岁，井上毅42岁，金子坚太郎33岁，而伊东已代治仅29岁。

根据伊藤的指示，井上毅负责起草宪法和皇室典范，伊东已代治分工起草议院法，金子坚太郎起草众议院议员选举法和贵族院令，同时还接受洛耶斯来尔和毛瑟等被聘用的外国人的意见，最后由伊藤本人总纂定稿。

1887年5月，井上写出甲乙两编的宪法草案，直接交给伊藤本人；洛耶斯来尔也向伊藤提交了一份用德文写成的《日本帝国宪法草案》；伊藤立即令人将它翻译过来，企图以它和井上起草的甲乙两编为基础取得成案，然后再反复地进行研究[27]。

恰好这时正在建筑中的神奈川县夏岛别墅已经竣工，所以伊藤等人均于6月4日迁到夏岛别墅,决定在这里从事起草宪法的工作。工作处于极端保密的状态。由于这是一项非同寻常的新的事业,大家都孜孜不倦地埋头工作。后来伊东已代治在谈到夏岛起草宪法的工作状况时说:"在夏岛起草宪法草案的约一年的时间,几名男性成员早晨一起床就进行讨论,一边吃饭一边讨论,直到晚上 11 点或 12 点。伊藤、井上、我和后来的金子,都来到这个与陆地隔绝的岛上,不论是睡觉还是起床,只有我们这四个人,过着刚一执笔就又滔滔不绝地辩论起来的这种非常离奇的生活。"㉘

是年 9 月,由于宪法草案已获得成案,伊藤等人都离开夏岛。及至 1888 年,在伊藤的高轮的邸宅,有时候又一同去夏岛,继续连日地举行讨论。到同年的 4 月上旬,宪法草案和皇室典范草案终于脱稿。

为了审议宪法草案,1884 月 30 日,决定成立枢密院,公布了《枢密院官制及事务规程》。在这同一天,伊藤博文辞去总理大臣职务,亲自出任枢密院议长。5 月 25 日,在天皇的亲临之下,举行了枢密院的最初会议,伊藤作为议长主持了这次会议。起初审议皇室典范草案,接着审议宪法草案,最后又审议宪法附属各个法典。这样,枢密院的宪法会议,通过一审、二审和三审会议,经过逐条讨论和若干处修改,终于在 1889 年 1 月 31 日获得了最后的宪法确定案。

1889 年 2 月 11 日,明治天皇在新落成的宫殿,举行隆重的宪法发布的庆贺仪式。群臣百官立于两侧,各国使节也应邀出席,天皇高声宣读颁布宪法的敕语,然后从枢密院议长伊藤博文手中接过宪法文本,授予当时的内阁总理大臣黑田清隆。《大日本帝国宪法》至此正式公布,《皇室典范》、《贵族院令》、《议院法》和《众议院议员选举法》等宪法的附属法令也同时公布。

在宪法颁布时,舆论和各政党大都表示支持,民众在不知情的情况下,开了许多祝贺会,但少数自由民权论者却一直持有保留、怀疑或批评的态度。植民枝盛仅在日记中写了一行字:"午后在新生楼举行了颁布宪法的庆祝宴会。"中江兆民在接到宪法全文后,"先生通读一遍唯苦笑耳"(平野义太郎编:《幸德秋水选集》等 1 卷第 16 页,引自中村菊男:《伊藤博文》,第 95 页)。

4. 明治宪法的结构和基本原理

(1)明治宪法的结构

《大日本帝国宪法》通称明治宪法,也叫帝国宪法。1889 年 2 月 11 日公布,翌年 11 月 29 日施行。自实行后,一次没有修改过,直到 1947 年 5 月 3 日,随着《日本国宪法》的施行才最后废止。

明治宪法共七章 76 条。第一章天皇(第 1—17 条),第二章臣民权利义务(第 18—32 条),第三章帝国议会(第 33—54 条),第四章国务大臣及枢密顾问(第 55—56 条),第五章司法(第 57—61 条),第六章会计(第 62—72 条),第七章补则(第 73—76 条)。在第一章中,明确提出了天皇主权主义的根本原则,对作为统治权的总揽者的天皇的地位、权能以及摄政问题作出了规定。在第二章中,规定了保障作为近代立宪主义宪法的共同特色的国民的自由权利,同时提出了国民的义务。在第三章至第六章中,规定了在立宪君主主义之下的立法、司法、行政的统治组织及其作用。在最后的第七章补则中,则规定了帝国宪法和皇室典范的修改等事项。

(2)明治宪法的基本原理

明治宪法,从其制定的过程来看,就一直存在着发端于设立民选议院这一议论的民主的要素,同时还存在着尽量限制这一民主要素并一直占着上风的反民主的要素。正因为如此,有的日本学者说:明治宪法虽然是君主主义和民权主义两种互相对立的要素妥协的产物,但从总体上看它可以说是倾斜君权主义的一部宪法(高野真澄:《大日本帝国宪法》,《国民法律百科大辞典》(日文版),第五卷第366页)。也有的日本学者说:明治宪法从一开始就是民主的立宪主义的要素和反民主的绝对主义的要素可以说是两种完全相反的思想的妥协的产物,但实际上后者对前者一直占据优势,结果前者受到限制,最后被完全抹杀,而后者则始终居于主流的支配的地位(和田英夫:《新版宪法体系》(日文版),第43—53页)。

①明治宪法中民主的、立宪主义的要素

日本学者主要从以下四个方面来阐述明治宪法中的民主的立宪主义的要素。

第一,设立帝国议会——宪法等三章规定,设立帝国议会,众议院由民选议员组成,法律和预算原则上不能违反其本意成立等,表明其大体上企图回应蓬勃发展的民主思想的要求。

第二,承认大臣助言制——宪法第55条规定:各国务大臣,辅弼天皇,负其责任。日本辞书在解说辅弼一词时说:按照明治宪法的观点,国务大臣对天皇的国事行为,必须提出建议,奏请天皇采纳,并负其全部责任(新村出编:《广辞苑》,第2218页)。大臣助言制实际上就是大臣辅弼制。《新法律学辞典》第784—785页说:大臣助言制是君主在执行其权限时必须依照大臣的劝告或建议的制度。其目的在于防止君主的独裁,调节君主制和民主主义。实际上,由于实行这种制度,君主只是在名义上行使权力,而其实权则大都转移到负其责任的大臣手中,这一点明治宪法也是承认的。总之,承认大臣助言制,使或多或少同情议会中的民主调节的国务大臣,有可能防止君主的专断独行。

第三,确立法制主义的原理和司法权独立的原则——宪法第五章规定:"司法权,由法院以天皇名义,依法律行使之。"这就是说,司法权属于天皇,但法院则以天皇名义,独立行使关于民事审判和刑事审判的司法权限。宪法还规定了法官的身份保障以及审判公开的原则。但对行政官厅违法处分的审判,则不是由普遍法院而是由行政法院进行,建立所谓行政审判制度。

第四,保障臣民的权利和自由——鉴于近代各国宪法的"权力宣言"的规定,明治宪法在第二章的"臣民权利义务"中,保障了在法律范围内臣民的权利和自由。在这些权利和自由受到侵害的场合,原则上必须依照议会协赞的法律。

但是,上述四种民主的立宪主义的要素极其不完全,不充分,最终不得不沦为单纯的名义上的和形式上的保障,原因就在于在明治宪法中牢固地存在着反民主的绝对主义的要素(关于前述的四种民主的要素的说法,主要参考和田英夫的《新版宪法体系》,及《日本大百科全书》第14卷大日本帝国宪法条)[29]。

②明治宪法中反民主的、绝对主义的要素

第一,天皇主权主义——主权属于天皇的原理是贯穿明治宪法全部体系的根本原理。明治天皇在颁布宪法的敕语中就说过:"国家统治的大权,朕继承祖宗并将其传给子孙。"故伊藤博文等制定的明治宪法的第3条就规定:"大日本帝国由万世一系之天皇统治之",第4条又规定:"天皇为国家元首,总揽统治权"。由于帝国由天皇统治,天皇总揽统治权这一最重要的原则,所以宪法的制定权和修改权当然属于天皇[30]。又,宪法还规定了下列广泛的天皇大权,如法律的裁可、公布和执行(第6条),议会的召集、闭会和解散(第7条),紧急敕令和独立命令的制定(第8、9条),决定官制和任免文武官吏(第10条),统帅陆海军和决定陆海军编制(第11、12条),宣战、媾和和缔结条约(第13条)以及戒严大权(第14条)、荣典大权(第15条)等。天皇大权极为广泛,带有绝对主义的色彩。另外,为了说明天皇统治的正当性,将天皇主权说成是渊源于天孙降临的神敕的主权,由此建立的天皇制将与天壤一起无穷[31]。既然天皇主权是神敕主权,天皇便成为现人神,既以人的姿态出现于现实世界的神,而作为其具体的制度,则天皇拥有神社的祭主的地位,神社则作为国家宗教,利用天皇赋予的权威,在祭政一新的名义下,强制国民参拜[32]。

第二,大权中心主义——日本学者越路正己在《现代宪法论》、和田英夫在《新版宪法体系》、高野真澄在《国民法律百科大辞典》等书中都把大权中心或大权中心主义作为明治宪法的重要特色之一。以天皇主权主义为前提的大权中心主义,在现实的制度中主要作为天皇总揽统治权的体制表现出来。明治宪法第4条规定:"天皇为国家元首,总揽统治权,依本宪法条规行之。"因此,在明治宪法中,虽然规定立法、司法、行政三权分立,但归根结底这三权均由天皇总揽,议会、法院和政府都是天皇统治的一种翼赞机关而已[33]。例如,宪法第5条规定:"天皇以帝国议会制协赞,行使立法权。"第57条规定:"司法权,由法院以天皇名义,依法律行使之。"第55条规定:"各国务大臣,辅弼天皇,负其责任。"

第三,皇室的自律主义——将上述的天皇主权,作为"皇家的成典"予以法典化,则是与明治宪法同时公布的《皇室典范》。按照明治宪法规定:"皇位依《皇室典范》之规定,由皇男子孙继承之。"(第2条),《皇室典范》之修正毋须经帝国议会之议"(第74条)。这样,明治宪法采用了成文宪文的二元主义,即以《大日本帝国宪法》为顶点的政务法体系(规定一般的国务事项)和以《皇室典范》为顶点的宫务法体系(规定皇位继承等皇室事项)。两者之间无上下轻重的关系,由于皇室典范与宪法的分离,是根据斯泰因提出的制宪大义制定的,所以被称为皇室自律主义[34]。到明治末年和大正年间,日本根据《皇室典范》制定了一系列的皇室令制,如登极令、摄政令、立储令、皇室仪制令,皇室亲族令、皇室祭祀令、皇室丧仪令、皇室服装令、皇室裁判令、皇室财产令,皇室会计令等[35]。

第四,统帅权利的独立——明治宪法第11条规定:"天皇统率陆海军"。天皇的统帅大权,与皇室大权一样,不需要国务大臣的辅弼,也不需要帝国议会的参与,它只能通过参谋总长、军令部总长等军令机关辅弼进行,日本称此为统帅权的独立。根据这一原则,关于统帅大权,设立陆军参谋总长、海军军令部总长等统帅辅佐机关,辅佐的方法是帷幄上奏,辅佐的结果是天皇发布统帅命令即军令,与一般的敕令有区别[36]。又,1889年公布的《内阁官制》规定:"事关军机军令的上奏事项,除依照天皇的意旨下达内阁外,陆军大臣和海军大臣须向内阁总理大臣报告。"不言而喻,统帅权独立的原则,埋藏着将来出现军部独裁的可能性。

第五,强的政府和弱的议会——明治宪法中的反民主主义,在强大的行政府(天皇—内阁)和微弱的立法府(议会)之间的关系中明显地表现出来。例如,宪法的第9条规定,天皇在极广泛的范围内,有独立发布命令的权限。又如,第8条规定,因紧急需要,天皇不经过议会的参与,"有发布可代法律之敕令"的权限。再如,第87条规定:"凡基于宪法大权已决定之岁出,及由法律之结果或法律上属于政府义务之岁出,未经政府同意,帝国议会不得废除或削减。"还有,宣战、媾和、缔结条约、宣告戒严、非常大权等许多的权限,由于在法律上不对议会负责任的大臣的建议,便可以以天皇的名义行使[37]。另外,宪法规定的贵族院制度,具有明显的反民主的性质。它是由皇族、华族、敕选议员等特权的身份等级组成的代表机关,具有抑制下院的民主要素的意图;且贵族院令的修改,以贵族院自身的议决为要件,排斥众议院的参与[38]。

第六,国民的权利受到限制——明治宪法虽然承认国民的某些权利和自由,但它拒绝人类普遍存在的天赋不可侵犯的人权的观念。只是保障服从天皇统治的日本臣民的权利。因此,宪法规定的日本臣民的权利和自由,大都附有“在法律的范围内”的所谓的保留条件。同时,明治宪法还设立了在国家的非常状态时可不经过法律能停止实施国民的权利自由的例外措施。例如,宪法第8条规定,天皇因紧急需要,可发布代替法律的敕令;第14条规定,在非常的情况下,“天皇宣布戒严”;第31条规定,“本章所列条规,在战时或国家事变之际,不妨碍天皇大权之施行。”[39]所以,在明治宪法之下,经常出现由于政府的恣意行为左右法令的事态,如1900年公布《治安警察法》,1925年公布《治安维持法》等[40]。

总之,明治宪法一方面存在民主的立宪主义的要素,另一方面又存在反民主的绝对主义的要素,前者一直受到限制,最后被完全抹杀,后者则长期处于主导的统治的地位。正因为如此,作者比较赞同岩波讲座《日本历史》一书的意见:“由于明治宪法的制定和公布,日本出现了绝对主义和近代革命原理的妥协、混合的形态,即立宪君主制的国家形态。”[41]

明治宪法的条文比较简洁,从而使统治者有可能根据自己的判断灵活地加以运用。因此,明治宪法在其运用的58年间虽然一次没有修改过,但明治宪法的实际运用则因政治力量关系的盛衰而有巨大的振幅。

明治宪法颁布后,首先出现了超然于政党之外的所谓超然内阁,如黑田清隆内阁。以中日甲午战争为契机,后来便可以看到政府与政党合作的内阁,如1898年的第一届大隈重信内阁。但以议会特别是众议院的政党为基础的政党内阁的实行,则是从1918年的原敬内阁到1932年的犬养毅内阁十几年之间的事。

及至20世纪30年代,随着日本发动九一八事变,以军部为中心的法西斯势力日益猖獗。后来,经过五一五事件(1932年)、二二六事件(1936年)、发动全面侵华战争(1937年)、大政翼赞运动(1940年),直到1941年挑起太平洋战争,日本自上而下地建立起天皇制军部法西斯独裁体制。明治宪法中的民主的立宪主义的要素化为乌有,而其反民主的绝对主义的要素则达到登峰造极的地步。1945年8月日本宣布无条件投降。1947年5月《日本国宪法》取代《大日本帝国宪法》。

5. 构筑天皇制军事官僚国家机构

伊藤博文自1883年8月赴欧洲考察宪法归国之后,1884年3月至1885年12月,出任制度调查局长官,还专任负责宪法工作的参议。1885年12月至1888年4月,就任内阁总理大臣兼宫内大臣。从1888年4月起,出任作为审议宪法的最高负责人——枢密院议长。在此最重要的五年时间内,伊藤一方面在井上毅、伊东已代治、金子坚太郎的紧密协助下,调查、起草和制定了《大日本帝国宪法》,另一方面又与山县有朋、松方正义、大山岩等人一起,精心构筑了近代天皇制统治体制的军事官僚机构。日本学者包川大吉在《日本历史》第21卷中,曾作为一个专门问题叙述了构筑天皇制国家机构的全面情况。共分为4类13项,现全文译述如下:

(1)关于确保皇室及天皇大权的事项

①构筑皇室的屏藩,建立将来能够与众议院对抗的贵族院,实施华族制度(负责人伊藤博文),1884年急忙赶造500名左右的华族。

②在内阁和议会之外,敕选国家的元勋和重臣,设立使之成为最高咨询机关的枢密院

（负责人伊藤博文）。在 1888 年的设立当初，专门负责宪法草案的审议工作；此后纵使出现了政党内阁，也能常久成为保护天皇大权的宪法外的机关。

③使宫廷从内阁中分离出来，成为独自的世界，设置兼管华族事务的宫内省（负责人伊藤博文）。又，与宪法有别，令井上毅起草不受宪法约束的皇室典范（作者注：自明治四十年代以后，又相继公布《登极令》、《摄政令》、《皇室亲族令》、《皇室祭祀立》、《皇室丧议令》、《皇室裁判令》等）。

④制定内大臣制，保管天皇和国家的印玺，即使在政党内阁成立时，也能成为向天皇提出国政忠告的最后堡垒（负责人三条实美、伊藤博文）。内大臣制与宫内大臣均于 1885 年新设。

⑤为使皇室大权永久巩固，匆忙设定皇室的财产，作为运用天皇大权的资金源泉（负责人伊藤博文、松方正义）。1890 年，皇室所有的森林原野达 365 万町步。

（2）关于内阁和官僚机构的事项

⑥制定内阁制度——废止太政官制，建立内阁制度，与明确对天皇的政治责任的同时，使其将来能够成为统御众议院的强有力的中央最高行政机关（负责人伊藤博文）。1885 年 12 月起实施。

⑦制定通过考试任用官吏的制度，特别是制定帝国大学法科毕业生可以不经过考试录用为高等官的关于文官任用的法令（负责人伊藤博文、山县有朋）。1887 年施行。又为使将来官僚机构不被政党侵犯，须采取预防措施。（作者注：伊藤博文首任内阁总理大臣之后，1885 宣布《政纲五章》，1886 年制定高等官、判任官、技术官、地方官官等工资令，1887 年公布《文官考试试补及见习规则》和《官吏服务纪律》，1888 年举行旧高等文官考试第一次考试，帝国大学法科毕业生可以不经过高等考试被任用为试辅。）1893 年第二届伊藤内阁，公布了《文官任用令》和《文官考试规则》，并于 1894 举行新高等文官考试第一次考试，废除了帝国大学毕业生的免试特权（只限于高等行政官）。1899 年第二届山县内阁公布所谓文官三令，即全面修改《文官任用令》（防止政党的猎官运动），同时制定《文官分限令》和《文官惩戒令》。文官三令的公布，标志着日本官吏制度的确立。[41]

⑧为了不把民众的不满和压力直接引向政府和政党，作为中间缓冲装置设立几个阶段的地方自治机关，即市制、町村制和府县制、郡制（负责人山县有朋）。到 1890 年完成。

⑨依照修改条约确立国权和紧急整备司法机关和法制体系（负责人井上馨、山田显义）。

（3）关于教育和思想体系的机能的事项

⑩确立具有从小学到师范学校、帝国大学双重体系的教育制度，系统地注入天皇主义的观念形态，谋求在制度上吸收民间人才——1886 施行关于教育的各敕令，即帝国大学令、小学校令、中学校令、师范学校令、教科书检定条例等（负责人森有礼）。

⑪创出国民统合的精神基轴，促进制定教育敕语（负责人芳川显正、井上毅、元田永孚）。1890 年完成、颁布。

（4）关于警察和军事机构的事项

⑫设定散兵警察制度——在全国农村山村渔村的各个角落，建立内阁省指挥下的警察监视网（负责人山县有朋）。1890 年，全国新町村的总数 13000 个，而派出所、驻在所则达到 11400 个。

⑬实施军制改革——仿效近代德国的军团制,改造天皇制统治机关的最重要的实力装置即军队(负责人山县有朋、大山岩)。1888年废除镇台,将其改造为以对外战争为目的的战略地位——师团;同时,增强宪兵队,使其担负镇压内乱的任务[42]。

总之,在1884年至1889年这五年期间内,以伊藤博文和山县有朋为中心,努力构思和积极建造了近代天皇制统治机构。正因为如此,到明治时代后期,根据对内镇压工作运动和对外进行侵略战争的需要,便以原来的天皇制统治机构为基础,建立了空前庞大的军事官僚国家机关。

注释:

①②⑤⑥⑦　井田良治、山中永之助、石川一三夫:《日本近代法史》,法律文化社,1982年版,第71—78页,163—168页;第50—51页,243—244页;第135—138页;第143—135页;第126—130页。

③⑧　石田良助:《法制史》,山川出版社,1980年版,第204－205页;第277—278页。

④　田嵘,胡大展主编:《外国法制史》,北京大学出版社,1991年版,第278—181页。

⑨⑬⑭㉖　山崎丹照:《内阁制度之研究》,高山书院刊印,1942年版。第68—84页;第84—86页(内阁职权);第108—115页(内阁官制);第92—99页。

⑩⑰⑱　内阁官房编:《内阁制度七十年史》,大藏省印刷局,1955年版,第14—15页(内阁制度与太政官制之比较);第641—666页(历代内阁一览表);第239页(在明治宪法体制下"内阁"一词的含义)。

⑪⑯　家永三郎监修:《日本史资料》(上),东京法令出版株式会社,1973年版,第466页(初代内阁一览);第467页(1885—1912年14届内阁表)。

⑫㉒㊷　包川大吉:《日本历史》第21卷,中央公论社,1969年版,第433—437页;第437页;第429—432页。

⑮　《日本大百科全书》第8卷,小学馆,1986年版,第514页,宇野俊一,"元老"条;(日)《大日本百科事典》第6卷,小学馆,1968年版,第761页。小野信二,"元老"条;(日)《世界历史事典》第6卷,平凡社,1955年版,第268—269页,林茂撰写,"元老"词条。

⑲　久米正雄著,林其模译:《伊藤博文传》,团结出版社,2003年版,第227页。

⑳　桐井若水、佐藤幸治、板野润治、长尾龙一:《日本宪法史》,东京大学出版会,1981年版,第104—109页;大日本帝国宪法制定史调查会著:《大日本帝国宪法制定史》,第334—349页。

㉑白柳秀湖:(日)《明治大正国民史》,"宪政树立篇",千仓书房,1940年版,第510—512页。

㉓㉕　大日本帝国宪法制定史调查会:《大日本帝国宪法制定史》,明治神宫编:サンケイ新闻社,1980年版,第351—353页;第353—356页。

㉔　历史科学协议会,中村尚美,君岛和彦,平田哲男编:(日)《史料日本近现代史》第1卷,三省堂1985年版,第142—143页。

㉗　春亩公追诵会:《伊藤博文传》中卷,统正社,1944年版,第575—577页。

㉘　中川菊男:"日本宰相列传"①《伊藤博文》,时事通信社,1985年版,1974年版,第88—89页。

㉙　和田英夫:新版《宪法体系》,劲草书房,1982年版,第48—49页;(日)《日本大百科全书》,第14卷,池田政章:大日本帝国宪法条;(日)《大日本百科事典》。第11卷,池田政章;大日本帝国宪法条。

㉚㊲㊴　川添利彦《宪法概论》,大成印刷工业株式会社,1971年版,第23页;第23—24页;第25页。

㉛㉝㊱㊳　佐藤立夫:新版《宪法原论》,青林书院新社,1982年版,第110页;第110页;第112—113页;第113页。

㉞和田英夫:新版《宪法体系》,劲草书房,1982年版,第50页。

㉟《国民法律百科大辞典》第五卷,行政株式会社,1991年版,第365—368页,高野真澄撰写,大日本帝国宪法条。

㉟内阁官务记录课编纂:《现行法令辑览》,第1卷第1辑第3章第1款,第81—256页,(登极令、摄政令、皇室财产令、皇室会计令等)(注:本书主要辑录昭和五年7月1日现行的法令并追录昭和五年7月2日以后公布的法令,全书共12卷18辑)。

㊵关于明治宪法中上述六个反民主的、绝对主义的要素,主要参考上世纪80年代日本学者撰写的下列著作写成:一是越路正己:《现代宪法论》,敬文堂,1981年版,第3—4页;二是川添利彦:《宪法概论》,第22—25页;三是和田英夫:新版《宪法体系》,第48—52页;四是佐藤立夫:新版《宪法原论》,第110—113页;五是《国民法律百科大辞典》第5卷,高野真澄撰写的"大日本帝国宪法";六是《インランド现代百科事典》第18卷,铃木安藏撰写的"大日本帝国宪法"(第404—405页)。

㊶岩波讲座《日本历史》15卷,《近代》2,1976年版,原口清:《明治宪法体制的建立》,第135—177页。

第二节　明治时代后期近代官吏制度的全面确立

明治时代后期,随着内阁制度的建立和明治宪法的颁布,日本可以说全面建立起近代官吏制度,包括官等、任用、考试、晋升、办公、服务、分限、惩戒、工资、退休等各种制度。现分别阐述如下:

一、官等

1. 官等制度的演变

(1)高等官、判任官、技术官、地方官四个官等工资令

日本的位阶制度,始于公元603年圣德太子制定的冠位十二阶[①]。经过多次的变动之后,根据公元701年的大宝律令和后来撰修的养老律令,制定了正一位至少初位下的冠位三十阶[②]。按照该制度规定,五位以上为依照天皇的诏敕任命的敕任官,六至八位为按照太政官的奏请叙任的奏任官,初位则是根据太政官的判断任用的判任官;四、五位以上称为殿上人,其中三位以上者则特别称为公卿。这一制度一直延续到明治维新时期[③]。

明治维新后,日本继承了先前的位阶官等制度,但作过许多次修改。1869年8月制定《职员令》,公布《官位相当表》,将原来的三十阶减为十八阶;四位以上改称敕任官,六位以上改称奏任官,七位以下改称判任官。1871年9月公布《太政官职制》,并修改了官制等级,规定官等分为一等至十五等,三等以上为敕任官,四等至七等为奏任官,八等至十五等为判任官[④]。

内阁制度建立后,1886年伊藤内阁全面修改了官等制度,先后制定了以下四个官等工资令。

第一个是《高等官官等工资令》(明治十九年第6号敕令),全文共22条,规定高等官分为敕任官和奏任官,敕任官中包括亲任官;除亲任官外,敕任官分为二等,即一等至二等;奏任官分为六等,即一等至六等。附有高等官官等工资表[⑤]。

第二个是《判任官官等工资令》(明治十九年第36号敕令)全文共8条,规定判任官分为十等,即从一等至十等;判任官五等以上每等在职未超过四年,六等以下每等在职未超过三年,均不得升等。附有判任官官等工资表[⑥]。

第三个是《技术官官等工资令》(明治十九年第38号敕令),全文共12条,主要是规定:各官厅需要工艺技术者,除职员外特设技术官;技术官分为技监、技师和技手;技监为敕任,

分为一等至二等,技师为奏任,分为一等技师至六等技师,技手为判任,分为一等技手至十等技手。附有判任官官等工资表[7]。

第四个是《地方官官等工资令》(明治十九年第55号敕令),全文共6条,主要是规定:知事的年薪分为敕任二等和奏任一等;知事不超过5年不得增加年薪;东京府知事升为敕任一等时依照敕令第六号《高等官官等官工资令》,警部、看守长等均为判任官(分为十等)。附判任官官等工资表[8]。

根据前述高等官、判任官、技术官三个官等工资令,高等官除亲任官外共分8等,其中敕任官分2等,奏任官分6等,判任官分10等;与此相对应,技术官技监作为敕任官分为2等,技师作为奏任官分为6等,技手作为判任官分为10等。详见下表:

- 高等官
  - 敕任官
    - 亲任官[9]
    - 敕任官1等、技监
    - 敕任官2等、技监
  - 奏任官
    - 奏任官1等、1等技师
    - 奏任官2等、2等技师
    - 奏任官3等、3等技师
    - 奏任官4等、4等技师
    - 奏任官5等、5等技师
    - 奏任官6等、6等技师
- 判任官
  - 判任官1等、1等技师
  - 判任官2等、2等技师
  - 判任官3等、3等技师
  - 判任官4等、4等技师
  - 判任官5等、5等技师
  - 判任官6等、6等技师
  - 判任官7等、7等技师
  - 判任官8等、8等技师
  - 判任官9等、9等技师
  - 判任官10等、10等技师

(2)1892年制定的《高等官官等工资令》和1910年制定的《文武判任官等级令》

伊藤内阁制定的《高等官官等工资令》,《判任官官等工资令》和《技术官官等工资令》,后来经过修改、暂时废止和重新制定,内容变动很大,且又十分复杂,不能详细叙述。但有三个基本事实,这里必须作出交代。

一是关于高等官的官等工资问题:根据1892年11月制定的《高等官官等工资令》(明治二十五年11月第96号敕令),对于高等官的官等,除亲任官外,设立九等级制,其中敕任官分为1、2等,奏任官分为3至9等。关于高等官的这一等级制,一直延续到第二次世界大战结束时。

二是关于判任官的官等工资问题:根据1891年12制定的《文武判任官等级表》(明治二十四年12月第249号敕令),判任官分为五个等级;及至1910年6月制定的《文武判任官等级令》(明治四十三年6月第267号敕令),则将判任官从五等级制改为四等级制。判任官的这一等级制,直到第二次世界大战结束一直在施行。

三是关于技术官的官等工资问题：根据 1898 年 10 月制定的《技术官工资令》（明治三十一年 10 月第 312 号敕令），将技术官分为奏任官技师和判任官技手，废除了敕任官技监；但根据官制的改正，可设置敕任官技师。及至 1910 年 3 月在修改《高等官官等工资令》时，则废除了《技术官工资令》；至于作为高等官的技术官的薪俸，即敕任技师和奏任技师的薪俸，均在修改后的《高等官官等工资令》中作了具体的规定。参见以下各表：

（明二十五. 11. 敕 96）[10]

- 高等官
  - 敕任官
    - 亲任官
    - 高等官　1 等
    - 高等官　2 等
  - 敕任官
    - 高等官　3 等
    - 高等官　4 等
    - 高等官　5 等
    - 高等官　6 等
    - 高等官　7 等
    - 高等官　8 等
    - 高等官　9 等

（明二十四. 12. 敕 249）[11]

- 判任官
  - 判任官　1 等
    - 1 级俸
    - 2 级俸
  - 判任官　2 等
    - 3 级俸
    - 4 级俸
  - 判任官　3 等
    - 5 级俸
    - 6 级俸
  - 判任官　4 等
    - 7 级俸
    - 8 级俸
  - 判任官　5 等
    - 9 级俸
    - 10 级俸

（明四十三. 6. 敕 267）[12]

- 判任官
  - 判任官　1 等
    - 等级俸
    - 1 级俸
    - 2 级俸
  - 判任官　2 等
    - 3 级俸
    - 4 级俸
    - 5 级俸
  - 判任官　3 等
    - 6 级俸
    - 7 级俸
    - 8 级俸
    - 月俸 4 元未满 35 元以上
  - 判任官　1 等
    - 9 级俸
    - 10 级俸
    - 11 级俸
    - 月俸 35 元未满

2. 从事国家事务的文武官吏、委员、雇员、雇工

自明治时代后期起,在日本从事国家事务者,通常有以下几种人。

(1)官吏

在中国,官吏是旧时代的官员通称,但在日本,在明治宪法的体制下,官吏主要是指为使其忠诚勤勉地为国家工作,由国家特别选任的人员。按照《官吏、公务员制度的变迁》一书的解释,所谓官吏是指根据国家的特别选任选职、对天皇及其政府负有忠实而又无定量地执行职务的公法上的义务的成员。与私法上雇佣契约那样一方提供单纯的劳动另一方则对它支付报酬的关系不同,他们对国家负有身份上、伦理上、法令上的义务。根据1886年3月制定的《高等官官等工资令》和《判任官官等工资令》,官吏首先分为高等官和判任官,高等官又分为敕任官和奏任官,而在敕任官中又包括根据亲任式叙任的亲任官。

(2)待遇官吏

待遇官吏是官吏的一种类型。待遇官吏也对国家负有忠诚而又无定量地执行职务的公法上的义务,这一点与官吏没有什么不同,但根据他们不是从国库领取薪金(从府县领取薪金或有其他途径的收入等)等理由,不能正式成为高等官或判任官,只受高等官或判任官的待遇。如公立学校职员、地方土木职员以及其他地方待遇职员、巡查、看守、神职、名誉副领事、名誉领事、三等邮政局长、法警等。

又,所谓待遇是指在宫中席次及其他宫内或国家的公共礼仪中给与准于高等官或判任官的待遇。但日本银行总裁、神佛各派的管长、帝国大学名誉教授、外国人雇佣教师、委员等,虽然在公共礼仪中受到准予高等官或判任官的待遇,可是他们对国家不负有忠诚而又无定量地执行勤务的公法上的义务,所以不具有作为官吏的性格,因而不是待遇官吏。

(3)委员

根据《土地收用法》成立的收用委员会和依照《健康保险法》设立的保险稽查会的委员,以及其他咨询机构和研究调查机构的委员,都基于国家的选任只担任特定的国家事务,但他们不是官吏和待遇官吏。因此,他们不是由国家支付薪俸,而只是支付津贴。

(4)雇员

雇员与国家之间没有建立公法关系,只是通过民法上的委任契约或雇佣契约被国家所使用,如各官厅的抄写员、勤杂人员、邮局邮递员、电话接线员、职工、护士、官立学校的讲师等。据《文官任用令》规定,工作五年以上(后改为四年以上)的雇员,具有被任用为判任官的资格。就这个意义上讲,雇员虽然不是官吏,但在身份上近似官吏。

(5)雇工

雇工不是官吏,而是官厅中的勤杂人员。他们与雇员不同,雇员是在行政官厅中,从事一般的行政事务,而雇工则是在官厅中从事单纯的体力作业。

(6)其他

宫内官是对皇室服务的人员,而不担任政府的职务,因此他们不属于官吏。在身份上,宫内官在任用、薪金、服务等方面,适用特别的条令,即皇室系统的法令,但宫内官和官吏之间可以互相调转(明治四十一年第182号敕令)[13]。

二、任用

自明治时代后期起,日本官吏的任用大都与考试录用同时展开,所以许多日本学者都把

官吏考试放在任用制度中一并阐述。但作者参考另外一些日本学者的意见，拟将任用与考试分别叙述。因为这样做，一有利于更好地阐述任用制度，二有利于更具体地阐述官吏考试。本章这样做，下两章(大正时代和昭和前期日本官吏制度的演变)也要这样做，战后的两章(国家公务员的各种制度，地方公务员的各种制度)也同样这样做，同时在本书的第四章还要专门剖析具有日本特色的高等文官考试等问题。

1. 官吏的任命方式

在战前日本没有所谓规定任命权者的法令。但官吏作为“天皇的官吏”，归根到底其任命权是属于天皇。关于官吏的具体的任命行为，在对官吏的任命状作出规定的《公式令》(明治四十年第6号敕令)中作出了规定。其主要内容如下：

(1)关于亲任官的具体任命行为

亲任官是官吏的身份上的等级之一，是天皇在敕任官中亲署任命的国家最高官吏。按照1886年制定的《高等官官等工资令》规定，高等官分为敕任官和奏任官，而在敕任官中特以亲任式任命的官吏称为亲任官。在亲任官的任命书中，天皇亲署后加钤御玺，内阁总理大臣记入年月日后予以副署。亲任官的官职主要有：内阁总理大臣、各国务大臣、枢密院正副议长、枢密院向官、内大臣、宫内大臣、陆海军大将、特命全权大使、大审院长、检事总长、会计检查院长、行政法院长官、朝鲜总督、台湾总督等[14]。

(2)关于敕任官的具体任命行为

敕任官是官吏的身份上的等级之一，是根据天皇的敕令任命的政府高级官吏。广义地讲敕任官包括亲任官，狭义地讲敕任官仅指亲任官以外的1等和2等的高等官。亲任官以外的敕任官的任命方式是：经阁议决定，上奏天皇批准，在任命书上加钤天皇御玺，内阁总理大臣记入年月日。敕任官的官职比较多，如内阁书记官长、法制局长官、各省次官、警视总监、北海道厅长官、各府县知事、帝国大学总长、陆海军中少将等。第二次世界大战结束后，根据1946年4月1日公布的《各厅职员通则》，敕任、奏任、判任的区别改成1级、2级、3级[15]。

(3)关于奏任官的具体任命行为

奏任官是官吏的身份上的等级之一，是中央和地方政府的中级官吏。与1等、2等的高等官为敕任官相对应，3等至9等的高等官则为奏任官。各省课长以下的事务官和技师等均为奏任官。奏任官的任命方式是：内阁总理大臣或各省大臣奏请天皇，天皇在其奏荐书上加钤御玺；而在其任命书上，则盖有内阁官印，内阁总理大臣记入年月日。第二次世界大战以后，1946年4月改称2级官，1949年1月被废止[16]。

(4)关于判任官的具体任命行为

判任官是官吏的身份上的等级之一，是中央和地方政府的下级官吏。判任官位在高等官之下，分为1至4等。判任官的任命在法令上没有特殊的规定，旧各省大臣、府县知事等行政长官从一定的有资格中任命。判任官也称属官，内务属、文部属等均为判任官。第二次世界大战以后，1946年4月改称3级官，1949年1月被废止[17]。

2. 敕任官的任用

1887年制定的《文官考试试补及见习规则》和1893制定的《文官任用令》，都规定奏任官和判任官原则上须经过考试任用，但对敕任官的任用未作任何规定，即敕任官仍将采取自由任用制。

但后来随着资本主义的发展和政党势力的增强，各政党竭力通过敕任官自由任用这条渠道猎取中央和地方政府的高级官职。如1898年成立的以宪政党为基础的大隈重信内阁,有28名政党党员占据次官、局长、参与管、警视总监、北海道厅长官等位置,有8名政党党员担任一府(东京府)七县的知事[18]。

为了阻止政党人士向政界渗透,维护藩阀官僚的统治地位,1899年3月,第二次山县内阁全面修改了《文官任用令》(明治三十二年第61号敕令),将原来的《文官任用令》增补第1条,规定除亲任官外,敕任文官须从具有下列资格之一者当中任用。

第一,现任或曾任奏任官文官(依照特别规程任用者及教官、技术官除外)之职者,现任或曾任高等官三等文官职务者;

第二,曾任满一年以上敕任文官职务者,但根据特别任用的规定在职者及教官、技术官的在职年数除外;

第三,任过敕任文官职务者(依照特别规程任用者及教官、技术官除外),经过高等文官考试并获得其合格证书者;

第四,现任或曾任满2年以上敕任检事(检察官)之职者。

该条还规定:现任或曾任满2年以上敕任法官职务者,可任用为司法省的敕任文官(司法次官、局长);现任或曾任满2年以上帝国大学及文部省直辖各学校敕任文官职务者,可任用为文部省部内的敕任文官(文部次省、局长);陆海军将官,除另外的任用规定外,可任用为其部内的敕任文官[19]。

这样,敕任官的任用资格便被限定在:敕任文官中之高等文官考试合格者,有一年以上敕任官之经历者以及任过高等官三等奏任官文官职务者。敕任官的资格任用制,对提高敕任文官的业务素质,有一定的促进作用,对当时各政党的猎官运动,也有一定的遏制作用。

但此后,与内阁共命运的少数敕任官官职(内阁书记官长、各省官房长官等)仍然是自由任用。因此,到大正时代,资产阶级政党势力与藩阀及特权官僚之间,围绕着敕任官自由任用的范围问题展开了激烈的斗争。

3.奏任官、判任官的任用

1893年10月31日,第二次伊藤内阁公布《文官任用令》(明治二十六年第183号敕令),明确规定了奏任官和判任官的任用资格[20]。

(1)奏任官的任用资格

按照《文官任用令》第1条规定,奏任官的任用资格有三:

第一,经过高等文官考试并有高等文官考试合格证书者;

第二,任过满3年以上(1899改为2年)高等文官职务者;

第三,任过满3年以上(1899年改为2年)法官、检察官职务者(根据1899年的修改,法官只限于任用为司法省的奏任文官)。

(2)判任官的任用资格

按照《文官任用令》第2条和第5条规定,判任官的任用资格有六:

第一,经过普通文官考试并有普通文官考试合格证书者;

第二,经过高等文官考试并有高等文官考试合格证书者;

第三,官立公立寻常中学以及具有同等以上学历的官立公立学校毕业者;

第四,高等商业学校旧附属主计学校及旧主计专修科毕业者;

第五,任满3年(1899改为2年)以上文官职务者;.

第六，在同一的官厅内连续工作满5年以上的雇员，经文官普遍考试权衡合格者。

4. 教官及技术官、外交官及领事官、法官及检察官的特别任用

(1) 教官、技术官及需要特殊学术技艺的行政官的权衡任用

文官任用令第3条规定：教官和技术官，除另行制定的任用规程外，奏任官（1899改为高等官）经高等文官考试委员权衡任用，判任官经普通文官考试委员权衡任用。

又，文官任用令第4条规定：需要特殊学术技艺的行政官、奏任官经高等文官考试委员权衡、判任官经普通文官考试委员权衡，从教官、技术官中或从具有教官、技术官资格者中任用。

(2) 外交官、领事官及书记生的任用

对外交官、领事官等，原来采用与其他官吏相同的制度。1893年，与制定《文官任用令》的同时，相继制定了《外交官领事官及书记生任用令》（明治二十六年第187号敕令）及《外交官和领事官考试规则》（明治二十六年第213号敕令）。根据这两个敕令，外交官、领事官及书记生的任用资格如下：

外交官的任用资格是：外交官考试的合格者。

领事官的任用资格是：领事官考试的合格者。

公使馆、领事馆书记生的任用资格，一是公使馆、领事馆书记生考试的合格者，二是在职两年以上的外务省判任官，三是外务省留学生。

又，外交官、领事官最初任用时，分别为外交官试补，领事官试补；但作为外交官试补和领事官试补，如未从事两年以上的外国勤务，就不能成为外交官、领事官。

(3) 法官、检察官的任用

关于法官和检察官，根据《法官构成法》（明治二十三年第6号法律）和《法官检察官登用考试规则》（明治二十四年司法省第3号令）必须经过两次竞争考试。第一次考试是学术考试。第一次考试合格者，在第二次考试前，必须作为试补在法院和检察厅进行三年（后缩短为半年）时间的实地研修。但帝国大学法科大学毕业者，可不经过第一次考试直接就任试补。在试补阶段结束后，再举行第二次考试，第二次考试合格后，才能被任命为法官或检察官。

另外，法官、检察官均为敕任官或奏任官，且法官为终身官职。

三、考试

1. 高等考试和普通考试

伊藤博文就任内阁总理大臣之后不久，就在《政纲五章》中明确宣布，官吏任用原则上必须经过考试[21]。第2年，即1886年，为了效法西方国家的官吏考试任用制度，伊藤内阁组织人力翻译了大量的普、奥、英、法、比、美等国的官吏考试法规，并公开出版了《各国官吏考试法规（类）集》（共3卷）一书[22]。1887年7月参照欧美国家主要是德国的官吏录用制度，制定了《文官考试试补及见习规则》（明治二十年第37号敕令）[23]，初步建立了日本的官吏考试任用制度。

按照《文官考试试补及见习规则》规定，文官指的是奏任文官和判任文官。所谓“试补”指的是奏任官候补生，他们在就任奏任官之前，须做三年的“试补”，进行“实务练习”，期满合格后始能正式任命。所谓“见习”指的是判任官的候补生，他们在就任判任官之前，须做二年的“见习”，进行“实务练习”，期满合格后始得任命。同时，本《规则》还规定，奏任官

"试补"和判任官"见习",原则上须经过考试录用;"试补"须经过高等考试录用,"见习"须经过普用考试录用。

高等考试根据各官厅的需要,每年在东京进行。考试志愿者须在考试前,向考试委员长提交履历书、各种毕业证书及修业证书,以及区户长关于身份、职业、年龄及兵役的证书。参加考试者,须具有以下的资格:第一,二十岁以上的男子;第二,外国大学或同等学校毕业者;第三,教授法律学、政治学或理财学的私立学校毕业者;第四,高级中学及东京商业学校毕业者;第五,任过五年以上奏任官者。但获得法学博士、文学博士学位者,或法科大学、文科大学及旧东京大学法学部、文学部的毕业生,可不经过高等考试直接就任奏任官试补。又,任过三年以上分科大学教授者,可不经过高等考试及实务练习,直接就任奏任文官。有三年以上的司法官资格者,在从其他官吏转为司法官时,或有司法官的资格,做过三年以上的代言人者,可不需要实务练习,直接就任本官。

普通考试根据中央和地方官厅的需要,由普通考试委员负责进行。考试志愿者在考试之前,须向普遍考试委员长提交履历书及关于身份、职业、年龄和兵役的区长户长证明书。普通考试的科目,根据各官厅所掌管的事务,由旧普通考试委员选定,经文官考试局长官批准,在考试的前一个月公布。但官立、府县立中学或同级的官立府县立学校,以及受帝国大学监督的私立法律学校和司法省旧法律学校的毕业生,可不经过普通考试直接任命为判任官见习。

为了实施高等考试,在内阁总理大臣管辖之下,设立文官考试局;又为了实施普通考试,则设立了中央普通考试委员会和地方普通考试委员会。同时,1887 年,又以内阁的命令制定了《关于文官考试试补及见习规则的细则》(明治二十年阁令第 18 号),对考试科目、考试手续等基本事项作了具体的规定。按照这一《细则》的规定,高等考试的科目定为十科,民法、诉讼法、刑法、治罪法、商法、宪法、行政、财政 、理财、国际法。行政官的考试,在民法、商法、宪法、行政、财政、理财、国际法七科中定三个科目以上;司法官的考试,在民法、诉讼法、刑法、治罪法、商法、宪法、行政七科中定为五个科目以上。考试分为笔试和口试,笔试不合格者,不能参考口试。笔试时,应考者均集中在一室或几室,每室由一名考试委员监考;但如应试者仅为一人时,则由二名考试委员监考。笔试结束后进行口试,口试由考试委员长主持,全体考试委员列席,要求应试者对提出的问题能及时答辩。每一应试者的口试时间是半小时以上一小时以内。至于普遍考试的细则,经过文官考试局长官的认可,依照各官厅的普通考试委员的决定处理[24]。

自实施《文官考试试补及见习规则》以后 ,1888 年、1889 年和 1890 年先后在东京举行过三次高等考试。由于帝国大学法科大学的毕业生可不经过考试优先被采用为行政官或司法官的试补,其他的应试者只有在出现缺员时才能被采取,但行政官几乎没有缺员,司法官也缺员不多。所以,三次考试的结果,应试者被采用的人数很少,大部分试补的位置均被帝国大学法科大学的毕业生所占据。

但在帝国大学法科大学出身的试补中,也确实出过一些日本统治集团所需要的强有力的人物。例如,根据统计资料,从 1888 年 11 月到 1893 年 8 月,先后任用奏任官试补 126 人,帝国大学法科大学出身者为 115 人(法科大学 111 人,文科大学 4 人),其他学校出身者为 11 人。而在帝国大学中法科大学出身的试补中,后来有 7 人任过各省大臣或宫内大臣,还有 1 人任过内阁总理大臣(若槻礼次郎)[25]。

不过,从另一角度看,由于行政整顿、试补缺员甚少等原因,仅进行过三次的旧高等文官考试,自 1891 年以后,便不得不自行停止了。

2. 高等文官考试和普通文官考试

东京大学毕业生不经过高等考试就可就职试补,引起那些被关在试补门外的私立学校学生的日益不满。学校的经营也出现了危机,法律学校的学生日趋减少,教师讲座也没有干劲。问题一揭示出来,国会就进行了讨论,舆论对此也进行了批评。在这样的形势下,第二届伊藤内阁,于 1893 年 10 公布了《文官任用令》,规定奏任文官原则上须经高等文官考试任用,判任文官原则上须经普通文官考试任用。同时,还公布了《文官考试规则》(明治二十六年敕令第 197 号),对高等文官考试和普通文官考试的实施办法作了具体规定。

按照《文官考试规则》的规定,文官考试分为高等文官考试和普通文官考试两种。高等文官考试每年在东京举行一次,分为预备考试和正式考试。预备考试不合格者,不能参加正式考试;但帝国大学法科大学,旧东京大学法学部、文学部及旧司法省法学校正则部的毕业生,可不经过预备考试直接进行正式考试。预备考试主要是考试应试者寻常中学毕业程度的学力,考试形式包括论文考试以及与论文有关的口述考试和迅速作文考试。正式考试的目的是考试应考者通晓学理上的原则及现行的法令,并将其学到的学术知识应用于实际业务的能力。正式考试的科目,分为以下两类:

一、宪法
二、刑法
三、民法
四、行政法
五、经济学
六、国际法
以上六科在考试时不得选择取舍
一、财政学
二、商法
三、刑事诉讼法
四、民事诉讼法
以上四科应试者在其中任选一科。

正式考试也分为笔试和口试,笔试不合格者不能参考口试。

《文官考试规则》还对普通文官考试作了原则性的规定,其主要内容是:普通文官考试,根据各官厅的需要,由该厅的普通考试委员主持进行。普通文官考试的考试科目,以寻常中学的课程为标准,斟酌各官厅所掌管的事务,由文官普通考试委员选定,上报高等文官考试委员确认[26]。

日本的官吏考试制度,特别是高等文官考试制度,具有很多的特色,深受世人的注目。仅在明治时代后期,从 1894 年 10 月到 1912 年 11 月先后在东京举行 18 次高等文官行政科考试,合格者人数共 1176 人,平均每年合格 65 人。东京大学(主要是东大法学部)的毕业生名列榜首。如在明治四十年即 1907 年,东大的合格者竟占合格者总人数的 89%。考试合格者被内务省、大藏省等各官厅录用后,一般都能按照正常的晋升速度提升,其中有一人即滨口雄幸,后来还成为内阁总理大臣。

另外，在这一时期，还有42名以东京大学法学部毕业生为主体的高等文官行政科考试合格者，后来成为各省(部)的大臣或国务大臣(其中1人为内大臣)，还有不少人任过内阁书记官长或各省次官，但也有些人成为日本侵占的殖民地的高级官僚，如台湾总督，朝鲜政务总督，伪满洲国宫内府次长等[27]。自高等文官考试制度确立以后，随着高文考试合格者人数的不断增加，以东大法学部毕业生为主体的高等文官考试合格者，逐渐取代藩阀官僚成为日本官界的核心力量。

根据《文官考试规则》建立的文官考试制度的主要内容请参看下表[28]：

	高等文官考试	普通文官考试
报考资格	满二十岁以上的男子	满二十岁以上的男子
考试费用	十元	二元
考试种类	预备考试(考试中学毕业程度的学力，但帝国大学毕业生免除预备考试)；正式考试	文官考试委员决定，文官高等考试委员确认
考试形式	预备考试：论文考试(一次在自己家中拟稿)、口试(二次)、迅速作文考试(二次)；正式考试：笔试、口试。	预备考试：论文考试(一次在自己家中拟稿)、口试(二次)、迅速作文考试(二次)；正式考试：笔试、口试。
出题科目	正式考试 必考科目：宪法、刑法、民法、行政法、经济学、国际法(共六科)； 选考科目：财政学、商法、刑事诉讼法、民事诉讼法(共四科，任选其中一科)	正式考试 必考科目：宪法、刑法、民法、行政法、经济学、国际法(共六科)； 选考科目：财政学、商法、刑事诉讼法、民事诉讼法(共四科，任选其中一科)
考试次数场所	每年一次，东京	根据各官厅的需要进行
合格的判定	由考试委员议定	由考试委员议定
考试委员	由高等考试委员长(内阁总理大臣从高等官中奏请任命，后改由法制局长官充任)从其他各官厅的高等官中任命的三名常任委员和临时委员组成。 受内阁总理大臣的监督。	(中央官厅的委员) 长官从中央官厅的高等官中任命 (地方官厅的委员) 长官从地方官厅的官吏及官公立学校的教官中任命。 受长官的监督。
	领取津贴	领取津贴
事务局	常任、临时的书记，从法制局等官厅的判任官中任命。	书记从各该官厅的判任官中任命。

3. 外交官及领事官考试(外交官考试)

与制定《文官任用令》、《文官考试规则》的同时，1893年制定了《外交官领事官书记生任用令》(明治二十六年敕令第187号)和《外交官领事官考试规则》(明治二十六年敕令第213号)。前者规定："外交官及领事官在外交官及领事官考试中不合格者不能任用"(第1条)，被任用者的初任为"外交官补或领事官补"(第2条)，外交官补及领事官补在满4年以上的勤务之后，才能被任用为外交官或领事官。后者也有同样的规定。

外交官及领事官的考试分为两次。第一次考试作文和外语；第二次分为笔试和口试，笔试的科目，除了宪法、行政法、经济学、国际公法、国际私法以外，还须选考一个科目。其他与高等文官考试大致相同。

明治时代后期，从1894年9月到1911年9月，先后共举行过20次外交官和领事官考试(外交科考试)，合格者人数共126人，平均每次合格者为6人，占第1位的仍是东大法学部。在考试合格者当中有不少人后来成为大使、公使、总领事等，还有7人后来任过外务、文部或宫内大臣，另有4人即币原喜重郎、广田弘毅、吉田茂、芦田均，后来成为内阁总理大臣。如果加上在这同一时期举行的高等文官行政科考试合格者即后来成为内阁总理大臣的滨口雄幸，在明治时代后期，共有五人后来任过内阁总理大臣[29]。

4. 法官及检察官登用考试（司法官考试）

司法官的任用考试进行得比较早。根据1890公布的《法院构成法》（明治二十三年法律第6号）和1891年公布的《法官检察官登用考试规则》（明治二十四年司法省令第3号），对于法官和检察官，需要经过两次竞争考试。第一次考试为学术考试。考试合格者作为试补，经过在法院和检察厅三年（后缩短为半年）的实地研修，然后才能参加第二次考试。但帝国大学法科大学毕业生，可不经过第一次考试就职试补。又，任职三年以上的帝国大学法学教授和律师，可不经过考试直接任用为法官或检察官。

关于律师，按照1893年公布的《律师法》（明治二十六年法律第7号）规定，其任用资格是：第一，成年以上的日本男子，律师考试的合格者；第二有法官、检察官资格者。修过法律学的法学博士、帝国大学法律科毕业生、旧东京大学法学部毕业生、司法省旧法律学校毕业生以及司法官试补，可免除考试出任律师。律师在各地方法院必须设立律师会，不参加律师会不能执行职务。律师违反《律师法》和律师会会则，将会受到惩戒处分[30]。

四、晋升

1. 高等官的晋升

(1) 晋升速度

明治时代后期，在建立官等、任用、考试制度的同时，在晋升方面也作了许多规定，尽管这些规定有过多次变动。

按照1886年3月制定的《高等官官等工资令》规定，高等官分为8等，其中敕任官（亲任官除外）分为1等和2等，奏任官分为1等至6等；不论是敕任官，还是奏任官，每一官等未超过5年者都不能升等，有些官吏虽然官等已经超过5年，但如果官职未出现空缺时也不能提升。如《高等官官等工资令》第14条规定："官等非超过5年不得晋升"，第15条规定：每等官吏"虽已超过5年，但如果没有缺员时，也不得晋升"。

1890年3月，山县内阁修改《高等官官等工资令》，缩短了高等官的升任年限，即规定除了敕任官的升任仍维持原来规定的在职5年的限制以外，奏任官中的4等、5等和6等官的升任则由在职5年改为3年。1891年7月松方内阁废除《高等官官等工资令》，制定《高等官任命及工资令》。该令取消了高等官的官等制度，官吏薪俸按照各个官职确定。由于取消了官等制度，官吏升任年限的限制也被废止，只是规定升任局长必须有奏任官在职5年以上的经历。增加薪俸年限的规定也被取消，官吏增薪的年限由任命权者决定。但是不久，1891年11月，松方内阁又制定《文武高等官官职等级表》，恢复了高等官的官等制度，即将高等官分为10个等级，其中敕任官（包括亲任官）分为了3个等级，奏任官分为7个等级。官级等级与薪俸级别之间再次挂钩，但对晋升年限未作规定。

1892年11月，第二次伊藤内阁废除《高等官任命及工资令》，重新制定《高等官官等工资令》（明治二十五年敕令第96号）。该令规定，除亲任官外，高等官分为9等，其中1等官和2等官为敕任官，3等官至9等官为奏任官。该令还规定，初任的高等官，只能是6等以下的6至9等官;同一个官等,非在职3年不能升等晋级。

1910年3月,第二次桂内阁全面修改《高等官官等工资令》(明治四十三年敕令第134号)。根据该令第1条规定:除以亲任式叙的官吏外,高等官分为9等,以亲任式叙任的官及1等官2等官为敕任官,3等官至9等官为奏任官;第4条规定:最初被任用为高等文官者,其官等在6等以下;第5条规定:高等文官的官等,除另有晋级的规定者及7等以下者外,非超过在职2年不得晋升。

1910年制定的《高等官官等工资令》,后来经过许多次修改。例如,按照1943年修改后的《高等官官等工资令》(昭和十八年第519号敕令)规定:除以亲任式叙任的官以外,高等官依然分为9等,即敕任官分为1等官和2等官,奏任官分为3等至9等官(第1条);最初被任用为高等文官者,其官等在6等以下(第4条);高等文官的官等,除另有晋级的规定者及7等以下者外,非超过在职2年不得晋升(第5条);以高等官2等为最高官等的敕任文官,高等官2等在职3年以上且功绩显著者,可特别升任为高等1等(第9条之2);以高等官4等和高等官5等为最高官等的奏任官文官(外交官除外)在具最高官等的官职中在职3年以上且功绩显著者,可特别晋升官级一等(第20条)。

不难看出,明治时代后期,日本高中级官吏,从一个官等升到另一个官等的年限,从5年、3年最后缩短为2年,晋升速度不断加快。日本学者秦郁彦在《日本官僚制研究》一书中说:明治时期的官僚人事的第一个特点是"飞快的晋升速度。……明治政府刚成立时的混乱期另当别论。在新政权基本巩固下来的内阁制时代,一般官僚的晋升大致有两种开端,一是帝大毕业后,被任用为试补;另一种是高文考试合格就具有晋升资格。以大藏省为例,这两种人的晋升速度大致是:4—8年升科长、11—13年升局长;15—17年升次官。外务省,第20个年头升任大使。内务省,第11至13年升任知事。这是一般的速度。当然,不同的人有很大的差异"[31]。

但是,从明治时代末年时起,随着高文考试合格者人数的增加,各官厅普通出现职位不足的现象,而职位不足又引起官吏晋升速度的减慢。如晋升部长的时间,在明治三十年代(1897年)需要4到5年时间;40年代需要6到7年时间;一进入大正时期,普遍需要9到10年时间。关于明治时代与大正、昭和年间官吏晋升速度的变化请参看下表:

晋升速度的变化 (单位:年)[32]

就任职务 / 晋升所需年限 / 晋升年代	大藏次官	外务省亚洲(政务)局长	农林省农政课长
明治四十二	16	13	9
大正八	22	20	11
昭和四	21	18	12
十四	21	21	15
二十四	20	19	15
三十四	26	27	17
四十四	29	28	19
五十四	31	29	22

注:1."晋升年代"指任满一周年时间,如明治四十二年即为明治四十一年就任。"晋升所需年限"指从入省工作到就任某职的时间。

2. 农政课长曾经改称农林经济局总务课长。

(2)晋升条件

高等官的晋升,具有一定的必要条件,如任职年限、工作业绩、文化水平、高文合格等。

①任职年限

如前所述,高等官分为敕任官和奏任官。而敕任官中又包括亲任官。亲任官是自由任用,其中多数人任过敕任文官。敕任官是资格任用。其任用资格之一,是有高等官三等奏任官经历者。

又,《高等官官等工资令》分为9等,其中敕任官(亲任官除外)分为1等和2等,奏任官分为3等至9等。根据明治政府几次制定的《高等官官等工资令》,高等官从一个官等升到另一个官等的年限,1886定为5年,1892年部官分吏改为3年,1910年以后有些则缩短为2年。当然,这是一个一般性的规定,实际上每人的升任速度不尽相同。但不管怎样,任职年限总是官吏晋升的一个重要条件。

不过,自由任用的官吏,却不受其他官吏那样逐等晋升的年限限制。例如,高等文官考试合格者,通常是先任判任官2年,然后从高等官7等起,每一官等在职2年,最后才能成为高等官2等以上的敕任文官。但自由任用的敕任参事官在职1年以后,或自由任用的作为秘书官被任命为高等官三等者在职2年以后,就具有与其他有10年以上做官经历者同样的资格,可以担任局长、知事等敕任文官。

②工作业绩

日本自建立近代的内阁制度和文官制度以后,历届政府非常重视官吏的工作业绩。如1886年制定的《高等官官等工资令》第19条规定:"奏任1等、享受上级薪俸者,如果劳绩拔群显著时,可由内阁上奏依照特旨,支给敕任官2等的下级薪俸。"又如1910年公布,后来经过多次修改的《高等官官等工资令》第20条规定:"以高等官4等及高等官5等为最高官等的奏任文官(外交官除外),在其最高官等的官职中在职3年以上且功绩显著者,可特别晋升官级1等。"

所谓"劳绩拔群"、"功绩显著",就是指官吏不仅忠顺勤勉,尽其职责,而且成绩突出、业绩超群;能如此便可依照特旨晋等提薪,这是明治时代官吏晋升制度的重要特色之一。正如秦郁彦在《日本官僚制度研究》一书所说:"日本官员的绝大部分是由兼负官吏培养责任的东京帝大毕业生构成。但是,通往官界的门户是大开的,它不管学历、族籍、出身地、社会阶层如何,而是根据'业绩主义'对官僚进行选拔晋升。"[33]

③文化水平

明治时代后期,高等官从一个官等升到另一个官等,高学历是一个不成文的极其重要的条件。

特别是高等官大部分人是由官吏培养所——东京帝大法学部毕业生组成。这些东大法学部出身者,通过出任试补、高文考试或其他途径进入官界以后,不少人都能按照正常的晋升速度升任局长、次官、知事、大使等敕任文官,少数才能出众者甚至在退官以后出任国务大臣以至内阁总理大臣。例如,明治时代后期东京帝大法学部毕业生,竟有10人(加藤高明、若槻礼次郎、滨口雄幸、广田弘毅、平沼骐一郎、币原喜重郎、吉田茂、片山哲、芦田均、鸠山一郎)后来成为内阁总理大臣,其中有5人(滨口雄幸、广田弘毅、币原喜重郎、吉田茂、芦田均)是高等文官考试(行政科考试、外交科考试)合格者。

东京帝大以外的其他帝国大学(京都帝大等)或官立大学(东京商大等)的毕业生,也有一些人通过高文考试进入仕途并担任要职,但其人数与所处地位根本不能与东京帝大出身者相比。私立大学在这方面差距更大,不仅晋升速度很慢,而且升为敕任官的人数很少,更不要说出任亲任官了。至于低学历或无学历者的处境就更差了。

④高文合格

明治时代后期,高等文官考试,是选拔任用和提升中高级官吏的重要关口。对于立志从政的人来说,取得高等文官考试合格者的资格,是迈入奏任官行列并升任敕任官的必备条件。所以,在高等文官考试制度确立之后,成名的高级官僚几乎全是这个关口的通过者。

在历次的高等文官考试中,东大法学部毕业生均占绝对优势的地位。例如,1895 年的高等文官行政科考试,在 37 各合格者中东大法学部毕业生为 25 人,而且前 10 名都是东大法学部毕业生。同时,在东大的合格者中,后来有 1 人(滨口雄幸)成为内阁总理大臣,1 人成为商工大臣,8 人成为内务、文部等省次官。又,在同年的外交官及领事官的外交科考试中,在 5 名合格者中有 4 人是东大法学部毕业生,后来分别任过奉天总领事、意大利大使、通商局长、通商局书记官。

由于高等文官考试合格者大都是东大法学部毕业生,所以东大毕业生→高文考试合格→升任高级官僚,几乎成为日本官界一条铁的法则。只是东大毕业,但没有取得高文考试合格者的资格;或者虽然是高文考试合格者,但不是东大毕业生,这两种人都很少可能成为强有力的高级官僚。当然,有些未取得高文考试合格资格者,也可以通过自由任用或权衡任用的途径,成为高级官僚,但这只是少数人的事,而不是普遍的现象。

2. 判任官的提升

(1)判任官的升等提级

1886 年 4 月制定的《判任官官等工资令》(明治十九年敕令第 36 号)规定:判任官的官等分为 1 等至 10 等(第 1 条);5 等以上官等者非在职 4 年以上,6 等以下官等者非在职 3 年以上不能升等(第 4 条);每等均有定员,如未出现缺员时,虽已超过定期亦不得升等(第 5 条);接受 1 等上级薪俸,在职 3 年以上,且"劳绩拔群显著"者,可逐渐增薪到 100 元(第 6 条)。

1890 年 3 月修改《判任官官等工资令》时,将判任官的官等从 10 等改为 6 等,升等年限 2 等、3 等者定为在职 4 年以上,4 等、5 等、6 等者定为在职 2 年。1891 年 7 月废除《判任官官等工资令》,另行制定《判任官工资令》(明治二十四年敕令第 83 号)。该令取消了判任官的官等制度,将其薪金级别定为 10 级,每级非在职 1 年不能增薪。但同年 12 月,又制定《文武判任官等级表》(明治二十四年敕令第 249 号),恢复了被废止的判任官的官等制度,将判任官分为 5 等 10 级,即 1 等为 1、2 级薪俸,2 等为 3、4 级薪俸,3 等为 5、6 级薪俸,4 等为 7、8 级薪俸,5 等为 9、10 级薪俸。

1910 年 3 月,全面修改《判任官工资令》(明治四十三年敕令第 135 号),规定薪金级别由 10 级改为 11 级,每级非在职 1 年以上不得增薪,但 6 级以下者不在此限(第 3 条)。同年 6 月,又制定了《文武判任官等级令》(明治四十三年敕令第 264 号),将判任官的官等由 5 等改为 4 等,薪金级别仍为 11 级。

(2)判任官很难被任用为奏任文官

判任官为下级官吏,奏任官为 3 等至 9 等的高等官;由于身份上完全不同,判任官虽然长期任职，仍然没有任用为奏任官的资格。但在大正、昭和年代，部分判任文官可经过诠衡被任用为奏任文官。

判任官的文化水平低，又没有取得高等文官考试合格者的资格，所以尽管他们当中部分人可任用为奏任文官，但却没有可能升为高等官1、2等的敕任级高级官僚（特殊情况除外）。

3. 技术官的提升

（1）技术官的官等的演变

1886年4月制定的《技术官官等工资令》（明治十九年第38号敕令）规定：技术官为担任"需要工艺技术"业务的职员，分为敕任官技监、奏任官技师和判任官技手。技监分1至2等，技师分1至6等，技手分1至10等。

1891年7月，废除《技术官官等工资令》，制定了《技术官工资令》（明治二十四年敕令第84号）。该令虽然废止了技术官的官等，但技术官依然是分为技监（敕任官）、技师（奏任官）和技手（判任官）。后来，该令经过几次修改，于1910年3月被废止；敕任官奏任技师和判任技手的官等和薪级，分别在《高等官官等工资令》和《判任官工资令》中作出规定。

技术官与教官一样，属于特殊任用的范围，并可在技术官职这一特殊范围得到相应的提升。但在行政领域中，技术官升任高级官吏的门路就很窄了。

（2）技术官升任行政官吏中的高等官的门路很窄

1899年3月公布的《文官任用令》第5条规定："需要特殊的学术技艺的行政官、高等官经过文官高等考试委员，判任官经过文官普遍委员的诠衡，从教官、技术官中考试委员认为具有教官、技术官资格者中任用。"按照《文官任用令》这项规定，土木、电气、农林等技术官吏，经文官考试委员的诠衡由各省厅隶用，他们也有被任命为高等官的。但是，除了铁道省、递信省以外，很少有就任省厅本部局长以上职务的。在铁道省升任为次官的也只是有限的几个人。学法科的人官运亨通，技术官升任高等官的门路很窄。明治末年，中村弥六议员抨击说："真是不可思议，山林局长和土木局长不能让技术官员担任，却让那些不懂业务的法律专业的高等文官考试合格者像木偶式的坐在局长的位置上。"[34]

五、办公时间及休假[35]

1. 办公时间

1885年建立内阁制度以后，根据1890年公布的《内阁训令》，各官厅的办公时间规定如下：

4月20日至7月10日，午前8时至午后3时；

7月11日至9月10日，午前8时至正午；

9月11日至4月19日，午前9时至午后4时。

星期六、星期日，与从前的规定相同，即星期六下午休息，星期日全天休息。

又，该训令还规定："在事务繁忙的场合，依照上级长官的指挥，须不分昼夜办公。"这是因为，当时的官吏，对天皇及其政府负有忠诚而又无定量地执行勤务的义务；所以，即使没有这一规定，官吏也须忠实地无定量的进行工作。

1892年11月，根据内阁第6号训令，官厅办公时间稍有延长，具体规定如下：

4月20日至7月10日，午前8时至午后4时；

7月11日至9月10日,午前9时至午后5时。

9月11日至4月19日,午前9时至午后5时。

星期六和星期日的规定与从前相同。

在事务繁忙的场合,依照上级长官的指挥,须不分昼夜办公。

1895年2月,明治政府又公布第6号阁令,对官厅的办公时间作了如下的变更:

9月11至10月31日,午前8时至午后4时;

11月1日至翌年2月最后1天,午前9时至午后4时;

3月1至7月10日 午前8时至午后4时;

7月11日至9月10日 午前8时至正午。

星期六和星期日仍依照从前的规定,星期六下午休息,星期日全天休息。

这是明治时代对办公时间的最后一次改正。此次规定的办公时间,一直延续到1922年7月制定《关于官厅办公时间及休假的事项》(大正十一年阁令第6号)时为止。

又,对法院的闭厅时间,则另外有所规定。按照《法院构成法》第27条规定,"法院的休假从7月11日开始,到9月10日结束。"在休假期间,除一部分事件外,"中止审理已经着手的民事诉讼,并停止受理新的诉讼"。

2. 休假制度

明治时代后期的官吏休假制度,基本上是继承内阁制建立前所规定的制度,没有进行特殊的改正。详见本书第一章第二节等。

关于暑假休假,几乎每年7月上旬,都发出"本月11日至9月10日"之间给与休假的内阁告示,并规定在休假期间,"内阁除重要事务外,不处理其他事务"。

在外事方面,1891年7月制定《外交官领事官贸易事务官公使馆书记生及领事馆书记生赐假归国规则》(明治二十四年敕令第74号),规定外交官、领事官、贸易事务官、公使馆书记生及领事馆书记生,在欧美各国连续工作满4年以上,在东洋和南洋各国连续工作满3年以上时,外务大臣在不妨碍公务的情况下,可根据本人的请求,准许其休假回国(第1条);休假回国者,除往返的日数外,必须在满6个月以内出发为任,但如有相当的理由难以按期出发为任者,外务大臣可预先限定日期准许其延期返任。(第3条)

两年后的1893年10月,上述的敕令被废除,另行制定《外交官领事官赴任及赐假规则》(明治二十六年敕令第172号)。该令共5条,其主要内容如下:

第1条,外交官及领事官,自本国赴任其他国家时,从接到赴任命令之日起,须在五周内办好交接事务出发;在其他赴任或归国的场合,自命令到达之日起,须在三周内办好交接事务出发。

第2条,外交官及领事官在外国工作满4年以上者,除往返的日数外,可依照以下的比例,允许其休假回国:

(一)满4年以上者,休假6个月之内;

(二)满4年以上者,每增加满1年,则增加1个月,但总计不得超过10个月。

第3条,回国休假期间,照发全额薪金;逾期不能返任时,减发薪金的一半;但因病经外务大臣的许可延期赴任时,限90天发给全额薪金。

第4条,因病允许回国疗养者,除往返的日数外,在本国滞留的90天时间,发给其全额的薪金,但在超过90天时间出发时,则减发其薪金的一半。

第5条,本令也使用于贸易事务官、公使馆书记生及领事馆书记生。

1899年5月,对休假回国的必要条件有了某些缓和,如最低在勤时间从4年缩短为3年。

六、服务

在明治时代后期,为了严明官吏纪律,强化官吏队伍,明治政府以天皇敕令的形式,公布了《官吏服务纪律》;同时还通过内务省令,制定了地方官吏服务纪律,如《府县吏员服务纪律》、《市町村吏员服务纪律》等,现分述如下:

1、官吏服务纪律

1887年7月30日,伊藤内阁在修改《行政官吏服务纪律》的基础上,制定了《官吏服务纪律》(明治二十年,第39号敕令)[36]。全文共17条。其中心内容是,基于官吏是天皇的官吏的立场,规定了官吏的各种义务,主要是职务上的义务和身份上的义务[37]。

所谓职务上的义务,是指官吏在担任其职务期间必须担负的义务,其主要内容有三:第一,对天皇和天皇政府必须竭尽忠诚的义务;第二,遵从法令尽其职责的义务;第三,服从长官的命令的义务。例如,第1条规定:"凡官吏对天皇陛下及天皇陛下之政府,均须以忠顺勤勉为主,服从法律命令,各尽其职责。"第2条规定:"官吏对其职务,必须遵守本属长官的命令,但对其命令可陈述意见。"第6条规定:"官吏非经本部长官之许可,不得擅离职守,随意离开其办公地点。"

所谓身份上的义务,是指根据官吏这种身份,不问职务内外必须遵守的义务。其主要内容有二。第一,保守秘密的义务,如第4条规定:"禁止官吏泄露政府机密,退职后亦须如此。"第5条规定:"官吏不得私自向有关人士透露职务上未发表的文书。"第二,保持品格的义务,如第3条规定:"官吏不问职务内外,必须注意廉耻,不得有贪污行为;官吏不问职务内外,不得滥用职权,办事务须谨慎诚恳。"

为了维护官吏的地位、体面和品格,防止某些官员以权谋私和贪污腐化,《官吏服务纪律》对官吏与职务有关的个人行为作了许多规定,主要表现在以下六个方面:

第一,禁止官吏充任企业的役员。如第7条规定:"官吏非经本属长官之许可,不得担任营业会社之社长或役员。"

第二,禁止官吏经营私人企业。如第11条规定:"官吏及其家族非经本属长官之许可,不论直接或间接,不得经营商业。"第12条规定:"官吏不得充任交易投机生意会社之社员及间接参与投机商业。"

第三,限制官吏接受与职务有关的某些人的赠品或礼物。如第8条规定:"官吏非经本属长官之许可,不得接受与其职务有关的慰劳或赠品,也不得以任何名义,不论直接或间接,接受他人之礼物。官吏在接受外国君主或政府之勋章、荣赐、薪俸或礼物时,需要得到天皇陛下的批准。"第15条规定:"官吏不得接受私立邮船会社或私立铁道会社之免费船票或免费车票。"

第四,不准官吏接受与本人职务有直接关系的下列五种人的宴请。这五种人是:

(一)承包官厅之建筑工程者;

(二)承办官厅之汇兑或出纳业务者;

(三)依靠接受官厅之辅助金创业者;

(四)筹措官厅之用品者;

(五)与官厅缔结各种契约者。

第五,官吏不得接受部下的礼物和包庇部下的失职行为。如第10条规定:"凡上级官员,不问职务内外,均不得接受下属官吏的礼物。"第14条规定:"官吏因浪费破产造成负债者,也是过失之一。"第16条规定:"凡局长、所长及其他部门首长,均须监督各所属官吏,若其过失未达到可以进行惩戒处分的程度,务须对他们加以训告,倘若认为需要进行惩戒处分时,必须具实上报本属长官,知情隐瞒不上报者,亦不免是一种过失。"

第六,官吏不得领取本职以外的报酬。如第13条规定:"官吏非得到本属长官之许可,不得领取本职之外的薪金以从事其他的事务。"第14条规定:"官吏因浪费破产,造成负债者,也是过失之一。

本纪律最后一条规定:"本纪律适用于高等官、判任官及领取薪俸从事公务者。"军人、警察官、审判官均不包括在内。司机、打字员、清道夫等勤杂人员,由于他们是根据司法契约的雇佣人员,因而也不适用该纪律。

官吏服务纪律,与日本现行公务员法关于服务的规定,虽有相同之处,但其根本基准,正如第1条所显示的那样,规定官吏对天皇和天皇政府,必须忠顺勤勉,服从法律命令,各尽其职责,在职务上的义务中首先强调隶属于天皇的身份制;而现行公务员法关于服务的根本标准则明确规定:"所有职员作为全体国民的服务人员,必须为公共利益进行工作,工作须竭尽全力,专心致志。"从这里可以看出两者在原理上有多大的差距。1948年7月,随着《国家公务员法》的施行,《官吏服务纪律》即行废止。

2. 地方吏员服务纪律

所谓地方吏员,是指战前日本在都道府县市町村地方公共团体,根据公法上的勤务关系从事工作的职员。通常称为公吏,也被称为吏员。由于地方吏员服务纪律问题,在许多的专门著作中均无记载,所以下面想简要地介绍一下这个问题。

(1)府县吏员服务纪律

1902年(明治三十五年)2月,根据内务省第3号令,公布了《府县吏员服务纪律》[⑧]。全文共9条,主要内容如下:

第1条,府县(郡)吏员必须遵从法令,忠于职守,在执行职务时遵守指挥监督者的命令。

第2条,府县(郡)吏员不问职务内外,均不得有滥用职权,破坏廉耻以及其他损害品格之行为。

第3条,府县(郡)吏员,不得私自泄露有关公务的机密或透露未发表的事件和文书。退职后亦须如此;但根据法院的传讯,接受关于职务上的秘密询问时,对于得到指挥监督者的许可的事项则不在此限。

第4条,府县(郡)吏员,除因公务出差外,非依指挥监督者之许可,不得离开其工作的地点。

第5条,府县(郡)吏员,未得到指挥监督者的许可,不论其对职务有直接或间接关系,均不得为自己或为他人收取礼物及其他利益。

第6条,凡是在职务上与以下五种人有直接关系的府县(郡)吏员,不得接受他们或为他们所举行的宴请。此五种人是:

(一)为府县(郡)承包建筑工程或筹措物资者;

(二)担任属于府县(郡)之金钱出纳保管业务者;

(三)由于受到府县(郡)的辅助金或利益之保证创业者;

(四)与府县(郡)订有土地、物资之买卖、赠与、借贷或交换之契约者;

(五)现在正在从其他府县(郡)获取利益或企图获取利益者。

第7条,领取薪俸的府县(郡)吏员,未得到指挥监督者的许可,不得经营企业或让家属经营企业,也不得收取其他薪金或报酬以从事其他的事务。

第8条,本令所说的指挥监督者,对于府县吏员指的是府县知事,对于郡吏员指的是郡长。

第9条,关于郡组合的吏员,可准用有关郡吏员的规定。

(2)市町村吏员服务纪律

1911年(明治四十四年)9月,根据内务省第16号令,公布了《市町村吏员服务纪律》[39]。全文共5表,主要内容如下:

第1条,市町村吏员须以忠实勤勉为宗旨,遵从法令,尽其职责。

第2条,市町村吏员,不问职务内外,均不得有破坏廉耻及其他伤害品格之行为。

第3条,市町村吏员不得私自泄露关于公务的机密,或私下透露未发表的事件或文书,退职后亦须如此;领取薪俸的市参与、市町村助役,市町村收入役和副收入役,以及市制第6条的市的区长,市制第82条第3项的市的区长,未得到市町村长的许可,不得从事其他有报酬的业务。

第4条,市町村吏员,不论对其职务有直接或间接关系,均不得为自己或其他人收取礼物或获取其他利益。

第5条,市町村吏员不得接受在职务上与其有直接关系的以下五种人的宴请,也不得接受为这五种人所进行的宴请。此五种人是:

(一)承包市町村建筑工程或与市町村订有供给物资及劳动力之契约者;

(二)担任属于市町村的金钱出纳及保管业务者;

(三)依靠接受市町村之辅助金和利益之保证创办事业者;

(四)与市町村订有土地及物资之买卖、赠与、借贷或交换之契约者;

(五)现今正在从其他市町村获取利益或企图获取利益者。

(3)北海道地方费吏员服务纪律

1923年(大正十二年12月),根据内务省第6号令,公布了《关于北海道地方费吏员服务纪律的事项》[40],规定关于府县吏员服务纪律的规定准用于北海道地方官吏员。

1927年(昭和二年),又根据内务省第39号命令,公布了《北海道一级町村及北海道二级町村吏员服务纪律》,规定市町村吏员服务纪律,准用于北海道一级町村及北海道二级町村。

七、分限

1.一般官吏的分限制度

关于分限一词,在日本辞书中有过多种解释,如事物的程度和分量,身份的程度和地位,法律上的地位和资格等[41]。但在旧的日本官吏制度中,如(日)《新版新法律学辞典》一书所说:所谓分限是"身份保障以及以身份保障为前提的免官、休职、转职等官吏的身份上的变化的总称"[42]。这一解释较为正确。第一,身份保障是分限制度的中心内容,即官吏不得违背其本人意愿随意被免职或降职。第二,以身份保障为前提的官吏的身份上的变化,也是分限制度不可缺少的部分,如根据法令或敕令的规定,官吏基于某些特定的情况,可以被免职、休职或转职。

1899 年 3 月 27 日,明治政府为保障官吏的身份地位和职业安定,公布了《文官分限令》(明治三十二年第 62 号敕令)[43]。全文包括附则共 17 条,其内容主要包括以下四个方面。

(1)本令适用于一般的文官

该令第 1 条规定:本令除亲任官、公使、秘书官以及在法令中另有规定者外,适用于一般的文官。这里需要说明两点。第一,本令适用于一般的文官,亲任官、公使等均被除外。第二,亲任官之所以不适用于本令,主要是因为亲任官具有基于天皇的信任而决定其进退的地位,所以亲任官的分限也直接属于天皇大权。

(2)官吏不得随意被免除官职,但有特殊规定的情况除外

该令第 4 条规定:"官吏非依刑法之宣告、惩戒之处分,或本令之规定,不得免除其官职。这就是说,按照本条规定,官吏除受刑法之宣告等原因外,不得随意免除其官职,这是官吏的身份保障的最基本的条件。

但是,接着第 3 条规定:官吏具有下列各或之一时,可以免除其官职:

① 因残废或身份及精神之衰弱不能执行职务时;

② 因负伤或患病不堪任职,或基于自己的权宜志愿要求免职时;

③ 因官制或定员之改正出现超编情况时。

第 4 条又规定:官吏在废除官职、撤销官厅的场合,则被视为当然的退官者。

又,为了审查官吏的免职工作,本令还专门规定,依照前项第①号规定免除官职时,高等官须提交高等文官惩戒委员会审查,判任官须提交普通文官惩戒委员会审查;高等文官惩戒委员会置顾问医生 2 人(第 7 条),普通文官惩戒委员会置临时顾问医生(第 8 条);惩戒委员会在依照本令进行审查之前,须预先征求顾问医生的意见(第 9 条)。

(3)官吏不得被迫转任同等官以下之官职,官吏有特别规定的情况时可命令其休职。

本令第 6 条规定:官吏不得违背其本人意愿,转任同等官以下之官职。这也是官吏的身份保障的重要条件之一,它对官吏因复杂的政治斗争和人事纠葛而被迫降职一事,有一定的遏制作用。

本令第 11 条还规定:官吏有该当下列各号之一时,可以命令其休职:

① 依照惩戒令之规定提交惩戒委员会审查时;

② 因刑事事件被告发或控告时;

③ 由于管制和定员的改变出现超员的情况时;

④ 根据官厅事务的情况需要减员时。

前项休职的期间,在第①号和第②号的场合,依照惩戒委员会或法院对其事件的审理情况而定,在第③号和第④号的场合,一律定为三年。休职时间期满后,则是当然的退官者。

休职者除不再奉职本官和继续工作外,其他总的来说与在职官吏无异。其中因第 11 条第 1 项第③号及第④号的规定被命令休职者,本部长官也可根据工作情况随时令其复职(第 12 条)。又,依照第 11 条的规定被命令休职者,其休职期间支给原来薪俸的 1/3(第 13

条)。

(4)免职和休职的手续

在免职方面,敕任官由内阁总理大臣奏请,经批准后施行;奏任官经内阁总理大臣,由本部长官奏请,经批准后施行。在休职方面,敕任官由内阁总理大臣奏请,经批准后施行;奏任官经内阁总理大臣认可,由本部长官命令施行。在命令休职者复职时亦同(第14条)。

2. 其他官吏的分限制度

(1)法官和检察官的分限

1886年5月制定的《裁判所官制》(明治十九年第40号敕令),曾对法官的身份保障作了明显的规定,如该令的第12条规定:“法官非依照刑事审判或惩戒审判,不得违背其本人意愿令其退官或受到惩罚。”

在1889年2月公布的日本帝国宪法中,专门设立司法一章即第6章,规定“法院之构成,以法律规定之”(第57条第2项),“法官除因刑法之宣告或惩戒之处分外,不得免除其官职”(第58条第2项)。

1890年2月,根据宪法的规定,制定了《法院构成法》(明治二十三年2月10日第6号法律)。按照该法规定:“法官非因刑事之宣告或惩戒之处分,不得违背其本意转官、调离、停职、免职或减薪”(第73条),但“因身体或精神之衰弱不能执行职务时,司法大臣可依照控诉院或大审院总会之决议命令其退职”(第74条)。又,“在依照法律变更或废除法院机构的场合,没有可以任命其为法官的空缺时,司法大臣有权发给其半额薪金以待补缺”(第75条)。该法对检察官的身份保障也作了明文规定,如第80条称:“检察官非因刑事之宣告或惩戒之处分,不得违背其本意被免职。”[44]

(2)会计检察官的分限

1889年5月制定的《会计检查法》(明治二十二年法律第15号)规定:“会计检察官非依刑事之审判,不得违反其意愿命令其退职、转职或非职。”(第6条)会计检察院是“直接隶属于天皇,对国务大臣有特立的地位”(第1条)的机关,所以它不是依照敕令而是按照法律规定了会计检察官的身份保障。1896年5月,又制定了《关于会计检察官退官的法律》(明治二十九年法律第91号),规定会计检察官“因身体或精神之衰弱不能执行职务时”可命令其退官(第1条)。但是,这种场合必须“依照会计检察官会议的决议决定之”(第2条)。

(3)外交官及领事官的特例

1899年制定的《外交官及领事官的官制》(明治三十二年制定第280号)规定:“外交官或领事官一时被免除在外国的职务者”称为待命。所谓待命相当于文官的休职。待命外交官及领事官,除了不从事原来的职务外,其他与在职的官吏无异。又,待命外交官及领事官可能临时从事外务省的事务,这种场合也适用有关在职官吏的规定。待命官吏经过满3年,如没有被命令从事外国勤务,或没有被转为本省所属的官吏时,则便失去了官吏的身份。另外,待命官吏在命令期间,可支给原来1/3的薪俸。

八、惩戒

明治时代后期,为了强化官吏队伍,维持天皇制绝对统治,日本政府制定了一系列的官吏惩戒法令。除了适用一般官吏的《文官惩戒令》外,还颁布了《审判官惩戒法》、《会计检察官惩戒法》、《行政法院长官评定官惩戒令》、《法警惩戒令》、《宫内官惩戒令》、《税关监吏赏罚规则》、《关于官吏待遇者的惩戒的事项》、《监狱奏任待遇职员惩戒规程》、《监狱判任待遇职员惩戒规程》等。除此以外,对于军队,又制定了篇幅很长的《陆军惩罚令》和《海军惩罚令》。下面只想阐述几个具有代表性的惩戒敕令或法令。

1. 适用一般官吏的《文官惩戒令》

1899 年 3 月 27 日,第二届山县内阁,在公布《文官任用令》和《文官分限令》的同时,又公布了适用一般官吏的《文官惩戒令》(明治三十二年第 63 号敕令)[45]。该令共 3 章 35 条,其主要内容如下:

首先,本令第 1 章第 1 至 7 条,对官吏惩戒的事由及种类等问题作了规定。该令规定,除亲任官及在法令上另有规定者外,官吏非依照本令不得受惩戒处分(第 1 条);官吏受惩戒处分,限于以下两种情况:一是违背职务上的义务或怠于职守时,二是不问职务内外有丧失官职威严或信用之行为时(第 2 条);官吏的惩戒处分,分为免职、减薪、谴责三种(第 3 等);受免职处分者两年内不得就任官职,情节严重者交还叙任证书(第 4 条);减薪处分,1 月以上 1 年以下,减少年薪平均额或月薪的 1/3 以下(第 5 条);谴责处分由本部长官负责进行(第 6 条),是公开的责难和斥责的最轻的处分。

该令还规定,免职及减薪处分,须经惩戒委员会决议。敕任官之免职及减薪,经惩戒委员会决议,由内阁总理大臣奏请,获得裁可后施行。奏任官之免职,依照惩戒委员会之决议,经内阁总理大臣,由本部长官奏请,获得批准后施行。奏任官之减薪及判任官之免职和减薪,依照惩戒委员会之决议,由本部长官负责施行。谴责可不经过惩戒委员会,由本部长官施行(第 6 条)。另外,还规定,已被提出的惩戒事件,在刑事法院进行审理期间,不得对同一事件召开惩戒委员会;在惩戒委员会决议之前,对即将进行惩戒者,从刑事追诉时起,到事件判决时为止,停止召开惩戒委员会的会议(第 7 条)。

其次,本令第 2 章第 8 条至第 28 条,对惩戒委员会的组成及职能等问题作出规定。按照该令规定,惩戒委员会分为高等文官惩戒委员会和普通文官惩戒委员会(第 8 条);高等文官惩戒委员会负责决议高等官的惩戒事项(第 9 条),它由委员长 1 人和委员 6 人组成(另置预备委员 6 人)(第 10 条);委员长从枢密顾问官中,委员从行政法院长官、敕任官行政法院评定官、敕任法官及其他敕任文官中,依照内阁总理大臣之奏请任命(第 11 条);委员会非有委员长及委员共五人以上出席时不得开会,委员会的议事按多数意见决定,如可否两种意见相等时则由委员长决定(第 12 条);委员长有事时则由高职位的委员代理,委员中有人有事或缺员时,委员长可选预备委员代理(第 13 条);委员及预备委员的任期均为 3 年(第 14 条)。

普通文官惩戒委员会负责决议判任官的惩戒事项(第 9 条);普通文官惩戒委员会在内阁、枢密院、各省、北海道厅、府县等各官厅中设置(第 22 条);委员长由各官厅之长官充任,但在内阁则由法制局长官,在枢密院则由书记官长,在各省则由次官担任,委员为 2 人至 6 人,由本部长官从各该官厅之高等官中任命,但在内阁则从赏勋局、法制局及内阁所属的高等官中任命(第 23 条);委员会非有委员长及委员两人以上出席不得开会(第 24 条);委员长有事时,由职位高的委员代行其职务(第 25 条)。

最后,本令第 3 章第 29 条至第 33 条,本部长官认为所部官吏有应该惩戒之行为时,可提出证据以书面的形式要求惩戒委员会审查(第 29 条);惩戒委员会委员长在接到上述要求时,可确定审查日期并召开委员会,委员会认为必要时可命令本人出面,其旅费由所属官厅承担(第30条);委员会在作出决议时,可将其理由告知本部长官(第31条);委员长及委员不得参与与自己或自己亲属有关的事件的会议(第32条)。

战前,日本官吏的惩戒制度,并不是一蹴而就,而是有一个逐渐形成的过程。明治初年的惩戒制度混沌不清,特别是与刑法上的处罚的区别很不明朗。1876年制定的《官吏惩戒条例》,大体上构成了近代日本的惩戒制度,但受到德国惩戒制度的影响很大。1899年公布的《文官惩戒令》,则成为明治宪法之下的官吏惩戒制度的支柱,但其主要的特征是规定设立惩戒委员会并采取事前审查制。从这里也可以看出德国法律的强大的影响力。

2.《文官惩戒令》以外的惩戒法令

(1)《审判官惩戒法》

日本帝国宪法第58条第2项、第3项规定:"法官除因受刑法之宣告或惩戒处分外不得被免职,惩戒之条规以法律规定之。"根据宪法的这一规定,1890年8月21日,制定了《审判官惩戒法》(明治二十三年第68号法律)[46]。1913年略作修改。全文共7章57条。其主要内容为,审判官的惩戒事由有二:一是违背职务上的义务或玩忽职守时,二是有丧失官职之威严或信用之行为时;惩罚的种类有五,即谴责、减薪、调转、停职、免职。谴责是最轻的处分;减薪为1个月以上1年以下,减少年薪月平均额的1/3之内;调转指调到其他法院或转任其他职务,但根据情况可同时减薪;停职指3个月以上1年以下停止执行职务,在停职期间不发给薪俸;免职则失去现任的官职,兼丧失领取退职金的权利。

该法还规定,惩戒裁判所设于各控诉院及大书院。控诉院之惩戒裁判,由院内3名法官(包括控诉院长)组成,控诉院长任惩戒裁判所所长;大审院之惩戒裁判所,由院内5名法官(包括大审院长)组成,大审院长任惩戒裁判所所长。控诉院中惩戒裁判所检察官之职务,由检事长执行之;大审院中惩戒裁判所检察官之职务,由检事总长执行之。

(2)《会计检察官惩戒法》

明治宪法虽然未对会计检察官的惩戒作出特别的规定,但考虑到"会计检察院直接隶属天皇,对国务大臣具有特立的地位",所以对在这一官厅任职的官吏的惩戒事宜,则以法律的形式规定之。根据这一精神,1900年3月1日,制定《会计检察官惩戒法》(明治三十三年第21号法律)。全文共3章34条[47]。

按照该法规定,会计检察官的惩戒处分,基于以下两种场合:第一,违背职务上的义务或玩忽职守时;第二,不问职务内外有丧失职务上的尊严及信用时。惩戒的种类有三种:第一,谴责;第二,减薪;第三,免官。减薪为1月以上1年以内减少年薪月平均额的1/3之内。受到免官处分者,自判决之日起两年间不得担任官职。

该法还规定,会计检察官的惩戒处分,依照惩戒裁判所的审判进行。惩戒裁判所置长官1人,审判官6人,预备审判官6人;长官为枢密顾问官,审判官中3人为大审院法官,3人为会计检察官(包括会计检察院长),他们均根据内阁总理大臣的奏请任命;预备审判官也根据这一惯例辅任。长官、审判官及预备审判官的任期均为3年。惩戒裁判所还设检察官1人,预备检察官1人,检察官和预备检察官,均从大审院敕任检察官中,依照内阁总理大臣之奏请任命。

(3)《行政法院长官评定官惩戒令》

1899年7月29日,明治政府公布《行政法院评定官惩戒令》(明治三十二年第354号敕令)。全文共5章32条[48]。该令主要规定:行政法院长官及评定官有下列行为时须受到惩戒处分:第一,违背职务上的义务或玩忽职守时;第二,不同职务内外有丧失官职上的威严及信用时。惩戒处分有三种:第一,谴责,第二、减薪,第三,免官。惩戒处分依照惩戒裁判所之判决施行;惩戒裁判所在确定惩戒之适用时,需要斟酌被告所犯的过失状况及平生的经历。惩戒裁判所置审判长1人,审判官6人,预备审判官6人。审判长、审判官和预备审判官,分别由高等文官惩戒委员长、高等文官惩戒委员和高等文官惩戒预备委员担任。惩戒裁判所置检察官1人,检察官从敕任检事中依照内阁总理大臣之奏请任命。惩戒裁判所作出判决时,检察官须将判决内容之要旨直接报告给内阁总理大臣及行政裁判所长官。

(4)《税关监吏赏罚规则》

1890年10月9日,明治政府制定《税关监吏赏罚规则》(明治二十三年第218号敕令)。全文共六条,主要是规定:

①税关监吏在工作上勤劳奋进者,根据事务的大小难易,每一件事发给5元以下的奖金;

②监吏在其工作上有怠慢过失者,根据情节轻重,进行谴责、降薪、免职三种处罚;

③降薪为一个月以下,减其月薪额的1%以上;

④罚薪从每月薪金中交付,但交付数额不得超过其月薪额的1/3;

⑤被罚薪者在交完罚薪前退官、免职或死亡时不予追究;

⑥大藏大臣可委任关税长执行本规则。[49]

(5)待遇官吏的惩戒事项

在制定《文官惩戒令》之后不久的1899年7月,制定了《关于公立学校职员的惩戒事项》(明治三十二年第349号敕令),规定非小学校的公立学校的职员,受予奏任文官同一待遇者,在惩戒方面准用《文官惩戒令》中关于高等官的规定,受予判任文官同一待遇者,在惩戒方面准用《文官惩戒令》中关于判任官的规定。

1902年,废除两年前制定的《神官神职惩戒令》(明治三十三年敕令第79号),另行制定《神职惩戒令》(明治三十五年敕令第29号)。该令规定:"神职中受予高等官同一待遇者,在惩戒方面准用《文官惩戒令》中关于高等官的规定,受予判任官同一待遇者,在惩戒方面准用《文官惩戒令》中关于判任官的规定。"

1907年,为对待遇官吏建立统一的惩戒制度,制定了《关于官吏待遇者的惩戒事项》(明治四十年敕令第177号)。按照该令规定,待遇官吏的惩戒,"除特殊规定者外,受予高等官同一待遇者准用文官惩戒令中关于高等官的规定,受予判任官同一待遇者,准用文官任用令中关于判任官的规定"。与制定该令的同时,上述的《关于公立学校职员的惩戒事项》和《神职惩戒令》均被废止[50]。

九、工资

1886年伊藤内阁先后制定的《高等官官等工资令》和《技术官官等工资令》、《判任官官等工资令》,后来虽然经过反复的多次的修改,但它们毕竟是战前日本官吏工资制度的基本框架。

在上述的三个工资令中,除了薪俸以外,还规定了官等、升级等。这表明官吏的薪金待遇,与职务的难易程度几乎没有关系,而是与官等即官吏的身份上的等级直接联系着。

本节拟根据日本公务员制度史研究会编著的《官吏、公务员制度之变迁》第二章第三款

“给与”的基本内容，并参考《明治年间法令全书》的某些亲任官、敕任官、奏任官、判任官的官等工资令，简要地介绍一下明治时代后期日本高等官、判任官、技术官、法官检察官、会计检察官以及地方官的官等工资制度的演变情况。

1. 工资

(1)高等官的官等工资[51]

① 高等官官等工资令(1886 年 3 月)

1886 年 3 月，制定《高等官官等工资令》。同年 4 月，又以该令第 22 条为依据，制定了《高等官官等工资支给细则》。按照《高等官官等工资令》规定，高等官分为敕任官和奏任官；敕任官分为 1 等和 2 等，各等均分为上、下两级；奏任官分为 1 至 6 等，每等都分为上、中、下三级。等为官职等级，级为工资级别。官吏各等各级的工资数额见下表：

<table>
<tr><td colspan="4">敕　任　官</td><td colspan="7">责　任　官</td></tr>
<tr><td rowspan="2">内阁总理大臣
9600 元</td><td colspan="2">一等</td><td>二等</td><td colspan="2">一等</td><td>二等</td><td>三等</td><td>四等</td><td>五等</td><td>六等</td></tr>
<tr><td rowspan="2">上</td><td rowspan="2">5000 元</td><td rowspan="2">4000 元</td><td>上</td><td>3000 元</td><td>2400 元</td><td>1800 元</td><td>1200 元</td><td>900 元</td><td>600 元</td></tr>
<tr><td rowspan="2">各省大臣
600 元</td><td>中</td><td>2800 元</td><td>2200 元</td><td>1600 元</td><td>1100 元</td><td>800 元</td><td>500 元</td></tr>
<tr><td>下</td><td>4500 元</td><td>3500 元</td><td>下</td><td>2600 元</td><td>2000 元</td><td>1400 元</td><td>1000 元</td><td>700 元</td><td>400 元</td></tr>
</table>

②高等官任命及工资令(1891 年 7 月)

1891 年 7 月，废除《高等官官等工资令》，制定了《高等官官等工资令》(明治二十四年敕任第 82 号)。根据这一新的《工资令》，高等官的官等被取消，官吏薪金按照官职确定。该令规定的高等官薪金如下：

内阁之部
　内阁总理大臣　9600 元
　内阁所属职员
　　书记官长　3500 元
　　局长　依照一号表
　　书记官　依照二号表
　　内阁总理大臣秘书官　依照二号表
　　恩给局审查官　一级俸　1400 元
　　　　二级奉　1200 元
　　一级俸、二级俸各一人
赏勋局
　总裁　4000 元
　副总裁　3000 元
　书记官　一级俸　2400 元
　　　　二级俸　2000 元
　　一级俸、二级俸各一人
法制局
　长官　4000 元
　部长　3000 元
　参事官　依照二号表
各省之部
　大臣　6000 元
　次官　4000 元

局长	依照一号表
参事官	依照二号表
秘书官	依照二号表
书记官	依照二号表
外务省翻译官	依照三号表
内务省警保局主事	1800 元
大藏省主计官	依照二号表
大藏省主税官	依照二号表
文部省视学官	依照三号表
农商务省特许局审判官	1200 元
农商务省特许局审查官	依照技术官工资令
递信监察官	1000 元
递信事务官	依照三号表

一号表

官　名	年俸	官　名	年俸
内阁恩给局长	2500 元	大藏省主税局长	3000 元
内阁记录局长	2500 元	大藏省国债局长	3000 元
内阁统计局长	2500 元	大藏省监察局长	2500 元
内阁官报局长	2500 元	大藏省预金局长	2500 元
外务省政务局长	3000 元	司法省总务局长	3000 元
外务者通商局长	2500 元	文部省专门学务局长	3000 元
外务者取调局长	2500 元	文部省普通学务局长	3000 元
外务者翻译局长	2500 元	农商务省农务局长	3000 元
内务省县治局长	3000 元	农商务省商工局长	3000 元
内务省警保局长	3000 元	农商务省山林局长	3000 元
内务省土林局长	3000 元	农商务省矿山局长	2500 元
内务省卫生局长	2500 元	农商务省特许局长	2500 元
内务省社寺局长	2500 元	通信省邮务局长	3000 元
内务省庶务局长	2500 元	通信省管船局长	3000 元
大藏省主计局长	3000 元	通信省电务局长	2500 元

二号表

官　名	年　俸　等　级
内阁书记官 内阁总理大臣秘书官 法制局参事官 各省参事官 各省大臣秘书官 各省书记官 大藏省主计官 大藏省主税官	一级 2500 元　三级 2000 元　五级 1600 元　七级 1200 元　九级 900 元 二级 2200 元　四级 1800 元　六级 1400 元　八级 1000 元　十级 800 元

三号表

官　名	年　俸　等　级
外务省翻译官 文部省视学官	一级 1800 元　三级 1400 元　五级 1000 元　七级 800 元 二级 1600 元　四级 1200 元　六级 900 元　八级 700 元
通信事务官	一级 1200 元　三级 900 元　五级 700 元 二级 1000 元　四级 800 元

③高等官官等工资令(1892 年 11 月)

1892 年 11 月,废除《高等官任命及工资令》,重新制定《高等官官等工资令》(明治二十五年敕令第 96 号)。按照该令规定,高等官的官等分为 9 等,"以亲任式敕任的官及 1 等官 2 等官为敕任官,3 等至 9 等官为奏任官"(第 1 条)。对各官等均参照工龄("年功")定出工资级别(级俸),如作为奏任文官的各省书记官,按官职等级分为 3 等至 7 等。但工资级别则分为 1 至 10 级,即 3 等 1 级(年薪 2500 元),4 等 2 级(2200 元)、3 级(2000 元),5 等 4 级(1800 元)、5 级(1600 元),6 等 6 级(1600 元)、7 级(1200 元),7 等 8 级(1000 元)、9 级(900 元)、10 级(800 元)。这就是说,7 等书记官的工资级别最高为 8 级(年薪 1000 元),此后如不升等,即升至 6 等官,也就不能提薪,即提到 7 级工资(年薪 1200 元)。这种结合官职等别确定工资级别的做法,直到战争结束时一直沿用施行。

根据本令确定的高等官薪金如下:

内阁之部

内阁总理大臣　　9600 元

内阁所属职员

书记官长　　年俸 3500 元

局长　　依照高等文官年俸一号表

书记官　　依照高等文官年俸二号表

内阁总理大臣秘书官　　依照高等文官年俸二号表

恩给局审查官　　一级俸　年俸　1400 元

二级奉　年俸　1200 元

一级俸、二级俸各一人

赏勋局

总裁　　年俸　4000 元

副总裁　　年俸　3000 元

书记官　　一级俸　年俸　2400 元

二级俸　年俸　2000 元

一级俸、二级俸各一人

法制局

长官　　年俸　4000 元

部长　　年俸　3000 元

参事官　　依照高等文官年俸二号表

各省之部

大臣　　年俸　6000 元

次官　　年俸　4000 元

局长　　依照高等文官俸一号表

参事官　　依照高等文官俸二号表

秘书官	依照高等文官俸二号表
书记官	依照高等文官俸二号表
外务省翻译官	依照高等文官俸三号表
内务省警保局土事	年俸 1800 元
大藏省主计官	依照高等文官俸二号表
大藏省省主税官	依照高等文官俸二号表
文部省视学官	依照高等文官俸三号表
农商务省特许局审判官	年俸 1200 元
农商务省特许局审查官	依照技术官工资令
递信监察官	年俸 1000 元
递信事务官	依照高等文官年俸三号表

高等文官年俸一号表

官名	年俸	官名	年俸
内阁恩给局长	2500 元	大藏省主税局长	3000 元
内阁记录局长	2500 元	大藏省国债局长	3000 元
内阁统计局长	2500 元	大藏省监查局长	2500 元
内阁官报局长	2500 元	大藏省预金局长	2500 元
外务省政务局长	3000 元	司法省民刑局长	3000 元
外务省通商局长	2500 元	文部省专门学务局长	3000 元
外务省取调局长	2500 元	文部省普通常务局长	3000 元
外务省翻译局长	2500 元	农商务省农务局长	3000 元
内务省县治局长	3000 元	农商务省商工局长	3000 元
内务省警保局长	3000 元	农商务省山林局长	3000 元
内务省土林局长	3000 元	农商务省矿山局长	2500 元
内务省卫生局长	2500 元	农商务省特许局长	2500 元
内务省社寺局长	2500 元	通信省邮务局长	3000 元
内务省庶务局长	2500 元	通信省管船局长	3000 元
大藏省主计局长	3000 元	通信省电务局长	2500 元

二号表

官　名	年　俸　等　级
内阁书记官 内阁总理大臣秘书官 法制局参事官 各省参事官 各省大臣秘书官 各省书记官 大藏省主计官 大藏省主税官	一级 2500 元　三级 2000 元　五级 1600 元　七级 1200 元　九级 900 元 二级 2200 元　四级 1800 元　六级 1400 元　八级 1000 元　十级 800 元

三号表

官　名	年　俸　等　级
外务省翻译官 文部省视学官	一级 1800 元　三级 1400 元　五级 1000 元　七级 800 元 二级 1600 元　四级 1200 元　六级　900 元　八级 700 元
递信事务官	一级 1200 元　三级 900 元　五级 700 元 二级 1000 元　四级 800 元

④高等官官等工资令(1910 年 3 月)

1910 年 3 月,桂太郎内阁以日俄战争后物价高涨、货币贬值为理由,在全面修改原来的高等官官等工资令的基础上,重新制定《高等官官等工资令》(明治四十三年第 143 号敕令)(52),将高等官的工资大约提高 25%。该令除附则外,共 37 条。对亲任官和敕任官,分别在第 7 条和第 8 条中,规定了具体的年薪。对于奏任官,除了在外国使馆工作的特殊的官职以外,将官职分为五个种类对应别表第二表中的各号规定每一官职的年薪。该令还附有《文武高等官官等表》、《奏任文官年俸表》第 5 个表。依照本令的规定,这一时期高等官的薪俸概略如下:

○亲任官

官　名	年　俸
内阁总理大臣	12000 元
各省大臣	8000 元
统监	同上
铁道院总裁	7500 元
台湾总督	同上
关东都督	同上
枢密院议长	6000 元
特命全权大使	同上
副总监	同上
枢密院副议长	5500 元
枢密顾问官	5000 元

○敕任文官

官　名	年　俸
会议检察院长 行政裁判所长官 马政长官	6000 元
帝国大学总长 北海道厅长官	一级　5500 元 二级　5000 元
内阁书记官长 法律局长室 铁道院副总裁 铁道院技监 各省次官 制铁所长官 日本大博览会事务总长	5000 元

<table>
<tr><td>统监府总务长官
统监府司法厅长官
台湾总督府民政长官
警视总监</td><td></td></tr>
<tr><td>特命全权大使
大使馆参事官
统监府参与官
统监府判事
统监府检事
台湾总督府法院判官
台湾总督府法院检察官
关东都督府民政长官</td><td>一级　5000 元
二级　4200 元
三级　3700 元</td></tr>
<tr><td>桦太厅长官
府县知事</td><td>一级　4500 元
二级　4000 元
三级　3700 元</td></tr>
<tr><td>赏勋局总裁
枢密院书记官长</td><td>4200 元</td></tr>
<tr><td>专卖局长官
会计检察院院长
行政裁判所评定官(任部长者)
关东都督府法院判官
旅顺工科学堂学长
贵族院书记官长
众议院书记官长</td><td>一级　4200 元
二级　3700 元</td></tr>
<tr><td>各厅技师
传染病研究所长
林务技师</td><td>一级　4500 元
二级　4000 元
三级　3700 元</td></tr>
<tr><td>法制局参事官
统计局长
印刷局长
铁道院理事
马政次长
各省局长
各省参事官
办理公使
总领事
税务监督局长
专卖局部长
造币局长
理事
千住制绒所长
主理
日本大博览会事务官
特许局长</td><td>3700 元</td></tr>
</table>

林务官 矿山监督署长 邮便贮金局长 递信管理局长 商船学校长 航路标识管理所长 统监府通信管理局长 统监府司法厅参事官 统监府营林厂长 理事厅理事官	
台湾总督府参事官 台湾总督府各局长 台湾总督府蕃务总长 台湾总督府专卖局长 台湾总督府台北医院院长 台湾总督府医学校长 关东都督府事务官 关东都督府外事总长 关东都督府警视厅长 桦太厅事务官 北海道厅事务官	
检察官 行政裁判所评定官	一级　3700 元 二级　3000 元
判事 检事	一级　6000 元 二级　5000 元 三级　4200 元 四级　3700 元 五级　3000 元

○奏任官

按别表第二表各号区分	官　名(例)	官等	级俸	年俸
第一号	内阁书记官、内阁总理大臣秘书官 法制参事官、枢密院书记官 各省参事官、各省大臣秘书官 各省书记官、内务事务官 铁道院参事、铁道院总裁秘书 枢密院议长秘书官、专卖局部长 专卖局参事、税务监督局长 理事、主理、帝国图书馆长 特许局事务官 林务官(限大林区署长) 矿山监督署长、行政裁判所评官	三等	一级	3000 元
		四等	二级 三级	2700 元 2500 元
		五等	四级 五级	2200 元 2000 元
		六等	六级 七级	1700 元 1500 元
		七等	八级 九级 十级	1200 元 1100 元 1000 元

（续表）

	判事、检事、帝国大学书记官		一级	3000元
	检察官、会计检察院书记官		二级	2700元
	警视厅警视(限警视总监官房主事、第一部长、第二部长)		三级	2500元
	警视厅警察署长		四级	2200元
	北海道厅事务官		五级	2000元
			六级	1700元
			七级	1500元
			八级	1200元
			九级	1100元
			十级	1000元
第二号	统计局审查官、恩给局审查官	四等	一级	2500元
	铁道院副参事、造神宫主事	五等	二级	2200元
	税关事务官、税关监视官		三级	2000元
	税务监督官、专卖局主事	六等	四级	1700元
	酿造试验所事务官、监狱事务官		五级	1500元
	视学官、统计事务官、林务官	七等	六级	1200元
	矿山监督署事务官、农务局事务官		七级	1100元
	邮便贮金事务官、通信管理局事务官		八事	1000元
	通信事务官、电气事务官	八等	九级	850元
			十级	750元
	种马牧场长、种马育成所长、种马所长		一级	2500元
	外务省翻译官、临时检疫事务官		二级	2200元
	税关鉴定官、税务官(限横滨、神户、长崎及函馆之税务署长)		三级	2000元
	图书审查官、文部编修、帝国大学事务官		四级	1700元
	帝国大学学生监、帝国大学司书官、保险事务官		五级	1500元
	特许局审查官、水产讲习所教授		六级	1200元
	高等海员审判所审判官、高等海员审判所理事官		七级	1100元
	地方海员审判所审判官、地方海员审判所理事官		八级	1000元
	警视厅警视(限消队本部长及巡视官)		九级	850元
	北海道厅市厅长(限函馆市厅长)		十级	750元
第三号	理事厅副理事官	五等	一级	2000元
		六等	二级	1700元
			三级	1500元
		七等	四级	1200元
			五级	1100元
			六级	1000元
		八等	七级	850元
			八级	750元
	典狱、副检察官		一级	2500元
	警视厅警视(限警察署长)		二级	1700元
	北海道厅市厅长		三级	1500元
	北海道厅警视(限警察部所属者)		四级	1200元
	府县警视(限大阪府消防勤务者以外之警察部所属者)		五级	1100元

（续表）

			六级	1000 元
			七级	850 元
			八级	750 元
第四号	铁道院参事补	六等	一级	1500 元
	专卖局主事补		二级	1300 元
	帝国图书馆司书官	七等	三级	1200 元
	林务官补		四级	1100 元
	邮便贮金局事务官补	八等	五级	1000 元
	递信管理局事务官补		六级	850 元
			七级	750 元
		九等	八级	600 元
			九级	550 元
			十级	500 元
	铁道院通译		一级	1500 元
	税务监督补		二级	1300 元
	税务官		三级	1200 元
	裁判所书记官		四级	1100 元
	商船学校教论		五级	1100 元
	北海道厅事务官补		六级	850 元
	北海道厅警视		七级	750 元
	府县事务官		八级	600 元
	府县警视		九级	550 元
			十级	500 元
第五号	各厅技师		一级	3000 元
	统计局技师		二级	2700 元
	马政官		三级	2500 元
	林务技师		四级	2200 元
	通信技师		五级	2000 元
	文部省直辖诸学校教授		六级	1700 元
	东北帝国大学农科大学附属大学预科		七级	1500 元
	土木工学科、林学科、水产学科教授		八级	1200 元
	临时教员养成所教受		九级	1100 元
	商船学校教授		十级	1000 元
			十一级	850 元
			十二级	750 元

(53)该工资令附有以下五个列表

第一表

文武高等官官等表										
	敕任			奏任						
官等 官厅	亲任	一等	二等	三等	四等	五等	六等	七等	八等	九等
内阁	内阁总理大臣	内阁书记官长	同左							
			统计局长							
			印刷局长							
		法制局长官	同左							
			法制局参事官							
		赏勋局总裁	同左							
		马政长官	马政次长							
	铁道院总裁	铁道院副总裁	同左							
			铁道院理事							
枢密院	枢密院议长	枢密院书记官长	同左							
	枢密院副议长									
	枢密顾问官									
外务	外务大臣	外务次官	同左							
			政务局长							
			通商局长							
			外务省参事官							
	特命全权大使	特命全权公使	同左	大使馆一等书记官	同左					
		大使馆参事官	同工	公使馆一等书记官	同左					
			办理公使		大使馆二等书记官	同左				
					公使馆二等书记官	同左				

省						公使馆三等书记官	同左			
						公使馆三等书记官	同左			
				总领事	同左					
					领事	同左	同左	同左		
					贸易事务官	同左	同左	同左		
							大使馆一等通译官	大使馆二等通译官		
							公使馆一等通译官	公使馆二等通译官		
								副领事		
							外交官补	同左		
							领事官补	同左		
内务省	内务大臣	内务次官	同左							
			神社局长							
			地方局长							
			警保局长							
			土木局长							
			卫生局长							
			宗教局长							
			内务省参事官							
			传染病研究所长							
大藏省	大藏大臣	大藏次官	同左	税官长	同左	同左				
			主计局长							
			主税局长							
			关税局长							
			理财局长							
			大藏省参事官							
			国债局长							
			造币局长							
		专卖局长官	同左							
			专卖局部长							
陆军	陆军大臣	陆军次官								
	陆军大将	陆军中将并相当官	陆军少将并相当官	陆军大佐并相当官	陆军中佐并相当官	陆军少佐并相当官	陆军大尉并相当官	陆军中尉并相当官	陆军少尉并相当官	
		理事	同左							
			陆军省参事官	同左						

省			千住制绒所长	同左						
海军省	海军大臣	海军次官	同左							
	海军大将	海军中将并相当官	海军少将并相当官	海军大佐并相当官	海军中佐并相当官	海军少佐并相当官	海军大尉并相当官	海军中尉并相当官	海军少尉并相当官	
		主理	同左							
			海军省参事官							
司法省	司法大臣	司法次官	同左							
			民刑局长							
			监狱局长							
			司法省参事官							
		判事	同左							
		检事	同左							
文部省	文部大臣	文部次官	同左							
			专门学艺局长							
			普通学艺局长							
			实业学艺局长							
			文部省参事官							
		帝国大学总长	同左							
		帝国大学各分科大学教授	同左	同左	同左	同左	同左			
					帝国大学各分科大学助教授	同左	同左	同左	同左	
			史料编纂官	同左	同左	同左	同左	同左	同左	
			文部省直辖诸学校长(东京盲学校长、东京聋哑学校长除外。)	同左	同左	同左				
				东京盲学校长	同左	同左	同左			
				东京聋哑学校长	同左	同左	同左			

				文部省直辖诸学校教谕	同左	同左	同左	同左		
农商务省	农商务大臣	农商务次官	同左							
			农务局长							
			商务局长							
			工务局长							
			山林局长							
			矿山局长							
			水产局长							
			农商务省参事官							
			特许局长							
		制铁所长官	同左							
		日本大博览会事务所	同左							
			日本大博览会事务所							
通信省	通信大臣	递信次官	同左							
			通信局长							
			电气局长							
			管船局长							
			经理局长							
			递信省参事官							
			邮便贮金局长	航路标识管理所长	同左	同左				
			递信管理局长	同左	同左	同左				
			商船学校长	同左	同左	同左				
会计检察院		会计检察院长	检察官							
		会计检察院部长	同左							
行政裁判所		行政裁判所长官								
		行政裁判所评定官	同左							

统监府	统监	总务长官	同左							
	副统监	参与官	同左							
		司法厅长官	同左							
			司法厅参事官							
			通信管理局长							
			营林厂长	同左						
		统监府判事	同左	中学校长	同左	同左	同左	同左		
		统监官检事	同左		中学校教谕	同左	同左	同左	同左	
台湾总督府	台湾总督	民政长官	同左							
			内务局长							
			财物局长							
			通信局长							
			殖产局长							
			蕃务总长							
			台湾总督府参事官							
			专卖局长							
		法院判官	同左							
		法院检察官	同左							
			医学校长	同左	同左					
				国语学校长	同左	同左	同左	同左		
				中学校长	同左	同左	同左	同左		
				高等女学校长	同左	同左	同左	同左		
					国语学校教授	同左	同左	同左	同左	
					中学校教谕	同左	同左	同左	同左	
					高等女学校教谕	同左	同左	同左	同左	
关东	关东都督	民政长官	同左							
			事务官							
			外事总长							
			警视总长							
		旅顺工科学堂学长	同左							
			旅顺工科学堂教授	同左	同左	同左	同左	同左	同左	

都督府			法院判官							
				中学校长	同左	同左	同左	同左		
				高等女学校长	同左	同左	同左	同左		
					中学校教谕	同左	同左	同左	同左	
警视厅		警视总监	同左							
北海道厅		长官	同左							
			事务官							
桦太厅		长官	同左							
			事务官							
府县		知事	同左	事务官	同左	同左	同左	同左		
						港务官	同左	同左	同左	
						港务医官	同左	同左	同左	
						港务兽医官	同左	同左	同左	
						岛司	同左	同左	同左	
						郡长	同左	同左	同左	
						府县立师范学校长	同左	同左	同左	
贵族院事务局		贵族院书记官长	同左							
参议院事务局		众议院书记官长	同左							
技术官		铁道院技监	同左		陆地测量师	同左	同左	同左	同左	同左
			各厅技师		台湾总督府厅技师	同左	同左	同左	同左	同左
			各厅技师		台湾总督府测候厅技师	同左	同左	同左	同左	同左
					关东都督府海务局技师	同左	同左	同左	同左	同左
					关东都督府观测所技师	同左	同左	同左	同左	同左

附注：原表格为竖排右顺上下读，本书改为横排左顺，故将原表之“同上”一律改为“同左”。

第二表

奏任文官年俸表					
级　俸	第一号	第二号	第三号	第四号	第五号
一　级	3000 元	2500 元	2000 元	1500 元	3000 元
二　级	2700 元	2200 元	1700 元	1300 元	2700 元
三　级	2500 元	2000 元	1500 元	1200 元	2500 元

四　级	2200 元	1700 元	1200 元	1100 元	2200 元
五　级	2000 元	1500 元	1100 元	1000 元	2000 元
六　级	1700 元	1200 元	1000 元	850 元	1700 元
七　级	1500 元	1100 元	850 元	750 元	1500 元
八　级	1200 元	1000 元	750 元	600 元	1200 元
九　级	1100 元	850 元		550 元	1100 元
十　级	1000 元	750 元		500 元	1000 元
十一级					850 元
十二级					750 元

第三表

奏任文官工资相当表

官等 号数	三　等	四　等	五　等	六　等	七　等	八等	九　等
第一号	一　级	二　级 三　级	四　级 五　级	六　级 七　级	八　级 九　级 十　级		
第二号		一　级	二　级 三　级	四　级 五　级	六　级 七　级 八　级	九　级 十　级	
第三号			一　级	二　级 三　级	四　级 五　级 六　级	七　级 八　级	
第四号				一　级 二　级	三　级 四　级	五　级 六　级 七　级	八　级 九　级 十　级

第四表

在外公馆奏任职员年俸表

官等 官名	三　等	四　等	五　等	六　等	七　等
大使馆一等书记官 大使馆一等书记官 总领事	一级　3000 元 二级　2700 元	一级　2700 元 二级　2500 元 三级　2200 元			
大使馆二等书记官 大使馆二等书记官		一级　2700 元 二级　2500 元 三级　2200 元	一级　2200 元 二级　2000 元 三级　1700 元		
领事 贸易事务官		一级　2700 元 二级　2500 元 三级　2200 元	一级　2200 元 二级　2000 元 三级　1700 元	一级　1700 元 二级　1500 元 三级　1200 元	一级　1200 元 二级　1100 元 三级　1000 元 四级　850 元 五级　750 元

大使馆三等书记官 大使馆三等书记官			一级　2200元 二级　2000元 三级　1700元	一级　1700元 二级　1500元 三级　1200元	
外交官补 领事官补				一级　1700元 二级　1500元 三级　1200元	一级　1200元 二级　1100元 三级　1000元 四级　850元 五级　750元
大使馆一等通译官 大使馆一等通译官				一级　1700元 二级　1500元 三级　1200元	
大使馆二等通译官 大使馆二等通译官 副领事					一级　1200元 二级　1100元 三级　1000元 四级　850元 五级　750元

第五表(级俸金额单位为日元)

级俸 官名	一级	二级	三级	四级	五级	六级	七级	八级	九级	十级	十一级	十二级	十三级	十四级
横滨税关长 神户税关长	3700	3000	2700											
大阪　门司税关长 长崎　函馆税关长	3000	2700	2500	2200										
帝国大学各分科大学教授	2500	2200	2200	1700	1500	1300	1200	1100	1000					
帝国大学各分科大学助教授	1200	1100	1000	850	750	60	500	400						
史料编纂官	2700	2500	2200	2000	1800	1600	1400	1300	1200	1100	1000	850	750	600
文部省直辖诸学校长(东京盲学校长、东京聋哑学校长除外。)	3700	3000	2700	2500	2200									
东京盲学校长 东京聋哑学校长	2500	2200	2000	1700	1500	1200	1100							
文部省直辖诸学校教谕	1500	1200	1100	1000	850	750	600	500						
陆地测量师	2500	2200	2000	1700	1500	1200	1100	1000	850	750				
递信管理局长 商船学校长 航路标识管理所长	3000	2700	2500	2200										
统监府中学校长	2500	2200	2000	1700	1200	1100	100							
统监府中学校教谕	2200	2000	1700	1500	1200	1100	1000	850	750					
台湾总督府医学校校长	3000	2700	2500											
台湾总督府国语学校长 台湾总督府中学校长 台湾总督府高等女学校长	2500	2200	2000	1700	1500	1200	1100	1000						

台湾总督府厅技师 台湾总督府国语学校教授 台湾总督府中学校教谕 台湾总督府高等女学校教谕	2200	2000	1700	1500	1200	1100	1000	850	750					
台湾总督府测候所技师	2000	1700	1300	1200	1100	1000	850	750						
旅顺工科学堂教授	3700	3000	2700	2500	2200	2000	1700	1500	1200	1100	1000	850	750	700
关东都督府中学校长 关东都督府高等女学校长	2500	2200	2000	1700	1500	1200	1100	1000						
关东都督府中学校教谕	2200	2000	1700	1500	1200	1100	1000	850	750					
关东都督府海务局技师	2500	2200	2000	1700	1500	1200	1100	1000	850	750				
关东都督府观测所技师	2000	1700	1300	1200	1100	1000	850	750						
府县事务官	2500	2200	2000	1700	1500	1200	1100	1000						
港务官	2000	1700	1500	1200	1100	1000	850	750						
港务医官 港务兽医官	3000	2700	2500	2200	2000	1700	1500	1200	1100	1000	850	750		
岛司 郡长	1500	1200	1100	1000	850	750								
府县立师范学校长	2200	2000	1700	1500	1200	1100	1000							

(2)判任官的官等工资

1886 年 4 月,伊藤内阁制定《判任官官等工资令》(明治十九年敕令第 36 号)。该令将判任官分为 10 等,并规定了各官等的月薪数额:1 等上级 75 元,下级 60 元;2 等 50 元;3 等 45 元;4 等 40 元;5 等 35 元;6 等 30 元;7 等 25 元;8 等 20 元;9 等 15 元;10 等 12 元。

1890 年 3 月,山县内阁将判任官官等由 10 等改为 6 等,各等均分为上下两级,每等各级的月薪额分别为:1 等上级 75 元,下级 60 元;2 等上级 55 元,下级 50 元;3 等上级 45 元,下级 40 元;4 等上级 35 元,下级 30 元;5 等上级 25 元,下级 20 元;6 等上级 15 元,下级 12 元。

1891 年 11 月,松方内阁废除《判任官官等工资令》,制定了《判任官工资令》(明治二十四年敕令第 83 号)。该令取消了判任官的官等,并将其工资级别定为 10 级。但同年 12 月,官等制度又被恢复,根据新制定的《文武判任官等级表》(明治二十四年敕令第 249 号),判任官分为 1 至 5 等,每等均分为 2 级,各级的月薪额是:1 级 60 元,2 级 50 元,3 级 45 元,4 级 40 元,5 级 35 元,6 级 30 元,7 级 25 元,8 级 20 元,9 级 15 元,10 级 12 元。

1898 年 10 月,大隈内阁决定增加判任官的月薪额,规定 1 级为 75 元,2 级为 60 元,3 级为 50 元,4 级为 45 元,5 级为 40 元,6 级为 35 元,7 级为 30 元,8 级为 25 元,9 级为 20 元,10 级为 15 元。

1910 年 3 月,桂太郎内阁在全面修改原来的判任官工资令的基础上,重新制定《判任官工资令》(明治四十三年第 135 号敕令),将判任官的工资级别由 10 级改为 11 级。

判任官级别薪俸表[54]

级别薪俸	月薪额
1 级薪俸	95 元
2 级薪俸	75 元
3 级薪俸	65 元

4　级 薪 俸	55 元
5　级 薪 俸	50 元
6　级 薪 俸	45 元
7　级 薪 俸	40 元
8　级 薪 俸	35 元
9　级 薪 俸	30 元
10　级 薪 俸	25 元
11　级 薪 俸	20 元

1910 年 6 月,桂内阁又对判任官的身份等级和工资级别作了新的修改,制定了《文武判任官等级令》(明治四十三年第 267 号敕令)。将判任官的等级分为 1 等至 4 等[55]。此制直至二战结束一直延续施行。

1 等：特级薪俸；1 级薪俸；2 级薪俸

2 等：3 级薪俸；4 级薪俸；5 级薪俸

3 等：6 级薪俸；7 级薪俸；8 级薪俸；月薪 40 元未满 35 元以上

4 等：9 级薪俸；10 级薪俸；11 级薪俸；月薪不满 35 元

(3)技术官的官等工资

按照 1886 年 4 制定的《技术官官等工资令》(明治十九年敕令第 38 号)规定,技术官分为敕任官技监、奏任官技师和判任官技手;技师分为 6 等,技手分为 10 等;技监和技师的工资依照《高等官官等工资令》确定。技手的工资则依照《判任官官等工资令》决定。如技手分为 10 等,各等的工资级别均分上、中、下 3 级。其中 1 等技手的月薪,上级 80 元,中级 70 元,下级 60 元,而 10 等技手的月薪,上级 18 元,中级 15 元,下级 12 元。1890 年 3 月,根据明治二十三年第 107 号敕令,将技手的官等由 10 等改为 6 等,而其工资额与一般的判任官相同。

1891 年 7 月,废除《技术官官等工资令》,制定了《技术官工资令》(明治二十四年敕令第 84 号)。新的《工资令》取消了技术官的官等,但仍将技术官分为技监(敕任官)、技师(奏任官)和技手(判任官)。技监的年薪为 3000 元;技师和技手的工资,分别依照《高等官任命及工资令》和《判任官工资令》决定。

1893 年 10 月,根据明治二十四年第 168 号敕令,技监和技师的薪俸规定如下:

官名	技监	技师					
年薪等级	一级 3500 元	一级 2500 元	三级 2000 元	五级 600 元	七级 1200 元	九级 900 元	十一级 700 元
	二级 3000 元	二级 2000 元	四级 1800 元	六级 1400	八级 1000	十级 800 元	十二级 600 元

1898 年 10 月,第一次大隈内阁对《技术官工资令》进行了全面修改,将技术官分为奏任官技师和判任官技手,取消了敕任官技监,但根据官制的改革,可设置敕任官技师。技师的薪俸在下表中做了具体规定。又在职 5 年以上的奏任技师,领取 1 级薪俸,并有功绩者,可加薪 500 元以内。

技 师 年 薪						
敕任	一级 4000 元		二级 5000 元		三级 3000 元	
奏任	一级 2500 元	三级 2000 元	五级 1600 元	七级 1200 元	九级 9000 元	十一级 7000 元
	二级 2200 元	四级 1800 元	六级 1400 元	八级 1000 元	十级 800 元	十二级 600 元

1910 年 3 月,在修改《高等官官等工资令》时,《技术官工资令》被废止。作为高等官的技术官的薪俸,在《高等官官等工资令》中做了具体规定。例如,根据修改后的《高等官官等工资令》,敕任的各厅技师和林务技师的年薪,1 级 4500 元,2 级 4000 元,3 级 3700 元;奏任的各厅技师,1 级 3000 元;统计局技师,2 级 2700 元;林务技师,4 级 2200 元;通信技师,5 级 2000 元。

(4)法官检察官的官等工资

①法官检察官官等工资令(1890 年 8 月)

1890 年 2 月,山县内阁制定《裁判所构成法》(明治二十三年法律第 6 号),8 月又制定《法官检察官官等工资令》(明治二十三年敕令第 158 号)。该令对法院和检察部门的人员、官等及年薪规定如下:

大审院

院长:1 人,敕任 1 等官,年薪 5000 元,但也可特殊支给年薪 5500 元

部长:3 人,敕任 1 等或 2 等官,年薪 4500 元、4000 元

法官:27 人,敕任 2 等官至奏任 2 等官,年薪 3500 元至 1800 元

大审院检察厅

最高检察厅长:1 人,敕任 1 等官,年薪 5000 元或 4500 元

检察官:5 人,敕任 2 等官至奏任 2 等官,年薪 3500 元至 1800 元

控诉院

院长:7 人,东京大阪敕任 1 等官,年薪 4500 元,其他地区敕任 2 等官,年薪 4000 元,3500 元

部长:15 人,奏任 1 等 2 等官,年薪 2600 元至 1800 元

法官: 85 人,奏任 3 等 4 等官,年薪 1600 元至 1000 元

控诉院检察厅

高等检察厅长:7 人,敕任 2 等官,年薪(东京、大阪)4000 元,其他地区年薪 3500 元、

3000 元

检察官:20 人,奏任 1 等至 4 等官,年薪 2400 元至 1000 元

地方法院

院长:48 人,东京、大阪奏任 1 等官,年薪 2600 元,其他奏任 1 等至 3 等官,年薪 2400 元至 1600 元

部长:90 人,奏任 3 等 4 等官,年薪 1400 元至 1000 元

法官:415 人,奏任 4 等至 6 等官,年薪 900 元至 500 元

地方法院检察厅

地方检察厅长:48 人,东京、大阪奏任 1 等官,年薪 2400 元,其他奏任 2 等至 4 等官,年薪 2200 元至 1100 元

检察官:125 人,奏任 4 等至 6 等官,年薪 1000 元至 500 元

区法院

法官:840 人,奏任 4 等至 6 等官,年薪 900 元至 500 元

区法院检察厅

检察官:275 人,奏任 4 等至 6 等官,年薪 900 元至 500 元

官等	敕任			奏任					
		一等	二等	一等	二等	三等	四等	五等	六等
年薪	5500 元	上 5000 元	上 4000 元	2800 元	2200 元	1600 元	1100 元	800 元	500 元
			中 3500 元	2600 元	2200 元	1400 元	1000 元	700 元	
		下 4500 元	下 3000 元	2400 元	1800 元	1200 元	900 元	600 元	400 元

②法官检察官工资令(1891 年 7 月)

1891 年 7 月,废除《法官检察官官等工资令》,新制定《法官检察官工资令》(明治二十四年敕令第 134 号)。根据这一新的敕令,法官检察官同一般的高等官一样,官等的等级也被废止。该令对法官检察官的年薪规定如下:

大审院

院 长:1 人,敕任官,年薪 5000 元

部 长:3 人,敕任官,年薪 3500 元

法 官:27 人,敕任官及奏任官,年薪 3000 元至 1600 元

大(审)院检察厅

最高检察厅长:1 人,敕任官,年薪 4000 元

检察官:5 人,敕任官及奏任官,年薪 3000 元至 1600 元

控诉院

院 长:7 人,敕任官,东京、大阪 4000 元,其他 3500 元

部 长:15 人,奏任官,2200 元至 1400 元

法 官:85 人,奏任官,1200 元至 900 元

控诉院检察厅

高等检察厅长:7 人,敕任官,东京、大阪 3500 元,其他 3000 元

检 察 官:20 人,奏任官,2000 元至 900 元

地方法院

院 长:48 人,奏任官,东京、大阪 2500 元,其他 2200 元至 1400 元

部 长:90 人,奏任官,1200 元至 900 元

法 官:415 人,奏任官,800 元至 600 元

地方法院检察厅

地方检察厅长:48 人,奏任官,东京、大阪 2200 元,其他 2000 元至 1200 元

检察官:125 人,奏任官,800 元至 600 元

区法院

法 官:840 人,奏任官,800 元至 600 元

区法院检察厅

检察官:275 人,奏任官、800 元至 600 元

法官、检察官的官等,与其他高等官一样,于同年 11 月的《文武高等官官职等级表》(明治二十四年敕令第 215 号)中被恢复,而在翌年 11 月制定的《高等官官等工资令》的高等文官官等相当工资表中也作了规定。

法官检察官的年薪见下表:

判事检事年俸表												
敕 任	一级			二级			三级			四级		
	500 元			400 元			3500 元			2500 元		
奏 任	一级	二级	三级	四级	五级	六级	七级	八级	九级	十级	十一级	十二级
	2500 元	2200 元	2000 元	1800 元	1600 元	1400 元	1200 元	1000 元	900 元	800 元	700 元	600 元

③法官检察官官等工资令(1894 年 2 月)

1894 年 2 月,制定了《法官检察官官等工资令》(明治二十七敕令第 17 号)。该令将法官检察官的官等分为 1 等至 8 等。并规定了官职及薪金上的等级——薪级,具体情况如下:

大审院

院 长:定员 1 人,敕任官,1 级薪俸

部 长:定员 3 人,敕任官,4 级上级薪俸。但依照工龄可支给 3 级薪俸

法 官:定员 25 人,奏任官,3 级薪俸,但依照工龄可支给 2 级薪俸

大审院检察厅

最高检察厅长:定员 1 人,敕任官,2 级薪俸

检察官:定员 4 人,奏任官,3 级薪俸,但依照工龄可支给 2 级薪俸

控诉院

院 长:定员 7 人,敕任官,东京、大阪 2 级薪俸,其他 3 级薪俸

部 长:定员 15 人,奏任官,5 级薪俸,但依照工龄可支给 4 级或 3 级薪俸

法 官:定员 85 人,奏任官,8 级薪俸,但依照工龄可支给 7 级或 6 级薪俸

控诉院检察厅

高等检察厅长:定员 7 人,敕任官,东京、大阪 3 级薪俸,其他 4 级上级薪俸

检 察 官:定员 17 人,奏任官,8 级薪俸,但根据工龄可支给 7 级或 8 级薪俸

地方法院

院 长 :定员 49 人,奏任官,东京、大阪 2 级薪俸,但根据工龄可支给 1 级薪俸。京都、横滨、神户、长崎、函馆、新泻、仙台、名古屋、广岛、熊本 2 级薪俸,但根据工龄可支给 2 级薪俸,

其他5级薪俸,但根据工龄支给4级薪俸

部 长:定员70人,奏任官,9级薪俸,但根据工龄可支给8级或7级薪俸

法 官:定员315人,奏任官,12级薪俸,但根据工龄可支给11级或10级薪俸

地方法院检察厅

地方检察厅长 :定员49人,奏任官,东京、大阪2级薪俸,根据工龄可支给1级薪俸;京都、横滨、神户,长崎、函馆、新泻、仙台、名古屋、广岛、熊本3级薪俸,根据工龄可支给3级薪俸

检 察 官:定员95人,奏任官,12级薪俸,根据工龄可支给11级或10级薪俸

区 法 院

法 官:定员651人,奏任官,12级薪俸,根据工龄可支给11级或10级薪俸

区法院检察厅

检 察 官:定员210人,奏任官,根据工龄可支给11级或10级薪俸

法官检察官的具体薪级见下表:

<table>
<tr><th colspan="5">敕　任</th><th colspan="12">奏　任</th></tr>
<tr><td>一级</td><td>二级</td><td>三级</td><td colspan="2">四级</td><td>一级</td><td>二级</td><td>三级</td><td>四级</td><td>五级</td><td>六级</td><td>七级</td><td>八级</td><td>九级</td><td>十级</td><td>十一级</td><td>十二级</td></tr>
<tr><td rowspan="2">500元</td><td rowspan="2">400元</td><td rowspan="2">3500元</td><td>上</td><td>300元</td><td rowspan="2">2500元</td><td rowspan="2">2200元</td><td rowspan="2">2000元</td><td rowspan="2">1800元</td><td rowspan="2">1600元</td><td rowspan="2">1400元</td><td rowspan="2">1200元</td><td rowspan="2">1000元</td><td rowspan="2">900元</td><td rowspan="2">800元</td><td rowspan="2">700元</td><td rowspan="2">600元</td></tr>
<tr><td>下</td><td>2500元</td></tr>
</table>

④法官检察官官等工资令(1899年4月)

1899年4月,山县内阁废止了原来公布的法官检察官官等工资令,重新制定了作为明治三十二年第153号敕令的《法官检察官官等工资令》。全文共12套。主要是规定法官检察官的官等。分为高等官1等至8等。各级法院检察机关的定员编制是:大审院委员长1人,部长3人,法官25人,大审院检察厅为最高检察厅长1人,检察官7人;控诉院为院长7人,部长15人,法官85人,控诉院检察厅为高等检察官7人,检察官22人;地方法院为院长49人,部长70人,法官315人,地方法院检察厅为地方检察厅长49人,检察官95人;区法院为法官674人,区法院检察厅为检察官292人。

本工资令还对各级法院检察厅的法官检察官的各种职务的薪俸级别做了规定。

大审院

院 长:敕任1级薪俸

部 长:敕任3级薪俸

法 官:奏任2级薪俸至敕任4级薪俸

大审院检察厅

最高检察厅长:敕任2级薪俸

检 察 官:奏任2级薪俸至敕任3级薪俸

控诉院

院 长:东京、大阪敕任2级薪俸,其他敕任3级薪俸

部 长:东京、大阪最高官等者1人,奏任2级至敕任5级薪俸,其他奏任4级至奏任1级薪俸

法 官:奏任7级薪俸至奏任5级薪俸

控诉院检察厅

高等检察厅长:东京、大阪敕任3级或敕任2级薪俸,其他敕任4级或敕任3级薪俸

检 察 官:东京、大阪最高职位者1人,奏任3级薪至敕任5级薪,其他奏任7级薪至奏任1级薪俸

地方法院

院 长:东京、大阪奏任1级薪俸至敕任4级薪俸,京都、横滨、神户、长崎、函馆、新湾、仙台、名古屋、广岛、熊本奏任2级薪俸至敕任5级薪俸,其他奏任4级至奏任1级薪俸

部 长:奏任8级至奏任5级薪俸

法 官:奏任11级至奏任9级薪俸

地方法院检察厅

地方检察厅长:东京、大阪奏任1级至敕任4级薪俸,京都、横滨、神户、长崎、新泻、仙台、名古屋、广岛、熊本奏任3级至敕任5级薪,其他奏任5级至奏任1级薪俸

检 察 官:奏任11级至奏任9级薪俸

区法院

法 官:奏任11级至奏任9级薪俸

区法院检察厅

检察官:奏任11级至奏任9级薪俸

本工资令后来略作修改。但是,1910年3月,根据第152号敕令,本工资令中关于工资的规定被消除,而在同一天新制定的《法官检察官官等工资令》中,则设立了关于法官检察官的工资的规定。

判事检事工资表

敕任					奏任										
一级	二级	三级	四级	五级	一级	二级	三级	四级	五级	六级	七级	八级	九级	十级	十一级
5000元	4000元	3500元	3000元	2500元	2200元	2000元	1800元	1600元	1400元	1200元	1000元	900元	800元	700元	600元

2. 奖金、津贴等[56]

明治时代后期,日本官吏的工资收入,除上述的本俸和加薪以外,还有奖金、津贴等,现概述如下:

(1)奖 金

1886年2月公布的《各省官制通则》(明治十九年敕令第2号)第21条规定:各省大臣可在一周年之末,在其省的预算定额内,对奏任官以下特别勤劳者发给奖金。1891年7月修改的《各省官制通则》(明治二十四年敕令第81号)第13条又规定:各省大臣可在其省的预算定额中,对高等官以下有特殊劳绩者发给奖金。

1893年10月,第二次伊藤内阁在改正官制时,削除了支给奖金的条文依据,即前述的《各省官制通则》第13条。同年11月,经阁议决定:废除官吏奖金,但如有特殊理由需要发给奖金时,须经过内阁议定,并预先限定其种类。

但两年后的1895年12月,内务大藏两大臣提出申请,要求恢复官吏奖金制度。因此,经阁议决定,各官厅可对其所辖的判任官以下有特殊劳绩者发给奖金;但对奏任官以上官吏的奖金,须依照1893年11月的阁议决定。

1898年10月,大隈内阁决定,从前需要阁议决定的高等官的奖金,今后只经过内阁总

理大臣的认可便可实行。因为由于当时的行政改革，出现了一批休职（非职）人员，所以大限内阁决定，对“多年任职期间工作勤勉且功绩显著者”，支给两个月以内的慰劳津贴。

日俄战争前夜，1903 年 10 月，桂内阁对奖金制度做了以下规定：对从事特别繁重勤务的判任官可发给奖金，其种类须预先根据阁议决定；奖金数额全年不得超过两个月份的薪金；对在同一官厅工作不满 1 年者及 1 年内缺勤超过 60 天者不发给奖金；官吏的奖金，除预算中另定的科目外，可以薪俸及其他各项工资（诸给）中支付；对官吏以外的人，可不拘以前各项的规定发给奖金，其金额除预算中另定的科目外，可从杂给杂费的定额中支付。

（2）津贴

①支给在千岛群岛官署任职职员的津贴

1897 年 7 月，制定了《关于支给北海道厅巡查看守及北海道集治监看守津贴的事项》（明治三十年敕令第 246 号），设立了相当于今天特地勤务津贴的津贴。根据这一敕令，对北海道厅的巡查、看守及北海道集治监看守，根据“土地的状况”发给 1 个月 3 元以内的津贴。翌年 12 月，又制定了第 358 号敕令，规定对在千岛国诸岛任职的北海道厅的职员发给以下数额的津贴：支厅长 20 元以内，属 12 元以内，技手 12 元以内，警部 12 元以内，户长 12 元以内，巡查 10 元以内，录士 10 元以内，雇员 10 元以内。

②发给在交通特别不便的岛屿官署任职职员的津贴

对法官和检察官

1890 年 3 月，公布第 77 号敕令，规定对在交通最困难的岛屿工作的法官、检察官等按月发给津贴。这些岛屿有：千岛国的国后岛、择捉，伊豆国的大岛、新岛、神津岛、三宅岛、八丈岛、青ヶ岛，琉球国的宫古岛、八重山岛，以及小笠原岛、父岛和母岛。津贴金额：法官 10 元以内，检察官 10 元以内，法院书记 6 元以内，雇员 5 元以内。翌年 5 月，这一津贴的对象，扩大到监狱书记、看守长及看守。

对税务署职员

根据 1902 年制定的第 53 号敕令和大藏第 5 号省令，对千岛国的择捉岛、琉球国的宫古岛、八重山岛和伊豆国的小笠原岛的税务署职员按月发给津贴，其中税务属 12 元以内，技手 12 元以内，雇员 10 元以内。

对林区署职员

1908 年 10 月制定的第 261 号敕令规定，在琉球国八重山岛工作的林区署职员可按月发给津贴，其中奏任官 20 元以内，判任官 12 元以内，雇员 10 元以内。

③支给在东京府和冲绳县管辖下岛屿工作的地方官吏的津贴

1901 年 10 月，制定第 64 号敕令，规定对在以下岛屿任职的职员按月发给津贴。这些岛屿有东京府管辖下的小笠原岛、大岛、八丈岛、小岛、青ヶ岛、鸟岛，还有冲绳县管辖下的宫古岛、八重山岛、久米岛。津贴金额：判任官 6 元以内，巡查 5 元以内，雇员 5 元以内。1906 年，支给津贴的对象，扩大到奏任官技师，支给额为 10 元以内。1908 年，支给对象的范围，又扩大到奏任官全体成员。

④其他几种津贴

帝国大学教授、助教授的职务薪俸

根据 1897 年制定的《帝国大学高等官官等工资令》（明治三十年敕令第 212 号），帝国大学教授、助教授的薪俸分为基本薪俸（本俸）和职务薪俸。在 1893 年制定的《帝国大学教官工资令》(明治二十六年敕令第84号)中规定:"各讲座附加职务薪俸"(第3条),职务薪俸根据"学科种类的繁简",年额为400元以上、1000元以下(第4条),担任讲座的助教授,则支给职务薪俸的一半(第5条),担任两个以上讲座的教授,则支给兼任讲座职务薪俸的一半(第7条)。三年后的1896年,担任讲座的职务薪俸,改为400元以上、1200元以下。

从事预防治疗传染病工作的职员的津贴

按照1895年6月制定的第71号敕令规定,在从事预防治疗传染病工作的官吏、准官吏及雇员当中,"专门接触该病者或接触有病毒污染物品者",可支给月薪1/3以内的津贴。

支给巡查看守的宿费

1895年11月,制定了《给与巡查看守宿费的事项》(明治二十八年敕令第159号)。该令规定,对巡查、看守,根据"土地的状况",每月发给1元以上3元以下的宿费。1906年废除这一敕令之后,在新制定的《奏任及判任待遇监狱职员给与令》及《巡查给与令》中,都对宿费做了同样的规定。

十、恩给

1. 文官的恩给

战前,日本的恩给制度,是官吏或军人退职、负伤或死亡时,由政府每年或一次发给其本人或家属的退职金、抚恤金制度。这一制度最初在军人中施行。1884年制定《官吏恩给令》后,又开始在文官中推行。自1889年颁布《大日本帝国宪法》后,为使官吏恩给制度法律化,1890年6月,制定了《官吏恩给法》(明治二十三年法律第43号)及《官吏遗属扶助法》(明治二十三年法律第44号)。

由于《官吏恩给法》和《官吏遗属扶助法》是参照《官吏恩给令》制定的,所以在恩给的种类、支付恩给的必要条件方面与《官吏恩给令》没有什么不同,但它本身也具有以下几个特色[57]。

第一,新制定的两个法律,摒弃了以前把恩给视为恩惠的观念,明确规定官吏领取恩给是一种权利。如《官吏恩给法》第1条规定,官吏有"领取恩给的权利",《官吏遗属扶助法》第1条规定,官吏遗属有"领取抚恤金的权利"。

第二,《官吏恩给法》与《官吏恩给令》一样,也把恩给分为四种,即恩给、增加恩给、抚恤金(扶助料)、一次性抚恤金(一时扶助料)。但是,在这同时,又另外制定了《文官判任官以上者退职金的事项》(明治二十三年敕令第98号),规定在职满1年以上15年未满的官吏在退职时(本人自己要求退职者不在此限)可支给一次性退职金(一时金),退职金额为退职当时薪金的1/2乘上在职的年数。这种一次退职金(一时金)制度,为后来制定的《恩给法》所继承。

第三,在旧的官吏恩给令中,对遗属的抚恤金,仅以高等官为对象,而新的官吏恩给法对判任官的遗属也给与同样的待遇。即判任官死亡时,其遗属也可以领取抚恤金。

第四,为了减轻国家的财政负担,并参考西方国家的做法,建立了官吏每月向国库交纳相当于薪俸1%的个人交纳基金制度(《官吏遗族扶助法》第2条,第3条)。这一制度在公布《恩给法》后也一直在施行。

第五,按照《官吏恩给法》第16条、《官吏遗属扶助法》第12条规定,对恩给或抚恤金的请求3年消灭时效。1910年,根据第60号法律,恩给、抚恤金的请求权的消灭时效时间延长到7年以内。

第六,根据《官吏恩给法》第17条及《官吏遗属扶助法》第18条,建立了关于呈报及向行政法院出诉的规定。

第七,依照《官吏恩给法》第18条、《官吏遗族扶助法》第13条的规定,禁止处理恩给及抚恤金。

《官吏恩给法》及《官吏遗族扶助法》,后来经过多次小规模的修改,直到1923年10月《恩给法》公布后才被废除。

2. 教育职员的恩给

1890年10月,制定《市町村立小学校教员退休金(退隐料)及遗属抚恤金(遗族扶助料)法》(明治二十三年法律第90号)、《府县立师范学校校长薪俸及公立学校职员退休金及遗属抚恤金法》(明治二十三年法律第91号),在教育职员中也开始施行恩给制度。

上述两个法律,在内容方面与《官吏恩给令》大致相同。但须特别指出的是:关于退休金及抚恤金的负担。市町村立小学校教员、府县立师范学校校长及公立中学校教员,均由国库支付。但个人交纳基金,前者除本人和市町村各向府县交纳薪金的1%外,国库则支给1/200;至于后者,本人及府县各向国库交纳1%。关于给与的裁定权限,前者由府县知事,后者由文部大臣施行。还建立了一次退休金或一次性抚恤金的规定[58]。

又,上述两个法律,根据1896年的第13号法律,前者被扩大到适用于市町村立的徒弟学校及实业补习学校的教员,后者被扩大到适用于公立的高等女学校、专门学校、技艺学校以及其他公立学校的校长、教员。

后来,随着日本侵占中国领土台湾、库页岛南部和朝鲜,日本在台湾、桦太、朝鲜的公立学校的职员及其遗属,以及在国外的指定学校的职员及其遗族,也都准用或适用这些法律。

及至大正十年(1921年),根据第18号法律,原来属于文部大臣的退休金、抚恤金的裁定权限,脱离了文部大臣专由内阁总理大臣管辖。

3. 警务员的恩给

早在1882年就曾经制定《巡查看守给助条例》(详见本书第1章第 节)。1901年又制定《巡查看守退休金及遗属抚恤金法》(明治三十四年法律第38号),给付内容与文官大致相同。但必须特别指出以下三点:第一,作为支给退休金的条件,在职年限为10年,而文官则是15年,年龄则为50岁,而文官则为60岁;第二,也有相当于一次性退休金的规定;第三,该法律除巡查看守外,还适用于陆海军监狱看守、海军警查、贵众两院守卫、警视厅消防守、女监取缔以及他们的遗属。这一法律后来也适用于受判任官待遇的消防手及其遗属。

至1910年,又公布了《关于警部补退休金及遗族抚恤金的法律》(明治四十三年法律第30号)恩、规定前述的《巡查看守退休金及遗属抚恤金法》,也准用于警部补及其遗属。

4. 宫内官的恩给

1890年,根据宫内省的告令(达),制定了《宫内省官吏恩给条例》、《宫内省准官吏恩给条例》、《宫内省官吏准官吏遗族抚恤金条例》,其支付的内容和条件,与《官吏恩给法》、《官吏遗族抚恤金法》相同。

注释:

① 直木孝次郎著:《日本历史》2.古代国家的成立,中央公论社,1969年版,第74—78页(冠位12阶之制)。

② 青木和大著:《日本历史》3.奈良之都,中央公论社,1969年版,第25—57页(从大宝律令到养老律令,冠位三十阶)。

③㉕㉗㉙ 秦郁彦著,战前时期官僚制研究所编:《战前时期日本官僚制的制度·组织·人事》,东京大学出版会,1981年版,第663页(官等制度);第423－426页(试补);第447－475页(明治二十七年至明治四十四年共18次高等文官行政科考试合格者);第427－431页(明治二十七年至明治四十四年共20次高文外交科考试合格者)。

④⑨⑩⑪⑫⑬㉘㉟㊹㊿㊿56 57 日本公务员制度史研究会编著:《官吏、公务员制度之变迁》,第一法规出版社,1989年版,第382页(官制等级改正);第51页(高等官判任官官等表);第53页(明治二十五年第96号敕令);第53页(明治二十四年第249号敕令);第53页(明治四十三年第267号敕令);第53－55页(从事国家事务的文武官吏、委员、雇员、雇工);第66－68页(根据《文官考试规则》进行的新的文官考试制度简表);第147－151页(办公时间和休假制度);第154－155页(法官和检察官的分限);第161－162页(1907年制定的《关于官吏待遇者的惩戒事项》);第74－122页(工资制度);第134－143页(奖金、津贴等);第162－164页(《官吏恩给法》和《官吏遗属扶助法》的几个特色)。

⑤⑥⑦⑧㉓㉔㉖ 日本公务员制度史研究会编著:《官吏、公务员制度之变迁》,第一法规出版株式会社,平成元年(1989年)版,关于官吏公务员制度的资料,第334－336页(1886年3月《高等官官等工资令》);第336页(1886年4月《判任官官等工资令》);第336－337页(1886年4月《技术官官等工资令》);第337－338页(1886年7月《地方官官等工资令》);第338－341页(1887年制定的《文武考试试补及见习规则》);第57－60页(1887年制定的《关于文官考试试补及见习规则的细则》);第70－72页(1893年制定的《文官考试规则》)。

⑭ 村上重良编:《皇室辞典》(日文版),东京堂,1980年出版,第136－137页(亲任官)。

⑮ 三泽润生:敕任官,《国史大辞典》(日文版)第9卷,吉川弘文馆,1978年版,第668页。

⑯ 时野谷胜:奏任官,《日本大百科全书》(日文版)第14卷,小学馆,1987年版,第102页。

⑰ 时野谷胜:判任官,《日本近现代史辞典》(日文版),东洋经济新报社,1978年版,第569－570页。

⑱ 原秀三郎等编:大系《日本国家史》,5近代2(日文版),东京大学出版会,第43页。

⑲㊸㊺ 内阁官报局编:《明治年间法令全书》,明治三十二年3月,原书房,1982年版,第69－71页(1899年3月修改制定的《文官任用令》);第71－74页(1899年3月制定的《文官任用令》);第71－74页(1899年3月制定的《文官分限令》);第74－78页(1899年3月制定的《文官惩戒令》)。

⑳㉒58 内阁官房编:《内阁制度七十年史》(日文版),大藏省印刷局,1955年版,第435－437页(1893年制定的《文官任用令》);第250页(《各国官吏考试法规类集》三卷);第264－265页(关于职员的恩给)。

㉑ 山崎丹照:《内阁制度之研究》(日文版),高山书院,1942年版,第92－99页(《官纪五章》)。

㉚ 井田良治、山中永之佑、石川一三夫:《日本近代法史》,法律文化社,1982年版,第131页。

㉛㉜㉝㉞ 秦郁彦著,梁鸿飞、王徒译:《日本官僚制度研究》,三联书店,1991年版,第109页(官吏的晋升速度);第82页(官吏晋升速度的变化);第30页(依据"业绩主义"对官僚进行选拔);第135页(中村弥六议员的抨击)。

㊱ 细野长良等编著,新体综合诠释:《大六法全书》(日文版),法文社,1941年版,第125－126页(《官吏服务纪律》)。

㊲ 辻清明:"官吏服务纪律",见《国史大辞典》(日文版),第3卷,吉川弘文馆,19年版,第947页。

㊳㊴㊵ 内务省地方局财政课监修,帝国地方行政学会编纂:《地方事务类纂》(日文版)。第450－451页(《府县吏员服务纪律》)第449页(《市町村吏员服务纪律》;第450－451页(《关于北海道地方(贯)吏员

服务纪律的事项》,《北海道一级町村及北海道二级町村吏员服务纪律》)。

㊶　阿部泰隆:“分限”,见《日本大百科全书》,第20卷,第815－816页;新村出编:《广辞苑》,岩波书店,分限词条,第2141－2142页。

㊷　编辑代表我妻荣,《新版新法律学辞典》第1070页,分限词条。

㊻㊼㊾　内阁官房记录课编纂:《现行法令辑览》(日文版),第1卷第3辑第7章,第1285－1288页(1890年制定的《判事惩戒法》);第1297－1299页(1900年制定的《会计检察官惩戒法》;第1274页(1890年制定的《税关监史赏罚规则》)。

㊽内阁官报局编:《明治年间法律全书》,明治三十二年4,原书房,1982年版,第555－559页(1899年制定的《行政裁判所长官评定惩戒令》);第200－203页(1899年制定的《法官检察官官等工资令》)。

52 53 54　内阁官报局编:《明治年间法令全书》,明治四十三年2月,原书房,1991年版,第131－156页(1910年修改制定的《高等官官等工资令》);第157－171页(五个附表,即《文武高等官官等表》、《奏任文官年俸表》、《奏任文官工资相当表》、《奏任文官年俸表》、《奏任文官工资相当表》、《在外公使馆奏任职员年俸表》以及帝国大学各分科大学教授、助教授等级俸表等);第175页(1910年制定的判任官级别薪俸表)。

55内阁官报局编:《明治年间法令全书》,明治四十三年3月,原书房,1991年版,第379－381页(1910年制定的《文武判任官等级令》。

第三章　大正时代和昭和前期日本官吏制度的变迁

大正时代一般是指大正天皇在位年间(1912－1926)[①]。这个时代通称为大正的民主时代,是以舆论的支持为背景政党势力扩大的时期。

在大正时代,先后发生过两次拥护宪政运动(第一次是在1912年12月至1913年2月,第二次是在1924年1月至6月)。以规模广阔的护宪运动为契机,先后组成几届政党制内阁,如原内阁(1918年9月－1921年11月)、高桥内阁(1921年11月－1922年6月)、加藤内阁(1924年6月－1926年1月)、若槻内阁(1926年1月－1927年4月)等。在大正年间,城乡贫民运动以及工人和社会主义运动蓬勃发展,如1918年席卷全国的“米骚动”,1921年友爱会改组为日本劳动总同盟,1922年创立日本农民组合、全国水平社以及日本共产党等,正如日本著名学者小山仁示教授所说:“大正这个时代,是近代日本的重大转变时期。”[②]

上述的时代背景,给予日本的官吏制度以巨大影响。

第一,明治时代后期确立的严格的成绩主义原则,有着坚强的身份保障的官吏制度,随着政党势力的扩大发生了很大的动摇,如文官任用令的修改、文官分限令的政党人事的运用等。

第二,在这个时期,明治时代建立的各种官吏制度,大都进行了整理、统和和体系化。如1918年颁布了统和三种考试的《高等考试令》,1922年制定了关于官厅办公时间及休假的第6号阁令,1923年公布了统一先前各种恩给法规的《恩给法》等[③]。

1926年12月,大正天皇逝世,昭和天皇即位。昭和时代前期(1926－1945),大致可分为两个时期。

第一个时期是政友会和民政党轮流执政,先后出现了几届政党制内阁,如田中内阁(1927年4月－1929年7月)、滨口内阁(1929年7月－1931年4月)、若槻内阁(1931年4月－12月)、犬养内阁(1931年12月－1932年5月)等。历届政党内阁都力图修改《文官任用令》,竭力向行政机构渗透本党的势力,政党人士的猎官运动十分猖獗,引起世人极度的厌恶和不满。1932年,陆海军少壮派法西斯军官发动了“五一五”事件,杀害了首相犬养毅,大正以来的政党内阁的时代至此结束。

第二个时期是发动全面侵华战争、全面建立法西斯专政的军部支配时代。在对外方面,1931年发动“九一八”事变,出兵占领中国东北;1937年发动全面侵华战争,占领了大半个中国国土;1941年发动太平洋战争,侵占了亚洲和西南太平洋的广大地区。在对内方面,经过三月事件(1930年)、十月事件(1931年)、“五一五”事件(1932年)、“二二六”事件(1936年)、大政翼赞会的成立(1940年)和东条英机的上台(1941年),日本逐步地自上而下地建立起天皇制军部法西斯专政[④]。在这个时期,在军部支配的战时体制下,日本政府为动员各级官吏“对完成征战作出贡献”,对各种官吏制度进行“改正”。如再次修改《高等考试令》和《文官任用令》[⑤],撤废官吏身份保障制度[⑥],连续公布《战时勤勉津贴给与令》[⑦]、《临时家属津贴给与令》[⑧]、《各厅职员优遇令》[⑨]；还一再下达所谓内阁的关于时局的“训示”，动员官吏“呼应忠勇无比的官兵，突破打开任何的难局”，沿着“完全胜利”的道路前进；并新制定了《战时官吏服务令》和《文官惩戒战时特别条例》，号召官吏“严格遵守官吏服务纪律，努力实践躬行各项规定”，为“完遂征战”，即取得侵华战争和太平洋战争的胜利作出所谓贡献。

本章拟通过以下两节分别阐述大正时代和昭和前期日本官吏制度的演变。

第一节　大正时代的官吏制度

一、任用

在被称为大正的民主的这个时代中，随着资产阶级力量的成长和政党势力的增强，资产阶级政党势力与以藩阀为母体的官僚之间，围绕着自由任用的官吏的扩大或缩小问题，进行了反复的激烈的较量。但结果是：第一，明治时代后期确立的官吏任用制度并没有发生很大的变化，既存的官吏任用体制继续保留着；第二，政党的猎官运动十分明显，某些政党领袖竭力通过各种渠道把本党人士推向政治前台；第三，官吏自由任用的范围在扩大，敕任官、奏任官和判任官的任用资格在放宽，有资格者的升进路线在缩短。

在大正时代的12届内阁中，第一次山本内阁和一战后的原敬内阁，对官吏任用制度的改动最大。

1. 修改《文官任用令》和制定《关于不适用任用、分限及官等初任晋升等规定之文官事项》(1913年)

1913年2月，由于政党势力与藩阀势力妥协，成立了以海军大将山本权兵卫为首的内阁。以政友会为与党的第一次山本内阁，采取了某些缓和舆论的措施。1913年6月，修改了军部大臣现役武官制，规定陆海军大臣可由退役或预备役的陆海军大将或中将担任。同年8月，全面修改了《文官任用令》(大正二年敕令第261号)，并公布了《关于不适用任用，分限及官等初任晋升等规定之文官事项》(大正二年敕令第262号)[⑩]。根据这两个敕令，扩大了官吏自由任用的范围，放宽了敕任官、奏任官和判任官的任用资格，从而为无任何官历的政党成员进入官僚上层打开了方便之门。

(1)敕任文官的任用资格

由于《文官任用令》的修改，敕任文官的任用资格有所缓和。

①高等文官考试合格者，通常是先任判任官2年，然后从高等官7等起，每个官等在职2年，最后才能成为高等官2等以上的勅任文官。但是，一旦被任用为自由任用的官职敕任参事官者在职1年，或作为秘书官被叙任高等官3等者在职2年，就具有其他10年以上历官者的同一资格，可以成为局长、知事等敕任文官。

②承认敕任文官的诠衡任用。如修改后的《文官任用令》第3条规定：“没有第五条第一项之资格(高等文官考试合格者)、任2年以上敕任文官之职者，或作为奏任文官任2年以上高等官3等之职者，可经文官高等考试委员的诠衡任用为敕任文官”，这就为高等文官考试合格者以外的人升任敕任文官开辟了道路。具体地说就是，过去不准调转其他官厅的教官、技术官，以及依照其他特别任用规定的被任用者，如有2年以上敕任文官的官历，或已

升至高等官3等且在职2年以上,也可经文官高等考试委员的诠衡,任用为其他任何一种的敕任文官。

③敕任法官在职2年以后,原来只能转任司法省内的敕任文官,但根据此次改正也可转任司法省以外的敕任文官。

(2)奏任文官的任用资格

奏任文官的任用资格也有松动

①按照原来规定,外交官、领事官在任职满4年以后,可转任外务省内的奏任文官;现改为外交官、领事官任职2年以上者,可转任不限于外务省的其他省的奏任文官。

②法官在任职2年以上之后,原来只能转任司法省内的奏任文官;现改为法官在任职2年以后,也可转任其他省的奏任文官。

③过去不准教官调转其他官厅,现改为任职2年以上的奏任教官,可转任文部省的奏任文官。

(3)判任文官的任用资格

判任文官的任用资格较前有所扩大。

①判任文官的任用资格,从限定为官公立中学毕业者,改为中学校或同等以上学校毕业者以及检定考试合格者。

②从前作为在职5年以上的雇员在同一官厅勤务者,只能转任同一官厅内的判任文官;但根据这次的改正也可转任任何一个官厅的判任文官。

(4)自由任用的官吏的扩大

按照《关于不适用任用、分限及官等初任晋升等规定之文官事项》规定,自由任用的官吏有:自由书记官长、法制局长官、各省次官(陆海军次官除外)、警视总监、贵族院书记官长、众议院书记官长、内务者警保局长、敕任的各省参事官、秘书官及秘书。这些所谓的政务官,既不适用《文官任用令》的规定,也不适用《高等官官等工资令》第4条及第5条初任晋升的规定(即初任的高等官须在官等6等以下,每个官等须在职2年以上才能升任一等),同时也不适用《文官分限令》的规定。

综上所述,通过上述一系列的改正,自由任用的官吏在扩大,敕任官、奏任官、判任官任用资格的必要条件也有缓和,但由于枢密院的反对,这些规定并未完全实现。因此,虽有大幅度的改正的印象,但实际上只是扩大了官厅在职者之间相互调转的自由,根本谈不上为将在野人士送入行政机构开辟道路。

2. 再次修改《文官任用令》及制定《奏任文官特别任用令》等(1920年)

山本内阁因西门子事件(海军部门接受德国西门子公司贿赂的事件)倒台后,1914年4月大隈重信第二次组阁。以反政友会势力为中心的第二次大隈内阁,修改了《各省官制通则》,规定各省均置敕任的政务官参政官和副参政官各一人;还修改了《关于不适用任用、分限以及官等初任晋升等规定之文官事项》,将参政官、副参政官定为自由任用的官职,但把各省次官、警视总监、贵族院书记官长、众议院书记官长、内务省警保局长、敕任参事官排除于自由任用的范围之外。因此,在这个阶段中,作为自由任用的官吏,仅有参政官、副参政官、内阁书记官长、法制局长官、秘书官及秘书,大体上回复到山本内阁以前的状态。

1916年10月,大隈内阁辞职。继任的寺内正毅内阁,在官吏任用制度方面,未采取什么重大措施。同年9月,寺内内阁在"米骚动"的冲击下倒台,政友会总裁原敬组织新阁。

原敬内阁为了扩充政友会的势力，竭力扩大官吏自由任用的范围。为此，1920年5月，修改了关于官吏任用的一系列敕令，并制定了《奏任文官特别任用令》及《判任文官特别任用令》，具体情况如下：

(1)再度修改《文官任用令》

1913年修改的《文官任用令》规定，高等文官考试合格者，如果具备一定的必要条件，可不经过通常的升进途径，根据诠衡进行提拔；但此次修改的《文官任用令》（大正九年敕令第159号）则规定：非高等文官考试合格者，且是自由任用的官吏，作为敕任文官在职2年以上，或作为奏任文官高等官3等在职2年以上，也可根据诠衡任用为敕任文官。

按照这一敕令规定，在敕任官当中，下列官吏可经过高等考试委员的诠衡任用：制铁所长官、海外驻在财务官、制铁所次长、专卖局长官、国势院部长、印刷局长、造币局长、专卖局部长、千住制绒所长、维新史料编纂事务局长、朝鲜总督府营林厂长、朝鲜总督府平壤矿业厂长、台湾总督府专卖局长、台湾总督府营林局长。

另外，对判任官，其任用资格也有所缓和。例如，1913年修改的《文官任用令》规定，文官必须在职3年以上，雇员必须在职5年以上，才能任用为判任文官，但根据这次修改的《文官任用令》，前者由3年缩短为2年，后者由5年缩短为4年。

(2)制定《奏任文官特别任用令》及《判任文官特别任用令》

根据1920年5月制定的《奏任文官特别任用令》（大正九年敕令第160号），判任官在职5年以上，一直从事行政事务，领取判任官5级薪俸以上薪金者，可经高等考试委员的诠衡升任奏任文官。按照这一敕令，有77种官职，列为特别任用的对象。

与此同时，还制定了《判任文官特别任用令》（大正九年敕令第357号），规定巡查、看守、消防手中受判任待遇者，可通过学术考试和实务考查，分别升进属于判任文官的警部补、看守长、消防士。

(3)《外交官领事官及书记生任用令》的改正

1893年制定的《外交官领事官及书记生任用令》规定，外交官领事官从高等文官考试外交科合格者中任用，但在这次修改的《外交官领事官及书记生任用令》（大正九年敕令第163号）中则规定，“有外交及通商事务所需要的学识技能及经验者”，可经过高等考试委员会的诠衡任用为敕任外交官或敕任领事官。

(4)《关于不适用任用、分限及官等晋升等规定之文官事项》的改正

根据修改后的《关于不适用任用、分限及官等晋升等规定之文官事项》，下列官吏可自由任用：内阁书记官长、法制局长官、拓殖局长官、各省次官、内务省警保局长、敕任的各省参事官、警视总监、贵族院书记官长、众议院书记官长、秘书官。经过这次改正，自由任用的官吏的范围，与1913年那次修改所定的范围大体一致。

1924年6月成立的加藤高明内阁，再次改正《关于不适用任用、分限及官等初任晋升等规定之文官事项》（大正十三年敕令第188号），将各省次官及敕任参事官从自由任用的官吏系列中削除，而在各省新设了政务次官及参与官。这种政务次官与参与官与第二次大限内阁时期的参政官与副参政官具有相同的性格。政务次官辅佐大臣参与政务，同时掌理与帝国议会的交涉事项，而参与官则承大臣之命，参与同帝国议会的交涉事项及其他政务。

总之，大正时代，资产阶级政党势力与藩阀官僚之间，围绕着官吏自由任用的范围的扩大或缩小问题，像拔河一样反复地进行较量，但结果没有导致官吏任用制度的巨大变动。可

以说,“这是一个既成的官僚体制照样保留,有资格者的升进路线缩短及政党的猎官运动明显的时代”[11]。

二、考试

1. 高等考试和普通考试

1918年1月,寺内内阁制定了《高等考试令》(大正七年敕令第7号)、《普通考试令》(大正七年敕令第8号)及《高等考试委员及普通考试委员官制》(大正七年敕令第9号),对官吏考试任用制度进行了某些调整和改正。

根据《高等考试令》,将从前的三种考试即高等文官考试、外交官及领事官考试和法官检察官登用考试统一起来,统称为高等考试。高等考试分为预备考试和正式考试。预备考试不合格者,不能参加正式考试。从前免除预备考试者仅限于帝国大学法科大学毕业者,此次规定官公私立的高等学校、大学预科以及与此有同等以上资格的学校的毕业生也免除预备考试。帝国大学的特权失去了。预备考试包括论文和外语(英语、法语及德语中,应试者任选一种),除了中学校毕业或有与此同等以上学历者以外,事前要求在国语、汉文、历史、地理、数学、物理及化学七种的中学校毕业程度的考试中合格。

高等考试的正式考试,分为行政科、外交科及司法科的三种考试。正式考试分为笔记考试和口述口试,笔记考试合格之后才能接受口述考试(应考的全部科目)。高等考试的正式考试的考试科目如下:

(1)行政科考试

必考科目:宪法、行政法、民法、刑法、国际公法、经济学。

选考科目:商法、民事诉讼法、刑事诉讼法、财政学中任选一科。

(2)外交科考试

必考科目:宪法、国际公法、国际私法、经济学、外交史、外国语(英、法、德语中任选一种)。

选考科目:行政法、民法、商法、刑法、财政学、商业学、商业史中任选一科。

(3)司法科考试

必考科目:宪法、民法、商法、刑法、民事诉讼法、刑事诉讼法、国际私法。

选考科目:行政法、国际公法、经济学中任选一科[12]。

在大正年间,从1912年11月到1926年12月,先后举行过15次高等考试的行政科考试,合格者人数共2937人,平均每年合格196人。东京帝大毕业生占绝对优势。在考试合格者当中,后来有59人成为各省大臣或国务大臣,其中有3人(岸信介、佐藤荣作、池田勇人)后来成为内阁总理大臣。还有一些人任过会计检查院长、最高法院长官、最高检察厅长、东京帝大总长等职,也有些人任过伪满洲国总务厅长官,经济、兴农等部次长,奉天、热河等省次长等职[13]。据统计,从几个时期来看,按平均数来说,行政科考试合格者,约四至五人中有一人后来升为高级官僚。

又,自1912年9月至1926年11月,先后进行了15次高等考试的外交科考试,合格者人数共245人,平均每年合格16人。东京帝大毕业生仍然占据优势地位。在考试合格者当中,后来有5人成为外务或法务大臣,还有不少人任过外务次官、大使、公使等职[14]。据说,在每年的外交科考试中,平均二人中有一人多一点后来成为高级官僚。

至于从前的文官普通考试，根据1918年制定的《普通考试令》改为普通考试，这一普通考试只是明确地规定了考试科目，但内容没有特殊的改动。

又，根据1918年的外务省第1号令，废止从前的《公使馆书记生及领事馆书记生考试规则》，制定了《外务书记生考试规则》。按照该规则规定，外务书记生考试，除考试合格的有效期从半年延长到1年以外，其他与从前的考试内容相同。

2. 高等考试委员和普通考试委员

按照《高等考试委员及普通考试委员官制》（大正七年第9号敕令）规定，关于高等考试委员，法制局长官担任委员长并兼任第一部长（行政科），外务次官充任第二部长（外交科），司法次官充任第三部长（司法科）。又，常任委员和临时委员与从前一样，都由内阁从各官厅的高等官中任命，私立大学的教授不能担任临时委员。

另外，普通考试委员，不论是委员长还是委员，在中央官厅从该官厅的高等官中任命，在地方官厅则从其官厅的官吏及官公立学校的教员中任命[15]。

三、服务

1. 关于纲纪肃正的内阁训令

(1)关于振肃官纪的训示

大正时代，虽有规定官吏工作纪律的《官吏服务纪律》，但官纪松弛的现象日益严重，贪污受贿的事件层出不穷。1917年5月，寺内内阁下达了以肃正官纪为目的的内阁训示（大正六年第1号内阁训令），内称："自内阁成立以来，考察一下政务的实绩和官吏的风气，官纪的松弛不能不说是一件遗憾的事。……欧洲战争的影响涉及全世界，它不仅涉及到政治、经济方面，而且影响到思想、风化方面，实在令人担忧。当今之际，掌管政务者，……宜遵守纪律，一心奉公，至诚报效君国，以为国民之表率。"该训令主要"训谕"了以下五点：

第一，恪守官吏的本分；

第二，保持官吏的品格；

第三，消灭繁文缛节，处理事务简捷；

第四，明辨公私之别，严守服务纪律；

第五，匡正秩序，谨言慎议，保守秘密。

(2)关于肃正纲纪的训示

以"洗刷多年的颓废之风，消除现今的停滞不前的状态，首先是需要肃正纲纪"为理由，1924年6月，清浦内阁向各官厅发出了《关于纲纪肃正的训示》。训示中说，本今所列事项"实行如何，关系极为重大"，各官厅长官务须"督促群僚审慎从事"。该训令的"训示"内容主要如下：

第一，官吏服务一事，虽然早有规定，但近来逐渐呈现松弛状态，经常有人因扰乱公正而触犯刑律，实在是不胜遗憾。故为官吏者，今后更须恪守服务纪律，以端正廉洁之行动，保持官吏之威信。

第二，官吏在参与处理公共财物之事务时，应成为丢掉私心、谦虚诚实、秉公办事者。

第三，官吏必须以诚实谨慎、尽职尽责、一心奉公为信念。

第四，凡与民间接触较多的负责官员，均应以谦恭和蔼为宗旨，给人们以普遍的方便，以适应不断进步的当今社会发展的形势。

第五,官厅办公时间的制度,是办理一切行政事务的基准,尤其是出勤时间是其第一个基准。过去虽曾多次督促此点,但至今仍有不少人不按正点上班。这种情况使工作效率降低,尤其是与民间接触较多的官厅,由于这个原因所造成的损失更大。……今后官吏宜体察这一趣旨,严格遵守出勤时间[16]。

2. 限制多数官吏兼职议员

在大正的民主的高潮中,1925 年实现了普遍选举。随着普遍选举的实施,1925 年制定了《众议院议员选举法》(大正十四年第 47 号法律)。按照《众议院议员选举法》第 9 条规定,下列官吏没有众议院议员的被选举权,即"在职的宫内官,判事(法官),朝鲜总督府判事,台湾总督府法院判事,关东厅法院判事,南洋厅判事、检事,朝鲜总督府检事,台湾总督府法院检察官,关东厅法院检察官,南洋厅检事,陆军法务官,海军法务官,行政裁判所长官,行政裁判所评定官,会计检察官,收税官吏及检察官吏"。

又,该法的第 10 条还规定,除了国务大臣、内阁书记官长、法制局长官、各省政务次官、各省参与官、内阁总理大臣秘书官、各省秘书官以外的官吏和待遇官吏,在职期间均不能兼任众议院议员。

四、办公时间及休假

1. 办公时间

官厅的办公时间,是根据 1892 年的第 6 号阁令及对该阁令进行部分修改的 1895 的第 6 号阁令确定的。但是,第一次世界大战后,1922 年制定的《关于官厅办公时间及休假的事项》(大正十一年阁令第 6 号),规定了新的官厅的办公时间[17]。同时,依照该阁令的附则,废止了 1892 年的第 6 号阁令,削去了 1876 年太政官第 27 号命令中的附件(根据这一附件,星期六从正午起休假)。

根据 1922 年的第 6 号阁令,除了休息日及休假日以外,官厅的办公时间规定如下:

9 月 11 日至 7 月 10 日:午前 9 时至午后 4 时;星期六,午前 9 时至午后 3 时。

7 月 11 日至 9 月 10 日:午前 8 时至午后 3 时;星期六,午前 8 时至正午。

按照第 6 号阁令规定,"根据地区的状况,或在工作的性质上有必要时,主管大臣经过内阁总理大臣的认可,可变更、改换或延长前项规定的办公时间。"另外,还规定"根据事务的状况,必要时虽为办公时间之外亦须办公"。

1924 年,根据第 4 号阁令,部分修改了《关于官厅办公时间及休假的事项》,其中的第一项对办公时间作了如下的修改。

除休息日及休假日以外,官厅的办公时间是:

4 月 1 日至 7 月 20 日:午前 8 时至午后 4 时(星期六至正午)

7 月 21 日至 8 月 31 日:午前 8 时至正午

9 月 1 日至 10 月 31 日:午前 8 时至午后 4 时(星期六至正午)

11 月 1 日至 3 月 31 日:午前 9 时至午后 4 时(星期六至正午)

2. 休假制度

(1)祭日及节日

1912 年 9 月,公布了《关于休息日的事项》(大正元年敕令第 19 号),规定以下的祭日及节日为休息日。

元始祭　1月3日
新年宴会　1月5日
纪元节　2月11日
神武天皇祭　4月3日
明治天皇祭　7月30日
天长节　8月31日
神尝祭　10月17日
新尝祭　11月23日
春季皇灵祭　春分日
秋季皇灵祭　秋分日

翌年7月,在"天长节8月31日"之后,加上"天长节节日10月31日"(大正二年敕令第259号)。

(2)暑期休假

大正时代,每年7月上旬,均发出内阁告示,规定自本月11日起,至9月10日这一期间,可依照事务的繁闲,给予各官员暑期休假。在1922年制定《关于官厅办公时间及休假的事项》时,便增加了关于暑期休假的规定。即本属长官对所属职员,可考虑事务之繁闲,一年给予20天以内的休假。根据这一规定,原来7月上旬至9月上旬之间的暑期休假,也被吸收在这一年给20天休假的规定之中。

但在二年后的1924年,根据内阁的第4号命令,规定"在从7月21日至8月31日这一期间,可依照事务之繁闲给予20天以内的休假。"但如果由于工作上的安排等原因,不能在这一期间给予休假时,也可在其他期间给予休假。

(3)回国休假

根据1921年颁布的第369号敕令,修改了1893年制定的《外交官领事官赴任及赐假规则》,缩减了外交官及领事官回国休假的日数。按照该敕令规定,外交官及领事官在国外工作3年以上时,可依照以下的区分准予回国休假。

第一,工作3年者休假3个月以内;

第二,工作超过3年者,每超过1年增加1个月,但总计休假不得超过6个月;

第三,患病或者其他特殊情况时,前两项所规定的休假时间,可各增加3个月以内。

该令还规定,在上述各项的回国休假时期中,不算入任地往返的日数。

又,根据1922年的第443号敕令,在国外"偏僻或不健康的地区"任职者,其一半的工作时间加算在在职年数中。在别表中所列的"偏僻或不健康的地区"有:鄂木斯克、九江、汉口、重庆、香港、马尼拉、科伦坡、开普敦、巴拿马、圣保罗等。

五、分限

在大正时代,适用于一般文官的《文官分限令》本身没有改动,但不适用于《文官分限令》的官职却有扩大。这与第一次山本内阁为了与政党势力妥协所进行的自由任用官吏范围的扩大直接有关。该项措施是根据1913年8月制定的《关于不适用任用、分限及官等初任晋升之规定的文官事项》(大正二年敕令第262号)进行的。内阁书记官长、法制局长官、各省次官(陆军次官及海军次官除外)、警视总监、贵族院书记官长、众议院书记官长、内务省警保局长、敕任的各省参事官、秘书官及秘书,均不适用于《文官分限令》。又,在这一时代中,鉴于官职的特殊性等原因,制定了以下几个特例法。

1. 法官及检察官

第一次山本内阁,作为行政财政整理的一个环节,对法院进行了整顿、废除及合并。随着法院的整顿、废除及合并,作为处理法官及检察官编余人员的方策,1913 年制定了《关于法官及检察官的休职及法官的调转的法律》(大正二年法律第 7 号)[18]。

按照该法律规定,在法院废止及名称改变之际,司法大臣可命令法官及检察官 232 人休职;在命令法官休职的场合,需要经过大审院总会的议决;在休职时期中,25 年以上在职者支给薪俸的 1/2,其他人则支给薪俸的 1/3。

1921 年,修改了《法院构成法》(大正十年第 101 号法律),对法官和检察官的退休年龄作出规定:大审院长到 65 岁,其他法官到 63 岁时退职,但控诉院或大审院总会决定他们仍可在职 3 年时,则可在其期满时退职;对于检察官,规定最高检察厅长的退职年龄为 65 岁,其他检察官的退职年龄为 63 岁,但司法大臣可根据工作情况令其继续在职 3 年。

2. 会计检察官及行政法院高等官

根据 1913 年制定的《关于会计检察官及行政法院高等官的休职的法律》(大正二年第 12 号法律),会计检察官及行政法院高等官与法官及检察官一样,作为行政整理的一个环节进行了人员整理。

按照该法律规定,在本法令施行之际,会计检察官限 5 人,行政法院高等官限 8 人,可分别命令其休职。对休职者可支给其薪俸的 1/3,但对在职 25 年以上者可支给其薪俸的 1/2[19]。

但对休职者的待遇,两个月后进行了改正。按照 1913 年 6 月 13 日制定的第 130 号敕令(《关于大正二年第 12 号法律的休职待遇的事项》)规定,对大正二年第 12 号法律第 3 条规定的休职待遇(给与),“除了复职,转官或退官的场合外,将终身支给待遇(给与)[20]。

3. 被外国政府招聘的官吏

大正时代是国际联盟、国际劳动机关等国际团体创立的时代。如前所述,对外国政府聘用的官吏的处理,是根据 1904 年制定的《关于被外国政府聘用的官吏的事项》(明治三十七年第 195 号敕令)等敕令作出规定的。但进入大正时代以后,对先前发布的敕令进行了综合整理,于 1920 年新制定了《关于被聘用的官吏及官吏待遇者的事项》(大正九年第 367 号敕令)。按照该敕令第 1 条规定:“在职的官吏及官吏待遇者经过批准被外国政府聘用时,在其聘用的时期中可临时增设其官职”,还规定“对前项的官吏及官吏待遇者,必要时可特别适用关于在职者的规定”。

4. 待遇官吏

(1)公立学校职员

根据 1894 年 8 月制定的《公立学校职员休职的事项》(明治二十七年第 141 号敕令)规定,“在由于学校编制之变更、事务之伸缩等原因不需要其人的场合,或有负伤疾病等其他事故的场合”,地方长官可命令公立学校职员一年以内的休职。

1915 年,废止了上述的《公立学校职员休职的事项》,制定了相当于一般文官的《文官分限令》的《公立学校职员分限令》(大正四年敕令第 3 号)。《公立学校职员分限令》,适用于“公立的专门学校、师范学校、中学校、高等女学校及实业学校的职员中受予奏任文官或判任文官同一的待遇者”(第 1 条);公立学校职员“除敕令中有特别规定的场合外,非依照本令不得免除其职务”(第2条)。作为公立学校职员免职的理由,该令的第3条列举了以下三条:“一、因残废或身体及精神之衰弱不能执行职务时;二、因受伤或患病不能担任原来职务,或是基于自身考虑自己要求免职时;三、因学校编制之变更人员超编时。”实行身份免职的手续,与《文官分限令》的规定大致相同,需要经过惩戒委员会的审查。

又,该令的第6条规定,对公立学校职员,“不得违反其意愿降低待遇或减少薪俸”;第8条规定,公立学校职员休职的理由限于以下五点:“一、因惩戒事件被提交惩戒委员会审查时;二、因刑事事件被告发或被控告时;三、因学校编制之变更及其他事由出现超过定员情况时;四、本人进入以培养教员为目的的官立府县立的学校学习时;五、教育上事务上有必要时。”关于休职时间,对本令的第1号及第2号,规定为该当事件在惩戒委员会或审判所的审理时间;对第3号及第5号,奏任官待遇者定为2年,判任官待遇者定为1年,休职期满时视为当然退职。

(2)从事地方产业的技师技手等

1920年,原敬内阁制定《地方待遇职员令》(大正九年敕令第248号)。该令对道路管理、地方土木、地方产业职员中受高等官待遇或判任官待遇的事务职员及技术职员的任免、待遇、薪俸及休职作了规定。其中的第11条,对休职问题作了以下规定:

对于待遇职员,可命令其休职;休职时间为一年,一年期满后即退职;对休职者,发给1/3的薪俸;对命令休职的职员,可命令其复职。关于休职及复职的手续,高等官待遇职员可依照高等官的先例决定,判任官待遇职员可依照判任官的先例决定。

1920年12月,根据第571号敕令,对《地方待遇职员令》进行了修改,规定对气象所的技师及技手等人的休职,也依照《地方待遇职员令》进行。

(3)神宫神部署职员、神宫卫士长、副卫士长、卫士、宫国币社职员

1915年2月,制定了《关于神宫神部署职员及神宫卫士长副卫士长卫士及宫国币社职员的休职事项》(大正四年敕令第13号),对神宫神部署职员、神宫卫士长、副卫士长、卫士及宫国币社职员的休职事项作了具体的规定。按照该敕令规定,命令这些职员休职,限于以下五种场合:“一、因惩戒事件被提交惩戒委员会审查时;二、因刑事事件被告发或被控告时;三、根据事务的安排有必要时;四、依照定员的改正出现超员时;五、在战时或发生事变之际被召集到陆海军时。”(第1条)关于休职的时间,在本令第1条第1号及第2号的场合,该事件在惩戒委员会或裁判所的审理时间即为休职时间;对于第3号及第4号,奏任官待遇者定为2年,判任官待遇者定为1年,期满时视为当然辞职。

六、惩戒

1. 文官惩戒令及法官惩戒法等

大正时代,日本官吏的惩戒制度,没有进行本质上的改正,只是与官制的改革相配合,对《文官惩戒令》进行了一些形式上的修改,如大正一年(1912年)的敕令第120号,大正十三年(1924年)的敕令第464号等。

又,对《会计检察官惩戒法》完全没有改正;对《法官惩戒法》,也只是为了行政整理,对惩戒裁判所中的法官人数作了一些改动而已(大正二年法律第11号)。

2. 惩戒或惩罚之免除

大正年间,屡有皇室的庆典活动,因而与大赦并行,几次发布免除官吏惩戒或惩罚的敕

令(《关于免除惩戒或惩罚的事项》)。这一敕令都是在明治天皇大丧(大正元年敕令第30号)、大正天皇即位大典(大正四年敕令第206号)、裕仁太子结婚(大正十三年敕令第11号)时发布的。按照这些敕令规定,对从前受到惩戒处分者,"今后免除其惩戒或惩罚,对尚未被处分者,不予进行惩戒或惩罚"。但"基于惩戒或惩罚已经造成的效果,不得因免除处分有所变更"。为了对这一免除的效果进行统一的解释,1913年9月内阁书记官长对各官厅发出了以下的通知。

第一,享受退职金("恩给")、隐退费("退隐料")、退官抚恤金("退官赐金")、薪俸补助金("给助金")及退职补助金("退职给与金")的资格,不得因大赦及免除处分而恢复;

第二,受到特赦及免除处分的遗属,没有领取赡养费的权利;

第三,受到特赦及免除处分者,虽然可以再任官职,但其免官、免职、失官、失职以前的在职年数,不能算在养老金、退职金的年数之内;

第四,受惩戒免官处分者两年内不得就任官职的限制,自免除处分之月起撤销;

第五,在履历书中,须写明曾受刑事审判、惩戒、惩罚及特赦、免除处分等事。[21]

七、工资

1.本俸

(1)高等官的薪俸

大正时代,以第一次世界大战为契机,日本经济飞速发展。但另一方面,由于第一次世界大战的影响,日本物价不断上涨,1920年物价相当于大战初期的二倍以上。物价暴涨,不仅引起劳动群众生活的极度恶化,而且也使一般官吏生活水平急剧下降。为此,1920年8月,原敬内阁修改了《高等官官等工资令》(明治九年敕令第257号),大幅度地提高了高等官的薪俸(内阁总理大臣和各省大臣仍保持原来薪金水平)。

修改后的高等官的薪俸见以下各表[22]:

亲任官	年薪
内阁总理大臣	12000元
各省大臣	8000元
枢密院议长,特命全权大使 法官、台湾总督、关东长官 会计检察院长、行政裁判所长官等	7500元
国势院总裁、枢密院副议长等	7000元
枢密顾问官	6500元

敕任官	年薪
帝国大学总长、制铁所长官 北海道厅长官	1级　7000元 2级　6500元
内阁书记官长、法制局长官、拓殖局长官 各省次官、内务技监、海外驻在财务官 制铁所技监、铁道技监、警视总监等	6500元
特命全权公使 大使馆参事官等	1级　6500元 2级　5700元

	3 级　5200 元
官立大学学长、制铁所次长、府县知事等	1 级　6000 元 2 级　5500 元 3 级　5200 元
赏勋局总裁、枢密院书记官长	5700 元
专卖局长官、会计检察院部长 行政裁判所评定官（限于部长） 贵族院书记官长、众议院书记官长等	1 级　5700 元 2 级　5200 元
各厅技师、山林技师	1 级　6000 元 2 级　5500 元 3 级　5200 元 4 级　4800 元
印刷局长、拓殖局次官 国势院部长、各省局长 办理公使、内务监察官 造币局长、特许局长 战时保险局长等	5200 元
法制局参事官、各省参事官 总领事、税关长、税务监督局长 专卖局部长理事、主理 山林事务官、矿务署长、制铁所理事 递信监察官、递信局长、商船学校长 航路标识管理所长、铁道局长 北海道厅内部长等	1 级　5200 元 2 级　4800 元
检察官 行政裁判所评定官	1 级　5200 元 2 级　4800 元 3 级　4500 元
法官　检察官	1 级　7000 元 2 级　6500 元 3 级　5700 元 4 级　5200 元 5 级　4800 元 6 级　4500 元

奏任官

奏任官年俸第 1 号官职

内阁书记官、内阁总理大臣秘书官 内阁恩给局书记官、法制局参事官 赏勋局书记官、拓殖局书记官、国势院书记官 国势院事务官、枢密院书记官 枢密院议长秘书官、各省参事官、各省大臣秘书官 各省书记官、各省事务官 外务省翻译官、内务监察官、考证官、防疫官 警察讲习所教授、大藏主计官	1 级　4500 元 2 级　4100 元 3 级　3800 元 4 级　3400 元

专卖局参事、税务监督官、理事、主理、法官、检察官 图书监修官、学校卫生官 帝国大学书记官、官立大学教授、官立大学助教授 文部省直辖各学校教授 山林事务官、特许局审查官、镇务官、矿务技师 制铁所参事、制铁所医官 水产讲习所教授、植物检察官、通信技师 高等海员审判所审判官 高等海员审判所理事官、地方海员审判所审判官 地方海员审判所理事官 商船学校教授、检察官、会计检察院书记官 行政裁判所评定官、贵族院书记官众议院书记官、警视厅官房主事、厅府县各部长(警视厅消防.部长除外) 府县事务官、各厅技师等	5 级　3100 元 6 级　2700 元 7 级　2400 元 8 级　2000 元 9 级　1800 元 10 级　1600 元 11 级　1400 元 12 级　1200 元

奏任文官年俸表第 2 号官职

外务省警视、造神宫主事 国立感化院院医、主税局事务官 专卖局副参事、专卖局参事补、税关检察官、关税官、司税官 陆地测量师、监狱事务官、内狱、帝国大学事务官 帝国大学学生监,帝国大学司书官,官立大学事务官 农商务省统计官,度量衡事务官,山林事务补 制铁所副参事、商船学校教论,铁道省事务官副检察官、警视厅消防部长等	1 级　3800 元 2 级　3400 元 3 级　3100 元 4 级　2700 元 5 级　2400 元 6 级　2000 元 7 级　1800 元 8 级　1600 元 9 级　1400 元 10 级　1200 元 11 级　1100 元

奏任文官年俸表第 3 号官职

国立感化院教谕、裁判所书记官 典狱补、帝国国书馆司书官 贵族院速记士、众议院带记士 贵族院守卫长、众议院守卫长等	1 级　3100 元 2 级　2700 元 3 级　2400 元 4 级　2000 元 5 级　1800 元 6 级　1600 元 7 级　1400 元 8 级　1200 元 9 级　1100 元 10 级　1000 元 11 级　900 元

从以上三表可见,除外交官等特殊官职外,奏任官在工资分类上由原来的五种改为三种(1、2、3 号),其中第 1 种的工资级别分为 12 级、第 2、3 种的工资级别分为 11 级。又,从一级升到另一级的年数,未作任何规定上的限制,但多数是 1 年半或 2 年左右提一次工资。官

等的升任和工资的提级完全脱离，两者没有任何关系。

按照工龄进行加薪的所谓工龄加薪(年功加俸)额也有提高。如第9条、第19条规定，凡接受该当官职的最高薪俸，在职5年以上，工作成绩显著者，可支给700元以下的工龄加薪。在驻外大使馆、领事节任职职员的薪金也同样有提高。参看别表第3、第4、第5。第3表记载驻外大使馆、领事官奏任文官职员的薪俸；第4表和第5表，除制铁所理事、帝国图书馆馆长等奏任文官职员的薪俸外，还记载了被日本侵吞的所谓朝鲜总督府、台湾总督府、关东厅、桦太厅的奏任文官职员的薪俸。

别表第三

在外公馆奏任职员年俸表					
官等 官名	三等	四等	五等	六等	七等
大使馆一等书记官 大使馆一等书记官 总领事	4500元	一级　4100元 二级　3800元	元	元	元
大使馆二等书记官 大使馆二等书记官		一级　4100元 一级　3800元	一级　3400元 一级　3100元		
大使馆三等书记官 大使馆三等书记官			一级　3400元 一级　3100元	一级　2700元 一级　2400元	
领事 贸易事务官		一级　4100元 二级　3800元	一级　3400元 二级　3100元	一级　2700元 二级　2400元	一级　2000元 二级　1800元 三级　1600元 四级　1400元
副领事			一级　3400元 二级　3100元	二级　2700元 二级　2400元	一级　2000元 三级　1800元 三级　1600元 四级　1400元
大使馆一等通译官 大使馆一等通译官			一级　3400元 一级　3100元	一级　2700元 一级　2400元	
大使馆二等通译官 公使馆二等通译官					一级　2000元 二级　1800元 三级　1600元 四级　1400元
外交官补 领事官补				一级　2700元 二级　2400元	一级　2000元 二级　1800元 三级　1600元 四级　1400元

别表第四

级俸 官名		一级	二级	三级	四级	五级
千住制绒所长	奏任者					
朝鲜总督府营林厂长	奏任者	4500元	元	元	元	元
朝鲜总督府平壤矿业所长	奏任者					

警察讲习所长　奏任者 文部省直辖诸学校长　奏任者，但东京盲学校长、东京聋哑学校长除外 制铁所理事　奏任者 商船学校长　奏任者 航路标识管理所长　奏任者 朝鲜总督府道参与官　奏任者 朝鲜总督府高等商业学校长　奏任者 台湾总督府医学专门学校长　奏任者	4500 元	4100 元	3800 元	3400 元	3100 元

别表第五

级俸／官名	一级	二级	三级	四级	五级	六级	七级	八级	九级	十级	十一级	十二级
海外驻扎财务官　奏任	元 4500	元	元	元	元	元	元	元	元	元	元	元
税官长　奏任 税务监督局长　奏任 帝国图书馆长 矿务署长 朝鲜总督府税关长 朝鲜总督府专门学校长 台湾总督府专门学校长 台湾总督府税关长 台湾总督府商业专门学校长 台湾总督府工业学校长	4500	4100	3800	3400	3100							
都督学 帝国大学教授 史料编纂官 港务医官 港务盖医官	4500	100	3800	3400	3100	2700	2400	2000	1800	1600	1400	1200
国立感化院教谕 国立感化院长 东京盲学校长 东京聋哑学校长 师范学校长	3800	3400	3100	2800	2600	2400	2200	2000	1800	1600		
港务官 港务部长除外 帝国大学助教授 文部省直辖诸学校教谕 朝鲜总督府道港务官 朝鲜总督府道港务医官 朝鲜总督府道兽医官 朝鲜总督府测候所技师												

关东厅观测所技师 桦太厅观测所技师 警视厅消防司令 北海道厅支厅长 岛司 郡长 厅府县警视 厅府县理事官	3100	2800	2600	2400	2200	2000	1800	1600	1400	1300	1200	1100

(2)判任官的薪俸

1920 年 8 月，除了修改《高等官官等工资令》外，还修改了《判任官工资令》（大正九年敕令第 258 号），增加判任官的薪俸。修改后的判任官月俸见下表：

级俸	月额
1 级薪俸	160 元
2 级薪俸	135 元
3 级薪俸	115 元
4 级薪俸	100 元
5 级薪俸	85 元
6 级薪俸	75 元
7 级薪俸	65 元
8 级薪俸	55 元
9 级薪俸	50 元
10 级薪俸	45 元
11 级薪俸	40 元

(3)奏任文官及判任文官的优厚待遇

1921 年 5 月，制定《关于奏任文官优厚待遇的事项》（大正十年敕令第 223 号），规定"在职 5 年以上的三等高等官功绩显著者"，可受敕任官待遇；"在职 5 年以上，领取 1 级薪俸，工作熟练优秀"的判任文官，可受奏任官待遇。但这项措施，除出差旅费等以外，工资等与以前没有不同，所以它主要适用于技术官等中没有升进途径者。

2. 奖金及津贴等

(1)奖金

支给高等官的奖金

自 1898 年 10 月阁议决定以来，支给高等官奖金的场合，须经内阁总理大臣的认可，但 1918 年 11 月的内阁会议决定，支给高等官奖金的事宜可由主管大臣处置。

发给判任官的奖金

1919 年 12 月，原敬内阁通知各省厅：判任官、雇员和佣人的年末奖金，未达到上一年末的奖金数额时，可补发临时津贴，补发数额在平均月薪的半个月份以内的范围内。

勤勉补给津贴

1920 年 11 月，制定了《勤勉津贴给与令》（大正九年敕令第 545 号），规定在卫生试验所、陆海军工地、制铁所、铁路等现场工作的官吏、待遇官吏、嘱托员、雇员、佣人及职工，可发给勤勉津贴，津贴数额由主管大臣和大藏大臣协商决定。

(2)津贴

支给在交通特别不方便地区官署工作的职员的津贴

1920 年 9 月,制定第 405 号敕令,规定对在交通最困难的岛屿或地区工作的职员,可发给月额 45 元以内的津贴。翌年 3 月,支付限度额又有提高,规定对在广岛、国幌岛、筵岛工作的职员,可发给月额 100 元以内的津贴。

又,1939 年 11 月,津贴支付额又有改动,规定在特别偏僻的岛屿工作的职员,可发给月额 120 元以内的津贴。

其他津贴等

A　职务工资

1920 年,在修改《高等官官等工资令》时,也修改了《帝国大学高等官官等工资令》,规定对帝国大学的教授、助教授的职务工资也提高 50%。根据此次修改,职务工资的范围改为年额 600 元以上 1800 元以下;对各讲座的职务工资,与本俸加在一起,不得超过5700元。又担任两科教座的教授,则支给兼任讲座职务工资的一半,所以发给一名教授的职务工资额,与本俸加在一起不得超过 6000 元;本俸与工龄加薪合在一起,不得超过 6700 元。

1923 年 8 月,又制定了《关于官立大学教官职务工资的事项》(大正十二年敕令第 392 号),规定对官立大学的教授和副教授,除了本俸以外,也根据"学科的种类及职务的繁闲"发给职务工资。教授的职务工资年额 2200 元以下,助教授的职务工资年额 1400 元以下,本俸与职务工资加在一起不得超过 6000 元,本俸与工龄加薪合在一起不得超过 6700 元。

又,上述这些职务工资,在 1931 年本俸降低时也一并降低,帝国大学的场合,降到年额 500 元以上 1600 元以下,官立大学的场合,降到教授年额 1950 元以下,助教授年额 1250 元以下。

B　知事等指定地区加薪

1910 年制定的《关于府县高等官的加薪事项》(明治四十三年敕令第令第 168 号),根据 1913 年 6 月的第 218 号敕令进行了全部修改。府县高等官的加薪见下表:

府县高等官的加薪

府县 / 官名	东京府　神奈川县　京都府　兵库县　大阪府	长崎县　广岛县　新泻县　福冈县　爱知县　熊本县　宫城县
知事	600 元	400 元
内务部长	500 元	300 元
警察部长	400 元	200 元
港务部长	300 元	200 元
港务官	200 元	100 元

1920 年,在修改《高等官官等工资令》等工资令时,上述的敕令被废止,制定了《关于府县知事加薪的事项》(大正九年敕令第 263 号),建立了知事的指定地区加薪制度。根据这一敕令,府县知事按照下表所列的地区领取指定地区的加薪。但指定地区加薪与本俸加在一起,不得超过 6500 元。

指定府县	东京府　神奈川县　京都府　兵库县　大阪府	长崎县　广岛县　新泻县　福冈县　爱知县　熊本县　宫城县
加薪年	800 元	600 元

又,1931 年降低本俸时,指定地区的加薪也随之降低,上表中的 800 元将为 700 元,600 元降为 500 元。

C　支给贵族院、众议院守卫长等人的宿费

1921年10月,制定第3号敕令,规定对不能在官舍居住的守卫长、副守卫长,分别支给月额30元以内、15元以内的宿费。但在这种场合,他们必须在贵族书记官长或众议院书记官长指定的地区居住[23]。

八、恩给

1.恩给法的制定

日本在明治时代后期,对军人、文官、学校职员及巡查看守等,制定了一系列的恩给法规,全面建立了恩给制度。但各种恩给制度并立,他们之间的关系也很复杂,迫切需要调整、改善和统一。同时,自明治末期以来,随着物价的上涨和官吏薪金的提高,某些退职官员及其家属出现了不满情绪,要求增加支付退职金及抚恤金。因此,自大正初期以来,历届内阁都把统一恩给法规和增加恩给金额作为两大主要的课题。1920年制定了《关于退职金抚恤金等增额的法律》(大正九年法律第10号)。1922年又制定了《关于增加恩给等增额的法律》(大正十一年法律第18号)。1923年4月公布了统一的《恩给法》(大正十二年法律第48号),同年10月起开始实行。自该法实行之日起,原来公布的各种恩给法令(如《官吏恩给法》、《官吏遗属扶助法》、《军人恩给法》等)均被废止。

2.恩给法中的公务员种类

1923年公布的《恩给法》,首先确认了恩给的权利性和一身专属性。该法规定:"公务员及准于公务员者及其遗属,依照本法的规定有享受恩给的权利。"(第1条)享受恩给的权利,除依照《国税征收法》等场合外,不能"转让或供作担保",也不能"查封或扣押"(第11条)。因行政处分恩给的权利被侵害者,在受处分一年后请求恩给局长裁决,如对裁决不服的,可向内阁总理大臣申诉,或向行政裁判所提出诉讼(第13条)。该法对个人交纳基金(每月向国库交纳相当于薪俸的1%)及消灭时效的时间(7年),仍然沿袭从前的制度[24]。

按照《恩给法》规定,本法适用于公务员及准于公务员者。公务员分为五种,即文官、军人、教育职员、警察监狱职员及待遇职员。此外,作为准公务员者,分为准文官、准军人、准教育职员三种(第19条)。

文官是指武官及宫内官以外的官吏;准文官是指高等文官试补及判任官见习(第20条)。

3.恩给支付的种类及内容

按照《恩给法》规定,恩给支付的内容,分为普通恩给(退职金)、增加恩给(附加退职金)、一时恩给(一次性退职金)、病伤抚恤金、抚恤金、一次性抚恤金六种,统一了原来使用各种名称的每年发给的退职金(或抚恤金)或一次发给的退职金(或抚恤金)[25]。

恩给支付的必要条件及内容如下:

(1)普通恩给(第46条、第60条至第64条)

普通恩给是公务员或准公务员在所定的最短在职年限之后退职时每年发给其一定数额的退职金。所定的最短在职年限,文官、教育职员及待遇职员为15年,警察监狱职员为10年。

恩给支付的年额,文官、教育职员及待遇职员,在在职年数15年以上16年未满的场合,为退职当时年薪额的1/3(从前为退职当时年薪额的1/4);在在职超过15年的场合,以在职

40年为最高限界,每超过1年即递增其年薪额的1/150。

(2)增加恩给(第46条至第50条,第55条,第65条)

增加恩给是由于公务受伤或生病变成残废时退职的场合,或者在退职后5年内变成残废并在退职后5年内提出请求的场合,每年发给一定数额的附加退职金。增加恩给须与普通恩给一并支给。

增加恩给的年付给额,根据本人退职当时的阶等、伤病的原因及残废的程度在别表中规定。

(3)一时恩给(一次性退职金)(第67条至第71条)

一时恩给是在未达到普通恩给的在职年限但在职一年以上的场合一次支给的退职金,支给金额为退职当时的月薪额乘上在职年数的数额。

(4)病伤抚恤金(第66条)

病伤抚恤金("伤病赐金")是在下士官以下的军人因公务病伤虽未变成残废但达到一定病伤程度的场合支给的一次退职金。支给金额根据本人退职当时的阶等、伤病的原因及程度在别表中规定。

(5)抚恤金(第73条至第75条)

抚恤金("扶助料")是享受普通恩给者或在职的有资格者死亡时每年支给其遗族的赡养费。遗族的范围指公务员的祖父母、父母、丈夫、妻、子(含胎儿)在死亡当时属于同一户籍内者。抚恤金的每年支给额,在因公务死亡的场合支给该当公务员享受或应当享受普通恩给年额的8/10(从前是2/3),在其他的场合则支给1/2(从前是1/3)。

(6)一次性抚恤金(第81条、第82条)

一次性抚恤金("一时扶助料")是指有领取恩给权利的公务员在职中死亡或正在领取普通恩给的公务员死亡时,作为他们的遗属仅有兄弟姐妹(限于以下情况,即因未成年或残废,没有其他生活来源,且没有人抚养他们)的场合,一次支给其兄弟姐妹的赡养费,赡养费额相当于一年分或五年分的抚恤金年额。

一次性抚恤金还指有领取一次恩给资格的公务员在职中死亡时支给其遗属的赡养费,其赡养费为死亡者死亡时的月薪额乘上在职年数的数额(与一时恩给同额)[26]。

注释:

① 《世界大百科事典》(日文版),16卷,平凡社、1989年版,第629－630页。

② 小山仁示编:《大正时期的权力和民众》(日文版),法律文化社,1980年版,第1－13页。

③、⑪、⑫、⑮、⑯、⑰、㉑、㉒、㉔ 日本公务员制度史研究会编著:《官吏、公务员制度之变迁》(日文版),第一法规出版株式会社,平成元年(1989年)版,第167－168页;第170－178页(任用制度);第178－179页(1918年公布的《高等考试令》和《普通考试令》);第179页(1918年公布的《高等考试委员和普通考试委员官制》);第199－201页(关于纲纪肃正的内阁训令);201－203页(大正11年第6号阁令);210－211页(惩戒或惩罚之免除);第180－199页(本俸、奖金、津贴等);第211－214页(1923年《恩给法》的制定及恩给注的主要内容)。

④ 田中惣五郎:《日本法西斯主义史》(日文版),河出书房新社,1970年版,第6－14页;秦郁彦:《军部法西斯主义运动史》(日文版),河出书房新社,1962年版,第6－16页。

⑤、⑦、⑧、⑨、⑩、⑱、⑲、⑳、㉓ 内阁官房记录课编纂:《现行法令辑览》(日文版),第1卷第3辑,第1005－1006页(1943年修改的《文官任用令》;第740页(1942年制定的《战时勤勉津贴给与令》);第740

之1页(1942年制定的《临时家属津贴给与令》);第1249－1250页(1943年制定的《各厅职员优遇令》);第1012页(1913年制定的《关于不适用任用、身份限及官等初任晋升等规定之文官事项》);第1265页(1913年制定的《关于法官及检察官的休职及法官的调转的法律》);第1265－1266页(1913年制定的《关于会计检察官和行政法院高等官的休职的法律》);第1266页(《关于大正二年第12号法律的休职待遇的事项》);第784之4(1921年制定的《关于支给贵族院、众议院守长和副守卫长宿费的事项》)。

⑥　细野长良等编著,新体综合注释:《大六法全书》(日文版),法文社,1941年版,第2页(1941年制定的《文官分限令中改正的事项》);内阁官房编:《内阁制度七十年史》(日文版),1955年版,第484－485页(《官吏身份保障制度的撤废》1941年1月第9号敕令。

⑬、⑭　战前时期日本官僚制研究会编、秦郁彦著:《战前时期日本官僚制的制度、组织、人事》(日文版),东京大学出版会,1981年版,第475－540页(大正年间行政科考试合格者人名录);第431－438页(大正年间外交科考试合格者人名录)。

㉕　内阁房编:《内阁制度七十年史》(日文版),大藏省印刷局,1955年版,第265－266页(恩给法中公务员的种类)。

㉖　内阁官房记录课编纂:《现行法令辑览》(日文版),第2卷,第5辑,第2章,第91－113页(1923年制定的《恩给法》,第1条;第11条;第13条;第19条;第20条;第46条;第60条至64条;第46条至第50条,第55条,第65条;第67条至71条;第66条;第73条至第75条;第81条,第82条。)

第二节　昭和时代前期日本的官吏制度

一、任用

昭和时代前期的官吏任用制度,在基本结构方面没有大的变化;它大体上可以说在昭和初期的所谓政党政治时代和其后的军部支配下的战时体制时期经历了两度的变更。下面想按照年代的顺序概述一下这个时期官吏任用制度的改正的趋向。

1. 纠正高等考试中的法科万能主义

昭和初年,日本的政党政治进入了顶峰时期,出现了所谓政友会和民政党两大政党对立的时代。不论是政友会,还是民政党都力图变革官吏任用制度,并将修改文官任用令和高等考试令,作为其推行的政策的重要环节。但是,像大正时代一样,由于枢密院的坚决反对,它们不得不打消修改文官任用令的念头,只是修改了高等考试令。1929年4月,上台不到两年的田中义一内阁,宣布全文修改《高等考试令》,但实际的内容并没有什么变化,只是为了缓和所谓法律万能主义更改了某些考试科目而已[①](详见本节第二)。

2. 缩小官吏自由任用的范围

"五一五"事件后上台后的斋藤实内阁,试图打破关于官吏任用的不正之风,首先于1932年修改文官分限令,接着又在1934年4月修改了《关于不适用任用、分限及官等初任晋升规定之文官事项》(昭和九年第80号敕令),将内务省警保局长、警视总监、贵族院书记官长、众议院书记官司长,从自由任用官司吏的范围中消除,作为自由任用的官司吏,仅有内阁书记官司长、法制局长官、各省政务次官、各省参与官及秘书官[②]。此制,直到战争结束时为止,一直没有变更。

3. 走向战时体制时期官吏任用制度的改正

1937年7月,日本发动全面侵华战争。翌年4月,制定《国家总动员法》,全国迅速进入战时体制。1940年7月,第二次近卫内阁成立,次年1月修改了《高等考试令》(昭和十六年敕令第1号)、《文官任用令》(昭和十六年敕令第3号)及《奏任文官特别任用令》(昭和十六年敕令第5号),同时还制定了《敕任文官诠衡委员会官制》(昭和十六年敕令第4号)。除修改《高等考试令》准备另行专门叙述外,其他几项概述如下:

(1)《文官任用令》的改正

①对敕任文官任用的改正

当时,对敕任文官的任用,除了自由任用的官吏及教官、技术官等需要特殊的学术技能的官吏以外,原则上必须具有高等考试和做官经历两个主要条件。如1939年修改后的《文官任用令》(昭和14年第796号敕令)第2条规定:"敕任文官从具有第5条第1项之资格(高等考试行政科考试合格者),任过1年以上敕任文官之职者或作为奏任文官任过2年以上高等官三等之职者中任用之。"第3条规定:"虽不具有第5条第1项之资格,但任过2年以上敕任文官之职者,或作为奏任文官任过2年以上高等官三等之职者,可经过高等考试委员的诠衡任用为敕任文官。"③

但是,1941年修改后的《文官任用令》,除了保留了上述的两条规定外,还在第3条中增加了一项规定:"敕任文官虽不具有前两条规定之资格,但经过敕任文官诠衡委员会的诠衡。可从在其职务上所必需的有学识、技能及经验者中任用之。"④这就是说,对于敕任文官,可不根据高文考试和做官经历,广泛地诠衡任用具有在职务上所必需的学识、技能和经验者。同时,还规定对这部分敕任文官的任用,不是由高等考试委员诠衡,而是由新设的敕任文官诠衡委员会诠衡。按照《敕任文官诠衡委员会官制》(昭和十六年敕令第4号)规定,这个委员会,以内阁总理大臣为会长,由内阁书记官长、法制局长官、各省次官2人及依照《文官任用令》第2条的规定任用的敕任文官2人组成;同时,还置预备委员4人,预备委员从各省次官及依照《文官任用令》第2条任用的敕任文官中任命⑤。

②对奏任文官任用的改正

对奏任文官,也扩大了诠衡任用的范围。即,根据此次修改的《文官任用令》,任过3年以上的奏任文官技术官等有特殊的学术技艺的文官之职者,可经高等考试委员的诠衡任用为同一系统的事务奏任文官;又,任职3年以上的学校校长及教官等奏任文官,可经高等考试委员的诠衡,任用为关于教育、学艺和宗教方面的事务奏任文官。

③对判任文官任用的改正

对于判任文官,也修改了它的任用基准。即,任职3年以上的待遇官吏、4年以上的雇员、4年以上的北海道、府县、市町村等地方自治体的领取薪俸的吏员,也可任用为判任文官。

(2)《奏任文官特别任用令》的改正

①以前对可以诠衡任用的奏任文官,限定列举了外务省警视、造神官主事等约70种官职,但此次修改的《奏任文官特别任用令》规定,可以高等官四等以下为最高官等的奏任文官,可从在职5年以上判任以上的官吏,从事行政事务,领取判任官5级俸以上的薪金者当中,经高等考试委员的诠衡特别予以任用⑥。

②从前,按照《特别作用令》规定被任用为奏任文官者,不能任用为其他的一般的奏任文官;但根据这次的改正,对任职4年以上的奏任文官,可经过高等考试委员的诠衡任用为其他的奏任文官。

③修改后的《奏任文官特别任用令》为待遇官吏任用为本官开辟了道路。例如，判任待遇的事务职员和技术职员在职 1 年以上者，可任用为同一系统的事务奏任文官。又如，对奏任待遇的校长或教员，专门学校程度以上的私立学校校长或教员，在职一定的年限以上者，可任用为掌管教育、学艺或宗教事务的奏任文官。再如，北海道、府县、市町村的地方团体的吏员，在职一定年限以上者，除地方事务官等以外，可任用为掌管有关地方行政事务的奏任文官。

4. 战时和战争结束前的官吏任用体系

这个时期的官吏任用制度，是根据上述的 1941 年进行的《高等考试令》的改正、《文官任用令》的改正等确立的。现将战时体制下和战争结束之前的日本官吏任用制度，系统综合地概述如下：

(1) 对敕任文官的任用

①原则上要求有高等文官考试合格资格者，1 年以上敕任文官（自由任用的敕任文官亦可）的在职者，或历官 2 年以上高等官 3 等的在职者（《文官任用令》第 2 条）。

②允许自由任用的敕任文官有：内阁书记官长、法制局长官、各省政务次官、各省参与官（《关于不适用任用、身份限及官等初任晋升规定之文官事项》（昭和九年敕令第 80 号）第 1 条）。

③对所有的敕任文官均承认诠衡任用。没有高等文官考试合格者的资格，2 年以上敕任文官（自由任用的官吏也可）的在职者，或历官 2 年以上高等官 3 等的在职者，或历官 2 年以上高等官 3 等的在职者，可经过高等考试委员的诠衡任用为敕任文官（《文官任用令》第 3 条）。未取得外交官、领事官考试合格者的资格，但有外交、通商的学识、技术及经验者，可经过高等考试委员的诠衡任用为敕任外交官或敕任领事官（《外交官领事官及书记生任用令》（明治二十六年敕令第 187 号）第 7 条）。

又，不具有《文官任用令》第 2 条、第 3 条所规定之资格，但有职务上所必需的学识、技能及经验者，可经敕任文官诠衡委员会的诠衡任用为敕任文官（《文官任用令》第 3 条之 2）。

(2) 对奏任文官的任用

①原则上要求具有高等文官考试合格资格者（《文官任用令》第 5 条）高等文官考试合格者，通常是先任判任官，或在判任官无定员编制任嘱托 2 年左右，然后被任用为奏任文官。又，可以自由任用的奏任文官，只有秘书官。

②在诠衡任用方面，在制度上所有的奏任文官，均可经高等考试委员诠衡任用。

又，依照《文官任用令》，技术官、教官、学校校长等在职 3 年以上的奏任文官，均可经高等考试委员的诠衡转任有关的事务奏任文官。

对其他官吏的诠衡任用，则依照奏任文官的种类采取不同的处理办法（参照《奏任文官特别任用令》）。

(3) 对判任文官的任用

①判任文官原则上从《文官任用令》第 6 条第 1 项至第 9 项之间该当各项规定者中任用。对于第 4 项规定的普通考试，中央官厅几乎没有施行，因为判任文官任用资格的主要条件涉及很多方面，即使不进行考试也能任用必需的人才。

又，对于判任文官，进行特别的升任考试和采用考试。关于升任考试，在《判任文官特别任用令》（大正九年敕令第 357 号）第 1 条、第 3 条中作了规定，它是从巡查升任警部及警部补,从看守升任看守长或副看守长,从消防机关士、消防机关士补升任消防士、消防士补时,即从判任官待遇者升晋判任官的场合进行的。

另外,关于采用考试,是为了采用认为《文官任用令》第6条规定的资格过高的判任文官如贮金局书记补、通信书记补等只有小学校及高等小学校出身者而进行的。

②对于进行采用考试的那些官吏,诠衡采用与采用考试并行,其准则是以中学校三年修业程度为任职资格的主要条件。

战争结束时期日本的官吏任用体系[⑦]

<table>
<tr><th colspan="5">官吏种类</th><th>任用资格</th></tr>
<tr><td rowspan="14">官吏</td><td rowspan="10">高等官</td><td rowspan="3">敕任官</td><td colspan="2">亲任官</td><td>自由任用</td></tr>
<tr><td rowspan="2">一般敕任官</td><td>一等</td><td rowspan="2">1. 具有高等文官考试合格者资格,有1年以上敕任官或2年以上高等官3等奏任文官经历者
2. 没有高等文官考试合格者资格,有2年以上敕任官或2年以上高等官3等奏任文官经历者,根据高等考试委员诠衡任用
3. 有学识、技能及经验者,根据敕任文官诠衡委员会诠衡任用</td></tr>
<tr><td>二等</td></tr>
<tr><td colspan="2" rowspan="7">奏任官</td><td>三等</td><td rowspan="7">1. 高等考试合格者
2. 有2等以上法官、检察官经历者
3. 有3年以上奏任文官经历者,虽然没有高等考试合格资格,但根据高等考试委员诠衡任用(诠衡任用)
4.5年以上的判任官,且领取判任官5级以上薪俸者(特别任用)
5. 教官、技术官经高等考试委员诠衡任用(诠衡任用)
初任的官等为6等以下</td></tr>
<tr><td>四等</td></tr>
<tr><td>五等</td></tr>
<tr><td>六等</td></tr>
<tr><td>七等</td></tr>
<tr><td>八等</td></tr>
<tr><td>九等</td></tr>
<tr><td colspan="3" rowspan="4">判任官</td><td>一等</td><td rowspan="4">1. 中学校程度以上的学校毕业者
2. 普通考试合格者
3. 有2年以上文官的经历者
4. 有4年以上雇员的经历者
5. 有4年以上地方吏员的经历者
6. 教官、技术官由普通考试委员诠衡作用(诠衡任用)</td></tr>
<tr><td>二等</td></tr>
<tr><td>三等</td></tr>
<tr><td>四等</td></tr>
</table>

注:1. 对特定的奏任文官,5年以上高等官三等在职者,可特别受敕任待遇。

2. 对判任文官,领取5年以上1级薪俸者,可特殊受奏任待遇。

资料出处:人事行政调查会:《公务员人事行政之变迁》(日)资料,总理府,人事院,东京,昭和四十七年版,第108页。

自由任用官吏之变迁[⑧]

时期	自由任用的官吏
大正二年前(1913年以前)	内阁书记官长、各省大臣秘书官、铁道院总裁秘书
大正二年(1913年)	内阁书记官长、法制局长官、各省次官(陆军次官及海军次官除外)、警视总监、贵族院书记官长、众议院书记官、内务省警保局长,敕任的各省参事官,各省大臣秘书官、铁道院总裁秘书

大正三年(1914年)	内阁书记官长、法制局长官、各省参政官、各省副参政官、各省大臣秘书官、铁道院总裁秘书
大正九年(1920年)	内阁书记官长、法制局长官、拓植局长官、各省次官、警视总监、贵族院书记官长、众议院书记官长、内务省警保局长、敕任的各省参事官、各省大臣秘书官
昭和九年(1934年)	内阁书记官长、法制局长官、各省政务次官、各省参与官、各省大臣秘书官

备考

参事官:应大臣及次官之咨询,提出意见,并掌管审议立案等事项。

参政官:辅助大臣,掌理同帝国议会交涉的事项。

副参政官:承大臣之命,参与同帝国议会交涉的事项。

政务次官:与从前的参政官相同。

参与官:与从前的副参政官相同。

资料来源:日本公务员制度史研究会编著:《官吏、公务员制度之变迁》,第一法规出版株式会社,平成元年出版,第370页。

二、考试

1.《高等考试令》的改正

1927年4月上台的田中义一内阁,提出了修改《文官任用令》、《高等考试令》的政策。但是,前者由于枢密院的反对未能实现,后者直至1929年3月才付诸实施(昭和四年敕令第15号)。这次《高等考试令》的改正,主要是由于当时的高等考试,明显地偏向法律学,不符合时代的要求。虽然说是全文改正,实际上除考试科目外,其他与改正前的条文大致相同。政府在向枢密院提出《高等考试令》改正案时说:"在现行的高等考试制度中,其考试明显偏向法律学,不符合时代的要求,因此必须改正现行的高等考试令,改善考试科目及考试方法。"

高等考试是由笔记考试和口述考试组成的。修改后的《高等考试令》,对于笔记考试,减少了基础学科的科目,增加了应用学科的科目。如行政科考试,原来的必须科目为宪法,行政法、民法、刑法、国际法及经济学六科,现改为宪法、行政法、民法及经济学四个科目;选择科目,原来是商法、民事诉讼法、刑事诉讼法及财政学中任选一个科目,现改为从哲学概论、伦理学、论理学、心理学、政治学、社会学、经济史、国史、政治史、国文及汉文、商法、刑法、国际公法、民事诉讼法、刑事诉讼法、财政学、农业政策、商业政策、工业政策及社会政策的20个科目中选择3个科目。又,对口述口试,原来是口试应考科目的全部,现改为口试行政法及笔记考试科目中自选的2个科目。另外,在修改后的该令中,对外交科及司法科的笔记考试的必须科目和选择科目及口述考试的必考和选考科目,也以同样的精神作了具体的规定[9]。因此,这次改正,受到了所谓打破法律万能主义,企图广泛登用人才的评价。

与修改《高等考试令》的同时,还公布了《高等考试施行纲要》(昭和四年内阁告示第1号)。在《纲要》的第3条中规定:关于高等考试各科目的考试,考试的目的在于考试应考者是否有必需的学识及应用的能力;因此在选定考试的问题及考查考试的成绩时,不能偏于特殊的学说、特殊的学派的见解,不能偏于考试基于记忆力的知识,而是须注意考试受考者对学理的理会及其应用能力[10]。

考试科目新旧对照表[11]

		必须科目	选择科目	口述考试
行政科	修改后	1宪法、2行政法、3民法、4经济学	1哲学概论2伦理学3论理学4心理学5社会学6政治学7国史8政治史9经济史10国文及汉文11商法12刑法13国际公法14民事诉讼法15刑事诉讼法16财政学17农业政策18商业政策19工业政策20社会政策(从以上20科目中选择3科目)	行政法及笔记考试科目中自选2个科目
	修改前	宪法、行政法、民法、经济学、刑法、国际公法	商法、民事诉讼法、刑事诉讼法、财政学(从以上4科目中选择1个科目)	应考科目的全部
外交科	修改后	1宪法、2国际公法、3经济学、4外国语	1哲学概论2伦理学3论理学4心理学5社会学6政治学7国史8政治史9经济史10外交史11国文及汉文12民法13商法14刑法15行政法16国际私法17财政学18商业政策19商业学(从以上19科目中选择3个科目)	外国语、国际公法及应考的笔记考试科目中自己选择2个科目
	修改前	宪法、国际公法、经济学、外国语、国际私法、外交史	民法、商法、行政法、财政学、商业学、商业史(从以上7个科目中选择1个科目)	应考科目的全部
司法科	修改后	1宪法、2民法、3商法、4刑法、5民事诉讼法或刑事诉讼法	1哲学概论2伦理学3论理学4心理学5社会学6国史7国文及汉文8行政法9破产法10国际公法11民事诉讼法或刑事诉讼法12国际私法13经济学14社会政策15刑事政策(从以上15个科目中选择2个科目)	应考的笔记考试科目中,自选包括民法或刑法的3个科目
	修改前	宪法、民法、商法、刑法、民事诉讼法、刑事诉讼法、国际私法	行政法、国际公法、经济学(从以上3个科目中选择1个科目)	应考科目的全部

又,原来高等考试委员、常任委员、临时委员均从各官厅的高等官中任命,私立大学的教授等连临时委员都不能担任;但与修改《高等考试令》的同时,还修改了《高等考试委员及普通考试委员官制》,从而开辟了从民间人士中任命临时委员的道路。具体地说就是临时委员可根据内阁总理大臣的奏请,由内阁从"各官厅高等官及有学识经验者"中任命。另外,在此次的改正之际,还决定从各官厅的高等官中,任命关于高等考试的顾问。这些顾问的职责是对《文官任用令》第7条规定的教官、技术官及其他需要特殊的学术技艺的高等文官的诠衡问题应答委员长的咨询。

2.《高等考试令》的再次改正

1941年1月,第二次近卫内阁,再次修改《高等考试令》,制定了《高等考试令中改正的事项》(昭和十六年敕令第1号)[12]。

该令首先规定,原《高考考试令》第1条中的"奏任文官的任用资格考试、外交官及领事官的任用资格考试",改为"奏任文官及外交官领事官的任用资格考试";高等考试的正式考试,分为行政科及司法科两科;受验者可一并参加两科的考试。这就是说,按照该令规定,外交科考试与行政科考试合并,统称为行政科考试;因此,高等考试的正式考试,由原来的三科(行政科、外交科、司法科)改为两科,即行政科考试及司法科考试。

该令对行政科考试的笔记考试，列出了以下6个科目：

一　宪法

二　国史

三　行政法

四　经济学

五　民法、国际公法及外国语中的两个科目（由应考者预选）

六　哲学、民法、商法、刑法、民事诉讼法、刑事诉讼法、国际公法、国际私法、政治学、财政学、经济政策、外交史、经济地理及外国语中的一个科目（由应考者预选，但民法、国际公法及外国语，限于应考者在前号中没有选择的场合才能选考）。

行政科考试的口述考试，在国史、行政法（对在笔记考试中考过国际公法及外国语者，可依照本人志愿由国际公法代替）及经济学中进行。

外国语可在英语、法语、德语、汉语、俄语及西班语中，使应考者预先选择一种。

依照应考者的志愿，除了他选择的外国语外，还可一并考试其他的外国语。

该令对司法考试的笔记考试，则规定以下的六个科目：

一　宪法

二　国史

三　民法

四　刑法

五　商法、民事诉讼法及刑事诉讼法中的二个科目（应考者预选）

六　哲学、商法、民事诉讼法、刑事诉讼法、破产法、行政法、国际私法、经济学及刑事政策中的一个科目（应考者预选，但商法、民事诉讼法及刑事诉讼法，限于应考者在前号中没有选择的场合才能选考）

司法科考试的口述考试，在国史、民法及刑法中进行。

该令最后规定，对一个科的正式考试合格者，想接受另一个科的正式考试时，可根据应考者的志愿，免除其已经考过的科目的考试；但想接受行政科的正式考试者，行政法及经济学的考试不能免除，想接受司法科的正式考试者，民法及刑法的考试不能免除。

第二次近卫内阁将外交科考试与行政科考试合并，是想在战时体制下使外交官僚的势力从属于国策之下。至于削减考试科目，则是由于原来的考试科目过多，且各学科的难易程度差别很大，所以削除了伦理学、论理学等11个科目，但另一方面则把国史定为必考科目。

另外，除了上述的改正之外，《高等考试令》的其他规定照常保留。如修改后的《高等考试令》第21条继续规定：对于企图利用不正当的方法接受高等考试者，或违反关于高等考试的规程者，将停止其考试并宣布其合格无效。对该当前项规定者，在三年以内的时间，不得参加高等考试[13]。

3. 高等考试的停止进行

战争后期，学生被动员参加义务劳动（“勤劳奉仕”）；文科大学生以明治神宫比赛场上的出征学生壮行会为开端，陆续被送到战场充当特攻队员；每年在东京举行的高等文官考试，再也不能继续下去了。因此，1943年11月，公布了《关于停止高等考试的事项》（昭和十八年敕令第852号），规定1944年度不进行高等考试。1945年1月，修改了该令（昭和二十年敕令第8号），宣布1945年度也停止高等考试。为此，作为代替高等考试的措施，1945年

2月制定了《关于高等文官任用资格的特例事项》(昭和二十年敕令第77号)及《奏任文官诠衡委员令官制》(昭和二十年敕令第78号),通过各省向奏任文官诠衡委会提出候补者的履历,使认为合适者在自己家中写论文然后进行诠衡。

日本投降后,1946年恢复了高等考试,但仅在1947年4月和12月举行两次就终止了。1948年12月《高等考试令》被废止,取而代之的是1949年1月实施的第一次公务员考试。

4. 昭和时代前期的高等文官考试

在昭和时代前期,从1927年12月到1943年7月,先后举行过17次高等文官行政科考试,合格者人数共4763人,加上1947年4月和12月两次考试合格者362人,共5125人。东大法学部出身者仍居榜首。在考试合格者当中,后来有34人任过各省大臣,其中4人后来任过内阁总理大臣(福田赳夫、大平正芳、中曾根康弘、宫泽喜一),还有2名日籍鲜族,1名后来任过韩国司法大臣,另1名后来任过韩国首相(申铉)。另外,在考试合格者中,还有一些人后来任过会计检察院长、最高法院长官、最高检察厅长以及各省次官等⑭。

又,从1927年11月到1941年10月,先后举行15次高等文官外交科考试,合格者人数共304人,东大法学部毕业继续占领先地位。在考试合格者当中,后来有5人任过各省大臣,其中1人任过内阁总理大臣(宫泽喜一),还有许多人后来任过外务次官、大使、公使等⑮。

另,自1934年至1940年,先后举行过12次高等文官司法科考试,合格者人数共1993人。其中东大占第1位(683人),中央大学占第2位(324人),日本大学为第3位(162人),京都大学为第4位(158人),关西大学为第5位,东北大学为第6位,明治大学为第7位(63人),早稻田大学为第8位⑯。

三、服务

在全面侵华战争和太平洋战争的战局极端不利,失败的结局已经不可避免之际,日本战前最后几届内阁为了垂死挣扎,连续发表关于时局的"训示",并公布所谓"战时服务令",号召官吏"领会国体本义","严守官吏服务纪律",以对"完遂征战"即取得侵略战争的胜利作出所谓贡献。

1. 关于时局的"训示"

在全面侵华战争的第三年,1939年2月平沼内阁公布"官吏必须遵守的要领",训示各级官吏"崇尚皇道","报效君国","保持品格,谨言慎行,以为国民之楷模";还号召官吏"去掉一切私心,上长下僚相互倚助,……在举国家总力即将达到圣战的目的之际,振兴和衷协同之精神,以提高国民之信赖,进而锐意打开难局"。该训示还强调指出:"为有效地取得此一战果,保持东亚永久的安定,必须集中综合国力建设新秩序。鉴于时局严峻,务希互相告诫,严于操守,确保官吏应有之威信和辅成大业之风度,以期万勿出差错。"

在马里亚纳群岛失陷之后,代替东条内阁的小矶内阁,又于1944年10月对各官厅发布了以下的内阁"训示"。该训示说:"依靠天皇圣威和神灵保护,我陆海军部队在紧密的协作之下,在西南太平洋海面一举邀击骄敌,取得旷古未有的辉煌的巨大战果,歼灭敌军一个机动部队,进而转入下期作战,今日事态极为严重。"训示号召官吏"发挥护持皇国之热情,坚持战争必胜之信念","思念国家负托之重任,勿忘陛下的官吏之风度"。训示最后指出,所有官吏均须"响应我前线忠勇无比的官兵,打开突破任何的难局,沿着战争完全胜利的道路前进"。

2. 战时官吏服务令

在战局不断恶化的1944年2月，东条内阁发布《战时官吏服务令》（昭和十九年第2号敕令），在确认官吏的"本分"的同时，明确了所谓战时中官吏的服务纪律。其主要内容如下：

凡官吏均须领会国体本义，至诚一贯，谐和一致，尽匪躬之节，以励行其职责为本分。当今战局炽烈，官吏职责愈益加重，宜严守官吏服务纪律，同时务须特别努力实践躬行下列各项，以期在完遂征战中不出一点差错。

第一，官吏在战时须特别认识其责任之重大，作出不屈不挠的努力并竭尽全力，贯彻执行其职务；

第二，官吏在战时须特别注意真挚不断的自省明察，经常考虑和顾全大局，和衷协力采取施策，以对完遂征战作出贡献；

第三，官吏在战时须特别对部下明示其前进的途径，并亲自对此进行统帅指导；

第四，官吏在战时须特别遵守上级的命令，不失时机努力推行各项施策；

第五，官吏在战时须特别注意洞察民情机微，谦恭和蔼地处理有关事务；

第六，官吏在战时须特别注重廉洁之风，修身齐家，率先垂范，努力成为世人之表率；

第七，官吏在战时须特别注意谨言慎行，同时还须细心注意保守机密[17]。

四、办公时间及休假

1. 办公时间

太平洋战争的战局，以1942年中途岛海战（6月）和美军在瓜达尔卡纳尔岛登陆为转折点，使日本处于越来越不利的地位。日本政府强制推行强化战时经济、增强战时输送能力的政策。对官厅的办公时间，也修改了1922年的第6号阁令，制定了延长办公时间一个小时的《关于战时中官厅办公时间的事项》（昭和十七年阁令第25号）[18]，同时规定本属长官根据疗养及其他情况，可使"所属职员迟到或早退"（昭和十七年阁令第26号）。

翌年1月，制定了《关于大东亚战争中官厅办公时间的事项》（昭和十八年阁令第24号），再次延长官厅的办公时间。即废除了《关于战时中官厅办公时间的事项》，规定太平洋战争时期官厅的办公时间如下：

4月1日至10月31日，午前8时至午后5时。

11月1日至3月31日，午前9时至午后5时。

但是，随着时局的恶化，根据1944年3月6日的第10号阁令，原来规定的办公时间又进行了改动。根据这次改正，各官厅星期日不休息，星期日的办公时间，按"平日的惯例"决定，职员可"依照本属长官的决定轮流上班"。

同年3月30日，又公布了《关于内阁等东京都所在官厅办公时间变动的事项》（昭和十九年内阁告示第8号），规定内阁、枢密院、法制局等东京都所在的各官厅，从1944年4月1日至10月31日，办公时间改为午前8时30分至午后5时30分。

1944年10月25日，代替东条内阁的小矶内阁，又公布了第27号告示（《关于内阁等东京都所在的官厅办公时间变更的事项》），对内阁等东京都所在的官厅的办公时间作了以下规定：

内阁 法制局 情报局 技术院 中央航空研究所 总力战研究院 枢密院 行政裁判所 贵族院事务局 众议院事务局 高等捕获审检所	4月1日起至10月31日止 午前8时30分至午后5时30分 11月1日起至3月31日止 午前8时30分至午后4时30分
赏勋局	4月1日起至10月31日止,午前9时至午后6时 11月1日起至3月31日止,午前9时至午后5时

2. 休假制度

昭和前期的国内体制,可以说是战时体制,但对于休假制度,并没有进行特殊的改正,大体上沿袭着大正时代的制度。

(1)祭日及祝日

由于大正天皇逝世等原因,根据1927年3月的第25号敕令,对从前的休息日制度作了若干修改。根据此次的修改,以下的祭日及节日定为休息日[19]。

元始祭　　1月3日
新年宴会　　1月5日
纪元节　　2月11日
神武天皇祭　　4月3日
天长节　　4月29日
神尝祭　　10月17日
明治节　　11月3日
新尝祭　　11月23日
大正天皇祭　　12月25日
春季皇灵祭　　春分日
秋季皇灵祭　　秋分日

(2)其他休假

昭和前期,适应战时体制的需要,新设了《靖国神社临时大祭》的休假。这一休假,自1937年以后,根据内阁告示每年进行。休假时间,4月25日前后及10月18日前后;"赐与"休假的对象为"各官员及陆海军部队,各学校学生"。

五、分限

1.《文官分限令》的改正

《文官分限令》的制定和实施,对保障官吏的职业稳定性和保持政府的政策连续性起了一定的作用。但是,在大正时代后期及昭和时代前期,政府与党经常利用《文官分限令》第11条第1项第4号关于根据官厅事务的状况,必要时可命令官吏休职的规定,借口整顿行政命令非本党系统的官吏休职直至最后免职。例如 1931 年,政友会的犬养毅内阁成立不久,就大肆进行地方官的人事变动,35 名知事被免职,43 名知事被调动,本系统原已退官的 21 人被恢复官职。更有甚者,有的县上有自知事,下至警察派出所的巡查,均以各种名义全部被换掉[20]。这种作法,不仅使官吏失去职业稳定感,而且会助长官僚政治的猎官运动。

"五一五"事件后上台的斋藤实内阁,为了革除上述的弊害,同时也是为了强化军国主义体制,于 1932 年 9 月修改了《文官分限令》(昭和七年敕令第 253 号),并制定了《文官分限委员会官制》(昭和七年敕令第 254 号)。

此次《文官分限令》的修改,主要在以下两个方面。第一,原来《文官分限令》规定,官吏因刑事事件被告发或被控告时可命令其休职;此次则改为官吏因刑事事件被起诉时得命令其休职。第二,原来《文官分限令》规定,根据官厅事务的状况,必要的时候可命令官吏休职;这次则规定"依照第 1 项第 4 号命令休职时,高等官须经文官高等分限委员令咨询,判任官须经文官普通分限委员令咨询,但本人如同意可不经过其咨询时则不在此限。"[21]这就是说,修改后的《文官分限令》,"调整了官吏身份的保障",使其不至于随意被政府当局命令休职。

2. 文官分限委员会的设立

按照 1932 年制定的《文官分限委员会官制》规定,在高等官方面决定设立文官高等分限委员会,在判任官方面决定设立文官普通分限委员会。

文官高等分限委员会属内阁总理大臣监督,其职责是应答关于高等文官的《文官分限令》第 11 条第 3 项的咨询并提出意见。置会长 1 人,委员 7 人。会长由内阁总理大臣充任,会员包括枢密顾问官(1 人)、大审院长(判事)、会计检察院长、行政裁判所长官及属《文官分限令》适用范围的敕任文官(3 人)。委员会还设预备委员 6 人、内枢密顾问官 1 人、大审院部长 1 人、会计检查院部长 1 人、部长级行政裁判所评定官 1 人,及属《文官分限令》适用范围的敕任官 2 人。委员和预备委员均依照内阁总理大臣奏请由内阁任命。会长因故不能视事时,由职务最高的委员代行其职务。委员中有人因故缺席时,会长可命令具有同样资格的预备委员代理。委员会非有会长及委员六人以上出席时不能开会。委员会的议事依照出席会议的多数委员决定,如赞成和反对的意见相等时则由会长决定。委员及预备委员的任期均为 3 年。

文官普通分限委员会设在内阁、枢密院、各省、都道府县等各官厅,属各官厅长官监督,其职责是应答关于判任官的《文官分限令》第 11 条第 3 项的咨询并提出意见。设会长 1 人、委员 5 人、预备委员 3 人。会长由各官厅长官充任,但内阁由法制局长官、枢密院由书记官长、各省由次官担任。委员和预备委员,均由各该官厅部内及部内的高等官担任。委员会的议事,以出席会议的多数委员的意见为准,如可否两种意见相等时则由会长决定。

关于文官分限委员会的咨询手续,《文官分限委员会官制》第 18 条规定,文官分限令第 11 条第 3 项的咨询,敕任文官方面依照内阁总理大臣申请并执行,奏任文官依照本属长官申请内阁总理大臣施行,判任文官方面由本属长官进行。又,第 19 条规定,会长、委员及预备委员,均不得参与与自己或自己的亲属有关的事件的会议[22]。

文官分限委员会,只是单纯的咨询委员会,并没有什么拘束力;但它的委员或预备委员,均为各机关最高级的官僚,实际上有很大的拘束力。但是,自设立文官分限委员会以后,一般文官的新陈代谢明显减少,有些官吏甚至玩忽身份保障制度,一味地贪图安逸,缺乏自慎自戒的观念。1941 年 1 月,近卫内阁根据第 9 号敕令,削除了《文官分限令》第 11 条第 3 项的规定,废除了文官分限委员会制度[23]。

3.《巡查分限令》的制定

巡查为待遇官吏。为了确立巡查的身份保障制度,1933 年 2 月制定了《巡查分限令》(昭和八年敕令第 13 号)。

以巡查为对象的《巡查分限令》,相当于一般文官的《文官分限令》。该令第 1 条规定:巡查"非依照惩戒之处分及本令之规定,不得免除其职务"。第 2 条规定,巡查具有下列各种情况之一时可免除其职务:(1)因残废,或因身体及精神之衰弱,不能执行职务时;(2)因受伤或患病不能胜任其职务,或因自身的方便志愿提出免职时;(3)因定员之改正出现超员情况时。但根据第 1 号的规定被免职时,必须经过文官普通分限委员会的议决。又,第 3 条规定,巡查在废职或废厅的场合,以及在受监禁以上的刑事处分的场合,则为当然的退职者。

另外,该令第 5 条规定,巡查具有下列各种情况之一时,可命令其休职。(1)按照惩戒令的规定被提交巡查惩戒委员会审查时;(2)因刑事事件被起诉时;(3)由于定员的改正出现超员的情况时;(4)根据事务的状况有必要时;(5)在战时或发生事变之际被征集到陆海军时。关于休职的时间;第 1 号及第 2 号的场合。为巡查惩戒委员会或法院的审理期间;第 3 号及第 4 号的场合为一年;第 5 号的场合为被征集到陆海军的时间。

本令最后还规定:休职者除了不从事职务及减少薪俸外,总的来说与在职者无异(第 6 条),依照第 5 条第 1 项第 3 号及第 4 号的规定被命令休职者,根据事务的状况可随时命令其复职(第 7 条)[24]。

六、惩戒

以 1937 年 7 月开始的日本全面侵华战争为契机,日本积极推进强化战时体制的政策,其中特别强调所谓官纪肃正。但 1899 年制定的《文官惩戒令》,只是与官制的改正相配合,进行了一些形式上的修改(昭和九年敕令第 388 号,昭和十八年敕令第 505 号)。不过在这一时期,也曾制定了反映战时体制的战时惩戒特别条例。

1. 文官惩戒战时特别条例

1944 年 1 月,与公布《战时官吏服务令》的同时,制定了《文官惩戒战时特别条例》(昭和十九年敕令第 3 号),全文共五条:

第 1 条,本令在战争中适用于属《文官惩戒令》及《关于官吏待遇者的惩戒事项》适用范围的官吏及待遇官吏;

第 2 条,本部长官应特别留意振肃纲纪、督励群僚谨慎从事,倘有违背服务纪律尤其是战时官吏服务令者,须按其情节采取严厉的惩戒措施。

第 3 条,对违背战时官吏服务令及其他服务纪律,有相当于文官惩戒令第 2 条之行为者,除该令第 3 条规定的免职、减薪和谴责的处分外,还可给予谨慎的处分。谨慎和减薪可一并进行。

第 4 条,谨慎处分为 60 天以下,在处分期间使其停止工作,在家中闭居谨慎;

本属长官可根据情况令受谨慎处分者,不在家中闭居谨慎,而是进行反省修养,或使两种方法并行;

本属长官在不得已的情况下,可使受谨慎处分者继续工作。

第5条,对关于谨慎处分的手续,准用文官惩戒令中关于减薪的规定㉕。

在战争即将结束的1945年5月,又制定了《关于官吏及官吏待遇者的惩戒手续》等战时特别条例的事项(昭和二十年敕令第323号),其主要内容有以下二条:

第1条 在战争中,依照《文官惩戒令》、《关于官吏待遇者的惩戒事项》及《文官惩戒战时特别条例》,对官吏及官吏待遇者进行免职、减薪及谨慎之处分,须经过惩戒委员会的议决进行。

第2条 在战争中,本部长官可将依照前条第1项之敕令,对奏任官以下的官吏及官吏待遇者进行减薪、谨慎及谴责处分的职权,委任给该当官吏待遇者的所属官厅的首长㉖。

2. 巡查惩戒令

在昭和时代前期,《会计检察官惩戒法》及《法官惩戒法》均没有进行全面的修改。但对巡查的惩戒制度,却进行了法制上的修整。即,1933年2月,与公布《巡查分限令》的同时,制定了《巡查惩戒令》(昭和八年敕令第15号)。

该令首先规定:巡查"非依照本令不得受惩戒处分"(第1条)。巡查在以下的场合,可受到惩戒处分:1. 违背职务上的义务及玩忽职守时;2. 不问职务内外有丧失警察官吏威信之行为时(第2条)。惩戒形式分为三种:1. 免职,2. 减薪,3. 谴责(第3条)。减薪为减少1个月以上10个月以下月薪的10%以下(第4条)。免职及减薪依照巡查惩戒委员会的议决由厅府县长官执行,谴责则由厅府县长官直接进行(第5条)。

巡查惩戒委员会设在警视厅、北海道厅及各府县,它受厅府县长官之监督,负责议决关于巡查的免职及减薪的事项(第8条)。委员会由委员长1人、委员5人组成(第9条)。委员长由厅府县长官充任;同时还置预备委员4人(第10条)。委员会非有委员长及委员合共4人以上出席时不能开会;委员会的议事按照多数人的意见决定,如可否两种意见相等时则由委员长决定;委员会在议决巡查的免职事项时,非有委员长及委员会共5人以上出席不得进行(第11条)。委员长及委员均不得参与与其亲属有关的事件的会议(第17条)㉗。

3. 惩戒及惩罚之免除

在昭和时代前期,在纪念大正天皇逝世(昭和二年敕令第14号)、庆祝昭和天皇即位大典(昭和三年敕令第272号)、明仁太子诞辰(昭和九年敕令第21号)、宪法颁布50周年(昭和十三年敕令第78号)以及纪元2600年庆典(昭和十五年敕令第47号)之际,先后发布了与大正时代几次公布的《关于免除惩戒及惩罚的事项》相同的敕令,其内容及效果与大正年代的敕令相同。

七、工资

1. 本俸

(1)官吏减俸问题

昭和二年,即1927年,日本爆发金融危机,1929年7月,继田中内阁之后成立的滨口雄幸内阁,提出以解除黄金出口禁令为中心的紧缩财政的政策。同年10月,作为紧缩财政的一个环节,提出了官吏减俸的问题。但由于各界的反对,特别是以司法官为中心的官吏的反对,政府不得不发表声明撤回官吏减俸的问题。

正在这时,1929年秋在美国开始的经济危机,迅速席卷了整个资本主义世界,日本经济也陷入深刻的危机之中。在经济危机不断深化,社会矛盾日益尖锐的形势下,1931年4月上台的第二次若槻礼次郎内阁再次提出官吏减俸问题,为此于同年5月修改了《高等官官等工资令》(昭和六年敕令第99号)及《判任官工资令》(昭和六年敕令第100号)。根据这两个敕令,官吏普遍地减少了薪俸。

①高等官的薪俸[28]

亲任官

内阁总理大臣	9600元(原12000元)
各省大臣	6800元(原8000元)
会计检察院长 特命全权大使等	6600元(原7500元)
枢密顾问官	5800元(原6500元)

敕任官

帝国大学总长等	1级6200元(原7000元) 2级5800元(原6500元)
各省次官、法制局长官等	5800元(原6500元)
府县知事等	1级5350元(原6000元) 2级5100元(原5700元) 3级4650元(原5200元)
各省局长	4650元(原5200元)
税关长	1级4650元(原5200元) 2级4300元(原4800元)

奏任官

制表 第二表	1号官职		2号官职		3号官职										
新薪俸	4050元	3660元	3400元	3050元	2770元	2420元	2150元	1820元	1650元	1470元	1300元	1130元	1050元	970元	900元
旧薪俸	4500元	4100元	3800元	3400元	3100元	2700元	2400元	2000元	1800元	1600元	1400元	1200元	1100元	1000元	900元

②判任官的薪俸[29]

根据修改后的《判任官工资令》减薪的判任官的月薪额见下表:

级俸	新薪俸	旧薪俸
特别薪俸	180元以下	200元以内
1级薪俸	145元	160元
2级薪俸	125元	135元
3级薪俸	110元	115元
4级薪俸	95元	100元
5级薪俸	以下没有改正	

(2)战争结束前官吏的薪俸

1931年减少官吏薪俸以后,由于不断扩大侵华战争引起的物价上涨及其他社会情势,对官吏待遇的改善并没有采取普遍提高官吏薪俸的办法,而是采用提高初任薪俸、缩短提薪时间,建立或增发各种津贴等方法。下面想简单叙述一下战争结束前各级官吏的薪俸。

①高等官的薪俸

根据1943年修改的《高等官官等工资令》(昭和十八年敕令等519号)[30],各类高等官的年薪如下:

亲任官(年薪)

在工资令中共列出18种亲任官官职。其中内阁总理大臣9600元;各省大臣及国务大臣6800元;枢密院议长、特命全权大使、会计检察院长、征政裁判所长官等6600元;东京都长官6500元;枢密顾问官5800元。

敕任官(年薪)

在工资令中共列出163种敕任官职。其中:帝国大学总长(敕任1、2等)、北海道厅长官(敕任1、2等)等,1级6200元、2级5800元;内阁书记官长(敕任1、2等)、法制局长官(敕任1、2等)、各省政务次官(敕任1、2等)、警视总监(敕任1、2等)、气象总监(敕任1、2等)等,年薪5800元;特命令权公使(敕任1、2等)、会计检察院院部长(敕任1、2等)、判事(大审院部长、控诉院长、敕任1、2等)、检事(大审院检事、检事长、敕任1、2等)等,1级5800元,2级5000元,3级4650元;官立大学学长(敕任1、2等)、府县知事(敕任1、2等)、厚生技监(敕任2等)等,1级5350元,2级4920元,3级4650元;内阁恩给局长(敕任2等)、内阁印刷局长(敕任2等)、各省局长(敕任2等)、总领事(敕任2等)等,年薪4650元。

奏任官(年薪)

奏任文官的官职,主要分为三类,即工资令中别表第2表的第1号、第2号和第3号(另有第4号和第5号)。第1号列有285种官职,如内阁书记官、各省书记官、各厅技师、地方技师、判事、检事等;官职等级分为5等,即第3等至第7等;工资等级分为12级,1级年薪4050元,12级年薪1130元。第2号列有235种官职,如内阁理事官、土木事务官、少年保护司、地方职业官等;官职等级分为5等,即第4等至第8等,工资等级分为11级,1级年薪3400元,11级年薪1050元。第3号列有21种官职。如神宫皇学馆教论、裁判所书记长、典狱补等;官职等级分为5等,即第5等至第9等,工资等级分为11级,1级2770元,11级900元。

②判任官的薪俸

根据1941年修改的《判任官工资令》(昭和十六年第188号)[31],判任官的工资级别分为11级,详见下表:

级俸	一级薪俸	二级薪俸	三级薪俸	四级薪俸	五级薪俸	六级薪俸	七级薪俸	八级薪俸	九级薪俸	十级薪俸	十一级薪俸
月薪	145元	115元	110元	95元	85元	75元	65元	55元	50元	45元	40元

又,依照1943年修改的《文武判任官等级令》(昭和十八年敕令第270号)[32],判任官的等级分为1等至4等,工资级别分为11级(特别级俸除外),请参看下表:

1等:特别薪俸　　1级薪俸　　2级薪俸

2等:3级薪俸　　4级薪俸　　5级薪俸　　月薪95元以下85元以上

3等:6级薪俸　　7级薪俸　　8级薪俸　　月薪85元未满55元以上

4等:9级薪俸　　10级薪俸　　11级薪俸　　月薪55元未满

(3)各厅职员优遇令

1943年3月,东条内阁公布了《各厅职员优遇令》(昭和十八年敕令第137号)[33]。该令规定,“担任重要职务,功绩显著者”的奏任文官,可在定员外升为敕任官;“担任重要职务,工作熟练优秀者”的判任文官,可在定员外成为奏任官。这一优遇令与大正十年的优遇令的不同点是:这些受到“优遇”的官吏,在工资及其他待遇方面,也与定员的敕任文官、奏任文官相同。该令的主要内容有以下四个方面:

①对奏任文官的优厚待遇

该令第1章第14条规定,在各官厅的书记官、技师及其他一些以高等官三等为最高官等的奏任文官(有同一官名的敕任文官制度者除外)中,担任重要职务,功绩显著者,为了优遇起见,可特别晋升为高等官二等,依照此项规定升等者的年薪俸,1级为4650元,2级为4300元,3级为4050元。又,第2条规定,在有同一官名的敕任文官制度的奏任文官中,担任重要职务,功绩显著者,不管该当敕任文官制度如何,为了优遇起见,可特别晋升为高等官2等,其薪金可依照该当敕任文官所定的薪俸确定。

②对判任文官的优厚待遇

该令第2章第5条规定,在各官厅的属、书记、技手及其他的判任文官(有同一官名的责任文官制度者及以月薪85元以下为最上级薪俸者除外)当中,担任重要职务,工作熟练优秀者,为了对其优厚待遇,可特别升为责任官,其官等及薪俸与《高等官官等工资令》第16条所列的各官职(别表第2号、第3号)相同。又,对有同一官名的奏任文官制度的判任文官,如具备同样的必要条件,也可确认其为奏任文官(第6条)。

③对判任待遇职员的优厚待遇

该令第3章第9条规定,在判任官待遇的各厅职员(有同一职务的奏任官待遇制度者及有同一系统的奏任官待遇职员制度者除外)中成绩优秀者,为对其优厚待遇,可使之成为判任文官,其薪俸与《判任官工资令》第11条中所列出的各种官职的薪金数额相同(20元以上85元未满)。

④对雇员的优厚待遇

该令第4章第12条规定,各官厅雇员中成绩优秀者,为了给予他们优厚待遇,可特别使其受判任官待遇。

2. 奖金及津贴

(1)奖金

随着侵华战争规模的扩大和物价的不断上涨,日本政府为安抚官吏,陆续增发各种所谓奖金或津贴。1941年6月,新设了六月奖金,规定每年发给官吏相当于1个月薪金数额的奖金。1944年9月和12月,又再次增加奖金的数额。首先在9月设立了九月奖金,规定以后每年发给官吏限定在1个月薪金范围以内的奖金。接着在12月又新设特别奖金,规定对月薪150元以下的职员,按照以下的区分发给特别奖金:六大城市的在职人员,奖金额为1个半月以内的薪金;其他城市的在职人员,奖金额为1个月以内的薪金;郡部的在职人员,奖金额为半个月以内的薪金。

又,1943年,对支给高等官奖金的手续开始简化。即,从前在年末支给高等官的奖金中,对超过年薪三个月份的奖金,必须由内阁总理大臣批准;但1943年11月东条内阁作了以下规定:对年薪按月平均5个月以下数额的奖金,可由主管大臣自行决定。

(2)津贴

在政党势力削弱,官僚势力相对加强的过程中,政府新设了各种津贴。在这些津贴中,有些缺乏法律的根据,而是由各省厅通过节约预算的办法支出的。所以到战争结束时,竟有这样的事例,即与物价高涨相对应,各种津贴支付的总额,几乎达到官吏本俸的两倍。有确切的法律根据的津贴有以下几种:

①临时家属津贴

1940 年 8 月,制定了《临时家属津贴的事项》(昭和十五年敕令第 525 号)。这一临时家属津贴,是为了应付随着侵华战争的扩大引起的物价高涨,特别是米价的高涨所采取的措施。它规定对判任官以下实收月额 150 元以下者,每一扶养家属每月发给 2 元(最高为 10 元)的津贴。

两年后的 1942 年 3 月,全文修改了上述敕令,制定了《临时家属津贴给与令》(昭和十七年敕令第 221 号)[34]。根据这一敕令,津贴支付对象的范围,扩大到奏任官以下的全体职员,支付月额对扶养家属增加到 3 元。

同年 11 月,根据第 783 号敕令,再次扩大了津贴的支付范围和增加了津贴的支付数额,即取消了对支付对象职员的限制,支付金额也改为每一抚养家属每月发给 5 元。从 1944 年 12 月起,又决定对因人口疏散而分开居住的抚养家属也发给家属津贴。

②对教职员、警察监狱职员的临时津贴

1941 年 4 月,制定了《临时津贴的事项》(昭和十六年敕令第 520 号),建立了对教职员等临时津贴制度。按照这一制度规定,对国民学校和青年学校的职员及警察监狱职员中月薪 150 元以下者,按照以下的区分发给临时津贴:教职员每月津贴 10 元;警察监狱职员每月津贴在 7 元以上 15 元以下的范围内,为薪金的 15%。

③战时勤勉津贴

1942 年 11 月,制定了《战时勤勉津贴给与令》(昭和十七年敕令第 782 号),规定对官吏以下的全体职员,发给相当于薪金等收入的 1/10 数额的战时勤勉津贴[35]。该令从同年 11 月起施行,1945 年 12 月废止。

④工龄津贴

1944 年 12 月,制定《工龄津贴给与令》(昭和十九年敕令第 669 号)。该令规定,对判任官以下,工龄五年以上者,支给工龄津贴。官吏每月发 45 元以内,雇员以下每月发 32 元以内。日本投降后,1946 年取消了这一津贴。

⑤特殊实验津贴

1945 年 5 月,制定《特殊实验津贴给与令》(昭和二十年敕令第 264 号),规定对“因从事科学技术重要研究的特殊实验有受直接危害之危险者”,按照以下的区分发给特殊实验津贴:高等官 60 元以内,判任官 1 等 40 元以内,判任官 2 等以下 30 元以内,兵及佣人 20 元以内。此项津贴于 1948 年 10 月被废除[36]。

此外,还有所谓“委员会津贴”,即支给政府内部各种委员及其辅助人员的一种秘密津贴。据说有些担任要职、兼任许多委员的官员,其津贴累计额竟超过基本薪俸。

总之,由于奖金、津贴等各种加薪,战争刚结束时政府官员的实际收入,据推算约等于基本薪俸的两倍[37]。

八、恩给

1. 恩给法改正的经过

日本自发动“九一八”事变后，恩给费用一直在增加，它在一般会计中所占的比率，1929年度为7.9%，1931年度达9.7%，以至出现了恩给亡国的论调。因此，为了抑制恩给费用的增加，减少国家的财政负担，历届政府都把修改恩给法作为重要的课题之一。

1928年，田中义一内阁在行政制度审议会中，审议调查了恩给法问题，并着手恩给法改正的立案，但在这个立案向议会提出之前，便进入了不得不中止进行的状态。

1931年，滨口雄幸内阁设立临时行政财政审议会，把修改恩给法作为一个重要项目，并由以国务大臣为首的特别委员会作出了审议结果的决定案。但后来由于滨口首相被刺导致滨口内阁的倒台，恩给法改正也自然消失了。

1932年5月，斋藤实内阁刚一成立，便着手起草恩给法改正草案。1933年2月，斋藤内阁向帝国议会提出了恩给法改正案。该案于3月23日由两院通过，4月10日作为昭和八年第50号法律公布，10月1日起开始施行[38]。

2. 恩给法改正的内容

1933年恩给法的改正，主要内容大致如下：

(1)普通恩给所需要的最短年限原则上延长2年。因此，文官(国务大臣定为7年)、教育职员及待遇职员定为17年，准士官以上的军人定为13年，警察监狱职员定为12年，只有下士官以下的军人例外，仅延1年定为12年。

(2)构成算出恩给额的基础的基本薪俸，从从前退职时的薪金改为退职前一年内收取的薪金的总计。

(3)一次退职金(一时恩给)和一次抚恤金(一时扶助料)，只发给连续在勤3年以上者。

(4)对不曾适用交纳基金制度者，规定其交纳薪俸1%的基金；对已经适用这一制度者，他交纳的基金除原来的薪俸1%外，须再交纳薪俸的1%。因此，1934年以后增薪及任职的文官，中等程度以上的教育职员及待遇职员，他们交纳的基金须增加到薪俸的2%；军人(士兵除外)、小学程度的教育职员及警察监狱职员，他们交纳的基金则为薪俸的1%。

(5)对因公务死亡者及增加恩给受给者的遗属抚恤金，从死亡者死亡时起5年间增加发给该当抚恤金的3/10。

(6)将伤病退职金中的第1款至第4款，从一次发给的“伤病赐金”改为每年发给的“伤病年金”，且不限于下士官以下的军人，也发给一般的公务员。

(7)在领过一时恩给(一次退职金)者再次就职须支给其普通恩给的场合，将对其从退职到再就职这段时间采取减少普通恩给的措施。

(8)建立停止年轻人普通恩给的规定，35岁未满者减发1/6，35岁以上40岁未满者减发1/8。

(9)部分停止多额所得者的普通恩给，在普通恩给为1000元以上，或在恩给外所得为5000元以上的场合，停发其2/10的恩给。

(10)休职、归休及待命期间，减半计算恩给。

(11)两年进行一次受给权的调查。

(12)对公务病伤的程度不能提出诉讼[39]。

3. 恩给法改正的继续

1933年修改恩给法以后，到战争结束之前，又几次修改恩给法，修改的中心内容是，以侵华战争和太平洋战争为背景，增加起因于公务的恩给数额，改正和新设加算的年率，缓和支付恩给的必要条件[40]。

注释:

①②⑦ 人事行政调查令:资料,总理府,人事院,《公务员人事行政之变迁》(日文版),1972年版,第105-106页(1929年修改《高等考试令》);第106-107页(1934年修改《关于不适用任用、分限及官等初任晋升规定之文官事项》);第108页(战争结束时的官吏任用体系)。

③、⑩、㉑、㉒ 新体综合注释《大六法全书》(日文版),东京法文社,1941年版,第120-122页(1939年修改的《文官任用令》);第129页(1929年制定的《高等考试施行纲要》);第122-123页(1932年修改后的《文官分限令》);第123-125页(1932年制定,1934年修改的《文官分限委员会官制》)。

④、⑤、⑥、⑫、⑬、⑱、⑲、㉓、㉔、㉗、㉚、㉛、㉜、㉝、㉞、㉟ 内阁官房记录课编纂:《现行法令辑览》(日文版)第1卷第3辑,第1005-1006页(1943年修改的《文官任用令》);第12之9页(1941年制定的《敕任文官诠衡委员会官制》);1007-1009页(1943年修改的《奏任文官特别任用令》);1107-1111页(1941年修改的《高等考试令》,1941年修改的《高等考试令施行细则》);1108-1109页(1941年修改的《高等考试令》第21条);第1305页(1942年公布的《关于战时中官厅办公时间的事项》);第1309页(1927年公布的《关于休息日的事项》);第1253-1255页(1941年修改的《文官分限令》);第1260之3-1260之4(1933年制定,1941年修改的《巡查分限令》);1302-1302之1(1933年制定,1941年修改的《巡查惩戒令》);第545-590之12页(1943年修改后的《高等官官等工资令》);第592-594页(1943年修改后的《文武判任官等工资令》);第1249-1250之4页(1943年制定的《各厅职员优遇令》);第740之1页(1942年的《临时家属津贴给与令》);第740-741之1页(1942年制定的《战时勤勉津贴给与令》)。

⑧、⑨、⑪、⑰、㉕、㉖、㉘、㉙、㊱、㊳ 日本公务员制度史研究会编著:《官吏、公务员制度之变迁》(日文版),第一法规出版株式会社,平成元年(1989年)版,第370页(自由任用的官吏之变迁);第219-221页(1929年修改的《高等考试令》);第222-223页(考试科目新旧对照表);第244-247页(1944年东条内阁公布的《战时官吏服务令》);第257-258页(1944年公布的《文官惩戒战时特例》);第258页(1945年制定的《关于官吏及官吏待遇者的惩戒手续等战时战别条例的事项》);第230-237页(1931年高等官的减俸);第237页(1931年判任官的减薪);第243-244页(1945年制定的《特殊试验津贴给与令》;第260-261页(1933年修改的《恩给法》)。

⑭、⑮、㊲ 战前时期官僚制度会编,秦郁彦著:《战前时期日本官僚制的制度、组织、人事》(日文版),东京大学出版会,1981年版,第475-540页(昭和前期高等文官行政科考试合格者人名录);第431-438页(昭和前期高等文官外交科考试合格者人名录);第667-668页(给与制度)。

⑯ 秦郁彦:《官僚之研究》(日文版),讲谈社,1983年版,第18页(1934-1940年高等文官司法科考试的学历内容)。

⑳ 秦郁彦著,梁鸿飞、王健译:《日本官僚制研究》,生活·读书·新知三联书店,1991年版,第150页(1931年犬养内阁地方官的人事变动)。

㊴ 内阁官房编:《内阁制度七十年史》(日文版),1955年版,第266-269页(恩给法改正的内容)。

㊵ 内阁官房记录课编纂:《现行法令辑览》(日文版),第2卷第5辑第2章,1943年修改的《恩给法》,帝国地方行政学会,1943年版,第162之1-162之9(昭和七年第13号法律施行令,根据昭和八年第50号法律附则恩给的改正及附则、依照昭和十三年第56号附则改正恩给的规则、根据昭和十八年第78号附则恩给更改规则。)

第四章　战前日本官吏制度的历史总结

第一节　伊藤博文是日本官吏制度的播种者、实施者和奠基者

一、从幕府末期的下级武士到明治时代的高级官僚

1. 出身贫苦农民家庭的尊王攘夷倒幕派志士

伊藤博文(1841－1909)是日本明治时代的资产阶级政治家。生于长州藩周防国熊毛郡束荷村(今山口县熊毛郡大和町)的贫苦农民林十藏之家。幼名取曾祖父利八郎和祖父助左卫门的前两个字称利助。1854年初,父林十藏成为萩藩的下级武士伊藤直右卫门之养子,利助与其母琴子遂入继伊藤家,并改称利介、利辅、俊辅、舜辅。维新后暂称俊助、俊介,后改名为博文,号春亩·沧浪阁主人①。

1856年,幕府指定长州藩警卫相模国(今神奈川境内)海岸。15岁的伊藤随队出发远赴相模国服役。由于忠于职守,办事非常麻利,颇受被其终生尊为恩师的带队官来原良藏的赏识。1857年,通过来原的介绍,伊藤入松下村塾读书,师事村塾掌门人吉田松阴。其后在同样出身松下村塾的高杉晋作、木户孝允、久坂玄端等人的影响下,往来于京都、江户、长崎等地,参与策划1862年袭击英国使馆等事件,成为典型的尊王攘夷运动的志士。

1863年伊藤与井上馨等赴英国留学。翌年,在得知长州藩兵与欧美列强的军队发生武装冲突后立即回国,劝说藩主不要盲目攘夷,力主开国图强。因此,当1684年8月英法美荷四国舰队炮击下关海峡时,藩主起用高杉晋作为正使,委任伊藤、井上为译员,登上英国军舰交涉谈判,促使双方达成协议。

又,1864年8月,四国舰队进攻长州的硝烟未灭,幕府乘机调集30余藩的大军,发动了第一次征长战争。藩内的俗论党保守派,极力主张对幕府投降,命令高杉蛰居家中,并挤走了伊藤。1865年12月,高杉依靠伊藤指挥的力士队,袭击和占领了长州藩的下关新地的役所。濑户内海沿岸地区的乡士和豪农,也支持反对幕府的诸队,如奇兵队、游击队等。这样,1865年1月初到2月中旬,先后击败各地的俗论党军。合围萩城并一举摧垮俗论党政权,建立了木户孝允、广泽真臣、大村益次郎等一批武力倒幕派组成的武力倒幕革新政权。

在这前后,高杉晋作还提出了大割据政策。伊藤除拥护大割据政策外,也坚决支持长州与萨摩藩联合倒幕的方针。1866年1月,经土佐藩士坂本龙马的斡旋,萨长两藩缔结了倒幕盟约,同年2月伊藤被任命为接待萨摩的副使。1866年6月,幕府又调集20余藩的兵力,发动第二次征长战争。但由于萨摩藩拒不出兵,各藩又士气不高,第二次征长之战以长

州的全面胜利结束。鉴于伊藤的贡献,1867 年 3 月藩主发布命令,提升伊藤为世袭武士,统领侍从 30 人[②]。

从 1857 年入松下村塾,到 1867 年升任长州世禄之士,出身寒门的伊藤博文在尊王攘夷和武力倒幕运动中所显现出的气质和才能,保证了他在王政复古后的政府中作为长州出身的强有力的少壮派官僚的地位。

2. 作为一颗政治新星活跃在明治维新的政治舞台

1868 年 1 月 3 日,萨长等倒幕派领袖,联合京都朝廷的改革派公卿,发动了王政复古政变,成立了明治新政府。在这一新的历史转折关头,当时年仅 28 岁的伊藤博文,跟随大久保、木户等老一代的倒幕维新派领袖,活跃在维新政府的政治舞台。从 1868 年明治政府成立,到 1882 年奉命赴欧洲考察宪法,伊藤先后任过以下一些主要职位:

1868 年任外国事务挂,兵库县知事。

1869 年任大藏少辅,兼任民部少辅。

1871 年升任大藏省"租税头",工部省大辅。

1871 年 10 月至 1873 年 9 月,以右大臣兼外务卿岩仓具视为首的使节团访问欧美各国。工部大辅伊藤与参议木户、大藏卿大久保同为副使参与此行。使团一行共 48 人,访问国家有 12 个(美英法德俄等),出访时间计有两年。日本著名的历史学家久米邦武随团前往,回国后撰写有名的历史著作《美欧回览实记》。在此次的美欧之行中,伊藤作为副使又能说英语为有利条件,使其有机会以明治政府发言人的身份向美国国会议员发表题为《天皇陛下预期目标施行要点》的演说,内称:"天皇陛下虽然施行我东洋各国之政治风俗,但并不认为其对我国尽善尽美。何况欧美各国之政治、制度、风俗、教育、营生、守产等大都超越于我东洋。是以志在将此开化之风移植我国,并使我国民也能迅速进入同等之开化区域。故夜以继日以励精勤勉为第一要务。"[③]伊藤在演说中还进一步强调:"日本所要仿效的,就是欧美各国现行的各种制度。"不难看出,以欧美为师,不加选择地全面效仿,是明治初年文明开化时期的突出特点。

1873 年 9 月岩仓使节团回国后,当时政府又面临争韩论的争议。大久保与岩仓、三条等合谋,以内治优先为旗号,将主张"征韩"的西乡、板垣等留守政府要员挤出政府权力圈,建立了以大久保为中心的所谓大久保体制:大久保利通任参议兼内务卿,伊藤博文任参议兼工部卿,大限重信任参议兼大藏卿。

此后,在大久保的栽培下,伊藤于 1874 年 7 月出任地方官会议议长,1875 年 7 月任法制局长官,1876 年 10 月身兼工部卿、法制局长官和赏勋事务局长三职,1877 年 12 月又任刑法草案审查总裁。但正是在这前后,1877 年 5 月木户病故,同年 9 月西乡败亡,翌年 5 月大久保遇刺身死。在大久保被刺死的第二天,即 1878 年 5 月 15 日,伊藤出任内务卿兼议定官、法制局长官,取得了大久保生前的显赫地位。这样,仅在十年之间,伊藤便由一个"外国事务挂",升为大权在握的内务卿,成为继西乡、木户、大久保所谓维新三杰之后的一颗政坛巨星[④]。

大久保死后,原来被视为其左右手的伊藤和大限,又由于制定宪法问题矛盾日益激化。1880 年 12 月,伊藤提出建议,主张先扩充元老院等官僚机构,然后再召开国会,确定制定天皇总揽统治权的钦定宪法。1881 年 3 月,大限也提出建议,虽然也主张钦定宪法,但反对天皇统揽大权,主张尽快采用英国式的政党内阁制。同年 10 月 11 日,三条、岩仓、伊藤等经天皇同意,决定罢免参议大限,公布召开国会的诏书,修改太政官制及元老院议事章程。12日,《召开国会敕谕》和其他几项决定同时发表。此即所谓“明治十四年政变”。

故明治十四年政变,实际上就是罢免参议大限重信及其与党,接着通过修改太政官制,确立以伊藤、井上等为中心的萨长藩阀政府的政治事件。明治十四年政变以后,伊藤的政治势力进一步增强了。

3. 在欧洲考察宪法期间“行政国家”的发现和整备官僚制的构想。

1983年3月,伊藤博文等奉命赴欧洲考察各国宪法。他在欧洲停留13个月,其中8个月是在德国和奥地利。先是拜会了柏林大学教授鲁道夫·冯·格奈斯特(Rudolf von Gneist)及其门生司法官阿尔贝特·毛瑟(Albert Mauser),并多次听他们讲课和逐条解说普鲁士宪法;后来又去奥地利会见维也纳大学教授洛林茨·冯·施泰因(Lorenz von Stein),还多次听他讲课和听取他的意见。通过访问、请教和实地考察,伊藤“深信巩固皇室的基础和大权不坠至为重要”,形成了仿效将君主专制与议会主义结合起来的普鲁士宪法在日本制宪的构想⑤(详见本书第二章第一节)。

伊藤在访问欧洲期间,除了专门考察宪法之外,还曾设想过“行政国家”,以及与“行政国家”密切相关的整备官僚制的问题。

当时的欧洲,正在刮德国风。以普法战争的压倒性的胜利为开端,德国的国家体制,特别是大学教育的名声,以及具有可以追溯到18世纪的资格任用考试制度的传统的声望,迅速传播到法国等西欧国家,甚至扩展到北美的一些国家。所以,从普法战争胜利到俾斯麦引退的这一井上毅出国留学和伊藤赴欧洲考察宪法的时期,正是德国成为各国留学生争先恐后云集的先进典型的时代⑥。正因为如此,身在德国的伊藤除了考察宪法之外,还特别注意建立国立大学,培养国家官吏,实施官吏考试等与“行政国家”紧密相对的事项。

例如,1882年8月下旬,当伊藤在巴黎会见西园寺公望,在谈及新建设的国家体制时说:今后不仅是从萨摩和长州,而是要从全国各地普遍地采用有能力者充任官僚。伊藤这番话可能是受到施泰因讲话内容的刺激所致,但西园寺却对此深表同感。他说:德国在柏林建立大学,目的不仅是要从普鲁士出身者而是要从全德意志培养官吏,而法国在普法战争失败后为了重建自己的国家,也仿效普鲁士在培养官吏方面大下工夫。伊藤听到后深有所感地说:“我回国以后,将立即建立帝国大学,培养国家官吏,不是像现今这样单由萨长藩阀统治,而是所有的有资格者从日本的全国各地入学。”⑦从伊藤的这一次谈话中,可以明显地看出以下两点。第一,伊藤是想把早已建立的东京大学,改组和扩大为帝国大学(后改称东京帝国大学),以使东京帝国大学成为名符其实的官吏培养所。第二,伊藤作为萨长藩阀的主要代表人物,当然反对民权派提出的设立民选议院,打破有司专制,伸张天下公论的主张,而是主张通过建立帝国大学,培养国家官史的办法,来逐步解决萨长藩阀统治的这一老人难问题。

又如,1882年8月,伊藤在维也纳滞留三个星期,会见了施泰因教授,并仔细倾听了他的学术见解,使其大开眼界。按照施泰因的说法,在构成国家的诸多的复杂要素中,归根结底可以归结为三种要素,即具体体现国家意识的君主,形成国家意识的立法部,以及专司国家行为的行政部;所谓立宪制,就是要使上述三种要素分别自立并相互均衡,以使国家的自律行动成为可能的创出调和气氛的一种政治体制。但施泰因又特别强调指出,行政部是“国家生命的生存所在”,为了确保国家的能动的活动,不论是君主还是议会均不宜约束,以使行政部的自律性成为不可缺少的条件。

施泰因的上述见解，使伊藤的头脑中逐渐形成以行政部为中心，君主、行政、立法三者均衡、统合的所谓“行政国家”的概念。日本学者坂本一登在《明治天皇和政治群像》一书中《伊藤博文和“行政国家”的发现》一节说：伊藤所说的“德意志的典型”，就是要创立以施泰因为媒介，以君主、行政、立法三要素的均衡为前提，使自律的行政部成为国家活动中心的“行政国家”，同时形成与大学教育和资格任用考试制度密切相关的专门官僚制⑧。

所以，自此以后，身在德国的伊藤，除了考察宪法之外，还以形成“行政国家”为目标，特别关注官僚制和行政的实态的调查，并逐渐确认德国的官僚制度。

关于这一点，伊藤在听完施泰因的讲课以后，在对当时在欧洲的日本高级官员讲话时说：“不管制定如何好的宪法，开设怎样好的议会，如果治理的措施不妥善时，也不能收到预期的结果，这是不言而喻的事。但要想治理的措施妥善，首先必须确定其组织准绳，而在组织准绳中尤其不可缺少的则是规定宰臣的职权责任，官厅的人员构成，官吏必须遵守的纪律及其升降任免，官吏考试的方法及其退职的优厚待遇等。”伊藤接着又说：“在德意志的各邦政府，均严格遵奉此点，为其他国家所不及，因此既不损害帝室之权威，又可使帝权得以昌盛。在施泰因的讲义中，宪法政治必可少的东西，也是帝家之法、政府的组织和议会的机构三者，三者缺一时则不成为立宪君主政治。……由此观之，确立政府的组织行政准绳，实为一大重要项目。”⑨

从上述的讲话中，可以明显地看出，伊藤回国以后急需处理的课题，不仅是要起草宪法，也不仅是要建立帝国大学，培养国家官吏，而且还须努力整备官僚制度，如确定大臣的职掌权限，官厅的组织机构，官吏服务纪律，资格任用考试制度，以及退职和恩给制度等⑩。至于前所说的藩阀官僚统治的问题，在潘阀头目伊藤看来，只有通过建立帝国大学，实施资格任用考试制度等办法来培养国家官吏，建立有统治能力的政府，以谋求藩阀体制的合理化一途了。

二、日本官吏制度的播种者、实施者和奠基者

自 1885 年 12 月日本建立近代内阁制以后，伊藤博文先后四任内阁总理大臣，四任枢密院议长，还曾任过贵族院议长，朝鲜统监府统监。在其执政期间，曾主持制定帝国宪法，创设君主立宪政体，被称为日本宪政之父，并自称为“日本的俾斯麦”。但他残酷地镇压日本的自由民权运动，策划了中日甲午战争并强迫中国签订《马关条约》，后来又作为朝鲜统监府首任统监为日本吞并韩国奔走出力。1909 年 10 月 26 日，被韩国爱国志士安重根刺死⑪。

本节不想全面阐述这些问题，这里只想着重阐述伊藤作为明治时代的政治家，在建立和实施日本近代官吏制度方面所扮演的角色和所起的作用。

久米正雄在《伊藤博文传》一书说：“关于官僚政治对于日本政界的功罪，虽有许多地方不便轻率论断，但是博文为官僚政治的播种者、大本宗却是事实。”⑫

伊藤博文在欧洲考察宪法期间，就曾经设想过引进德国的官僚制问题。自 1885 年出任内阁总理大臣以后，在建立官僚制度和官僚机构方面做了大量的工作，可以说是日本近代官吏制度的播种者、实施者和奠基者。下面想从下六个方面来谈这个问题。

1. 创立内阁制度和制定各省官制

经过伊藤博文的多方努力，并与太政大臣三条实美反复协商，最后由明治天皇亲自批

准，1885年12月22日，根据太政官第69号令，废除设立多年的太政官制，仿效西方国家建立近代内阁制度。伊藤博文出任内阁总理大臣，还设外务、内务、大藏、陆军、海军、司法、文部、农商务、递信各大臣。又，为了明确宫中府中之别，将宫内省与内阁分离，专门负责处理宫内事务，置宫内大臣一人，由伊藤博文兼任，还设位在宫内大臣之上的内大臣一人，由原太政大臣三条实美充任。

与建立内阁制度的同时，还制定了作为内阁运营准则的《内阁职权》。《内阁职权》主要是规定了内阁总理大臣的职责，与后来制定的《内阁官制》相比，《内阁职权》相当强烈地规定了内阁总理大臣对各省大臣的统制权限。

随着内阁制的建立，又废止了原来的参事院，设置了内阁总理大臣管辖下的法制局。法制局负责起草各种法律、命令，聚集了大批的少壮才学之士，如岩崎小二郎、马屋原彰、周布公平、平田东助、曾弥荒助、今村和郎、男谷忠友、牧野仲显等，后来都成为维护官僚制度、明治政府的中坚官僚。

1886年2月，制定了各省官制。这一各省官制，分为通则和各则，在通则中，规定了各省大臣的职务权限，以及次官、局长、参事官等各省共同设置的职员及其职务权限等，在各则中，则规定了外务省以下各省所管辖的事务及其内部组织。

除此以外，第一届伊藤内阁，还先后制定《会计检察院官制》(1886年4月)、《裁判所官制》(1886年5月)、《地方官官制》(1886年7月)、《北海道厅官制》(1886年7月)，以及市制及町村制(1888年4月)等。

2. 大力推进官吏任用考试制度，包括高等考试和普通考试制度

伊藤博文在欧洲考察宪法期间，就曾经谈过官吏资格任用考试问题。1885年12月就任内阁总理大臣后，在其发表的《政纲五章》的第二章中，又谈到"任官必须经过考试一事"。1886年，为使官吏登用的考试制度化，伊藤内阁组织人力翻译德、英、奥、比、法、美等国关于官吏考试的法规，出版了《各国官吏考试类集》(全三卷)。1887年7月，以德国的官吏考试录用制度为蓝本，制定了《文官考试试补及见习规则》(明治二十年第37号敕令)，规定奏任官试补必须经过高等考试录用，判任官见习必须经过普通考试录用。但由于帝国大学的毕业生可不经过考试任用为试补，所以1888年、1889年和1890年根据上述文件举行的三次高等考试实际录用的人数很少，而从1891年以后便不得不停止进行了。

在伊藤第二次组阁期间，1893年10月制定《文官任用令》(明治二十六年第183号敕令)和《文官考试规则》(明治二十六年第197号敕令)。前者规定奏任文官原则上须经过高等文官考试任用；后者则对高等文官考试和普通文官考试的实施办法作了具体规定。在制定《文官考试规则》期间，多年跟随岩仓具视和伊藤博文，任过法制局长官(1888年2月至1891年5月)，当时任文部大臣(1893年3月至1894年8月)的井上毅，在《文官考试规则修改意见案》中，建议"解除试补及见习的练习期限"，"废除帝国大学毕业生的特权"(《井上毅传》(史料编)第二卷第629页[13]。由于当时的形势和各界人士的强烈反应，随着《文官任用令》和《文官考试规则》的制定，《文官考试试补及见习规则》被废除，帝国大学法科大学毕业生可不经过考试任用为试补的特权也被废止，但在《文官考试规则》第12条同时又规定："有帝国大学法科大学、旧东京大学法学部、文学部及旧司法省法律学校正则部的毕业证书者可免除预备考试"，直接参加正式考试。这样，1894年10月，便在东京举行按照新规定进行的第一次高等文官考试。

另外，在伊藤第二次组阁期间，还根据1893年10月制定的《外交官领事官及书记生任用令》（明治二十六年第187号敕令），以及同年11月制定的《外交官及领事官考试规则》（明治二十六年第213号敕令），施行外交官、领事官及书记生的任用考试制度。同时，又根据1890年制定的《法院构成法》（明治二十三年第6号法律），1891年制定的《法官检察官登用考试规则》（明治二十四年司法省第3号令），以及1893年制定的《律师法》（明治二十六年第7号法律），施行法官、检察官及律师的任用考试制度。

由此可见，自1885年12月伊藤就任内阁总理大臣以来，在大约10多年的时间内，就全面建立起官吏任用考试制度。

3. 制定《帝国大学令》、《师范学校令》、《中学校令》、《小学校令》

在第一届伊藤内阁期间，1886年3月制定《帝国大学令》，全文共14条，其中第1条规定："帝国大学以教授适应国家需要的学术技艺及攻究其蕴奥为目的。"当时的文部大臣森有礼后来解释说：帝国大学在教务方面，既为了学术又为了国家，但为了国家必须占最优先最重要的地位。他还接着说：在各种学校，在学政方面，也不是为了学生本人，而是为了国家利益，此为最重要之点，必须始终记忆[14]。不难看出，森有礼作为文部大臣，在这里实际上是宣布了国家至上、国家第一的天皇制国家主义的教育方针。

1886年3月，根据《帝国大学令》，原来设立的东京大学，改组、扩大为帝国大学，并制定了将帝国大学的法科大学作为官吏特别是行政官吏的主要培养基地的方针。1897年6月，由于京都帝国大学的成立，帝国大学改称东京帝国大学。自此以后，京都帝大继东京帝大之后，实际上成为第二个官吏培养所。此后，日本又先后设立几所帝国大学，如东北帝国大学（1907年成立）、九州帝国大学（1910年成立）、北海道帝国大学（1918年成立）、大阪帝国大学（1931年成立）、名古屋帝国大学（1939年成立）等。以东京帝大为首，各帝国大学都培养出大批的各种人才，其中的一批均为高等文官考试合格，后来成为行政、外交、司法界的高级官僚。

1886年4月，伊藤内阁又制定《师范学校令》、《中学校令》和《小学校令》。根据《师范学校令》，师范学校实施培养顺良、信爱、威重的气质的国家主义教育；师范学校分为高等和寻常两种，高等师范学校只在东京设立一所（东京文理科大学、东京教育大学的前身），寻常师范学校在府县各设一校。按照《中学校令》，中学校也分高等、寻常二种，高等中学校在文部大臣的管辖之下全国只设五校，寻常中学校在各府县各设一校。依照《小学校令》，小学校也同样分为寻常小学校（四年制的义务教育，1907年改为七年制的义务教育）和高等小学校两种。由于国民教育意识的提高和行政当局指导的加强，小学就学率从1891年最初超过50%提高到1907年的98.53%。

此后，伊藤内阁和其他内阁，又相继公布一系列的校令，如《高等学校令》（1894年）、《实业学校令》（1899年）、《高等女学校令》（1899年）、《私立学校令》（1899年）、《专门学校令》（1903年）、《大学令》（1918年）和新《高等学校令》（1918年）等[15]。特别是根据1918年12月公布的《大学令》，政府正式承认设立国立大学以外的公立大学、私立大学和单科大学。这样，截至1925年度，日本设立19所政府承认的私立大学，如庆应义塾大学（前身为庆应义塾）、早稻田大学（前身为东京专门学校）、明治大学（前身为明治法律学校）、法政大学（前身为东京法学校）、中央大学（前身为英吉利法律学校）、日本大学（前身为日本法律学校）、同志社大学（前身为同志社英学校）、关西大学（前身为关西法律学校）等。这些私立大学，也培养出大批的各种人才,还出了一批高等文官考试合格,后来任过政府的高级官僚或中级官吏。

总之,兴办学校,发展教育,培养各种人才(包括各级官吏),是振兴国家的最基本的条件。正如日本前文部大臣荒木万寿夫(京都大学毕业、高文考试合格)所说:明治以来,一直到今天,日本经济之所以迅速发展,归根结底在于"教育的普及和发展"。

4. 公布高等官、判任官、技术官、地方官四个官等工资令

伊藤首相在建立内阁制后在《政纲五章》中就曾经宣布:"关于工资的规则,在阁议之后经过天皇裁可公布。"1886年3月、4月和7月,先后制定了《高等官官等工资令》、《判任官官等工资令》、《技术官官等工资令》、《地方官官等工资令》。

《高等官官等工资令》(明治十九年第6号敕令)全文共22条。规定高等官分为敕任官和奏任官,敕任官除亲任官外,分为一等至二等,奏任官分为六等,即一等至六等。敕任官和奏任官的年俸,依照同年4月制定的《高等官工资支给细则》规定。如敕任官中的亲任官,内阁总理大臣年薪9600元,大臣年薪6000元;敕任官一等,上级年薪5000元,下级年薪4500元,敕任官二等,上级年薪4000元,下级年薪3500元。奏任官分为六等,每等均分为三级,如一等上级年薪3000元,中级年薪2800元,下级年薪2600元;六等上级年薪600元,中级年薪500元,下级年薪400元。

《判任官官等工资令》(明治十九年第36号敕令)全文共8条、规定判任官分为一等至十等,并以别表规定了对应官等的月俸。如判任官一等分为上下两级,上级月薪75元,下级月薪60元,二等月薪50元,三等月薪45元,四等40元,五等35元,六等30元,七等25元,八等20元,九等15元,十等12元。

《技术官官等工资令》(明治十九年第38号敕令)全文共12条,主要是规定各官厅需要工艺技术者,除职员外特设技术官;技术官分为技监、技师和技手;技监为敕任,分一等至二等,技师为奏任,分为一等至六等,技手为判任,分为一等至十等。技手的工资依照别表规定,而技监和技师的工资则依照敕令第6号《高等官官等工资令》的规定。

《地方官官等工资令》(明治十九年第55号敕令)全文共6条。规定知事的年薪,敕任2等上级为4500元,下级为4000元;奏任1等上级为3500元,下级为3000元。东京府知事升任敕任1等时,依照敕令第6号《高等官官等工资令》的规定。警部、看守长等均为判官(分为10等),附判任官官等工资表。

1886年伊藤内阁先后制定的上述四个官等工资令,尽管后来经过多次的反复的修改,但它们毕竟构成了战前日本官吏工资制度的基本框架。

5. 制定《官吏服务纪律》

1882年　月,伊藤博文在欧洲考察宪法期间,就曾经以德国为例,提出官吏必须遵守的纪律及其进退任免一事。1885年12月,伊藤在首任内阁总理大臣之后,在其向各省大臣下达的《官纪五章》中,就明确提出严明官吏纪律的关于纲纪肃正的方针。他说:"凡官吏违背忠顺诚实之大义,不恪守法律,不慎密处理机要事务,不忠实勤勉执行职务者,根据其实际情况,或进行警告谴责,或给予必要的惩罚;遗赠之禁不论大小,旷废职务之戒不问其有意无意,凡老朽不堪执行职务者,必须令其退官。务须核实查明,取得如期效果。"[16]

根据上述的方针,1887年7月30日,在修改1882年7月制定的《行政官吏服务纪律》的基础上,制定了《官吏服务纪律》(明治二十年第39号敕令)。《官吏服务纪律》概括的规

定了官吏的身份上的义务和职务上的义务，到1947年5月被修改时为止，在明治宪法的体制下一次也没有修改过。

《官吏服务纪律》的特色：一是明确地规定官吏必须对天皇“忠顺勤勉”，二是具体地列举了官吏服务的必须注意事项。与现今日本国家公务员关于服务的规定相比，其规定的内容较为详细，作为公务员的伦理基准也多有可以参考之处⑰。

6. 建立分限、惩戒、恩给等制度

伊藤博文在欧洲考察宪法期间，在谈到整备官僚制度时曾说到官吏退职的优厚待遇问题。但是，自1885年12月建立内阁制以后，关于官吏的退职金、养老金等问题，主要由山县有朋等进行，如1890年6月山县内阁曾制定《官吏恩给法》、《军人恩给法》、《官吏遗属扶助法》等。

特别是在第二届山县内阁期间，1899年3月28日公布了所谓“文官三令”，即修改《文官任用令》（明治三十二年第61号敕令），同时制定《文官分限令》（明治三十二年第62号敕令）和《文官惩戒令》（明治三十二年第63号敕令）。修改后的《文官任用令》，为了阻止政党人士的猎官运动，规定敕任官的任用必须具有以下资格，即任过高等官3等奏任文官之职者，任过满1年以上敕任文官之职者，以及敕任文官中之高等文官考试合格者。新制定的《文官分限令》，出于保障官吏身份地位的目的，规定官吏非依刑事之宣告或惩戒之处分不得免其官职；至于《文官惩戒令》则规定，官吏违背职务上的义务或有丧失官职之品格行为时，须受免官、减薪或谴责的处分，其目的在于促使官吏认真执行《官吏服务纪律》。正如秦郁彦在《战前日本官僚制的制度·组织·人事》一书中所说：“总之，通过这次改革，我国的官吏制度，可以说确立下来了。”⑱

总之，在明治时代后期，伊藤博文作为资产阶级政治家，在建立日本的官吏制度方面起了主要的作用，是日本官吏制度的播种者、实施者和奠基者。

三、明治维新后建立的日本官吏制度的历史作用

明治维新后建立的日本官吏制度，具有许多的根本性和技术性的缺陷。这一点将在本章的第六节作出详细的阐述。

但与德川时代封建武士阶级掌握全部权力，一般平民百姓毫无权利可言的封建幕藩体制的官吏制度相比，它又具有积极的作用。

明治维新后建立的日本官吏制度，在挣脱藩阀官僚势力的影响，抑制任人唯亲不唯贤等官场上的腐败之风方面；在通过发展教育、实施考试等办法，选拔、任用和提升东大、京大等出身的“专门官僚”，促使新旧两代官僚的交替和换代，提高官吏的专业素质和工作效率方面；在根据官等制度确定各级官吏的工资报酬，以及依照《官吏恩给法》和《官吏遗属抚恤法》，在官吏退职或死亡时发给官吏本人及其遗属的养老金、退职金以及抚恤金方面；在保障官吏的身份地位，防止某些官吏由于政党关系或人事纠葛等政治原因，随意被免职、调离或降薪方面；在督促官吏认真执行职务，严明官吏服务纪律，励行官吏惩戒制度方面；都有一定的积极作用。

但是，这一问题非常复杂，很难用简短的篇幅说明清楚。加上本章下几节所要讲述的几个问题，即具有日本特色的高等文官考试，培养“专门官僚”的东京帝国大学，新旧两代官僚的交替和换代，以及东大毕业和高文合格的“专门官僚”是资本主义帝国主义各项政策的设

计者、制定者和执行者等四个问题,都与这一问题有直接的或间接的关系,所以在这里就不详细谈了。

注释:

①、③ 春亩公追颂会编著:《伊藤博文传》上卷,统正社,昭和十九年出版,第1－2页;第638－641页。

②、④ 宋成有主编:《日本十首相传》,东方出版社,2001年版,第1－12页(宋成有撰写:《伊藤博文》);第12－25页(宋成有撰写:《伊藤博文》)

⑤ 升味准之辅著,董果良译:《日本政治史》第一卷,商务印书馆,1997年版,第212页。

⑥、⑦、⑧、⑩ 坂本一登著:《伊藤博文与"行政国家"之发现》,载于沼田哲编著:《明治天皇与政治家群像》(日文版),吉川弘文馆,2002年版,第219－221页;第194－195页;第222－226页;第225页。

⑨ 铃木安藏:《太政官制与内阁制》,昭和出版会,1944年版,第126－127页。

⑪ 《日本宰相列传》(1),中川菊男:《伊藤博文》,时事通信社,1885年版。

⑫ 久米正雄著,林其谟译,《伊藤博文传》,团结出版社,2003年版,第233页。

⑬ 井上毅传记编委会编:《井上毅传》(史料编)(全六卷),第二卷,国立大学图书馆刊印,昭和 年(19 年)版,第 页。

⑭ 中邨章:新版《官僚制与日本的政治》,北树出版,2003年版,第76－78页。

⑮、⑰ 日本公务员制度史研究会编著:《官吏、公务员制度之变迁》,第一法规出版株式会社,1989年版,第388－411页;第143－146页。

⑯ 山崎丹照:《内阁制度之研究》,高山书院,1942年版,第92－99页。

⑱ 战前官僚制度研究会编,秦郁彦著:《战前时期日本官僚制的制度·组织·人事》,东京大学出版会,1981年版,第664页。

第二节 具有日本特色的高等文官考试

一、高等文官考试吸引着成千上万的立志从政的青年学生

自明治时代后期起,日本政府在选用高等官僚方面,重点抓了以下三个环节:一是依靠东京大学法学部来培养官吏,二是通过高等文官考试来选用官吏,三是按照工作业绩来提升官吏。高等文官考试是这三个环节中的中间环节,是选拔、任用和晋升官吏的必经关口。

正是因为如此,自建立高等文官考试制度以后,高等文官考试合格证书和东京大学毕业文凭一样,吸引了全国各地的成千上万的立志做官的青年学子。其主要原因不外以下三个方面:

1. 高等文官考试是入仕升官的必经之路

高等文官考试是入仕升官的必由之路,是走向高级官僚殿堂的必经关口。所以那些胸怀壮志雄心勃勃的青年,都拼命地争得进入高级官僚殿堂的通行证——高等文官考试合格证书。有些人甚至认为取得一张合格证书还不够,还要取得第二张甚至第三张,如被称为"三冠王"的内田胜雄(1931年东京大学毕业,曾任驻西德大使)、法眼晋作(1933年东京大学毕业,后任外务次官)、金子一平(1937年东京大学毕业,后来任过议员、大藏大臣)三人,都是高等文官行政、外交、司法三科考试的全合格者①。

也有一些人虽然不是三科考试,但却是行政、外交两科考试的合格者。例如,重光葵1911年东京大学毕业,外交科和行政科两科考试都合格,后来任过外务大臣兼大东亚大臣;但由于参与策划侵华等罪行,战后被东京法庭判处七年徒刑[②]。又如,宫泽喜一,1941年东京大学毕业,高等文官外交和行政两科考试均合格,1991－1993年出任被称为“秀才型领袖”的内阁总理大臣[③]。

但绝大多数人都是行政科、外交科或司法科考试中的一科考试的合格者,且其中有些人后来的成就同样很大。例如,币原喜重郎,帝国大学法科大学法律学科毕业(1895年),外交官及领事官考试合格(1896年)。“九一八”事变后,作为外务大臣,提出不扩大战争的方针,后辞职长期遁世不出,但他强烈谴责军阀短见,力主避免日美战争。日本投降后,1945年10月,被任命为内阁总理大臣,实施了一系列的民主改革,并在与麦克阿瑟元帅会谈时,陈述了关于放弃战争和废除武力的私见[④],深受舆论的好评,被称为“伟大的国际政治家”。又如,中曾根康弘,小学六年级时考试成绩全班第一,1931年以名列第二的成绩考入高崎中学,1938年告别静冈高中考入被称为“仕途摇篮”的东京帝大法学部,1941年又以高等文官行政科考试第八名的成绩进入当时最为热门的内务省工作。二战结束后,1947年28岁时被选为众议院议员,1982年64岁时就任日本第71届内阁总理大臣。在其执政的五年中,尽管对其褒贬不一,但大都公认他具备“开拓型首相之才”[⑤]。

高等文官考试,虽然是入仕升官的必经之路,但每一考试合格者最终达到的最高官职却有很大的不同。仅以中曾根参加的1940年10月举行的行政科考试为例,此次考试共有238人合格,其中大多数人是东大法科毕业生,也有少数人是其他学校出身者。从每位合格者后来任过的最高官职来看,东大法学部出身者,除中曾根任过内阁总理大臣外,还有三人(真保辰男、鸠山威一郎和早川崇)分别任过建设大臣、外务大臣和厚生大臣,另有二人(大村笔雄和佐藤三郎)任过会计检察院长,此外还有一些人任过劳动次官、邮政次官、厚生次官、大学校长、东大教授等;京大法学部出身者,崛武夫、崛部清、增川辽三等人,分别任过运输次官、福岛副知事、道监督局长;东京商大出身的加治木俊道任过证券局长,中央大学法科出身的古城磐任过四国警察局局长,递信官吏练习所出身的佐久间清二任过松山邮政监察局局长等[⑥]。从这次考试合格者后来担任的官职可以明显地看出,东京大学法学科毕业和高等文官考试合格,是登向高级官僚殿堂两条平行的最佳通道。

2. 高等文官考试施行按照考试成绩择优录用的原则

各官厅都按照大学的毕业成绩和高等文官的考试成绩来录用初任官吏,几乎很少有任何的乡党关系或不正之风。这种“考试能力本位“主义,无疑地受到绝大多数考生的赞许,同时也是鞭策他们努力奋斗不息,争得优异成绩的基本动力。早在高文考试制度正式实施之前,就有些东大法学部的毕业生以优异的学习成绩被官厅所录用。例如,出身于尾张藩地区下级武士家庭的加藤高明,1875年进入东大的前身开成学校学习,1881年成为东大法学部的首席毕业生,1887年出任外务省参事官,1924年成为东大法学科出身的第一位内阁总理大臣。又如,出身松江藩下级武士家庭的若槻礼次郎,因家境贫寒靠叔父的资助赴东京读书,1892年成为东大法学科的首席毕业生,同年进入大藏省任奏任官试补,1926年继加藤高明之后成为东大法学科出身的第二位内阁总理大臣。

自从实施高等文官考试制度以后,各官厅录用初任官吏的基准,首先是参看大学时代的毕业成绩和高等文官的考试成绩。最明显的实例就是1870年出生高知县五台山村的滨口雄幸。他在寻常小学、高知县寻常中学、第三高等中学(京都第三高等学校的前身)读书时考试成绩一直是出类拔萃,如在高知寻常中学第三学年的考试成绩是:修身、英语、历史、植物、书法、品行均为100分,国语95分,作文94分,汉文93分,地理90分,物理84分。1892年第三高等中学毕业后,立即考入东京帝国大学法科大学政治学科。1895年7月东京帝大毕业,同年11月参加高等文官考试。尽管在考试中,患有急性肠炎,但其考试成绩,在37名的考试合格中仍居第十位[⑦]。所以,他在大学毕业后,便被录用为大藏省属官,第二年就升任山形县收税长,后来任过递信次官、大藏次官、大藏大臣、内务大臣等职,1929年成为东大法科大学出身、高等文官考试合格的第一位内阁总理大臣。

又如,1889年出生爱媛县的川西实三,1914年东京帝国大学法科大学法律学科毕业。因在一高时名列第一,大学时名列第三,高等文官考试时在173名合格者中也名列第三,故被录用为埼玉县属官、内务省属官。后来历任埼玉县知事、长崎县知事、京都府知事、东京府知事等职。但1946－1951年受到整肃处分[⑧]。

又,所谓按照考试成绩来录用官吏,首先是指必须考试合格,一定要榜上有名;其次是指除注重包括考试名次在内的考试成绩外,还须参考操行等其他条件。也就是说,以考试合格为先决条件,然后参考考试名次等考试成绩,同时还须对品行等其他条件进行严格审查。当然,考生的社会关系、活动能力等也起一定的作用,但起主导作用的始终是"考试能力本位"主义。

首先,就拿吉田茂来说,其生父竹内纲原为土佐藩士,后来成为自由民权运动的著名活动家;养父吉田健三是横滨贸易商,年轻时曾留学欧美,眼界比较开阔;岳父牧野伸显是明治开国重臣大久保利通的次子,曾历访欧美国各国并在美国留学三年,历任文部大臣、外务大臣、枢密顾问官等职。吉田的生父、养父和岳父三人,对吉田一生的政治思想和前途确实产生过重要影响。吉田的学历也较为完整:横滨市太田小学校毕业,在耕余义塾学习五年,此后的三年多不断地转学,1897年进入培养皇族和贵族子弟的学习院,在中等学科、高等学科毕业后升入大学科,1904年9月转入东京帝国大学法科大学政治学科,1906年7月东京帝大政治学科毕业(时年28岁)。可是,吉田虽然学习成绩优良,但从来没有名列前茅。据学习院学籍册中记录,在中等学科六年级的成绩中,他在20人中名列第8;在高等科一年级时,他在25人中名列第10;在二年级时,他在22人中名列第13;大学科的成绩,只知他在一年级的16人中名列第6。东京帝国大学时的学习成绩,由于在关东大地震中档案遭到严重破坏而无法查考。1906年9月参加外交官及领事官考试,他在11名的考试合格者名列第7。同年10月外务大臣官房人事课长通过警视总监对吉田进行了品行调查,调查的结果是:性格:正良;品行:端正;是否受过刑罚:否。这样,根据本人的考试成绩和品行鉴定,吉田被任用为见习领事官[⑨]。此后,历任奉天总领事、外务次官、驻英大使等职,太平洋战争末期作为亲英美派被宪兵队逮捕。第二次世界大战结束后,曾两任外务大臣,五任内阁总理大臣(1946－1954年),成为日本著名的资产阶级政治家和外交家。

其次,再来谈一下太平正芳:太平生于香川县一个农民家庭。小学毕业后,考入三丰中学,在三丰中学的考试名次,在100人中排第41名,到毕业时在73人中排第19名。后来经过高松高等商业学校,1936年11月毕业于东京商科大学,在学的三年中他的33门功课的学习成绩中:26门优,7门良,学士毕业论文的评语是优。在毕业的前一年即1935年10月,他取得了高等考试行政科考试合格的资格,考试名次在265名的合格中排第52名[⑩]。大平出身东京商科大学,高文考试成绩又未名列前茅,但由于当时贵族院议员镰田胜太郎的介绍，结识了同为香川县人的大藏省次官津岛寿一，并由津岛亲自决定任用他为大藏属官。此后他长期在大藏省任职，后来任过大藏大臣、内阁总理大臣（1978—1980 年）等职[11]。

总之，高等文官考试，根据考试成绩来选拔初任官吏的作法，促使一批又一批的青年学子通过考试的途径走向官场，后来成为行政界、外交界、司法界的高级官僚。这种作法尽管有弊端，但在一定的时期内，仍然作为比较公正的选拔方法长期施行。正如秦郁彦所说："高文考试的竞争是很激烈的：不问身份、财产、学历如何，面向所有符合条件者开放，这样的竞争考试尽管有弊端，但因目前还找不到更合适的方法可以代替，所以它仍然作为比较公正的选拔方法而受到支持。"

3. 高等文官考试对某些考生来说也是刻苦磨炼、顽强拼搏的战场

为了参加高等文官考试，有些考生不仅专心学业，争得优秀的成绩，而且通过各种方式来磨炼自己，使自己将来能够成为既有业务实力、又有坚强意志的国家栋梁之材。如 1881 年出生山口县的山县治郎，自 1904 年考入东大法学科以后，就根据先前制定的自我修养的德目表草案制成每日课程表，反省每一天的言行，然后自己评上分数。分为五个项目，50 分为满分，30 分为及格。如某月 12 日，"排除妄想，抑制色情"4 分，"正确勤勉，热心集中"4 分，"沉着不躁、冷静不热"6 分，"威容威言威动"4 分，"持英勇之气概，养乐天之心境"5 分，五项合计 23 分。13 日 20 分，14 日 22 分。由于连日未达到 30 分即及格分数，不禁泪水夺眶而出。又，他在 1906 年 1 月的桌上箴言写道："东洋地区风云漠漠，形势变化无法预测，当此之际生我于东洋，盖有深意存在，吾岂可不发奋努力耶？""每一想到对我莫大抱负所需修养项目之深远和广大，愈益觉得一寸光阴亦不可错过，故今后宜争分夺秒，勤奋刻苦学习。"由于平素刻苦努力学习，1907 年 7 月东大毕业时名列第一，11 月高文考试时名列第二。后来经内务省属官、内务省都市计划局长，历任石川县知事、广岛县知事、兵库县知事、神奈川县知事等职。

3. 也有一些人虽然学历不高，年龄又比较大，但由于坚持不懈的努力和顽强拼搏的精神，先后闯过上大学、高文考试和被官厅录用三大难关，最后成为政府的高级官僚。例如，1868 年出生的佐藤孝三郎，福冈师范学校毕业，曾任小学训导八年，1896 年考入东京专门学校（早稻田大学的前身），但学习成绩一直不理想，二年级考试时笔试及格，但口述考试却不合格。因此到三年级时，便不得不背水一战，即放弃大学的毕业考试，参加高等文官考试。据称这一年（1899 年）的高文考试，在五六百人的应试者当中仅有 31 人合格，其中私立学校出身者，包括他本人在内仅有 9 人合格。佐藤欣喜已极，以为新生命将从此开始，实际上前面尚有许多困难的路要走。他首先请在京做官的一位同乡为他推荐，在遭到断然拒绝后只好拎着礼品包失望而归。接着又拜访文官考试委员长，这位委员长首先就问："你是哪一年哪个学校毕业的？"他说："我是早稻田大学出身的。"委员长没有多语，只说："是私立大学啊！"他察觉毫无希望之后，便不得不惭然离开。类似的钉子，连续碰过几次。他深感世态炎凉，出世之道不易，但并不是垂头丧气。后来，几经周折，经过多方努力，最后由内务省参事官神山冈次推荐，被任用为内务省属官，在警保局工作。后来任过福井县知事、名古屋市长、函馆市长等职。作为一名私立大学的修业生，取得高等文官考试合格的资格，尽管考试名次在 31 名合格者中排列第 25，但却被内务省录用并成为高级官僚，这在战前日本是极其不容易的。井上准之辅教授在谈到佐藤的特殊经历及其处世哲学时说："在这里，也可以看到，立身与修养、处世与磨炼的纯真的结合。"[12]

二、高等文官考试合格者的学历结构

从高等文官考试各科合格者人数来看,大多数合格者都有很高或较高的学历,无学历者或低学历者只占极少数。如行政科考试,从1894年10月至1947年12月,先后在东京共进行52次,合格人数9238人;加上1947－1948年三次诠衡任用,受高文考试合格者同样待遇的327名"二级事务官吏",两者合计共9565人。

在这9565名合格者当中,无学历者仅69人,低学历者(公立、私立小学、中学及其他种类学校出身者)为188人,两者合计257人,约占2.7%。另外,还有不明情况者143人,约占1.5%。除上述无学历者、低学历者和情况不明者外,其他考试合格者全为官公私立大学和专科学校毕业者。其中东京大学毕业生占第1位、合格人数共5969人,占总人数的62.4%;另外,在历届考试中行政科第1名合格者,几乎全部是东京大学的毕业生;第2位是京都大学毕业生,但合格人数仅有795人;第3位是中央大学毕业生,合格人数444人;第4位是日本大学毕业生,合格人数306人;第5位是东京商科大学毕业生,合格人数211人。详情请参看下表:

高文考试行政合格者学历[13](1894—1947年)

	校　名	人　数	顺　位
Ⅰ帝国大学	东京大学	5969	1
	(法学部)	(5653)	
	(经济学部)	(299)	
	京都大学	795	2
	东北大学	188	6
	九州大学	137	10
	京城大学	85	11
	台北大学	10	
	北海道大学	3	
	小　计	7187	
Ⅱ官立公立大学	东京商科大学(高商)	211	5
	东京文理大学(高师)	56	12
	东京外语大学	45	16
	广岛文理大学(高师)	21	
	神户商科大学(高商)	15	
	大阪商科大学(高商)	12	
	其他高等商业学校	39	
	其他官立公立高等专科学校	50	
	小　计	449	

注1:中途退学取得高文考试合格亦包括在所就读学校之内。

	校　名	人　数	顺　位
Ⅲ私立大学	中央大学	444	3
	日本大学	306	4
	早稻田大学	182	7
	明治大学	144	9
	法政大学	49	14
	关西大学	48	15
	立命馆大学	26	
	庆应大学	18	
	专修大学	13	
	其他私立大学	25	
	小　计	1255	
Ⅳ其他	递信省官吏练习所	173	8
	铁道省教习所	56	12
	师范学校	45	
	其　他	188	
	无学历	69	
	不明情况者	143	
	总　计	9565	

注2:私立大学包括专科部、高师部。

外交科考试,从1894年9月至1941年10月,共进行50次,合格人数共675人。其中,东京大学也占第1位,合格人数471人,约占总人数的70%;第2位是东京商科大学,合格人数93人;第3位是东京外国语大学,合格人数18人;京都大学、早稻田大学均占第4位,合格人数同为10人。请参看下表:

高文考试外交科合格者学历[14](1894—1941年)

顺　位	校　名	人　数
1	东　大	471
	(法学部)	(442)
2	东京商大(高商)	93
3	东京外语大	18
4	京　大	10
4	早　大	10
6	九　大	6
7	东北大	5
7	庆　大	5
9	东亚同文书院	4
	不明情况者	2
	其　他	51
	总　计	675

司法科考试,从1891年起就已进行,考试合格人数较多,仅从1934年至1941年,就有

1993人合格。其中东京大学虽居首位,但占有率比较低,仅合格683人;第2位是中央大学,合格人数324人,第3位是日本大学,合格者162人,第4位是京都大学,合格者158人,第5位是关西大学,合格者74人,详见下表:

高文考试司法科合格者学历[15](1934—1941年)

顺　位	校　名	人　数
1	东　大	683
2	中央大	324
3	日　大	162
4	京　大	158
5	关西大	74
6	东北大	72
7	明　大	63
8	早　大	5
	其他共计	1993

三、高等文官考试合格者最终到达的官职

高文考试合格者在被官厅录用之后,通常是以大藏属官、铁道书记等身份,进行一年至三年甚至五年的见习工作,然后才能任用为奏任文官。自此以后,他们便可凭着工作业绩逐步晋升,直到升任敕任官(次官、局长级)、亲任官(大臣级)等政府高级官职。但每个人的升任速度和最终达到的官职却有很大的不同。有的人任职20余年,直到退职时仍是一个奏任的庶务课长。但也有一部分人官运亨通,最后成为敕任文官,担任次官、局长、府县知事、特命全权大使或公使等高级官职。据统计,按平均数来说,行政科4至5人中有1人、外交科2人中有1人多一点,最终升至敕任文官(1等或2等高等官)的官职。

特别是在升到敕任文官的高级官僚中,不少人在退官以后继续从政,出任各省大臣、枢密顾问官、贵族院议员、众议院议员、参议院议员以及民选的府县知事等职,详见下表:

退官后就任要职者(行政科合格者)[16]

	Ⅰ期	Ⅱ期	Ⅲ期	Ⅳ期	Ⅴ期
合格者	594	1458	1730	2920	2756
大臣级	32	52	33	29	15
枢密顾问官	11	4	0	0	—
贵族院议员	61	75	15	1	—
众议院议员	48	69	73	65	40
参议院议员	0	24	31	38	34
民选知事	—	—	—	24	18

注:Ⅰ期为明治二十七～三十九年;Ⅱ期为明治四十～大正六年;Ⅲ期为大正七～十四年;Ⅳ期为大正十五年～昭和十年;Ⅴ期为昭和十一～二十三年。

又,为了撰写本书,作者曾反复仔细查阅过每位高等文官考试合格者的籍贯、学历、做官经历及最终到达的官职。据初步统计,截至1981年,在10240名行政科考试(1894－1947年)和外交科考试(1894－1941年)的合格者当中,先后有148人后来任过各省大臣或国务

大臣，其中10人任过内阁总理大臣[17]。过了1年和10年以后，即1982年和1991年，先前任过通商产业大臣的中曾根康弘和任过国务大臣的宫泽喜一又相继出任内阁总理大臣。这样，到20世纪90年代初，在高等文官考试合格者当中，先后有12人任过内阁总理大臣，其中除池田勇人和大平正芳分别是京都大学法学部和东京商科大学毕业外，其余10人均为东京大学法学部毕业生，他们是滨口雄幸、广田弘毅、币原喜重郎、吉田茂、芦田均、岸信介、佐藤荣作、福田赳夫、中曾根康弘、宫泽喜一。

总之，自19世纪90年代下半期建立高等文官考试制度以后，日本政府按照公开、竞争、成绩、择优四个原则，先后从全国各地录用了一批又一批的青年官吏，促使东京大学等最高学府的优秀毕业生能够通过考试途径步入仕途，然后凭着工作业绩按时得到晋升，最后成为高层次的行政官、外交官或司法官。历史事实证明，明治后期建立的高等文官考试制度，不仅有助于挣脱藩阀势力的影响，抑制任人唯贵、唯亲等官场上的腐败之风，而且也有助于将高学历的优秀人才引进官吏队伍，促进官吏的知识化和专业化，保证新旧两代官僚的交替和换代，借以巩固资产阶级和地主阶级的联合统治。

四、高等文官考试是“官僚政治”通过考试“对知识的洗礼”来选拔官吏的一种手段

1. 帝国大学的教育方针是教授和研究“适应国家需要的学术技艺”

东京大学是日本建立最早、规模最大的国立综合性大学。1877年4月设立。1886年3月，按照帝国大学令的规定，改组和扩大为帝国大学。1897年6月，由于京都帝国大学的建立，帝国大学改称东京帝国大学。帝国大学的教育方针与原来的东京大学不同。根据帝国大学令第一条规定，“帝国大学以教授适应国家需要的学术技艺及攻究其蕴奥为目的”。

据当时的文部大臣森有礼后来解释说：帝国大学在教务方面，既是为了学术又是为了国家，但为了国家必须占最优先最重要的地位。他还接着说：在各种学校，在学政方面，也不是为了学生个人，而是为了国家利益，此为最重要之点，必须始终记忆。不难看出，森有礼作为文部大臣，在这里实际上是宣布了国家第一、国家至上的天皇制国家主义的教育方针[18]。

从实际情况看，帝国大学就是根据上述的方针，每年招收大批的青年学生，然后使其到中央和地方行政官厅及朝鲜、台湾、伪满洲国等殖民地政府工作。帝国大学法学部的情况更为明显，历年的就职率很高。以1940年为例，法学部毕业生共602人，就职人数575人（法律学科333人，政治学科242人），就职率占95.5%。其中，有152人（法律学科97人，政治学科55人）在中央和地方行政官厅及朝鲜、台湾、伪满洲国等殖民地政府工作（仅伪满洲国就有20人），占就职总人数的26.4%；另有414人（法律科学231人，政治学科183人）到工矿、电气、运输、银行、信托等企业公司工作（在与军需直接有关的工矿等重化工业部门任职的达165人，到华北开发、华北交通、满铁、满洲重工业、满洲兴业银行等银行、信托部门任职者达68人），约占任职总人数的72.0%；还有9人（法律学科5人，政治学科4人）赴其他部门任职，约占就职人数的1.6%[19]。

2. 高等文官考试是“官僚政治”通过“考试”这种“对知识的洗礼”来选拔官僚的一种手段

马克思在《黑格尔法哲学批判》一书中说：“官职和个人之间的联系，是市民社会的知识和国家的知识之间的客观联系，这种通过考试来确立的联系，无非是官僚政治对知识的洗礼，是官方对世俗知识变体为神圣知识的确认（每次考试的主考人当然是无所不知的。”[20]

历史的事实正是如此。日本的高文考试,不管是行政科考试,还是外交科考试或司法科考试,归根结底无非是"官僚政治"通过"考试"这种"洗礼"来选拔官吏的一种手段。第一,高等文官考试制度是明治政府根据《文官任用令》和《文官考试规则》制定的。第二,历年的考试均由内阁管辖的高等考试委员负责具体实施。第三,各官厅根据国家的需要主要参考考试合格者的毕业成绩和考试成绩录用。第四,与考试合格者有特殊关系的权威人士的推荐无疑也起着一定的作用。特别是东京大学的毕业生在参加高文考试上确实占有有利的地位。第一,东大法学部教授穗积八束及其后继者上杉慎吉讲授的超现实的宪法,作为政府公认的学说直接影响着高文考试的考试内容。第二,历年考试的主考官,大都由东大的教授担任。第三,东大毕业生在预备考试上,享有免试的特权。第四,东大(以后还有京大)作为官吏培养所,政府给予特别的重视。正因为如此,在第一届高文考试时,38 名合格者中有 26 名即 70% 是东大毕业生,而且第 1 名到第 10 名都是东大生。及至明治三十九年(1906 年),这个比率达到 81%,并独占了从第 1 名到第 17 名。

不能否认,日本通过高等文官考试,确实选拔了一批优秀人才,其中包括东大毕业、高文合格的几名内阁总理大臣。

例如,滨口雄幸在担任内阁总理大臣期间,以币原为外务大臣,展开所谓协调外交,并参加伦敦裁军会议,签署伦敦海军条约。日本历史学家井上清在谈到滨口不顾军部和枢密院的反对,坚定不移地签订伦敦海军条约时说:"在大日本帝国宪法下的政治历史中,议会和政党内阁战胜军部的情况是空前绝后的。""滨口雄幸首相,……对专制主义天皇制度的军部,给予历史上最大的'打击'。"[21]

又如,币原喜重郎在担任外务大臣期间,日本发动"九一八"事变,他提出不扩大战争的方针,后来辞职隐居遁世 14 年,几乎完全被人们忘记。日本投降后,一跃而成为内阁总理大臣,并陈述了关于放弃战争和废除武力的私人见解。日本学者说币原是"身在江湖,心存家国"的忧国之士,是"伟大的国际政治家"。

再如,芦田均作为法学博士,出任驻比利时代理大使期间,日本发动"九一八"事变,遭到许多国家反对,而日本政府对驻外使馆的指示又矛盾百出,所以 1932 年 2 月他愤然回国辞职,连续被选为众议院议员。按照芦田本人的业绩和学问,他如能长期担任外交官,很有可能青云直上,但他没有走这条路,而是成为一名"反战政治家"。日本投降后,出任内阁总理大臣,后因牵连到贪污受贿事件被捕,但 1958 年被宣布无罪。著有《第二次世界大战外交史》等书。

还有,吉田茂在任奉天总领事时,曾参与讨论和制定侵华政策,后来作为外务省次官,又协助田中内阁出兵中国山东、河北。但自 1939 年依愿免官后,与近卫文麿等宫中势力接近,一直为阻止军部专断独行,防止日美战争奔走游说。1945 年 4 月 15 日,被宪兵队拘捕,同年 6 年底获释,但此后仍然被宪兵、特务暗中监视。日本投降后,1946－1954 年,吉田茂曾五任内阁总理大臣,执政时间达七年之久。吉田在执政期间,做了大量的工作,并为迷惘中的日本选择了发展的方向。正是因为如此,在战后较长的一个时期内,"吉田之后的政治家,都只能继承吉田的战略,沿着吉田选定的道路前进"。

但是,广田弘毅和星野直树等人,同样是东大毕业和高文合格,又同样任过内阁总理大臣或国务大臣,但他们走的是另外一条道路,因而面临的也是另外一种命运。

广田弘毅出身福冈石匠家庭,在考取修猷馆中学、东京第一高等学校时均名列第一。

1905年东京帝大政治学科毕业，1906年外交官及领事官考试时又名列前茅(11名考试合格者的第一名)[22]。但他与右翼团体人士关系极为密切。在1936年3月至1937年1月任内阁总理大臣兼外务大臣时，按照军部的要求和意愿，恢复军部大臣现役武官制，确定北进和南进并行的《国策基准》，制定蚕食中国华北的《第二次华北处理要纲》，并与法西斯德国和意大利缔结《反共产国际协定》。1937年至1938年任近卫内阁外务大臣时，又制定积极扩军备战，加强"日满国防"的所谓"基本国策"，成为发动"七七事变"、策动全面侵华的主谋者之一。日本投降后，作为甲级战犯，被远东国际军事法庭判处绞刑。

星野直树1917年东京帝大法科大学卒业，前一年高等文官考试合格(在115名考试合格者中名列13)。曾任大藏事务官、营缮管财局国有财产课长。1932年赴中国东北，历任伪满洲国财政部总务司长、财政部次长、国务院总务长官等职，负责统辖伪满战时经济统制工作。1940年出任近卫内阁的国务大臣、企画院总裁，翌年就任东条内阁书记官长。二战结束后，作为甲级战犯嫌疑犯被逮捕，经远东国际军事法庭审判被判处无期徒刑。1955年获释后，投身于实业界[23]。

看来，东京大学毕业和高文考试合格，只是登向高级官僚殿堂的重要一步，至于今后会怎么样？最终的命运如何？这在很大的程度上，又与本人的思想、信念、奋斗目标特别是政治走向密切相关。

五、日本与英美德等国高等文官考试制度之比较

战前，日本与英美德等国的高等文官考试制度，有许多一致之处，大体上都遵行以下四个原则：一是公开考试的原则；二是公平竞争的原则；三是成绩主义的原则；四是择优录用的原则。但是，它们之间也有许多不同之处，下面想着重分析以下五个不同的方面：

1. 日本建立的高等文官考试制度，比英美两个国家晚，比德国更是晚得多。

近代文官制度起源于欧洲。欧洲最早实行考试录用官员制度的国家当属德国。1713年，德意志诸邦中的普鲁士，由威廉一世亲自制定了任用法官必须经过竞争考试的原则。1937年，规定凡与司法行政有关的各种官员必须考试录用。1743年，腓特烈大帝颁布命令，规定所有到政府部门工作的大学生，必须经过国家考试及格才能授以职位。1770年，针对高级官员中的考试政府再度颁发命令，对考试的方法和内容进行补充和完善。进入19世纪和20世纪初叶，德国政府的官吏考试制可以说已经基本定型。此后，1817年、1848年、1869年、1874年、1879年和1906年，为适应社会的发展和政府功能的变化，又多次就考试的方法和考试的内容通过法律程序进行更动[24]。

英国的文官制度在资本主义国家中最为典型。1853年，英国首相格拉斯顿委派诺斯科和杜维廉两人调查英国官吏的任用情况，翌年两人便提出了通称《诺斯科杜维廉报告》的《关于建立英国常用文官制度的报告》。报告提出了四项重要原则：(1)将政府的行政事务工作分为智力工作和例行工作两大类，前一类指行政管理和政治性职务，由通过以大学课程为基础的考试选用的人员担任；任用例行工作人员也要考试，但只要求具有中学文化程度，大量的办公室工作由后一类人员担任。(2)凡初任人员都应按规定的年龄从学校毕业，通过竞争考试表明具有通才智力后才能被择优录用。(3)对各部人员实行统一管理，各部之间人员可以互相转调和提升。(4)高级文官职务的提升，以上级的年终考核报告为依据，低级事务人员的提升则多以年资为基础。但该报告在1854年2月正式提交议会讨论时，遭到

许多人的反对,致使上述原则只得到部分的实现。1855年5月,刚上台的帕麦斯顿政府以枢密院令的形式,颁布了《关于录用王国政府文官的枢密院令》,决定成立三人文官委员会,负责文官考试事宜。1870年6月,政府又颁布了关于改革文官制度的第二个枢密院令,规定今后一切文官职位的任命,都必须根据文官委员会的规定,通过公开的竞争的考试录用(部分最高级官员和外交部、内政部官员例外),并把文官分成执行政策的上层和办理日常事务的下层两大类。至此建立起来的竞争考试、通才教育、政治中立、职务常任等原则,至今仍是英国文官制度的主要支柱,也是西方国家较为典型的一种人事制度[25]。

继英国之后,1883年美国国会通过了文官制度法(通称《彭德尔顿法》),其中心内容有三:(1)通过"竞争性考试"选拔公职人员,并且从低级公务开始,这是功绩制原则的核心,也是该法的中心思想。(2)相对的职业保障,凡通过文官考试而被录用的人员,不得因政治原因(指政党关系)被免除公职。(3)文职人员在政治上保持中立,禁止"强制任何人采取政治行为"(主要指强迫公职人员向政党或其候选人捐助竞选基金或为之竞选)。《彭德尔顿法》还规定成立一个两党的文官委员会来实施这一法律,委员会由三人组成,委员由总统任命,参议院批准,任期限六年。委员会的主要工作是:拟定人事法规,举办文官考试,防止政治腐败,受理人事诉讼。《彭德尔顿法》实行了近一个世纪,直到1978年才第一次作了重大修改。自该法实施以后,通过公开考试录用的文职人员逐年增多。例如,1884年考试任用的文职人员仅占公职人员总数的19.5%,1924年则占79.67%,1979年则占90.9%[26]。

如前几章所述,日本最初的高等文官考试,根据1887年制定的《文官考试试补及见习规则》,于1888年至1890年先后进行过三次,但由于中央政府给予帝国大学法科大学毕业生的优厚待遇的政策,每次考试录用的行政官和司法官的人数都很少,所以这一旧的高等文官考试最后不得不停止进行。1894年秋,日本政府根据1893年公布的《文官任用令》和《文官考试规则》,又在东京举行了新的高等文官考试。这一考试施行时间很长,约有50余年的历史。这是战前日本真正意义上的高等文官考试。但是,可以明显地看出,日本高等文官考试实行的时间比较晚,比英美等国晚,比德国就更晚了。

2. 日本的高文考试制度主要参考德国的官吏考试录用制度,美国的《彭德尔顿法》是以英国文官制度为蓝本,不论是英国、美国或其他国家的官吏考试制度,都深受中国科举考试制度的影响。

日本的高等文官考试制度,虽然参考了德、英、法、美、比等许多国家的官吏考试法规,但最终还是以德国官吏考试法规为样本制定的。

例如,1887年7月公布的《文官考试试补及见习规则》规定,奏任官试补(候补生)须从高等考试合格者中录用,但帝国大学中的法科大学和文科大学的毕业生可以不经过考试录用,判任官见习(候补生)须从普通考试合格者中录用,但官立、公立中学毕业生可不经过考试录用。试补和见习都要经过一段时间(约3年)的工作实践后,才能被任命为相应的奏任文官或判任文官。这一考试任用制度是以德国的官吏录用制度为蓝本的,但有以下两点不同。第一,在德国,只有国立法科大学毕业生才有资格作为试补的录用对象,旧教徒和犹太人在事实上被排除在外。而在日本,没有宗教身份的差别,而高等考试的应试者的范围又非常广,毕业于外国大学的留学生、文部省承认的私立法律学校(六校)、高级中学、东京商业学校的毕业生以及已在官厅工作的判任官都可以应试。第二,在德国,试补阶段结束后,还要接受最终考试。而日本的帝国大学毕业生不考试就可任用为试补;试补阶段结束后不进行最终考试,就可晋升为高等官[27]。

美国的《彭德尔顿法》,是以英国文官制度为蓝本,但也具有美国自身的特点,即美英两国的官吏考试制度,既有一致之处也有不同之点。但不论是英国、美国或其他国家的官吏考试制度,都深受中国科举考试制度的影响。据记载,在1570－1870年的300年间,欧洲以英语出版的有关中国官员制度和政治制度的书籍达70种之多,其中的《文学考试制度》、《中国的历史和现状》等书,极力称赞中国文官制度,尤其是科举考试制度,并力主英国政府仿行[28]。1866年10日曾任北京同文馆馆长的马丁,还在美国波士顿给东方学会做过《中国的竞争考试》的报告,向美国人介绍中国科举制度[29]。正如英国内阁办公室次官、人事管理局局长杰弗里·托马斯·摩根1988年所说:"英国建立公务员制度初期,大量吸收了中国古代吏制的经验,并把这些经验运用于英国的具体实际中了。"美国国家人事管理局局长艾伦·坎贝尔1982年也曾说:"在我们西方国家的所有政治学教科书中,当谈到公务员制度的时候,都把这一制度的创始者归于中国。"[30]

3. 在高等文官考试科目方面,日本长期偏向法律学,德国最初也偏重法律知识,英国十分注重"通才",美国特别重视"专才"。

日本高等文官的考试科目,长期偏向于法律学,被人称为"法律万能主义"或"法律画一主义"。例如,1893年制定的《文官考试规则》和1918年制定的《高等考试令》,可以说明显地偏向法律学;1929年修改高等考试令时,虽然力求打破法律万能主义,但总的来说改动不大[31]。1941年2月又一次修改高等考试令,除了将高等考试三科(行政科、外交科、司法科)改为二科(行政科、司法科)外,还对考试科目做了改动,但仍未摆脱偏向法律学的倾向,如行政科考试列为七科:一为宪法,二为国史,三为行政法,四为经济学,五为民法、国际公法及外国语中任选二科,六为哲学、民法、商法等14科中任选一科;司法科考试也定为七科:一是宪法,二是国史,三是民法,四是刑法,五是商法、民事诉讼法、刑事诉讼法三科中任选二科,六是哲学、商法、破产法等九科中任选一科[32]。

德国在1846年和1879年对文官制度实行过两次改革。考试任官制的考试科目,从最初偏重于法律知识,扩大为重视经济学、行政学、政治学、财政学、工商管理、文书等社会科学知识。这些知识成为行政官员必备的条件[33]。

英国自1854年提出《诺斯科杜维廉报告》以来,在一个较长的时期一直推行所谓通才的原则,官吏的考试科目分为数学、古文(拉丁文、希腊文)、历史、科学等,以考查考生的文化知识和一般能力,选拔通晓古今、知识广阔的所谓"通才",而被录用的行政官吏,也多为伊顿、牛津和剑桥大学出身的优等生[34]。

美国的官吏录用考试历来注重实际,考试内容要与职务密切联系,如美国《文官制度法》第2条明确规定:"考试内容尽可能合理,并与考生执行他们要求就任的职位所需要的能力及适应性有关。"因此,美国在确定考试内容时,注重体现考生所想从事的工作的事业知识和能力,而不是要求面面俱到,选取所谓"通才"[35]。由于较为注重"专才",致使大批的硕士或博士充任美国的高级官员。

4. 在高等文官考试录用对象方面,日本大都是选用东京帝国大学法学部毕业生,德国是必须选用国立法科大学毕业生,英国是牛津、剑桥大学的毕业生占有很大的比重,美国则是录用大批的出身各大学的硕士或博士。

按照明治政府规定,帝国大学中的法科大学,是培养官吏特别是行政官吏的主要基地,并对高等文官考试享有特别优厚的待遇。所以,历次的高等文官考试,东大毕业生均名列前茅,且有许多东大出身的高文考试合格者,后来成为次官、大臣以至内阁总理大臣。东京帝大毕业→高文考试合格→充任高级官僚,已成为日本官场的一条铁的法则。

德国的高等官吏录用制度更为严格。正如秦郁彦在《日本官僚制研究》一书中所说:第一,在德国只有国立法科大学毕业生才有资格作为试补的录用对象,旧教徒和犹太人在事实上被排除在外;第二,在德国在试补阶段之后,还要经过最终考试才能升为高级官吏。

英国由于执行"通才"的原则,在招聘官员时,是根据一定的教育水平,具有同样的基础理论知识条件,而不是像美国根据特定的岗位技术条件。因此,被录用的人员,多是综合性院校的毕业生,尤其是牛津、剑桥两所大学的毕业生。据统计,1900 年到 1979 年的高层官员中,有 66% 是这两所大学的毕业生。直到 1980 年至 1985 年期间,这两所大学的毕业生被录取的人数仍占被录取总人数的 50% 以上[36]。

美国自建立公务员制度以后,长期执行专才的原则,在招收官吏时,是根据具体岗位需要的技术水平和技术性质,而不像英国根据基础理论知识方面的共同条件。因此,在从罗斯福总统到肯尼迪总统的 30 多年里,在 800 名部长助理中有 50% 是出身各大学的硕士或博士[37]。

5、为了主持和实施高等文官考试,日本在内阁中设置由法制局长官管辖的高等考试委员,英国设立由财政部兼管的文官委员会,美国则由总统任命由不同党派组成的"文官委员会"。

为了实施高等文官考试,根据 1887 年 7 月制定的《文官考试委员官制》(明治二十年第 38 号敕令,后来经过几次修改),日本在内阁总理大臣的监督之下设置高等考试委员,具体负责实施每年一次在东京举行的高等文官考试。高等考试委员由委员长、常任委员及临时委员组成,委员长由内阁总理大臣从高等官中任命,常任委员和临时委员则从各官厅的高等官中任命。1918 年 3 月,根据两个月前制定的《高等考试委员及普通考试委员官制》(大正七年第 9 号敕令),废止了《文官考试委员官制》及《外交官及领事官考试委员官制》,规定在内阁内设置高等考试委员及普通考试委员。高等考试委员包括委员长、部长、常任委员及临时委员。委员长由法制局长官充任,主要负责统理属于高等考试委员的一切事务。委员长之下设立三个部,第一部长(行政科)、第二部长(外交科)、第三部长(司法科),分别由法制局长官、外务次官、司法次官兼任。常任委员和临时委员仍像从前一样,由内阁从各官厅的高等官中任命。他们分别隶属于各部,分掌属于高等考试委员的事务[38]。

英国于 1855 年成立文官委员会。文官委员会由财政部代管,主要负责官吏考试、评定成绩及宣布结果等工作。

美国于 1883 年设立文官委员会。文官委员会由总统任命三名不同政党的委员组成,三名委员的任期均为六年,其主要的职权是,根据《文官制度法》的准则,举办文官考试,拟制人事法规,审理人事纠纷等。

但不论是日本,还是英国或美国,在第二次世界大战结束以后,均对公务员的人事管理进行了重大的改革。例如,日本根据 1948 年 11 月修改的《国家公务员法》,于同年 12 月设立中央人事行政机关——人事院,人事院在内阁的管辖之下,但拥有强而有力的权力,被称为国家公务员法的"守护神";美国根据 1978 年文官制度的改革,撤销有近 100 年历史的"文官委员会",于 1979 年 1 月成立"人事管理局"、"功绩制保护委员会"、"联邦劳工关系局”三个独立的人事行政机构；英国根据1968年改革的精神，于同年11月在中央政府设立文官事务部，取代一直由财政部兼管的“文官委员会”。文官事务大臣由首相兼任，日常事务由一名内阁成员的非部门大臣（目前是枢密大臣）负责。

注释：

①⑬⑭⑮⑯㉗ 秦郁彦著，梁鸿飞、王健译：《日本官僚制度研究》，生活·读书·新知三联书店，1991年版，第140页；第13-18页；第19页；第20页；第27-30页；第121-125页。

②③⑥⑰ 战前官僚制度研究会编，秦郁彦著：《战前时期日本官僚制的制度、组织、人事》，东京大学出版会，1981年版，第431页、473页；第446页、623页；第614—619页；第427—657页（高等文官考试合格者一览）。

④ 宇治田直义：《日本宰相列传》17，《币原喜重郎》，时事通信社，1985年版，第222-239页，第244页。

⑤ 纪廷许：《中曾根康弘》，载于宋成有主编《日本十首相传》，东方出版社，2001年版，等374-403页。

⑦ 青木得三：《日本首相列传》11，《若槻礼次郎、滨口雄幸》，时事通信社，1986年版，第125-131页（滨口雄幸的少年和青年时代）。

⑧⑪⑫ 升味准之辅：《日本政党史论》第4卷，东京大学出版会，1975年版，第199-200页；第191-193页；第187-190页。

⑨ 猪木正道：《日本首相列传》18，《吉田茂》，时事通信社，1986年版，第12-20页。

⑩ 日本大平正芳财团编著，中日友好协会、中日关系史研究会编译：《太平正芳》，中国青年出版社，1991年版，第19-20页、25-26页，50-54页。

⑱ 中邨章：新版《官僚制与日本政治》，北树出版，2003年版，第76-78页。

⑲ 东京大学百年史编委会编著：《东京大学百年史》通史2，东京大学出版会，1985年版，第918页—920页。

⑳ 马克思：《黑格尔法律哲学批判》，载《马克思恩格斯全集》第一卷，人民出版社，1965年版，第307页。

㉑ 井上清：《滨口雄幸——坚持签订伦敦条约的牺牲者》，载于日本现代评论社编，孙雷门、申泽福译：《昭和宰相列传》，天津人民出版社，1988年版，第28-47页。

㉒ 岩崎荣著，汪静之、吴力生译：《广田弘毅传》，商务印书馆，1936年版，第21页，52页，126-128，144-145页。

㉓ 《国史大辞典》12卷720页（伊藤隆撰稿，星野直树条），吉川弘文馆，平成3年版。

㉔㉙ 杨百揆、陈子明等：《西方文官系统》，四川人民出版社，1985年版，第53-55页；灿智晓编著：《德意志联邦共和国政府机构与官员制度》，人民出版社，1986年版，第62-65页，第44-48页。

㉕ 龚祥瑞：《英国行政机构和官吏制度》，人民出版社，1983年版，第62-68页；龚祥瑞：《文官制度》，人民出版社，1985年版，第42-46页。

㉖ 李道揆：《美国政府机构与人事制度》，人民出版社，1985年版，第54-59页，龚祥瑞：《文官制度》，人民出版社，1985年版，第87-101页。

㉘ 舒放、王克良主编：公共管理硕士（MPA）系列教材《国家公务员制度教程》，中国人民大学出版社，2001年版，第20-21页。

㉚㊱㊲ 苏廷林：《国家公务员》，黄河出版社，1993年版，第127-128页，第163-164页；第164-165页。

㉛ 新体综合注释《大六法全书》（日文版），东京法文社，1941年版，《高等考试令》（1929年制定，

1936 年修改),第 126－128 页。

㉜㊳ 内阁官房记录课编:《现行法令辑览》(日文版)第 1 卷第 3 辑第 5 章第一款,《高等考试令》(1929 年制定,1936 年修改,1941 年再次修改),第 1107－1111 页;第 1 卷第 3 辑第 1 章第 1 款,《高等考试委员和普通考试委员官制》(1918 年第 9 号敕令,1922 年、1923 年、1929 年、1929 年、1941 年、1942 年做过修改)第 12 之 10 至 11 页。

㉝㉟ 谭健主编:《二十国人事制度》,辽宁人民出版社,1987 版,第 273－274 页,第 200－203 页。

㉞ 龚祥瑞:《英国行政机构和文官制度》,人民出版社,1983 年版,第 68－71 页。

第三节　培养"专门官僚"的东京帝国大学

一、东京大学是官吏培养所

为了培养国家的管理和建设人才,明治政府大力兴办学校,积极发展教育事业。特别是在明治维新时期创立的东京大学,在培养"专家型治国者"的高级官僚方面,起了举足轻重的作用。

东京大学是日本建立最早、规模最大的国立综合性大学。1877 年 4 月,根据文部省的指示,由东京开成学校和东京医学校合并成立。设法、理、文、医四个学部,还设有大学预科即预备门。1886 年 3 月,依照《帝国大学令》,东京大学改称帝国大学。帝国大学设有法、医、工、文、理、农六个分科大学,并设有培养博士生的大学院。1897 年 6 月,由于京都帝国大学的成立,帝国大学改称东京帝国大学。1919 年,按照《大学令》恢复了学部制,并新设一个经济学部。这样,东京帝国大学,除了大学院以外,共有法、医、工、文、理、农、经七个学部,同时还设有传染病研究所、航空研究所、地震研究所等各种研究机构[①]。

东京大学法学部,是培养高级官僚的主要基地,是名符其实的官吏培养所。东大建校后的头几年,法学部毕业生的人数很少:1878 年 6 人,1879 年 9 人,1880 年 6 人,1881 年 9 人。后来曾任内阁总理大臣的加藤高明,就是东大法学部的早期毕业生(1881 年毕业)。

19 世纪 80 年代下半期,明治政府开始重视东大法学部在培养官吏方面的作用。在 1887 年的《文官考试试补及见习规则》的原案的理由书中说:"当今我国陆军有士官学校、海军有兵学校,其毕业生皆任用为士官;又司法省有法学校,目的是培养审判官,工部省有工部大学校,其毕业生任用为技术官。惟行政官至今尚无专门培养之场所。然而今日之大学毕业生均受过多年萤雪之苦,政府亦为一人至少花费数千元,但其实际任用之方法至今仍属漠然而无定则。恰似只知播下种子而忘记其收获。"[②]因此,按照这一《规则》规定,奏任官试补须经过高等考试任用,但帝国大学中的法科大学和文科大学的毕业生可不经过考试直接作用为试补。由于有免试就任试补的这一特权,1888－1893 年共有 111 名帝国大学法科大毕业生和 4 名帝大文科大学毕业生被政府录用为试补,内有 8 人后来当了大臣,其中包括后来任过首相的若槻礼次郎。

由于政府的极度重视和东大规模的日益扩大,东京帝大法学部毕业生的人数迅速增加,1890 年为 83 人,1900 年为 129 人,1910 年为 330 人,1920 年为 502 人[③]。法学部毕业生的成分也发生了重大变化,如 1881－1887 年帝大法学部毕业生中,士族出身者占 57.9%,平民出身者占42.1%,1895－1898年士族占55.0%,平民占45.0%,1905年前后士族占38.0%,平民占60.5%,身份不明者占1.5%[④]。这就是说,帝大法学部毕业生的人数迅速增加,而且其中许多人均为平民家庭出身。

来自全国各地、出身平民或士族家庭的东京帝大法学部毕业生,凡决心从政、立志做官者,都满怀"壮志"地参加高等文官考试,然后凭着工作业绩攀登高级官僚的高峰。正如前面所说,截至1981年,在高等文官行政科考试或外交科考试合格,后来任过各省大臣或内阁总理大臣的148人中,东大法学部出身者为124人,加上东大经济学部出身者5人,东大文学部出身者2人,三者合计共131人,约占合格者总人数的88%[⑤]。

又,战前东京帝大法学部毕业生,除了通过高等文官考试进入官场,然后尽心竭力攀登高级官僚的高峰之外,还有一部分人通过参加或组织政党(如政友会、宪政会、民政党等)等方式。争夺政府的高级或最高级的职位。如战前的加藤高明、若槻礼次郎,战后的片山哲、鸠山一郎等,都是政党政治家。正因为如此,截至20世纪的90年代初期,战前东京帝大的法学部毕业生,先后有15人任过内阁总理大臣,其中多数人是东大出身高文合格的"专门官僚",少数人则是东大出身的政党政治家。下面按照时间顺序,简单介绍一下前面所说的15名内阁总理大臣的情况:

一是加藤高明,东京大学法学部毕业,作为宪政会总裁,1924年6月至1926年1月任内阁总理大臣;二是若槻礼次郎,东京帝大法律学科毕业,先是作为宪政会总裁后来又任民政党总裁,1926年1月至1927年4月和1931年4月至12月两任内阁总理大臣;三是滨口雄幸,帝国大学政治学科毕业,高等文官考试合格,作为民政党总裁,1929年7月至1931年4月任内阁总理大臣;四是广田弘毅,东京帝大政治学科毕业,外交官及领事官考试合格,1936年3月至1937年2月任内阁总理大臣;五是平沼骐一郎,帝国大学法律学科毕业,作为右翼运动的总后台,1939年1月至8月任内阁总理大臣;六是币原喜重郎,帝国大学法律学科毕业,外交官及领事官考试合格,1945年10月至1946年5月份任内阁总理大臣;七是吉田茂,东京帝国大学政治学科毕业,外交官及领事官考试合格,作为自由党总裁,1946年5月至1947年5月,1948年10月至1954年12月,先后五任内阁总理大臣;八是片山哲,东京帝大法律学科毕业,作为日本社会党书记长、委员长,1947年5月至1948年3月任内阁总理大臣;九是芦田均,东京帝大法律学科毕业,外交官及领事官考试合格,作为日本民主党总裁,1948年3月至10月任内阁总理大臣;十是鸠山一郎,东京帝大法律学科毕业,作为民主党总裁,1954年12月至1956年12月三任内阁总理大臣;十一是岸信介,东京帝大法学部毕业,高等文官行政科考试合格,作为日本自由民主党总裁,1957年2月至1960年7月两任内阁总理大臣;十二是佐藤荣作,东京帝大法学部毕业,高等文官行政科考试合格,作为日本自由民主党总裁,1964年11月至1972年7月三任内阁总理大臣;十三是福田赳夫,东京帝大法学部毕业,高等文官行政科考试合格,作为日本自由民主党总裁,1976年12月至1978年12月任内阁总理大臣;十四是中曾根康弘,东京帝大法学部毕业,高等文官行政科考试合格,作为日本自由民主党总裁,1982年11月至1987年11月,任内阁总理大臣;十五是宫泽喜一,东京帝大法学部毕业,高等文官行政科和外交科两科考试都合格,作为日本自由民主党总裁,1991年11月至1993年8月任内阁总理大臣。

上述东京大学法学部出身的15名内阁总理大臣的执政时间(指担任总理大臣的时间)共37年另8个多月,约占从1924年6月加藤高明组阁到1993年8月宫泽喜一内阁倒台的

69 年近 2 个月的54%[⑥]。

又,在上述 15 名内阁总理大臣中,前 5 人是在战前,后 10 人是在战后出任总理大臣的。战前人数少的原因之一是为了疯狂推行侵略政策和战争政策,日本军国主义把一大批陆海军高级将领扶上首相的宝座。但是在战后,由于军国主义的倒台和极端军国主义分子的被惩治,为东大法学部出身者出任内阁总理大臣提供了更多的机会。例如,在日本投降后的前 20 名内阁总理大臣中,有 10 人出身东大法学部,恰好是其中的半数。从首相执政的时间长短来看,在从 1945 年 8 月东久迩组阁到 1993 年 8 月宫泽内阁辞职的近 48 年时间内,东大法学部出身的 10 名内阁总理大臣的执政时间达 30 年 10 个多月,约占 20 名内阁总理大臣执政总时间的 63%[⑦]。

东大出身者在国会中也拥有雄厚的实力。这一点从东大出身者在长期执政的自民党所属国会议员中所占的比率和长期处于非当权地位的社会党所属国会议员中所占的比率的对比中就可以明显地看得出来。详见以下两表:

表 1　自民党所属国会议员学历一览表[⑧](昭和四十年十一月)

	众议院议员	参议院议员	合计
东京大学(A)	90(35.1)	51(36.6)	150(35.6)
其他旧帝大(B)	23(8.1)	12(8.6)	35(8.3)
(A)+(B)	122(43.2)	63(45.2)	185(43.9)
其他大学,旧专门学校(C)	110(39.0)	50(35.9)	160(38.0)
(A)+(B)+(C)	232(82.2)	113(81.0)	345(81.9)
中等、高等、师范、实业学校	36(12.7)	24(17.2)	60(14.2)
小学	14(4.9)	2(1.4)	16(3.8)
合计	282(100.0)	139(100.0)	421(100.0)

出处:《国会便览》,第 31 版,1965 年 11 月,第 99－150 页。《议会制度七十年史,众议院议员名鉴,贵族院,参议员名鉴》。(　)内是%。

表 2　日本社会党所属国会议员学历一览表[⑨](昭和四十年十一月)

	众议院议员	参议院议员	合计
东京大学(A)	15(10.4)	6(8.2)	21(9.6)
其他的旧帝大(B)	11(7.6)	1(1.3)	12(5.5)
(A)+(B)	26(18.0)	7(9.5)	33(15.1)
其他大学,旧专门学校(C)	44(30.5)	24(32.8)	68(31.3)
(A)+(B)+(C)	70(48.5)	31(42.3)	101(46.4)
中等、高等、师范、实业学校	59(40.9)	32(43.8)	91(41.9)
小学	15(10.4)	10(13.6)	25(11.5)
合计	144(100.0)	73(100.0)	217(100.0)

出处:同表 1。(　)内为%。

东京大学法学部出身者,在司法机构中有更大的优势,从以下三个方面可以看出来:

一是大审院长,即战前日本的最高法院院长,从 1875 年设置到 1947 年废止,先后有 20 人担任此职,其中东大法学部出身者计有以下 8 人:平沼骐一郎、横田秀雄、牧野菊之助、和仁真吉、池田寅二郎、泉二新熊,长岛毅、霜山精一;京大法学部出身者为 1 人,即细野长良。二是最高裁判所长官,即战后日本的最高法院院长,从 1947 年设置到 1977 年为止,共有 8 人任过此职,除三忠彦为京都帝大法学出身者外,其余 7 人均为东京帝大法学部出身者,这七人是田中耕太郎、横田喜三郎、横田正俊、石田和外、村上朝一、藤林益三、冈原昌明。三是检事总长,即最高检察厅长。自1877年设置到1977年为止,先后有30人任过此职,其中东京帝大法科毕业者共有17人,即平沼骐一郎、铃木喜三郎、光行次郎、泉二新熊、木村尚达、岩村通世、松阪广政、中野并助、木村笃太郎、福井盛太、佐藤藤佐、花井忠、清原邦一、马场义续、井本台吉、竹内寿平、布施健、神谷尚男;另外有人为京都帝大法科出身,如大泽一郎[10]。

东京大学作为日本的最高学府,还培养出许多国际知名的科学家、学者和作家。如被称为"日本的牛顿"的长冈半太郎(1865－1950年),被誉为"日本的核物理学之父"的仁科芳雄(1890－1951年),在研制破伤风抗毒素、白喉抗毒素及鼠疫杆菌方面作出突出贡献的北里柴三郎(1853－1931年),以及1973年荣获诺贝尔物理学奖的江崎玲(於奈)都是东京帝国大学的优秀毕业生。在文学领域,在明治时代前期被誉为坪露逍鸥的四大文豪中,除幸田露伴(1867－1947年)外,坪内逍遥(1859－1935年)、森鸥外(1862－1922年)、尾崎红叶(1867－1903年)三人均为东京大学的毕业生或肄业生。深受读者喜爱的著名小说家夏目漱石(1867－1916年)、1968年获得诺贝尔文学奖的川端康成(1899－1972年),以及1994年获得诺贝尔文学奖的大江健三郎(1935－　),也都是东京大学的毕业生或在东大任过教。

东京大学还培养出许多财界、企业界的首脑人物,如1978年,日本财界四大团体(经济团体联合会、经济同友会、日本经营者团体联盟,日本商工会议所)共521名领导成员中,有235人出身于东大,占总人数的45.1%。

十年树木,百年树人。东京大学及其法学部成立120多年来,先后培养出大批的高级官僚、著名学者和财界巨头。日本学者松村岐夫在《战后日本的官僚制度》一书中,在谈到高级官僚的出身学校时说:任何的国家都有培养高级官僚的"尖子学校"存在,因此特定的大学补给大部分高级官僚的实例并不少见。但即使像英国的牛津大学和剑桥大学,其毕业生在高级官僚中所占的比率,按照某种方法计算共占68.5%,然而东京大学则占79.3%,可见其就职高级官僚的比率是特别高的[11]。

二、东大以外的国立大学也出了一批高级官僚

京都帝国大学是仅次于东京帝大的第二所国立综合性大学。1897年6月成立。截至1914年7月,共有法、医、文、工、理五个分科大学。1919年2月,随着帝国大学令的修改,各分科大学均分别改称学部。同年5月,新设经济学部。1923年11月,又增设农学部。这样,从这时起,战前京都帝大共有法、医、文、工、理、农、经七个学部。

京都帝国大学可以说是战前日本第二个官吏培养所。在1894－1947高等考试行政科考试中,京大出身的合格者795人,占第二位;在1894－1941年高等考试外交科考试中,京大合格者共10人,占第4位;在1934－1941年高等考试司法科考试中,京大合格者为158人,也占第4位。在京大毕业生中,也出了一些高级官僚,如战前三任首相的近卫文麿(战后畏罪自杀)和战后三任首相的池田勇人,都是京都帝国大学法学部的毕业生,其中池田还是1928年高等考试行政科考试合格者。又如前文部大臣荒木万寿夫是京都帝大经济学部的毕业生,1925年高等考试行政科考试合格者,他曾提出一个著名的论点,即认为明治以来,一直到今天,日本经济之所以迅速发展,归根结底在于"教育的普及和发展"。

京都大学也被誉为"日本的学术重镇",诺贝尔奖金获得者的摇篮。如从1949年日本第1位诺贝尔奖获得者汤川秀树先生起到1987年第7位诺贝尔奖获得者利根川进先生止,

京都大学毕业生获奖的就有4人,即1949年获诺贝尔物理学奖的汤川秀树,1965年获诺贝尔物理学奖的朝永振一郎,1981年获诺贝尔化学奖的福井谦一,及1987年获诺贝尔医学生理奖的利根川进[12]。

继东京大学、京都帝大之后,又先后设立了五所帝国大学,即东北帝国大学(1907年成立)、九州帝国大学(1910年成立)、北海道帝国大学(1918年成立)、大阪帝国大学(1931年成立)、名古屋帝国大学(1939年成立)。东北帝大和九州帝大,由于成立时间较早,都有许多高等考试行政科考试、外交科考试和司法科考试合格者。

除上述七所帝国大学外,还有一些官立、公立大学,也培养出一批高级官僚。如东京商科大学(1920年成立,现名一桥大学)的毕业生,在1894－1947年高等考试行政科考试中,有211名合格者,占第5位;在1894－1941年高等考试外交科考试中,有93名合格者,占第2位。战后两任首相的大平正芳,就是1936年东京商科大学的毕业生,1935年高等考试行政科考试的合格者。

三、在私立大学中也出了一些高中级官吏

早在东京大学成立之初,日本就有一些私立的专门学校,如庆应义塾、同志社英学校、东京法学校、专修学校、明治法律学校、东京物理学校、东京专门学校、英吉利法律学校、关西法律学校等。

明治末年,上述的私立专门学校,几乎都变成了大学,但并没有得到政府的承认。第一次世界大战后,根据1918年12月公布的《大学令》,日本政府才正式承认设立官立大学以外的公立大学、私立大学和单科大学。截至1925年度,日本共有19所私立大学,学生总数11690人(当时五所帝国大学的学生人数为12769人)。当时的私立大学主要有:庆应义塾大学(1920年2月成立,前身为庆应义塾)、早稻田大学(1920年2月成立,前身为东京专门学校)、明治大学(1920年4月成立,前身为明治法律学校)、法政大学(1920年4月成立,前身为东京法学社)、中央大学(1920年4月成立,前身为东京法学社)、中央大学(1920年4月成立,前身为英吉利法律学校)、日本大学(1920年4月成立,前身为日本法律学校)、美西大学(1922年6月成立,前身为关西法律学校)、立命馆大学(1922年6月成立,前身为京都法政学校)、东京农业大学(1925年5月成立,前身为东京农学校)、日本医科大学(1926年2月成立,前身为日本医学校)。

上述的私立大学,也培养出一些中高级官吏。如在1894－1947年高等考试行政科考试中,私立大学毕业生的合格者达1255人,其中中央大学444人,占第3位;日本大学306人,占第4位;早稻田大学182人,占第7位;明治大学144人,占第9位;法政大学49人,占第14位;关西大学48人,占第15位;另外,还有立命馆大学26人,庆应大学18人,专修大学13人。在1934－1940年高等考试司法考试中,私立大学出身者合格人数更多。如中央大学324人,占第2位;日本大学162人,占第3位;关西大学74人,占第5位;明治大学63人,占第7位;早稻田大学5人,占第8位。但在1894－1941年高等考试外交科考试中,私立大学毕业生仅有少数合格者,如早稻田大学10人,占第4位;庆应大学5人,占第7位。

私立大学出身者,后来不少人任过中级官吏,但也有极少数人成为各省大臣或国务大臣,如庆应义塾毕业的鎌田荣吉,日本大学毕业的松田源治均任过文部大臣,中央大学毕业的平城慈门任过国务大臣,早稻田大学毕业的风见章任过司法大臣等。

注释：

① 阿部重孝、城户幡太郎、佐佐木秀一、筱原助市编辑：《教育学辞典》（日文版）第3卷，岩波书店，19年，第1711－1713页。

② 升味准之辅：《日本政党史论》第2卷，东京大学出版会，1968年版，第49页。

③④ 升唯准之辅：《日本政党史论》第4卷，东京大学出版会，1975年版，第183页；184－185页。

⑤ 战前官僚制度研究会编，秦郁彦著：《战前时期日本官僚制的制度、组织、人事》，东京大学出版会，1981年版，第427－657页（高等文官考试合格者一览）

⑥⑦ 日本东大出身的15名内阁总理大臣执政时间（指担任首相期间）的总日数及其在同一时间担任内阁总理大臣的总日数中所占的比率，主要参考以下三种书籍：(1)（日）《内阁制度七十年史》历代内阁一览，第641－678页；(2)（日）《昭和宰相列传》，第1－309页；(3)《日本历届内阁首相一览表》，见《日本十首相传》第472－477页。三书的数字稍有差异。

⑧⑨ 福井治弘：《日本自由民主党及其政策的制定》（日文版，中译本），上海人民出版社，1972年版，第83页、84页。

⑩ 日本大审院长、最高裁判所长官及检事总长的人数，主要参考（日）《日本近现代史辞典》第844－845页；至于每个人的最终学历，主要参考（日）《战前时期日本官僚制的制度、组织、人事》（第一部主要官僚的履历）、（日）《现代人物事典》、（日）《现代日本人物事典》、（日）《现代朝日新闻事典》以及（日）《国史大辞典》（1－12卷等）。中野并助未查出。

⑪ 村松岐夫：《战后日本的官僚制度》（日文版），东洋经济新报社，1981年版，第56－57页。

⑫ 朱永新、王智新主编：《当代日本高等教育》，山西教育出版社，1992年12月版，第280页。

第四节　新旧两代官僚的交替和换代

一、藩阀官僚的统治地位

明治维新后，在相当长的一个时期内，日本政府的大部分官吏，均由以下级武士为主体的士族担任。

例如，根据1882年编纂的《百官履历目录》，在498名政府高级官员中，皇族占1.6%，华族占16.7%，士族占80.1%，平民占0.6%，情况不明者占1%。详见下表：

《百官履历目录》记载的政府高级官员的族籍[①]

出身	人数（人）	比率（%）
皇族	8	1.6
华族	83	16.7
士族	399	80.1
平民	3	0.6
情况不明者	5	1.0
合计	498	100.0

引自福地重孝：《士族和士族意识》，春秋社1956年版，第323页。

又如，按照《帝国统计年鉴》的统计数字，1882年，官吏总数96000人，其中华族172人（另有皇族6人未计在内），士族59000人，占61%，平民37000人，占39%；1989年官吏总数33000人（等外官未包括在内），其中华族219人，士族22000人，占67%，平民10000人，占

33%。请参看下表:

官员族籍别(1876－1890年)②

年份	华族	士族	平民	不详	合计
1876	75人(4人)	17000人[76]	4000人[21]	275人	23000人
1877	70人(4人)	17000人[77]	4000人[21]	316人	22000人
1878	85人(4人)	23000人[75]	7000人[23]	396人	31000人
1879	108人(4人)	23000人[74]	7000人[24]	489人	31000人
1880	118人(4人)	26000人[74]	9000人[25]	427人	36000人
1881	171人(6人)	53000人[68]	25000人[32]	—	79000人
1882	172人(6人)	59000人[61]	37000人[39]	—	96000人
1883	245人(6人)	58000人[65]	31000人[35]	—	90000人
1884	273人	25000人[71]	10000人[29]	—	36000人
1886	149人	21000人[68]	10000人[32]	—	31000人
1887	220人	22000人[67]	10000人[33]	—	33000人
1888	233人	22000人[67]	10000人[33]	—	33000人
1889	219人	22000人[67]	10000人[33]	—	33000人
1890	173人	22000人[72]	8000人[28]	—	31000人

本表根据《帝国统计年鉴》制成

[ ]内为%。

( )内为皇族人数,它未加算在华族数中,1884－1890年不包括等外官,即为敕、奏、判任(含准敕、奏、判任官)的合计。1885年无统计数字。

引自升味准之辅:《日本政党史》第2卷第28页,东京大学出版社,1968年第2版。

另外,必须特别强调指出,由于萨摩、长州、土佐、肥前等西南诸藩的下级武士,是明治维新的主要推动力量和指导力量,所以在明治时代,日本政府的高级官僚,大都出身西南四藩即萨摩藩(今九州的鹿儿岛县)、长州藩(今本州的山口县),土佐藩(今四国的高知县)和肥前藩(今九州的佐贺、长崎县内)的士族即下级武士。例如,在太政官时代(1868－1885年),26名参议大都出身上述四藩的下级武士,其中处于第1位的是鹿儿岛(共9人,如西乡隆盛、大久保利通、寺岛宗则、黑田清隆、西乡从道、松方正义、大山岩等),第2位是山口(共7人,如木户孝允、伊藤博文、山县有朋、井上磬、山田显义等),第3位是高知(共5人,如板垣退助、后藤象二郎,福冈孝弟、佐佐木高行等),第4位是佐贺(共2人,副岛重臣、大隈重信)。

参议出身县别人员数③

出身县	人数(人)	比率(%)
鹿儿岛	9	34.6
山口	7	27.0
高知	5	19.0
佐贺	2	7.7
长崎	2	7.7
静冈	1	4.0
合计	26	100

又,在太政官时代34名各卿(各部部长)人员数中,皇族、前藩主各占5.7%,原公卿占

17.6%，士族占70.6%；从各卿的出身地区来看，长州7人，鹿儿岛6人，长崎、高知各3人，佐贺、静冈各2人，名古屋1人。这就是说，在各卿的人数中，士族占绝大多数，而其中又多数出身前萨长土肥各藩。请参看下表：

各卿身份别人员数[4]

身份	人数(人)	比率(%)
皇族	2	5.7
原公卿	6	17.0
前藩主	2	5.7
士族	24	70.6
合计	34	100

在陆海军高级将领中，也有同样的情况。如截至1898年，在10名陆军大将中，皇族3人，山口3人，鹿儿岛4人。陆军中将的总数为63人，除皇族3人、公卿1人外，其余全部出身士族，内山口占第1位(20人)，鹿儿岛占第2位(14人)，高知为3人，福冈为5人。陆军少将的总数为203人(1902年)，除皇族4人、公卿17人外，其余大都是士族，内山口占第1位(55人)，鹿儿岛占第2位(32人)，高知为2人，福冈为6人。海军方面，1901年，西乡从道、桦山资纪、伊东祐亨、井上良馨四员海军大将，全部是鹿儿岛的士族。海军中将的总数为25人(1874年至1902年)，其中鹿儿岛为13人，佐贺3人，静冈、山口各2人。海军少将的总数为55人(1871年至1902年)，其中鹿儿岛为22人，佐贺为6人，静冈、山口各5人[5]。

不难看出，在明治时代，日本的高级官僚和高级将领，多数都出身原萨长土肥诸藩的士族即下级武士。这些士族官僚或藩阀官僚，早年均出生入死地参加过尊王攘夷和武力倒幕运动。在明治维新时期，作为实力派或当权派，他们积极参与奉还版籍，废藩置县，改革地税，秩禄处分，建立内阁，颁布宪法等各项改革，大力推选富国强兵、殖产兴业、文明开化等资本主义近代化政策。他们是封建幕藩体制的掘墓人，是维新改革事业的推进者。

但是，作为高级官僚和高级将领(明治时代初期，没有纯粹的文官和武官的区别，有不少文武兼职的事例)，他们竭力鼓吹效忠天皇和天皇政府，视平民为顽民或愚民，残酷镇压自由民权运动，积极推行并吞朝鲜、蚕食中国的大陆政策。在生活方面，正如福泽谕吉所说："该藩(指萨摩藩)的士族，政府的官员，均逐渐染上都会的恶劣风气，成为买妾聘妓者，或成为金衣玉食、穷奢极侈者。"[6]高级官僚的专制和奢侈，助长了官场上的腐败之风。如明治年间的几次贪污受贿事件(山城屋和助事件、三谷三九郎事件、北海道开拓使官有物资处理事件等)，均同藩阀官僚直接插手有关。

但是，明治时代末期，老一代官僚即藩阀官僚，大都相继或即将离开政治舞台，其主要原因有二：

第一，年龄的因素。在老一代官僚中，被称为明治维新三杰的西乡隆盛、大久保利通和木户孝允，均由于健康或其他原因过早地离开人间。比他们年轻几岁或十几岁的伊藤博文、山县有朋、井上馨、松方正义、黑田清隆、西乡从道、大隈重信、板垣退助等人，大都在明治末年或一战期间故去，只有松方、山县、大隈、板垣四人一直活到一次大战结束以后，但这时他们都是八十几岁的老人，在政治上已经不起多大作用了。生老病死、新陈代谢，是不可抗拒的自然规律。

第二，知识的因素。老一代官僚虽有丰富的斗争经验和杰出的管理才能，但由于没有受过正规的高等教育,缺乏管理近代国家的知识。为了培养新型的国家建设人才,他们先后派出一些青年学生赴西方国家留学。这批学成归国的留学生,后来有不少人成为明治前期著名的高级官僚。但由于他们的人数很少,起不了足够人数的接班人的作用。因此,只有东京帝国大学毕业、高等文官考试合格的所谓专门官僚,才能成为接替老一代官僚的新一代官僚的主流。

二、新旧两代官僚的交替和换代

明治时代末期,东京帝大毕业生,开始成为官界的主流。与老一代官僚不同,这批新一代官僚具有以下几个特征:

第一,东京帝大法学部毕业,拥有“高度的专门的知识”。

第二,高等文官考试合格,按照高文考试成绩被官厅录用。

第三,新毕业生优先录用的原则,平均录用的年龄为24.2岁,所以东大官僚大都年富力强,并对组织有所谓“忠诚心”。

第四,按照工作业绩逐渐晋升,明治年间官吏晋升速度最快,以大藏省为例,4－8年升课长;10－13年升局长;15－17年升次官。外务省第20个年头升任大使,内务省第11－13年头升任知事。当然,这是一般的速度,不同的人升任速度有很大的不同。

东大官僚在日本史中通称专门官僚。他们是“东大法学部毕业、高等文官考试合格,参与行政实务的专门化的官僚”[⑦]。是“资本主义、帝国主义各项政策即法律体系的直接设计者、制定者和执行者”[⑧]。

关于新旧两代官僚的交替时间问题,日本学者有以下几种不同的看法:

升味准之辅在《日本政党史论》(共七卷)一书中指出:“帝国大学成为国家的阶层的生产装置,它所生产的职业官僚的第一线占据1900年以后官僚机构的中枢地位,1910年代达到了顶点”,“1910年的前后10年,也就是从日俄战争到第一次世界大战爆发这一期间,是新旧两代官僚的交替时期,但两者在性格和能力方面有相当大的差异”。该书提出的论据是,首先在中央官厅方面,东大毕业生最早成为内务次官者,是1887年的一木喜德郎,1890年的床次竹二郎,1892年的水野练太郎,1895年的下冈忠治,1895年的久保田政周,1898年的小桥一太;最早成为警保局长者,是1888年的仲小路廉,1895年的久保田政周,1898年的大田正弘,1891年的冈喜七郎,1897年的安河内麻吉,1898年的汤浅仓平,1897年川材竹治;最早成为警视总监者,是1897年的龟井英三郎,1890年的冈田文次,1891年的冈喜七郎,1895年的伊泽多喜男和西久保弘道。其次在地方长官(知事)方面,东大毕业生最早成为知事者,在东京府为1914年,在京都府为1916年,在长崎县为1912年,在新泻县为1912年,在枥木县为1906年,在三重县为1908年,在爱知县为1913年,在静冈县为1903年,在山梨县为1900年,在宫城县为1905年,在岩手县为1907年,在山形县为1906年,在秋田县为1899年,在富山县为1902年,在山口县为1902年,在和歌山县为1907年,在爱媛县为1909年,在福冈县为1913年,在熊本县为1912年。帝大毕业的知事,1910年为21名,1911年为26名,1912年为31名[⑨]。

但芝原拓自在《岩波讲座日本历史》(15卷近代2)一书中认为,“高级行政官”以中日甲午战争为分界线,其主要负责人迅速地进行了更替。他明确指出:帝国大学法学科出身的所谓“专门官僚”,自中日甲午战争前后以来已开始进出行政的中枢部局,从1900年起开始独占了它的顶点。详见下表：

明治时代至大正末期各省高级官僚(大臣和大审院长除外)及帝大出身者比率[⑩]

省	官职名称	最初的帝大出身者	就任年次	以下帝大出身者所占比率	主要帝大出身官僚及就任年次
外务省	亚洲局长	加藤高明	1894	10/19	内田康哉 1898
	通商局长	高田旱苗	1897	7/19	内田 1897,石井菊次郎 1904
	次官	都筑馨六	1898	8/17	内田 1900,石井 1908,币原喜重郎 1915
内务省	土林局长	都筑馨六	1894	12/16	水野练太郎 1910
	地方局长	柴田家门	1899	11/15	吉原三郎 1902,床次竹二郎 1906,水野 1911
	卫生局长	森田茂吉	1902	11/11	
	警保局长	古贺廉造	1906	12/15	
	次官	吉原三郎	1906	16/16	一木喜德郎 1906,床次 1911,水野 1913,下冈忠治 1914
文部省	普通学务局长	木场贞长	1893	9/12	
	专门学务局长	高田旱苗	1898	7/8	
	实业学务局长	冈田良平	1901	7/7	
	次官	都筑馨六	1897	10/17	冈田 1901(以下只有帝大出身)
大藏省	银行局长	加藤高明	1891	7/8	添田寿一 1893
	主税局长	加藤高明	1892	7/8	若槻礼次郎 1904
	主计局长	阪谷芳郎	1897	9/9	市来乙彦 1911
	次官	添田寿一	1898	17/19	阪谷、若槻、胜田主计、浜口雄幸等
农商务省	农务局长	藤田四郎	1893	8/14	下冈 1908,冈本英太郎 1920
	工务局长	志村源太郎	1897	6/7	
	商务局长	木内重四郎	1898	10/15	冈本 1918
	矿山局长	田中隆三	1899	6/6	
	山林局长	久米金弥	1905	8/8	冈本 1912
	水产局长	神山润治	1906	5/6	
	次官	藤田四郎	1898	10/20	久米 1907,下冈 1912,冈本 1922
递信省	储金局长	小松谦次郎	?	9/9	
	邮政局长	久米金弥	1898	9/9	小松 1900
	管船局长	内田嘉吉	1901	4/4	汤川元臣 1910
	次官	小松谦次郎	1911	11/11	浜口 1912,汤川 1914
司法首	民事局长	石渡敏一	1902	10/10	古沼骐一郎 1906,铃木喜三郎 1913
	行政局长	河村谦三郎	1906	3/6	
	刑事局长	平沼骐一郎	1911	5/8	铃木 1912
	次官	石渡敏一	1903	8/9	河村,平沼,铃木等
	检事总长	松室鉎太郎	1906	5/6	平沼 1912,铃木 1921

备考

(1)本表主要根据《历代显官录》制成,国外大学毕业者和高等文官考试合格者除外,临时兼任者也除外,不言而喻的是这些显要官吏后来许多人均成为大臣。

(2)关于道府县知事,自 1897 年荒川义太郎、1898 年吉原三郎、1901 年石原健三、1902 年亀井英三郎出任各县知事时起,也包括他们调查转任在内,明治末年已被帝大出身者独占。

(3)驻主要国家(英美法中等)的大使,自 1894 年加藤高明,1901 年内田康哉时起,帝大出身者占过半数,法制局长官自 1900 年起占 11/16,内阁书记官长自 1901 年起占 13%。

(4)对于殖民地台湾和朝鲜,虽然是在军政统治之下,但是随着文官指挥下各部局的设立,帝大出身者几乎独占了各部局长官的地位。

(5)宫内省、枢密院原则上从略,但宫内次官自1910年起为3/3,枢密院书记长官自1903年都筑馨六起为5/7。

又,原秀三郎等人在其编著的《大系日本国家史》一书中指出:所谓专门官僚,就其出身而言拥有高度的专门知识,按照资格任用制被政府录用,实质上是由东京帝国大学出身者构成,超越藩阀的利害关系制定和执行帝国主义的政策体系的官僚群。这批东京帝大出身的专门官僚,在官僚机构的人员构成中占据支配地位的时间是:特别需要高度的专门知识的经济官僚,从比较早的时期起帝大出身者就担任主要职务,如在大藏省,帝大出身者在中日甲午战争以前就有一部分人担任政府要职,而在中日甲午战争以后则几乎占据支配的地位。在农商务省也有类似的情况。外务官僚,以及包括道府县知事在内的内务官僚等,从总体上看帝大出身的专门官僚占支配地位的时间是在日俄战争以后。详见下表:

主要省厅中帝大出身专门官僚占支配地位的时间[11]

省	官职名称	年代	人名
外务省	次官	1906年以降	内田　康哉　以降
	通商局长	1904年以降	石井菊次郎　以降
	商务局长	1908年以降	仓知　铁吉　以降
	大使　英	1908年以降	加藤　高明　以降
	法	1912年以降	石井菊次郎　以降
	德	1920年以降	日置　斋　以降
	美	1909年以降	内田康哉　以降
	意	1908年以降	林　权助　以降
	中国	1901年以降	内田　康哉　以降
	俄国	1916年以降	内田　康哉　以降
内务省	次官	1906年以降	吉原　三郎　以降
	地方局长	1902年以降	吉原　三郎　以降
	警保局长	1906年以降	久保田政周　以降
	土木局长	1898年以降	南部光臣　以降
	知事　(	1907年　=	18/46名)
		1912年　=	30/46名
农商务省	次官	1907年以降	久米　金弥　以降
	农务局长	1903年以降	酒切　常明　以降
	商务局长	1898年以降	酒切　常明　以降
	工务局长	1897年以降	志村源太郎　以降
	矿山局长	1899年以降	堀四连太郎　以降
	山林局长	1907年以降	中川友次郎　以降
	水产局长	1906年以降	神山　润次　以降

大藏省	次官	1898 年以降	添田　寿一　以降
	主计局长	1897 年以降	阪谷　芳郎　以降
	主税局长	1892 年以降	加藤　高明　以降
	理财局长（监查局）	1903 年以降	水野袈裟六　以降
	银行局长	1891 年以降	加藤　高明　以降
	造币局长	1913 年以降	池袋秀太郎　以降
司法省	次官	1903 年以降	石渡　敏一　以降
	民刑局长	1902 年以降	石渡　敏一　以降
	监狱局长	1906 年以降	河村谦三郎　以降
	大审院长	1921 年以降	富谷　太郎　以降
	检事总长	1906 年以降	松室　致　以降
递信省	次官	1911 年以降	小松谦次郎　以降
	邮政局长	1900 年以降	小松谦次郎　以降
	储金局长	1891 年以降	小松谦次郎　以降
	管船局长	1901 年以降	内田　嘉吉　以降
	铁道局长	1899 年以降	犬琢胜太郎　以降
文部省	次官	1901 年以降	冈田　良平　以降
	普通学务局长	1898 年以降	嘉纳治五郎　以降
内阁	内阁书记官长	1901 年以降	柴田　嘉门　以降
	法制局长官	1900 年以降	奥田　义人　以降

注：根据井尻常吉编《历代显官录》制成。

又，对殖民地台湾和朝鲜，虽然是在军政的统治之下，但在台湾、朝鲜的武官总督下的殖民地官僚制中，自日俄战争以后其主要的官职也是帝大出身的专门官僚占统治地位，详见以下两表：

朝鲜总督府主要机构中专门官僚占支配地位的时间[12]

官职名称	姓名	专门官僚占支配地位的时间
政务总监	水野练太郎以降	1919 年以降
内务部长官	宇佐美腾夫以降	1910 年以降
度支部长官	荒井贤太郎以降	1910 年以降
农商工部长官	木内重四郎以降	1910 年以降
司法部长官	横田五郎以降法务局长官	1919 年以降

台湾总督府主要机构中专门官僚占支配地位的时间[13]

官职名称	姓名	专门官僚占支配地位的时间
民政长官(1)	内田嘉吉以降	1910 年以降
地方长官(2)	龟山理平太以降	1911 年以降
财务局长(3)	中村是公以降	1906 年以降
殖产局长(4)	宫尾舜治以降	1907 年以降
警视总长	大津麟平以降	1908 年以降

注：(1)1898 年民政局长——民政长官。(2)1911 年设置。(3)1897 年设置。(4)1901 年设置。

本表根据《历代显官录》制成。

总之，自中日甲午战争以后，特别是在日俄战争以后，在中央和地方政府的中枢机构中，在台湾和朝鲜的武官总督之下殖民地官僚机构中，日本新一代的官僚即东京帝大出身的专门官僚，逐渐接替老一代的官僚即以萨长土肥四藩为核心的藩阀官僚占据统治的地位。新旧官僚的交替过程大体上到第一次世界大战爆发时基本完成。

文官的情况大致如此,那么武官的情况怎样呢?为了培养年轻一代的青年军官,日本于1874年创立陆军士官学校,1876年创立海军兵学校;1883年又建立陆军大学校,1888年建立海军大校。陆军大学校和海军大校培养出的专门的军事官僚,分别形成了陆大派阀和海大派阀。陆大和海大出身的专门的军事官僚的支配化倾向,在陆军中包括省部在内,大体上是在日俄战争前后形成,大正初年完成;在海军中包括省部在内,大致是在日俄战争时期以后至明治末年完成。详见下表:

陆大、海大出身者在陆海军省部的主要职务中占支配地位的时期⑭

	职务	年代	人名
陆军	次官	1911年以降	冈市之助以降
	参本次长	1915年以降	明石元二郎以降
	教育本部长	1913年以降	斋藤力三郎以降
	军务局长	1908年以降	长冈外史以降
	人事局长	1912年以降	河合操以降
	参本总务部长	1902年以降	井口省吾以降
	第一部长	1902年以降	松川敏胤以降
	第二部长	1906年以降	松室安治以降
	第三部长	1901年以降	大泽界雄以降
	第四部长	1899年以降	东条英教以降
	陆大校长	1902年以降	藤井茂太以降
海军	次官	1906年以降	加藤友三郎以降
	军令部次长		
	教育本部长		
	官务长(高级副官)	1899年以降	寺垣猪三以降
	军务局长	1912年以降	江头安太郎以降
	人事局长	1909年以降	土屋保以降
	舰政本部长	1908年以降	松本和以降
	第一班长	1906年以降	川岛令次郎以降
	第二班长	1904年以降	森越太郎以降
	第三班长	1904年以降	江头安太郎以降
	第四班长	1905年以降	江头安太郎以降
	海大校长	1910年以降	川岛令次郎以降

根据日本近代史料研究会编《日本陆海军的制度、组织、人事》制成

三、战前日本高级官僚的知识化水平

20世纪的头几年,东大出身的专门官僚,开始担任各省大臣。以外务省为例,自1900年10月东大出身的加藤高明出任外务大臣,到1945年8月铃木贯太郎内阁倒台,在历时40年另10个月中,先后有37名外务大臣(包括兼任和临时兼任者在内),其中东大出身者为13人(内有1人5任、4人4任、2人2任、6人1任),任职时间计为27年另10个月,约占总时间的68%⑮。再以内务省为例,从1915年8月东大出身的一木喜德郎出任内务大臣,到1945年8月铃木内阁垮台,历时30年另半个月,先后有29名大臣,其中东大出身者为19人,任职时间共有18年另1个半月,约占总时间的60%⑯其他各省也有类似情况。例如,从

1906年1月东大出身的阪谷芳郎出任大藏大臣，到1945年8月日本无条件投降，先后有大藏大臣28人，其中东大出身者为17人。又如，从1913年11月（东大出身者奥田义人出任司法大臣）到1945年8月共有27名司法大臣，其中东大出身者为14人。

第一次世界大战后，东大出身的专门官僚，又开始向内阁总理大臣的殿堂进军。如从1918年11月到1945年8月，在21名内阁总理大臣中，东大出身者共有5人，即加藤高明、若槻礼次郎、浜口雄幸、广田弘毅、平沼骐一郎；其他文官出身者也是5人，即原敬（司法省法律学校中途退学）、高桥是清（美国留学生）、清浦奎吾（山县有朋的直系官僚）、犬养毅（庆应义塾业）、近卫文麿（京都帝国大学毕业）。除上述10人外，另外11人全为军人，其中陆军方面，田中义一、林铣十郎、阿部信行、东条英机和小矶国昭，均为陆军大学毕业；在海军方面，山本权兵卫为海军兵学寮毕业，加藤友三郎、斋藤实和米内光政为海军兵学校毕业，冈田启介和铃木贯太郎则为海军大学毕业。由此可见，在1918－1945年21名内阁总理大臣中，不论是文职出身者，还是军人出身者，绝大多数人都有较高的学历。

总之，自中日甲午战争，特别是日俄战争以后，日本老一代藩阀官僚大都故去或退居二线，新一代东大官僚逐渐接替他们担任局长、次官、府县知事及各省大臣和总理大臣的职务。及至20世纪40年代的前半期，这批以东京帝大毕业、高文考试合格为主体的受过专门教育和严格职业训练的新一代官僚，在中央和地方的政权机构中都占有支配的地位。这一事实表明，自明治维新以后，由于大力发展教育事业，积极推进高等文官考试制度，战前日本的高级官僚在知识化程度方面已经达到了相当高的水平。

但是，必须特别强调指出，战前日本是一个军国主义帝国主义国家，对内实行残暴的军部法西斯统治，对外疯狂地推行侵略战争政策。高级官僚是统治集团的核心力量。他们狂热地效忠天皇和天皇政府，是资本主义帝国主义各项政策的制定者、执行者或支持者；他们当中的一些人甚至罪大恶极，战后被远东军事法庭定为甲级战争罪犯；也有一大批人由于犯有这样或那样的罪行，受到剥夺公职的处分。

注释：

①③④⑤⑥　福地重孝：《士族和士族意识》（日文版），春秋社，1956年版，第323－324页；第326页；第327页；第339－341页；第334－337页。

②　升味准之辅：《日本政党史论》（日文版）第2卷，东京大学出版会，1968年版，第28页。

⑦⑨　升味准之辅：《日本政党史论》第4卷，东京大学出版会，1975年版，第166页；第202－204页。

⑧⑩　芝原拓自："近代天皇制论"，见岩波讲座《日本历史》第15卷近代2，东京大学出版会，1976年版，第340页；第338－341页。

⑪⑫⑬⑭　原秀三郎、峰岸纯夫、佐佐木润之介、中村正则编著：《大系日本国家史》5近代Ⅱ，东京大学出版会，1976年版，第45－46页；第53－54页；第53－54页；第49－53页。

⑮　关于1900年10月至1945年8月历届外务大臣的名单、学历、任职时间以及东大出身的外务大臣的任职时间所占的比率，主要参考以下两类书籍，一是《内阁制度七十年史》历代内阁一览，第646－666页；二是部分外务大臣的传记和词条。

⑯　关于1915年8月至1945年8月历届内务大臣的名单、学历、任职时间以及东大出身的内务大臣的任职时间所占的比率，也是参考以下两类书籍，一是《内阁制度七十年史》第650－666页；二是部分内务大臣的传记和词条。

第五节　东京帝大毕业、高文考试合格的"专门官僚"是资本主义帝国主义各项政策的设计者、制定者和执行者

日本学者所说的"专门官僚",大都是东京帝大毕业,多数人高文考试合格,具有共同的优越条件。但由于他们出身入仕的历史背景和官职性质的不同,又由于他们的门第、思想、活动能力、奋斗目标和政治走向的不同,所以最终的功过成败和历史命运也有很大的不同。故专门官僚并不是铁板一块,一概肯定和全盘否定都不对,对具体的人和具体的事要作具体的分析。从大的方面看,有一些人虽然有这样或那样的问题,或者对他们有这样或那样的评价,但总的来说他们仍然是具有代表性的资产阶级政治家、外交家、教育家、思想家;但也有一些人,由于顽固推行侵略战争政策和施行法西斯独裁统治,最后堕落为法西斯战争罪犯或受到掠夺公职的整肃处分。下面就想依照这一标准,主要从以下两个方面,试图以列举的方式,对东大毕业高文合格的专门官僚作以下分析。

一、东大毕业高文合格的具有代表性的资产阶级政治家、外交家、教育家、思想家

1. 专门官僚出身、任过高级官职的具有代表性的资产阶级政治家

(1)大正和昭和时代出身专门官僚、任过内阁总理大臣的老一辈资产阶级政治家

以下面六人为例:

一是加藤高明(1860－1926年)。

日本明治大正时代资产阶级政党政治家。三菱财阀岩崎弥太郎的女婿。东京大学法学部毕业(1881年)。历任驻英公使、外务大臣等职。力主参加第一次世界大战,强硬要求对华"二十一条"。1916年组织宪政会任总裁,1924年组成护宪三派(宪政会、立宪政友会、革新俱乐部)内阁。加藤内阁最大的历史功绩是:起草普选法案,经众参两院审议修改,公布了普遍选举法即众议院议员选举修改法(1925年5月5日)。但为了维护天皇制统治,又制定《治安维持法》(1925年4月22日),禁止以变革国体和否定私有财产制度为目的的结社和活动。对外方面,推行"币原外交",即主张与英美协调,标榜"不干涉"中国内政,以缓和日中关系,确保日本占有中国市场;同时,为恢复与苏联的邦交,签署了《关于约束日本国和苏维埃社会主义共和国之间的关系的基本法则的条约》(1925年1月20日)。由于内阁意见不统一,1925年8月,加藤自动辞职,另组宪政会单独内阁。但五个多月以后,1926年1月28日,加藤突然病死。他是东大出身的第一位内阁总理大臣①。

二是若槻礼次郎(1866－1949年)。

日本明治大正时代的大藏官僚、大正昭和时代的资产阶级政党政治家。东京帝国大学法科大学法律学科毕业(1892年)。历任主税局长、大藏次官、大藏大臣、内务大臣等职。1916年参加宪政会,投身宪政拥护运动。1924年加藤高明组阁时,出任内务大臣。1926年1月加藤病死后,继任内阁总理大臣兼内务大臣,翌年4月即总辞职。1929年滨口雄幸组阁后,1930年作为首席全权代表参加伦敦海军裁军会议,签订了关于限制和裁减海军军备的伦敦海军条约。1931年4月滨口遇刺重伤辞职后,作为立宪民政党总裁第二次组阁。九一八事变爆发后,由于无法贯彻不扩大战争的方针,又受十月事件的冲击,同年12月被迫辞

职。后来多次参加重臣会议，反对东条组阁，也反对对美开战。太平洋战争爆发后，推进和平运动，以至在日本投降后，当他作为证人出席远东国际军事法庭时，东京审判的首席检察官、美国著名律师季南，竟称他是所谓“日本真正的和平爱好者”。1949 年 11 月病死，终年 84 岁。他是东大出身的第二位内阁总理大臣[②]。

三是滨口雄幸（1870 - 1931 年）。

日本大正昭和时代大藏，内务官僚出身的资产阶级政党政治家。帝国大学法科大学政治学科毕业（1895 年），高等文官考试合格（1895 年）。历任递信次官、大藏次官等职。1924 年任加藤高明内阁的大藏大臣。1926 年任若槻礼次郎内阁的内务大臣。1927 年就任立宪民政党总裁。1929 年 7 月组织民政党内阁。1930 年 11 月被刺负重伤。翌年 4 月辞去首相职务。同年 8 月死去。滨口内阁对内实行财政紧缩，促进国民节约消费；对外以币原为外务大臣，试图展开协调外交，改善日中关系，并参加伦敦裁军会议，签署伦敦海军条约。该约签订后，在野党及右翼分子猛烈攻击内阁“侵犯统帅权”，但滨口据理坚持斗争，终于使条约获得批准。日本历史学家井上清在谈到滨口不顾军部、枢密院等专制势力的反对缔结海军条约时说：“滨口雄幸首相，代表日本资产阶级总的意志，对专制主义天皇制度的军部，给予历史上最大的打击。”[③]滨口是东大出身的第三位内阁总理大臣。

四是币原喜重郎（1972 - 1951 年）。

日本大正昭和时代资产阶级外交家、政治家。帝国大学法科大学法律学科毕业（1895 年），外交官及领事官考试合格（1896 年）。三菱财阀岩崎弥太郎的二女婿。长期在外务省和外国使馆工作，历任外务次官、驻美大使等职。在连任加藤内阁、若槻内阁、滨口内阁的外务大臣的 5 年另 3 个月中，积极推进通过称“协调外交”的所谓“币原外交”。其中心内容有二：一是在第一次、第二次加藤内阁和第一次若槻内阁时期，适应华盛顿会议体制，主张与美英协调和“不干涉”中国内政，旨在缓和愈益紧张的日华关系，确保日本在华的经济地位；二是在滨口内阁和第二次若槻内阁时期，缔结日中关税协定，签署伦敦海军裁军条约，九一八事变后提出不扩大战争的方针等。自 1931 年 12 月若槻内阁倒台，历时 5 年另 3 个月的币原外交宣告结束之后，币原在以后的 14 年中，几乎与世隔绝，从不抛头露面，但从资料上看，他十分关注国家的命运：谴责军阀短见，忧虑侵华战争的结局，反对与德意签订三国同盟，力图避免日美战争。日本评论家宇治田直义说这时的币原，怀有“身在江湖，心存家园”的忧国之志。日本投降后，1945 年 10 月，币原一跃而成为内阁总理大臣，实施一系列的民主改革。1946 年 1 月 1 日，为了维护天皇制度，发表了否定天皇神格化的“天皇人间宣言”。1 月 24 日，在会见麦克阿瑟时，陈述了关于放弃战争和废除武力的私人见解。同年 4 月辞职后，任进步党总裁，出任国务大臣。后来又根据吉田首相的推荐，就任众议院议长。他专从国际外交的见地，援助吉田首相重建国家的大业。日本学者称“币原是伟大的国际政治家”[④]。1951 年 3 月 10 日病逝。终年八十岁，他是继加藤、若槻、滨口、广田弘毅、平沼骐一郎之后，出身东大的第六位内阁总理大臣。

五是吉田茂（1878 - 1967 年）。

日本从明治时代到昭和时代的资产阶级外交家、政治家。原高知藩士竹内纲的第五子，原福井藩士横滨贸易商吉田健三的养子，枢密顾问官牧野伸显的女婿。东京帝国大学政治学科毕业（1906 年），外交官及领事官考试合格。历任日本驻中国安东、济南领事，驻天津、奉天（沈阳）总领事等职。1927 年任奉天总领事时，曾出席田中义一首相召开的东方会议，参与讨论和制定侵华政策。1928 年作为外务省次官,协助田中借口"保护日侨",派兵入侵中国的山东、河北。1936 年广田弘毅组阁时,因陆军反对未能出任外务大臣。1939 年依愿免职后,与近卫文麿等宫中势力,一直为阻止军部专断独行,防止日美开战奔走游说。1945 年 4 月 15 日被宪兵队拘留,同年 6 月底获释。日本投降后,1945 年至 1946 年,两任东久迩内阁和币原内阁的外务大臣。1946 年任自由党总裁。1946 年 5 月至 1947 年 5 月,第一次组阁任内阁总理大臣。1948 年 10 月至 1954 年 12 月,又四次组阁出任内阁总理大臣。先后五次组阁,执政长达七年多。在其执政的时期内,始终追随美国,除了积极推行政治经济改革,"集中一切力量重建国家",通过缔结旧金山对日和约促使日本回归国际社会外,还以自由党为据点培养了一批如池田勇人、佐藤荣作等战后新一代的政治家。在战后的一个时期内,吉田之后的日本政治家,大都继承吉田的战略,沿着吉田选定的道路前进⑤。1967 年 10 月 20 日病死,终年 89 岁。

六是芦田均(1887 - 1959 年)。

日本昭和时代的资产阶级外交官、政治家。生于京都府六人部庄。众议院议员芦田鹿之助第二子。东京帝国大学法律学科毕业,外交官及领事官考试合格。先后任驻俄国大使馆三等书记官,驻法国大使馆二等书记官,外务省事务官、书记官,情报部第二课长、兼情报部第三课长,驻土耳其大使馆一等书记官、大使馆参事官。1929 年,根据他在担任土耳其大使馆参事官时的研究成果,写成博士论文《关于君士坦丁堡通航的研究》,获得了法学博士学位。1930 年 7 月,出任驻比利时代理大使;由于在其任内日本发动九一八事变,出兵占领中国东北,遭到许多国家反对,而日本政府对驻外使馆的指示又矛盾百出,所以 1932 年 2 月他愤然辞职回国,并被选为众议院议员(以后连续十一次当选)。1933 - 1940 年,还任日本时报社社长。根据芦田本人的资历、业绩和学问,他如能长期在外务省任职,很有可能青云直上,直至升任高级外交官僚,但他没有选择这条道路。他反对军部专断独行,也反对在战时解散政党等恶劣作法,被认为是"反战政治家"。应该公正地指出,作为东大毕业、高文合格的专门官僚,芦田能够迈出这一重要的一步,是一件非常难能而又可贵的事。第二次世界大战结束后,由于内外形势发生了根本变化,他先是参加建立日本自由党,后来脱离自由党参与筹建民主党任总裁,历任币原内阁的厚生大臣,吉田内阁的众议院宪法改正特别委员长和片山内阁的外务大臣。1948 年 3 月组阁,任内阁总理大臣兼外务大臣,但同年 10 月便因昭和电工疑狱事件辞职,他本人也被逮捕、起诉,1958 年被宣判无罪。1959 年 6 月病死,终年 71 岁。临终前,阐述第二次世界大战远因和近因,长达 1000 余页的《第二次世界大战外交史》一书脱稿;此外还著有《巴黎和会后的欧洲外交》、《最近世界外交史》、《革命前夜的俄国》等。⑥

前面列举的六个人物,都是日本前内阁总理大臣。其中的前两位即加藤和若槻年龄最大,分别是 1860 年和 1866 年出生,后两位即吉田和芦田年龄最小,分别是 1878 年和 1887 年出生。又,前两位内阁总理大臣,都是东京大学或东京国大毕业,但由于当时日本还未实行真正意义上的高等文官考试,所以两人都没有高等文官考试合格的资格;可是后四位内阁总理大臣,都是东京帝国大学法律学科毕业,高等文官行政科考试或外交科考试合格。尽管这六个人有这样或那样的问题,或者对他们有这样或那样的评价,但从总体的情况来看,他们都是日本著名的政治家,有的人不仅是政治家,而且是外交家,如币原和吉田。

(2)昭和时代出身专门官僚、任过内阁总理大臣的新一代资产阶级政治家下面也举六人为例：

一是池田勇人(1899－1965年)。

日本昭和时代资产阶级政治家。生于广岛县地主家庭，1925年京都帝国大学法律科毕业，前一年高等文官行政科考试合格。战前任过函馆税务署长、宇都宫税务署长、主税局经理课长、东京财务局长，以及大藏省主税局长。第二次世界大战结束后，由于深受吉田首相赏识，历任大藏大臣、通商产业大臣等最高经济领导职位。1960年至1964年，三次当选为自由民主党总裁，同时三次出任内阁总理大臣，并兼任对外经济合作审议会会长、经济企划厅长官、自民党财务委员会委员长。池田内阁时代最主要的经济成果是，超前完成了《国民收入倍增计划》(1961－1970年)，国民经济高速增长，国民收入大幅度提高，以至日本评论家中岛诚说：池田勇人是"渡过经济高度成长的幸运儿"，是"夙愿得偿的经济学宰相"。⑦1965年8月13日病逝，终年仅67岁。

二是佐藤荣作(1901－1975年)。

日本昭和时代资产阶级政治家。生于山口县。岩信介的胞弟。1924年东京帝国大学法律学科毕业，前一年高等文官行政科考试合格。战前任过铁道省监督局长、铁道省监理局长、运输通信省汽车局长、大阪铁路局长。第二次世界大战结束后，作为吉田学校的得意门生，历任内阁官房长官、邮政大臣、电气通信大臣、建设大臣、北海道开发厅长官等职。1957年加入自由民主党任总务会长。1958－1960年任大藏大臣，1961－1962年任通商产业大臣，1963－1964年任北海道开发厅长官兼科学技术厅长官。1964年11月至1972年任自由民主党总裁，同时连续三次任内阁总理大臣，执政时间达7年另8个月之久，是昭和时代执政时间最长的内阁总理大臣。单从政治家的形象而论，佐藤远不如他的"老师"吉田茂，但他是一个非常幸运的人物，1974年12月获得诺贝尔和平奖⑧。

三是福田赳夫(1905－1995年)。

日本昭和时代资产阶级政治家。1929年东京帝国大学法律学科毕业，前一年高等文官行政科考试合格。战前任过横滨税务署长、汪伪政府经济顾问、总务局文书课长，兼大臣官务房秘书课长。战后出任银行局长、主计局长。1952年以来11次当选为众议院议员。1959年岸信介内阁时任自由民主党干事长。历任农林大臣(1959－1960年)、大藏大臣(1965－1966年，1968－1971年)、外务大臣(1971－1972年)、行政管理厅长官(1972－1973年)、大藏大臣(1973－1974年)、经济企划厅长官(1974－1976年)等职。1976年12月至1978年12月，任自由民主党总裁，出任内阁总理大臣。福田与岸信介的政治理想一致，被称为"保守体制右派的后起之秀"。福田与池田不同，池田主张收入倍增的经济高度成长政策，而福田则主张制止通货膨胀的经济稳步成长政策⑨。

四是太平正芳(1910－1980年)。

日本昭和时代资产阶级政治家。生于香川县一个农民家庭。1926年东京商科大学毕业，前一年高等文官行政科考试合格。任过横滨税务署长、东京财务局间接税部长、大藏事务官、大藏大臣秘书官。二战结束后，经给与局第三课长、间接税部消费课长、大藏大臣秘书官，1952年至1980年连续被选为众议员议员，先后任过内阁官房长官(1960年)、外务大臣(1962－1964年)、通商产业大臣(1968－1970年)、外务大臣(1972－1974年)、大藏大臣(1974－1976年)。1978年12月当选自由民主党总裁。1978年12月－1980年11月两任内阁总理大臣。大平积极主张发展日中友好关系。1972年秋，作为外务大臣陪同田中角荣首相访华,为中日邦交正常化作出了贡献。1974年初,他再度访华,签订了《中日贸易协定》。1979年底,又以内阁总理的身份访问我国,发表了著名的《迈向二十一世纪的日中关系》的讲演。1980年6月12日病逝,终年71岁[10]。

五是中曾根康弘(1918－　　)。

日本昭和时代资产阶级政治家。生于群马县高崎市一个木材商家庭。1941年东京大学法学部政治学科毕业,前一年高等文官行政科考试合格。战前任过海军主计中尉、大尉、少佐(1945年9月)。不久编入预备役,任警视厅监察官。1947年28岁时当选众议院议员(此后连续17次当选)。历任科学技术厅长官(1959－1960年)、拓殖大学总长(1967－1971年)、运输大臣(1967－1968年)、防卫厅长官(1970－1971年)、通商产业大臣(1972－1974年)、行政管理厅长官。1982年11月,出任自民党第11任总裁,同时就任日本第71届内阁总理大臣。先后三次组阁,执政时间约五年(1982－1987年)。中曾根刚一上台,就提出"战后总决算"的口号,主张消除"经济巨人,政治侏儒"的"跛子日本"的国家形象,使日本成为建立在经济及军事大国基础之上的"政治大国"、"国际国家"。中曾根在总理大臣任内曾两次访问中国,与中国共同提出了中日四原则(和平友好,平等互利,相互依赖,长期稳定),创立了"中日21世纪委员会"。中曾根喜爱读书写书,50年间撰写近40部书,主要有1978年出版的《新的保守理论》、1982年出版的《我这样认为》、1996年出版的《天地有情——中曾根康弘回顾50年来的战后政治》等[11]。

六是宫泽喜一(1919—　　)。

日本昭和时代资产阶级政治家。众议院议员宫泽裕之长子。1941年东京帝国大学法学部政治学科毕业,同年高等文官行政科考试和外交科考试均合格。战前任过大藏省属官、沼泽税务署长、芝税务署长、大藏省事务官、大藏大臣秘书官。二战结束后,任大藏大臣秘书官,兼通商产业大臣秘书官。后两次当选参议院议员(1953－1965年),九次当选为众议院议员,历任文部省政务次官(1959－1960年)、经济企划厅长官(1962－1964年、1966－1968年),通商产业大臣(1970－1971年)、外务大臣(1974－1976年)、经济企划厅长官(1977－1978年)、内阁官房长官(1980－1982年)、大藏大臣(1986－1988年)等职。1991年11月,当选自由民主党总裁,出任内阁总理大臣(1991年11月至1993年8月)。宫泽内阁推行以"日美欧为主体,以日美为主导的积极主动的政治外交",但又提出"日中关系与日美关系是日本外交的两大车轮",一再表示"要进一步发展对华关系",日中两国保持亲密的友好关系,"不仅对日中两国,而且对亚洲和世界和平都是很重要的"[12]。

上述六名首相比前六名首相的年龄小得多,因而没有经历前六名曾经遭受过的磨难,如佐藤突然病死,滨口被刺身亡,若槻和币原早就上了右翼团体的暗杀黑名单,吉田被宪兵队关押一个半月,芦田愤然辞去外交官职,甚至直到战后初期担任首相时,又在非常复杂的国际国内形势下,因牵连到贪污受贿事件而被逮捕起诉……又上述六名首相虽然年纪较轻,但都具备专门官僚两个基本条件,即东京帝大毕业和高文考试合格(池田则为京都帝大毕业,太平则是东京商大毕业),可是他们当时的官职比较低,有些人没有直接参与侵略战争,有的人虽然参加过侵略战争,但并没有多大罪行。所以,在新的历史条件下,他们都能充分地施展自己的内政外交才能,成为历史的幸运儿,如池田实现了国民收入倍增计划,佐藤荣获诺贝尔和平奖,至于中曾根尽管对其褒贬不一,但在具备"开拓型的首相之才"的评价上却几无争议。

2. 在明治、大正和昭和时代，同样出身专门官僚但担任官职略低的资产阶级政治家；或者虽然未担任政府官职，担任过大学总长或教授的资产阶级教育家、法学家、政治学家或经济学家。

下面拟列举以下人为例：

一是南弘（1869 – 1946 年）。

明治时代到昭和前期出身官僚的日本资产阶级政治家。1896 年帝国大学政治学科毕业，同年高等文官考试合格。历任贵州院议员（1912 – 1936 年）、福冈县知事（1913 – 1914 年）、文部次官（1918 – 1922 年）、台湾总督（1932 年）、递信大臣（1932 – 1934 年）、枢密顾问官（1936 – 1946 年）等职。南弘先生显彰会曾编著《南弘先生的人品和业绩》（1979 年版）。

二是市来乙彦（1872 – 1954 年）。

是日本大正、昭和时代的大藏官僚、资产阶级政治家。1896 年帝国大学政治学科毕业，同年高等文官考试合格。先后任过贵族院议员（1918 – 1947 年）、大藏大臣（1922 – 1923 年）、日本银行总裁（1923 – 1927 年）、东京市长（1928 – 1929 年）、参议院议员（1947 – 1950 年）。

三是江木翼（1873 – 1932 年）。

日本大正、昭和时代的官僚、资产阶级政治家。1897 年帝国大学法律学科毕业，同年考入帝国大学研究院。1898 年高等文官考试合格。1934 年获法学博士学位。曾被选为贵族院议员（1916 – 1932 年），先后任过内阁书记官长（1914 – 1915 年）、司法大臣（1925 – 1927 年）、铁道大臣（1929 – 1931 年）。参见 1939 年日本出版的《江木翼传》。

四是冈崎胜男（1897 – 1965 年）。

1922 年东京帝大经济学科毕业、高等文官外交科考试合格。战前任过驻上海大使馆参事官、外务省调查局长。二战结束后，先后任过终战联络中央事务局长官、外务省总务部长、外务次官、众议院议员（1949 – 1955 年）、内阁官房长官（1950 年）、外务大臣（1952 – 1954 年）、特命全权大使、联合国日本政府代表（1961 – 1963 年）、外务省顾问（1963 年）等职。

五是山田义见（1899 – 　　）。

1923 年东京帝大法律学科毕业，前一年高等文官行政考试合格。战前任过名古屋地方专卖局长、大阪财务局长。二战结束后，历任大藏次官（1946 – 1947 年）、日本劝业银行会长（1950 – 1954 年）、会计检察院院长（1959 – 1961 年）、日本证券保有组合理事长（1965 – 1969 年）等职。

六是佐藤达夫（1904 – 1974 年）。

1928 年东京帝国大学政治学科毕业，同年高等文官行政科考试合格。战前任过法制局专任参事官、法制局第二部长。第二次世界大战结束后，历任法制局第一部长、法制局次长、法制局长官（1947 – 1948 年、1952 – 1954 年）、人事院总裁（1962 – 1974 年）等职。在此期间，除负责日本国宪法的立案事项外，还直接参与国家公务员法的修订和实施工作。主要著作有《日本国宪法成立史》、《国家公务员制度》（平成九年版，有中译本）。

七是南原繁（1889 – 1974 年）。

日本大正、昭和时代的教育家、政治学者。1914 年东京帝大政治学科毕业，同年高等文官考试合格。曾在内务省警保局任职，后辞职任东京帝大法学部助教授。1921 – 1924 年赴欧洲留学，1925 年起任东京帝大法学部教授，1929 年担任政治学、政治学说史第一讲座，

1945年任东京帝大法学部长。先后被选为贵族院议员(1946－1947年)、东京帝大总长(1945－1947年)、东京大学总长(1947－1951年)、日本学士院院长(1970－　　)。主张学问的自由和大学的独立,专政政治学说史和政治哲学,曾刊印《南原繁著作集》全十卷(岩波书店)[13]。

八是大内兵卫(1888－1980年)。

日本经济学家、财政学家。1913年东京帝大经济学科毕业,前一年高等文官考试合格。1919年任东京帝大经济学部助教授,担任财政学讲座。1920年因森户笔祸事件被迫退职。1921年赴欧洲留学。1923年任东京帝大经济学部教授,担任财政学第二讲座。1938年因人民战线事件被捕,后来被宣判无罪。日本投降后,1945年12月恢复东大教授职务,担任财政学第一讲座。1947年获经济学博士学位。大内在东大任教期间,一直主讲财政学,著有《财政学大纲》(上下两卷),并译过恩格斯的《社会主义从空想到科学的发展》等著作。日本曾出版《大内兵卫著作集》全12卷(1974－1975年)[14]。

九是平野义太郎(1897－1980年)。

日本马克思主义法学家。1921年东京帝国大学法律学科毕业,前一年高等文官行政科考试合格。1923年任东京帝大法学部助教授。1927年为研究民法赴法国留学三年。1930年因受到检举被免除公职。1932年,与大塚金之助、野吕荣太郎、山田盛太郎一起,编著《日本资本主义发展史讲座》(全七卷),成为所谓"讲座派"的理论的指导者之一。第二次世界大战结束后,历任中国研究所所长(1946－1960年)、日本和平委员会会长(1956年)、国际民主法律协会副会长(1957年)等职。1962年获法学博士学位。其研究领域,包括法学、政治学、经济学和历史学,主要著作有《法律中的阶级斗争》(1925年)、《日本资本主义社会的机构》(1934年)、《日本资本主义的机构和法律》(1948年)[15]。

十是我妻荣(1897－1973年)。

日本昭和时代具有代表性的民法学者。1920年东京帝国大学法学部毕业,前一年高等文官行政科考试合格。1922年任东大法学部助教授。1923年起赴欧美留学二年。1927年升任东大法学部教授。第二次世界大战结束后,历任东京帝大法学部长(1945－1948年)、贵族院议员(1946－1947年)、法务省特别顾问(1956－1957年)。1961年获法学博士学位。1964年获得文化勋章。我妻荣在大学中,先后多次担任民法第三讲座、民法第二讲座、民法第一讲座,终生研究民法中的专门问题,并作为农地改革、家族法改正等法制审议委员,参与许多立法工作,起了指导性的作用。主要著作有《民法讲义》、《民法大意》、《近代法中债权的优越地位》、《亲族法》等[16]。

以上述10人为例,可以明显地看出,出身专门官僚,担任官职比内阁总理大臣略低的资产阶级政治家,是日本高级官僚的重要组成部分。除此以外,同样是东大毕业和高文合格,但由于各种原因并未担任政府官职,只是作为大学总长或教授从事社会科学的研究工作,成为著名的资产阶级教育家和思想家。又在这部分人中,也有极少数人,战前被视为异端,屡遭政府的迫害。如平野义太郎,被日本学者称为马克思主义法学家,参加编著《日本资本主义发展史讲座》,成为所谓"讲座派"的理论上的指导人之一;又如大内兵卫被日本学者称为经济学家、财政学家,除撰写过大量的著作外,还译过恩格斯的《社会主义从空想到科学的发展》,成为所谓"劳农派"的重要台柱之一。

二、同样出身“专门官僚”、任过各种高级官职，但由于顽固推行侵略战争政策和施行法西斯独裁统治，最后堕落为甲级战争罪犯或受到褫夺公职的整肃处分

1. 在专门官僚中有 8 人被定为甲级战争罪犯

在“专门官僚”中，经远东国际军事法庭的审判，有 8 人定为甲级战犯。例如，广田弘毅(1878－1948 年)，东京帝大政治学科毕业，外交官及领事官考试合格。由于在担任外务大臣(1923－1938 年)和内阁总理大臣(1936－1937 年)期间，推行蚕食中国华北的侵华政策，确定北进和南进并行的《国策基准》，以及与德国签订《反共产国际协定》等，以破坏和平罪被判处绞刑。又如，平沼骐一郎(1867－1952 年)帝国大学法律学科毕业，历任检事总长、大审院长、枢密院议长、内阁总理大臣(1939 年 1－8 月)、内务大臣、国务大臣等职。由于长期推行武力控制东亚和南洋的政策，从事对华、对美、对英、对荷以及对苏的侵略战争，以破坏和平罪被判处无期徒刑。再如，木户幸一(1889－1957 年)，京都帝大政治学科毕业，高等文官考试合格，历任文部大臣、厚生大臣、内务大臣、内大臣等职。积极推进独占中国、称霸亚洲和西南太平洋的侵略战争政策。东条英机之所以能够出任内阁总理大臣，也“主要的是靠他的力量”。最后被判处无期徒刑，1955 年假释出狱。此外，还有以下五人：贺屋兴宣(1889－1977 年)，东京帝大政治学科毕业，高等文官考试合格，历任大藏大臣、华北开发公司总裁等职，参与实施日本各项侵略政策，被判处无期徒刑，1955 年假释；星野直树(1892－1958 年)，东京帝大政治学科毕业，高等文官考试合格，历任伪满洲国财政部次长、国务院总务厅长等职，长期掌控中国东北的经济资源，1941 年 10 月任东条内阁书记长官时，对日本发动太平洋战争负有责任，被判处无期徒刑，1955 年假释；白鸟敏夫(1887－1949 年)，东京帝大经济学科毕业，外交官及领事官考试合格，历任驻瑞典特命权公使、驻意大利特命全权公使等职，极力主张缔结日德意军事同盟，支持日本的各项侵略政策，被判处无期徒刑，病死美国陆军医院；东乡茂德(1882－1950 年)，东京帝大文科大学毕业，外交官及领事官考试合格，历任外务大臣兼拓务大臣、外务大臣、大东亚大臣等职，被判处 20 年有期徒刑，病死美国陆军医院；重光葵(1887－1957 年)，帝国大学法律学科毕业，外交官领事官考试合格，高等文官行政科考试合格，历任驻华公使、驻苏大使、驻英大使，驻汪伪政府大使等职，后任东条内阁和小矶内阁的外务大臣，兼大东亚大臣，被判处有期徒刑 7 年，1950 年假释，刑满后任过改进党总裁、众议院议员、日本民主党总裁，还任过三次鸠山一郎内阁的副首相及外务大臣(1954 年 12 月至 1956 年 12 月)[17]。

2. 在专门官僚中有大批人受到褫夺公职的整肃处分

在专门官僚中，有大批人受到革除公职处分。根据战后初期公布的公职清洗令，被革除公职的人数计有 21 万人，其中大部分是军人。从职业别上看，被清洗的官僚约有 1800 人(有说 719 人)，约占总数的 0.9%。在被清洗的官僚中，有不少人是“专门官僚”。由于人数比较多，下面仅举 10 人为例：一是鸠山一郎(1883－1959 年)，东京帝大法律学科毕业，由于在担任文部大臣期间插手泷川事件和战后发表反共声明，1946 年 5 月至 1951 年 8 月受革除公职处分，1954 年 12 月至 1956 年 12 月连续三次组阁任内阁总理大臣，1956 年 4 月任自由民主党第一任总裁。二是岸信介(1896－1987 年)，山口县人，生于佐藤家，后成为岸家的养子，70 年代的内阁总理大臣佐藤荣作为其三弟。东京帝大法律学科毕业，高等文官考试合格。任过伪满洲国产业部次长、总务厅次长。后回国任东条内阁的商工大臣(1941 年 10 月至1943年10月),被称为“昭和的妖怪”。1945年9月作为甲级战犯入狱,受革除公职处分。1948年12月出狱,1952年4月解除革除公职处分。1957年1月至1960年7月两次组阁任内阁总理大臣,推行亲美反华的政策。三是水野练大郎(1868－1949年),帝国大学法律学科毕业,历任内务次官、内务大臣、朝鲜总督府政务总监、文部大臣等职。1945年12月作为甲级战犯被捕,翌年9月释放。1946年9月至1952年3月被剥夺公职。四是有田八郎(1884－1965年),东京帝大法律学科毕业,外交官及领事官考试合格,任过外务大臣(1936－1940年)、内阁顾问等职,1946－1952年被褫夺公职,1953－1955年为众议院议员。五是后藤文夫(1884－1960年),东京帝大政治学科毕业,高等文官考试合格,历任内务省警保局长、农林大臣、内务大臣等职,还曾任过大政翼赞会中央协会议议长、事务总长、副总裁。1945年12月作为甲级战犯被捕,1948年12月获释。1952年3月解除公职清洗处分。后任参议院议员。六是高野源进(1895－1896年),东京帝大法律学科毕业,高等文官考试合格,历任宫城县警察部特高课长,茨城县警察部长、广岛县知事、警视总监等职。1946年9月－1951年8月被解除公职。七是平山孝(1897－1979年),东京帝大法律学科毕业,高等文官考试合格,历任东京铁道局长、铁道省总务局长、运输省次官等职。1947年7月至1950年10月被革除公职。八是加藤祐三郎(1903－),东京帝大法律学科毕业,高等文官考试合格,任过大分县、青森县、茨城县等警察部特高课长,还任过大政翼赞令组织局副部长、新泻县副知事。1947年10月－1951年8月被革除公职。1957－1961年任东北开发股分公司副总裁。九是奥村喜和男(1900－1969年),东京帝大法律学科毕业,高等文官考试合格,历任企画院书记官、大臣官房监察课长、情报局次长等职。奥村在革新官僚中是一个十分出众的人物,在一次演说中以“胜利永远在皇威的旗帜下”为结束语。1948年3月至1952年4月被革除公职,但在1955年竟发表文章顽固地坚持“我的志向比天皇还要正确”。十是营太郎(1904－1980年),东京帝大政治学科毕业,高等文官考试合格。在革新官僚中,属新军治安派,也是特高警察官;历任福井县警视、外事课长兼特高课长,伪满洲国治安部文书科长、总务厅地方处长、大日本翼赞壮年团中央本部理事兼总务。1947年12月至1952年4月被革除公职。后被选为众议院议员,任过经济企画厅政务次官(1961－1962年)[18]。

3. 在专门官僚中有相当一部分人任过殖民地政府的高级官员,充当日本帝国主义侵占并吞别国领土的急先锋

日本自走上军国主义的道路以后,平均每隔十年就发动一次战争,先后占领了中国、朝鲜等亚洲许多国家的领土,成立了所谓台湾总督府、朝鲜总督府、桦太厅、关东厅、南洋厅、满洲国和蒙古联合自治政府,并派出大量的军队和官吏对这些被占领地区实行残暴的殖民统治。

东京帝大毕业,高文考试合格的“专门官僚”,是日本官僚的中坚力量和核心力量。在日本的所谓专门官僚中,有相当大的一部分人均在上述的殖民地政府中担任显要的职务。下面想重点阐述以下四个问题:

(1)专门官僚在“台湾总督府”[19]

台湾总督府(1895年5月至1945年10月)是中日甲午战争后日本在台北建立的殖民地统治机关。总督由武官充任,掌握军事和行政的全部权力。1919年台湾军司令独立,总督改由文官担任;但自1936年以后,随着台湾作为南进的基地,武官总督制又开始复活。在为数不多的文官总督中,有7人为专门官僚,即内田嘉吉(1923年9月－1924年9月),伊泽

多喜男(1924 年 9 月 -1926 年 7 月),上山满之进(1926 年 7 月 -1928 年 6 月),川村竹治(1928 年 6 月 -1929 年 7 月),石塚英藏(1929 年 7 月 -1931 年 1 月),太田正弘(1931 年 1 月 -1932 年 3 月)和中川健藏(1932 年 5 月 -1936 年 9 月)。在这 7 人中,除了内田和石塚两人为东京帝大法科大学毕业外,其余五人均为东京帝大法科大学毕业、高等文官考试合格者;另外,还有伊泽和太田两人,战后受过革除公职处分(参见秦郁彦:《战前时期日本官僚制的制度、组织、人事》(日文版),东京大学出版会,1981 年版,第 397 年,第 425 页,第 429 页,第 447 页,第 450 页,第 424 页,第 452 页,第 455 页)。又,在 11 名台湾总督府总务长官中,有七人是东大法科毕业、高文考试合格的专门官僚,即下村宏、贺来佐贺太郎、后藤文夫、人见次郎、平塚广义、森同二郎、成田一郎(见上书第 398 页、第 450 页,第 453 页,第 463 页,第 458 页,第 455 页,第 474 页,第 502 页)。此外,还有大批的东大法科毕业、高文考试合格的专门官僚,任过台湾警务局、民政局、递信局、殖产局、交通局、文教局、矿工局、专卖局等局的局长,或任台湾新竹州、台中州、台南州、台北州、高雄州的知事。这样,自甲午战争以后,中国的领土——台湾全部被日本军队和官僚占领和控制,成为日本的殖民地。

(2)专门官僚在"朝鲜总督府"[20]

朝鲜总督府(1910 年 9 月 -1945 年 8 月)是日俄战争以后,根据日韩合并条约,日本在京城建立的殖民地统治机关。总督由直属天皇的陆海军大将担任,1919 年以后总督的任用范围扩大到文官,但实际上并没有登用过纯粹的文官。作为总督的辅佐官僚——政务总监,先后由 11 人担任,其中有 9 人均出身专门官僚,即水野练太郎(东京帝国大学法律学科毕业)、有吉忠一(东京帝国大学法科毕业,高等文官考试合格)、下冈忠治(东京帝大法科毕业,高等文官考试合格)、汤浅仓平(东京帝大法科毕业,高等文官考试合格)、儿玉秀雄(东京帝大法科毕业、高等文官考试合格)、今井田清德(东京帝大法科毕业,高等文官考试合格)、大野绿一郎(东京帝大法科毕业,高等文官考试合格)、田中武雄(明治大学法科毕业,高等文官考试合格)和远藤柳作(东京帝大法科毕业,高等文官考试合格)(参见秦郁彦:《战前时期日本官僚制的制度、组织、人事》(日文版)第 392 页,227 页,448 页,447 页,第 250 页,453 页,468 页,475 页,486 页,470 页)。

在总督府之下,设立许多局,各局局长、部长,大都由日本官吏充任,其中有不少人均为东京帝大出身、高文考试合格的专门官僚。例如,殖产局局长先后有五人是高文考试合格者,其中四人是东京帝大法科出身,即松村松盛、穗积真六郎、中村寅之助、上瀧基等(秦郁彦:《战前日本官僚制的制度、组织、人事》,第 454 页,480 页,483 页,485 页,493 页)。又如,递信局局长先后有六名是高文考试合格者,其中五人是东京帝大法科出身,即蒲原久四郎、伊藤清、山本屡藏、山田忠次和伊藤泰吉(见上书第 457 页,468 页,469 页,494 页,504 页,507 页)。

在地方,设立十三道,各道的知事、部长,大都由日本官吏充任,其中有不少人是东京帝大出身、文高考试合格的专门官僚。例如,咸镜南道先后有六名知事,即中野太三郎、松井房治郎、笹川恭三郎、大野季夫、柳生繁雄和岸勇一,均为东大法科出身,高文考试合格的专门官僚(参见秦郁彦:《战前时期日本官僚制的制度组织、人事》,第 467 页,473 页,499 页,504 页,518 页,528 页)。又如,平安北道共有四名知事,即石川登盛、美座流石、西北计三和山地靖知,是东大法科出身、高文考试合格的专门官僚(同上书第 478 页,492 页,502 页,522 页)。

朝鲜和台湾一样,也成为日本的殖民地。

(3)专门官僚在伪满洲国[21]

“满洲国”(1932年3月－1945年8月)是九一八事变后日本在中国东北建立的殖民地傀儡国家。1932年3月,日本在占领中国东北大部分地区以后,关东军纠集一小撮汉奸宣布成立伪满洲国,清代废帝溥仪被立为执政,年号称为大同,首都设在新京(长春)。1934年3月,“满洲国”改为“满洲帝国”,溥仪由执政变为皇帝,年号由大同改称康德。在执政或皇帝之下,设立国务总理或国务总理大臣,总理或总理大臣初由郑孝胥,后由张景惠充任。在国务院内,设置拥有极大权限的总务厅,总务厅长官、次长、司长和局长全部由日本官吏担任。特别是在先后担任总务厅长官(总务厅长、总务长官)的七人中,有六人都是东京帝大法科大学出身、高等文官考试合格的专门官僚,战后有的被判刑,有的被拘捕,也有些人被整肃。这六人是总务厅长官阪谷希一,总务厅长远藤柳作、长冈隆一郎、大达茂雄,总务长官星野直树和武部六藏(见秦郁彦:《战前时期日本官僚制的制度、组织、人事》(日文版),第112页,49页,404页,58－59页,206页,149页)。

在国务院之下,设立各个部。各部部长均由中国人即汉奸充任,而掌握实权的各部次长(副部长)皆由日本官吏担任,其中有些人则为东大法科毕业、高文考试合格的专门官僚,如星野直树任过财政部次长,西川淳一郎和青本实任过经济部次长,岸信介任过产业部次长,稻垣征夫任过兴农部次长,田仓八郎任过交通部次长等。这些人大都罪恶多端,除田仓八郎以外,其余5人均被判刑、关押或整肃(秦郁彦:《战前时期日本官僚制的制度、组织、人事》,第404页,495页,518页,404页,504页,516页)。

在地方,根据1934年10月公布的省官制,将原来的东北四省划分为14个省,即奉天、滨江、吉林、龙江、三江、间岛、安东、锦州、热河、黑河十省以及兴安东、西、南、北四省(参见《新制最近世界地图》(日文版),三省堂编辑所,昭和十年(1935)版),第九图满洲)。此后,又陆续增设牡丹江和通化两省(1937年)、东安和北安两省(1939年)以及四平省(1941年7月),至此共有19个省。随着太平洋战争的发展,1943年10月,又新设东满总省和兴安总省。东满总省下辖牡丹江、间岛、东安三省地区。兴安总省的管辖地区,除兴安北省以外,分为兴东、兴南、兴西、兴中各个地区,分别各自设置地区行署,以强化总省长的权限。1945年5月,东满总省分割为东满省(旧牡丹江省和旧东安省)和间岛省。各省省长多由中国人充任,而权力更大的各省次长(副省长)则由日本官吏担任,其中有不少人则是东大出身、高文合格的专门官僚,如宫本武夫任过吉林省次长,松下第三郎(京大法科出身)任过三江省次长,中井久三任过黑河省次长,连修任过热河省次长,田村每雄任过滨江省次长,森田真男任过兴安北省次长,栉田文男和向野元生任过牡丹江省次长,关口保和田迈秀雄(京大法科出身)任过四平省次长,竹内德亥和源田松三任过奉天省次长等(秦郁彦:《战前时期日本官僚制的制度、组织、人事》(日文版),第546页,487页,494页,503页,511页,546页,510页,525页,511页,510页,488页,511页)。

总之,“满洲国”名义是一个独立国家,实际上不过是日本的傀儡国家。国务总理和各部大臣均由多数人是汉奸的中国人充任,实权则掌握在日本人担任的总务长官和各部次长之手。各省省长和各市市长多数是中国官吏,但各省次长和各市次长则为日本官吏。不论是中央政府,还是地方机构,东大毕业和高文合格的“专门官僚”均占据重要地位。日本还在中国东北驻大量的关东军。关东军司令官兼任驻满全权大使和关东长官,通过对“满洲国”的内部指导左右“满洲国”的国政。日本帝国主义就是通过关东军和高级官僚，对中国东北实行军事、政治、经济、文化、教育的殖民统治和掠夺。

(4) 专门官僚在伪蒙古联合自治政府②

蒙古联合自治政府（1939 年 9 月 – 1945 年 8 月）是 1939 年在中国内蒙古西部地区建立的日本的傀儡政权。九一八事变后，在日本军部的策动下，1934 年 4 月在绥远省百灵庙成立以德王为中心的“内蒙古自治政务委员会”（蒙政会）。日本发动全面侵华战争后，1937 年 8 月关东军占领张家口，接着在沿长城线内外的内蒙古地区扩大军事作战，9 月策划成立“察南自治政府”（张家口），10 月策划成立“晋北自治政府”（大同）和“蒙古联盟自治政府”（主席云王、副主席德王）。同年 11 月，上述三个傀儡政府联合组成“蒙疆联合委员会”，联合委员会的实权掌握在最高顾问金井章次之手，并由关东军司令官（后来由驻蒙兵团司令官）管辖。

1939 年 9 月 1 日，“蒙疆联合委员会”改组成为“蒙古联合自治政府”，德王任主席，旧察南的于品卿、旧晋北的夏恭，分别任副主席。“蒙古联合自治政府”设立两个政厅（察南、晋北）和五个盟，首都设在张家口，后来迁至厚和（绥远）。它提出“联日防共”的口号，并与汪伪政府合流。由于 1945 年 8 月 15 日日本无条件投降，“蒙古联合自治政府”解体，德王等政府首脑逃往北京投靠国民政府。

据日本出版的《大东亚省资料》记载，截至 1944 年末，“蒙古联合自治政府”职员人数，本地人员为 34566 人，日本人员为 3380 人。在日本官吏中，除了东京帝国大学医学部毕业的金井章次任过“蒙古联合自治政府”最高顾问和总务部长以外，还有些东大法科出身、高文考试合格的专门官僚担任政府要职，如大桥忠一任过“蒙古联合自治政府”最高顾问和总务厅长，神吉正一任过“蒙古联合自治政府”最高顾问和总务厅长，关口保任过总务部长、民政部次长和产业部次长，武内哲夫任过总务厅长，杉川正任过经济部次长，武藤公平任过民政部次长等。这些人由于罪恶多端，战后均都受过解除公职处分。

注释：

① 藤操：《日本宰相列传》(10)《加藤高明》（日文版），时事通信社，1986 年版，第 46 – 49 页，第 76 – 80 页，第 272 – 278 页（加藤高明简略年谱）。

② 青木得三：《日本宰相列传》(11)《若槻礼次郎、滨口雄幸》，时事通信社，1986 年版，第 61 – 71 页、74 – 87 页，87 – 106 页，106 – 117 页，118 – 120 页，121 – 122 页（若槻礼简略年谱）。

③ 井上清：《滨口雄幸——坚持签订伦敦条约的牺牲者》，载日本现代评论社编，孙雷门、申泽福译：《昭和宰相列传》，天津人民出版社，1985 年版，第 28 – 41 页；青木得三：《日本宰相列传》(11)《若槻礼次郎、滨口雄幸》（日文版），第 237 – 238 页（滨口雄幸简略年谱）。

④ 宇治田直义：《日本宰相列传》(17)，《币原喜重郎》（日文版），时事通信社，1985 年 10 月版，第 3 – 12 页（币原在日本外交中的地位），第 78 – 139 页（围绕所谓币原外交），第 139 – 176 页（值得敬服的失意时代的币原），第 222 – 233 页（放弃战争的构想），第 233 – 240 页（币原是伟大的国际政治家），第 241 – 245 页（币原喜重郎简略年谱）；内田健三：《币原喜重郎——同意战后改革的天皇主义者》，载《昭和宰相列传》（中译本），1985 年版，第 181 – 191 页。

⑤ 唐利国：《吉田茂》，载宋成有主编：《日本十首相传》，东方出版社，2001 年版，第 229 – 281 页；猪木正道：《日本宰相列传》(18)，《吉田茂》（日文版），时事通信社，1986 年版，第 219 – 224 页（吉田茂简略年谱）；户川猪佐武：《昭和的宰相》第四卷，《吉田茂与走向复兴道路的选择》（日文版），讲谈社，1982 年版，第

282－316页(媾和条约与走向复兴的选择)。

⑥ 茶木繁正:《苦于朝令夕改的代理大使》芦田均,载日本现代评论社编,《昭和宰相列传》(中译本),1985年版,第211－220页;教育社编,《详解日本史重要人物辞典》(日文版),1986年11月版,第27－28页(芦田均的学历、职历、业绩、人物及思想、影响、逸话等)。

⑦ 伊藤昌哉:《日本宰相列传》(21)《池田勇人》(日文版),时事通信社,1985年版,第141－151页,162－167页,239－250页;

中岛态:《池田勇人——渡过经济高度成长的幸运儿》,载日本现代评论社编:《昭和宰相列传》(中译本),1985年版,第252－260页。

⑧ 卫藤藩吉:《日本宰相列传》(22)《佐藤荣作》(日文版),时事通信社,1987年版,第4－37页;户川猪佐武:《昭和的宰相》第六卷,《佐藤荣作和高度成长》,讲谈社,1982年版,第128－206页;松本克美:《佐藤荣作——获得诺贝尔和平奖金的内幕》,载日本现代评论社编:《昭和宰相列传》(中译本),1985年版,第261－272页。

⑨ 须田隆昭:《福田赳夫——保守体制右派的后起之秀》,载日本现代评论社编:《昭和宰相列传》(中译本),1985年版,第290－297页。

⑩ 日本大平正芳财团编著,中日友好协会,中日关系史研究会编译,《大平正芳》,中国青年出版社,1991年版,第314－333页;第578－586页。

山川晓夫:《大平正芳——五五年体制的终场落幕人》,载日本现代评论社编:《昭和宰相列传》(中译本),1985年版,第298－309页。

⑪ 纪迁许:《中曾根康弘》,载宋成有主编:《日本十首相传》,东方出版社,2001年版,第371－424页;内田健三:"中曾根内阁"、"中曾根康弘"《国史大辞典》(日文版),第10卷,第598－603页。

⑫ 《日本首相宫泽喜一》(译著主持人于闺娴),时事出版社,1992年版,作者主要参看本书的两部分,一是于闺娴、王俊彦:《我们所了解的宫泽首相》,第321－371页;二是宫泽喜一年表,第372－382页;战前时期官僚制研究会编,秦郁彦著:《战前时期日本官僚制的制度、组织、人事》(日文版),东京大学出版会,1981年版,第229－230页。

⑬ "商原繁",《国史大辞典》10卷,吉川弘文馆,平成元年版,第792页。

⑭ "大内兵卫",《详解日本史重要人物辞典》,教育社,1886年版,第132－133页。

⑮ "平野义太郎",《世界大百科事典》24卷,平凡社,1988年版,第170页。

⑯ "我妻荣",《国史大辞典》14卷,吉川弘文馆,平成5年版,第849－850页。

⑰ 张效林译:《远东国际军事法庭判决书》,五十年代出版社,1953年版,第526－573页;儿岛襄:《东京审判》(上下两册),中央公论社,1971年版,第11、12章(下册127－230页)。

⑱ 历史科学协议会,中村尚美、君岛和彦,平男哲男编:《史料日本近现代史》3.三省堂,1985年版,第27－28页(整肃令);(日)《ゾランド现代百科事典》第12卷,学习研究社、1984年版,第136页。

⑲蒋坚忍:《日本帝国主义侵略中国史》,民国19年版,第50－70页;战前官僚制度研究会编、秦郁彦著:《战前时期日本官僚制的制度、组织、人事》,东京大学出版社会,1981年版,第397－401页,715－718页。

⑳ 秦郁彦:《战前时期日本官僚制的制度、组织、人事》,1981年版,第392－397页,712－715页。

㉑ 易显石、张德良、陈崇桥、李鸿钧:《"九·一八"事变史》,辽宁人民出版社,1981年版,第177－216页;秦郁彦:《战前时期日本官僚制的制度、组织、人事》,1981年版,第402－408页,722－725页;东北人物大辞典编委会编:《东北人物大辞典》,辽宁人民出版社,辽宁教育出版社,1991年版,第1068－1079页。(伪满洲国部院大臣、省长、市长名录)。

㉒ 秦郁彦:《战前时期日本官僚制的制度、组织、人事》,1981年版,第408－410页,第725页。

第六节　战前日本官吏制度的根本性和技术性的缺陷

战前,日本的官吏制度,虽有其产生和存在的必要条件,有一定的历史作用;但由于日本是一个封建的军事的资本帝国主义国家,因而其官吏制度必然存在着大量的前近代的封建的因素,具有许多根本性和技术性的缺陷。

日本投降后,1947 年,美国对日本人事行政顾问团团长胡佛,在组织人力经过几个月的调查之后,在日本参议院人事委员会讲演时,明确地指出了战前日本官吏制度存在以下 15 种弊病:(1)官吏人员的过剩;(2)官吏纪律的缺乏;(3)可以看到与公务员的身份不相称的思想和态度;(4)薪金制度不合理;(5)缺少公平处理的手续;(6)新规定的录用和晋升制度有缺陷;(7)退职金制度不健全;(8)没有确立公务灾害方面的救济措施;(9)进修制度不适当,不充分;(10)未充分考虑职务上的危险的预防措施;(11)忽视了职员的健康保持计划;(12)完全缺少娱乐、休养的计划;(13)工作成绩的评定方法不完善;(14)缺少人才的灵活运用,即将适当的人才配置到适当的岗位的方案;(15)缺少人事行政的基本标准①。胡佛的这些意见大部分正确,有重要的参考价值;但其中有不少意见大都侧重在管理和效率方面,很少涉及官吏制度的根本问题。

日本学者对官吏制度存在的问题,曾经写过不少著作和论文。例如,日本公务员制度史研究会编著的《官吏、公务员制度之变迁》,战后改革研究会编著的《战后改革》第 3 卷政治过程,辻清明著《新版日本官僚之研究》,秦郁彦著《官僚之研究》,田中惣五郎著《日本官僚政治史》,村松岐夫著《战后日本之官僚制》,中邨章著《新版官僚制与日本政治》,室伏哲郎著《高级官僚》,鹈饲信成著《国家公务员法》,鹿儿岛重治著《逐条国家公务员法》,鸠川一郎、监野宏、圆部逸夫编《公务员、公物》,原秀三郎、峰岸纯夫、佐佐木润之介、中村正则编《大系日本国家史》,升味准之辅著《日本政党史论》(第 1-4 卷),户田慎太郎著《天皇制之经济基础分析》及井上清著《天皇制》(中译本)等,都从不同的角度全面、局部或个别地阐述了战前日本官吏制度的缺陷或问题。

中国学者也写过一些关于战前日本官吏制度问题的著作,如金长佑著《日本政府》,陈水逢著《日本政府与政治》,李广训著《各国人事制度》,杨柏华、仝志敏主编的《外国人事制度》,谭健主编的《二十国人事制度》,邹钧、蒋立峰主编《日本政治概论》,苏廷林著《国家公务员》,阁树森著《日本公务员制度研究》,郑励志主编《日本公务员制度与政治过程》,李天奇编著《日本地方公务员制度》,李和中著《比较公务员制度》,中国社会科学研究所编著《中日公务员贿赂犯罪研究》等。中国学者也撰写过一些关于日本官吏制度问题的论文,如万峰撰写的《日本近代文官制度形成沿革考析》,吕万和、张健合写的《明治时期日本的官制改革与法制改革》,韩铁英著述的《论日本行政组织的若干基本特征》等等。

本书拟以辩证唯物主义和历史唯物主义为指导,参考上述各位专家和学者的意见,试图阐述战前日本官吏制度的根本性和技术性缺陷。

一、内阁总理大臣由天皇亲选任命

在第二次世界大战结束以前,在明治宪法的体制下,日本历届内阁总理大臣及其他国务大臣,均由"总揽统治权"、"统帅陆海军"的天皇亲选任命。从日本历史上看,这一制度的政治后果极坏。

1. 在明治时代后期,许多内阁总理大臣,均由萨长藩阀实力派首脑充任

在明治时代后期,由于内阁总理大臣的选定权属于天皇,奏荐权通常属于元老,所以在明治时代后期的14届内阁7名内阁总理大臣中,除了4届带有政党内阁色彩的内阁,内阁总理大臣分别由宪政党或政友会的领袖担任外,其他10届内阁5名内阁总理大臣均由萨长藩阀实力派首脑充任,其中长州藩阀首脑伊藤博文四次组阁,山县有朋两次组阁,桂太郎两次组阁;萨摩藩首脑黑田清隆一次组阁,松方正义两次组阁②。这些实行"寡头专制统治"的萨长藩阀的领袖,在明治时代后期在日本的政治生活中起着举足轻重的作用,是近代日本天皇制的强有力的支柱。

2. 在大正时代和昭和前几年出现的几届政党制内阁,寿命都很短且有几名首相被暗杀或成为暗杀的对象

在大正时代和昭和头几年,先后出现几届由议会中的多数党组成的较为正式的政党内阁。这些政党内阁虽然继续执行对内镇压劳动人民、对外进行侵略扩张的政策,但其中有些内阁主张实行"普选"、"裁减军备"、"协调外交"等,对明治宪法体制毕竟是个重大突破,对企图建立军事独裁政权的法西斯势力也是一种巨大障碍③。因此,在藩阀官僚的牵制下和右翼法西斯势力的反对下,这些内阁只能面临两种悲惨的命运。一是这些内阁的寿命都不长,如原敬政友会内阁只存在3年另2个月,高桥是清政友会内阁只存在7个月,加藤高明的护宪三派和宪政的两届内阁只存在1年另7个月,若槻礼次郎的宪政会和民政党的两届内阁只存1年另11个月,田中义一的政友会内阁只存在2年另8个月,犬养毅的政友会内阁只存在5个月;二是有6名内阁总理大臣遭到暗杀或成为暗杀的对象,如原敬、滨口雄幸、犬养毅、高桥是清等4名首相,先后遭到右翼分子或法西斯军人暗杀;两任首相的若槻礼次郎和曾任临时首相的币原喜重郎,虽然没有被暗杀但都上了右翼团体的暗杀黑名单④。

3. 在战前日本的最后13年中,天皇先后任命的11名军阀内阁或官僚内阁的内阁总理大臣,把日本推向全面法西斯化和大规模侵略战争的道路

在从1932年"五一五"事件埋葬政党制内阁,到1945年8月无条件投降这13年中,天皇先后任命11人出任内阁总理大臣,其中有8人为陆海军大将(斋藤实、冈田启介、林铣十郎、阿部信行、米内光政、东条英机、小矶国昭、铃木贯太郎),3人为亲军派官僚(广田弘毅、近卫文麿(三次组阁)、平沼骐一郎);正是这11名内阁总理大臣,把日本推向全面法西斯化和大规模侵略战争的道路。

日本的法西斯化过程,大致经历了四个阶段。20世纪20年代出现的大量的法西斯组织和30年代上半期连续发生的法西斯军人的武装暴乱事件,说明法西斯体制已经进入了准备时期。1936年"二二六"事件后上台的广田内阁,遵循法西斯军部的意愿和要求,全面推行军国主义化和法西斯化政策,表明以军部为核心的法西斯体制已经基本形成。1940年7月上台的第二次近卫内阁,促使各政党相继解散,成立大政翼赞会,并大力推选政治新体制和经济新体制,实现所谓"一亿总组织化",标志着法西斯体制的全面确立⑤。1941年10月组阁的东条英机,除内阁总理大臣外,还曾兼任内务大臣和陆军大臣,后来又曾兼任文部大臣、工商大臣、军需大臣以及总参谋长,在军政财等三个方面强化法西斯独裁统治,标志着法西斯体制的最后完成⑥。

在不断扩大侵略战争方面：1931年日本发动九一八事变，出兵占领中国东北，并炮制名为"满洲国"的傀儡政权。1936年8月，广田内阁通过了《第二次华北处理要纲》，企图把中国华北五省变成第二个东北。1937年在近卫内阁时期，日本发动全面侵华战争，迅速侵占了华北、华东、华中和华南等中国的广大地区。1941年12月，东条内阁又发动太平洋战争，占领了东南亚和西南太平洋的广大地区，妄图建立"大东亚新秩序"、"大东亚共荣圈"。但侵华战争和太平洋战争的形势，越来越不利于日本。在战败已成定局，投降已经不可避免的形势下，1945年8月9日午夜近12时，日本在皇宫地下防空洞举行御前会议，主战和主和两派意见互不相让，天皇最后讲话时说："一直尽听有取胜自信的话，但是到现在为止，计划和实践并不一致"，天皇赞同主和派的方案，主张向中、美、英、苏发出乞降照会。

1945年8月15日日本宣布无条件投降，9月2日日本代表在无条件投降书上签字。在五一五事件后天皇任命的11名内阁总理大臣中，有2人作为甲级战犯（东条英机、广田弘毅）被远东国际军事法庭判处死刑，还有2人（小矶国昭、平沼骐一郎）作为甲级战犯被判处无期徒刑，另有1人（近卫文麿）在走投无路的情况下畏罪自杀。

从日本官僚制度特别是高级官僚制度的历史角度看，"总揽统治权"的天皇通过元老或重臣选拔任命内阁总理大臣这一作法后患无穷。这是一个历史的教训。

二、官吏必须效忠天皇和天皇政府

1. 官吏对天皇和天皇政府负有忠实且无定量地执行职务的公法上的义务

官吏是根据国家的特别的选拔任命，由国家支给薪金，从事国家的公务的人员。但在战前日本，在明治宪法的体制下，官吏作为天皇的官吏，对天皇和天皇的政府，负有忠实的无定量的执行职务的公法上的义务。所谓忠实的执行职务，就是指在工作中，必须忠诚、顺从和勤勉。所谓无定量的执行职务，就是指"在工作繁忙的场合，依照上级的指挥，必须不分昼夜进行工作"。同时，官吏对天皇和天皇制国家，还负有身份上的伦理上的法令上的义务⑦。所谓身份上的义务。是指官吏分为高等官和判任官；判任官分为四等；高等官分为九等，三至九等为奏任官，一至二等为敕任官，敕任官中还包括天皇亲署任命的亲任官；这就是说，官吏依照自己身份上的等级保有一定的官位，负有相应的身份上的义务。所谓伦理上的义务，是指官吏须注重廉耻，不滥用职权，待人处事谨慎诚恳。所谓法令上的义务，是指官吏必须服从各种法律，还须服从本属长官的命令。

1887年公布的《官吏服务纪律》，大体上规定了上述的官吏的各种义务。如其中第1条规定："凡官吏对天皇陛下及天皇陛下之政府，须以忠顺勤勉为主，服从法律命令，各尽其职责。"第2条规定："官吏对其职务，须遵守本属长官的命令，但对其命令可陈述意见。"第3条规定："官吏不问职务内外，必须注重廉耻，不得有贪污行为；官吏不问职务内外，务须谨慎诚恳，不得滥用威权。"⑧

但必须特别强调指出：《官吏服务纪律》的第一条：即关于"凡官吏对天皇陛下及天皇陛下之政府，须以忠顺勤勉为主……"的规定，可以说得到了最充分的和最完全的贯彻和实施。例如，在战前日本的最后15年中，日本的各级官吏，首先是高级官吏（日本通称高级官僚或特权官僚），上自内阁总理大臣，下至次官、局长等，都深刻领会天皇的意旨，积极推行或全力支持天皇政府所奉行的侵略战争的政策和法西斯化的政策。即使在1945年2月，在已充分认识到败战已成定局的形势下，有的文官出身的重臣"怎么也不能在陛下面前直接说出"请陛下投降"那样的话"(若槻礼次郎:《古风庵回忆录》)[9],因为直截了当说出自己的意见会伤害天皇的尊严。甚至在同年 8 月 14 日举行的御前会议上,当天皇作出停战的决定,并说"只要是我能做的事都愿意去做,并随时准备站到麦克风前面"时,在场的不论是文官还是武将,也不论是主和派还是主战派,都忘情地失声痛哭起来,一直到退席时也没止住眼泪。这主要是因为他们担心一旦停战投降将导致国体改变的缘故[10]。至于中下级官吏,有些人可能更为狂热。如奥材喜和男这个知名度很高的革新官僚,东京大学毕业,高文考试合格,在 41 岁出任情报局次长时,在像狮吼般发表所谓"万岁演说"时,竟以"胜利永远在皇威的旗帜下"作为结束语,并声嘶力竭地高叫:"天皇陛下万岁,帝国陆海军万岁,大日本帝国万岁",群众也一齐和声高喊[11]。也有的地方吏员,甚至把战时配给大米等物资,说成是天皇的恩典,如有一位照管町内物资的地方吏员,以惯于发号施令的高声叫道:"今天特配甘薯,要多多感谢陛下的恩典啊!"町会的居民也诚惶诚恐地互相说些"今天的恩典不薄啊!"一类的话。看来,皇道精神已经渗透到官吏的各个层次,效忠天皇和天皇政府已经成为官吏的思想信条和行动准则。

在《官吏服务纪律》中,还规定官吏必须服从法律命令,但规定毕竟是规定,至于能否施行或怎样施行,就很难说清楚了。首先,法律是由天皇制国家根据统治需要制定的,如旧刑法第 73 条作为"大逆罪"规定:凡对天皇、天皇太后、皇太后、皇后、皇太子或皇太孙施加或企图施加危害者将判处死刑。1910 年 5 月,日本政府就以所谓"阴谋暗杀天皇"的"大逆罪",逮捕幸德秋水等数百名社会主义者。经过秘密审讯,翌年 1 月判处幸德秋水等 24 人死刑(后改判 12 名死刑,12 名无期徒刑),另 2 人分别判处 8 年和 10 年徒刑。这就是所谓"大逆事件"或"幸德事件"。但后来查明,实际进行暗杀计划者,只有宫下、管野、新村、古河 4 人,其他的人与本事件并无关系。这无疑是一起冤案。但日本政府却利用这一事件大肆镇压革命运动,从而开始了社会主义运动的"寒冬时代"[12]。旧刑法还规定"不敬罪",即凡有污辱天皇、皇族、皇陵、神宫等行为者,最高徒刑可判为 5 年。1935 年 4 月,坚持天皇机关说的美浓部达吉便以"不敬罪"被起诉,逼使他不得不辞去贵族院议员的职务。又如,1935 年的帝人事件,本来是以倒阁为目的的政治疑狱,不仅起诉没有根据,而且犯罪的事实全无,但当宣布全体成员无罪时,检察当局没有提出控告,司法部门也没有人承担责任,甚至幕后的总策划人平沼骐一郎后来还当了内阁总理大臣,而直接策划帝人事件的司法省、行刑局长盐野季彦则成为平沼内阁的司法大臣。再如,1923 年秘密杀害大杉荣夫妇的甘粕正彦宪兵大尉,本来被军法会议判处 10 年徒刑,但约三年后就获释出狱,后来来到中国东北,与关东军要人勾结,参与策划建立伪满洲国,并成为满洲国的要员,日本投降后以拒绝回到被外国占领的日本为理由服毒自杀。

《官吏服务纪律》还规定:官吏必须注重廉耻,必须谨慎诚恳。但这些都是官样文章。谁都知道,战前的日本官吏,历来视人民如草芥,从来不把人民放在眼里,谈何注重廉耻,谈什么谨慎诚恳。

正如日本著名的历史学家井上清所说:根据官吏服务纪律,"官吏对天皇和天皇的政府有尽忠的义务,但对人民不负任何责任。换言之,官吏不是为人民服务,而是天皇个人的臣仆,也是天皇政府的官吏。官吏具有这样双重性质,其产生的原因是由于天皇和天皇政府是二而一,一而二的东西,而官吏正是由具有这样性质的天皇任命的"[13]。

2. 日本统治集团为什么狂热地鼓吹"效忠天皇和天皇政府"?

战前，日本天皇制国家机器，有两个重要的组成部分，一个是军队，另一个是官吏。军队的人数，到日本投降时，约有826万3000人；天皇作为最高统帅，就是通过军阀控制这支军队，并利用这支军队发动侵华战争，进而发动太平洋战争。官吏的人数，到日本投降时，约有300万人；天皇作为国家元首，就是通过最高官僚控制各级官吏，并利用这支官吏队伍，安抚人民，统治人民，甚至镇压人民。故军阀和官僚，都是天皇的"股肱"；天皇依靠军阀和官僚，掌握整个国家机器，而军阀和官僚则以天皇的名义，对内实行专制统治，对外实行军国主义。

所以，在战前日本，在明治宪法的体制下，天皇和国家结成一体，没有天皇就没有国家。天皇作为国家元首，总揽统治大权，其中包括官吏任免权和军队统帅权。天皇居于国家的顶峰，国家的所有机构及其一切活动，都贴上"天皇"的标签。国家是"天皇的国家，政府是天皇的政府，官吏是天皇的官吏，军队是天皇的军队（皇军）"。日本统治集团狂热鼓吹效忠天皇和天皇政府，反复强调官吏和军队必须"奉体圣旨"，"尽忠报效君国"，其最终目的就是巩固和强化天皇制的专制统治，对内实行军国主义化和全面法西斯化，对外推行以独占中国和称霸亚洲为主要目的的侵略战争政策。

1946年底，密尔顿·J·耶斯曼中尉在与马库特那尔得共同写的《日本的官僚制》一文中指出，支配日本行政的"特权官僚群"具有很优秀的团结力，但他们"宣誓效忠天皇和天皇政府，谁也不把自己作为公仆，这是对一般公民的蔑视"[14]。

三、官尊民卑的观念成为官吏一条不成文的思想和行为准则

1. 官尊民卑的观念长期支配着官吏的思想和行动

战前，日本的官吏，作为天皇的官吏，对民众具有特殊的优越感和明显的特权意识。当官者高人一等，当大官者更是高不可攀；但对民众，则视为愚民、奴隶，甚至被视为顽民或群氓。官尊民卑的观念，长期支配着官吏的思想和行动，无形中已经成为官吏一条不成文的思想和行为准则。

明治初年，日本政府的大部分官员、士官和逻卒，均出身于封建社会末期的下级武士，如1871年中央官厅九省的官吏中的87%，1880年中央和地方官吏中的74%均出身于士族。这些士族出身的官吏，就像幕府时代武士对待百姓那样，视人民为愚民或顽民，经常狐假虎威地欺压民众。1887年谷干城在一份意见书中慨叹地说："目睹当今县吏、郡吏和警察等对待人民的实况，就仿佛像镇压被征服的藩地时那样，普通官吏施弄威权的事甚多，他们不知道自己衣食于人民的租税，应该为人民尽踏实的义务，而是把人民当作奴隶看待。"[15]直至大正、昭和时代，这种官僚制的特权的性格，仍然作为一种行政的传统的惰性，强烈地支配着在官厅窗口工作的官吏的行动和探察民众事务的警官的意识。

2. 官尊民卑的思想长期延续的历史和现实的原因

官尊民卑的思想的长期存在，是有许多的历史和现实的原因的。明治维新后，在日本的官方文件和官吏谈话中，从来没有人说过官吏是国民的公仆，应该为国民服务；而是一再强调官吏作为天皇的官吏，应尽"牧民者的职责"，做民众之"父母"。所谓"牧民者"的思想，本来出自中国管子的《牧民篇》，"凡有地牧民者，务在四时，守在仓廪"，即诱导民众，各安其所的治民理想。在德川时代，有人将它与儒教道德合体，形成日本特有的"牧民"哲学。明治政府也继承了这种哲学。在1873年的地方长官会议上，明治政府颁布了"善于诱导斯民，使之各安其所，这是牧民者的职责，其责任甚为重大"的敕语。这一"天皇的牧民官"的思

想,后来在内务省所属的地方官吏中广泛流传[16]。1876年,川路利良大警视在谈到警察的作用时,就更直截了当地说:“顽恶之民不知政府仁爱,然何以处之?政府者父母也,人民者子女也,教子乃父母之义务,纵然子女厌嫌父母之教导,谁能准许幼者有此自由呢!”[17]实际的情况是,日本的各级官吏,正是利用这种“牧民官”、“父母官”的特权地位,在指导、安抚和保护国民的美名之下,以警察和军队的力量来奴役、统治和镇压人民。

明治年间建立的官等位阶勋等制度,也是官吏的特权地位日益加强的原因。按照该制度规定,凡是奏任官以上的高级官吏,不论有无功绩或功绩大小,都可以享受位阶勋等的“恩典”,并可取得相应的宫中席位。这就是说,当官就有“功”,当大官的“功”就更大,不仅可以封爵、叙位和授勋,而且可以取得高阶级的宫中席位。这种官职和荣誉不可分的一体化制度,实际上是将官职神圣化,扩大了官僚的特权地位。所以,位阶勋等和宫中席位制度,可以说是形成以天皇为顶点的官尊民卑的身份差别的一个重要的源泉[18]。

官职的私有意识及官吏因工作关系获得的额外收入即物质利益,也是官吏的社会特权长期延续的一个重要原因。在封建的国度中,封建领主将一切的行政手段与土地和财产一样划为私有,对于家臣只要保持对它的忠诚关系则可以分享它的一部分行政手段并可以世袭。但在近代的资本主义国家中,行政职员必须与行政的物质手段分离,原则上不承认行政手段的私有。可是,在战前日本的官吏制度中,由于残留着大量的前近代的封建因素,所以官职的私有意识也根深蒂固地存在着。这种官职的私有,将导致公的官职和私的利益的直接结合即物质的诱惑。因此,官职的私有意识及官吏因工作关系获得的额外收入的物质利益,必然促使部分官吏滥用权力,违反乱纪以至贪污受贿[19]。

四、上下级官吏之间存在身份差别

1. 上下级官吏之间存在身份差别

在战前日本的官吏体制中,不仅官吏与国民之间有一条官尊民卑的严格界限,而且“在一部分高级官僚与大多数一般官吏之间存在一道巨大的鸿沟”。

如前所述,战前日本官吏分为高等官和判任官。高等官中的亲任官和敕任官,均担任高级官职,掌握巨大权力,并可封爵、叙位和授勋,占据最高或较高层次的宫中席位。奏任官虽属中级官吏,但其中不少人可走出“三丁目一番地”(高等官3等1级),成为高等官1等或2等的敕任官。但下级官吏即判任官,由于文化水平低,又没有闯过高等文官考试的关口,所以不管工作怎样勤奋努力,也很少有人能挤进高等官的行列。他们职务低,因而身份也低,判任官和高等官就连使用的食堂和厕所都有区别[20]。至于人数众多的雇员、佣人和嘱托,虽然也是国家的职工,但因为他们不是国家的官吏,因而身份就更为低下了。

2. 按照行政事务区分的上下级关系通常表现为社会身份上的高低关系

特别是在官厅内部,行政长官与一般官吏之间,按照行政事务区分的上下关系,通常表现为社会身份的高低关系。人们按照官职的等级来判断个人的社会地位,下达命令者比接受命令者具有更优越的社会价值[21]。尤其是某些高级官吏,习惯地把官职如同财产一样视为私有,不许他们有半点异议。譬如一件事,不管合理与否,只要首长发了话,就得作为真理支配下属官吏的行动。否则,不论理由如何,他就有可能依照长官的意旨调离或失去职务。在等级森严的天皇制官僚体制中,下级官吏对上级官吏,不仅在执行职务方面,而且在私人生活方面,也不得不唯命是从,且须卑屈地尽其职责[22]。

下级官吏虽对高级官僚卑躬折节，或者说是委曲求全，但对民众却经常摆出与民不同的官僚的架势，就好像是他们对高级官僚的自卑感的一种补偿一样。可是，另一方面，封建幕藩体制以来长期形成的卑屈的奴隶根性的民众，对此也采取默认或顺从的态度，以至使官尊民卑的风潮，不仅在官场而且也在民间颇为盛行[23]。正如日本学者大岛关津子所说："以天皇为顶点的这种身份秩序，将官职体系作为对上司忠实服务的关系，使官僚制度内部不断产生与天皇相关联的大小服从意识，进而赋予人事经营以前近代的色彩。"[24]

五、官等位阶勋等制度异常繁琐复杂

为了促使官吏效忠天皇和天皇政府，树立近代天皇制国家的官僚统治体制的绝对权威，日本政府建立了一套非常繁琐复杂的官等、爵位、位阶、勋等制度。由于这些制度与宫中席位制度密切相关，所以下面拟分别予以叙述。

1. 官等

第二次世界大战以前，日本官吏分为高等官和判任官。高等官分为九等，三等至九等为奏任官，一等至二等为敕任官，敕任官中还包括亲任官。判任官为下级官吏，分为一至四等。亲任官、敕任官、奏任官和判任官，均以天皇为顶点并以天皇为中心，分别获得官吏的身份上的等级。官吏的身份上的等级，直接决定着官吏的官职上的等级。例如，亲任官是在敕任官中根据天皇的亲笔签署叙任的官吏，其主要官职有内阁总理大臣、国务大臣、枢密院正副议长、特命全权大使、陆海军大将、大审院长、检事总长等。敕任官是根据天皇的敕令任用的官吏，其官职比较多，如法制局长官、各省次官、警视总监、北海道厅长官、各府县知事、帝国大学总长、陆海军中少将等。奏任官是三等至九等的高等官，各省课长以下的事务官和技师等均为奏任官，在其任官时由内阁总理大臣或各省大臣奏请天皇敕裁，天皇在其奏荐书上加钤御玺；而在其任命书上则有内阁的官印，内阁总理大臣记入年月日[25]。判任官位在高等官之下，分为一等至四等，由各省大臣、府县知事等行政长官，从一定的有资格中任用。判任官也称属官，内务属、文部属等均为判任官。

2. 爵位

爵位制度在日本称华族制度。华族原为公卿中次于五摄家的九清华家的别称。明治维新后，1869 年 6 月，明治政府命令各藩奉还版籍，并将公卿、大名（诸侯）一律改称华族。1884 年 7 月，参考中国的爵位制度和欧洲的贵族制度，颁布了十条的《华族令》。按照《华族令》规定，除公卿、诸侯等旧华族外，又增加了维新前后的"功臣"即新华族；新旧华族均按门第、功勋标准，分别授予公、侯、伯、子、男五种爵位。受爵者多为军人、官僚和政治家，后来也有一些实业家。公、侯爵为当然的贵族院议员，伯、子、男爵可经过互选成为贵族院议员。华族还有以下一些特权，如爵位世袭；按爵叙位；制定家范；保有宫中席位；子弟进学习院学习；就任某些特定官职（贵族院正副议长、宫内大臣、宗秩寮总裁等）等。华族与皇族同为天皇制的屏藩。1884 年共有华族 508 家，内公爵 11 家，侯爵 24 家，伯爵 76 家，子爵 323 家，男爵 74 家；1939 年华族增至 950 家，内公爵 19 家，侯爵 41 家，伯爵 109 家，子爵 375 家，男爵 406 家。1947 年 5 月废除《华族令》，在废除《华族令》之前的 1946 年，最后的华族计有 913 家，内公爵 19 家，侯爵 41 家，伯爵 107 家，子爵 361 家，男爵 385 家[26]。

3. 位阶

位阶制度是天皇制政府对文武官员论"功"叙位的制度。按照 1887 年制定的《叙位条

例》规定,可叙位者有三种人:对国家有"功勋"或者"功绩"者;有爵位者及可继承爵位者;有官职者。叙位分为以下16阶:正1位、从1位,正2位、从2位,正3位、从3位,正4位、从4位,正5位、从5位,正6位、从6位,正7位、从7位,正8位、从8位;从4位以上敕授,从6位以上奏授,正7位以下判授。1926年,废除了《叙位条例》,制定了《位阶令》,确立了近代的位阶制度。根据《位阶令》规定,位阶仍分16阶,1位亲授,2位以下4位以上敕授,5位以下奏授。《位阶令》还规定,皇族、王族及公族不在叙位之列[27]。据《皇室辞典》记载,战前的叙位者约40万人。

4. 勋章

勋章是明治维新后天皇政府授予对国家有功绩者的一种荣典。根据1875年太政官第54号布告,制定了勋1等至勋8等的赏牌。1876年,赏牌改为勋章,1等至6等为旭日章,7等至8等为桐叶章。此后,陆续制定大勋位菊花章、大勋位菊花大绶章、勋1等旭日桐花大绶章。大勋位菊花颈节,以及勋1等至勋8等的瑞宝章、宝冠章。1890年2月,为奖赏陆海军军人的所谓"武功",又制定功1级至功7级的金鵄勋章。1937年2月,为表彰科学家、艺术家等对文化的贡献,又追加制定文化勋章。这样,在战前日本,勋章制度日渐完备,计有菊花章(授予有"伟大功勋者")、旭日章(授予男子的"功勋"),瑞宝章(授予男女有功劳者)、宝冠章(授予女子有勋功者),金鵄勋章(授予有所谓武功者,每年支给一定数额的养老金),文化勋章(授予有文化功绩者),主要是象征着军人和官僚的所谓权威[28]。

在上述的各种勋章中,以金鵄勋章的授予人数为最多。根据1894年公布的《金鵄勋章叙赐条例》,除依照特旨授予者外,将官为功3级至1级,佐官为功4级至2级,尉官为功5级至3级,准士官为功6级至4级,下士官为功6级至5级,士兵为功7级至6级。又根据1894年公布的《金鵄金令》,每年支给从功1级的900元到功7级的65元的终身年金。1941年每年支给的年金改为一次性支给的一时金[29]。据《日本历史大辞典》称:在战前被叙勋者280万人中,因"武功"即因参加侵略战争而被授予金鵄勋章者达230万人。

文化勋章的授予者,包括自然科学、社会科学、人文科学、艺术等各界人士。例如,1894年4月的第一次受奖者共9人,其中有物理学家长冈半太郎、本多光次郎、本村荣,歌唱家佐佐木信纲,文学家幸田露伴,洋画家冈田三郎助、藤岛武二,日本画家竹内栖风、横山大观等[30]。

5. 褒章(奖章)

褒章是日本的荣典制度之一。根据1881年太政官布告第63号褒章条例,制定了红绶褒章(救人生命者)、绿绶褒章(有孝子节妇等德行者)和蓝绶章(为公共利益献身者)。1918年又追加制定绀绶褒章(为公共利益捐献私人财物者)。从内阁制建立到二战结束的60年来,红绿蓝三种褒章的授予数约2000人,绀绶褒章的授予数约8000人。

6. 记章(纪念章)

记章主要是围绕日本发动或参加的侵略战争而制定的从军纪念章。如1895年1月制定的中日甲午战争(1894－1895年)从军纪念章,1902年4月制定的八国联军进北京(1900年8月)的从军纪念章,1906年3月制定的日俄战争(1904－1905年)从军纪念章,1915年11月制定的1914－1920年战役从军纪念章,1920年4月制定的第一次世界大战的胜利纪念章,1934年7月制定的九一八事变(1931－1934年)的从军纪念章,1939年7月制定的日本侵华战争从军纪念章,1942年9月制定的所谓"支那事变"纪念章,1944年6月制定的所谓“大东亚战争”从军纪念章等[31]。

7. 宫中席位

宫中席位是指战前日本高等官、授爵者、带勋者及有位者在宫内举行典礼或仪式时的座位顺序。根据1926年公布的《皇室仪制令》，宫内举行典礼或仪式时的座位顺序分为10阶70级（从第1阶第1级大勋位至第10阶第70级勋8等）。第1阶共18级，内有大勋位（菊花章颈节、菊花大绶章），内阁总理大臣，枢密院议长，因元勋优遇赐大臣礼遇者，元帅、国务大臣、宫内大臣、内大臣，朝鲜总督，受曾任内阁总理大臣及枢密院议长礼遇者，受曾任过国务大臣、宫内大臣及内大臣之礼遇者，枢密院副议长，陆海军大将及枢密顾问官，亲任官，贵众两院议长，勋1等旭日桐花大绶章，功1级，赐亲任官之待遇者，公爵，从1位，勋1等9旭日大绶章，宝冠章，瑞宝章）。第2阶共5级，即高等官1等，贵众两院副议长，麝香间祇侯，侯爵，正2位。第3阶共15级，即高等官2等，功2级，锦鸡间祇修，敕任待遇，伯爵，从2位，勋2等（旭日重光章，宝冠章，瑞宝章），子爵，正3位，从3位，功3级，勋3等（旭日中绶间，宝冠章，瑞宝章），男爵，正4位、从4位。第4阶共7级，即贵众两院议员、高等官3等，受高等官3等待遇者，功4级、勋4等（旭日小绶章、宝冠章、瑞宝章）正5位，从5位。第5阶共5级，即高等官4等，受高等官4等待遇者，功5级，勋5等（双光旭日章，宝冠章，瑞宝章），正6位。第6阶共4级，即高等官5等，受高等官5等待遇者，从6位，勋6等（单光旭日章，宝冠章，瑞宝章）。第7阶共3级，即高等官6等，受高等官6等待遇者，正7位。第8阶共4级，即高等官7等，受高等官7等待遇者，从7位，功6级。第9阶共2级，即高等官8等，受高等官8等待遇者。第10阶共7级，即高等官9等，奏任待遇，正8位，功7等，勋7等（青色桐叶章，宝冠章，瑞宝章），从8位，勋8等（白色桐叶章，宝冠章，瑞宝章）[32]。

宫中席位的10阶70级，颇为细致并十分讲究，考虑和顾及到官等、爵位、位阶、勋等等各个方面，集中地体现了以天皇为顶点的战前日本官僚统治体制的所谓权威。请参看下表：

宫中席位[33]　（昭和五年）

阶	高等官		位	爵位	职　名（例示）
1		亲任官	从一	公爵	大臣　元帅　大将　朝鲜总督　枢府议长 贵众两院议长
2	一等	敕任官	正二	侯爵	贵众两院副议长　次官　古参*　局长　古参知事 大公使
3	二等		从二 正三 从四	伯爵－男爵	省内局长　省内古参课长　知事　少将
4	三等	奏任官	正五 从五		贵众两院议员　省内课长府县部长　大佐
5	四等		正六		省内古参事务官
6	五等		从六		省内事务官　领事　少佐
7	六等		正七		省内事务官　税务署长
8	七等		从七		税务署长　营林署长　新任判检事
9	八等		正八		警察署长　少尉
10	九等				守卫长

*古参：老手、老资格的人。

从上表可以看出，官吏的社会地位是何等的高。即，贵众两院议员，均为正、从五位，与本省课长和府县部长是同一等级,同时还处于本省局长、本首老资格的课长以及府县知事等的下位。由于贵族议员原则上都有爵位,所以在现实中其宫中席位很高,但是从国民中直接选举的无爵位的众议院议员,却处于如此低的地位。从这里可以清楚地看出,官吏的“身份”地位之高[34]。

六、官吏制度“缺乏一元的统一性”

1. 官吏制度“缺乏一元的统一性”

与战后日本制定的《国家公务员法》不同,战前日本官吏制度没有一个囊括全部制度的国家的统一的法规,只是在任用、薪俸、服务、分限、惩戒等各个方面分别的单独的制度一系列的敕令或法令。其适用的范围,也是文官和武官分头并立:且真正意义上的官吏,仅限于判任官以上的正式官吏或待遇官吏,至于多数的雇员、佣人和嘱托等根本不算是官吏。

同时,战前日本官吏制度的各项规定,除了部分官制(选举法)、特定官职(会计检察官惩戒法)和特殊事项(恩给法)分别以法律的形式制定外,其余所有的规定,如《文官任用令》、《文官分限令》、《文官惩戒令》、《官等工资令》,《官吏服务纪律》等,都是以天皇敕令的形式制定、公布和实施的。

这类敕令的种类和数量相当多。仅以官吏任用的事项来说,除了上述的《文官任用令》外,还有《外交官领事官书记生任用令》、《外交官领事官及贸易事务官特别任用令》、《典狱及看守长特别任用令》、《帝国铁道厅职员特别任用令》、《奏任文官特别任用令》、《判任文官特别任用令》等等。又这些敕令经常修改,有的修改达几十次甚至上百次(如《高等官官等工资令》),而每次修改也都以敕令的形式公布。所以,正如日本著名学者过辻清明所说:“关于官吏制度的主要规定,都是根据旧宪法第 10 条所谓的天皇‘官制大权’、‘任命大权’的发动按照拒绝议会协赞的敕令来制定的,……这明显地表明,当时我国的官吏制度,具有何等强烈的绝对制的官僚制度的性质。”[35]

2. 没有建立一个强有力的中央人事行政机关

另外,战后日本设立与内阁保持相对独立地位的人事院,但战前日本却没有建立这种强有力的中央人事行政机关。如每年一度的高等文官考试,由内阁任命的文官高等考试委员负责实施,法制局则担任各种具体事务,至于考试合格者是否录用,则主要由各省厅选拔决定。所以,每当考试结束后,就有一些考试合格者,携带着各种礼品,通过各种关系或门路,争取内务省、大藏省等官厅录用。但结果有的人办得很顺利,有些人费了很大力气才被录用,也有些人由于某些原因未能就职官吏而不得不到民间企事业单位就职。

总之,由于官吏制度缺乏一元的统一性,官吏制度存在许多弊端,各种制度之间又经常发生摩擦。所以,美国胡佛调查团把“缺乏一元的统一性”,作为战前日本官吏制度的主要缺陷之一[36]。

七、官吏人员的过剩

明治维新以后,随着官僚机构的日益扩大,官吏的人数不断增加。及至日本投降时期,机构庞大和冗员过多,已经成为一个必须解决的问题。以下想概述一下这一问题形成的过程。

1. 太政官时代中央政府官吏的人数

在太政官制时代，官吏人数虽然不多，但总的趋势每年均在增加。例如，中央政府的官吏人数，1872 年为 13411 人，1873 年为 18080 人，1874 年为 21496 人，1880 年为 28309 人，1885 年为 98265 人。详见下表：

太政时代中央政府的官吏人数[37]

年次	敕任官	奏任官	判任官	等外官	合计
1872 年	56	691	8111	4553	13411
1873 年	55	2096	9832	6097	18080
1874 年	70	2605	11640	7181	21496
1880 年	83	632	13590	14004	28309
1885 年	200	5417	33776	58872	98265

注 1. 上表只是中央政府官吏人数，地方吏员未计在内。

注 2. 资料来源：1872 – 1874 年的数字，引自毛利敏彦：《明治维新官僚的出生地问题》，载《中央公论·历史与人物》1982 年 10 期，第 178 页；1880 年和 1885 年的数字，引自《内阁制度七十年史》第 567 页。

2. 内阁制建立后官吏人数的迅速增加

自 1885 年建立内阁制以来，官僚机构急剧膨胀，官吏人数也迅速增加。例如，从 1885 年（明治十八年）到 1934 年（昭和九年），国家官吏和地方吏员的总人数，从 21 万 2000 人（内国家官吏 14 万 2000 人，地方吏员 7 万人）增加到 141 万人（内国家官吏 96 万 90000 人，地方吏员 44 万 1000 人），即在约 50 年的时间内，中央和地方官员的人数增加了近六倍。详见下表：

国家公务员和地方公务员人数的变化[38]**（1000 人）**

	国家公务员	地方公务员（地方机关职员）	合计
明治十八年	142（40）	70	212
二十四年	102（43）	154	256
三十四年	194（50）	203	396
四十四年	437（72）	250	688
大正九年	659（107）	317	975
昭和四年	927（135）	390	1317
九年	969（137）	441	1410
二十二年	1599（436）	1337	2936
三十年	1356	1366	2722
四十年	1632	1946	3578
五十年	1699	2940	4639
五十六年	1694	3206	4900

注 1. 表中数字只限于文官，军人、自卫官除外。

注 2. 包括政府所属的各个机关中的公务员。

注 3. “国家公务员”栏中的（　）内数字为正式官员。

出处：战前的数字依据《帝国统计年鉴》，战后的数字依据《日本统计年鉴》历年版。

3. 全面侵华战争和太平洋战争时期官吏人数的急剧膨胀

在全面侵华战争和太平洋战争时期，由于侵略战争的规模空前扩大和竭力强化天皇制军部法西斯统治，在 1942 年行政改革之前，官吏人数竟增加到 157 万余人（包括正式官吏、待遇官吏、雇员、佣人、嘱托等）。详见下表：

文官人数表(1942年行政改革前)[39]

<table>
<tr><td>敕任官</td><td>1848人</td><td rowspan="3">7万6463人</td></tr>
<tr><td>奏任官</td><td>23827人</td></tr>
<tr><td>判任官</td><td>250788人</td></tr>
<tr><td>奏任待遇官吏</td><td>8209人</td><td rowspan="2">15万2000人</td></tr>
<tr><td>判任待遇官吏</td><td>143791人</td></tr>
<tr><td>雇员</td><td></td><td>66万2490人</td></tr>
<tr><td>佣人</td><td></td><td>47万4808人</td></tr>
<tr><td>嘱托</td><td></td><td>11694人</td></tr>
<tr><td>合计</td><td></td><td>157万7455人</td></tr>
</table>

以上仅是中央政府的官吏人数的统计数字,至于地方政府的吏员人数,据户田慎太郎在《天皇制的经济基础的分析》一书中说,1936年底(全面侵华战争前夕)地方吏员及地方待遇职员的人数约为50万人。详见下表:

1936年来地方待遇职员及地方吏员的人数[40]

(1)地方待遇职员　26904人

(包括奏任、判任待遇的职员)

(2)府县吏员　19200人

(3)市吏员　60019人

(包括市长、助役、收入役、常设委员、区长、有给吏员)

(4)町村吏员　39万3226人

(包括町村长以下领取薪俸的吏员、区长、代理区长、常设委员会)

合计　49万9349人

作者在该书中还说:地方吏员总人数约为50万人,在战争结束时约为它的二倍达100万人,但实际人数比这更要多。因此,日本投降后,东久迩、币原两届内阁,均着手进行精简机构的改革,但并未取得任何的结果。到1947年底,公务员的人数,国家级有150万人,地方也大致相同,据称"官吏300万人"[41]。机构庞大,冗员过多,已成为一个突出的问题。所以,1947年,美国对日行政顾问团团长胡佛在谈到日本官吏制度的弊病时,将官吏的人员过剩列为第一个弊病。

八、官吏纪律的缺乏

战前,日本虽然制定了《官吏服务纪律》,历届内阁又多次下达关于振肃纲纪的训示,但官吏纪律的情况仍然不佳,以至美国胡佛顾问团在谈到战前日本官吏制度的弊病时,将官吏纪律的缺乏列为第二项。下面想从以下四个方面来谈这个问题。

1. 蓄妾聘妓之风威极一时

明治初年,日本政府的大部分官员,均出身幕府时代的下级武士。这些出身下级武士的所谓士族官僚,对上卑躬屈膝,对下飞扬跋扈。但在生活方面,他们追求封建大名的奢侈豪华的生活。甚至就连蓄妾聘妓也成为很平常的事。

例如,据《东京开化繁昌志》记载,这些敕任或奏任的高等官的住宅,多是原来封建大名的宅邸,他们重新加以装修,或者仿效英美建起高楼大厦。……每当外出时,则乘驷马车,左为正妻,右为宠妾,侍婢数辈,左陪右侍,家从在前,趾高气扬[42]。

又如，日本著名的思想家和教育家福泽谕吉也说：本藩（萨摩藩）的士族，凡成为政府官员者，逐渐染上都市的坏风气，成为买妾聘妓者，或成为金衣玉食、穷奢极欲者。也有些人借西方文明之名，大兴土木或乘坐不必要的马车，几乎完全舍弃或忘记了乡里的旧情。福泽蔑视官员们的这些恶劣行为，甚至骂他们是人面兽心[43]。

蓄妾聘妓一类的事，虽是幕府时代的遗风，但直到明治时代后期仍然残留。如曾任内阁总理大臣的黑田清隆，出身萨摩藩下级武士，倒幕维新运动的参加者，任过参议、农商务大臣等职，但本人因酒后杀妻，就连天皇听到后都深感震惊。所以，在明治政府在举行宪法颁布的纪念仪式时，当明治天皇将宪法文本递给第二届内阁总理大臣黑田清隆时，有些人以好奇的眼光注视酒后杀妻的新任首相及其风流成性的年轻夫人（后来出奔黑田家与一位商人结合）。但明治天皇不能责备黑田夫妇，因为如果过分追究这一类的事，明治时代的功臣和大官们，将作为“杀人者”被告发，其中许多人将被迫离开官场[44]。

2. 官纪逐渐呈现松弛状态

日本自1887年公布《官吏服务纪律》以来，官吏纪律的状况虽然有所改善，但据日本官方公布的文件透露，及至明治时代后期特别是大正时代，官纪松弛的现象日益严重。

早在1888年11月，山县内阁在向各省大臣下达的振肃纲纪的训令中就曾经指出：由于近来内阁更迭频繁，官纪逐渐出现松弛状态。1917年5月，寺内内阁在关于纲纪肃正的内阁训令中又明确指出：“自内阁成立以来，考察一下政务的实绩和官吏的风气，官纪的松弛不能不说一件遗憾的事。……欧洲战争的影响波及全世界，它不仅涉及到政治、经济方面，而且影响到思想、风化方面，实在令人恐慌之至。故当今之际，掌管政务者……宜遵守纪律，一心奉公，至诚报效君国，以为国民之表率。”[45]

1924年6月，清浦内阁又以“洗刷多年的颓废之风，清除现今的停滞不前的状态”为理由，再次发出“关于纲纪肃正的训示”。训示的内容包括五个方面。一是指出“官吏服务一事，虽然早有规定，但近来逐渐出现松弛状态，经常有人因扰乱公正而触犯刑律，实在是不胜遗憾。故为官吏者，今后更须恪守纪律，以端正廉洁之行动，保持官吏之威信。”二是指出“凡官吏在参与处理公共财物的事务时，宜革除一切私心，至公至正办理此事。”三是指出“官吏须以诚实谨慎，尽职尽责，一心奉公为信念。”四是指出“凡与民间接触多的负责官员，须以谦恭和蔼为宗旨，力求给人们以普遍的方便，以适应当今不断进步的社会发展的形势。”五是指出“官吏办公时间的制度，是处理一切公务的准绳，特别是办公时间是其第一准绳。过去虽曾多次督促此点，但至今仍有不少人不按正点上班。这种情况，促使工作效率降低，尤其是与民间接触多的官厅，由于这个原因造成的损失更多。……故今后官吏宜体察这一趣旨，严格遵守出勤时间。”[46]从清浦内阁的上述训示内容可以看出，大正时代末期官吏纪律逐渐出现松弛状态：经常有人触犯刑律（贪污受贿）；官吏在处理公共财物时不能公正办事（损公肥私）；与民间接触多的负责官员办事不谦恭和蔼（态度不好）；不少官吏不按照规定时间上班工作（迟到早退）。

3. 违法乱纪的事件不断增多

战前日本是一个军国主义帝国主义国家。为了维护天皇制专制统治，推行侵略政策和战争政策，官吏残害百姓、违法乱纪的事件不断增多。下面拟举以下几个事例。

（1）枪杀数千名朝鲜人

在关东大震灾发生的1923年9月1日的傍晚，在东京、横滨等地出现朝鲜人暴动、放火等流言飞语。内务省警保局长后藤文夫迅即通知各地方长官,硬说朝鲜人利用东京附近的震灾,携带炸弹和汽油在各地放火。9月2日的晚上,政府公布戒严令,动员军队和警察,并以在乡军人会、青年会为中心组成自警团,在关东地区对朝鲜人进行大追捕。截至9月6日,约有数千名朝鲜人、200名中国人以及若干名日本人被杀害。后来,事实表明,所谓朝鲜人暴动、放火等,纯粹是一种谣言,但政府当局却竭力掩盖事实真相,对包括警保局长后藤文夫在内的负有责任的官吏和警察未作任何处分,对自卫团的检举也是走过场,最高只判4年徒刑[47]。

(2)枪杀大杉荣夫妇

在关东大震灾期间,1923年9月16日,东京宪兵队麴町分队长甘粕正彦大尉,将无政府主义者的领导人大杉荣及其妻子伊藤野枝、侄子宗一带到东京宪兵队本部秘密地加以杀害,然后将他们的尸体扔入宪兵队院内的枯井用砖头掩埋。事情败露后,宪兵队司令官小泉六一少将、宪兵队长小山介藏大佐受到停职处分,戒严司令官福田雅太郎受到辞职处分,而事件的直接责任者甘粕正彦仅被军法会议判处10年徒刑,但服刑3年就被释放,后来使他去了中国东北,出任伪满洲国民政部警务局长、满洲电影协会理事长等职,直到日本投降时才畏罪自杀[48]。

(3)杀害小林多喜二

小林多喜二(1903－1933年)为日本无产阶级革命作家。著有《蟹工船》、《不在地主》、《工场细胞》等。1931年7月被选为无产阶级作家同盟书记长。同年10月参加日本共产党,并为作家同盟党组成员。1933年2月12日中午被特别高等警察逮捕,经过严刑拷打于当日午后7时45分死去。检察当局为掩盖事实真相,称其死因为心脏麻痹,但极力阻止尸体解剖,并监视前来参加吊唁者,甚至当遗体进入火葬场进行火化时仍然处于警戒状态。因此,小林的全国性的工农葬礼,只能在追悼和抗议声中进行;《赤旗》、《无产青年》、《文学新闻》、《无产阶级文化》、《无产阶级文学》等还为此发行了特刊号[49]。

(4)杀害野吕荣太郎

野吕荣太郎(1900－1934年)是日本马克思主义经济史学家,是日本共产党的主要领导人。生于北海道夕张部。庆应义塾大学经济学部毕业,1927年作为毕业论文《日本资本主义发展史》脱稿,1929年与盛行一时的劳农派展开论战,1930年初加入日本共产党,1931年起参与筹划和主编《日本资本主义发展史讲座》(全七卷)。1932年12月被选为党中央委员,1933年5月作为中央委员长领导党的重建工作,同年11月28日被逮捕。由于采用在一个警察署拘留期满时立即转到另一个警察署继续拘留的不断转押的办法,昼夜不停的轮番拷问和逼供,致使他原来患有的肺结核病情急剧恶化,翌年2月19日死于北品川医院。终年仅35岁。主要著作为《日本资本主义发展史》(有中译本)[50]。

(5)迫害泷川幸辰

泷川幸辰(1891－1962年)为日本刑法学者,京都大学法学部教授。1931年4月,文部大臣鸠山一郎,以泷川教授所作的讲演和所撰写的著作(《刑法读本》等)以共产主义思想给社会造成恶劣影响为理由,通过京都大学总长小西重直劝告其辞职。在遭到拒绝后,泷川教授于5月间根据《文官分限令》受到休职处分。法学部教授会对此提出抗议,学部长以下全体成员向总长提出辞表,广大学生也展开了反对运动。但文部省以法西斯主义的风潮为背景拒不让步,后来经过与新上任的京大总长松井元兴反复协商,结果有7名教授、5名助教授、2 名讲师、4 名助手和 2 名副手被迫辞职，京大法学部失去约三分之二的有生力量[51]。

(6)迫害美浓部达吉

美浓部达吉(1873－1948 年)是日本的宪法学者、法学博士、东京大学教授、帝国学士院会员。1932 年退职后，被敕选为贵族院议员。美浓部所代表的宪法学说是天皇机关说。天皇机关说的基本论点是：统治权是归属于作为法人的国家的权利，天皇是依照宪法行使统治的权能的国家的机关；天皇的权限根据宪法及其他法律来行使，天皇的权限并不是绝对的、无限的。1935 年 2 月，菊池武夫在贵族院会议上，发表了攻击天皇机关说的演说。菊池与御用学者蓑田胸喜一起，均为泷川事件的点火人；现在他们又站在同一的立场，痛骂美浓部为"学匪"、"谋叛人"。美浓部虽然据理反驳，但无论如何也无法抵挡这股暗流。军部、右翼团体和在乡军人会展开了天皇机关说排击运动，同时还在众议院告发美浓部犯有"不敬罪"。美浓部被迫辞去贵族院议员的职务，检察当局则宣布缓期执行起诉。1936 年 2 月，美浓部被右翼分子击伤。天皇机关说的被清除，对日本的学术界和思想界影响很大。天皇被奉为神明。国民在天皇面前必须舍去一切，心甘情愿地为天皇制卖命。军部则打出天皇的旗号，肆无忌惮地将日本推向侵略战争和法西斯化的道路[52]。

历史是一面镜子。日本无条件投降后，自被逐出京大后一直任律师的泷川幸辰，又回到京大任教授、法学部长及京大总长，并获得法学博士学位，被选为日本学士院会员；美浓部教授虽然年逾七十，但仍然写了许多著作，如《日本国法学》、《新宪法概论》、《新宪法的基本原理》等等；但出身四代世袭议员的名门家族的鸠山一郎，却由于在担任文部大臣期间直接插手泷川事件后发表反共声明，于 1946 年 5 月即将组阁时受到褫夺公职的整肃处分[53]；而多少年来经常骂进步学者为学匪的蓑田胸喜，战后则在自己的家乡熊本八代因神经衰弱自杀身死[54]。历史就是这样公正而又无情啊！

4. 贪污受贿的事件频繁发生

森川哲郎在《日本疑狱史》一书中说：战后日本大大小小的贪污受贿事件连续不断，如想详细叙述恐怕写几十本书也未必能写完，所以只能选择其中较大的事件分别予以阐述。根据这一原则，森川将战前日本官吏的贪污受贿事件列出 33 件，然后对其中的 12 件进行详细介绍(见《日本疑狱史》目录)。本书想以《日本疑狱史》的内容为基本题材，参考日本其他的有关著作和辞书，简单地介绍一下战前日本的贪污受贿事件。

(1)山城屋事件

明治初年陆军省御用商人山城屋和助非法挪用公款的事件。长州骑兵队出身，参加过戊辰战争的山城屋和助，作为陆军省御用商人通过长州阀的陆军大辅山县有朋非法挪用陆军省公款约 65 万元，然后为视察贸易出国过奢侈豪华的生活。事发后，山县令其回国，并要求其退还所借款项。但山城屋因生意失败，已经不能退还款项，因而回国后烧毁有关文件，并于 1872 年 11 月在陆军省内剖腹自杀，致使事件的真相无法弄清楚。由于司法卿江藤新平的追究，山县被迫辞去陆军大辅的职务[55]。

(2)教科书疑狱

明治时代后期围绕教科书采用问题发生的贪污受贿事件。由于小学教科书由民间编写，文部省检定，各府县图书审查委员会最后决定是否采用，东京的金港堂、集英堂、普及舍等之间展开了激烈的竞争，并以金钱和女色为诱饵向各府县的官员行贿。自 1902 年 12 月 17 日起，检察当局开始对金港堂、集英堂等教科书会社的家宅进行搜查，并对县、郡的视学官等进行拘留。到1903年的3月,在全国的范围内,约逮捕了县知事、县书记官、师范学校校长,县会议长、教科书会社社长等近200人,被交付预审者达152人。从1903年3月起进行公审,经过控诉、上告等,以官吏收贿罪、违反小学施行规则等,共有116人被判为有罪。在以4名县知事为首,府县视学官、师范学校校长、中学校校长、女子学校校长、府县视学、郡视学等从事监督、指导教育的人当中出现许多的犯罪者。这是日本有史以来最大一起因教科书问题而发生的贪污受贿案件。以此为契机,1903年4月,桂太郎内阁修改小学校令,建立了国定教科书制度[56]。

(3)西门子事件

日本海军高级官员围绕从外国购买军舰问题收取贿赂的事件。通称西门子事件,也叫"金刚"事件,或维克斯事件(见《日本大百科全书》第11卷第225页,小学馆1986年)。自1875年以来,日本海军一直从英国和德国购买军舰及其他军需品。在从德国西门子公司购入军舰等军需物资时,海军当局收取3.5%至15%的回扣;在从英国维克斯公司购入军舰等军需物资时,根据双方的秘密协议,海军当局收取25%的回扣(见《世界大百科事典》第12卷第585页,平凡社1988年)。1914年1月,当日本从外电中得知海军高级官员通过购买外国军舰收取贿赂的消息时,东京各新闻媒体连日作出详细的报道,岛田三郎等在野党的议员则直接追究山本内阁。2月10日,同志会、国民党、中正会等在野的三个党派,在东京日比谷公园召开弹劾内阁的国民大会;当在会议中听到他们的要求被与党政友会的多数否决时,会议的参加者包围议会,部分人还冲入议会内,与宪兵、警察发生冲突,致使435人被捕。在各界人士的怀疑和不满的情绪日益增长的形势下,检察当局逮捕有受贿嫌疑的藤井光五郎机关少将(舰政本部第四部长)和泽崎宽猛海军大佐,送交海军军法会议审讯。接着英国维克斯公司的日本代理店三井物产的董事岩原谦三、饭田义一、山本条太郎等也相继被拘捕,理由是他们有向海军高级官员赠贿的嫌疑,目的是使海军订购维克斯公司的金刚号巡洋舰。结果可以明确的判定,当时的舰政本部长,原来的吴镇守府司令长官松本和中将,在建造金刚号巡洋舰时,确实通过三井物产山西条太郎等人之手,接受英国维克斯公司约40万元的贿赂。3月24日山本内阁总辞职。后继的大限内阁的海军大臣八代六郎,以整肃海军的名义将前内阁总理大臣山本权兵卫海军大将和前内阁海军大臣斋藤实海军大将编入预备役。同时,5月至9日,东京军法会议和高等军法会议,先后作了以下的判决:对于泽崎大佐,由于在设置船桥无线电信所中,收取西门子公司的贿赂,判处徒刑1年,交纳追征金11500元;对于松本中将,由于在订购金刚号巡洋舰中,收取三井物产的贿赂40万元,判处徒刑3年,交纳追征金40万9800元;对于藤井少将,由于除维克斯公司外,还收取几个公司的贿赂,判处徒刑4年另6个月,交纳追征金36万8000元。又东京地方法院则在7月间宣判,三井物产的董事会全部有罪,其中山本条太郎判处徒刑1年另6个月,但在东京控诉院的审判中,全体成员均缓期执行。恰好这时第一次世界大战已经开始,轰动一时的西门子事件或维克斯事件,就这样以没有追究到海军的腐败根源而结束[57]。但是,西门子事件当时,任检事总长的司法官僚平沼骐一郎,在太平洋战争失败后,在中央公论杂志发表的《对祖国的遗言》一文说:那时,疑惑指向山本权兵卫首相,实际上与他并无关系,但斋藤实海军大臣,从松本海军中将收取的40万赔赂中获得10万元,却是一个事实[58]。从极右翼司法官僚平沼骐一郎的上述谈话中可以看出,西门子事件的犯罪背景相当复杂,决不仅限于浮在表面上的几个人,但由于官场上的官官相护,根本无法完全弄清楚,斋藤实能够逃出法网,后来还任过首相,仅是其中的一例而已。

(4)赏勋局疑狱

田中义一内阁赏勋局总裁天冈直嘉以1929年11月的天皇即位典礼为期进行大量的叙勋之际,向企图接受叙勋的恩典的实业家等收取贿赂的事件。天冈为桂太郎的女婿,曾任递信省贮金局长,1927年5月刚一出任赏勋局总裁,就想抓住利用天皇的即位典礼作为整理债务的机会,与整理债务的协作者鸭原亮畅、长岛弘(天冈的内弟)等,企图利用天皇即位典礼叙勋、表彰的时机收取贿赂。1929年8月,鸭原、长岛等受到调查,理由是他们利用制作25万个御大典纪念章的机会,创立日本勋章会社,声称在东京、大阪、京都等30余家贵金属商家分别制作,有票据欺诈的嫌疑。9月间收贿方面的天冈被逮捕,接着赠贿方面的政友会议员、日鲁渔业会会长堤清六、大同电力董事增田次郎、北海道铁道董事渡边孝平、日活动照相社社长横田永之助、伊藤电气铁道社社长熊泽一卫、东京工商联合会会长藤田谦一等也相继被拘捕。收贿嫌疑总额约四万数千元。1933年5月16日的第一审判决,天冈徒刑2年,鸭原和藤田徒刑1年另6个月,横田罚款300元;1934年11月17日的判决,也都判为有罪;1935年9月28日,大审院驳回上诉,均确定为有罪。又在赏勋局疑狱的搜查中,疑惑还涉及到田中内阁的高级官员,但为了把事情掩盖下去,最终也都暗中了结[59]。

(5)日本投降后头几年贪污受贿的事件骤然增加

自赏勋局疑狱之后,又连续发生几起贪污受贿的事件。一是1933年的帝人事件,即帝国人造丝公司的股份买卖被作为贪污受贿追究,促使斋藤实内阁倒台的事件。二是1934年的教育疑狱,即买卖校长职业地位的不祥事件,共有36人被问罪。三是1936年的涉及陆军造兵厂厂长植村中将及其他人的收贿事件。四是1936年的国铁疑狱,即涉及内田信也铁道大臣的贪污受贿事件。五是1938年的京大窗口的贪污受贿事件,共有43人被问罪。自此以 后,直到1945年日本战败投降的这七年中,不论是大的还是小的贪污受贿事件,《日本疑狱史》一书均未作任何记载。

但值得注意的是,日本投降后头几年,官吏贪污受贿的事件骤然增加,且其增加的速度令人难以想象。辻清明教授在《日本官僚制度之研究》一书说:在日本投降到1946年度的近一年半的时间内,日本官公吏因工作关系获得额外收入的犯罪,突破到11000人的记录(《朝日新闻》1947年2月22日)。该书还根据法务省的统计资料指出,从1946年到1951年9月底,官公吏的贪污受贿事件共有69329件,起诉为24410件;且贪污受贿的事件,出现逐年增加的倾向,即1946年为5935件,1947年为6635件,1948年为14630件,1949年为12682件,1950年为17805件,1951年9月底为11642件[60]。

至于这个时期官吏贪污受贿事件的种类,据山本健治所著《1945－1992年政治家公务员的犯罪和事件》一书说,大体上可以分为三种类型。第一种类型,是由于粮食和物资的极端缺乏等生活贫困型的犯罪,如据9月16日报道,东京车站的职员,在投降后曾几次监禁乘客,夺走旅客的金钱和物资,后来被政府当局追究。第二种类型,是由于行政混乱,民心荒废引起的职业道德的犯罪,如1945年9月15名海军军士私卖军用物资个人收取贿赂的事件等。第三种类型,则是议员、官僚、企业团体的领导人的贪污受贿事件,如1947年的辻嘉六事件、大阪造兵厂事件,1948年的昭和电工污职、矿管理国有污职等[61]。

总之,日本投降后头几年,官场的腐败之风骤然兴起,虽然是由于战败投降这一特定的形势直接引起,但也未尝不与官吏的原来素质有关,所以作者同意胡佛关于日本官吏缺乏官吏纪律的论断。

九、官吏录用制度存在不少问题

1. 高文考试的录用对象大都是法科大学毕业生

日本的高文考试,虽然是前所未有,具有很多的特色,但它有一个缺陷,即考试分为三科:行政科考试、外交科考试、司法科考试;而且不论是哪一科,考试内容都偏向法律学,因而每次录用的对象,大都是东京帝国大学法学部毕业生,或者是其他大学的法科毕业生。这些法科大学毕业、经过高文考试被录用的职员,虽然熟悉近代法律专业,但缺乏科学的行政学知识,因而他们的眼界、知识和能力,很难与日新月异的时代发展的要求合拍。东京大学法学部教授辻清明在谈到这一问题时说:“自明治时代以来,日本的高级官僚,多数人都是在修完了法律学之后进入官界的,所以他们的法规知识和在迅速升进过程中所获得的“官界感觉”虽然很充分,但是专门的知识并不是那样丰富。”[62]又,由美国人事委员会来日本的密尔顿·J·耶斯曼中尉,在1946年末与马库特那尔德共同撰写的《日本的官僚制》一文中也指出:“日本官僚集团中的大多数人是东京帝国大学法学部的毕业生,……他们经过很好的训练,但他们只重视法律手续,缺乏科学的行政学知识。”[63]

2. 战前“高文”行政科考试与今日国家公务员1种考试之比较

高文考试片面地重视法律学,录用的人员大都是法科大学毕业生的偏向,与现今日本国家公务员1种考试既重视“全才”又重视“专才”,千方百计选用各科的优秀人才的作法,形成了极其鲜明的对照。在当前的日本公务员制度中,每年均举行14种人事院主持的国家公务员录用考试,如国家公务员录用1种考试、国家公务员录用2种考试、国家公务员录用3种考试等。国家公务员录用1种考试,大体上相当于战前高等文官考试的行政科考试。考试的门类,1994年度,共分为27种,如行政、法律、经济、心理、教育、社会、数学、物理、地质、情报工学、电气、电子、机械、土木、建筑、化学、金属、资源工学、农学、农业经济、农业化学、农业工学、畜产、林学、水产、砂防、造园、药学等。作为考试的方法,分为教养考试、专门考试、综合考试和人品考试。教养考试主要是测试作为国家公务员所必须具备的一般的知识和知能(笔试);专门考试主要是根据报考者行政、数学等考试的门类考查其必须具备的专门知识及技术等(笔试);综合考试主要是观察考生的综合的判断力和思考力(笔试);人品考试主要是通过面试观察考生的品格及性情等。1994年度,报考者共41433人,合格者仅为1725人,合格者大多数都是东京大学、京都大学、早稻田大学等校的毕业生,其中有不少人是硕士生或博士生[63]。

如上所述,国家公务员1种考试,相当于高等文官考试的行政科考试;合格者被任用后约三年可以升任为股长,其后的十年可以任本省的课长,此后如能努力进取还能被任命为部长、局长甚至次官。从国家公务员1种考试的考试门类、方法以及录用对象上看,可以明显地反映出高等文官考试在考试内容和录用人员方面的弊病了。

十、官吏晋升制度有严重缺陷

1. 少数官吏越过正常的上升线迅速爬上高级官僚的位置

战前,日本除亲任官外,高等官分为九等;一等官和二等官为敕任官,三等官至九等官为奏任官。亲任官由天皇亲署任命,是国家最高级的官僚,如内阁总理大臣、各省大臣、枢密院正副议长等。敕任官根据天皇的敕令任命，是国家的高级官吏，日本学者一般称高级官僚，如各省的次官、局长等。奏任官由内阁总理大臣或各省大臣奏请天皇任命，是中央和地方政府的中级官吏，如各省课长以下的事务官、各府县的事务官等。

自建立高等文官考试制度以后，高等官的提级升等必须参考以下四个条件：工作年限、工作业绩、最终学历、高文成绩。但在同样的条件和同样的要求之下，每个人的升迁速度和最终达到的官职却有很大的不同。有的高文考试合格者任职20余年，直到退职时仍是一个奏任的庶务课长。也有不少人虽然奋斗了一生，却只能饮泪吞声地停留在人们所说的“三丁目一番地”上，即长期担任离敕任官只差一步的高等官三等一级（奏任官的最高等级）的官职。但也有一部分人官运亨通，在闯过奏任官的各个等级的关口之后，升任为敕任官（次官局长等）甚至是亲任官（如各省大臣、大审院长等）。

这种情况的发生，一般来说是属于正常的范围，但对战前日本来说就不能一概而论了。第一，战前日本和战后日本不一样，没有建立政府机关首长必须对其所属官吏的工作进行定期评定，并根据评定结果采取提薪、升职以及进修等适当措施的制度。由于没有建立这种制度，官吏的提薪和升职，就很难做到公平合理了。

第二，战前日本官吏的身份保障制度也不健全。特别是在政党内阁的时代，某些政党内阁首相经常根据文官分限令的某些条款，借口整理行政让大批的非本党系统的官吏离职以达到免官的目的，然后将大批已经离职、退职的本党系统的人推向政治前台。这种情况在战前日本经常发生，它无疑对官吏晋升制度的正常进行起着极坏的作用。

第三，战前日本官吏的晋升一事，通常由各官厅的行政长官负责，因而这一行政长官的素质、能力和作风，对一般官吏的升降至关重要。如果本官厅的行政长官专断独行，且一味地迎合或追随军部法西斯势力，就不可避免地会将一批循规蹈矩、“奉公守法”的官吏长期压在最底层，而另一些官吏则飞黄腾达，沿着直线上升的路线不断升官。这一类的事，在战前日本，是屡见不鲜的。

第四，在战前日本，尽管形势复杂多变，大多数官吏仍能按部就班地进行工作，并依照正常的工作规程提薪升职。但也有少数官吏野心很大，削尖脑袋拼命向上爬，直到超越正常的上升线，爬到高级官僚特别是最高级官僚的位置。如自九一八事变以来，大批的日本官吏云集中国东北，他们的理想是先在“满洲”干一番“事业”，然后回到国内的所在省担任要职。例如，东条英机历任关东宪兵队司令官、关东军参谋长等职，后来回国出任陆军省次官，1941年10月18日，又被任命为内阁总理大臣兼内务大臣和陆军大臣，同时“上午还是中将，但是从下午开始……就光荣地被特任为大将”[63]。再如，星野直树1932年由营缮管财局国有财产的课长，转到伪满洲国财政部工作。1936年出任“满洲国”国务院总务长官，1941年就成为东条内阁书记官长。又如，松冈洋右历任满铁理事、副社长等职。1935年任满铁总裁。1940年就出任外务大臣兼拓务大臣。还有，被称为“满洲妖怪”的岸信介，先后任过课长、部长、局长等职。1937年出任“满洲国”产业部次长，1939年升任伪满洲国总务厅次长，1941年就被东条内阁擢升为商工大臣。但是，这些以“满洲国”为跳板得到快速晋升的官场上的“幸运儿”，战后均作为甲级战犯嫌疑犯被捕入狱，其中东条英机还作为头号甲级战犯被判处绞刑。

2. 下级官吏没有升任高级官吏的机会

下级官吏指的是判任文官，分为九等十一级。下级官吏文化程度低，又没有取得高等文官考试合格的资格,所以不管其能力和业绩如何,很少有可能升任为敕任的高级官吏。因此,人数众多的下级官吏,不得不大半生停留在最低的工作岗位上,只能从比他们待遇更差的雇员、佣人甚至一般草民身上寻求自我安慰。战后,这一情况有所改变,根据新制定的公务员制度,即使是初级考试合格者,升任次官的道路也是为他们敞开着的。

3. 技术官吏升任高级官吏的门路十分狭窄

在战前日本,技术官有特殊的晋升系列,如敕任官技监,奏任官技师,判任官技手等。技术官也可以担任高级官职,但人数相当少,除了铁道省、递信省以外,很少有人就任省厅本部局长以上职务的。在铁道省,升任为次官者,也只是有限的几个人。学法科的人官运亨通,技术官升任高级官僚的门路很窄,就连山林局长、土木局长这类职务,也不让懂得技术的技术官担任。明治末年有一位名叫中村弥六的议员抨击说:"真是不可思议,山林局长和土木局长不能让技术官员担任,却让那些不懂业务的法律专业的高文考试合格者像木偶似的坐在局长的位置上。"战后,这一情况得到了大幅度的改善,不少有学历的技术官员升到局长以上的级别。

4. 女性没有可能升任高级官吏

在高等文官考试的前40年中,由于《文官考试规则》规定参加高文考试必须是"年满20岁以上的男子",所以在高文考试合格中没有一名女性。1909年对参加高文考试的条件作了修改,删去了"年满20岁以上的男子"的条款,对女性也开放了门户。1938年好容易有三名女性(中田正子、武藤嘉子、久米爱)闯过了司法科考试的难关。她们都是明治大学女子部法科毕业生。但是在考试合格以后,她们没有担任判事或检事,而是走上了律师的道路。

1941年又有两位女性司法科考试合格者及第一位女性行政科考试合格者渡边美惠。当时的《朝日新闻》用大字标题"最先跨入行政官行列的女性,一次漂亮的高文考试合格"报道了这一消息。但人们最关心的问题是:她虽然取得了高文考试合格的资格,但能否得到与男子高文考试合格者相同的待遇呢?据渡边女士自己讲,结局并不理想。她在高文考试合格后,担任劳务监督官补(判任官)。后来在没有希望升为高等官的情况下,于1942年9月辞职,转入劳动科学研究所,一年多后辞职返回故乡[66]。渡边是明治法律学校毕业,高文考试行政科考试合格,战后曾任大分大学副教授;她完全具备将来升为高等官的条件,但却由于无望升为高等官而辞职回乡,这表明在战前日本女性是很难成为高级官吏的。战后这一情况有了变化,历年国家公务员的各种考试均有一批女性合格,且其合格所占的比率逐年增加;同时还有某些女性升任高级官吏,有的甚至出任国务大臣。

十一、薪金制度不合理

战前,日本官吏的薪金,一般比民间企业的职工薪金高。官吏退职后,享受养老金,因而生活也有保障。但是,官吏的薪金制度,有许多的不合理之处。

1. 高级官僚与下级官吏之间,薪金待遇的差距很大

长时期以来,关于官吏薪金的规定,主要是依照1910年制定的《高等官官等工资令》和《判任官工资令》确定。这两个敕令,后来虽经过多次修改,但其主要点没有多大不同。首先,敕任官的薪金级别分为8级,最高级年薪6200元,最低级年薪4050元,其中中央官厅的事务敕任官(次官、局长等)的年薪一般是5800元。其次,奏任文官也分成许多级,最高级年薪4050元,最低级年薪1050元。最后,判任文官分为11级,最高级月薪145元,最低级

月薪40元;若按年来计算,最高级的年薪额为1740元,最低级的年薪额为480元。所以,如以判任官最高级的年薪额1740元为例,次官、局长等敕任文官的通常年薪额5800元,约等于它的3.3倍,奏任文官最高级的年薪额4050元,约等于它的2.3倍。但是,如果将判任官最低级的年薪额480元,同次官、局长的通常年薪额5800元作一比较,后者等于前者的12倍;或者将它再同内阁总理大臣的年薪额9600元作一比较,后者约等于它的20倍。进一步说,倘若把各种名义的额外收入计算在内,他们之间的差距就更大了[67]。

又,田中惣五郎在《日本官僚政治史》(日文版)一书,还以统计表的形式反映了明治大正年间官吏的薪金的变迁情况。

官吏(内地工作)的薪金变迁情况(人,元)[68]

年次	敕任官		奏任官		判任官	
	人员	一人平均年俸	人员	一人平均年俸	人员	一人平均年俸
1887(明治二十)	151	4053	3402	881	25421	205
1907(明治四十)	416	4103	6598	1187	52057	334
1925(大正十四)	1124	12030	12030	2735	131494	864

第二次世界大战以前,除了一部分财阀企业以外,官吏的薪金大概是最高的。这一事实也充分地表明了官僚的“身份”。从上表可以看出,根据官吏的身份等级,敕任官和判任官的个人平均年薪,约有14倍到20倍的差距。如果与非官吏者相比,差距就会更大了。尤其高级官僚,越是侧近天皇,就越是受到优厚待遇。

2. 高级官僚与一般工人之间,薪金待遇的差距更大

根据1890年的统计资料,各大臣与手工工人(工匠、手艺人)的薪金收入差距,日本是80∶1,普鲁士是45∶1,美国是10∶1;各部局长与手工薪金收入的差距,日本是47∶1,普鲁士是18∶1,美国是4∶1[69]。又,根据1891年的统计资料,美国书记官长的薪金约等于普通工人薪金的4倍,巡查的2.5倍;而日本书记官长的薪金,约等于普通工人薪金的60倍,约等于巡查薪金的35倍[70]。

十二、进修不适当、不充分

战前,日本在《文官试补及见习规则》中规定了试补及见习制度,还有通过递信官吏养成所、铁道教习所、税务讲习所等官厅内部的学校培养人才等做法,但这些制度和做法并没有获得充分的发展,不能也不可能形成像今日日本这样有组织有计划推进的官吏进修体系。因此,胡佛在谈到日本官吏制度的病症时,明确指出进修不适当、不充分。1947年6月11日,胡佛顾问团在向片山内阁总理大臣提交国家公务员法的草案时,在谈到提高职员的公务效率时又进一步指出:“为了保持和增进公务效率,必须制定进修、保健、安全、休养、厚生等计划。”[71]1947年8月27日政府提出的《国家公务员法案纲要》则把进修改为教育训练,内称“为了发挥和提高职员的公务效率,人事院须对教育训练、保健、休养、安全保持及厚生福利的计划,负责总括事项的实施和各官厅业务的调整”[72]。10月21日公布的《国家公务员法》则正式规定:“人事院及有关政府机关首长为发挥和提高职员的工作效率必须制定并努力实行以下计划:(1)关于职员的教育训练(后来改为进修)的事项;(2)关于职员的保健的事项;(3)关于职员的休养的事项;(4)关于职员的安全的事项;(5)关于职员的福利的事项。1950年12月23日公布的《地方公务

员法》也规定："(1) 对于职员，为发挥和提高其工作效率，必须给予他们接受进修的机会；(2) 这一进修由任命者负责实施；(3) 人事委员会可对关于计划的立案及其他的进修的方法，向任命权者提出建议。"这样，关于职员的进修的事项，便直接写进《国家公务员法》和《地方公务员法》，成为公务员制度一个重要的组成部分[73]。

十三、工作成绩的评定方法不完全

在战前日本,各省厅在考查官吏的工作业绩方面有一套成熟的作法,但并没有形成既重视业绩又注重品德的行之有效的制度。胡佛称它是工作成绩的评定方法不完全,并建议日本政府实行工作成绩的评定制度。日本政府接受了这一建议,在《国家公务员法》第73条作出了以下三项规定:(1)政府机关首长必须对其所属职员的工作进行定期评定,并根据评定的结果采取适当的措施;(2)前项工作成绩评定的手续及记录所需要的事项由政令规定之;(3)内阁总理大臣必须做出表扬工作成绩优秀人员和教育工作成绩明显不良人员的规定,并对此必须采取适当的措施。在《地方公务员法》第40条中则作了两项规定:(1)任命权者必须就职员的执行任务情况,定期进行工作成绩的评定,并采取与其评定结果相应的措施;(2)人事委员会可以就有关工作成绩评定计划的拟定以及其他有关工作成绩评定的必要事项,向任命权者提出建议。这样,工作成绩评定的计划与官吏进修事项一样,也写进国家公务员法和地方公务员法,成为公务员制度的一项重大的举措。

十四、缺欠公平的手续

胡佛在谈到日本官吏的身份保障时说:缺欠公平的手续。他建议日本政府,应采取公平处理的方法。为此须设立惩戒及苦情处理审理的规定,还须建立对公务伤病的补偿制度。后来日本制定的《国家公务员法》和《地方公务员法》,通常是以保障为题对工作条件采取行政措施的要求(如改善工资报酬和其他一切工作条件),对违背职员意愿的处分(如降薪、降职、休职、免职等)的不服申诉,以及对公伤病死的补偿等,分别作出详细的规定。平成11年(1999年)出版的《公务员白皮书》,曾专设一章专门阐述了"公平审查"问题。据该书称:公平审查由人事院负责处理的主要有:对不利益处分的不服申诉(《国家公务员法》第90条),关于工作条件的行政措施的要求(《国家公务员法》第86条),关于灾害补偿的实施的审查申诉(《公务灾害补偿法》第24条),关于福利事业的运营措施的申诉(《公务灾害补偿法》第25条)以及关于给与的决定的审查申诉(《给与法》第21条)等。如其中的第一项,关于不利益处分的审查制度,当职员由于违反个人意愿受到降薪、降职、休职、免职等不利益处分因而向人事院提出审查请求时,人事院须按照事案设立公平委员会进行审理,然后做出承认、修改或取消处分的判定。如,1998年度,人事院共受理73件,其中判定的件数共49件,承认处分为48件,修改处分为1件;而撤销、驳回的件数13件。又,从历年受理的情况看,到1998年度为止,总共受理的件数为79240件,其中判定的件数计6093件,承认处分为2075件,修改处分为115件,取消处分为305件,驳回请求者为3598件。此外,还有撤销、不受理者15340件[74]。

这一公平审查的制度,不仅保障了每个职员的身份和利益,而且有助于人事行政的适当的运营,进而确保公务的公正而又有效率的运营。

十五、没有确立公务灾害的救济措施

胡佛在谈到日本官吏制度时指出，没有确立公务上灾害的救济措施，建议日本政府建立对公务伤病的补偿制度。后来，日本在《国家公务员法》和《地方公务员法》中，分别对公务灾害补偿作了具体的规定。上世纪80年代制定的《国家公务员灾害补偿法》和《地方公务员灾害补偿法》，又对公务员灾害补偿作了全面而又详细的规定。以1986年度国家公务员灾害补偿实施状况为例：本法主要适用一般国家公务员约108万人，包括灾害补偿（如疗养补偿、休业补偿、伤病补偿、障害补偿、遗属补偿、丧葬补偿等）和福利设施（如外科后处置、休养、疗养、护理费、奖学援护金等）。1986年度，灾害补偿和福利设施的总件数共29530件，总金额达96亿887万元。再以1986年度地方公务员灾害补偿实施状况为例：本法主要适用于常勤的地方公务员约330万人，也包括灾害补偿和福利设施两大类，1986年度的灾害补偿总件数47784件，总金额148亿2526万4000元；福利设施总件数6520件，总金额27亿4772万8000元[75]。

另外，胡佛提出的以下几个问题，如未充分考虑职务上的危险的预防措施，忽视了职员的健康保持计划，完全缺少娱乐、休养计划，缺少人事行政的基本标准等，也都有一定的道理，后来大都进行了改正并付诸实施。

注释：

① 井出嘉宪：《战后改革与日本官僚制》，见东京大学社会科学研究所编：《战后改革》第3卷政治过程（日文版），东京大学出版会，1980年3月版，第181－182页（胡佛在日本参议院人事委员会上的演说）。

② 家永三郎主编：《日本史资料》（上）（日文版），东京法令出版株式会社，1974年7月版，第467页（历代内阁表）。

③ 赵建民、刘予苇主编：《日本通史》，复旦大学出版社，1989年版，第245－247页（对日本政党内阁制的评述）。

④51 52 大内力：《日本历史》第24卷"走向法西斯主义的道路"（日文版），中央公论社，1969年9月版，第308－411页（右翼分子的暗杀黑名单）；第360－367页（泷川事件）；第378－383页（美浓部天皇机关说被清除）。

⑤ 秦郁彦：《军部法西斯主义运动史》（日文版），河出书房新社，1962年9月版，第4－16页（日本法西斯主义是天皇制军部法西斯主义），可以分为三个时期，第一期（法西斯主义前期），第二期（急进法西斯主义时代），第三期（法西斯主义完成期）。

⑥ 刘文英、韩安俊主编：《世界现代史教程》（1917－1945年），辽宁大学出版社，1993年出版，第322－336页（刘文英教授认为，日本法西斯化过程，大致经历20年代的准备期，30年代的形成期和40年代的确立期，其主要特征是：第一，通过一系列的侵略战争和恐怖事件自上而下逐步实现了国家体制的法西斯化；第二，日本法西斯主义是天皇制法西斯主义；第三，日本法西斯主义又是军部法西斯主义）。

⑦25 日本公务员制度研究会编著：《官吏、公务员制度之变迁》（日文版）。第一法规出版社，平成元年（1989年）版，第53页（官吏对天皇和天皇政府负有忠实的无定量的执行职务的公法上的义务，同时对天皇和天皇制国家负有身份上的伦理上的义务）；第61页（奏任官的任命方式）。

⑧31 内阁官房编：《内阁制度七十年史》（日文版），大藏省印刷局，1955年12月版，第3页（官吏服务纪律）；第258－259页（褒章，记章）。

⑨ 日本现代评论社编，孙雷门、申泽福译：《昭和宰相列传》，天津人民出版社，1985年12月版，第5页（若槻礼次郎《古风庵回忆录》）。

⑩　升味准之辅著，郭洪茂译，董果良校：《日本政治史》第三册，商务印书馆，1997年版，第320－324页（天皇裁决停战）。

⑪⑭㉝㊱㊳㊶63 66　秦郁彦著，梁鸿飞、王建译：《日本官僚制研究》，生活·读书·新知三联书店，1992年12月版，185－187页（奥村喜和男的所谓"万岁广播"）；第32页（耶斯曼与马库特那尔德的论文《日本的官僚制》）；第105页（宫中席位表）；第34－37页（胡佛一直认为日本官吏制度"缺乏一元的统一性"）；第202页（1885－1981年国家公务员和地方公务员人数的变化）；第216－217页（1947年底据称官吏达300万人）；第32页（日本官僚制一文下一段的内容）；第140－142页（女性没有可能升任高级官吏）。

⑫　岩波讲座《日本历史》17《近代》4卷（日文版），岩波书店，1976年版，第152－178页（飞鸟井雅道：初期社会主义）；日本近代史辞典编委会编：《日本近现代史辞典》（日文版）。东洋经济新报社1978年版，第376－377页（小山仁示撰写：大逆事件）。

⑬、⑰　井上清著：辽宁大学哲学研究所译：《天皇制》，商务印书馆，1975年版，第74页（评《官吏服务纪律》）；第114页（川路利良大警视关于"政府者父母也，人民者子女也"的警察观和人民观）。

⑮⑲⑳㉑60 62 67 69　辻清明：《新版日本官僚制之研究》（日文版），东京大学出版会，1981年版，第195页（明治二十年谷于城意见书）；第196－198页（官职的私有意识将导致公的官职和私的利益的直接结合即物质的诱惑）；第203页（判任官和高等官就连使用的食堂和便所都有区别，上下级官吏之间存在一道巨大的鸿沟）；第201－202页（行政长官与一般官吏之间，按照行政事务区分的上下关系，通常表现为社会身份的高低关系）；第35－36页（战前日本官吏制度的主要规定均根据天皇的敕令制定，表明日本官吏制度具有强烈的绝对的官僚制度的性质）；第196－199页（在二战结束后的头几年，官公吏贪污受贿事件突然增多，并有逐年增长的趋势）；第161页（上级官僚大都法科出身，但他们的专门知识并不那样丰富）第51－52页（高级官僚与下级官吏之间工资差别极大）；第57页（日本与德、美国各省大臣与手工工人薪金收入的比较）。

⑯　大霞会编著：《内务省史》（全四卷，日文版），日本制版株式会社平和工业社，1981年3月版，第1卷第85－89页（1873年明治天皇颁布关于地方官为天皇的牧民官的敕语）；第4卷第260－262页（内务省官僚普遍具有作为天皇的牧民官的责任意识）。

⑱　国史大辞典编辑委员会编：《国史大辞典》第3卷（日文版），吉川弘文馆，198年版，第1015－1016页（《大日本帝国宪法》第15条的天皇的荣典大权可以说是形成以天皇为顶点的"官尊民卑"，身份差别的源泉）。

㉒㉓58　室伏哲郎：《高级官僚》（日文版），世界书院，1983年版，第32－33页（下级官吏对上级官吏，不仅在执行职务方面，而且在私人生活方面，也不得不唯命是从）；第33页（官尊民卑的思潮在民间也颇为盛行）；第87－88页（平沼骐一郎"对祖国的遗言"）。

㉔　《万有百科大事典》5《日本历史》（日文版），小学馆，1978年版，第294－295页（以天皇为顶点的这种身份秩序，使官僚制度内部不断产生与天皇相关联的大小服从意识）。

㉖　《日本历史大辞典》第5卷（日文版），河出书房，1956年版，第229页（1884年和1939年公、侯、伯、子、男爵人数）。

㉗㉘　内阁官房记录课编纂：《现行法令辑览》第二卷（日文版），第五辑第一章第一款，第1－3页（位阶令、位阶令施行细则）；第二款第4－28页（勋章、记章）。

㉙㉚　村上重良编：《皇室辞典》（日文版），东京堂株式会社，1980年7月出版，58页（金鵄勋章）；第209页（文化勋章）。

㉜　内阁官房记录课编纂：《现行法令辑览》第一卷（日文版），第三章第一款，第108－126页（皇室仪制令，其中的第四章为宫中席次，包括10阶70级）。

㉞　中邨章编著：《官僚制与日本政治》（日文版），北树出版株式会社，2003年4月版，第70－72页（贵众两院议员相当于本省课长和府县部长，可见官僚的"身份"是相当高的）。

㊲　毛利敏彦：《明治维新官僚的出生地问题》，见《中央公论·历史与人物》，1982年第10期，第178

页。

㊴㊵㊵⑦⓪　户田慎太郎:《天皇制的经济基础的分析》(日文版),三一书房,1947 年版,第 214 - 215 页(1942 年行政改革前官吏人数表);第 217 - 218 页(1936 年底地方待遇职员及地方吏员的人数);第 223 - 224 页(各国官吏与一般工人之间薪金待遇之比较)。

㊷、㊸　福地重孝:《士族与士族意识》,春秋社,1956 年版,第 334 - 335 页(《东京开化繁昌录》,士族高级官员的生活);第 335 - 337 页(福泽论吉对官员的评述)。

㊹　(日)包川大吉:《日本历史》21 卷,中央公论社,1969 年版,第 447 - 448 页(黑田清隆酒后杀妻)。

㊺㊻　寺内内阁关于纲纪肃正的内阁训令,见日本公务员制度研究会编著,《官吏、公务员制度之变迁》,第 199 - 200 页,清浦内阁关于纲纪肃正的训示,见《官吏、公务员制度之变迁》,第 200 - 201 页)。

㊼　今井清一:《日本历史》第 23 卷大正的民主(日文版),中央公论社 1969 年版,第 376 - 394 页(杀害无辜的朝鲜人事件)。

㊽　坪田五雄编:《人物探访》,《日本的历史》第 19 卷,"大正昭和时代的主要人物"(日文版),晓教育图书株式会社,1982 年 5 月版,第 118 - 119 页(角田房子撰写,甘粕正彦事件,大杉杀害者的轨迹)。

㊾　小林多喜二:《小林多喜二全集》(共 15 卷)(年谱)(日文版),新日本出版社,1978 年 6 月版,第 207 - 228 页(小林的葬礼只能在追悼和抗议声中进行);《昭和日本史》第 2 卷"战争与民众"(日文版),晓教育图书公司,1981 年 4 月印刷,第 78 - 79 页(西野辰吉:小林多喜二之死)。

㊿　国史大辞典编辑委员会编:《国史大辞典》第 11 卷(日文版),吉川弘文馆 1990 年版,第 445 - 446 页(野吕荣太郎)。

53　市太正一:《世袭议员之研究》(日文版),日本经济新闻社,1990 年 11 月版,第 117 页(1946 年鸠山一郎被剥夺公职的理由是曾直接策划泷川事件和发表反共声明);富森睿儿著,吴晓新、王达民等译:《战后日本保守党史》,上海译文出版社,1984 年 1 月版,22 - 25 页(鸠山被清洗主要是因为在担任文相时期的言行和战后初期发表的反共声明)。

54　森正藏著,赵南柔、史存直、闵德培、曹成修合译:《日本近代社会运动》,亚东协会,1947 年版,第 273 - 276 页(蓑田胸喜这一日本文化界的败类战后因神经病自缢而死)。

55　森川哲郎:《日本疑狱史》(日文版),三一书房,1977 年版,第 9 - 21 页(山城屋事件)。

56　《世界大百科事典》第 7 卷(日文版)平凡社,1988 年,第 263 - 264 页(教科书疑狱);《日本大百科全书》第 6 卷(日文彼)小学馆,1985 年版,第 820 页(教科书疑狱)。

57　《国史大辞典》编辑委员会编:《国史大辞典》第 卷(日文版),吉川弘文馆,198 年版,第 636 - 637 页(西门子事件);森川哲郎著:《日本疑狱史》,第 145 - 165 页(西门子事件)。

58　《国史大辞典》编辑委员会编:《国史大辞典》第七卷(日文版),吉川弘文馆,1986 年版,第 493 页(赏勋局疑狱)。

61　山本健治:《1945 - 1992 年政治家、公务员的犯罪和事件》(日文版),第三书店,1992 年版,第 378 - 380 页(1945 年至 1955 年政治家公务员的犯罪和事件的三种类型)。

64　资格问题研究会编:《国家考试的各种情况》(日文版),启明书房,平成六年版,国家公务员 1 种考试,第 78 - 79 页(高文行政科考试与国家公务员 1 种考试之比较。)

65　伊东峻一郎著,辽宁大学历史系翻译组译:《东条英机传》,商务印书馆,1972 年版,第 174 - 175 页(东条英机上台并由中将升为大将)。

68　田中惣五郎:(改订)《日本官僚政治史》(日文版),河出书房,1954 年版,第 76 页(官吏薪金的变迁情况表)。

71 72　家永三郎主编:《日本史资料》(下),东京法令出版株式会社,1974 年版,第 139 页(胡佛原案的提示);第 139 - 145 页(《国家公务员法案纲要》)。

73　末川博编著:《岩波六法全书》,岩波书店,1964 年版,《国家公务员法》(日文版),第 144 页(第 73 条);《地方公务员法》(日文版),第 679 - 680 页(第 39 条)。

⑭ 人事院编:《公务员白皮书》大藏省印刷局,平成十一年(1999年)版,第197－200页;第371－372页。

⑮ 健康保险组合联合会编:《社会保障年鉴》(日文版),东洋经济新报社,1988年版,第98页(国家公务员灾害补偿和福利设施实施状况);第99－101页(地方公务员灾害补偿和福利设施实施状况)。

第五章　战后初期日本官吏制度的改革和公务员制度的建立

日本无条件投降后，以美、英、中、苏为中心的反法西斯联盟国家占领日本。美国约派驻43万陆海空军占领日本本土[①]，美国太平洋陆军总司令道格拉斯·麦克阿瑟将军兼任盟国驻日占领军总司令部（以下简称盟军总部）最高统帅。1946年9月2日，麦克阿瑟发表了“破坏应该破坏的东西，保存应该保存的东西，建设应该建设的东西”的声明[②]。盟军总部根据麦克阿瑟的这一声明，在日本和国际的民主力量的推动之下，通过日本政府对日本的政治、司法、经济、劳动、教育、文化等六个领域进行了一系列的全面性的民主改革[③]。

在政治改革方面，除了修改旧宪法、颁布新宪法这一国家体制的根本改革之外，还进行了地方制度的改革，议会制度的改革，选举制度的改革，皇室制度的改革，家族制度的改革，警察制度的改革，官吏制度的改革[④]。

在司法改革方面，主要进行了司法制度的改革，民事审判制度的改革，刑事审判制度的改革，行政诉讼法制的改革[⑤]。

在经济改革方面，除了农地改革、解散财阀这两项重大的改革之外，还进行了财政制度的改革，税收制度的改革，金融制度的改革，证券制度的改革[⑥]。

在劳动改革方面，先后制定了所谓“劳动三法”，即《劳动组合法》、《劳动关系调整法》和《劳动基准法》，奠立了战后日本民主劳动关系的基础，促进了日本工会运动和工人运动的发展[⑦]。

在教育改革方面，全面清算了明治时代以来的学校制度、教育课程和教育行政，推进了学校制度的改革、教育课程的改革、教育行政的改革、教师培养制度的改革，以及教育制度的改革[⑧]。

在文化改革方面，主要包括宗教的自由化，大众传播媒介的民主化，以及罗马字的国语标记的改革等[⑨]。

日本历史学家井上清教授在谈到战后初期日本民主改革的意义时指出：“日本社会的封建因素几乎被一扫而光。经济方面的地主制，社会方面的父家长制，政治方面的专制天皇制，思想方面的天皇神化，都被消灭了。这些东西的被消灭，真是一千几百年日本国家历史上空前的大变革。”[⑩]所以，在日本学术界，有些学者经常把战后改革与明治维新相比，有的说战后日本的改革是“与明治维新相比美的巨大的历史变革”[⑪]，也有的说战后日本的民主改革“具有与明治维新同样重要的历史意义”[⑫]。

在战后初期的日本各项民主改革中，官吏制度的改革占有特殊重要的地位。这是因为日本投降以后，军队和军事机构已被彻底摧毁，但官吏和官僚机构却几乎原封不动地被保留下来；为了把在明治宪法体制下确立的统治者即“官”和被统治者即“民”的关系在理论上颠倒过来,使官吏由"天皇的官吏"变为"国民的公仆",同时也是为了通过建立所谓科学的人事行政,改革从前无效率的公务的运营,保证公务对国民既讲民主又有高效率,必须对旧的官吏制度进行根本性的改革。

所以,官吏制度的改革,不仅对美国占领当局采取利用既存的行政机构进行间接统治,保证日本不再成为美国的威胁及世界和平和安全的威胁具有特别重要的意义,而且对战败后的日本来说,它既是确保各种民主制度的成功的一个基本环节,也是谋求日本国民将来的福祉的前提条件之一⑬。

第一节　官吏制度改革的前奏和战后初期的官吏制度

一、币原内阁《关于官吏制度改革的事项》

战后初期,在民主改革运动的浪潮逐渐兴起之际,1945 年 10 月登场的币原喜重郎内阁,在没有弄清美国占领当局的意图之前,抢先对官吏制度进行了改革的尝试。1945 年 9 月底,法制局为准备实行官吏制度的改革,提出了一份内容广泛的研究项目,其中包括"改善考试制度和任用制度,提高官吏的素质及能力,官厅事务简捷及增进工作效率,刷新和提高官吏道德,设立内阁人事部,正确使用技术官,改善待遇,整理官名,待遇的合理化"等。同年 11 月 13 日,币原内阁根据法制局通过研讨上述研究项目所得出的基本结论,做出了《关于官吏制度修改的事项》的阁议决定⑭,内容共有以下 8 项:

1. 统一官名

相当于一官一职的官吏,除其他的特殊官吏外,均按照事务系统及技术系统使用同一官名,例如事务系统的官称"某某省事务官",技术系统的官称"某某省技官"。

2. 官与职分离

官与职分离,从前的官吏厅部局长等均改为职名,职务的授予按任命官职的方法进行。

3. 废除高等官和判任官的区别及简化官等等级制度

相当于一官一职的官吏,除其他的特殊的官吏外,均废除敕任官、奏任官和判任官的区别,并简化官等等级制度,一律改为 1 级官、2 级官和 3 级官。

4. 统一官吏薪金制度

修改依照官及官等的区分来确定薪金的现行制度,原则上实行与官及官等没有关系的薪金制度,按照工作年限和工作成绩确定薪金级别。

5. 抑制官吏频繁更迭

为了限制官吏的频繁更迭,确定官吏在一定期间只担任同一职务的原则。

6. 改进高等考试制度

在保持官吏依照资格考试任用为原则的现行制度,并扩大实行铨衡任用制度的同时,对行政科及司法科的高等考试,须考虑改善以下各点:

(1)重新研讨考试科目,排除其划一的倾向,以扩大能适材所登用人才的途径;

(2)改变现今考试委员主要从专门学校的教员中任命的倾向,增加一定数额的官吏或民间的实务家,从学理及实际两个方面来进行考试;

(3)除高等考试制度外,还须研究试补的制度。

7. 建立官吏进修制度

通过建立新的官吏进修机关及利用大学等现存的教育设施等方法,使官吏进行几个月时间的进修,同时还须考虑官吏在一定期间从事民间实际业务等制度。

8. 励行信赏必罚的原则并建立监察制度和考科表制度

(1)在内阁及各省设置监察官,使其考查部内职员的工作效率、勤勉与否以及其他事务处理的实际情况,励行信赏必罚的方针,同时还使其调查、建议有关提高官厅的工作效率及增进职员的福利等事项;

(2)内阁及各省,对部内二级以下的官吏建立考科表制度;考科表每年制成二次,由该当官吏的直接上司记入(如科员由科长记入、科长由部局长记入);晋级、提薪、奖赏等各种优厚待遇,主要是根据每个人的考科表进行。考科表的样式及记载项目,务须充分、科学而且合理,注意在记录中不要出现不公平一类的事。

为使上述的阁议决定付诸实施,1946 年 4 月 1 日,币原内阁公布了《各厅职员通则》(敕令第 189 号)、《官吏任用叙级令》(敕令第 190 号)、《亲任官及诸官级别令》(敕令第 191 号)、《官吏工资令》(敕令第 192 号)及《高等考试令》的改正(敕令第 225 号)等一系列的敕令。《各省职员通则》规定:除了次官、参与官、秘书官以外,官吏的种类原则上分为事务官、技官、教官三种;《官吏任用叙级令》规定:废除从前敕任官、奏任官、判任官的区别,亲任官以外的官吏分为 1 级官、2 级官、3 级官;《官吏工资令》规定:统一制定 1 级至 3 级的官吏薪金表,并将从前敕任官、奏任官的年俸制改为月俸制;修改后的《高等考试令》规定,考试的科目及实施方法,均进行大幅度的修改。

币原内阁的官吏制度改革方案公布后,引起日本知识界、新闻界的高度评价,有的认为它是“官吏制度的改革”,也有的认为它是“拔本塞源”的改革,或是使“官等等级彻底简素化”的改革。但实际上,币原内阁的改革存在不少问题。首先,有的问题应该提出,但却没有提出,如设立中央人事行政机构问题,是日本统治集团十分关注的问题,在法制局的研究项目中,曾经提出建立内阁人事部,但在阁议决定中却只字未提。其次,有些问题虽然作为方针提出,但并没有付诸实行,如官吏进修制度、考科表制度及监察制度等。另外,某些改革措施虽然已经施行,但其效果并未触及旧官吏制度病症的深处,如敕任官、奏任官、判任官的传统区别已被废止,建立了 1 级官、2 级官、3 级官的新的区别。但 1 级官、2 级官、3 级官的任命资格,完全是承袭过去敕任官、奏任官、判任官的任命资格,其任命手续也与过去相同。

二、吉田内阁的《官吏法案要纲》

1946 年 5 月 22 日,代替币原内阁组成第一次吉田茂内阁。7 月 3 日,设立以吉田为会长的临时法制调查会,其任务是审议随着明治宪法的改正需要制定、修改或废除的主要的法律。10 月 26 日,临时法制调查会制定了《官吏法案要纲》[⑮],其内容共有以下 9 项。

1. 官的区分

官吏分为 1 级官、2 级官和 3 级官。对 1 级、2 级及 3 级官吏使用同一官名的现行制度的原则将予以重新探讨。

2. 任用及叙级的资格

除特别官吏的任用资格外,将按照 1 级、2 级及 3 级的区别及事务系统的官和技术、教育系统的官的区别,大体上袭用现行制度以法律规定之。

3. 高等考试及普通考试

以法律规定关于高等考试及普通考试的事项,根据这一点将发布大体上准用现行制度的内容的政令。在这种场合,将考虑将外交科考试同行政科考试分离的制度。

4. 任用及叙级的手续

(1)1 级官吏的任用及叙级,除天皇任命及天皇认证的官吏外,均须依照主管大臣的提议,由内阁实行之;

(2)2 级官吏的任用及叙级,除特别规定者外,均依照主管大臣的提议,由内阁总理大臣施行之;

(3)3 级官吏的任用及叙级,除特别规定者外,均由主管大臣或政令所规定的各厅首长等施行之。

5. 身份保障

(1)官吏不得违反其本意被降级或减薪,但依照惩戒处分被降级或减薪的场合不在此限;

(2)关于官吏的休职,大致沿袭现行制度,以法律规定之,但根据官厅事务的需要命令休职的场合,可依照政令的规定提交官吏分限委员会议决;

(3)关于免官及退官,大致沿袭现行制度,以法律规定之,免官的手续,可准用任用及叙级的手续。

6. 服务

现行的官吏服务纪律,须进行全面的修改,大致规定以下的事项:

(1) 官吏的天职是为全体国民服务;

(2) 官吏必须清正廉洁;

(3) 官吏必须亲切诚恳;

(4) 官吏须经常钻研、勤奋努力工作;

(5) 官吏应相互亲密合作;

(6) 官吏有对上级长官服从的义务,但对上级长官的命令可陈述意见;

(7) 官吏有保守秘密的义务;

(8) 官吏不得擅离职守;

(9) 官吏的工作时间、服装制式、居住地点以及其他职务上所必需的事项,可依照政令规定之;

(10) 官吏非得到本部长官之许可,不得成为营利事业团体的役员或职员,也不得从事营利事业;

(11) 本部长官认为所属官吏担任前号以外的团体的役员或职员或从事同号以外的事业,有碍于执行官吏的职务时,可予以禁止。

7. 薪金

(1)对于官吏的薪金,以政令规定之。这种场合,对根据 1 级、2 级和 3 级官吏使用同一号表的薪金额所确定的现行制度须进行重新的探讨,同时对工作年限长且成绩优秀者,可采取建立特别薪俸等优厚待遇的办法;

(2)对薪俸之外,津贴及其他有关官吏待遇的必要事项,可以政令规定之。

8. 惩戒

(1)对于官吏的惩戒,除了作为惩戒处分的降级以外,均沿袭现行的制度,重要的事项以法律规定之,其他则以政令规定之;

(2)降级是1级官降为2级官,2级官降至3级官。这种场合,在同一的官名中没有该当的级别时,可临时在其官名中设置该当的级别。被降级者,一年内不得升至原级以上的官级。

9. 考课表制度及进修制度

(1)本部长官依照政令的规定,对其所属的官吏制定考课表,其中记载某些必要的事项;

(2)2级及3级的官吏,依照政令的规定,接受一定时间的进修;

(3)考课表及进修的成绩,可将其作为官吏人事管理的资料。

如上所述,从总体上看,上述的《官吏法案要纲》,再次确认了币原内阁时代所决定的关于官吏制度改革的基本路线以及根据这一路线所建立的各种现行制度,但在5身份保障、6服务、7惩戒中提出了一些先前所未提到的新内容。在新宪法即《日本国宪法》开始施行或即将施行之际,吉田内阁又根据新的形势迅速制定了一系列的敕令、政令和法律。

1947年5月2日,即新宪法实施的头一天,吉田内阁根据《官吏法案要纲》中有关官吏服务纪律的规定,公布了《部分修改官吏服务纪律的敕令》(昭和二十二年第206号敕令),将旧官吏服务纪律第1条改为"凡官吏作为国民全体的服务员,须以忠实勤勉为主,服从法令,各尽其职务"。5月3日,既新宪法实施的当天,吉田政府又依照宪法中"选定和罢免公务员是国民固有的权利"的规定,制定了《关于官吏的任免、叙级、休职、复职及其他有关官吏身份上的事项的手续的政令》(昭和二十二年政令第11号)。另外,根据宪法中内阁"按照法律规定的准则,掌管关于官吏的事务"的规定,需要将原来关于官吏制度的敕令改为法律,吉田政府制定了《关于日本国宪法施行后现令仍然有效的命令的规定的效力等的法律》(昭和二十二年法律第72号);按照这一法律,先前制定的《官吏任用叙级令》(昭和二十一年敕令第190号)。《官吏工资令》(昭和二十一年敕令第191号)、《官吏服务纪律》(明治二十年敕令第39号)、《官吏分限令》(昭和二十一年敕令第193号)、《官吏惩戒令》(昭和二十一年敕令第193号)等敕令,截至1947年12月31日,均与法律具有同一的效力。又,1947年10月21日,代替吉田内阁的片山哲政府,在公布《国家公务员法》(昭和二十二年法律第120号)的同时,公布了《关于国家公务员法的规定适用前官吏的任免等事项》(昭和二十二年法律第121号)。根据这一法律,关于官吏及其他政府职员的任免、叙级、休职、复职、惩戒的事项,关于官吏的工资、津贴及其他待遇的事项,以及官吏服务纪律的事项,到国家公务员法的规定适用时为止,仍依照从前的惯例进行。这就是说,自国家公务员法施行之后,到它的规定适用之前,战前的官吏制度仍可以应急的改正的形式继续保留它的命脉[16]。

三、战后初期日本的官吏制度

在战后的最初几年,具体地说就是在国家公务员法完全实施之前的这段时期,日本官吏制度的概况如下:

1. 任用制度

战前,日本官吏的任用制度,主要是依照《文官任用令》等许多敕令制定的。日本投降后,1946 年 3 月 31 日,币原内阁废除了 1893 年制定、后来经过多次修改的《文官任用令》。第二天,即 4 月 1 日,制定了《官吏任用叙级令》。按照《官吏任用叙级令》规定,明治时代以来敕任官、奏任官、判任官的区分被废除,建立了 1 级官、2 级官、3 级官的新的区分,并制定了 1 级、2 级、3 级官吏的任用资格。但是,《官吏任用叙级令》除了继承从前《文官任用令》的内容外,还吸收了《奏任文官特别任用令》的一部分内容;1 级官吏、2 级官吏、3 级官吏的任用资格,也基本上沿袭了从前敕任官、奏任官、判任官的任用资格。“任官补职”的方法也与从前相同。

1947 年 5 月 3 日,随着日本国宪法的施行,吉田内阁在部分修改《官吏任用叙级令》的同时,又制定了《关于官吏的任免、叙级、休职、复职及其他有关官吏身份上事项的手续的政令》。根据这一政令,排除了天皇对官吏任免的参与,规定 1 级官吏的任免,根据主管大臣的提议,由内阁实行;2 级官吏的任免,根据主管大臣的提议,由内阁总理大臣实行;3 级官吏的任免,由主管大臣或依照政令规定的各官厅首长实行。

1947 年 10 月 21 日,片山内阁公布了《国家公务员法》。由于《国家公务员法》的完全实施需要一段准备时间,所以在该法公布的当天,同时公布了《关于国家公务员法的规定适用时官吏的任免等法律》,规定官吏及其他政府职员的任免、叙级等事项,在《国家公务员法》的适用期间,仍依照从前的惯例进行。1949 年 1 月 15 日,制定了关于职员的任用及叙级的人事院规则,建立了一般职员任用的暂时的制度,同时根据人事院规则,废止了《官吏任用叙级令》。及至 1950 年 5 月 15 日,分为三级的官吏级别也废止了。

2. 考试制度

自 1943 年以来,高等考试已停止进行。1946 年 4 月 1 日,修改了《高等考试令》(昭和二十一年敕令第 225 号)。1947 年 4 月和 12 月,根据修改后的《高等考试令》,举行了最后两次高等文官考试。这时高等考试的考试科目,排除了从前的“法科画一主义”,行政科的必考科目,有宪法、行政法、经济学三个科目,选考科目分为四类,志愿者可在一类中选择四个科目,详情可参看下表。

1948 年 3 月 19 日,公布了《关于停止高等考试行政科考试的政令》(昭和二十三年政令第 57 号),同时废除了《普通考试令》。同年 12 月 3 日,废止了《高等考试令》,历时 50 余年的高等文官考试制度至此画上了句号。

行政科考试科目[17]

必考科目	宪法　行政法　经济学	
选考科目	第一类	民法　商法　刑法　民事诉讼法　刑事诉讼法　政治学　政治史　财政学　社会学　经济政策　社会政策　外语
	第二类	国际公法　国际私法　外交史　政治学　政治史　经济政策　经济地理　商业学　外语
	第三类	农学　农业工学　林学　林业工学　畜产学　水产学　机械学　电气工学　矿山学　经济政策　社会政策　经济史　商业学　外语
	第四类	哲学　论理学　心理学　社会学　宗教学及宗教史　美学及美术史　数学　物理学　化学　生理学　卫生学　教育学　国文及汉文　外语
口试	宪法　行政法(或国际公法)　经济学	

选考科目分为四类,志愿者可在任何一类选择 4 个科目

又在高等考试停止期间,1947 年 2 月、1948 年 2 月和 1948 年 6 月,根据二级事务官吏

诠衡委员会的权衡，先后三次任用二级事务官吏 327 人。事实上，这批诠衡任用的二级事务官吏，受到与行政科考试合格者同样的待遇。

3. 工资报酬

战后，由于物价飞涨，继续采取战时实施的提高官吏薪金待遇的政策。如 1945 年 12 月，增加临时突发性津贴，建立临时物价津贴；1946 年 1 月至 2 月，作为越冬资金支付奖金，3 月又支付临时津贴等。1946 年 4 月，作为当前官吏制度改革的一个环节，废除了《高等官官等工资令》和《判任官工资令》，新制定了《官吏工资令》（昭和二十一年敕令等 192 号）。根据这一敕令，官吏的年薪，一律改为月薪，薪金的幅度，从 1 号俸的 800 元至 30 号俸的 50 元。同年 8 月，又制定《官厅职员给与制度改正实施要纲》，规定将各种津贴统合在基本薪俸之中；作为津贴只支付临时家属津贴及临时勤务地区津贴；大幅度地提高官吏的基本薪俸，薪金额从 1 号俸的 300 元至 30 号俸的 1200 元。详见以下两表：

官吏薪俸表[18]（1946 年 4 月 1 日—6 月 30 日）

号俸	工资月额	号俸	工资月额
1	800	16	230
2	700	17	210
3	650	18	190
4	600	19	170
5	550	20	150
6	520	21	140
7	490	22	130
8	460	23	120
9	430	24	110
10	400	25	100
11	370	26	90
12	340	27	80
13	310	28	70
14	280	29	60
15	250	30	50

官吏薪俸表[19]（1946 年 7 月 1 日—1947 年 12 月 31 日）

号俸	工资月额	号俸	工资月额
1	300	16	900
2	330	17	950
3	360	18	1000
4	390	19	1050
5	420	20	1100
6	460	21	1150
7	500	22	1200
8	540	23	1300
9	580	24	1400
10	620	25	1500
11	660	26	1600
12	700	27	1700

13	750	28	1800
14	800	29	1900
15	850	30	2000

4. 服务纪律

日本投降后,1945 年 10 月,废止了《战时官吏服务令》,但 1887 年制定的《官吏服务纪律》,根据吉田内阁公布的《关于官吏的任免、叙级、休职、免职及其他官吏身份上的事项的手续的政令》(以下简称效力法),在 1947 年 12 月 31 日以前,仍然具有法律的效力。1947 年 5 月,随着新宪法的即将实行,吉田政府将《官吏服务纪律》的第 1 条“凡官吏对天皇陛下及天皇陛下政府,均须以忠顺勤勉为主,依照法律命令各尽其职务”,改为“凡官吏作为全体国民的服务者,须以诚实勤勉为主,遵照法令各尽其职务”。1948 年 7 月,由于《国家公务员法》的施行,废止了《官吏服务纪律》。

5. 办公时间

关于办公时间,1945 年 8 月 28 日,修改了《关于东亚战争中官厅办公时间的事项》,即废除了战争时间星期日的办公体制,只是规定平时的办公时间仍按战时处理,即 4 月至 10 月,午前 9 时至午后 5 时办公,11 月至 3 月,午前 9 时至午后 5 时办公。1946 年 3 月 2 日,废除了《关于东亚战争中官厅办公时间的事项》,规定今后像从前一样,官厅的办公时间,按照大正十一年阁令第 6 号即《关于官厅办公时间及休假的事项》处理,休假则继续依照大正十一年阁令第 6 号,明治六年太政官布告第 2 号等从前的规定进行。

6. 身份保障

1946 年 4 月,在敕任官、奏任官、判任官改为 1 级官吏、2 级官吏、3 级官吏之际,1899 年制定的《文官分限令》改为《官吏分限令》(昭和二十一年敕令第 193 号)。1947 年 5 月,根据吉田内阁公布的效力法、《官吏分限令》具有与法律同样的效力。1948 年 11 月 1 日,随着国家公务员法的施行,《官吏分限令》被废止。

7. 惩戒

1899 年制定的《文官惩戒令》与《文官分限令》一样,根据吉田内阁公布的效力法,截至 1947 年 12 月 31 日,具有与法律同样的效力。1946 年 4 月,随着武官的废止,《文官分限令》改为《官吏分限令》(昭和二十一年敕令第 193 号)。1947 年 5 月,排除了关于天皇对 1 级官吏的免官、减薪及 2 级官吏的免官的参与,规定对前者经惩戒委员会的议决,根据主管大臣的提议由内阁进行,对后者经惩戒委员会的议决,根据本部长官的提议由内阁总理大臣进行。(昭和二十二年政令第 13 号)。

8. 恩给

关于恩给制度,随着宫内省的废除,从前宫内省支付的有关皇室职员的恩给改由国库支付,支付办法基本上沿袭从前的制度进行。

对于退职津贴,根据 1947 年 3 月内阁会议决定的《退官退职津贴支付要纲》,将适用于从前铁道职员的基准扩及到全部职员。内阁会议决定,“职员退职时,根据其连续工作的年限,每满一年则支付其薪俸 65% 以内的退职津贴”,具体的则依照《退官退职津贴支付准则》进行支付。

又,对于灾害补偿,如官吏方面的《恩给法》(大正十二年法律 48 号)、《官吏医疗费支付的事项》(明治二十五年敕令第 80 号),以及官吏之外的《雇员补助令》(明治三年敕令第

109号)、《佣人补助令》(大正七年敕令第382号)等,终战后仍依照战前的制度进行。但随着1947年《劳动基准法》的施行,同年12月又公布了《按照劳动基准法等的施行关于政府职员薪金待遇的应急措施的法律》,提高了官吏的灾害补偿的水平。对于依照该法实施的灾害补偿,依照大藏省薪金局长制定的《薪金支付准则》进行,具体的则按照《劳动基准法》有关各条规定进行。

第二节　美国对日行政顾问团的建议和日本公务员制度的建立

一、美国对日行政顾问团的建议

1. 盟军总部民政局的对日调查

日本投降后,盟军总部虽然没有更多地过问日本官吏制度的改革事宜,但它对这一问题却是异乎寻常地关注。1945年11月,盟军总部民政局开始研究日本政府机构和官吏制度问题,并通过各种途径收集大量的资料和情报。这次调查研究的内容颇为广泛,主要包括"法制根据、机构及手续、各个等级的补充人员、考试、配置、升进、官职和人员的分类、薪金、津贴、奖金、退职、厚生规定、录用前进修和在职进修、职员的来源、志向、对公众和职务的态度、纪律、任期及职员的权利"等。通过这次的初步调查,虽然认识到要想对日本官吏制度进行根本性的改革,首先必须进行正式的调查研究,但由于民政局内部人员的不足,最后并没有进行正式的更大规模的调查研究工作。

1946年1月,民政局官员埃斯曼中尉,通过对法制局等政府官员和东大法学部教授等知名学者的广泛接触,写了一份题为《日本公务员制度的改革》的报告呈交给民政局长霍伊特尼。埃斯曼在这份报告书中,提出了以下五点意见:

1. 在封建的极权主义的日本所有的主要堡垒中,只有官僚制度仍然完整无缺地保留着,官僚制度确实在占领后继续存在,它对铸造日本的将来将起到决定性的作用;

2. 现在还看不到官僚制结构改革的苗头,如果没有我最高司令部不断的压力和指导,现在日本的官僚制度,不能也不可能改革它的组织体系;

3. 近代的民主的政府,要求民主的有效率的行政,现在日本的官僚制度,已经没有管理近代的民主社会的能力;

4. 只有我最高司令部毫不留情的压力,才能促使日本进行本质的根本的改革,不彻底进行公务员制度的民主化和近代化,就不可能完全实现盟军占领的各项目标;

5. 根据我个人的意见,公务员制度的改革,必须成为民政局积极关注的事项,主要优先的事项[20]。

埃斯曼的观点特别直率、尖刻而有力,如认为官僚制度仍然完整无缺地保留着,日本的官僚制度已经没有管理近代的民主社会的能力,必须对日本当局施以不断的压力、无情的压力,应把公务员制度的改革作为主要的优先的事项等。从这里也可以看出美国方面设想的官吏制度改革的目标水平同日本方面正在进行的官吏制度自主的改革的努力之间存在着巨大的差距。

2. 日本临时设立行政调查部

1946年5月,日本大藏省为了参照美国的职阶制进行官吏工资制度的改革,在给盟军总部经济科学代局长麦克·阿瑟少将的信件中,要求美国派出专家顾问团来日协助指导。后来,美国政府根据盟军总部的要求,决定派遣对日行政顾问团访问日本,但该顾问团的宗旨已经超出日本政府的要求,准备对日本全盘的人事行政进行调查、研究和指导。在这个顾问团来日之前,1946年10月吉田内阁临时设立了行政调查部,其职责是对行政机构、行政运营,特别是公务员制度的改革,进行必要的调查、研究和建议。行政调查部属内阁总理大臣管辖,设总务部、机构部、公务员部及运营部。行政调查部总裁为斋藤隆夫(国务大臣),主干为入江俊郎(法制局长官),总务部长为前田克己(大藏省官僚),机构部长为宫泽俊义(东京大学教授),公务部长为浅井清(庆应大学教授),运营部长为山下兴家(东大工学部出身的铁道技师)[21]。

3. 美国对日行政顾问团抵达日本

1946年11月30日,美国对日行政顾问团抵达日本。该顾问团共有4人。团长为美国及加拿大公务员会议会长布莱恩·胡佛,团员有马里奥·F·达吉利斯(美国人事委员会工作日程计划部长)、伦巴特·S·赫尔(美国人事委员会实业职阶部长)、W·佩斯·麦科(美国国务院人事部长)。顾问团抵达日本后,为了获得日本行政方面的知识,首先研讨了盟军总部先前收集的各种情报和资料,并同日本方面的行政调查部成员广泛地交换了意见。为了协调整个工作和研讨重要事项,美国行政顾问团吸收日本行调查部全体成员组成了一般委员会,成员共有10人,即美国行政顾问团4人,日本行政调查部6人,胡佛任委员会委员长。另外,还按照作业分工,组成了三个特别委员会:即负责职阶、薪金事项的特别委员会,由伦巴特·S·赫尔领导;负责采用、进修事项的特别委员会,由马里奥·F·达吉利斯领导;负责其他人事行政事项的特别委员会,由W·佩斯·麦科领导。在日本方面,通常将一般委员会称第一委员会,其他三个特点委员会分别称为第二、第三、第四委员会。

胡佛顾问团动员日本方面的有关成员,收集并提出各种资料,同时给他们讲一些职阶制、勤务评定等方面的课程。顾问团对日本官吏制度,均亲自进行调查和研究,其中投入力量最多的是为建立职阶制而进行的典型调查。顾问团通过第二委员会指示行政调查部,于1947年3月从大藏、内务、农林、递信、运输各省的构成部局中,选出事务部局型、现业部局型、地方部局型等标准类型,以在其中工作的约3400人为对象,进行日本最初一次也是最大一次的职务实态调查。

4. 美国对日行政顾问团的建议

胡佛顾问团经过几个月的调查研究之后,敏锐地发现了日本官吏制度的病症所在。顾问团认为,日本官吏制度缺乏近代的民主的人事行政的各种要素;特别是在考试、任用、薪金、职阶、勤务评定、休养、退职等方面的弱点更为明显;官吏纪律的维持及职员的公平待遇也有缺陷;支撑旧体制的官僚制度至今仍然拥有强大的阵地,坚守着封建的方法和原理。虽然进行了公职人员的整备,但多数的"旧式日本官僚"依然保留着,对行政民主化的成功构成了巨大的危险。根据典型调查得出上述结论的胡佛顾问团认为,要想"粉碎反动的官僚阀",必须"通过制定国家公务员法,将前近代的日本官僚制的旧式官吏从他们的岗位上清洗出去,建立公正的人事行政资格的基准和公平的待遇"。

后来,胡佛在日本参议院人事委员会上讲演时,郑重地指出了日本官吏制度存在15种弊病。为了改革日本的官吏制度,胡佛就像一个医生写出处方一样,最后提出两点建议:第一，制定国家公务员的基本法——国家公务员法；第二，建立国家公务员法的保护神——人事院[22]。

二、日本公务员制度的建立

1. 国家公务员的基本法——《国家公务员法》

(1)《国家公务员法》的制定

胡佛顾问团经过六个多月的调查研究之后，起草了一部日本国家公务法草案。顾问团先将该草案呈交盟军总部审阅，然后于1947年6月11日提交代替吉田内阁的片山政府[23]。胡佛在提交草案时对片山首相说："作为一个负责的医生，有些话不好对患者家属说，但在某种程度上又不能不说……病人的情况相当严重……现决定将治病的方法汇集成一个法律草案以资劝告。"胡佛还说，该法案可以说遵循以下五个原则：第一，有助于日本将来的发展；第二，与宪法第73条及其他各条的规定相符合；第三，基准简单明了；第四，考虑到日本的特殊性；第五，有直接实行的可能。

胡佛顾问团提出的国家公务员草案，使日本方面的有关人士受到了极大的冲击。第一，草案的起草工作，基本上是在顾问团和民政部的内部秘密进行，日本方面可以说是被置于无关紧要的地位，所以这个草案一出台就使他们感到不可思议。第二，草案的内容具有取代既存的官吏法制体系的包容性和根本性，就连制约公务员的劳动权的这种对社会党首届内阁冲击的内容也包括在其中。第三，"无修正"地"在几周以内使其立法化"的这种严格的处理要求，也使日本方面焦虑不安。

胡佛顾问团提出的公务员法草案的内容虽然十分广泛，但其中的核心内容有以下五点：第一，设立具有强大权限的中央人事行政机关（如规定人事院有命令制定权、独立预算权、对于处分排除司法审查等）；第二，基于成绩主义任用与晋升的原则；第三，根据职阶制和职责决定工资报酬的原则；第四，限制政治行为；第五，禁止争议行为[24]。

接到胡佛草案的片山内阁，以法制局和行政调查部为中心，会同有关的各省厅，除了将草案由英文译成日文外，还对草案的内容进行推敲和修改，最后写成了《国家公务员法案》。但其内容与胡佛草案相比，有许多的变动。第一，大幅度地缩小了中央人事行政机关的权限（将人事院置于内阁总理大臣的管辖之下，制定人事院规则也需要得到总理大臣的认可，否定了人事院的独立预算权和关于处分的结审权等）；第二，削除禁止争议行为的规定，原则上将国家公务员置于与民间劳动者同一的劳动法制之下；第三，缓和了政治行为的限制，如缩小了禁止行为的范围等[25]。

1947年8月30日，片山内阁将《国家公务员法案》提交正在开会的第一次国会（特别国会）。该法案由总则、人事院、官职基准、罚则等四章110条和附则14条组成。国会众参两院经过多次讨论，最后对政府提案作了以下修改：第一，将人事院改为人事委员会，人事院总裁改为人事委员长，人事官改为人事委员，并缩短了人事委员的任期；第二，按照人事院规则的规定，设置人事院地方事务所一事，需要得到国会的承认；第三，职阶制依照法律规定之；第四，设立通过弹劾罢免职员的规定；第五，原则上不禁止职员被提名为公职候选人；第六，禁止"按照法律和人事委员会规则规定的职员"担任政党及其他的政治团体的负责人（役员）[26]。

10月15日和16日，众议院和参议院，先后通过了《国家公务员法案》。10月21日，国家公务员法作为昭和二十二年第120号法律公布,1948年7月1日起开始施行。

国家公务员法是行政法领域中最大的法典之一,是将关于国家公务员的各种法规统一为一个法律体系的划时代的立法,就这个意义上讲一般认为它可以比得上私法领域中的大法典即民法典(人事院事务总局效率部研修课《国家公务员法各论》,农林大臣秘书科编《人事行政之基础原理》第133页)㉗。

(2)《国家公务员法》的修改

在战后的最初几年,日本的工会运动迅速发展。特别是公务员的工会组织及其活动规模日益扩大。如日本官公厅工会协议会,自1947年2月1日总罢工以来,一直在工会中占据主导地位;及至同年10月国家公务员法公布后,在翌年的"3月斗争"、"7月斗争"中,这一趋势更为明显。面对这一形势,1948年7月22日,盟军总部最高统帅麦克阿瑟在致芦田均内阁总理大臣的书信中,指令日本政府修改《国家公务员法》,否认公务员的团体交涉权和争议权等。

芦田内阁在接到麦克阿瑟的书简之后,作为当时的临时措施,于7月31日公布了201号政令,在否认公务员的团体交涉权等的同时。着手准备修改《国家公务员法》。11月9日,芦田内阁向国会提出了《部分修改国家公务员法的法律草案》,其主要内容有以下四点:第一,将公务员排除于《工会法》、《劳动关系调整法》、《劳动基准法》等劳动三法的适用之外,禁止公务员的同盟罢业、怠业及其他争议行为及怠业行为。第二,禁止公务员成为公职候选人,也禁止公务员成为政党或政治团体的役员,并强化了扩大同私人企业的隔离范围等公务员的服务纪律;第三,作为制约劳动基本权的代偿,将人事委员会改为人事院,并强化其组织和权限;第四,为扩大《国家公务员法》的适用范围,缩小公务员特别职的范围。国会众参两院,通过多次讨论,对政府提出的修改草案,除了作部分修改外,最后予以通过。

这次对国家公务员法的第一次修改,作为《部分修改国家公务员法的法律》(昭和二十三年法律第222号),于1948年12月3日公布,并从即日起开始施行。在原国家公务员法全文的125条中,全文修改的共32条,部分修改的有77条,新追加的14条也作了大的修改。

此次修改的主要点,大致包括三个方面:第一,缩小了公务员特别职的范围;第二,强化了人事委员会的组织和权限(人事委员会当即改为人事院);第三,加强了公务员的服务纪律。在第三方面,即公务员的服务纪律,一是对公务员的争议行为,规定职员作为政府雇员不得和公众一起罢业、怠工和搞其他争议行为及降低政府工作效率的怠慢行为;任何人都不得策划、合谋、唆使、煽动上述违法行为;凡违反此条规定者,将处3年以下徒刑或10万以下罚款。二是对公务员的政治行为,规定职员除行使选举权外,不得搞人事院规则所禁止的政治行为;职员不得作公选公职的候选人;职员不得作政党或政治团体的负责人、政治顾问或有同等作用的成员。

总之,这次改正,根据盟军最高统帅的书简,限制了公务员的劳动基本权,但作为代偿则设立负责保护公务员福祉利益的中央人事行政机关,并赋予它高度的独立性和强大的权限。通过这次国家公务员法的修改,日本现行的公务员制度的基础可以说基本上确立下来了。

《国家公务员法》当初是在美国的强烈影响下制定的,但在后来的50多年的历史中,它逐渐在日本社会中扎下了根,并适应日本传统的风土和国情,直到今天仍在正常地运行着。

(3)《国家公务员法》的内容

如上所述,1947 年 10 月制定的《国家公务员法》(昭和二十二年第 120 号法律),后来经过许多次修改。到 1963 年(昭和三十八年第 111 号法律),其修改 38 次;到 1991 年(平成三年第 79 号法律),共修改 57 次;到 1998 年(平成十年第 13 号法律),共修改 63 次。前后虽然修改许多次,但内容并无根本性的变化。

以 1998 年修改后的国家公务员法为例,除了附则 18 条以外,正文共四章 111 条,其基本内容大致如下:

在第一章总则(1 -2 条)中,首先规定:“本法的目的,是确立国家公务员即国家职员的各种根本标准,规定职员用民主方法选拔,以使职员在执行职务中充分发挥才能,保证公务对国民既有民主又有高效率。”接着又规定:国家公务员的职务分为一般职和特别职,特别职包括内阁总理大臣及国务大臣等,一般职包括除特别职以外的所有职务,本法的规定适用于一般职的所有职务,原则上不适用特别职的职务。

在第二章中央人事行政机关(3 -26 条)中,规定在内阁之下设立人事院,人事院由三名人事官组成,其中一人被任命为总裁。人事院根据法律规定,掌管改善待遇和其他工作条件、劝告改善人事行政事宜、职阶制、考试及任免、报酬、进修、分限、惩戒、苦情的处理及保护职员利益等事务。

在第三章职务标准(27 -108 条)中,分为 9 节 82 条。第一节通则提出了两项基本原则,一是所有的国民对本法律的适用平等对待的原则,二是关于报酬、工作时间及其他工作条件的基础事项国会有权随时变更以适应形势的原则。第二节职阶制规定:职阶制由法律规定;职阶制从能够实行的部门起逐步实施;一般职的所有官职都必须按照职阶制分类。第三节考试及任免规定:职员的录用和提升依照本法和人事院规则的规定,根据考试成绩、工作成绩或者其他能力的实际考核进行;职员休职、复职、退职及免职,由有任命权者依照本法和人事院规则执行。第四节报酬规定:职员的报酬必须按法律规定的报酬准则支付,禁止违反报酬准则支付金钱和有价物品;职员报酬准则附有工资表,工资表在考虑生活费、私营企业的报酬和人事院决定的适当情况的基础上做成并按每个等级或职级规定具体工资额。第五节效率规定:政府机关首长必须对其所属职员的工作进行定期评定,并根据评定结果采取适当措施;为发挥和提高职员的工作效率,内阁总理大臣和有关政府机关首长必须制定并努力实行以下计划,一是职员进修,二是职员保健,三是职员休养,四是职员安全,五是职员福利。第六节身份、惩戒及保障规定:在身份、惩戒和保障方面,对所有职员都必须做到公平合理;在身份方面,职员非因法律和人事院规则规定的事由,不得违反其意愿强行降职、休职和免职(身份保障),但职员如果工作成绩不佳、因病不能坚持工作,或缺少其他任其官职的必备条件,可以违反本人意愿强行降职或免职,职员如有身心故障需要长期休养、或因刑事案件被起诉受审时,也可以强行令其休职;在惩戒方面,职员违反本法和依法发布的命令,或违反职务的义务和怠于职守,以及有损害全体国民服务员称号的不正当行为时,须受到免职、停职、降薪、警告等的惩戒处分;在保障方面,主要是保障职员对工作条件采取行政措施的要求权,保障职员对不利益处分的不服申诉权,保障职员对公务伤病的补偿权。第七节服务规定:职员作为全体国民的服务员,负有服务宣誓的义务,服从法令和上司职务命令的义务,不进行争议行为等义务,不进行丧失信用行为的义务,保守秘密的义务,专心执行职务的义务,不从事某些政治行为的义务,不参与私营企业及其他一定事业等的义务。第八节退职年金制度规定:职员在踏实地工作相当年限后退职时,或因公务负伤和因病退职时,以及由于公务死亡时,必须建立并实行对本人或家属支付养老金和补助金的制度;这项养老补助金的目的在于:根据退职或死亡时的情况,保证使本人和其退职或死亡当时直接扶养的家属维持以后的适当的生活;这一养老补助金制度,必须以合理的保险系数为基础;该项养老补助金制度由法律规定之。第九节职员团体规定:“职业团体”是职员以维持改善其工作条件为目的的组织的团体或联合体;职员可以结成或不结成职员团体,也可以参加或不参加职员团体;但决定重要行政事宜的职员、处于参与决定重要行政事宜的监督地位的职员等所谓管理职员,不能和管理职员等以外的职员组织同一的职员团体。

在第四章罚则(109－111条)中规定:凡违反本法触犯刑律者,均分别判处1年或3年以下的徒刑。例如,第109条规定:违反第8条第3项的规定故意不罢免人事官的阁员,违反第19条的规定故意不制作、保管或修改人事记录者,违反第103条的规定在营利企业中保持地位者,均判处1年以下的徒刑或3万元以下的罚款。又如,第110条规定:违反第33条第1项的规定任命职员者,违反第41条的规定妨害考试或任用以及提供情报者,违反第83条第2项的规定对停职者支给工资者,均判处3年以下的徒刑或10万元以下的罚款[28]。

(4)国家公务员制度的特色

根据《国家公务员法》建立的日本公务员制度,具有以下两个主要特点。

第一,从前,所有的官吏都是根据天皇的任官大权任命的“天皇的官吏”,且在天皇的任官大权的名义之下,官吏的任免、身份、权利、义务等,都是根据天皇分别颁布的敕令作出规定,没有一个统一的官吏制度的法规。与旧的官吏制度不同,新的公务员制度,是由国会所代表的体现国民意志的法律来制定,从而将公务员制度置于国民的监督之下,而且根据法律制定的这一公务员制度是一部统一的国家法规。

第二,《国家公务员法》所规定的内容,由于采用所谓科学的人事行政,是以改革从前的非效率的公务运营,保障对国民既民主又有效率的公务运营为目的。为了实现这一目的,曾做出了以下各项重要的正确的规定,如设立中央人事行政机关,采用职阶制,建立基于成绩主义原则的任用制度,推进统一的增进效率的计划,保护职员的利益和权利,确保职员的政治上的中立性等等[29]。

又,日本的公务员制度大都参考美国的公务员制度,而美国的公务员制度又多从欧洲的一些国家导入,故欧美国家公务员制度所确立的主要原则,深刻地影响了日本国家公务员法和地方公务员法的内容,主要表现在以下7个方面:

第一,从事公务的公开、平等的原则——即从事公务的机会,对所有国民一律平等,并且必须公开进行(《日本国宪法》第14条,《国家公务员法》第46条,《地方公务员法》第19条第1项)。

第二,任用职员的成绩主义的原则——即排除私情任用和猎官制度,根据考试成绩、工作成绩或者其他能力的实际考核进行职员的任用(《国家公务员》第33条,《地方公务员法》第15条)。

第三,公务员的政治上中立的原则——即一切公务员都是为全体国民服务,而不是为一部分国民服务,故职员不得为政党或政治目的谋求或接受捐款及其他利益,不得搞人事院规则所禁止的政治行为,不得作公选公职的候选人,不得作政党或政治团体的负责人(《日本国宪法》第15条,《国家公务员法》102条,《地方公务员法》第36条)。

第四,职员的身份保障的原则——即为了排除政党政治的弊害,确保行政的所谓公正,规定在身份、惩戒和保障方面，对所有职员都必须做到公平合理，除法律或人事院规则所定事由外，对职员不得违反其意愿，强行降职、休职和免职(《国家公务员法》第74条、75条、89条、90条《地方公务员法》第27条、49条、50条、51条)

第五，人事行政独立的原则——为了公正地运用职员的人事行政，保护职员的切身利益，在高度技术化的近代公务员制度中，在人事行政方面必须设立专门的行政机关(《国家公务员法》第3条、第12条，《地方公务员法》第7条、8条)。

第六，科学而又高效率的人事行政的原则——公务员的人事管理，必须科学而又有效率地进行(《国家公务员法》第29条，《地方公务员法》第23条)。为了有效率地运营行政，必须实施有效率的人事行政。为了实现这一目的，要求确立合理的薪金制度，进修制度，保护职员的福祉和利益等具体的制度(《国家公务员法》第2条、63条、28条、71条)。同时，内阁总理大臣和政府机关首长，为发挥和提高职员的工作效率，必须制定和实行职员的进修、保健、休养、安全、福利等计划(《国家公务员法》第73条、93条、95条，《地方公务员法》第24条、26条、39条、41条)。

第七，适应形势的原则——国家和地方公共团体必须使职员的工作时间及其他的工作条件适应社会一般的形势，并随时采取适当的措施(《国家公务员法》第28条，《地方公务员法》第14条)[30]。

2. 地方公务员的基本法——《地方公务员法》

(1)地方公务员法的制定及其具体施行

继国家公务员的基本法——《国家公务员法》公布之后，经过一段较长的时间，1950年12月13日，又公布了地方公务员的基本法——《地方公务员法》(昭和二十五年第261号法律)。

考虑到该法如果一举全面实施，会引起暂时的混乱，所以决定将该法的各项规定分为三个组群顺次施行。

第一个组群是关于总则、人事机关、不够资格条款、勤务条件、服务、研修、工作成绩评定、厚生福利制度、公务灾害补偿及职员团体等各项规定；由于这些规定占地方公务员法的大部分，决定自公布之日起两个月后，从1951年2月13日起施行。

第二个组群是关于分限、惩戒，关于工作条件的措施要求及关于不利益处分的不服申诉等各项规定；由于考虑到这些规定在人事委员会和公平委员会设立时施行为最适宜，所以规定自公布之日起八个月即从1951年8月13日起施行。

第三个组群是关于任用及职阶制的规定，即鉴于在国家公务员方面在对于任用及职阶制的实施需要一定的时间进行准备，地方公务员法也同样需要比较长的时间，所以规定都道府县及指定都市自公布之日起一年零六个月即从1952年6月13日起施行，其他的地方公共团体则自公布之日起两年后即从1952年12月13日起施行。

但是，由于1952年地方公务员法的修改，其施行的日期又各自延期六个月，所以实际上延至1953年6月13日以后。

又，如前所述，关于人事机关的规定，自公布之日起二个月后施行，但按照地方公务员法附则2规定，在人事机关当中，都道府县及指定都市的人事委员会必须自公布之日起六个月以内设立，其他的地方公共团体的公平委员会必须自公布之日起八个月以内设立[31]。

(2)地方公务员法的修改及其主要内容

1950年制定的《地方公务员法》,后来经过许多次修改。据统计,到1982年(昭和五十七年第66号法律),共修改29次;到1992年(平成四年第23号法律),共修改34次;到1998年(平成十年第112号法律),共修改39次。虽然先后修改多次,但内容无根本性的变化。

以1998年修改后的地方公务员法为例,除了附录以外全文共五章62条。

在第一章总则(1－5条)中,开宗明义第1条首先规定:"本法的目的,是确立关于地方公共团体的人事机关及地方公务员的任用、职阶制、工资报酬、工作时间及其他工作条件、分限及惩戒、服务、研修及工作成绩评定、福祉及利益的保护以及团体等人事行政的基本标准,保障地方公共团体的行政业务得到民主且有效率的运营,以资助地方自治的基本宗旨的实现。"第3条又规定:地方公务员的职务分为一般职和特别职,一般职是属于特别职务以外的一切职务,本法的规定适用于属于一般职的所有的地方公务员,但原则上不适用于属于特别职的地方公务员。

在第二章人事机关(6－12条)中,第7条规定:在都道府县及指定都市设置人事委员会,在指定都以外的市(人口15万人以上的市)设置人事委员会或公平委员会,在人口不满15万人的市设置公平委员会。第8条规定:人事委员会主要处理以下事务:不断研究职员的工资津贴、工作时间和其他工作条件、卫生福利制度及其他制度,将其成果提交地方公共团体的议会或行政长官;负责职员的竞争考试、选考及与此相关的事务;制定并实施有关职阶制的计划。公平委员会主要处理以下事务:就职员的工资津贴、工作时间及其工作条件采取措施的要求进行审查、判定以及采取必要的措施;对职员的不利益的处分的不服申诉进行裁决和决定;处理依照法律属其管辖的其他事务。人事委员会和公平委员会还有下列的权限:可以就有关按法律或条例属其权限的事项,制定人事委员会规则或公平委员会规则;在依照法律或条例行使其权限时,可以传唤证人要求其提交文件;为了获取关于人事行政方面技术性的专门的知识和资料,可以与国家和其他地方公共团体机关缔结协定。

在第三章适用于职员的基准(13－56条)中共分为九节44条。第一节通则规定了两项原则,一是所有国民对本法律的适用必须平等待遇的原则,二是地方公共团体对报酬、工作时间及其他工作条件必须采取适应情势的原则。第二节任用规定:职员的任用必须根据本法律的规定,按照考试成绩、工作成绩及其能力的实际验证进行。第三节职阶制规定,人事委员会必须按照职务的种类及复杂程度、责任大小将职员的职务进行分类整理。第四节报酬、工作时间及其他工作条件规定,职员的报酬、工作时间及其他工作条件,以条例规定之。第五节分限及惩戒规定:对所有职员的分限(身份)和惩戒必须公正;职员非因本法律规定的事由,不得违背本人意愿强行降职、免职或休职,也不能受到警告、减薪、停职或免职等惩戒处分;职员由于工作成绩不良,因病不能坚持工作,或不具备必要的任职资格时,可违背本人意愿使其降职、免职或休职;职员违反地方公共团体的规则或规程,违反职务方面的义务或者违法的不正当行为时,将受到警告、减薪、停职、免职等惩戒处分。第六节服务规定:所有的职员作为全体居民的服务人员,有服务宣誓的义务,服从法令和上司职务命令的义务,不进行丧失信用行为的义务,保守秘密的义务,专心执行职务的义务,不进行某些政治行为的义务,不进行被禁止的争议行为的义务,不从事营利企业等的义务。第七节研修及工作成绩的评定(39－40条)规定:为了发挥和提高公务效率,任命权者必须给予职员进修的机会,必须对职员定期进行工作成绩的评定。第八节福利及利益的保护(41－51条)共分为以下四款。第一款为保健福利制度，主要是指实施以互相救济为目的的互助制度，其中包括职员在退职或死亡时支给本人及其遗属的退职年金的制度。第二款为公务灾害补偿，规定职员因公死亡、负伤或患病时，必须补偿本人或遗属由于上述原因而受到的损害。第三款为对工作条件采取措施的要求，规定职员可以对报酬、工作时间及其他工作条件提出要求，地方公共团体必须对此采取适当的措施。第四款为对不利益处分的不服申诉，规定职员可以对不利益处分提出不服申诉，人事委员会或公平委员会必须根据审查结果批准、修改或撤销其处分。第九节职员团体规定，“职员团体”是指职员以谋求维持和改善工作条件为目的而组织的团体或联合体，职员可以结成或不结成职员团体，也可以参加或不参加职员团体。

在第四章补则（57－59 条）中，规定工会法、劳动关系法及最低工资法，以及根据这些法令有关的命令的规定，均不适用于职员。

在第五章罚则（60－62 条）中，规定凡违反本法令的规定触犯刑律者，将判处 1 年以下或 3 年以下的徒刑。例如，第 60 条规定，故意不服从依照本法第 50 条第 3 项规定的人事委员会或公平委员会的指示者，判处 1 年以下的徒刑或 3 万元以下的罚款。又如，第 61 条规定，凡违反本法第 15 条所规定的“按照考试成绩、工作成绩及其他能力的实际验证”任用职员者，将判处 3 年以下的徒刑或 10 万元以下的罚款[32]。

（3）地方公务员法与国家公务员法的差异

由于地方公务员法是在国家公务员法之后制定的法律，所以它受国家公务员法的深厚影响，不仅基本的思路相同，而且法律的结构也是同样。

不过，地方公务员制度虽然具有国家公务员制度的副本的性质，但它们之间仍然有一些差异。其主要的差异是，与国家公务员法相比，地方公务员法多少注意到基本的人权和工作关系的特殊性。

第一，国家公务员法和地方公务员法将公务员分为一般职和特别职，但国家公务员法把临时非常勤职员定为一般职，而地方公务员法则把它定为特别职。

第二，地方公共团体的人事委员会或公平委员会，只能根据法律和条例对属于它的权限的事项制定规则（地方公务员法第 8 条第 4 项），它不能像人事院那样直接执行法律（国家公务员法第 16 条第 1 项）和制定特例措施（国家公务员法第 13 条）。又，人事委员会或公平委员会没有惩戒权，而人事院则有这种权力（国家公务员法第 84 条第 2 项）。

第三，对政治行为的限制，两种制度也有差异。地方公务员法对限制的对象，比国家公务员法狭窄。重要的限制依照法律施行，法律规定以外的限制则按照条例进行（地方公务员法第 36 条），对于违反限制者不能进行刑事处罚的制裁。同时，对于现业公务员，没有政治行为的限制。

第四，与国家公务员法不同，地方公务员法承认对所谓单纯劳务职员（从事单纯劳务的公务员）的特别处理。（地方公务员法第 57 条）

第五，国家公务员法排除了劳动基准法的适合法法律的性质（附则 16 条），但地方公务员法原则上适用劳动基准法（地方公务员法第 58 条第 3 项）[33]。

《国家公务员法》和《地方公务员法》，都具有基准法的性质。随着《国家公务员法》和《地方公务员法》的制定和实施，日本的公务员制度可以说全面地建立起来。所以，下面想用两章的篇幅，分别阐述国家公务员的各种制度和地方公务员的各种制度。

注释:

①③⑨⑪　历史科学协议会编:《史料日本近现代史》(日文版)第3卷,三省堂1985年版,第13页,第20页,第20页,第20页。

②　《朝日新闻》(1946年9月3日),1946年9月2日麦克阿瑟的声明。

④　大江志乃夫编:《日本史》(10)现代(日文版),有斐阁1978年版,第84－127页(梅田钦治撰写,第3章《战后改革》);东京大学社会科学研究所,战后改革研究会编著:《战后改革》(日文版)第3卷,东京大学出版会,1980年版,第3、4、5、6、7、9章。

⑤　东京大学社会科学研究所,战后改革研究会编著:《战后改革》(日文版)第4卷,东京大学出版会,1975年版。

⑥　东京大学社会科学研究所,战后改革研究会编著:《战后改革》(日文版),第6卷《农地改革》;第7卷《经济改革》;东京大学出版会,1980年版。大江志乃夫编著:《日本历史》(日文版),第31卷,小学馆1982年版,第184－192页。

⑦　东京大学社会科学研究所,战后改革研究会编著:《战后改革》(日文版),第5卷《劳动改革》,东京大学出版会1976年版。蠟山政道:《日本历史》(日文版),第26卷,中央公论社,1969年版,第75－78页。

⑧　海后宗臣编:《教育改革》,战后日本的教育改革第1卷,东京大学出版会,1980年版,第143－239页。

⑩　井上清:《战后日本史》,天津市历史研究所,南开大学历史系译校,天津人民出版社,1972年版,上册第76页。

⑫　岩波讲座《日本历史》(日文版),第22卷《现代》1,岩波书店,1977年版,第18页(藤原彰)。

⑬⑭⑯⑳㉒㉗　东京大学社会科学研究所,战后改革研究会编著:《战后改革》(日文版),第3卷1980年版,东京大学出版社会1980年版,第143－146页(井出嘉宪撰写:战后改革与日本官僚制);第159－164页(《关于官吏制度改正的事项》;第164－169页);第170－171页;第181－182页(美国对日行政顾问团的建议);第205页。

㉑　战前时期官僚制度研究地编,秦郁彦著:《战前时期日本官僚制的制度、组织、人事》,东京大学出版会,1981年版会,第674－675页(行政调查部)。

⑮㉙　人事行政调查会:《公务员人事行政之变迁》(日文版),1972年出版,第37－43页(《官吏法案要纲》);第44－46页。

⑰⑱⑲㉔㉕　日本公务员制度史研究会编著:《官吏·公务员制度之变迁》(日文版),第一法规出版公司,平成元年(1989年)版,第284－285页9行政科考试科目);第286－287页(官吏工资表之一);286－287页(官吏工资表之二);第267页;第268页;

㉓㉖　家永三郎主编:《日本史资料》(日文版)下,东京法令出版公司,1974年第5版,第139页(胡佛原案的提示);第139－143页(国家公务员法案纲要);第143－145页。

㉘㉜　《六法全书》(日文版)三卷本,平成十一年(1999年)版,1卷第262－276页《国家公务员法》;第580－604页《地方公务员法》。

㉚　雄川一郎、盐野宏、园部逸夫编:《现代行政法大系》9《公务员·公物》,有斐阁1985年版,第9－11页(田中馆照橘:《公务员法总说·日本国宪法下公务员法制的原则及其变迁》)金子善太郎编:《地方公务员制度》(日文版),第1卷,行政株式会社,平成三年(1991年)版,第7－8页(地方公务员法的制定与施行)。

㉝　斋藤寿、梅木崇:《现代日本行政法论》(日文版),劲草书房,1982年版,第181－182页(国家公务员制和地方公务员制度的差异)。

第六章　国家公务员的各种制度

《国家公务员法》是规范国家公务员各种制度的基本法律。但除了《国家公务员法》以外,还有具有附属法意义的许多法令,以及具有特例法意义的许多法令。

首先,作为《国家公务员法》的附属法令意义的,有作为《国家公务员法》的委任立法的《人事院规则》。此外,关于职阶制,有《关于国家公务员的职阶制的法律》(昭和二十五年第180号法律);关于工资报酬,有《关于一般职的职员报酬等的法律》(昭和二十五年第95号法律);关于退职津贴,有《国家公务员退职津贴法》(昭和二十八年第182号法律);关于退职养老金,有《国家公务员等共济组合法》(昭和三十三年第128号法律);关于公务灾害补偿,有《国家公务员灾害补偿法》(昭和二十六年第191号法律)等。这些法令,对相应的问题,均另外设置了规定。

其次,作为《国家公务员法》的特例法意义的主要有:关于教育公务员,有《教育公务员特例法》(昭和二十四年第1号法律);关于外务公务员,有《外务公务员法》(昭和二十七年第41号法律);关于检察官,有《检察厅法》(昭和二十二年第61号法律);关于警察官,有《警察法》(昭和二十九年第162号法律);关于国营企业职员,有《国营企业劳动关系法》(昭和二十三年第257号法律)等。这些法令,基于职员的职务和责任的特殊性,均对相应的问题作了特例的规定①。

但是,必须特别强调指出,《国家公务员法》在关于国家公务员的法令群中处于顶点地位,它的各项规定都具有基准法的性质。当然,这里有两个意思:一是《国家公务员法》规定规范的大致范围,而细节部分则委任给《人事院规则》;二是《国家公务员法》具有根本基准性和优先性,如该法第1条第5项规定:“本法律的规定,与以前的法律或者基于该法律的法令相矛盾或者相抵触时,本法律的规定优先。”

所以,本章拟根据《国家公务员法》及其他具有附属法意义或者具有特例法意义的许多法令,参考历年发表的《公务员白皮书》以及日本和中国学者撰写的关于日本公务员制度的著作,分别阐述日本国家公务员的各种制度。

第一节　公务员的概念、种类和范围

一、公务员的概念

公务员的概念是以担任国家或地方公共团体的公务的行为为基础形成的。但这一概念的具体内容并不十分明确。本章中所述的公务员的概念,只能以行政法规特别是公务员法为中心。但为了了解这一公务员法上的公务员概念的特色,必须概述一下其他法律领域尤其是宪法和刑法中公务员的概念。

1.《宪法》中公务员的概念

在《日本国宪法》中,曾多次用过“公务员”这一用语(第15条、17条、36条、99条、103条)。例如,该法第15条规定:“选定和罢免公务员是国民固有的权利。一切公务员都是为全体服务,而不是为一部分服务。关于公务员的选举,保障由成年人进行的普选。”第99条规定:“天皇或摄政以及国务大臣、国会议员、法官以及其他公务员,负有尊重和拥护本宪法的义务。”

根据上述规定,日本许多宪法学者都认为,宪法中所说的公务员,是“负责执行公共事务者的总称”,除了天皇是否是公务员这一问题有争论外,它不仅指行政机关的公务员,而且包括法官及其他法院职员、众参两院议员、地方议会议员、日本学术会议会员、从事国家企业活动的公共企业体的职员,以及处理国家事务的日本银行职员等。

但也有少数学者,对此持有不同的见解。例如,有的认为宪法中所说的公务员,只是指国家和地方公共团体的公务员;或者只是指国家和地方公共团体的官吏或吏员,不包括国会议员和地方议会议员;还有的认为它不包括单纯劳务职员、非常勤职员以及临时职员等[②]。

2.《刑法》中公务员的概念

日本《刑法》第7条规定:“本法中称为公务员者,指的是官吏、公吏、依照法令从事公务的议员、委员及其他职员。”[③]按照这条规定,《刑法》中所说的公务员,包括公开选举的公务员,即国会议员、知事、市町村长、地方议会职员、由农业委员会选举的委员;还包括一般公务员,即国家公务员、地方公务员,以及所谓“准公务员”在内的一切公务员[④]。

3.《恩给法》中公务员的概念

《恩给法》制定于1923年,后来经过许多次修改。按照1965年修改的《恩给法》规定:“本法中所说的公务员,是指文官及警察监狱职员”(第19条);“所谓文官,指的是在官者,以及国会职员”(第20条);至于“在官者”,包括天皇任命或认证的官职,如内阁官房长官、法制局长官、政务次官、事务次官、检察官、警察官、自卫官、审判官等(第20条);至于警察监狱职员,主要是指警部补、巡查部长及巡查等警察官、副看守长、看守部长及看守等法务事务官,以及皇官警部补、皇宫护卫官、海上保安官等(第23条)[⑤]。

4.《公务员法》中公务员的概念

(1)国家公务员

国家公务员一般是指经国家任命,执行国家的公务,从国家接受等价报酬的人员。

所谓“经国家任命”,是指任命权者根据法定的手续,对职员进行任命的行为,但不管任命的形式如何,“录用”、“委嘱”、“命令”等均可。因此,除了一般职员以外,顾问、参与等也包括在内。

所谓“执行国家的公务”,是指根据各该行政机关依法管辖的事项,基于自己的责任必须执行的事务,但所谓委托业务不包括在内。从事地方公共团体的公务的地方公务员当然除外。但在地方公共团体中工作的职员中,也有一部分人从事特殊的事务,但身份上仍是国家公务员。

所谓“从国家接受等价报酬”,指的是作为提供工作的等价报酬,向国家领取工资、津贴等工作报酬,但领取出差旅费等实际费用补偿等,却不包括在内[⑥]。

所以,只有具备上述三个要件(三者缺一则不可),才能称为国家公务员。《国家公务员法》规定,国家公务员的职务分为一般职和特别职。特别职包括内阁总理大臣、国务大臣等,但不包括参众两院议员,所以国会议员不是国家公务员。一般职包括除特别职以外的所有职务,但一般职的职务非常广泛,不可能一一作出规定,所以《国家公务员法》特别规定,只有人事院有权决定某一职务是否属于国家公务员职务,是否属于本条规定的一般职或特别职。

(2)地方公务员

《地方公务员法》第2条规定,所谓地方公务员,是指地方公共团体的所有公务员。但这只是一般性的规定,如具体地判定某些人是否是公务员,还须按照以下三个实际标准来进行判断。

一是事务的性质,即他所从事的事务是不是地方公共团体的事务;

二是雇佣的性质,即地方公共团体有没有进行作为公务员的任命行为;

三是报酬的内容,即是否从地方公共团体接受作为勤劳等价报酬的报酬[⑦]。

当然,凡适合于上述三种标准者,大体上可以认定是地方公务员,但这一基准也不能是绝对的。因此,为了确定某些特定者是否是地方公务员,必须对各种不同的情况进行具体的探讨。

与《国家公务员法》一样,《地方公务员法》也将地方公务员的职务分为特别职和一般职。特别职采取列举记入的方式,如地方公共团体的行政长官(都道府县知事和市町村长)和议会议长均被列为特别职。几乎所有的书籍,都把地方议会的议员列入特别职,因为议员和议长共同组成了地方公共团体的民意机关——议会。但也有少数学者对此持有否定的意见,认为从经过公选作为议会议员的性质来看,将他们列入《地方公务员法》中的公务员的作法不妥[⑧]。作者也比较倾向于这种观点。一般职是属于特别职以外的所有的职务。《地方公务员法》的规定适用一般职的所有地方公务员,但原则上不适用于属于特别职的地方公务员。

又,地方公务员的范围极广,种类又特别多,所以在对某些特定者是否是地方公务员有疑义时,将由各自的任命权者权衡决定。

5. 日本学者对公务员概念的解释

如上所述,在日本宪法、刑法、恩给法及公务员法中,根据各自的法令的目的分别对公务员下了定义,且该当法令中公务员的定义都未涉及其他的法令。

又,在日本学者所撰写的有关著作中,根据各自的观点也分别对公务员的概念作出各种不同的解释。但据作者看,以下两位学者的见解较为稳妥,现分别摘录如下:

一是小高刚教授在《行政法各论》一书中,在谈到公务员的意义时指出:

"广义的公务员:广义地讲,所谓公务员,就是向国家或地方公共团体领取工资、津贴等工作报酬,从事国家或地方公共团体的公务的人员。在这个意义上的公务员当中,也包括国会议员和地方议会的议员。宪法第15条中所说的公务员,就是这种意义的公务员。

"狭义的公务员:狭义地讲,所谓公务员,就是在从事国家或地方公共团体的公务的职员当中,削除国会议员和地方议会的议员。这个意义上的公务员,就是国家公务员或地方公务员。"[⑨]

二是真柄久雄教授在《日本大百科全书》(9)和《万有大百科辞典》(11)的公务员词条

中说：

“广义地讲,公务员是以从事国家或地方公共团体的公务为职务的人员的总称。不管是采用任命、嘱托、选举等任何一种方法选任,也不管是属于立法、司法、行政等哪一个部门。就这个意义而言,在《国家公务员法》和《地方公务员法》中所说的一般职和特别职的国家公务员和地方公务员固不必说,就是国会议员和地方议会议员也包括在内,甚至连公共企业体及其他的公法人的役员职员等,只要是从事公务者,也是公务员。日本国宪法第 15 条中所说的公务员,就可以按照这个意思来解释。

“但是,一般在谈到公务员的场合,指的是担任除国会议员和地方议会议员以外的国家或地方公共团体的公务的人员,即国家公务员或地方公务员。另外,狭义地讲,也有的仅指从事行政事务的职员。”⑩

二、公务员的种类

在日本公务员制度中,公务员一般分为四大类别,即国家公务员,地方公务员,一般职公务员,特别职公务员。另外,部分公务员基于其职务和责任的特殊性,依照专门的法律作出了特例规定,如按照《教育公务员特例法》确定的教育公务员,按照《外务公务员法》确定的外务公务员,按照《检察厅法》确定的检察官,按照《警察法》确定的警察官等。

由于本章的主要任务是阐述国家公务员的各种制度,所以本节想根据《国家公务员法》,阐述国家公务员的特别职和一般职的种类。即特别职国家公务员的种类和一般职国家公务员的种类。

1. 特别职公务员的种类

(1)特别职国家公务员有下列各种职务

按照《国家公务员法》规定,国家公务员的职务分为一般职和特别职。特别职公务员基于其自身的特殊地位,享有与一般职公务员不同的特别待遇。特别职公务员的范围有过多次变动。在《国家公务员法》刚制定时,特别职公务员共有 18 种,其中包括国会议员、各省次官等。随着 1948 年《国家公务员法》的修改,特别职公务员改为 12 种,其中国会议员被删除,事务次官则由特别职转为一般职。后来,随着新官职的设置,直到今日又发生许多次变动。根据 1991 年修改后的《国家公务员法》,特别职公务员共列为以下 18 种(其中 6 和 17 削除,实际上是 16 种):

①内阁总理大臣

②国务大臣

③人事官及检察官

④内阁法制局长官

⑤内阁官房副长官

⑥削除

⑦政务次官

⑧内阁总理大秘书官(3 人以内)及其他的秘书官(国务大臣和特别职机关首长各为 1 人)

⑨任职须经过选举或者国会两院或一院的议决或同意的职员

⑩宫内厅长官、侍从长、皇太后宫大夫、东宫大夫、式部长官、侍从次长及法律和人事院

规则指定的宫内厅的其他职员

⑪特命全权大使、特命全权公使、特派大使、政府代表、全权委员、政府代表或全权委员的代理及特派大使、政府代表或全权委员的顾问和随员

⑪11之2日本联合国教科文组织国内委员会的委员

⑫日本学士院会员

⑫之2日本学术会议会员

⑬法官及其他的法院职员

⑭国会职员

⑮国会议员秘书

⑯防卫厅职员（根据防卫厅设置法第61条第1项规定的审议会等委员及调停委员等，人事院规则指定者除外）

⑰削除

⑱国家为解决失业问题，经公共职业安定所介绍，作为失业者雇佣的职员，以及国家为公共事业，作为失业者雇佣的职员（其中技术员、技工、监督者及担任行政事务者除外）[11]

(2)特别职国家公务员各种职务的分类方法

从以上列出的国家公务员的特别职的各种职务，大体上可以看出特别职公务员的各种职务的以下几种分类基准和方法：

①任用方式的特殊性之一：采用与通常的国家公务员不同的任用方法，根据宪法第五章的规定任命的官职：

内阁总理大臣（国家公务员法第2条第3项第1号）

国务大臣（国家公务员法第2条第3项第2号）

②任用方法的特殊性之二：与通常的国家公务员不同，根据党派的立场以自由任用为适当的官职：

内阁法制局长官（国家公务员法第2条第3项第4号）

内阁官房副长官（国家公务员法第2条第3项第5号）

政务次官（国家公务员法第2条第3项第7号）

③任用方式的特殊性之三：需要选举或国会的议决或同意的官职：

国家公安委员长（警察法第7条第1项）

公正交易委员会委员

人事官及检察官（国家公务员法第2条第3项第3号）

日本学士院会员（国家公务员法第2条第3项第12号）

日本学术会议会员（国家公务员法第2条第3项第12号之2）

④基于权力分立的原则，将其职务的人事事项委诸各机关的自律权的官职：

国会职员（国家公务员法第2条第3项第14号）

国会议员秘书（国家公务员法第2条第3项第15号）

最高法院长官秘书（国家公务员法第2条第3项第8号的

法官及其他法院职员（国家公务员法第2条第3项第13号）

⑤与外交、防卫有关的官职：

特命全权大使，特命全权公使等（国家公务员法第2条第3项第11号）

防卫厅职员(国家公务员法第2条第3项第16号)[12]

此外,佐藤达夫在《国家公务员制度》,西又三在《公务员的观念、种类、范围》,小高刚在《行政法各论》等书中,也对特别职公务员各种职务的分类基准作过一些论述[13]。

又,关于特别职职员的身份上的处理,没有统一的一般性的法律;故对于特别职的国家公务员,只能根据《法院法》、《法院职员临时措施法》、《国会职员法》、《自卫队法》等作个别的规定。

2. 一般职公务员的种类

一般职国家公务员的种类很多,分类的方法也不完全一致。根据中西又三教授在《公务员的观念、种类、范围》一文的论述,一般职公务员根据其职务的性质和任用的方法,可以分为以下四种[14]:

(1)按照职务和责任的特殊性任用的特例公务员

相当一批国家公务员,虽然是属于一般职的公务员,但基于其职务和责任的特殊性,完全按照《国家公务员法》对待并不妥当。所以,对这部分国家公务员,可根据法律和人事院规则作特例的规定。确认这种特例的公务员即为特例公务员。属于这种类型的职员有以下几种:

①教育公务员

按照《教育公务员特例法》(昭和二十四年第1号法律)规定,所谓教育公务员,指的是国立及公立的小学、中学、高等学校、大学、高等专门学校、盲人学校、聋哑学校、养护学校及幼儿园的学长、校长、教员及部局长以及教育委员会的教育长和专门的教育职员;此中的所谓教员,是指教授、助教授、教头、教谕、助教谕、养护教谕及常勤讲师;国立学校的学长、校长、教员及部局长属于国家公务员,公立学校的学长、校长、教员及部局长和教育长以及专门学校的教育职员属于地方公务员。

根据《教育公务员特例法》的规定,大学学长及部局长的录用以及大学教员的录用和晋升,都必须通过选考,选考由大学管理机关进行;学长、教员及部局长,没有大学管理机关审查的结果,不能违反本人的本意进行免职或降职,也不能对其进行惩戒处分;学长及部局长的任期,由大学管理机关决定;教员的退职年龄,也由大学管理机关确定。对大学以外的校长的录用以及教员的录用和晋升也必须经过选考,这一选考在大学的附属学校则由该校的大学学长,在大学附属的学校以外的国立学校则由文部大臣,在大学附属的学校以外的公立校则由教育委员会的教育长进行[15]。

据1998年统计,属于国家公务员的在国立各类学校工作的教师及其他职员的状况如下:

A　在国立大学工作的教授、助教授、讲师、助手及其他职员,共59039人,其中大学毕业者占98.8%(内硕士、博士课程修业者占73.8%),短期大学毕业者(含高等专门学校毕业者)占0.8%,高等学校毕业者占0.4%;性别构成的比例,男性占91.4%,女性占8.9%。

B　在国立高等学校工作的校长、教头、教谕、养护教谕、助教谕、实习助手及其他职员共2262人,其中大学毕业者占94.6%(内硕士、博士课程修业者占15.7%),短期大学毕业者占5%,高等学校毕业者占0.4%;性别构成的比例,男性占65.8%,女性占34.2%。

C　在国立中学、小学、幼儿园工作的校园长、教头、教谕、养护教谕、助教谕及其他职员,共3568人,其中大毕业者占96.3(内硕士、博士课程修业者占8%),短期大学毕业者占

3.6%，高等学校毕业者占0.1%；性别人员构成的比例，男性占73.8%，女性占26.2%。

D　在高等专门学校工作的教授、助教授、讲师、助手及其他职员，共4336人，其中大学毕业者占83.8%（内硕士、博士课程修业者占51.5%），短期大学毕业者占15.5%，高等学校毕业者占0.7%；性别人员构成的比例，男性占84.9%，女性占15.1%[16]。

②外务公务员

《外务公务员法》第2条第1项规定：外务公务员是特命全权大使、特命全权公使、政府代表、全权委员和外务职员的总称。特命全权大使、公使等均为特别职的国家公务员，而外务职员则是在外务省本省工作的一般职的国家公务员当中从事外交领事事务及其一般的辅助事务者和在在外使馆工作的一切的一般职的国家公务员（外务公务员法第2条第5项）。

由于外务职员的职务，具有直接处理与外国的各种关系的特殊性，所以规定了国家公务员法的特例。首先规定本人和配偶者，必须有日本国籍，否则作为不够资格的条款，不能出任外务职员。还规定对外职员的惩戒处分的不服审查，则由外务大臣负责进行；关于工作条件的行政措施的要求，则由外务人事审议会负责调查审理等。

③检察官

在日本，检察官的职务内容，是对刑事案件进行公诉，请求法院正确适用法律，以及监督审判的执行等，故其职务和责任具有显著的特色。基于这种情况，1947制定的《检察厅法》，对检察官的等级区分、任用资格、身份保障、不够资格的事由、罢免与资格审查会等，作出了国家公务员法的特例的规定。

首先，在等级区分方面，检察官共分五类，即检事总长、次长检事、检事长、检事、副检事。检事总长、次长检事及各检事长为一级，其任免由内阁进行，并须天皇认证；检事为一级或二级，副检事则为二级。其次，检察官的任用资格，准用法官的任用资格；检察官的不够资格的事由，也与法官的不够资格的事由相同。至于检察官的罢免，需要由国会议员、检察官、法官、律师等组成的检察官资格审查会的议决，每三年接受一次检察官资格审查会的资格审查。另外，法务大臣可对检察官的事务进行一般性的指挥，但对各个事件的调查或处分，只能指挥检事总长[17]。

根据1997年的统计资料，全国共有检察官2193人。人数虽然不多，但起的作用很大。如东京地方检察院特别搜查部的近30名检察官，在查处政界、财界的大案和要案中所建立的业绩，颇受世人的关注或赞许。

④现业职员

所谓现业职员，通常是指以下两种职员：一是属于国家公务员的一般职员，在公共企业体等劳动关系法第二条第一项第二号规定的国营企业（邮政事业、国有林野事业、印刷事业、造币事业）中工作的职员；二是属于地方公务员的一般职员，在地方公营企业法第二条第一项规定的企业（水道事业、工业用水道事业、轨道事业、汽车运输事业、地方铁路事业、电气事业、煤气事业）中工作的职员。由于这些人的职务，以对国民或居民提供非权力性的役务为主，又由于其组织机构从事企业性质的经营，他们的职务的实态与私营企业的从业人员类似，再加上他们的业务的主要的部分，是不包括行政决定的机械式的劳务活动，所以特别对劳动基本权，设立了特殊的规定。禁止争议行为的规定，与这些职员以外的一般职公务员（所谓非现业职员）一样。但现业职员可以组成工会，并可对一定的事项进行团体交涉，缔结劳动协约。不过，在协定的内容需要追加预算的支出的场合，协定便立即失效[18]。

据统计,1997年7月,在总数达83万人的一般职国家公务员中,非现业公务员约50万9000人,现业公务员约31万9000人[19]。非现业公务员适用于《关于一般职职员报酬的法律》,现业公务员则适用《工资特例法》。又在《国家公务员法》的各项规定中,关于工作条件适应形势的原则的规定,关于效率的规定,关于工作条件的行政措施要求的规定,关于职员团体的规定等,也都不适用于现业公务员。

⑤单纯劳务职员

对于被雇佣为从事单纯的劳务的职员,即所谓单纯劳务职员,基于与上述的现行职员同样的观点,一般认为也受到特例的待遇。《地方公务员法》对此有明确的规定。但对于国家公务员的单纯劳务职员,在《国家公务员法》制定的当初,被定为特别职,后来则定为一般职。可是,与《国家公务员法》制定当初被定为特别职的现业职员不同,对于单纯劳务职员后来没有作任何的特别的法律规定,这被认为是它们与一般职的非现业职员受到同样待遇的缘故。

⑥非常勤职员

国家公务员的职务,分为一般职和特别职,而一般职的职员,更分为现业职员和非现业职员,常勤职员和非常勤职员,定员内职员和非定员内职员。

关于现业职员和非现业职员的区别前边已有论述,至于常勤职员和非常勤职员的区别一般要从官职的性质的不同中去找。即,出任短期或临时设置的官职的职员,或出任不需要长时期工作的官职的职员(如委员、顾问等),均为非常勤职员;而就任以终身职为前提,需要常久工作的官职的职员,则为常勤职员。

对于常勤职员,现在原则上每周的工作时间,不得低于40个小时,不得超过48个小时;而非常勤职员的工作时间,则以不超过常勤职员的每周工作时间的四分之三为限。常勤职员的任用,一般必须通过竞争考试或选考进行,而非常勤职员的任用,则不需要经过竞争考试或选考。常勤职员的工资待遇,根据一般职工资法支给,而非常勤职员的工作报酬,则设置了特例的规定。又,非常勤职员,从其所占有的官职的内容来看,大体上可以分为以下三种,一是委员、顾问、参与以及其他类似于这些职务者;二是事务辅佐人员、技术辅佐人员等;三是从事机械的体力劳动的单纯劳务者[20]。

(2)根据竞争考试和根据选考任用的公务员

按照《国家公务员法》规定,公务员的录用有竞争考试和选考两种方法。

竞争考试是最主要的录用方法,也是最常见的录用方法。考试由人事院主持进行。人事院主持的录用考试共有15种,其中以大学毕业学历者为录取对象的6种,以高中毕业学历者为录取对象的9种。此外,还有外务省主持外交公务员录用1种考试和外交专业职员录用考试,这两种考试均以大学毕业学历者为对象。

自1949年1月人事院初次实施录用考试以来,到1997年末的这些录用考试的实施次数共820次,报考者的人数约1203万人,合格者的人数约122万人,录用者的人数约61万人[21]。考试竞争非常激烈。大批的大学毕业生,包括研究生院的在学者或毕业生(即硕士或博士课程修业者),均通过竞争考试加入了公务员队伍。

选考是在录用职员时竞争考试以外的另外一种录用方法。《广辞苑》一书的"选考"释文是:选考是在录用职员等人时,详细调查和考核人物和才能等的方法,有些书称此为"选拔考试"[22]。《新法律学辞典》一书在谈到选考时说:根据竞争考试以外的工作成绩以及其他能够实际证明其能力的考试称为选考，在这种场合选考也是一种考试方法[23]。

在现行的日本公务员制度中，下列几种公务员必须通过选考录用：一是属于行政职工资表(2)的职员，即机器操作人员，办公室大楼保管员以及工作性质相似的工作人员，在录用时不需要通过竞争考试，而是依照选考任用；二是国立或公立学校的学长、校长和教员，必须通过选考任用，选考由学校管理机关进行；其中大学的教员必须根据教授会的审议，由大学学长进行选考；三是没有进行医疗职等录用考试的官职，必须通过选考录用；四是在原则上必须通过竞争考试录用的官职当中，需要特殊的知识和技术的官职，也可以通过选考的方式录用。

另外，在可以通过选考录用的官职当中，基于其官职的特殊性，经过人事院的同意，可以进行相当于正规考试的考试，受到与考试录用者同样的待遇。例如，对需要造船工学、原子能工学等专门的知识和技术等的官职，有关的省厅经人事院的承认，可以进行相当于正规考试的考试。考试的内容和方法，与正规的考试大致相同，人事院可进行提供教养考试的问题，制成专门考试问题等方面的援助。又如，在需要医学等特殊的知识，且其职务的复杂、困难及责任的程度，与经过正规的考试录用官职相同的官职当中，其被任用者经人事院的承认，可以受到与考试录用者同样的待遇。再如，对于深刻研究某些特定的专门学科，具有相当程度的研究业绩的研究生院博士课程的修业者，任命权者可以对其选考录用，并须使其受到与 1 种考试合格者同样的待遇。

不难看出，在任用职员的方法中，竞争考试固然重要，选考的作用也不可忽视。例如，1996 年度，共录用职员 32862 人，其中考试录用者为 14224 人，选考录用者为 18638 人（其中约半数为教育职和医疗职的录用者）[24]。

又，1997 年度，在总数约 83 万人的一般职国家公务员中，除了前述的现业公务员约 31 万 9000 人外，非现业公务员约 50 万另 9000 人；而这些非现业公务员，全都通过考试录用，或者通过选考录用。

(3)附有条件任用期间中的职员、临时的任用职员及附有期限任用的职员

不论是《国家公务员法》，还是《地方公务员法》，都对职员的任用，除了退休年龄以外，原则上不规定期限。但这里所说的三种职员，其共同的特色是其地位均被限定为一定期间，但限定其任用期间的意义却各有不同。

①附有条件任用期间中的职员

一般职职员的录用和晋升，都附有各种条件。即职员在担任某种官职时，须工作六个月以上，此间如能以良好的成绩执行其职务时，才能成为正式被任用的职员。附有条件任用期间，在任用当中只是对录用和晋升实施的制度分为“附有条件录用期间”和“附有条件晋升期间”。

这可以说是作为选择的最后阶段，给予任命权者以排除竞争考试或选考后判明不够资格者的余地。又，在附有条件任用期间中，不适用《国家公务员法》关于身份保障的规定，也不承认其对不利益处分的审查请求权。

②临时任用的职员

按照人事院规则规定，任命权者在遇有紧急情况的场合，需要临时官职的场合，或没有任用候补花名册的场合，有权临时任用职员，其任期不得超过六个月。在这种情况下，经人事院承认，该项临时任用，可以更新六个月，但不能再度更新。

根据上述的临时任用的被任用者,作为职员的地位并没有变化,所以原则上全面地适用《国家公务员法》和人事院规则,但它不适用关于身份保障的规定,也不适用行政不服申诉法的规定。

③附有期限任用的职员

所谓附有期限任用的职员,是指上述职员以外的附有期限任用的职员。特别是《国家公务员法》和《地方公务员法》,随着以60岁为限的退休制度的施行,都规定对达到退休年龄的退职者,根据他们的能力和经验,可以实行附有期限的任用,时间以不超过一年为限。如得到人事院的认可,任用期限也可延长,但最多不得超过三年。

④管理职员等及管理职员等以外的职员

在《国家公务员法》或《地方公务员法》方面,这个区别是专指与职员团体的组织相关联的问题。即管理职员等和管理职员等以外的职员不能组织同一个的职员团体(国家公务员法第108条之2第3项例外的条款,地方公务员法第52条第3项例外的条款),管理职员等可以组织其自身的职员团体。

公务员法中所说的管理职员等,不仅包括对职员的任免有直接权限的处于监督地位的职员,而且包括对与职员的工作条件和职员团体的关系接触政府当局关于计划、方针的机密事项的处于监督地位的职员,同时还包括决定重要的行政事项的职员以及参与策划这一决定的处于管理立场的职员。具体地是指哪些职员,对于国家公务员则根据人事院规则,对于地方公务员则根据人事委员会规则或公平委员会规则决定(国家公务员法第108条之2第4项,地方公务员法第52条第4项)。

三、公务员的范围

1. 公务员的人数

如下表所示,截至1997年8月,日本公务员的总数,约为443万9000人,其中国家公务员为115万6000人,约占26%,地方公务员为328万3000人,约占74%。

国家公务员分为特别职和一般职。特别职公务员总数约32万6000人,其中自卫队官兵大约有30万人,另外还有26000人,如内阁总理大臣、各省大臣、政务次官、宫内厅长官、特命全权大使、特命全权公使、国会职员、法官及法院职员等。一般职公务员总数约83万人,内非现业公务员约为50万9000人,在邮政、林野、印刷、铸币等四现业部门工作的所谓现业公务员约为31万9000人,此外还有检察官约有2000人。非现业公务员与现业公务员的区分,对应于英国的产业与非产业的区别。在日本前者适用《关于一般职职员工资的法律》(即工资法),而后者则适用《工资特例法》。

2. 公务员的范围

公务员的种类很多,范围也颇为广泛。据统计,截至1998年3月底,在总数81万4934人的一般职国家公务员中,主要可以分为两大类。第一类为给与法适用职员,即属于17种职员工资表的职员。总数约为50万1498人,其中上自事务次官、外局局长、大学学长、试验所或研究所所长、医院或疗养院院长等,下至机器操作人员、办公室大楼保管员以及工作性质相似的工作人员等,都是一般职公务员;在国立学校或公立学校担任学长、校长(包括幼儿园长)和教员即教授、助教授、教头、教谕、助教谕、养护教谕、养护助教教谕以及讲师等,在国立医院、疗养院及诊疗所担任医师、牙科医师、药剂师、荣养士、保健护士、助产士、护士、

公务员人数[25]

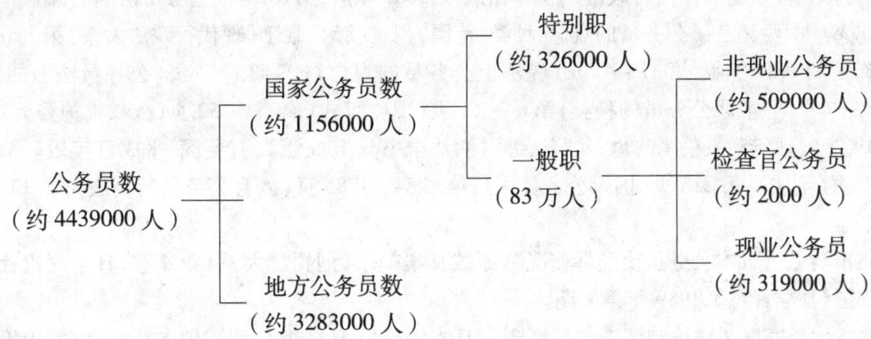

出处:人事院《平成九年度工资建议的说明》

护士助理及其他职员等,也是一般职公务员;此外,在政府官厅任职的职员,在国税厅工作的税务职员,在公安部门工作的警察官,在检察厅工作的一般职员,在海上工作的船长、大副及其他职员,在研究所工作的研究人员等,也都是一般职公务员。第二类是给与特例法适用职员,即在邮政、林野、印刷、铸币等四现业部门工作的职员,总人数约31万3436人,其中在邮政部门工作的职工29万7105人,在林野部门工作的职工约9004人,在印刷部门工作的职工约5938人,在造币部门工作的职工约1389人,这些人也都是一般职公务员。除此以外,还有附有任期研究员23人及检察官2189人,他们也是一般职公务员[25]。不难看出,一般职国家公务员的种类比较多,范围相当广泛。

《国家公务员法》规定:"人事院有权决定某一职务是否属于国家公务员的职务,是否属于本条规定的一般职或特别职。"(第2条)如单纯劳务职员,在《国家公务员法》刚制定时列为特别职,后来则改为一般职,尽管后来对它未作特别的法律规定,但至今仍然把他们定为一般职国家公务员。

但是,也有一些职务,不能定为国家公务员。国会议员不是国家公务员,因为在《国家公务员法》中,未将国会议员列入特别职,至于在一般职中就更不能包括议员了。所谓独立行政法人也不是国家公务员,因为这些法人虽然是代表国家和地方公共团体的行政主体,其事务也具有公共的性质,但无论如何不能将他们列入《国家公务员法》中所说的公务员。

人权维护委员也不是国家公务员。因为人权维护委员是为了维护人权的民间协力组织,主要的职责是对侵犯人权事件,对法务大臣或有关机关,提出报告、劝告或采取适当的措施,但它们在国家的组织机构中没有具体的职务,除了为执行职务领取必需的补偿费用外不支付任何的工资报酬[26]。

至于所谓公证人,正如东京地方法院判决所说,"国家公务员法中所说的公务员,指的是在国家机关中工作,从事国家公务的职员,但公证人与国家之间没有任何的工作关系,不向国家领取工资或津贴,也不支给其退职养老金,所以公证人不是国家公务员法中所说的国家公务员。"(1952年7月24日东京地方法院判决)[27]

总之,在《国家公务员法》中,并没有国家公务员的定义。因此,在决定某一职务是否属于国家公务员的职务时,必须根据具体的情况作出具体的判断,但其最终的决定权则属于中央人事行政机关——人事院。

注释:

① 盐野宏著,杨建顺译,《行政法》,法律出版社,2001 年版,第 692 页(公务员法的法源)。

②⑭⑱㉖ 中西又三:《公务员的观念、种类、范围》(日文版),载于《现代行政法大系》第九卷《公务员·公物》,有斐阁 1984 年版,第 37－41 页(宪法上公务员的观念),第 43－47 页(公务员法上的公务员观念);第 62－69 页(一般职公务员的种类)第 64－65 页(现业职员);第 51－52 页(人权维护委员)。

③⑪⑮⑰ 星野英一、松尾浩也、盐野宏编:《六法全书》(日文版),有斐阁,平成五年版(第 2 卷),第 2569－2570 页(刑法);第 213 页(国家公务员法);第 1784－1786 页(教育公务员特例法);第 177－179 页(检察厅法)。

④ 飞田清弘:"日本公务员受贿罪概况",原载日本《现代刑罚法大系》第 4 卷,日本评论社,1982 年版。引自中国《法学译丛》,1989 年第 1 期。

⑤ 法务大臣官房司法法制调查部编:《现行日本法规》(日文版),帝国地方行政学会,1949 年初版,第 5 卷,第 1843－1849 页(恩给法中的公务员部分)。

⑥㉗ 行政股份公司:《行政百科大辞典》(日文版),第 2 卷第 294－295 页(国家公务员条);第 294－295 页(公证人)。

⑦ 金子善次郎编:《地方公务员制度》(日文版),第 1 卷(平成三年版),第 41－45 页(地方公务员的判断基准)。

⑨ 小高刚:《行政法各论》(日文版),有斐阁,1984 年版,第 323－324 页(公务员的意义)

⑩ 真柄久雄:"公务员"(日文版),《日本大百科全书》第 9 卷,小学馆 1986 年版,第 39－41 页;《万有大百科辞典》第 11 卷,第 169－171 页(公务员)。

⑫ 竹子内一幸、桥本基弘:《国家公务员法的解说》(日文版),一桥出版公司,第 4－5 页。

⑬ 佐藤达夫:《国家公务员制度》(日文版)第 7 页;中西又三:《公务员的观念、种类、范围》(日文版),第 53－62 页;小高刚:《行政法各论》(日文版),第 324－325 页。

⑯㉕ 人事院编:《公务员白皮书》(日文版),大藏省印刷局,平成十一年(1999 年)版,第 344－346 页;第 424 页(一般职国家公务员省厅别在职者人数)。

⑲㉕ 片冈亮光著,熊达云、郑希宏译:《论职业公务员》,上海科学普及出版社,2001 年版,第 3 页(现业公务员);第 3－4 页(公务员人数)。

⑳ 伊藤正己等编:《国民法律百科大辞典》(日文版),第 3 卷,行政股份公司,平成三年(1991 年)版,第 314－316 页(国家公务员条)。

㉑㉔ 人事院编:《公务员白皮书》(日文版),大藏省印刷局,平成十年(1998 年)版,第 39 页;第 53－54 页;

㉒ 新村出编:《广辞范》(日文版),岩波书店,1984 年版,第三版,第 1366 页(选考)。

㉓ 编辑代表我妻荣:新版《新法律学辞典》,721 页,有斐阁,1981 年版。

第二节 公务员的职阶制、任用和考试

一、职阶制法

1. 职阶制的确立

日本公务员法中所说的职阶制,实际上是日本公务员的职位分类制度。这一制度在美国早已施行,二战结束后被引进日本。如 1947 年 10 月公布的《国家公务员法》,曾经对职阶制作了专门规定,其中第 29 条规定:"职阶制由法律规定。人事院制定职阶制方案,将官

职按职务种类、复杂程度、责任大小进行分类和整理。职阶制，对有同一内容雇佣条件的属于同一职阶的官职，则需要有同一资格要件：对担任该官职的人，必须作官职分类和整理，以便发给同样报酬。”第30条规定：“职阶制从能够实行的部门起逐步实施。职阶制实施的必要事项，除本法有规定者外，由人事院规则规定。”第31条规定：“实施职阶制时，人事院必须根据人事院规则的规定对职阶制的所有官职确定其级别。”第32条规定：“一般职的所有官职都必须按职阶制分类。”①

根据国家公务员法的上述规定，1950年5月公布了《关于国家公务员职阶制的法律》（昭和二十五年第180号法律）。该法在总则中着重指出：“职阶制是把官职根据职务的种类、复杂性和责任大小，依照本法规定的原则及方法加以分类整理的一种规划措施。”该法接着又特别指出：职阶制的主要目的是，制定国家公务员法所规定的报酬准则的统一而公正的基本标准，并有助于考试、任免、进修以及与此有关的各部门人事行政事务的执行。这就是说，以职位分类为基础，实行职员的考试和任用，决定工资报酬的标准，并实施进修和培训。

该法还规定人事院对实施本法有以下权限和义务：一是负责实施职阶制；二是根据《国家公务员法》和本法的规定，为实施及解释职阶制，制定必要的人事院规则，发布人事院指令；三是按照职务的种类、复杂性和责任程度，决定职务种类和职级；四是制定并公布作为官职等级标准的职务种类的定义和职级明细书；五是规定官职等级或承认由其他国家机关规定的官职等级；六是根据《国家公务员法》第17条的规定，调查关于官职的职务和责任的事项②。

2. 职阶制的试行

自1950年公布职阶制法以后，人事院专门设立了职阶部，组织了300名专家对职阶制进行全面研究，并着手进行实施职阶制的准备工作，内容主要包括以下两个方面。第一，设计了职位调查表，并对上万个职位进行了调查。第二，将国家公务员职位按工作性质分为26个职组，271个职系，并起草了各职系的说明书（在正式公布时，将职系数调整为257个）。在各个职系中，根据工作难易、责任轻重和所需资格条件划分职级，在257个职系中共划分1073个职级，并起草了职级规范。此外，设立了八个职等，将各职系的各个职级分别列等，并制定一个颇为复杂的日本公务员职组、职系、职级、职等一览表③。

但是，由于诸多原因，1950年公布的职阶制法，直到现在仍然没有付诸实施。但是在考试方面，按照官职的种类，进行了各种考试；在报酬（工资、津贴）方面，也依照职务的种类，制定了各种职务的工资表；同时，根据职务的复杂、困难和责任的程度，将它们分类为职务的级，定出将成为其基准的标准职务，实际上也可以视为是在进行一种官职的分类。特别是在报酬方面，作为代替职阶制的东西，在现行的工资法方面，也为大家所公认。因此，不难想象，在将来实施职阶制的场合，也许会利用上述的职务分类，建立统一的职种职级的体系④。

二、任用

1. 任用的根本基准

所谓任用是指将特定的人任命为特定的官职的行为。任命权者在出现职员的职位空缺时，可以通过任用的方式补充职员。

按照《国家公务员法》规定，职员任用的根本基准是成绩主义的原则，如该法第33条规定:“职员的任用,依照本法和人事院规则的规定,根据考试成绩、工作成绩或者其他能力的实际考核进行。”这就明确地指出:职员的任用排除政治上的个人的以及其他一切的人情关系,彻底依照能力本位进行。

除了成绩主义的原则外,还有平等处理的原则。即凡通过考试、工作成绩评定以及其他考核方法,确实证明某些特定的人具有履行职务的能力时,均有被任用的机会,不得因人种、信仰、性别等不同而区别对待,也不得因政治见解和政治上的所属关系不同而区别对待。如该法第27条规定:“国民不分种族、信仰、性别、社会身份、家庭出身、政治见解和政治所属关系(第38条第5项规定除外),在本法面前一律平等。”第46条规定:“录用考试对具备人事院规则规定的报考资格的所有国民一律平等,并且必须公开进行。”

但是,按照《国家公务员法》第38条规定,下列人员作为不够格条款者不能担任官职:

(1)禁治产者及准禁治产者;

(2)处监禁以上徒刑,服刑尚未期满或执行尚未取消者;

(3)受免职处分,从处分之日起不满两年者;

(4)人事院的人事官或事务总长,犯第109条至第111条规定之罪处刑者;

(5)日本国宪法施行后,结成或加入主张用暴力破坏日本国宪法或按宪法建立的政党和团体者。

2. 任用行为的种类

(1)任命权者

实施任用行为的权限是任命权。有任命权者称任命权者。《国家公务员法》第55条规定:①除法律另有规定者外,任命权属于内阁、各大臣(指内阁总理大臣及各省大臣)、会计检察院长、人事院总裁及各外局的局长。上述机关首长的任命权限于其所属机关的官职,内阁的任命权限于其直辖机关的官职,但对各外局局长的任命权属于各大臣。②上述机关首长有权将其使命权委任给本机关的高级职员,在委任生效前,必须用书面形式将其委任一事报告人事院。③对不具备本法、人事院规则和人事院指令规定的条件的人,不得进行任命、雇佣、提拔或转任,不得安排任何官职[⑤]。

(2)任用的种类

职员的任用有录用、提升、转任、调整及降职五种类型。在官职出现缺员的场合,任命权者除了以临时任用和兼任作为例外的补充缺员的方法外,原则上可以通过自己的选择以录用、提升、转任、调整或降职等任何一种方法,任命职员以补充缺员。

人事院规则8－12(职员的任免)(1952年5月13日)的第三章第一节,分别对录用、提升、转任,调整和降职这些术语下了定义。

①录用

录用是任用的基本形式,其含义系指以提升、转任、调整和降职以外的方法任命官职[⑥]。具体地说,所谓录用,就是将现在没有官职者新任命为官职,也就是使非国家公务员者取得国家公务员的身份[⑦]。公务员的录用,原则上通过竞争考试进行,作为例外也可以通过选考进行。

②提升

所谓提升,就是使职员升格,就是把已定为官职级别的任命为上一级的官职,或者说就是依照法令及其他规定将职员任命为特定官厅的上一级的官职(如将局长任命为事务次官等)。职员的提升,通过下级在职官职人员的竞争考试进行,或者依照该当在职者从前的工作成绩通过选考的方式进行。现在日本已不进行提升考试[8]。

③转任

转任是任命职员担任属于不同的任命权者管辖的其他的官职(提升或降职的场合除外)。由于转任本来是意味着职阶制法中所说的职种间的移动,预定需要有以相应的经历、学历等为资格的必要条件,但现在已不规定资格的必要条件。但是,对于转任本省厅的课长级以上的官职,必须经过人事院的审查。又,由于转任是要任命原来在其他的任命权者的任命之下的职员,所以必须取得现任官职的任命权者的同意(人事院规则 8 - 12 第 6 条第 2 项)。

④调整

调整是任命职员担任原来任命权者管辖的其他的官职(升任或降职的场合除外)。调整不需要特别的资格要件,任命权者虽然必须考虑职员的能力、适应性以及人事管理的必要性等因素然后付诸实行,但对本省厅课长级以上的官职的调整,必须经过人事院的审查(人事院规则 8 - 12 第 85 条)[9]。

⑤降职

降职是使职员降格,是把已定为官职级别的职员任命为下一级的官职,或者是依照法令及其他规定将职员任命为特定官厅的下一级的官职。因违反职员的本意而被降职时,只限于《国家公务员法》所规定的以下四个条件:一是工作成绩不良;二是因身心不健康,执行职务有困难或不能执行职务;三是其他缺少任其官职的必要条件;四是由于官制和定员的改废,出现废职或人员过剩。

⑥临时任用

临时的任用,是作为难以通过前述录用、提升、转任、调整、降职等方法进行正规的任用的特例,在严重、紧急的条件下被承认的。按照《人事院规则》8 - 12(职员的任免)第 16 条、第 17 条规定:在缺少常勤官职而又符合以下各项之一时,任命权者经过人事院的同意,有权临时任用非现任职员。一是在以录用、提升,转任、调整或降职的方法任命职员担任该官职之前不能空缺职员的紧急情况时;二是预计该官职自临时任用之日起不满一年期间内将要被撤销任用的临时的场合;三是没有该任用候选人名册或属于可任用者选择范围的人员未满五人时。临时任用期间不得超过六个月,经人事院同意也可延长任用六个月,但在任何的情况下都不得再一次从新任用[10]。

基于临时任用的被任用者,作为职员的地位没有变化,原则上全面地适用《国家公务员法》和《人事院规则》。但临时任用的职员,不适用关于分限(身份保障)的规定,也不适用关于惩戒处分的不服申诉的规定(国家公务员法第 81 条第 1 项第 1 号)[11]。

⑦兼任

兼任是指以录用、提升、转任或降职的方法,把在任现职的职员在保有其官职的情况下又任用于其他官职。在符合以下各项之一时,任命权者有权兼用职员:一是依法令规定准许兼用职员;二是兼用于《国家行政组织法》第八条规定的审议会或协议会非常勤官职或者与其相当的官职时;三是兼用为非常勤职员非常勤官职时;四是兼用其工作时间同现任官职不重叠的其他官职时;五是兼用期间不超过三个月时;六是除前列各项规定外,兼用被认为不会使该职员执行职务受到明显障碍时。又,在该职员兼任不同的任命者所管辖的官职时,该职员必须取得现任官职的任命者的同意[12]。

三、竞争考试

1. 录用考试的种类

按照《国家公务员法》规定,职员的录用和提升,必须通过竞争考试进行,但如有人事院的同意,也可通过竞争考试以外的能力检验的方法进行考核选拔(简称选考)。

直到目前为止,职员的录用仍然采取竞争考试的方法,但通过选考录用的事例也为数不少。至于职员的提升,原则上通过选考的方式进行,不再进行提升考试。

在任用当中,对于转任和调整,虽然不要求竞争考试或选考,但不容置疑的是它同样需要通过某种能力的实际检验的方法来进行。

《国家公务员法》还规定:录用考试对具备《人事院规则》规定的报考资格的所有国民一律平等,并且必须公开进行(第46条)。考试的目的在于判断是否有执行职务的能力(第45条)。

考试的方法主要有六种,一是笔记考试,二是经历评定,三是实地考试,四是工作评定,五是口述考试,六是身体检查;但对于录用考试,根据《人事院规则》8－18的规定,对每一种考试的种类和科目,均须按照规定进行笔记考试和人品考试。

主管考试的机关是人事院。以1998年度(平成十年度)为例,人事院作为考试机关亲自进行的录用考试计有以下14种15次,即国家公务员录用1种考试,国家公务员录用2种考试,国家公务员录用3种考试,国税专门官录用考试,劳动基准监督官录用考试,法务教官录用考试,航空管制官录用考试,皇宫护卫官录用考试,刑务官录用考试,入国警备官录用考试,航空保安大学校学生录用考试,海上保安大学校学生录用考试,海上保安学校学生录用考试,海上保安学校学生录用考试(特别)及气象大学校学生录用考试。除此以外,还有根据人事院指定外务省作为考试机关进行的2种(2次)录用考试,即外务公务员录用1种考试及外务省专门职员录用考试。上述16种17次的考试,大学毕业程度者为8种8次,高等学校毕业程度者为8种9次。在这些录用考试当中,1种考试、2种考试及3种考试,主要是以各省共同的官职为对象,其他13种考试则分别是以个别的省厅的专门官职为对象。

人事院作为考试机关实施的录用考试虽然有许多种,但最主要的则是以下三种:

一是国家公务员录用1种考试,这一考试的录用对象是能够担任相当于各官厅中行政职工资表(一)三级程度的需要特别高度知识的官职及以独立和指导进行困难的研究任务为职务的官职;

二是国家公务员录用2种考试,这一考试的录用对象是能够担任相当于各官厅中行政工资表(一)二级程度的股员的官职及以进行相当困难的辅助性的研究任务为职务的官职;

三是国家公务员录用3种考试,这一考试的录用对象是能够从事各官厅书记性质或技术性质的业务的初级股员的官职。

2. 考试制度的变迁

1949年1月,人事院根据《国家公务员法》,制定了关于考试的规则,并进行了最初的国家公务员录用考试。接着在同年11月进行了大学毕业程度的6级职考试和旧制高等专门学校毕业程度的5级职考试;后来又于1951年1月实施了旧制中等学校和新制高等学校毕业程度的4级职考试。这些6级职、5级职、4级职的各种考试,可以说是后来日本进行的1

种考试、2 种考试、3 种考试的原型。

1957 年，随着《给与法》的改正，工资结构由 15 级制改为 8 级制，录用考试的名称也改为国家公务员录用上级考试，国家公务员中级考试，国家公务员初级考试。从 1960 年起，为了吸收优秀的人才，又实施了新的国家公务员录用上级甲种考试、国家公务员录用上级乙种考试、国家公务员录用乙种考试、国家公务员录用中级考试、国家公务员录用初级考试。

但是，及至昭和六十年代，随着大学升学率的提高，为了对应新入职者阶层学历结构的变化，人事行政的复杂化和多样化，以及公务的高效率的运营等要求，又对考试体系进行了重新编制的整备。因此，自 1985 年起，便将从前的上级甲种考试改为 1 种考试，将从前的上级乙种考试和中级考试合并改为 2 种考试，将从前的初级考试改为 3 种考试[13]。

国家公务员 1 种考试是全部继承原来国家公务员上级甲种考试的考试。合格后可任各省厅股长级程度的管理职员，或准于此的上级股员或上级研究职员。如果工作成绩卓著，将来可任课长、部长、局长及事务次官等职。在应考资格方面，年龄为 21 岁至 33 岁，不问性别和学历，试题为大学毕业程度。计有行政、法律、电子、土木、林学、药学等 27 个分科。考试分为两次。第一次考试科目为教养考试和专门考试：教养考试是笔试，主要是考试作为公务员所必需的一般的知识和知能；专门考试也是笔试，主要是考试各专业所必需的专门的知识、技术等能力。第二次考试科目为专门考试和综合考试，此外还有面试人品等的人物考试。考试地区，第一次在 24 个城市进行，第二次在 9 个城市进行。平成六年(1994 年)度的合格状况，在 41433 名的应试者中，合格者仅为 1725 人，被认为是日本公务员的三大难关考试之一。

国家公务员 2 种考试是统合原来国家公务员上级乙种考试和中级考试的新的国家公务员考试。考试专业计有行政、图书馆学等 12 个分科。考试资格，不问男女和学历，年龄为 21 岁至 29 岁，试题内容为大学毕业程度。考试分为两次，第 1 次为教养考试和专门考试，第 2 次为人物考试和教养考试。考试地区：第 1 次为 24 个城市，第 2 次为 15 个城市。平成六年(1994 年)，在 76048 名的报考书中，合格者为 5972 人，竞争率约 12.7 倍。合格者可担任各行政机关的中坚干部。

国家公务员 3 种考试为沿袭原来国家公务员初级考试的考试。根据录用职种可参加关于国家政治行政方面的事务、调查及研究工作。分为行政事务(A、B)、邮政事务(A、B)等 13 个分科。考试资格，无性别和学历的限制，年龄为 17 岁至 23 岁(税务 20 岁以上)，试题为高等学校毕业程度。考试分为两次：第 1 次行政事务 A、B，邮政事务 A、B 为教养、适性和作文，技术系统除教养外，还须专门考试；第 2 次为人物考试和身体检查。平成五年度(1993 年度)，在 136733 名应试者当中，合格者为 12946 人，竞争率约为 10.6 倍。考试合格后任初级股员，以后经过努力可升任中坚干部。

3.50 多年来考试的基本趋势

战后 50 多年来，日本国家公务员的录用考试，具有以下几种基本趋势和特点：

(1)考试竞争十分激烈

在国家公务员的各种录用考试中，由于报考的人数多，录用的人数少，所以录用率较低，竞争异常激烈。

以号称三大考试难关的三种考试为例：司法考试分两次进行，平成六年(1994 年)的第二次考试的志愿者为 22554 人，合格者为 740 人，合格率为 3.28%；公认会计士(补)考试分三次进行,平成五年(1993年)的第一次考试合格率为15.2%,第二次考试合格率为7.5%,第三次考试合格率为47.9%;国家公务员1种考试平成六年的分科考试,行政科应试者7890人,合格者7人,合格倍率为109.6倍,经济科应试者3119人,合格者147人,合格倍率为21.2倍,地质科应试者215人,合格者10人,合格倍率为21.5倍⑭。

从国家公务员考试的总体情况来看,也可以看出考试的竞争激烈程度。例如,自1949年1月人事院施行国家公务员录用考试以来,到1974年度之末先后进行了381次录用考试,报考者的人数约516万人,合格者的人数约54万人,从这些合格者录用的人数约为24万人,⑮即平均约21个中录用了1个人。又如,根据1999年出版的《公务员白皮书》记载,从1949年1月,到1998年之末,先后进行847次国家公务员录用考试,结果是报考者约1226万人,合格者约125万人,录用者约63万人⑯,即平均约19人中录用1人,可见考试竞争是相当激烈的。

(2)考试合格者的学历越来越高

由于国民教育的迅速普及和提高,以及人事行政高效率的要求,国家公务员录用考试的应试者和合格者的学历越来越高。这一趋势在20世纪七八十年代就日益明显,最重要的事实是:在要求大学毕业程度的国家公务员1种考试(原称国家公务员上级甲种考试)中,大学院(研究生院)的在学者或毕业生逐渐占据支配地位;在要求短期大学或高等专门学校毕业程度的国家公务员2种考试(原称国家公务员上级乙种考试和国家公务员录用乙级考试)中,四年制大学的在学生或毕业生逐渐成为决定性的力量;在要求高等学校毕业程度的国家公务员3种考试(原称国家公务员录用初级考试)中,具有四年制大学、短期大学或高等专门学校的学历者逐渐占有较大的比重。

及至90年代,上述的趋势更加明显,以下以1997年国家公务员的三种考试为例:

在1997年国家公务员1种考试中,大学毕业者(包括毕业者、在学者、中途退学者)占报考者的73.3%,占合格者的47.9%;但大学院毕业者(包括硕士、博士课程修了者、在学者和中途退学者)则占报考者的23.9%,占合格者的52.1%。又,如果从考试类别系列来看,大学毕业生在文法科考试合格者中占85.6%,但大学院修了则占理工科考试合格者的75.2%,占农学科考试合格者的61.3%,明显地表现出国家公务员1种考试的高学历化倾向。

在1997年国家公务员2种考试中,大学毕业生等占报考者的80.8%,占合格者的85.3%;大学院修业生等占报考者的8.9%,占合格者的12.5%;短期大学、高等专门学校以下的学历者,只占报考者的10.3%,占合格者的2.2%。

在1997年国家公务员3种考试中,虽然要求高等学校的毕业程度,但高等学校毕业者(毕业者、在学者、中途退学者),只占应考者的34.7%,占合格者的25.4%,大学毕业者则占合格者41.5%⑰。

国家公务员考试的高学历趋向,表明日本国家公务员的知识化、专业化程度愈益提高。

(3)东大、京大等名牌大学毕业生在考试合格者中名列前茅

战后,与战前相比,在录用考试方面虽有许多变化,但有一点大致相同,即东大、京大等名牌大学毕业生,占据考试合格中的突出位置。

例如,1972－1982年的国家公务员上级甲种考试,合格者共14256人,其中东大、京大等出身者遥遥领先,详见下表:

表 2-8　国家公务员高级考试(甲等)合格者毕业校别(昭和四十七 - 五十七年)[18]

校名	人数	校名	人数
1. 东大	5243	9. 九大	419
2. 京大	2239	10. 一桥大	182
3. 北大	657	11. 筑波大	172
4. 东北大	587	12. 横滨国立大	161
5. 东工大	576	13. 神户大	143
6. 早大	455	14. 庆应大	141
7. 阪大	432	15. 中央大	82
8. 名大	419	其他共计	14256

注:昭和四十七 - 五十五年的合格者为 11512 名,其中各省厅录用 5584 名(法律职为 1398 名,经济职为 522 名)。

出处:根据人事院资料统计。

又如,1994 年度的国家公务员 1 种录用考试,也同样是东大、京大等名校毕业生分别占合格者中的第 1、2 位,详见下表:

国家公务员采用 1 种考试出身校别合格者数(10 名以上)一览,单位:人(平成六年度)[19]

大学名	合格者数	前年度合格者数	大学名	合格者数	前年度合格者数
东京大学	436	508	广岛大学	20	10
京都大学	204	197	一桥大学	18	28
早稻田大学	121	95	中央大学	17	17
北海道大学	87	69	大阪府立大学	15	18
东京工业大学	82	101	横滨国立大学	15	10
东北大学	67	88	千叶大学	14	14
名古屋大学	60	69	明治大学	14	14
庆应义塾大学	60	51	冈山大学	12	15
九州大学	55	56	名古屋工业大学	12	8
大阪大学	42	46	电气通信大学	11	14
东京理科大学	41	58	三重大学	11	10
筑波大学	34	37			
神户大学	29	29			
东京农工大学	27	34			

正因为如此,日本中央省厅的高级职员,大多数都是东大、京大等著名大学出身者。

(4)女性在考试合格中所占的比例不断提高

在战前日本的高文考试中,女性的合格者为数极少。明治和大正时代,没有一位考试合格者。昭和十三年(1938 年)好容易有三位女性闯过了司法科的难关,但她们后来都走上了律师的道路。昭和十六年(1941 年)又有两位女性司法科考试合格者及第一位女性行政科考试合格者渡边美惠,但渡边在高文考试合格后,由于无望升任高等官,后来不得不辞职返乡。

二战结束后,情况有所变化,许多女性通过考试进出政界,且这一趋势日益明显。例如,在国家公务员 1 种考试中,女性的合格者从 1985 年度的 105 人(占 6.3%),增至 1998 年度的 176 人(占 15.1%);在国家公务员 2 种考试中,女性的合格者从 1985 年度的 602 人,增至 1998 年度的 1749 人(约增加 1.9 倍);在国家公务员 3 种考试中,尽管女性合格者的人数从1985年度的6894人降至1998年度的3212人,但她们在合格人数中所占的比例却从34.2%提高到40.5%[20]。

由于大批女性通过考试途径进入政府部门工作,促使女职员在国家公务员中所占的比重日益上升,如1998年(平成十年),在适用于工资表的48万8644名职员中,男性占77.9%、女性占22.1%。

(5)考试种类和考试分科比战前的高文考试多得多

战前日本的官吏任用考试,分为高等文官考试和普通文官考试,而高等文官考试又分为三科,即行政科考试,外交科考试,司法科考试。

战后实施的公务员录用考试,在考试种类和分科方面,比战前复杂得多,精细得多。仅以1997年度人事院掌管的14种考试及人事院委托外务省掌管的2种考试而论,要求大学毕业程度的就有8种,即国家公务员录用1种考试、国家公务员录用2种考试、国税专门官录用考试、劳动基准监督官录用考试、法务教官录用考试、航空管制官录用考试、外务公务员录用1种考试、外务省职员专门考试;要求高等学校毕业程度的则有9种,即国家公务员录用3种考试、皇宫护卫官录用考试、刑务官录用考试、入国警备官录用考试、航空保安大学校学生录用考试、海上保安大学校学生录用考试、海上保安学校学生录用考试,海上保安学校学生录用考试(特别)、气象大学校学生录用考试。除此以外,还有许多种国家考试,如法务省负责的司法考试,大藏省主管的公认会计士(补)考试,最高法院执掌的法院事务官1种考试、法院事务官2种考试、法院事务官3种考试等等。

战前日本的高等文官考试,仅分行政、外交、司法三科进行,且每一科的考试科目均属于文科的内容,并都有不同程度的侧重法律学的倾向。战后,随着行政的复杂、高度化和国际化,要求广泛吸收多样化的拥有高度的专门知识的人才到国家各部门工作,因此国家公务员的三种考试,都设立许多科分头进行,如国家公务员1种考试,分行政、法律、经济、心理、教育、社会、数学、物理、地质、情报工学、电气、电子、机械、土木、建筑、化学、金属、资源工学、农学、农业经济、农业化学、农业工学、畜产、林学、水产、砂防、造园、药学等27科;国家公务员2种考试,分为行政、图书馆学、物理、电气、电子、机械、土木、建筑、化学、资源工学、农学、农业土木、林学等12科;国家公务员3种考试,分为行政事务(A、B)、邮政事务(A、B)、税务、电气、机械、土木、建筑、化学、农业、农业土木、林业等13科[21]。

四、选考

1. 选考的具体实施

按照《国家公务员法》规定,公务员的录用必须采取竞争考试或选考两种方法。竞争考试是最主要的也是最常见的录用方法,而选考则是根据竞争考试以外的工作成绩以及其他能够实际证明其能力的考试,在这种场合选考也是一种考试方法。

与竞争考试不同,选考是被选考者不是处于相互的竞争关系,由任用者根据一定的基准来判断该当被选考者对于该当官职是否有执行职务的能力。为了判断,在必要时,还可以采用经历评定、现场测验、笔记考试以及其他方法〔人事院规则8－12(职员的任免)第44条〕。

对本省厅课长级以上的官职,人事院作为选考机关进行选考;对于其它官职的选考,任命权者作为选考机关,依照其规定的基准进行(同规则第90条)[22]。

又,对于职员的录用,能够不进行竞争考试,通过选考录用者,主要有以下两种官职,一是由于没进行竞争考试，因而没有录用候选人名册的官职（技能、劳务系统的官职）；二是虽然大体上有录用候选人名册，但出于以下各种情况的官职〔人事院规则8－12（职员的任免）第9条、第83条〕：

（1）预计在非分类官职，属于特别职之职、地方公务员之职、公共企业体之职以及相当于这些职务的职员中补充正式的官职，而人事院认为该官职与该人现职相比是同一级或高于该级，并在选考录用方面取得人事院同意者；

（2）预计须由曾任过职员者当中补充的官职，而该官职和该曾正式被任用的官职等级相比是同一级或高于该级者；

（3）估计通过竞争考试亦不会有更多竞争者的官职，或者因职务和责任的特殊性难于判定职员执行职务能力的官职，而其官职的选考录用须取得人事院的同意者；

（4）根据按录用候选人名册录用职员的第8条或第12条第（一）款后段规定，属于可任命者选择范围的人未满五人的官职，而其官职的选考录用须取得人事院同意者；

（5）其他被认为采用竞争考试不适当的官职，而这些官职的选考录用须取得人事院同意者[23]。

从现行的日本公务员制度可以看出，下列几种公务员原则上须通过选考录用：一是属于行政职工资表（2）的职员，即机器操作人员、办公室大楼管理员以及工作性质相似的工作人员；二是属于教育职工资表（1）、（2）、（3）、（4）的教员或职员，如国立学校的学长、校长及教员等；三是没有进行过医疗职考试录用考试的官职，必须通过选考录用；四是在原则上必须经过竞争考试录用的官职当中，需要特殊的知识和技术的官职，也可以通过选考录用。

由此可见，在职员的任用中，竞争考试固然重要，但选考的作用也不可忽视。例如，1984年度，职员录用的总人数共32968人，其中考试录用者为14288人，选考录用者为18680人（教育职及医疗职占大部分）[24]；1990年度，录用者总数共38781人，其中考试录用者为17761人，选考录用者为21020人（教育职及医疗职的录用者约占其中的半数）[25]；1997年度，录用者总人数共33129人，其中考试录用者为13590人，选考录用者为19539人（其中约半数是教育职和医疗职的录用者）[26]。

2.“相当于正规考试的考试”等

在可以通过选考录用的官职中，基于其官职的特殊性，经过人事院的同意，可以受到与考试录用者同样的待遇。1971年度的录用情况如下：

（1）“相当于正规考试的考试”（人事院规则9－8第6条第2项第2号）

在录用需要录用者人数少的造船、原子能工学等特殊的知识、技术及其他能力的官职时，各省厅作为“相当于正规考试的考试”，经过人事院的承认可以进行选考考试。

这些“相当于正规考试的考试”，几乎与正规的考试采取同样的考试方法和内容，人事院可派遣考试委员，提供教养考试问题以及指导专门考试等。

1971年度实施的从“相当于正规考试的考试”的合格者录用（主要是1952年度录用）等的状况，可以参看以下第1表。考试的细目，有相当于上级甲种考试的12种，相当于中级考试的1种，合共13种，实施的省厅计有8个省厅，录用者的人数共102人。

第 1 表:1971 年度从“相当于正规考试的考试”中的录用状况[27]

程度	区分	省厅	报名者数	合格者数	采用者数
上级甲种考试	造船工学	运输省	21	7	7
	航空工学	科学技术厅	21	4	1
		特许厅			2
	计测工学	工业技术院	26	11	4
	原子能工学	科学技术厅	24	5	3
		通商产业省	7	3	2
	印刷工学	特许厅	1	1	1
	纤维学	特许厅	12	4	3
	兽医学	农林省	50	13	8
	林产学	林野厅	12	5	1
	意匠学	特许厅	54	10	9
	考古学	文化厅	13	7	4
	日本史		9	3	1
	建筑史		5	1	1
	小计		255	74	47
中级	航空管制官	运输省	371	55	55
合计			626	129	102

(2)授予与考试录用者同样的待遇(人事院规则 9 - 8 第 6 号第 2 项第 3 号)

对于需要医师和医师等特殊的知识,且需要国家考试合格,或硕士、博士课程修业,并在特殊的研究领域中有研究业绩的官职被选考录用者,各省厅在预先得到人事院同意的情况下,可以使其得到相当于通过正规的考试被录用者同样的待遇。

1971 年度中的承认状况,如以下第 2 表所示,相当于上级甲种考试者为 59 人,相当于上级乙种考试者为 108 人,相当于中级考试者为 13 人,三者合计共 180 人。

第 2 表　授予与考试录用者同样的待遇者的录用状况[28]

程度	官职	学历	承认人员
上级甲种考试	研究员	医学博士	1
		博士	18
		硕士	37
		医科大学卒业	3
	小计		59
上级乙种考试	研究员、少年院教官、儿童指导员、兽医	硕士	2
		大学卒业	105
		中学卒业	1
	小计		108
中级考试	研究辅助	大学卒业	10
		短期大学卒业	3
	小计		13
合计			180

实际上,日本每年均依照人事院规则的有关规定,录用一批受到与考试录用者同样待遇的选考录用者。以 1998 年为例,大致有以下三种情况:

第一,对于需要造船工学、原子能工学等专门的知识和技术的官职,由于预定录用人数少不能进行正规的考试，有关省厅得到人事院的承认，进行了“相当于正规考试的考试”。考试的内容和方法，与正规的考试大致相同，人事院可提供教养考试问题，指导作成专门考试问题等。1997 年度，作为“相当于 1 种考试的考试”，在造船工学、原子能工学、林产学、意匠学、考古学、兽医学等六个学科，作为“相当于 2 种考试的考试”，在畜产、水产及造船等三个学科中进行。1998 年度，根据“相当于 1 种考试的考试”被录用者共有 31 人，根据“相当于 2 种考试的考试”被录用者共有 32 人。

第二，在需要医学等特殊的知识，且职务的复杂、困难及责任的程度被认为与通过正规的考试任用的官职相同的官职中，各省厅对其被任用者经过人事院的认可，可以受到与考试录用者同样的待遇。1998 年度，通过这种选考与 1 种考试的录用者受到同样待遇的录用者共有 60 人，其中几乎全部都是对研究职的录用。

第三，是对研究公务员的博士课程修业者的录用。对于研究职人员的录用，在录用深入研究特定的专门学科，并有相当程度的研究业绩的研究生院博士课程修业者的场合，如果满足了一定的条件，可以受到 1 种考试录用者同样的待遇，任命权者对此可以独自通过选考予以录用。1997 年度，计划通过这种方式录用职员的省厅，有科学技术厅、农林水产省、通商产业省（工业技术院）、运输省、气象厅、邮政省及建设省的 7 个省厅 20 个机关。这些省厅通过各自的机关杂志或学会杂志，登载招聘向导或向与预定录用的官职有关的研究生院进行招聘，并通过审查应聘者的论文等进行选考。结果，共有 62 人被录用（比上一个年度增加 25 人），其中大多数人都是在 1998 年 4 月 1 日录用的[29]。

注释

①　末川博编著：岩波《六法全书》（日文版、岩波书店，1983 年版，第 172－173 页（国家公务员法）。

②⑩⑫㉓　邹钧、李完禾、梁君编译：《日本干部管理法》，法律出版社，第 36－42 页（关于国家公务员职阶制的法律）；第 51－52 页（职员的任免）；第 53－54 页（兼任）；第 46－47 页（选考方法）。

③　王雷保主编：《公务员职位分类教程》，机械工业出版社，1989 年 10 月版，第 232－260 页（日本公务员职组、职系、职级、职等一览表）。

④⑧⑨㉒　伊藤达夫：《国家公务员制度》（日文版），学阳书房，平成九年（1997 年）版，第 22－23 页（职阶制的现状和将来）；第 30 页（提升）；第 31 页（调整）；第 38－39 页（选考）。

⑤　谭健、胡志刚主编：《国家公务员手册》，附录《日本国家公务员法》，社会科学文献出版社，1988 年版，第 272－273 页。

⑥　鹈饲信成著，曹海科译：《日本公务员法》（原著《国家公务员法》），重庆大学出版社，1988 年版，第 68 页。

⑦　人事行政调查会：《公务员人事行政之变迁》（日文版），1972 年版，第 116 页。

⑪　竹子内一幸、桥本基弘：《国家公务员法之解说》（日文版），一桥出版社，1993 年版，第 43 页。

⑬　人事院编：《公务员白皮书》（日文版），大藏省印刷局，昭和六十三年（1998 年）版，第 259－261 页。

⑭⑲㉑　资格问题研究会编：《国家考试的全部情况》（日文版），启明书房，平成八年（1996 年）版，第 147 页、149－150 页、348－349 页；第 79 页；第 75－79 页。

⑮㉗㉘　人事行政调查会：《人事行政的现状和对策》（日文版），（资料总理府人事院），1974 年版，第 19 页；第 41－42 页；第 43 页。

⑯㉖㉙　人事院编：《公务员白皮书》（日文版），大藏省印刷局，平成十一年（1999 年）版，第 67 页；第 81－82 页；第 85－88 页。

⑰⑳ 人事院编:《公务员白皮书》(日文版),大藏省印刷局发行,平成十年(1998年版,第46－51页;第74－79页)。

⑱ 秦郁彦著:《官僚之研究》(日文版),讲谈社,1983年版,第54页。

㉔ 人事院编:《公务员白皮书》(日文版),大藏省印刷局发行,昭和六十一年(1986年)版,第46页。

㉕ 人事院编:《公务员白皮书》(日文版),大藏省印刷局发行,平成四年(1992年)版,第46页。

第三节 公务员的效率、考绩和进修

一、效率

1. 效率的根本标准

不断提高职员的工作效率,是日本公务员制度的重要内容之一。《国家公务员法》第1章的第1条就曾经指出:国家公务员作为国民的服务员,必须能发挥最高的效率,保证对国民的公务既有民主又有效率的运营。

在该法的第3章还专设《效率》一节(第5节),该节的第71条在谈到效率的根本标准时更加明确地规定:职员的效率,必须得到充分的发挥,并且必须不断的提高;对于实施前项根本标准所需要的事项,除本法规定者外,由人事院规则规定;内阁总理大臣和人事院,对于职员的效率的发挥和提高,必须进行调查研究,并采取适当措施确保其实现[①]。

上述的规定表明,充分发挥和提高职员的工作效率,是职员公务效率的根本标准,是与成绩主义的原则互为表里的效率主义的原则的基本支柱;与此相关的事项,除《国家公务员法》的有关规定外,其他则由《人事院规则》规定;内阁总理大臣及其管辖的人事院,对于职员工作效率的发挥和提高,必须采取适当措施确实保证其实施。

2. 提高效率的计划

《国家公务员法》不仅规定了效率的根本标准,而且提出了提高效率的具体计划。如该法第73条在谈到提高效率的计划时规定:内阁总理大臣和有关政府机关首长(本条之"一"由人事院负责)为发挥和提高职员的工作效率必须制定并努力实行以下计划:一是关于职员的进修的事项,二是关于职员的保健的事项,三是关于职员的休养的事项,四是关于职员的安全的事项,五是关于职员的福利的事项[②]。这五项计划,既关系到业务进修,又与改善工作环境、生活环境等相联系,现分述如下:

(1)关于职员的进修的事项

为了提高职员的工作效率,职员在执行职务时需要具备必要的知识和技能。为此,作为一种施策,本条的第一项,首先将进修列为第一位。这主要是因为,在围绕行政的环境复杂化、多样化的状况下,以终身雇佣为前提,为了确保公务的有效率的运营,依靠职员的能力的开发培育人才一事是必不可少的条件。现在在各省厅实施的进修中,固然注重职员在执行职务时修得必要的知识和技能等,同时也广泛地实施培养能掌握广度的见识和教养的人才的进修。正如李和中教授在《比较公务员制度》一书中所说:"日本建立了健全和系统的公务员培训制度和培训体系,其培训制度的健全程度在西方国家位于前列,这种健全的培训制度为日本公务员的高素质和知识化提供了重要的保障。"[③](关于进修的种类,详见本节的第

三项进修)

(2)关于职员的保健和安全的事项

为了提高职员的工作效率,在良好地保持职员的健康状态的同时,还需要确保舒适而又安全的工作环境。为此,作为一种施策,提出了保健(二号)和安全(四号)的事项。

〔1〕健康安全管理体制

各省各厅的行政首长,为了完成保持职员的健康和确保职员的安全,必须整备根据各省厅的实际情况的管理体制。为此,《人事院规则》10-4(职员的保健及安全)为整备以下所述的健康安全管理体制作了具体规定:

A 健康管理者、安全管理者(人事院规则10-4第5条-7条)

B 健康管理医疗(人事院规则10-4第9条)

C 防止危害主管者(人事院规则10-4第10条)

D 火灾起因责任者(人事院规则10-4第11条)

C 野外实验等场合的体制(人事院规则10-4第8条)

F 健康安全教育等(人事院规则10-4第13条、14条)

G 健康安全管理规程(人事院规则10-4第12条)

〔2〕健康管理基准

在职员的健康管理方面,重要的是掌握每个职员的健康状况,进行以疾病的早期发现和早期治疗为目的的健康诊断,同时,确保良好的工作环境和作业条件等的施策也是不可缺少的。为此,《人事院规则》10-4(职员的保健及安全),规定了以下的事项:

A 关于工作环境的措施(人事院规则10-4第15条)

B 关于有害业务、有害物质的措施(人事院规则10-4第16条,第16条之2)

C 继续作业的限制等(人事院规则10-4第17条)

D 对中高级年龄职员等的照顾(人事院规则10-4第18条)

E 健康诊断(人事院规则10-4第19条-22条)

F 指导区分、事后处置(人事院规则10-4第23条、24条1项)

G 就业禁止(人事院规则10-4第24条2项、3项)

H 健康管理的记录(人事院规则10-4第25条)

I 健康管理手帐(人事院规则10-4第26条)

J 健康诊断实施结果等的报告(人事院规则10-4第27条)

〔3〕安全管理基准

为了防止工作单位(职场)的灾害,需要从人和物两个方面,采取保持安全的措施。因此,《人事院规则》10-4(职员的保健及安全)规定了关于设备、机械、作业管理、安全教育等的安全管理基准。

A 防止危险的措施(人事院规则10-4第28条)

B 对紧急事态的措施(人事院规则10-4第29条)

C 危害性多的业务的从事者(人事院规则10-4第30条)

D 设备的使用(人事院规则10-4第32-条-34条)

E 灾害等的报告(人事院规则10-4第35条)

〔4〕女子职员、年少职员的健康安全管理

女子与男子的身体机能不同,而年少者又正处于身心的发育过程,所以他们在健康安全管理上都需要适应各自特质的照顾。因此,《人事院规则》10－4(职员的保健及安全)和《人事院规则》10－8(关于船员职员的保健及保持安全的特例)规定的原则的特例,都对女子职员和年少职员的深夜工作的限制、有危险的业务的就业的限制,以及保护女性等规定了必要的措施〔人事院规则10－7(女子职员及年少职员的健康、安全及福利)〕。

又,这里所说的女子职员是指18岁以上的女子职员,年少职员是指18岁以下的职员。

A　关于工作时间的措施

女子职员的深夜工作(从午后10时至翌日午前5时的工作)原则上予以禁止(人事院规则10－7第2条)。又除了昼夜值班以外,原则上禁止超过4周40小时的时间外的工作(人事院规则10－7第3条)。对于年少的职员,原则上禁止深夜工作(16岁以上的男子职员交替制工作除外)和时间外工作(人事院规则10－7第14－15条)。

B　关于年少职员的危险而又有害的业务的措施

对于年少的职员,禁止在保持电动机、运转建设机械、高处作业、有毒瓦斯发散场所工作,或进行危险有害的业务或在危险有害的环境工作(人事院规则10－7第13条)。

C　关于女性的特质的措施

一是生理休假(人事院规则10－7第4条)。

二是限制妊娠妇女从事危险有害的业务等(人事院规则10－7第5条)。

三是限制妊娠妇女的深夜工作和时间外工作(人事院规则10－7第6条)。

四是妊娠妇女的健康诊断、保健指导(人事院规则10－7第7条)。

五是减轻妊娠妇女的工作(人事院规则10－7第8条)。

六是缓和妊娠中的通勤(人事院规则10－7第9条)。

七是限制产前产后就业(人事院规则10－7第10条、11条)。

八是保育时间(人事院规则10－7第12条)。

(3)关于职员的休养的事项

一般所说的休养,通常是指促进身心健康的休养、娱乐等活动。但本法中所说的休养,作为公务员的职业生活,则是促使其身心两个方面都保持健康状态的措施和活动。又该法所规定的休养的目的,不单是有恢复身心疲劳和提高健康水平的直接效果,而且也包括提高出勤率、防止灾害发生和改善人际关系的所谓间接的效果,具有作为以提高职员的工作效率为目的的提高效率计划之一的积极的意义(人事院规则10－6第2条)。各省厅对其所属职员的休养,主要进行了以下的工作。

A　休养宗旨的说明、公报、建议及指导;

B　休养的指导者的培养;

C　休养活动的计划和实施;

D　职员自主组织的运营的援助。

(4)关于职员的福利的事项

本法第73条第1项第5号,作为提高效率的计划之一,提出了关于职员的福利的事项。该法中所说的福利,与一般所说的福利卫生具有相同的意义。它指的是报酬、工作时间等基本的工作条件以外的事项,包括有助于职员的经济上的、精神上的、生活上的提高的施策和活动。

现在,作为对国家公务员的福利卫生的施策,国家通过福利卫生的经费实施的有医疗、保健、饮食、文化、体育、休养等;互助会(共济组合)实施的有年金(养老金)、保健、医疗、住宿、住宅、金融、购买等;其他则有退职津贴、公务员宿舍以及互助会的各种施策等[④]。

二、考绩

1. 工作成绩评定应具备的条件

考绩,即考核工作成绩,日本称为勤务评定,中国译为工作成绩评定。

工作成绩评定是公务员升职、提薪、领取勤勉津贴的重要参考,是调动职员的工作积极性、促使职员遵守工作纪律的必需步骤,所以它是公正的人事运用的基础之一,其最终目的在于提高公务效率。

日本政府十分重视公务员的工作成绩评定。战后初期,在《关于官吏制度的改革事项》及《官吏法案要纲》中,就曾经提出过建立考课表制度。1947 年公布的《国家公务员法》,在第五节即效率这一节中,曾经明确地规定:"政府机关首长必须对其所属职员的工作进行定期评定,并根据评定结果采取适当措施。"1951 年在《人事院规则》10-2(勤务评定制度)中,阐述了工作评定的意义、种类、实施时期及手续等。1952 年又制定了勤务评定的根本标准(人事院规则 10-2),对工作评定的若干问题作了规定。后来这一文件经过许多次修改,按照 1986 年修改后的《人事院规则》10-2-1 规定,工作评定应该具备的必要条件有三:

(1)工作评定是根据该官职的职务执行标准,对于职员在执行自己分担的职务和责任所取得的实际成绩进行评定。而且必须公正地指示出职员在执行职务中所表现的性格、能力和适应性。

(2)工作评定事先必须搞试点和其他调查,确认对评定结果有识别作用,可信赖性和准确程度,并能顺利地实施。

(3)评定实际工作成绩的方法,必须符合以下各项规定的标准:

①对于职员的实际工作成绩,在有分析地进行评价后予以记录或具体记述,依此进行综合评价;

②必须有两人以上共同进行评价以及其他能防止特定者独断专行的手续;

③对于考虑到接受评定的职员的人数、工作复杂性和责任大小而认为可以合并评定的职员,必须定出不同的分数或者定出平均分数等,以增加评定的识别作用,而且要具备容易纠正其不当的手续[⑤]。

2. 工作成绩评定的具体实施

按照 1966 年公布的《关于工作成绩评定手续及记录的政令》规定:工作成绩评定必须根据主管机关首长同内阁总理大臣达成协议后规定的工作评定实施章程来施行;工作评定的具体工作由主管机关首长或其指定的本机关内部的高级职员负责实施;工作评定种类分为定期评定和特别评定,定期评定是对附条件试用期中的职员以外的职员,每年按统一规定的日期实施,特别评定是对附条件试用期中的职员,在该期间中按统一规定的日期实施[⑥]。

工作评定手续,有评定、审核和确认,此外还有再评定和再确认。评定由实施者从职员监督者中指定评定人负责进行。审核由实施者从评定者的监督者中指定审核人在认为评定者所作的评定有不当时进行,确认由实施者在对评定和审核进行审查后认为适当时进行。再评定或再审核则是由实施权者在对上述的评定或审核进行审查而认为不适当时,命令评定者或审核者分别重新进行[⑦]。

3. 工作成绩评定的主要项目

李广训先生在《各国人事制度》一书中指出:工作评定主要包括四个项目。第 1 项是工作,包括工作状况、工作态度、工作速度、对部属统帅情形等。第 2 项是性格,包括积极、消极、好辩、沉默、温厚、慎重、轻浮、豪华、机敏、精细、从容、偏激等。第 3 项是能力,包括判断力、理解力、创造力、实行力、规划力、交涉力、指导力、注意力、研究力等。第 4 项是适应性,包括规划性、研究性、会计性、总务性、审查性、接洽性、计算性、例行性、秘书性等。

工作评定等次分为 ABCDE 五等。A 等为服务成绩超群者,B 等为服务成绩优良者,C 等为服务成绩良好者,D 等为服务成绩稍微不良者,E 等为服务成绩不良者。依规定列为 A 等者,不得超过考核人数的十分之一,列为 B 等者,不得超过十分之三。但如果被考评人数过少,也可适当变更上述比例。又对于试用人员之特别考绩,只分优良与不良两等[8]。

考评结束后,各机关首长,便可对被考评人员,分别情况予以安排。《工作评定的根本基准》规定:"主管部门首长按工作评定结果采取措施时,对工作成绩良好的职员必须给予优厚待遇,尽力提高职员的志气,而对工作成绩不佳的职员则必须给予业务上的指导、进修、调整职务分工,或者采取调动工作等其他适当措施。

4. 工作成绩评定的实际作用

历年工作评定的结果,作为极其重要的资料,对职员的升职、提薪、领取勤勉津贴以及身份处分等,有着重要的参考价值。

第一,它是升职或提薪的资料,也是考查勤勉津贴成绩率的资料以及身份处分的资料。成绩主义原则最终强烈要求的东西大都体现在这个领域之中,由于同这些运用密切相关联,所以工作成绩的评定实际上具有巨大的意义。

第二,它又是职员进修的资料。即由于工作成绩评定的结果,在发现职员特定的素质和能力不足时,可通过一般进修或在职进修,对他们强化教育训练。

第三,它还是长期的人事记录。由于工作成绩评定的结果在相当长的时期内保存,可以客观地掌握职员的努力的轨迹和对职员的指导成果等,它是人事管理上的重要资料[9]。

由于职员的工作评定结果,是极为重要的资料,如果随意被第三者了解时,将会损害职员个人的利益,所以它作为职务上的秘密不能对外公开。

三、进修

1. 职员进修的种类

日文中的研修一词,中国通常译为进修。《国家公务员法》第 73 条在谈到提高效率的计划时指出:内阁总理大臣和有关机关首长,为发挥和提高职员的工作效率,必须制定和实行五项计划,其中的第一项计划就是关于职员的研修(进修)的事项。

根据《国家公务员法》的上述规定,制定了《人事院规则》10 - 3(职员的研修,1981 年 6 月 25 日),《人事院规则》10 - 3(职员的研修)的运用(1981 年 6 月 25 日管研 842)

职员的进修,大体上可以区分为通过日常的工作进行的进修和脱离工作进行的进修。而脱离工作进行的进修,又可以根据职员的范围,分为以全省厅的职员为对象的进修(全省厅进修)和以自治省的职员为对象的进修(自治省进修);根据实施机关的区别,分为自己实施的进修和委托其他机关实施的进修(委托进修);基于是否伴随着住宿,分为合宿进修和通勤进修;基于有没有职务命令,分为发给听课命令进行的进修(义务进修)和职员依照自主的判断参加的进修(自主参加进修)。但实际的进修,都是上述各种进修互相配合进行的。此外,还有作为帮助职员自己的启发活动而实施的进修。总之,按照《人事院规则》的规定,大体上有以下三种进修情况。

(1)通过工作的进修

按照《人事院规则》10－3第5条第1项规定,各省各厅的长官,可以使职员的监督者,对于职员实施通过日常的工作进行必要的进修。这种进修通常称为工作岗位进修(职场进修)或OJT(On the Job Training)。就其性质而言,这种进修须由职员的监督者负责进行。

(2)脱离工作的进修

根据《人事院规则》10－3第6条第1项规定,各省各厅的长官,在认为必要的时候,可以命令职员脱离日常的工作,专门接受进修。这种进修通常称工作岗位外进修(职场外进修)或Off JT(Off the Job Training)。由于职员脱离自己本来的工作岗位从事听课等进修,涉及到职员的职务范围(国家公务员法第105条)、专心职务的义务等问题,所以明确规定,这种进修可以根据职务命令,作为一种职务来进行。

(3)帮助自己的启发活动的进修

《人事院规则》10－3虽然没有明文规定关于自己启发援助的进修,但在其运用的通知的第4条之1中则规定:各省各厅的长官,作为根据这一条的规定计划和实施的进修,除了通过工作的进修和脱离工作的进修外,还可以通过在职员的工作时间以外的时间职员能够自主参加的方法,进行函授进修以及其他的进修(包括承认各省各厅的长官,对职员自己启发的活动给予援助,作为进修对待的作法是适当的),并认为这种进修的形态,是有积极的意义的。[10]

2.人事院和各省厅实施的进修

职员进修的形式多种多样。但由于限于篇幅,本书只根据日本历年发表的《公务员白皮书》,阐述人事院和各省厅有组织有计划实施的进修。

人事院根据《国家公务员法》和《人事院规则》10－3的规定,除了对各省厅实施的进修进行广泛的必要的调查研究,并根据这些调查研究的结果随时召开进修担当官会议、进修所长会议,进行进修的指导、调整工作以外,还在中央和地方实施了以全省厅的职员为对象的行政进修、本省厅职员进修、地方机关职员进修以及其他的各种进修。

据历年公布的《公务员白皮书》记载,进修班和进修人数不断增加。例如,1976年度,人事院和各省厅共举办6129个进修班,参加进修的人数为176518人,约占一般职国家公务员81万人(适用教育公务员特例法的职员除外)中的21.8%,即每4.8人中有1人参加过进修[11]。又如,1986年度,人事院和各省厅举办的进修班共9725个,参加进修的人数计301887人,约占一般职国家公务员785000人(适用教育公务员特例法的职员除外)中的38.5%,即约每2.6人中有1人参加过进修[12]。到90年代,进修班和进修人员的数量又进一步增多。如1997年度,人事院和各省厅实施的进修,计有进修班17585个,进修人员463338人,其中进修时间20个小时以上的进修,进修班为7072个,进修人员约190393人[13]。

人事院和各省厅实施的进修主要有以提供必要的基础知识为目的以青年职员为对象的进修,以提高管理、监督能力为目的以股长、课长等对象的进修,为提供执行职务所必需的专门的知识和技术而进行的进修,为彻底贯彻和实施公务员伦理而进行的进修,关于人权的进修,关于情报处理关系的进修等。又,作为今后的课题,许多省厅在扩充伦理进修、人权进修的同时，为了对应行政的国际化的趋势，又导入和充实以一般职员为对象的语言学的进修。但从目前情况看，人事院和各省厅主持的进修，主要包括以下四个方面，即行政进修，本省厅职员进修及地方机关职员进修，行政官吏长期或短期在国外或国内的研究员制度，以及培养进修指导者的进修等。现分别概述如下：

(1)行政进修

行政进修的目的，是对于各省厅行政运营的核心职员，提高广泛的行政视野、高度的管理能力和社会的见识，并通过各种演习中的讨论和住宿生活，促进进修人员之间的相互理解，培养作为政府职员的一体感，以有助于行政的有效率的运营。因此，根据这一要求，实施了每种层次的体系性质的进修，如录用时的综合初任进修、初任行政进修，对本省厅股长级、课长辅佐级的职员的进修，以及对省厅课长级的职员管理者研究会的进修等。

①国家公务员综合初任进修

本进修以国家公务员 1 种考试(包括相当于 1 种考试者)合格后刚被录用的职员为对象。与总务厅共同主办实施。自 1967 年建立这种制度以来，到 1998 年共举办 32 次，培养进修学员共 28460 人。1998 年主办一次，时间为 7 天，学员 788 人。与会期间，除邀请社会名流讲演外，主要以各省厅局长为讲师，如讲授《行政的诸课题》，对公务员的服务进行讲解或事例研究，召开班别座谈会，以及进行体育文化活动等，目的在使广大学员能够树立作为国家公务员的心态和姿势。

②初任行政进修

本进修以各省厅的 1 种考试的录用者为对象，目标是培养能够应对内外各种潮流的未来的干部公务员，其基本观点有三，一是消除本位主义、宗派主义、地方主义的弊害，二是对应国民的价值观和行政要求的多样化，三是应对国际化等变化的时代。本制度 1997 年建立，到 1998 年共举办两次，培养学员 788 人，其中 1998 年为 423 人，分为四个班进行。进修内容见下表。

③行政进修(股长级)

本进修以本省厅股长级中工作成绩优秀的职员为对象。自 1956 年实施以来，到 1998 年共进行 110 次，参加进修的人员共 8488 人。1998 年度，除了《对社会变化的行政的对应》这一问题的政策课题研究外，主要以作为事例研究铃岛市的振兴活性化政策及对各职场中行政课题研究等为中心进行。

1998 年度初任行政进修的内容[14]

领域	科目	技法	时间
公务员的基本(28)	公务员伦理 国家行政基础	讲话、讲课、演习、论文、 讲课、讨论	10 18
行政政策(86)	行政课题研究 行政政策史共同研究	演习 演习 讨论、撰写论文、发表	28 18 40
国际关系(36)	国际关系演习 国际关系讲课 国际和平合作业务 与外国人的交流	演习 讲授 讲授、座谈会 讲授、共同体验	12 10 4 10

基础的素养(38)	语言学测验 外国资料演习 表现、交涉能力 文化教养、科学技术文体活动	测验 讲课、语言学学习 讲课、实习 讲课 实际技术	2 8 12 12 4
实地研究(78)	社会事业自愿服务体验、 地方自治体实地研究	讲课、实地体验 讲课、实地体验	38 40
各种行事(6)			6
合计			272

注:技法栏中的演习,是指讲课、班级讨论和全体讨论

④行政进修基础课程(股长级)

本进修的对象是在各省厅的股长级的职员中,根据2种考试或3种考试的被录用者,工作成绩特别优秀,且须是人事院实施的以优秀的成绩修完本省厅股长进修或地方机关股长进修者。从1985年到1998年,共举办15次,结业者为855人。例如,1987年度,只举办1次,约五个星期,修业人数为52人,其讲课和学习时数如下:

行政进修基础课程(股长级)进修领域的讲课及演习时数(1987年)

技法 进修领域	讲课	演习
行政环境	39小时	24小时
行政过程	9	75
行政管理	6	–
教养	3	–
计	57	99

⑤行政进修(课长辅佐级)

本进修以本省厅课长辅佐级中工作成绩优秀的职员为对象。自1965年到1998年,先后举办142次,修业者共6646人。其中的1997年度,共举办8次,前7次主要进行《今后行政的应有的状态》、《对高龄化社会的政策的对应》等今日行政课题的研究,后1次主要讲授包括组织、人事管理研究在内的管理课程。

⑥行政进修(研究职室长级)

本进修以在各省厅考试研究机关工作的研究职员当中室长级工作成绩优秀的职员为对象。自1979年至1998年,先后举办20次,修业者737人,1998年度,以研究组织论、研究开发论为中心科目,还包括尖端技术的研究人员的讲课以及参观关西文化研究都市中的先进的研究组织和研究活动等。

⑦管理者研究会

本会以各省厅的课长级职员为实施的对象,其目的在于提高他们在执行职务时所必需的行政的见识和管理的能力,并通过参加者的相互理解培养其作为上级公务员的一体感,以增进其行政的才能和公务的效率。自1963年建立这种制度,到1998年共举办过148次,修业者达3298人。其中,1997年度,以《日本经济的现状和课题》、《危机管理的现状和课题》等为政策课题研究的问题,先后进行过五次。

⑧行政论坛

该论坛的目的是:对于本省厅的干部职员(课长级),建立容易参加的形式的研修机会,

通过讨论、交换意见等方式，提高作为政府职员的见识，加强参加者相互之间的启发和交流。自1996年到1998年，先后进行了12次讨论，结业者共301人。1998年度，共举办六次，讨论的问题有《日本经济的现状和课题》、《作为人间的正道——公共精神是什么?》等。

(2)本省厅职员进修及地方机关职员进修

本省厅职员进修

该进修以2种考试或3种考试被录用的在本省厅工作的职员为对象，目的在于使其学到将来作为本省厅中坚干部的知识和能力，培养作为国民全体的服务员的政府职员的意识。

①股长进修

以本省厅股长级的职员为对象，目的在于提高其政策企画立案能力及综合判断能力。从1984年到1997年，先后举办过24次，结业者1328人。1997年度共举办过两次，每次均为10天，结业者共115人。第1次的研究课题是《对确保我国食品原料的对应和农业的展望》，第2次的研究课题是《对外保全环境的对应和展望》。

②课长辅佐进修

以本省厅课长辅佐级职员为对象，目的是提高其政策企画立案能力和综合判断能力。从1990年至1997年，共举办过8次，结业者共371人(民间企业11人、地方公共团职员4人)。1997度举办过1次，时间为6天，结业者54人，中心课题是《二十一世纪的能源状况》。

地方机关职进修

①新录用职员进修

以2种考试或3种考试合格被各省厅地方机关新录用的职员为对象，目的是使其自觉地认识到作为国民全体的服务员的国家公务员的使命和心态。从1967年实施到1997年，共举办453次，结业者共23284人。

②中坚职员进修

以各省厅地方机关的中坚职员为对象，目的是增长其执行职务时所必需的知识、技术、行政的视野及社会的见识。自1972年实施到1997年，共举办321次，结业者共22173人。

③股长进修

以各省厅地方机关中股长级职员为对象，目的是赋予其广泛的管理知识、广阔的行政视野、基本的管理能力、一定的社会见识。自1974年实施到1997年，共举办211次，结业者共9345人。

④课长辅佐进修

以各省厅的管区机关中课长辅佐级的职员为对象，目的在于使其学到深刻的行政见识和相当高度的管理能力。自1975年实施至1997年，共举办172次这种进修班，结业者共5274人(内民间企业203人，地方公共团体33人)。

⑤课长进修

以升任后不久各省厅的管区机关课长级职员为对象，目的在于充实其广泛的行政见识和高度的管理能力。自1976年实施到1997年，共实施94次，修业者共2393人。

(3)行政官吏国外和国内的研究员制度

为了培养能够确实应对国内行政运营中的国际化趋势的人才，人事院每年均派遣各省厅的行政官吏到国外的大学研究院或政府机关进修，建立了行政官吏长期或短期在国外的研究员制度；同时，为使官吏获得能够应对复杂的高度化的行政方面的专门知识和才能，还派遣各省厅的行政官吏到国内的大学研究院进修，建立了行政官吏在国内的研究员制度；除此以外，还派遣职员到民间企业，学习民间企业有效率的业务经营方式，建立了派遣民间企业的进修制度。现分别概述如下：

在国外的研究员制度

①行政官吏长期在国外的研究员制度

人事院每年都派遣各省厅的行政官吏，去外国的大学研究院进修2年。被派遣者均为工作6年未满的行政官吏，由各省厅的长官推荐，经过人事院的审查，最后由大学院选考决定。自1966年实施时起，到1997年度共派遣研究员1152人，其中派往美国794人，英国171人，法国108人，德国43人，加拿大26人，澳大利亚10人。

单就1997年而论，共派遣70人，其中去美国50人，英国12人，法国2人，加拿大4人，澳大利亚2人。派出的研究员，大都在有关国家的名牌大学研修。详见下表：

1997年度行政官吏长期在国外的研究员状况[15]

派遣国	派遣国大学研究院等	人员
美国	哈佛大学(6人)，乔治城大学(5人)，康乃尔大学(4人)，宾夕法尼亚大学(4人)，加州大学伯克利分校(3人)，斯坦福大学(3人)，塔夫兹大学(3人)，密执安大学(3人)，哥伦比亚大学(3人)，杜克大学(2人)，华盛顿大学(2人)，耶鲁大学(1人)，卡内基梅隆大学(1人)，加利福尼亚(圣迪埃哥)大学(1人)，芝加哥大学(1人)，锡拉丘兹大学(1人)，约翰·霍布金斯大学(1人)，乔治·华盛顿大学(1人)，布朗大学(1人)，波士顿大学(1人)，麻省理工学院(1人)，南加利福尼亚大学(1人)	50人
英国	剑桥大学(5人)，伦敦大学(4人)，爱丁堡大学(1人)，沃里克大学(1人)，圣安德鲁斯大学(1人)	12人
法国	国立行政学院(1人)，巴黎高等商业学院(1人)	2人
加拿大	圭尔夫大学(1人)	4人
澳大利亚	悉尼大学(1人)，新南威尔士大学(1人)	2人

这一进修的修了者，在学成回国以后，有许多人再次活跃在海外的第一线(在第1次到第25次的758人中，有505人有海外工作的经历)；而在国内，他们也立足于国际的视野，负责行政施策的企画、调整工作，在日本行政的国际活动中扮演着重要的角色。因此，自上一个世纪90年代以来，日本利用这一势头不断强化这一方面的工作。

②行政官吏短期在外国的研究员制度

为了培养通过学习外国的专门知识和技能，能够适当而又迅速地处理日益增大的国际业务的人才，日本每年均派遣各省厅的中坚行政官吏赴外国的政府机关研修6个月或1年。

被派遣的研究员，须为工作6年以上，且职务级别为行政职工资表(一)4级至8级的行政官吏；由各省厅的长官推荐，最后由人事院选拔审查决定。研究员被派遣到各国的政府机关、国际机关及其他人事院指定的机关，对各种课题从事调查研究活动。

自1974年建立这种制度以来，到1997年底共派遣研究员801人，其中派往美国399人，英国155人，澳大利亚49人，法国43人，德国42人，加拿大41人，其他国家72人。

行政官吏短期外国研究员累积派遣状况[17]

(1974 年至 1998 年 3 月 31 日)

派遣对象国	派遣人数	派遣单位		
		政府机关	国际机关	研究所
美国	399	344	2	53
英国	155	126	2	27
澳大利亚	49	43		6
法国	43	29	12	2
加拿大	41	39		2
德国	42	35	5	2
其他国家	72	41	22	9
计	801	657	43	101

1997 年度行政官吏短期外国研究员派遣状况[17]

派往国家	派遣人员	派遣单位		
		政府机关	国际机关	研究所
美国	18	15	人	3
英国	15	11		4
澳大利亚	4	4		
德国	2	1	1	
比利时	1		1	
韩国	1	1		
ゾイエトナム	1	1		
计	42	33	2	7

这些研究员回国后向人事院提出的研究报告书,都是国外的制度和政情的最新的情报,作为相关的行政领域中的贵重的资料,它将被各省厅的行政部门所参考。

在国内的研究员制度

①行政官吏国内研究员制度(大学研究院学科)

为了培养具有高度的专门知识、技能的行政官吏,适应行政的复杂、高度化、国际化的趋势,每年派遣各省厅的职员赴国内的大学研究院攻读 2 年的硕士课程,使他们从事研究工作,派往的大学研究院,有筑波大学大学院经营政策科学研究科,琦玉大学大学院政策科学研究科,横滨国立大学大学院国际经济法学研究科,东京大学大学院法学政治学研究科及京都大学大学院法学研究科等 5 个大学院 5 个研究科。

派出的研究生都是工作 2 年以上 16 年以下,且职务级别是行政职工资表(一)2 级至 8 级的行政官吏。他们由各省厅的长官推荐,经人事院的选拔审查和大学研究院的入学考试决定。

如下表所示,1997 年度,共派遣研究员 18 人。

1997 年行政官国内研究员(大学院学科)派遣状况

派遣的大学院	派遣人数
筑波大学大学院经营、政策科学研究科	3
琦玉大学大学院政策科学研究科	2
横滨国立大学大学院国际经济法学研究科	4

东京大学大学院法学政治学研究科	7
京都大学大学院法学研究科	2

在这以前派遣的总数，筑波大学大学院94人（从1976年实施），琦玉大学大学院91人（1977年度开始实施），横滨国立大学大学院24人（1990年度开始实施），东京大学大学院31人（1992年度开始实施），京都大学法学院7人（1994年度开始实施）。

②行政官吏国内研究员制度（司法研修学科）

随着行政复杂、多样化，在政策立案方面，需要有高度的法律知识的职员。又，随着国际化的进展，在国际交涉等场合也需要有法律知识、精通法律实际业务者，充当交涉当事人。

这一制度的目的是，通过从各省厅的行政官吏中，派遣司法考试合格者到司法研修所从事关于法律的理论和实务的研究，使他们掌握能够处理复杂而且高度化的行政的专门法律知识。

自1988年度建立这种制度以来，到1997年度派遣的研究员共有18人。1997年度派遣的研究员为2人。

民间企业派遣研修制度

派遣职员到按照与公务不同的组织原理运营的民间会社，使职员获得宽广丰富的经验，这对于行政运营来说是一件有意义的事情。1991年4月1日，制定了《人事院规则》10－9（派往民间企业进修），并根据这一进修制度，从3省厅派出3名职员去民间会社进修。

后来，这一制度逐步完善，派遣的人数逐年增加。如1997年度，包括从地方机关派遣的人员在内，共从7个省厅派出50名行政官吏去民间企业，通过体验实际业务的方法进修提高。

（4）进修指导者的培养进修

人事院为了帮助各省厅更有效果地实施进修，先后进行了许多次进修指导者的培养进修，如指导各种定型讨论方式的进修负责人的培养进修及进修担当者的进修等。自1952年以来，到1999年为止，先后进行了1131次这种进修，修业者的总人数为21762人。

①人事院式监督研修（JST）基本课程指导者的培养进修

本进修以第一线的管理、监督者为对象，目的在于使进修者能有组织有系统地理解关于对工作对部下的管理和监督的原则，并树立作为监督者所必要的态度。JST的基本课程，作为监督者的新的教育训练方式，对提高业务的效率和开发监督者的能力，取得了很大的成果。自1952年以来，到1999年为止，先后兴办了495次这种进修，修业人数共8228人。

②人事院式监督研修（JST）应用实践课程指导者的培养进修

本进修以JST基本课程修了者为对象，目的在于提高进修者应用和实践管理和监督的原则能力。自1987年以来，到1999年为止，先后举办过55次这种进修，修业人数共969人。

③公务员伦理研修（KET）指导者的培养进修

本进修的目的是弘扬公务员伦理，确保国民对公务的信赖，培养公务员伦理研修指导者。又，这一进修课程，自1997年起，教材进行了全面修改，对象者的范围也扩大到整个管理和监督者。从1981年起，到1998年3月，该进修共实施145次，修业者共2959人。

④接待进修工作指导者的培养进修

本进修的目的是使进修者掌握接待工作的基础知识，改善职员的工作态度，培养接待进修工作指导者。自1967年到1999年,共举办过259次,修业者共5492人。

⑤进修企画担当官的培养进修

本进修以在各省厅从事进修的企画、实施、评价等事务,工作基本未满一年者为对象,目的在于使其掌握和提高工作时所必需的基础知识和技能等,以推进进修工作的有效果的实施。1985年至1999年,共实施16次,结业者其579人。

⑥教官研究会

本会以在各省厅的研修所等从事进修指导工作的教官,工作未满一年者或近期顶定担任教官者为对象,目的在于使其掌握和提高执行职务时所必需的基础知识和技能。1965年至1999年,先后实施了16次,修业者1135人。

又,对研修企画担当官的进修者及教官研究令的修了者,为了提供和交换关于进修的情报等的相互启发和提高其关于全盘进修的知识和技能,先后举办了四次研修担当者研究会。

注释:

①②⑤⑥　星野英一等编:《六法全书》(日文版),平成五年(1993年)版,第1卷,有斐阁,第219页;第219页;第235页;第236页。

③　李和中:《比较公务员制度》,中共中央党校出版社2003年版,第235－236页。

④⑩　竹之内一幸、桥本基弘等:《国家公务员法之解说》(日文版),一桥出版社,1993年,第68－73页;第69－70页。

⑦　佐藤达夫:《国家公务员制度》(日文版)学阳书店,平成九年(1997年)版,第88－89页。

⑧　李文训:《各国人事制度》,五南图书公司,1982年版,第247－249页。

⑨　鹿儿岛重治:《要说地方公务员制度》(日文版),学阳书店,1988年版,第387页。

⑪　人事院编:《公务员白皮书》昭和五十三年(1978年)版(日文版),大藏省印刷局发行,第108页。

⑫　人事院编:《公务员白皮书》昭和六十三年(1988年)版(日文版),大藏省印刷局发行,第108－109页。

⑬⑭　人事院编:《公务员白皮书》(日文版),平成十一年(1999年版),大藏省印刷局发行,第142页;第147页。

⑮⑯⑰⑱　人事院编:《公务员白皮书》(日文版),平成十年(1998年)版,大藏省印刷局发行,第154页;第288页;第130页;第131页。

第四节　公务员的义务和责任

一、服务的根本基准

1946年11月公布的《日本国宪法》规定:"一切公务员都是为全体服务;而不是为一部分服务。"1947年12月制定的《国家公务员法》第96条在谈到服务的根本标准时又规定:"所有职员作为全体国民的服务员,必须为公共利益进行工作,工作须竭尽全力,专心致志"。宪法和公务员法的上述规定,是公务员服务的根本标准,也是区别新宪法下的公务员与旧宪法下的官吏的基本标准[①]。

其所以这样,主要是因为:在旧宪法的体制下,官吏是天皇的官吏,官吏对天皇及其政府负有忠实地无定量地进行工作的身份上伦理上法令上的义务[2]；但在新宪法的体制下，所有公务员均为全体国民的服务员，必须专心致志地为公共利益进行工作，必须把工作时间和职务上的注意力全部用于完成本职工作。这是旧的官吏与新的公务员之间的主要区别。

又，国家公务员作为国民全体的服务员从事公务，基于其地位在法律上负有一定的义务和责任。

二、公务员的义务

《国家公务员法》的第97条至106条，分别对职员的义务作出了具体的规定，但规定服务的根本基准的本法的第96条，可以说是贯通上述各项规定的基本原则。因此，日本许多学者都依照上述的指导思想，分别阐述公务员的各项义务，有的学者甚至根据《公务员法》第97条至第104条，直接提出了公务员的八项义务。

例如，佐藤达夫所写的《国家公务员制度》一书，在第七章服务第二节职员的义务中，共列出以下七个标题：1. 服务的宣誓；2. 职务执行上的义务（包括服从法令和上级命令的义务和专心致志执行职务的义务）；3. 保持官职的信用的义务；4. 保守秘密的义务；5. 禁止争议行为等；6. 限制政治性和行为；7. 参与私营企业等限制[3]。

又如，在齐藤寿、梅木崇撰写的《现代行政法论》一书中，在谈到职员对国家承担的义务时提出了以下八项义务：服务宣誓的义务（国家公务员法第97条）；服从法令及上级命令的义务（国家公务员法第98条第1项）；不得进行争议行为等的义务（国家公务员法第89条第2项）；禁止失信行为的义务（国家公务员法第99条）；保守秘密的义务（国家公务员法第100条）；专心工作的义务（国家公务员法第101条）；限制一定的政治行为的义务（国家公务员法第102条）；不参与私营企业及其他一定事业等的义务（国家公务员法第103条，第104条）。[4]

本书拟根据国家公务员法的各项规定，参考日本和中国学者的有关著作，分为八个方面来阐述日本公务员的义务。

1. 职员的服务宣誓

《国家公务员法》第97条规定，根据政令的规定，职员在就职时，必须进行服务宣誓。

宣誓书最初由人事院制定。根据人事院制定的《职员的服务宣誓》（昭和二十四年8月18日，人事院规则14－6），职员的服务宣誓的全文如下：

"我在此庄严宣誓：服从承认主权在民的《日本国宪法》，并且拥护这一宪法。

"我庄严宣誓：作为全体国民的服务员，深刻领会为民主且有效地运营公务而应尽的职责，尊重依照国民意愿制定的法律，诚实而且公正地执行职务。"[5]

1966年2月10日，日本政府制定了《关于职员服务宣誓的政令》（昭和四十一年第14号政令），其中附有新的宣誓书格式，新的宣誓书原文如下[6]：

宣誓书

我庄严地宣誓：作为全体国民的服务员，深刻认识为公共利益进行工作应尽的职责，遵守日本国宪法，并服从法令及上级在职务上的命令，不偏不党且公正地执行职务。

年月日

姓名

2. 服从法令和上级职务上的命令的义务

《国家公务员法》第98条规定:职员在执行职务时,必须遵守法令和忠实执行上级职务上的命令。

作为国家公务员,遵守宪法和各种法令,按照法律规定公正地执行职务,是理所当然的事。不论是《国家公务员法》,还是职员的服务宣誓,都对此作了明确的规定。

至于所谓"职务上的命令",通常称为"职务命令"。职务命令的发出者是上级(上司)。上级在职务上有指挥监督职员的权限。故当职务上的上级基于正当的权限发出命令时,为了确保行政的统一的执行,职员必须忠实地服从上级的命令。

但是,在出现下列情况时,职员可拒绝执行上级的命令:一是这一命令并非职务上的上级发出时;二是该命令与受命者的职务完全没有关系时;三是命令违反法律或者实际上不可能实行时。如果出现上述情况,漏洞百出且十分明显时,这一职务命令当然无效,受命者完全可以拒绝执行。

3. 专心致志执行职务的义务

公务员在执行职务时,除了必须服从宪法、法令和上级命令外,还必须尽心竭力,专心致志地执行职务。这是公务员的义务中最基本的义务,日本称为"职务专念的义务",中国则译为"专心工作的义务"。

如前所述,《国家公务员法》第16条就曾经规定:所有职务作为全体国民的服务员,工作必须"竭尽全力,专心致志"。后来又在101条规定:"职员除法律或命令有规定者外,必须把工作时间和职务上的注意力全部用于完成本职工作,专心致志地从事政府所赋予的工作。职员除法律和命令有规定者外,不得兼任官职,职员兼职不许另给报酬。"从上述两条的规定看,职员专心工作的义务,至少包括以下一些内容:

第一,职员工作必须是竭尽全力,专心致志,必须把工作时间和职务上的注意力全部用于完成本职工作。

第二,职员的工作时间,除正规的工作时间外,还包括与超过勤务命令和值勤(值日班或值夜班)工作命令有关的时间。职务的工作时间和官厅的办公时间是两个不同的概念。

第三,专心工作义务的除外事例,是依照"法律和命令"来决定的(国家公务员法第101条)。作为依照法律除外的事例,有休职(国家公务员法第80条第4项)、停职(国家公务员法第83条第2项)、专门从事职业团体业务的所谓专从休职(国家公务员法第108条之6)等。作为根据《人事院规则》除外的事例有休息时间〔人事院规则15－14(职员的工作时间、休息日及休假)第8条〕等,如职员的休息、休憩及休假,就不包括在工作时间之内⑦。

第四,按照公务员法规定,职员不得兼任官职,职员兼职不另发工资。但也有例外的情况,如根据《人事院规则》8－12(职员的任免)规定,任现官职的职员在保有其官职的情况下可兼任其他官职,如果是在本职工作时间从事兼职工作,可不发给本职报酬以外的报酬,但是如果兼职工作时间是业余时间,当然应该支付另外的报酬。

4. 保持全体官职名誉的义务

《国家公务员法》第99条规定:"职员不得损害其官职的信用,也不得有玷污全体官职名誉的行为。"

这一决定,对公务员来说,应该说不论职务内外。本来在职务外方面,职员作为一个市民,也享有私生活的自由,但现行的公务员制度,虽然承认公私有别的原则,可是职员既然作为全体国民的勤务员,受到国民的信托,承担执行公务的责任,其行动不论公私都会影响到国民的依赖。因此,在私生活方面,当然要求他要守节度。不言而喻,如果职员违反了这一"保持全体官职名誉"的义务,就将以"有损于全体国民服务员的称号的不正当行为"为由受到惩戒处分。倘若本人的个别行为触犯了刑法条文,还须依照法律判处刑罪。

5. 保守秘密的义务

《国家公务员法》第100条规定了职员必须保守秘密的义务,其中心内容有以下三个方面:

一是"职员不得泄漏工作上所知的机密,退职后也不得泄漏"。这里所说的"工作上所知的秘密",指的是职员在工作中所得知的秘密,除了关于职务的公家的秘密以外,还包括其他人的个人的秘密。又,职员的服务方面的义务,一般仅限于公务员的在职期间,但保守秘密的义务退职后也须如此[8]。

二是"作为法定证人或鉴定人等需要公布职务上的秘密事项时,必须经过所属政府机关首长的批准(退职者则须经过退职的官职或相当于这一官职所属政府机关首长的批准)"。但这里所说的"职务上的秘密",只是指"属公务员管辖的秘密",而前边所说的"工作上所知的秘密",则"不仅是职务的秘密,而且包括个人的秘密"[9]。

三是"人事院要求某人提供秘密的或不宜公布的材料或证言时,不需要得到任何人的批准。人事院正式要求提供情报而不向人事院提供陈述和证言者,必须受到本法罚则规定的处罚"。人事院之所以获得如此优越的地位,可能是出于以下两点理由:一方面要尊重人事院在行政机构中的独立地位,另一方面必须充分提供对公务员在公务上的行为加以辨别的机会[10]。

又,《国家公务员法》第109条第12号规定,凡违反第100条第1、2项的规定,泄露秘密的公务员,将被判处1年以下的徒刑、3万元以下的罚款;111条又规定,凡"策划、命令、故意容忍、唆使或帮助"泄露公务员的秘密的行为者,也采同样被判处1年以下的徒刑、3万元以下的罚款。因此,对进行"唆使"、"帮助"者,即国家公务员以外的人,如一般国民、新闻记者等,也同样适用这一法律。

6. 禁止争议等行为

按照《国家公务员法》规定,职员作为政府雇员不得和公众一起搞罢工、怠业及其他争议行为,也不得搞降低政府工作效率的怠工行为。任何人都不得策划、合谋、唆使、煽动上述违法行为(第98条第2项)。

该法所说的"争议行为",是指罢工、怠业等劳动关系的当事人以贯彻自己的主张为目的的阻碍业务的正常运营的行为。所谓"降低政府工作效率的怠工行为",如"一齐休假斗争"、"拒绝超勤斗争"等等,在它的目的方面,以及在它阻碍业务的正常运营方面,与争议行为的怠业几乎没有什么差异,所以一般在谈到"争议行为"时,也把这种"怠工行为"包括在内。

《国家公务员法》在禁止这些争议行为的同时,还禁止任何人策划、合谋、唆使、煽动这种违法行为。职员及对职员以外的任何人都不得策划、唆使这种行为。凡策划、唆使这种行为者,包括职员以外的人在内,都将成为判处刑罚的对象(见国家公务员法第110条第1项等17号)。

又,根据《国家公务员法》第98条第3项的规定,"职员搞同盟罢业和其他前项规定的违法行为时,他不得从其行为开始就利用法令赋予的任命权或雇佣权同国家对抗"。后来的事实表明,职员搞同盟罢业等争议的行为时,虽然没有惩罚的规定,但由于违反服务规定,肯定会受惩戒处分。在这种情况下,职员虽然受到惩戒处分等不利益处分,但他有权对不利益处分提出不服的申诉。

7. 限制政治行为

限制职员的政治行为的基本精神:

首先,公务员作为全体国民的服务员,必须保持政治上中立的立场,不进行《国家公务员法》和《人事院规则》所规定的政治行为,这是限制职员的政治行为的基本精神。

其次,职员的地位必须经常保持安定,以使其在政府的历次更选中不因政治势力的影响而异动,这在确保行政运营的安定性、连续性方面应该说是一个重要的条件,也是限制职员的政治行为的另一个理由[⑪]。

《国家公务员法》对政治行为的限制:

按照《国家公务员法》第 102 条的规定,《国家公务员法》对职员的政治行为的限制可分为以下四个方面:

(1)限制政治捐款,如本条第 1 项前半段规定,“职员不得为政党或政治目的的谋求或接受捐款及其他利益,或者不得以任何方法参与这些行为”。

(2)限制成为公选的公职候选人,如本条第 2 项,“职员不得作公选公职的候选人”。

(3)限制担任政党或其他政治团体的干事等:如该法第 3 项规定,“职员不得作政党或政治团体的负责人、政治顾问或有同等作用的成员”。

(4)限制《人事院规则》规定的其他政治行为,如该条第 1 项后半段规定,“除行使选举权外,不得搞《人事院规则》所禁止的政治行为”。

《人事院规则》关于政治行为的规定:

1949 年 9 月 19 日施行的《人事院规则》14－7(政治的行为),是根据《国家公务员法》制定的禁止和限制职员的政治行为的规则,其内容主要由适用的范围、政治目的的定义、政治行为的定义三部分组成[⑪]。

在适用的范围方面,规定法令及规则中关于禁止和限制政治行为的规定,适用于除了顾问、参与、委员等人以外的所有属于一般职的职员;还规定与职员以外的人共同进行,或者通过代理人等间接进行的政治行为也将受到禁止和限制;又除了一部分的行为以外,职员在工作时间之外搞政治行为时也在被禁止和限制之列。

在政治目的的定义方面,阐述了法律及规则中所说的政治目的是:〔1〕支持或反对在公职选举中特定的候选人;〔2〕支持或反对在最高法院法官的国民审查中特定的法官;〔3〕支持或反对特定的政党及其他的政治团体;〔4〕支持或反对特定的内阁;〔5〕主张或反对意在给予政治方向以影响的特定的政策;〔6〕阻碍国家和公的机关决定的政策的实施;〔7〕赞成或不赞成地方公共团体的条例的制定、修改或废除;〔8〕赞成或不赞成地方公共团体议会的解散等。

在政治行为的定义方面,列举了以下 17 条受到禁止和限制的政治行为:〔1〕为了政治目的利用职务、职权及其他的公私的影响力;〔2〕为了政治目的提供或不提供捐款及其他利益;〔3〕按照政治目的要求或收取征收金、捐款、会费及其他金钱或贵重物品;〔4〕按照政治目的向国家公务员提供或支付前号规定的金钱或贵重物品;〔5〕企图或参与结成政党及其他的政治团体;〔6〕为他人参加或不参加特定的政党及其他的政治团体进行劝诱活动;〔7〕

出版、编辑或散发政党或其他政治团体的机关报及其他刊物；〔8〕为在公职选举和法官国民审查的投票中是否投票进行劝诱活动；9、企画、主宰或指导签名运动；〔10〕企画、组织或指导示威运动；〔11〕在集会中利用扩音器、收音机等手段公开陈述具有政治目的的意见；〔12〕为了政治目的利用或使之利用国家的厅舍、设备、资材或资金；〔13〕发行、揭示或散发具有政治目的的署名或不署名的文书、图画、音盘等；〔14〕演出或主持演出具有政治目的的戏剧；〔15〕制作或散发具有政治目的的旗帜、袖标、服装等；〔16〕在工作时间中佩带或穿着前号规定的具有政治目的的袖标、服装等；〔17〕不管以任何名义或采用何种形式采取废止上述各项规定的行动。

公职选举法禁止职员进行选举运动：

根据 1949 年 6 月 29 日施行的《人事院规则》14－5（公选的公职），公选的公职包括众议院议员、参议院议员、地方公共团体的首长、地方公共团体议会的议员等⑫。

1950 年 4 月 15 日，公布了《公职选举法》（昭和二十五年第 100 号法律）。为使选举公正，按照该法第 239 条之 2 规定，禁止国家公务员和地方公务员在公职选举中进行选举运动、事前活动及培养地盘行为，违反者处 2 年以下徒刑和 10 万元以下罚款⑬。

8. 脱离私营企业

《国家公务员法》对职员参与私营企业或兼任其他事业进行了限制。这一限制主要包括两个方面：一是作为在职时期中的规定，有兼业的限制和参加经营私营企业的限制；二是作为退职后的规定，即关于在私营企业中就职的限制。现分述如下：

（1）兼业的限制

按照《国家公务员法》规定，职员不得自办营利企业，也不得兼任商业、工业、金融业等以营利为目的的私营企业公司和其他团体的负责人、顾问或评议员。但在得到人事院批准的场合，则不在此限（国家公务员法第 103 条第 1 项、第 3 项）。

该法还规定："职员为了得到报酬，兼任营利企业以外的事业团体的负责人、顾问、评议员及从事其他事业和工作，都必须得到内阁总理大臣及职员所属单位首长的批准。"（国家公务员法第 104 条）

不言而喻，关于上述的人事院的承认和内阁总理大臣等的批准，都是以原来的职务和兼业的对方有无特殊关系，这一事情的发生有没有什么弊病，以及对执行职务是否有障碍等，作为判断的基本标准。

（2）参加经营私营企业的限制

《国家公务员法》第 103 条第 4 项至第 8 项规定："对因有股份关系和其他关系参加营利企业经营并获得地位的职员……人事院有权要求职员就股份关系和其他关系提出报告。""人事院根据前项报告，认为和企业继续保持全部或部分关系不利于职员完成工作时，可以依照人事院规则的规定将其意见通知该职员。""接到前项通知的职员，对通知内容如有不服，可在接到通知的第二天起 60 天内，根据行政不服审查法向人事院提出申诉。""没有提出申诉的职员和经人事院调查认定通知内容正确而被驳回申诉的职员，根据人事院规则规定，在人事院规定的期限内，必须断绝他和企业的全部或部分关系，或者辞去其本人的官职。"

但是，据伊藤达夫著述的《国家公务员制度》一书说：目前日本还没有适于上述规定的事例。

(3)关于退职后去营利企业就职的限制

《公务员法》还规定："职员离职后两年内，不得以营利企业的地位接受或担任与其离职前五年期间任职的由人事院规则规定的与国家机关有密切关系的职务。"但是，"由所属机关首长提出申请，并得到人事院批准的场合"不在此限（国家公务员法第103条第2项、第3项)。

上述限制的主要目的是防止职员在在职期间利用自身的地位和手中的权力,与特定的私营企业结成私人的情面关系,企图借助此点将来到其企业中任职;故该法就此特别规定,禁止职员离职后到与其在职期间的国家机关有密切关系的私营企业就职。但全面的禁止这种就职,又受到宪法所保障的职业选择的自由很大的制约,所以又规定"在人事院批准的场合"不在此限。

因此,人事院根据上述的宗旨,每年均对请求去营利企业就职者进行审查,最后作出承认或不承认的判断。最近几年承认件数见下表:

承认件数的演变状况(单位:件)[14](平成五年至平成十年)

平成五年	平成六年	平成七年	平成八年	平成九年	平成十年
208	209	190	136	119	91

三、公务员的责任

公务员作为政府职员,必须忠实地执行公务员法中规定的各种义务。公务员违反各种义务时,须负一定的法律责任。现行日本法律规定的责任有四种:一是分限处分,二是惩戒处分,三是赔偿责任,四是刑法责任。现分述如下[15]:

1.分限处分

(1)身份保障

前日本人事院总裁伊藤达夫在其所著《国家公务员制度》一书中说："在公务员制度中，所谓分限就意味着以身份保障为前提，在与官职的关系方面发生的身份关系的变动，如职员的休职或免职等。"该书还指出："所谓身份保障，就是指在制度上保障职员非出于本人意愿不得随意使其失去官职，或者虽然保留其官职但随意限制或剥夺其各种权利。"[16]

所以,身份保障的实际含意是:除了法律中有规定的场合外,不得违背职员本人的意愿,使其失去作为公务员的地位,限制或剥夺其作为公务员的各种权利[17]。职员的身份保障的权利,是确保作为公务员的身份的权利,通常也称为分限上的权利[18]。

为了确保身份保障制度的实施,《国家公务员法》除了规定"在身份、惩戒和保障方面，对所有职员都必须做到公平合理"（第74条第1项)。以外，还对身份保障作出了明确的规定，"除法律和人事院规则规定的事由外，对职员不得违反其意愿，强行降职、休职和免职。该当人事院规则规定的事由时，可以降低职员的工资。"（第75条第1、2项)

(2)分限处分

所谓"分限处分",是以职员的身份保障为前提,违反职员的本意引起其不利益的身份上的变动的处分[19]。分限处分主要有四种,即免职、降职、休职和降薪。免职是解除职员的公务员关系,使其失去作为公务员的身份。降职是根据法律和人事院规则,任命职员担任属于与原来的官职同一的职种的下一个等级的官职。休职是保留公务员的身份,暂时免除其所担任的职务。降薪是决定降低职员的工资，使其工资额比原来的工资额低的处分。现分述如下：

①降职和免职

《国家公务员法》第 78 条规定，职员符合下列各项条件之一时，根据《人事院规则》的规定，可以违反本人的意愿，强制进行降职和免职：

一是工作成绩不佳时；

二是由于身心故障，对执行职务有困难，或不堪于执行职务时；

三是其他缺少任其官职的必备条件时；

四是因官制和定员的改废或预算的减少，出现废职或人员过剩时。

由于免职和降职是对职员最重的分限处分，所以在 1952 年制定的《人事院规则》11－4（职员的身份保障）的第 7 条中，又对免职和降职的上述四个条件作了更具体的说明。

一是所谓“工作成绩不佳”，是指根据……工作评定的结果和其他被认为是足以判断职员工作实绩的事实，表明其工作的实际成绩明显不佳时（人事院规则 11－4 第 7 条第 1 项）。

二是所谓“由于身心故障，对执行职务有困难，或不堪于执行职务”，是指“经任命权者指定的两名医师的诊断，认为是需要长期疗养或休养的疾病，或者即使疗养和休养也很难治愈的其他身心障碍，由于这种疾病和障碍，显然难于或不能执行职务时”（人事院规则 11－4 第 7 条第 2 项）。

三是所谓“其他缺少任其官职的必备条件”，是指“根据被认为足以判断职员是否适合任职资格的事实，确认其明显缺少任其官职的必要的适当的任职资格时”（人事院规则 11－4 第 7 条第 3 项）。

四是所谓“因官制和定员的改废或预算的减少，出现废职或人员过剩时”，是指“任命权者须根据工作成绩、工作年数及其他事实，依照公正的判断作出决定”（人事院规则 11－4 第 7 条第 4 项）[20]。

自日本建立公务员制度以来，人事院每年均根据法律和人事院规则，对极少数的公务员进行免职或降职的分限处分。下面仅举两个例子。

一是 1977 年度，根据《国家公务员法》第 78 条受到免职处分的为 34 件，受到降职处分者为 1 件。从处分的事由来看，在免职者当中，最多的是符合同条第 3 号的缺少任其官职的必备条件的 32 件，且其中的 31 件是基于下落不明进行的处分，请参看下表：

基于《国家公务员法》第 78 条免职和降职的状况

（1977 年度）[21]

事由／种类	1 号（工作成绩不佳）	2 号（身心的故障）	3 号（缺少任职的必备条件）	4 号（因废职和冗员）	合计
免职	1 人	1 人	32 人	0	34 人
降职	0	0	1 人	0	1 人

二是 1998 年度，免职处分者 43 人，降职处分者 1 人，从处分的事由看，最多的是缺少任其官职的必备条件，这一倾向在近几年中几乎没有多大变化，请参看下表：

1998 年度违反职员的意愿免职和降职的状况[22](单位:人)

事由/种类	工作成绩不佳的场合	因身心障碍执行职务有困难的场合	缺少任其官职的必备条件的场合	出现废职和冗员的场合	合计
免职	4	8	31	0	43
降职	0	0	1	0	1

②休职

按照《国家公务员法》第 79 条和《人事院规则》11－4 第 3 条规定,职员符合下列条件之一时,可以令其休职。

A　由于身心的故障,需要长期休养时;

B　因刑事案件被起诉时;

C　在学校、研究所、医院及其他人事院指定的公共设施中,从事与其职员的职务有关的关于学术事项的调查、研究或指导工作,以及从事人事院指定的国际情势的调查等的业务时;

D　在学校、研究所、医院及其他人事院指定的公共设施中,从事与其职员的职务有关的关于科学技术(人文科学除外)方面的与国家共同研究或受国家委托研究的业务时。

E　随着依照法律的规定国家决定进行必要的援助和照顾的公共机关的设立,根据临时的需要在这些机关中,在人事院指定的机关内,从事被认为是与其职员的职务有关联的业务时;

F　因水难、火灾及其他的灾害,生死不明或去向不明时;

G　受到休职处分者,随着休职事由的消除和休职时期的结束而复职之际,在定员中没有缺员时;

H　专从休职者恢复职务之际,在定员中没有缺员时[23]。

至于休职的期限,因其休职的事由,而有长短的不同。上述 B 的休职的期限,为法院受理其案件的时间。A 和 C 至 F 的休职场合,在不超过三年的范围内,由任命权者裁量决定。如对因病休职等,休职期限限定在自休职之日起不超过三年的范围以内,但根据情况也可延长休职期限。G 和 H 超过定员的人员的场合,则是在定员中出现缺员之前的时间。对 C 和 D 的休职,经人事院的认可,在达到三年以后,还可延长休职期限,但以不超过两年为限。又对 D 的休职,在特殊的需要时,经人事院的认可,从一开始就可以将休职期间定在三年至五年的范围以内,还可以将其再延长到五年以内,甚至在达到五年以后仍可延长[24]。

休职与免职不同。免职是免除职员的身份的处分,休职则仍留职员的身份,但在休职期间不执行职务,如在给与准则中没有特殊的规定,也不能领取任何的工资报酬。任何的休职,当休职的事由消灭时,均视为休职的当然结束,休职的职员可以恢复职务,《国家公务员法》称此为"复职"。但按照《人事院规则》11－4 第 4 条规定,休职中的职员所占据的官职可以由其他的职员来补充,所以在休职者复职时可能遇到这样的情况,即他原来担任的官职已被其他的职员所取代。因此,在这种迫不得已的情况下,只能根据上述的决定,休职者复职时在没有缺员的场合,按照休职的处分处理。

日本每年均有少数的职员受到休职处分,单以 1998 年而论,休职中的职员共 1973 人,其中因病休职者为 1153 人,约占全体的 58.4%,见下表:

休职的状况(1998年7月1日)(单位:人)[25]

由于身心的障碍需要长期的休养时	公务伤病	26
	通勤伤病	10
	结核性疾病	18
	非结核性疾病	1099
	小计	1153
	因刑事案件被起诉时	12
	从事关于学术研究等时	788
	从事共同研究等时	20
	援助公共的机关的设立时	0
	因灾害下落不明时	0
	复职时在定员中没有缺员时	0
	合计	1973

2. 惩戒处分

(1)惩戒处分的意义和种类

惩戒处分是任命权者为维护公务员关系中的秩序,对于职员违反服务的义务进行的制裁。按照《国家公务员法》第82条规定,惩戒处分的事由包括以下三个方面:

一是违反本法和依法发布的命令时;

二是违反职务上的义务和玩忽职守时;

三是违法乱纪,有损于全体国民服务员称号的不良行为时。

惩戒处分分为以下四种:免职、停职、降薪和警告。免职是解除公务员的关系,使其失去作为公务员的身份的行为,也就是作为对于违反《国家公务员法》规定的义务的制裁剥夺公务员身份的行为。停职虽然保留职员的公务员身份,但在一定的期间内使其不从事职务的行为,停职的时间为1日以上1年以下,停职期间不支给任何薪俸。降薪是在一定期间减少支给工资报酬的行为,按照《人事院规则》12－0第3条规定,降薪1年以下的期间,减少相当于工资月额的五分之一以下的全额。警告是确认公务员违反义务的责任,告诫其将来不再犯类似错误的行为[26]。

惩戒处分的手续是:任命权者,也就是惩戒权者,在发现职员有符合惩戒事由的违法行为时,为了维护公务员关系中的秩序,可依照自身的判断对职员进行惩戒处分,并须向受处分者本人提交说明处分理由的说明书,这一处分说明书到达之时便立即产生效力。受处分的职员如果不服,可根据《行政不服审查法》,向人事院提出不服申诉。人事院或人事院指定的机关,在受理上述的不服申诉时,必须立即进行调查,然后进行审理。经过调查和审理,如弄清处分的事实确实存在时,人事院应批准原处分或对其修改,但如果弄清该职员受处分的事由并不存在时,人事院必须取消其原来处分,并恢复其职员的权利,纠正职员因处分受到的不正当处理。

(2)关于惩戒处分的事例

日本每年均依照《国家公务员法》和《人事院规则》,对极少数的违反义务、违法乱纪的国家公务员,进行免职、停职、降薪、警告等惩戒处分,下面拟举一些惩戒处分的具体案例。

惩戒免职处分的案例:

①以领导违法的争议行为理由的惩戒免职处分:全国递信工会地方本部执行委员长在

1965年“春斗”之际,因参与并领导了违法的争议行为,受到了基于《国家公务员法》的惩戒免职处分。委员长提起诉讼,要求取消处分,最高法院的最终(1978年)判决是,该惩戒处分不能说是超出了惩戒者所委托的裁量权范围的处分[27]。

②以侵吞收入的保险费为理由的惩戒免职处分:河内长野邮政局某职员,在从事保险外务的事务中,反复连续15次侵吞收来的保险费合计576447元,作为自己的零用钱进行消费。事情败露后1978年3月受到惩戒免职处分[28]。

③以谩骂和殴打管理者为理由的惩戒免职处分:鹤见邮政局某职员,对管理者破口大骂,用拳头按其胸部,并用手袭其颈部,使管理者受到严重伤害。本人完全承认上述事实,1981年11月受到惩戒免职处分[29]。

④以不给学生上课,拒不提交成绩表为理由的惩戒免职处分:神户大学某教授在大学纷争中和重新开课后,不给学生上课,拒不实施考试,也不提交成绩表,还不出席教授会,长时期占领教室,影响了正规授业的继续进行,也妨碍了其他教官的上课和考试。1982年3月受惩戒免职处分[30]。

⑤以窃取汽车为理由的惩戒免职处分:麻布邮政局某职员闯入一楼的停车场,窃取一辆他人所有的普通乘用汽车,然后开回供自己乘用。本人承认了这一事实,受惩戒免职处分(1982年4月)[31]。

⑥以接受贿赂为理由的惩戒免职处分:高知劳动基准局劳动灾害补偿课长辅佐,利用自己所担任的职务,从管辖区企业担任劳动保险关系业务的从业员那里接受不正当的依赖,令其供应饮食,收取一定数额的现金,并使该从业员代付自己饮食的现金。事情查清后受惩戒免职处分(1983年11月)[32]。

⑦以殴打女性,企图强奸为理由的惩戒免职处分:大津邮政局某职员,在饮酒之后深夜闯入女性的寝室,企图强奸并对女性施加暴力,致使该女性受到伤害。事发后受到惩戒免职处分(1985年2月)[33]。

⑧以贪污窃取为理由的惩戒免职处分:吉田邮政局某职员,在从事邮政窗口的事务中,先后六次窃取合计127000元的其他职员保管的现金,还在从事窗口事务中,先后三次侵吞合计133000元的自己保管的现金。本人对上述事实供认不讳,受惩戒免职处分(1985年10月)[34]。

⑨以就任营利企业的干部等为理由的惩戒免职处分:管区行政监察局某职员,未经人事院的承认,就任英国两家营利公司的干部,还曾参与过日本营利企业的业务。根据《国家公务员法》第103条的规定,平成九年(1997年)受惩戒免职处分[35]。

⑩以缺勤等理由的惩戒免职处分:刑务所某职员使禁止开放的接待所出入口的门处于开放的状态,损坏了拷贝机等器物,还在长达四个多月中随意缺勤,平成九年(1997年)受惩戒免职处分[36]。

惩戒停职处分的案例:

①以对管理者施用暴力为理由的惩戒停职处分:别府邮政局两名职员,对脱退全递劳动组合的职员动用暴力,造成需要两个星期治疗的伤害;其中的一人还对制止这一行动的管理者施以暴力。两人均受惩戒停职一年的处分(1981年6月)[37]。

②以因病缺勤为理由的惩戒停职处分:大阪地方贮金局某职员,在1977年1月至1979年6月期间,为了在大阪递信医院治疗左肘关节病,经当局同意外出263次,但其中的243

次并没有去医院,总计缺勤670多个小时。受惩戒停职处分(1982年10月)[38]。

③以非法贪污过剩的现金为理由的惩戒停职处分:前桥若宫邮政局某职员,将在窗口中收付的25000元的过剩现金,未作正规的收受计理,非法将其吞占。贪污的金额虽然不多,但性质颇为严重,受惩戒停职10个月的处分(1983年9月)[39]。

④以性的方面令人讨厌的行为为理由的惩戒停职处分:某国立大学教授,对自己指导的硕士学位女研究生,置于超越限度的严密的监视之下,给她写包括性的方面令人讨厌的内容的信,并违背本人意愿强制要求她在车内进行饮食迎送等事。又在关于学位论文的审查手续中,进行虚伪的报告等。本人承认上述的事实,受惩戒停职12个月的处分(1999年1月)[40]。

惩戒降薪处分的案例:

①以参加罢工、谩骂领导为理由的惩戒降薪处分:能代邮政局某职员,无视当局的警告参加罢工;还不服从管理者的命令,对局长讲些粗暴的话,强打局长办公桌上的橡胶板,损坏了桌子上的玻璃。受惩戒降薪两个月的处分(1977年9月)[41]。

②以组织罢工、无故缺勤为理由的惩戒降薪处分:东京地方简易保险局5名职员,在1975年的春期斗争及秋期年末斗争之际,作为全递支部的副支部长等主持集会,宣读罢工的宣言,积极参加罢工的集会和示威游行,多次不能正常上班工作。根据上述的事实,有2人受惩戒降薪1年、3人受惩戒降薪3个月的处分(1981年4月)[42]。

③以殴打主任、课长为理由的惩戒降薪处分:市川邮政局某职员承认用右手掌的侧面殴打主任的左手前指,以自己的前额撞击课长的前额,更抓住主任的脖颈下部及右腕上部将其翻倒的罪行和事实,受惩戒降薪1年的处分(1983年9月)[43]。

④以工作时间外损害职员信用行为为理由的惩戒降薪处分:邮政局某职员承认在饮酒之后,在车道中央附近开车运行,妨碍了其他车辆通行的事实和在警察署门前附近散发灯油的事实,受惩戒降薪3个月的处分(1999年11月)[44]。

惩戒警告处分的案例:

①以随意使用局长室为理由的惩戒警告处分:枚方邮政局某职员,无视领导者们的制止,与其他职员一起,从局长室中搬出长椅子,使用不被许可的局长室。受惩戒警告处分(1984年3月)[45]。

②以挡住进路、妨碍局长退室为理由的惩戒警告处分:北海道开发局稚内开发建设部两名职员,在管理者中断交涉企图退室之际,深夜1时许挡住他的进路,妨碍了局长退室的时间。受惩戒警告处分(1987年10月)[46]。

③以兼业等为理由的征戒警告处分:国立大学医学部的助教,没有受到兼业的许可,在民间的医疗机关中,从事获得报酬的诊疗业务,总共缺勤137时30分,受惩戒警告处分(1997年5月)[47]。

④以缺勤等为理由的惩戒警告处分:邮政局某职员,没有获得年度休假离开岗位,参加职员同僚父亲的葬礼,欠勤1时15分,还不当地使用经过许可的工会休假35分钟,受惩戒警告处分(1997年7月)[48]。

(3)惩戒处分人数的推移

在上世纪60至70年代中,有几年受惩戒处分的人数相当多,其中因参加违法的职业团体活动而受处分者占有极大的比重。例如,1976年,受惩戒处分的人数共32012人,其中因参加违法的职业团体活动而被处分者达 29774 人，因其他理由被处分者仅为 2238 人。

自此以后，以 1978 年为顶点，惩戒处分的人数和因参与违法的职业团体活动而被处分的人数出现逐渐减少的趋势。例如，1978 年，受惩戒处分的人数为 12227 人，其中因参与违法的职业团体活动而被处分的人数为 9993 人，因其他理由（缺勤、工作态度不良、贪污、受贿、盗窃等）被处分的人数为 2234 人；但到 1987 年，惩戒处分的人数则减至 1230 人，其中因参加违法的职业团体活动而被处分者仅为 97 人，因其他理由被处分者则为 1133 人。从本年度的惩戒处分的情况来看，处分总数是前 10 年间处分人数最少的一年。

90 年代，在昭和六十二年（1987 年）到平成八年（1996 年）的 10 年间，惩戒处分的人数平均在 1000 人至 1500 人之间；至于惩戒的各种事由的人数虽然历年均有不同，但总的情况是因参加违法的职业团体活动而被处分的人数急剧减少，如昭和六十三年（1988 年）为 3 人，平成元年（1989 年）为 1 人，平成二年（1990）为 1 人，平成三年（1991 年）为 1 人，平成六年（1994 年）为 2 人，平成九年（1997 年）为 0。

惩戒处分人数的变化[49]

（昭和五十七年（1982 年）至平成三年（1991 年））

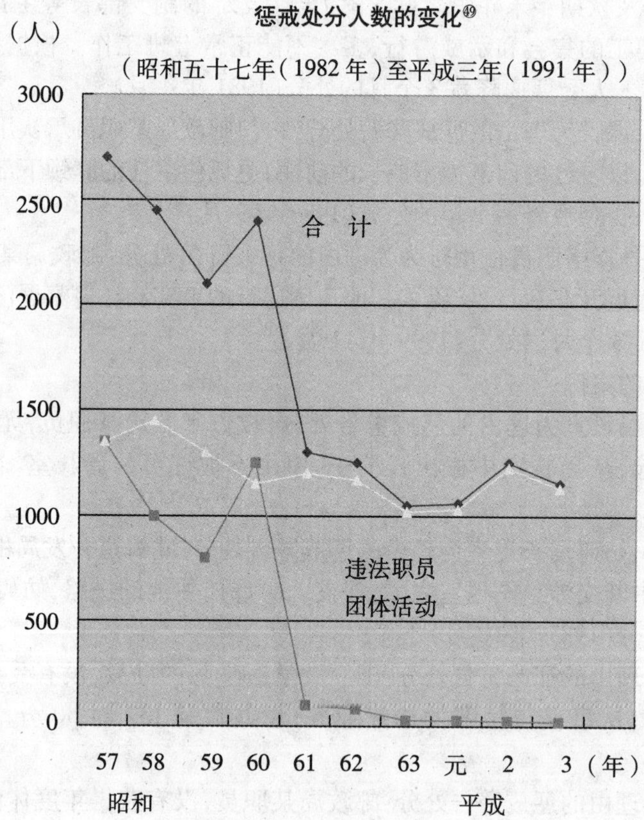

惩戒处分的事由别和种类别的处分人数[50]（1998年）（单位:人）

处分事由＼处分的种类	免职	停职	降薪	警告	计
违法的职业团体活动关系	0	3	0	1	4
一般工作关系（缺勤、工作态度不良等）	4	16	203	253	476
通常业务处理关系（不遵守处理手续等）	2	9	82	135	228
公款、国有物资的处理关系（丢失、不正当处理等）	6	14	89	151	260
贪污、私吞等关系	105	8	16	12	141
收贿、供应关系	8	3	22	17	50
交通事故及违反交通法规关系	1	2	103	93	199
公务外的不良行为关系	22	45	76	33	176
监督责任关系	0	0	54	87	141
计	148	100	645	782	1675

（4）惩戒处分和分限处分的区别

惩戒处分和分限处分，虽然同属维护公务利益，依据特别权力关系，违背职员个人的意愿，对职员进行的不利益的处分，但两者的性质和目的则有不同。

第一，惩戒处分系追究职员在法律和道义上的责任进行的处分；而分限处分虽然也是违背职员的意愿的不利益的处分，但基于其处分事由的事例的性质，对职员的行为并不追究责任；

第二，惩戒处分是对于职员违反服务义务的制裁或处罚，故被处分的职员须有故意或过失行为；但分限处分由于不追究职员行为的责任，因而不以其故意或过失行为为要件；

第三，惩戒处分是针对职员违反义务、违法乱纪等不良行为所进行的处分；故不需要一定期间继续存在的事实和状态；但分限处分是根据职员缺少任其官职的必备条件等一定期间继续存在的事实和状态，以维持公务的公正性、中立性、效率性的见地出发对职员进行的处分[51]。

（5）惩戒处分与刑罚责任的关系

惩戒处分与刑罚责任不同。陈水逢教授在《日本政府与政治》一书中，对此作了简明的叙述，现全文摘录如下：

“①惩戒处分与刑罚之区别：

A　目的不同：惩戒处分系以维持公务员关系之秩序为目的；而刑罚则系以维持社会公共秩序为目的。

B　处罚原因不同：惩戒处分系以职员违反公务员关系特别义务为处罚原因；而刑罚系以侵害社会公共利益为处罚原因。

C　处罚权之依据不同：惩戒处分系地方自治团体，依其特别权力（惩戒权），对职员所为处罚；而刑罚则系国家依据一般统治权所为之处罚。

②惩戒处分与刑事裁判之关系

对于同一案件，惩戒处分与刑事判决不无相当之关联。依一般法理言，为避免二者发生矛盾现象，以刑事先理为原则，其程序如下：

A 移付惩戒案件，在刑事诉讼程序进行中，暂缓召开惩戒审查委员会审议。

B 同一行为，在执行惩戒程序中，已开始刑事诉讼程序时，于刑事判决尚未确定前，停止惩戒程序。

C 同一行为,已经刑事判决确定后,仍得进行惩戒处分。”[52]

3. 赔偿责任

(1)基于《会计法》、《物品管理法》和《关于预算执行职员等的责任的法律》职员的赔偿责任

公务员因故意或重大过失,给予国家造成物资上的损失时,须对损失负赔偿责任。《国家公务员法》虽然对此未作规定,但《会计法》、《物品管理法》和《关于预算执行职员等的责任的法律》却对此作了具体的规定。

首先,根据《会计法》(昭和二十二年第35号法律)第41条－45条规定,出纳官吏即使由于善良的管理者的粗心大意,亡失其所保管的现金时,也不能免除其赔偿的责任;各省厅长官发现出纳官吏亡失其所保管的现金时,须通知大藏大臣和会计检察院;在会计检察院作出检定之前,各省厅长官吏即可命令出纳官吏赔偿;但当会计检察院对出纳官吏作出不负赔偿责任的检定时,必须立即退还已经交纳的赔偿金[53]。

其次,按照《物品管理法》(昭和三十一年第113号法律)第31条－33条规定,物品管理职员(指物品管理官、物品出纳官、物品供用官),因故意或重大的过失,进行违法的管理行为,或不进行合法的物品管理行为,亡失或损伤物品以及其他对国家的损害,必须承担赔偿的责任。[54]各省各厅的长官,可以在会计检察院检定之前命令赔偿,但会计检察院经过检定认为有关人员不负赔偿的责任时,必须立即退还已经交纳的赔偿金。

最后,依照《关于预算执行职员等的责任的法律》(昭和二十五年第172号法律)第3条－第5条的规定,预算执行职员由于故意或重大过失,违反法令或不遵从预算的规定进行支出等行为,给予国家造成损害时,必须承担赔偿的责任。按照规定,预算执行职员的赔偿责任,也须由会计检察院检定,然后由有权限的机关命令赔偿。但不同的是,关于预算执行职员,有依照职权或者依照请求进行再检定的制度[55]。

(2)基于《国家赔偿法》职员的赔偿责任

1947年制定的《国家赔偿法》(昭和二十二年第125号法律),全文由六条组成,其中有关内容为第1条和第2条。

该法第1条规定,行使国家和地方公共团体的公的权力的公务员,对于执行其职务由于故意和过失,违法地给他人造成损害时,国家和公共团体对此负有赔偿责任;又在这种场合,公务员有故意和重大的过失时,国家或公共团体对该公务员有求偿权。

按照本条的观点是:公务员由于故意和过失,违背法律的规定,给予他人造成损害时,属于该当公务员的国家和公共团体,将直接对被害人负赔偿责任;但当国家和地方公共团体在向被害人支付赔偿金时,在该当公务员中有故意和重大过失的场合,国家或地方公共团体可向该当公务员求偿支付的赔偿金。之所以限于故意和重大过失理由,是因为托付公务,存在轻度过失是当然的事情,一味追求轻度过失的责任,会妨碍公务的正当运营。

该法第2条还规定:由于道路、河川以及其他的公的营造物的设置和管理有瑕疵使其他人受到损害时,国家和公共团体对此负赔偿责任;但在上述的场合,如对损害的原因另有责任的人时,国家和公共团体对他有求偿权[56]。

按照本条的内容,须作以下几点说明。一是所谓“公共营造物”,“是由国家或公共团体直接提供用于公共目的的各个有体物,不包括无体财产及人力设施”。它不限于不动产,而

且也包括动产，如公用汽车、作为教具的电刨子，以及骑兵队的马等动物。二是所谓设置和管理的瑕疵，"是指营造物欠缺通常应该具有的安全性，具有对他人带来危害的危险性的状态"。"关于相关瑕疵的存在与否，应该综合考虑该营造物的构造、用法、场所的环境及利用状况等诸般情况，具体地、个别地予以判断"。三是在与营造物的设置、管理的瑕疵的关系上，《国家赔偿法》并没有将求偿权的相对方局限于公务员，而是广泛地规定为对损害的原因有责任的人，如工程的承包人等。四是《国家赔偿法》第2条第2项的求偿，与第1条第2项的求偿相同，如该法虽然没有明文规定排除轻度过失，但在和该法第1条第2项的均衡上，应该解释为对公务员排除轻度过失[57]。

4. 刑事责任

公务员因职务关系触犯了刑律，必须依照法律论刑科罪。对于公务员的刑罚，除了基于行政法规对其违反行政法上的义务科以行政刑罚以外，还有根据刑法判处的刑罚。现分述如下：

（1）基于行政法规的行政刑罚

行政刑罚，在各种行政法规当中，均分别地作了规定，其事例也相当多。关于国家公务员的行政刑罚，以下仅指出两个方面。

①《国家公务员法》中关于罚则的规定[58]

《国家公务员法》第四章中的罚则，对公务员的惩罚的条件作了以下规定：

首先，在本法第109条中规定，公务员违反下列规定之一者，处1年以下的徒刑或3万元以下的罚款：

违反本法第15条的规定，人事官及事务总长兼任其他官职者；

违反本法第19条的规定，故意不作人事记录及其保管，或对人事记录不做修改者；

违反本法第27条的规定，在对待不同种族、信仰、性别、社会身份、家庭出身、政治见解和政治所属关系，不一视同仁者；

违反本法第100条的规定，在职期间或退职以后，泄露工作上所知道的机密者；

违反本法第103条的规定，在营利企业中保持地位者，或自办营利企业者等等。

其次，在本法第110条中规定，公务员违反下列规定之一者，处3年以下的徒刑或10万元以下的罚款；

违反本法第17条第2项的规定，作为人事院传唤的证人，在被传唤时进行假陈述者；

违反本法第33条第1项的规定，任命职员时，非根据考试成绩、工作成绩或其他能力的实际考核进行者；

违反本法第40条的规定，在考试、选拔、任用和人事记录方面搞虚伪的或不正当的陈述、记录、证明、评分、裁决或报告者；

违反本法第98条第2项的规定，合谋、唆使、煽动或图谋和公众一起罢工、怠工和搞其他争议行为者；

违反第102条第1项的规定，为政党或政治目的谋求或接受捐款及其他利益，或者以某种方法参与这些行为者等等。

②《公职选举法》中关于刑罚的规定

《公职选举法》于1950年4月15日公布，是统一的规定关于众议院议员、参议院议员、地方公共团体的议会议员和行政首长的选举的法律。该法还对从事国家和地方选举工作的委员或职员以及参加选举投票的国家或地方公务员的违法犯罪行为作了详细的规定。

例如,中央选举管理委员会的委员或从事中央选举管理委员会事务的自治者的职员,选举管理委员会的委员或职员,投票管理者,开票管理者,以及参加选举事务的国家或地方公务员,在该当选举中违反本法第221条的规定,犯有收买及利害诱导罪时,处4年以下的徒刑或30万元以下的罚款。

再如,国家或地方公务员,中央选举管理委员会的委员,自治省的职员,投票管理者,开票管理者等人,违反本法第226条的规定,滥用职权的妨害选举的自由时,处4年以下的徒刑。

又如,违反本法第235条第1项和第2项的规定,为使公职候选人当选,对候选人的身份、职业、经历及政党所属关系,公布伪的事实者,判2年以下的徒刑或10万元以下的罚款;使公职候选人不能当选,对候选人的身份、职业及政党所属关系等,公布伪的事实或歪曲地公布事实者,判4年以下的徒刑或30万元以下的罚款。

另外,违反本法第235条之二的规定,报纸或杂志的经营者或编辑人,作了歪曲事实的报道,违害了选举的公正者,处2年以下的徒刑或10万元以下的罚款。

还有,出纳责任者,违反本法第247条的规定,违背选举费用的决定额,超额支出关于选举活动的费用时,处3年以下的徒刑或20万元以下的罚款等。

(2)基于《刑法》的刑罚

为了确保公务员公正地执行职务,《刑法》规定处罚职员因其职务关系所犯的一定的犯罪。

职员因其职务关系在刑法上的犯罪,可以分为职务犯罪和准职务犯罪,其主要内容如下:

①职务犯罪

职务犯罪就是《刑法》第193条、第194条所规定的公务员因滥用职权而构成的犯罪。既然是滥用职权,那么行为本身就是作为职权来实施的,因此是属于国家机关权限范围内的事情,但是因滥用职权而超越了其权限的正当范围,最终也不能看成是国家的行为。这种行为只能是下面第二部分将要论述的准职务犯罪,即与A强力凌虐罪和B收贿罪本质完全相同的犯罪,只不过是在执行职务时实施了不属于职务本来范围的行为而已。

所以,所谓职务犯罪,就是指作为执行职务行为侵害了法律上的利益,构成了滥用职权的犯罪。也就是说,其行为的本身是作为职权来进行的,但它超过了职权的正当的范围。因此,《刑法》对此作了两条规定,一是第193条(公务员滥用职权)规定:公务员滥用其职权,使人进行不尽义务之事,或妨害其可行的权利时,处2年以下的徒刑或监禁;二是第194条(特别公务员滥用职权)规定:执行和辅助执行审判、检察、警察的职务者,滥用其职权非法逮捕或监禁人时,处6个月以上10年以下的徒刑或监禁。

②准职务犯罪

准职务犯罪虽然是与职务有关联的犯罪,但它即使在形式上也不属于正当的职务的范围。准职务犯罪可分为特别公务员暴行凌弱罪和收贿罪两类。

A 特别公务员暴行凌虐罪

按照《刑法》第195条(特别公务员暴行凌虐)规定:一是执行或辅助执行审判、检察、警察的职务者,在执行其职务时对刑事被告人或其他人施以暴行或有凌虐之行为时,将判处7

年以下的徒刑或监禁；二是看守和护送依照法令的被拘留者，对被拘留者施以暴行或有凌虐之行为时，也同样判处 7 年以下的徒刑或监禁。

本条的中心内容有四：第一，本罪的实施者是执行或辅助执行审判、检察、警察的职务者，或依照法令看守或护送被拘留者的人。第二，本罪的行为的对手是刑事被告人或其他人，以及依照法令的被拘留者。第三，本罪的成立是由于在执行职务时施以暴行或有凌虐行为，但暴行不一定完全直接对被害者施加暴力，例如撕破穿着的衣服也包括在内；至于所谓凌虐，是指凌虐苛虐的行为，即污辱人或虐待人的行为，如不提供饮食物品，妨害本人睡眠，以及猥亵和奸淫等。第四，正由于上述原因，继本条之后的第 196 条（结果的加重）又规定，因犯前两条之罪致使人死伤者，将判处比伤害之罪更重的刑罚。

B　收贿罪

按照《刑法》第 197 条规定，收贿罪一般分为以下七种：

一是单纯收贿罪，即公务员或仲裁人，因其职务的关系，收取贿赂或要求及约定收取贿赂时，判处 5 年以下的徒刑（刑法第 197 条之 1）。

二是受托收贿罪，即公务员或仲裁人，因其职务关系受人请托，收取贿赂及要求或约定收取贿赂时，判处 7 年以下的徒刑（刑法第 197 条之 1）。

三是事前收贿罪，即将要成为公务员或仲裁人者，因其即将担任的职务关系接受请托，收取贿赂及要求或约定收取贿赂，而后来正式成为公务员或仲裁人时，判处 5 年以下的徒刑（刑法第 197 条之 1）。

四是第三者供贿罪，即公务员或仲裁人，因其职务关系接受请托，使第三者提供贿赂或要求及约定提供贿赂时，判处 5 年以下的徒刑（刑法第 197 条之 2）。

五是枉法收贿罪，也称加重收贿罪：〔1〕公务员或仲裁人，因犯单纯收贿、受托收贿、事前收贿或第三者供贿之罪，进行不正当的行为或不进行相当的行为时，判处 1 年以上的有期徒刑；〔2〕公务员或仲裁人因进行职务上的不正当的行为或不进行相当的行为，收取贿赂或要求及约定收取贿赂，或者使第三者提供贿赂或要求及约定提供贿赂时，也判处 1 年以上的有期徒刑（刑法第 197 条之 3）。

六是事后收贿罪，即公务员或仲裁人在其在职期间受人请托进行职务上的不正当的行为或不进行相当的行为，收取贿赂或要求及约定收取贿赂时，判处 5 年以下的徒刑（刑法第 197 条之 3）。

七是斡旋收贿罪，即公务员受人请托，使其他的公务员进行职务上的不正当的行为或不进行正当的行为，作为从事斡旋和所作过的事情的报酬，收取贿赂或要求及约定收取贿赂时，判处 5 年以下的徒刑（刑法第 197 条之 4）[59]。

又，在《刑法》中，除了收贿罪外，还规定了赠贿罪，如《刑法》第 198 条（赠贿）规定：提供或要求及约定提供第 197 条之 1 至 4 中规定的贿赂者，判处 3 年以下的徒刑或 5000 元以下的罚款。

附带说一句，按照日本法律规定，所谓贿赂是对公务员作为或不作为的非法报酬。贿赂不仅限于钱物，还包括一切利益，正如判例所指出，“贿赂不只限于财物，还包括有形或无形的，可以满足人们需要或欲望的一切利益”。

另外，贿赂罪的种类，除了上述的七种收贿罪外，还包括两种赠贿罪即赠贿罪和斡旋赠贿罪。赠贿罪的主体没有限制，不管是公务员还是非公务员。非公务员者行贿之所以构成犯罪,主要是因为它是妨害公务的执行的犯罪,实质上是收贿行为中的“加功”行为[60]。

注释:

①⑩⑮㉗ 鹈饲信成著,曹海科译:《日本公务员法》重庆大学出版社,1988年版,第179页;198－212面几道;第236;第253页。

②⑯ 日本公务员制度史研究会编著:《官吏、公务员制度之变迁》(日文版),第一法规出版株式会社平成元年(1989年)版,第53页;第304页。

③⑦⑧⑯⑲㉓㉔ 伊藤达夫著:《国家公务员制度》(日文版),学阳书店,平成九年(1997年)版,第7页;第95页;第98－99页;第101－102页;第126－127页;第127页;第129－130页;第130－131页。

④ 齐藤寿、梅木崇:《现代行政法论》(日文版),劲草书房,1982年版,第175页。

⑤⑪⑫ 法务大臣官房司法法制调查部编:《现行日本法规》(日文版),行政学会刊印,1949年初版,第5卷,第1811页(职员的服务宣誓);第1814页之4－1816(政治的行为);第1816之1－1816之6(人事院规则14－7的运用方针)。

⑥㉖㊾ 竹之内一幸、桥本基弘:《国家公务员法的解说》(日文版),一桥出版株式会社,第121－122页(宣誓书);第90－93页(惩戒);第93页(惩戒处分人数的变化)。

⑨⑰㊿ 雄川一郎等编:《现代行政法大系》第9卷《公务员和公有物质》(日文版),有斐阁,1984年版第199－214页(石川善治:《公务员与保守秘密的义务》;第215－216页(村井龙彦:《公务员的分限和惩戒》);第219－225页(村井龙彦:《分限和惩戒的意义和性格》)。

⑬ 岩波《六法全书》(日文版),岩波书店,昭和五十八年(1983年)版,第86－113页(公职选举法)。

⑭㉟㊱㊼㊽ 人事院编:《公务员白皮书》(日文版)平成十年(1998年)版,大藏省印刷局发行,第22页(承认件数的演变状况);第173页(管区行政监察局职员事案);第174页(刑务所职员事案);第173页(国立大学医学部事案);第173页(邮政局某职员事案)。

⑱ 小高刚:《行政法各论》(日文版),有斐阁法学丛著,1984年版,第330页(分限上的权利)

⑳㊾㊿㊿㊿㊿㊿ 星野英一等编:《六法全书》(日文版),1卷,有斐阁,平成五年(1993年)版,第237页(职员的身份保障);第558－560页(《会计法》);585－586页(《物品管理法》);575－576页(《关于预算执行职员等的责任的法律》);第537页(《国家赔偿法》);第225页(国家公务员法罚则);2卷第2580页(渎职之罪)。

㉑㉘㊶ 人事院编:《公务员白皮书》(日文版),昭和五十三年(1978年)版,大藏省印刷局发行,第87页(1977年度免职和降职状况);第142页(河内长野邮政局事案);第140页(能代邮政局事案)。

㉒㉕㊵㊹㊿ 人事院编:《公务员白皮书》(日文版)平成十一年(1999年)版,大藏省印刷局发行,第342页(1998年度的降职和免职状况),第343页(1998年的休职状况);第203页(某国立大学教授事案)第203页(某邮政局职员事案);第361页(1998年惩戒处分的事由别和种类别的处分人数)。

㉙㉚㊲㊷ 人事院编:《公务员白皮书》(日文版),大藏省印刷局发行,昭和五十七年(1982年)版,第148页(鹤见邮政局事案);第150－151页(神户大学事案);第146页(别府邮政局事案);第144－145页(东京地方简易保险局事案)

㉛㊳ 人事院编:《公务员白皮书》(日文版),大藏省印刷局发行,1983年版第139页(麻布邮政局事案);第140页(大阪地方贮金局事案);

㉜㊴㊸㊺ 人事院编:《公务员白皮书》(日文版),大藏省印刷局发行,1984年版,第139页(高知劳动基准局事案);第139页(前桥若宫邮政局事案);第139页(市川邮政局事案)第140页(枚方邮政局事案)。

㉝ 人事院编:《公务员白皮书》(日文版),大藏省印刷局发行,1985年版,第155页(大津邮政局事案)。

㉞ 人事院编:《公务员白皮书》(日文版),大藏省印刷局发行,1986年版,第164页(吉田邮政局事

案);

㊻　人事院编:《公务员白皮书》(日文版),大藏省印刷局发行,1988年版,第128页(北海道开发局稚内开发建设部事案)。

52　陈水逢:《日本政府与政治》,黎明文化事业公司,1984年版,第543-547页。

57　盐野宏:《行政法》,杨健顺译,法律出版社,第479-493页;伊藤正己等编著:《国民法律百科大辞典》,第3卷第320-323页(国家赔偿);《行政百科大辞典》,第2卷第296-298页(国家赔偿)。

60　宫野彬:《趣味公务员刑法杂学读本》(日文版),公人之友社,1988年版,第146-151页。

第五节　公务员的各种权利

一、日本学者对公务员权利问题的论述

公务员一方面基于属于特别权力关系负有各种的义务,另一方面又基于其身份关系拥有各种权利。也可以说,公务员的身份关系,是权利和义务的复合体。

在《国家公务员法》和《地方公务员法》中,对公务员的义务作了专门的具体的规定,但对公务员的权利则只是在有关的章、节或条中分别地作出了规定。西冈久柄教授等在《现代行政法概论》一书中说:"公务员的法律上的地位,其重心与其说是放在权利上面,倒不如说放在义务上面。"[①]

日本学者撰写的著作,对公务员的权利问题,基本上采取两种不同的作法。有些学者,如佐藤达夫的《国家公务员制度》,竹之内一幸等的《国家公务员法的解说》,金子善次郎等的《地方公务员制度》(全七卷),坂弘二的《地方公务员制度》等著作,都依照《国家公务员法》或《地方公务员法》,没有以公务员的权利为题作专门的论述,只是在有关的章节就与公务员的权利有关的问题(如分限、给与等)分别地作具体的阐述。但也有一些学者撰写的著作,专设章节论述公务员的权利问题,并提出许多不同的见解。例如,鹈饲信成教授所写《日本公务员法》一书,专设一章详述公务员的权利,并将公务员的权利,分为职务上的权利,经济上的权利,劳动基本权,保障请求权[②]。又如,鹿儿岛重治教授在其所著的《要说地方公务员制度》一书,也专设一章详细而又具体地阐述了公务员的权利,也将公务员的权利分为执行职务的权利,经济上的权利,劳动基本权,保障请求权[③]。再如,田村浩一等教授在《现代行政法大系》第9卷《公务员和公物》一书中,也以公务员的权利为题,分别将公务员的权利,分为分限上的权利,财产上的权利,安全保障权,劳动权等[④]。此外,还有盐野宏教授在《行政法》一书,专设公务员的权利和义务一章,并将公务员的权利,分为职务执行权,财产性权利,基本的人权,保障请求权等[⑤];小高刚教授在《行政法各论》一书,也设公务员的权利一款,将其分为职务上的权利,经济上的权利,保障要求权,劳动法上的权利,安全保护要求权[⑥];齐藤寿、梅木崇教授在《现代行政法论》一书,将公务员的权利分为分限上的权利,给与请求权和实际费用请求权,团结权和团体交涉权[⑦];西冈久柄、松木昌悦等教授在《现代行政法概论》一书中,将公务员的权利,分为分限上的权利,物质上的权利,行政措施要求权[⑧]。

中国的研究状况，也有同样的趋向。如谭健编著的《日本政府体制与官员制度》，谭健主编的《二十国人事制度》(日本的官员制度)，邹钧撰写的《日本行政概论》，李广训著述的《各国人事制度》(日本)，杨伯华、仝志敏合著的《外国的人事制度》(日本的公务员制度)，李盛平、季晓煜等合著的《各国公务员制度》(日本公务员制度)等书，都没有专门阐述公务员的权利问题。但也有一些学者采取了另外的作法，如陈水逢教授著述的《日本政府与政治》一书，曾在第八章公务员中，专设公务员的权利一节，并认为公务员的权利可分为执行职务的权利，工资权，恩给权，勤劳基本权和保障请求权[⑨]。

二、公务员的各种权利

根据《国家公务员法》和《人事院规则》，参考上述的日文和中文的有关著作，作者拟将日本公务员的权利，分为以下六个方面来阐述：

1. 分限上的权利

《国家公务员法》在谈到职员的身份保障时规定："职员除非法律和人事院规则规定的事由外，不得违反其意愿强行降职、休职和免职。"(第75条第1项)[⑩]《人事院规则》11－4对于职员的身份保障也规定："在任何的场合下，都不得违反国家公务员法第27条规定的平等对待的原则，国家公务员法第74条规定的分限的根本标准(在分限、惩戒和保障方面，对所有职员都必须做到公平合理)，以及国家公务员法第108条之7规定的禁止对职员团体的成员的不利益的处理，对职员进行免职、降职或其他的不利益的处分。"[⑪]

《国家公务员法》(第89条－92条)和《人事院规则》(13－2)还规定，对职员进行降职、降薪、休职、免职等不利益的处分时，处分者必须向被处分者提交记有处分事由的说明书；职员对处分如果不服，可根据《行政不服审查法》，向人事院提出不服申诉；人事院经过审查弄清事实后，须向任命权者指示批准、修改或取消原来的处分措施。当然，被处分者对人事院对不服申诉的裁决，也可以就法律问题向法院提出诉讼(第3条第3、4项)。

如前所述，"现行公务员制度上的分限，就意味着以身份保障为前提的公务员的身份关系的变动。"[⑫]所以，所谓分限上的权利，就是除了法律中有规定的场合外，不得违背职员本人的愿意，使其失去作为公务员的地位，限制或剥夺其作为公务员的各种权利。如小高刚在《行政法各论》中说："除非基于法定的事由的场合外，公务员不得违背其本意，强行被降职、休职或免职。这是保有作为公务员的身份的权利，一般称为分限上的权利。"[⑬]齐藤寿、梅木崇在《现代行政法论》一书中也说：职员非因法律上的事由，"有执行职务，保全其地位的权利，即分限上的权利"[⑭]。田村浩一在《现代行政法大系》第九卷《公务员与公物》一书中更说："公务员有保有作为公务员的身份的权利，在受到不利益的处分时有要求救济的权利，同时还有不得妨害其执行职务的权利，这些可称为分限上的权利，一般说来也可以理解为身份保障和职务执行权。"[⑮]

总之，以身份保障为中心内容的分限上的权利，是公务员排除一切干扰，公正无私地执行职务的最基本的也是最可靠的保障。

2. 执行职务的权利

凡经过考试或选考被正式任用的职员，都具有对职务的权利和执行其职务的权利[⑯]。所谓对职务的权利，即职员担任的职务所具有的权利，即通常所说的职权。所谓执行职务的权利，即职员在执行职务时，不受任何不适当的妨害，否则将依照法律论处。

职员对职务的权利和执行职务的权利,都直接关系到职员个人的利益,而职员的这种个人的利益,基本上是根据前边所说的身份保障制度予以保护的。身份保障就是不得剥夺与公务员地位相应的一切权利,其中包括对职务的权利和执行其职务的权利。但是,职员对职务的权利和执行其职务的权利,不单纯是关系到职员个人的利益,而是归根结底通过职员对职务的权利和执行职务的权利,确保公务的公正而又安定的执行,因而应当说它是与公共的利益紧密相联的权利。所以,如果职员在执行职务时,受到了不正当的妨害,它就妨害了公共的利益,因而法律就要对这种行为科刑论罪,以保障公务的正常执行。

日本《刑法》第五章,以两条共五项分别规定了妨害公务的执行的犯罪。如殴打企图逮捕犯人的警察官,或对扣押犯人的执行官发出"杀害"的威胁时,便触犯了《刑法》第95条第1项的规定,构成了狭义的公务执行妨害罪。除了狭义的公务执行妨害罪外,还有广义的公务执行妨害罪,如强逼职务罪、私自拆封罪、强制执行免脱罪、拍卖投标妨害罪以及商议罪等[17]。现分述如下:

首先,《刑法》第95条第1项规定:当公务员在执行职务时,对其施加暴行或威胁者,判处3年以下的徒刑或监禁(公务执行妨害罪);第95条第2项规定:为使公务员受到或不受到处分,或为使职员辞去其职务,施加暴行或威胁者,亦判处3年以下徒刑或监禁(强行压迫职务罪)。

其次,《刑法》第96条之1规定:损坏公务员查封的封条或扣押的标示,或以其他的方法使封条或标示失去效力者,判处2年以下的徒刑或20万元以下的罚款(私自拆封罪);第96条之2规定:以免除强制执行为目的,隐匿、损坏或伪装出证财产,或伪装负担虚假的债务者,判处2年以下的徒刑或20万元以下的罚款(不正当免脱强制执行罪);第96条之3第1项规定:凭借诡计和威力,进行危害官方的拍卖或投标的公正的行为者,判处2年以下的徒刑或250万元以下的罚款(拍卖投标妨害罪);第96条之3第2项规定:损害公正的价格,或以谋取不正当的利益为目的,对此进行合谋商议者,也判处2年以下的徒刑或250万元以下的罚款(合谋商议罪)[18]。

3. 经济上的权利

(1)给与权

给与对于公务员来说,是最重要的经济上的权利。所谓给与,可译为报酬,分为两个部分,一个是工资,另一个是津贴。由于工资和津贴均在本章的第六节中作过专门的叙述,下面仅就其中的主要问题做一些补充的说明。

工资

《国家公务员法》规定:职员的报酬根据其官职的职务和责任支给(第62条),职员的报酬必须按法律规定的报酬准则支付(第63条),报酬准则必须规定工资表,工资表在考虑生活费、私营事业的报酬和人事院决定的其他的适当情况的基础上作成,并按照每个等级或职级规定明确的工资额(第64条),职员对其官职须按照职阶制规定的职级领取报酬准则规定的工资额(第66条)。

所以,工资表是规定具体的工资额的一览表,是需要根据官职的职务和责任进行分类整理的产物。现今日本共有10种18类工资表,适用于非常勤职员和未归还职员以外的所有一般职的职员。同时,在各工资表中,还规定了适用职务的复杂、困难和责任的程度的级。

现今日本10类18种工资表的主要内容如下:

1)行政职工资表——行政职工资表(一);行政职工资表(二)

2)专门行政职工资表

3)税务职工资表

4)公安职工资表——公安职工资表(一);公安职工资表(二)

5)海事职工资表——海事职工资表(一);海事职工资表(二)

6)教育职工资表——教育职工资表(一);教育职工资表(二);教育职工资表(三);教育职工资表(四)

7)研究职工资表

8)医疗职工资表——医疗职工资表(一);医疗职工资表(二);医疗职工资表(三)

9)指定职工资表

10)附有任期研究员工资表[19]

根据1998年(平成十年)的统计资料,适用于各工资表的国家公务员,总共488664人,其中男子占77.9%,女子占22.1%;在最终学历结构方面,大学毕业者占42.5(其中博士、硕士修业者占12.3),短期大学毕业者(包括高等专门学校毕业者)占17.5%,高等学校毕业者占37.9%,中学毕业者占2.1%;在年龄结构方面,平均年龄40.4岁,平均工龄19.1年。

又,职员的给与即报酬,是由工资和各种津贴构成的,但其中最基本的东西则是工资、赡养津贴和调整津贴。据1998年4月统计,适用于各工资表的职员平均给与额为377268元,其中工资为344918元,赡养津贴为12446元,调整津贴为19904元[20]。

津贴

职员的报酬的主要部分是工资。但是,在职员的报酬中,单是工资不能完全反映各个官职的特殊性和各个职员的生活条件的差异,所以在职员的报酬中还设有各种津贴。

1)着眼于职务的特殊性的津贴

A　工资的调整额

B　工资的特别调整额

C　特殊工作津贴

2)地区差别的工作津贴

A　调整津贴

B　特殊地区的工作津贴

C　相当于特殊地区工作津贴的津贴

D　筑波研究学园都市迁移津贴

E　寒冷地区津贴

3)与生活相关联的津贴

A　赡养津贴

B　居住津贴

C　通勤津贴

4)正常工作时间外的津贴

A　加班工作津贴

B　休假日津贴

C　夜班津贴

D　昼夜值班津贴

5)初任职员的调整津贴

6)相当于私营企业的奖金的津贴

A　期末津贴

B　勤勉津贴

7)教员的津贴

A　教员职员调整津贴

B　义务教育等教员特别津贴

C　产业教育津贴

D　定时制通信教育津贴

8)其他的津贴

A　非常勤职员的给与

B　外务公务员的在勤津贴[21]

职务工资的原则

《国家公务员法》规定,"职员的报酬,根据其官职的职务和责任支给",作为报酬决定的根本标准,确定了职务工资的原则。

在现行的报酬制度中,使职务工资的原则具体化的东西首先是工资。工资表根据职务的种类,定为10类18种表。同时,在每一种工资表中,又依照职务的复杂、困难和责任的程度定出了职务的级。

实际上,在现行的报酬制度中,除了像工资的调整额、工资的特别调整额、特殊工资津贴等那样遵照职务工资的原则以外,还存在着调整津贴、赡养津贴、寒冷地区津贴等生活工资的要素。这样,职务工资和生活工资混合存在,但就总体来说,职务工资是主体,生活工资是辅助。正如盐野宏教授在《行政法》一书所说:"在现行法制下,工资被作为具有勤务等价性质的来对待,这就是所谓职务工资的原则。当然,这并不是完全不存在生活工资的要素,这体现于各种津贴制度(抚养津贴,寒冷地津贴等)以及决定薪金表的考虑要素(生计费、民间均衡)"[22]。

报酬支付的四项原则

根据《关于一般职的职员的报酬等的法律》和《人事院规则》9－7(工资等的支给),对于一般职的职员的报酬的支给,规定了以下四项原则。

第一,现金支付的原则

即职员的报酬,必须执行现金支付的原则(关于一般职职员的报酬等的法律第3条第1项)。

第二,全额支付的原则

即职员的报酬,必须全额支付,不能扣除一部分支给(关于一般职的职员的报酬等的法律第9条)。

第三,直接支付的原则

即职员的报酬,除法律和人事院规则特别承认的场合外,必须直接支给其职员(人事院规则9－7第1条第2项)。

第四,每月定日支付的原则

即职员的报酬,必须在每月一次以上的定期日支付(关于一般职的职员的报酬等的法律第9条)。[23]

(2)退职年金权

公务员退职或死亡以后,为了维持本人及其遗属的生活,有请求支给退职年金的权利。

战后初期,公务员的退职金,主要依照战前制定后来经过多次修改的《恩给法》支给。《恩给法》第1条曾明确规定:公务员及其遗属,依照本法的规定,有领取恩给的权利。

自1958年制定《国家公务员等互助会法》,1962年制定《地方公务员等互助会法》之后,恩给制度全面地被吸收和并入互助制度之中。例如,按照《国家公务员等互助会法》规定,凡成为职员者,自任职员之日起,即取得互助会会员的资格。当互助会员期达到20年以上者退职时,自退职之日起至死亡时为止,每年均支给退职年金。退职年金的数额,相当于工资年额的40%。当会龄超过20年时,每超过1年则增加工资年额的1.5%,但退职年金的最高限额不得超过工资年额的70%。

从1996年4月起,《国家公务员等互助会法》进行大幅度的修改。根据修改后的《国家公务员等互助会法》,退职年金改称退职互助年金,退职互助年金的数额也发生了重大变化。如按照该法规定,互助会员期间有25年以上者,退职以后达到65岁时,或达到65岁后退职,直至其死亡时为止,每年均支给退职互助年金。退职互助年金的基本额,为下列1)号和2)号两种金额的合计额:

1)平均标准报酬月额×7.5/1000×互助会员期间的月数所得出的额(相当于厚生年金的部分);

2)互助会员期间20年以上者,平均标准报酬月额×1.5/1000(互助会员期间未满20年者,则×0.75/1000)×互助会员期间的月数所得出的额(相当于职域年金的部分)。

此外,在《国家公务员等互助会法》的长期给付中,除了退职互助年金外,还有障害互助年金,障害一时金和遗嘱互助年金(参看本章第六节)。

(3)退职津贴权

退职津贴是职员在长期的连续工作之后退职时(包括因死亡而退职者),作为对过去的辛勤工作的一种报偿,每年支给职员本人或其遗属的一次性退职金。退职津贴和退职年金,是公务员在退职或死亡以后,两项最重要的经济上的权利。

根据1953年制定,后来经过多次修改的《国家公务员退职津贴法》,退职津贴有一般退职津贴和特别退职津贴两种。

①一般退职津贴分为:1)普通退职津贴;2)长期继续服务退职津贴;3)裁判人员退职津贴三种情况,每年分别发给职员退职时最后一个月的工资额,乘上工作期间所占的比率所得出的额的合计额。

②特别退职津贴,则是1)未预告而退职者的退职津贴;2)失业者的退职津贴。(详见本章第六节)

(4)实际费用补偿权

例如,支给职员为了公务在国内或出国旅行所需要的费用,就是实际费用的补偿或补助。旅费根据旅行者和旅行的内容,可以分为职员的出差或赴任的场合的旅费,以及受到退职等的身份处理的职员或死亡的职员的遗属的旅费。又,按照1950年制定的《关于国家公务员的旅费的法律》(昭和二十五年第114号法律),根据旅行地区的不同,还可以分为国内旅行的旅费和国外旅行的旅费。

国内旅行的旅费,包括铁路费、船舰费、航空费、住宿费、食膳费、日津贴、搬迁费、抚养亲属搬迁费等;国外旅行的旅费,除了上述的铁路费、船舰费、航空费、住宿费,食膳费、日津贴、搬迁费、扶养亲属搬迁费等以外,还有旅行杂费、死亡津贴等。

又如,依照《国家公务员宿舍法》,国家为贷与职员居住的国家公务员宿舍,就是公务员的实物供给贷与权的一种体现。宿舍分为以下三种:

首先是公邸,是免费贷与国家的司法、立法、行政的各机关的最高责任者居住的高档住宅。

其次是免费宿舍,主要供以下三种人居住。一是在警察官署和医院工作的职员当中,通常在工作时间外为了从事保护国民的生命财产的非常工作,必须在官署的院内或附近地区居住者;二是为了连续进行的研究和实验,必须在研究实验设施的院内或附近地区居住者;三是在偏僻地区的官厅工作者。

最后是收费宿舍,主要是为未接受公邸或免费宿舍的贷与的职员设置,现在大部分的宿舍均为收费宿舍,分为单独宿舍、共同宿舍和寮三种。宿舍的使用费,由《国家公务员宿舍法》施行令及其施行规则规定之。

(5)公务灾害补偿权

按照1951年制定的《国家公务员灾害补偿法》规定,职员在遭到公务上的灾害(负伤、生病、障害或死亡)和通勤方面的灾害时,对职员或其遗属因灾害所造成的损害必须给予相应的灾害补偿,并采取必要的福利设施。1998年,灾害补偿定为10种,如疗养补偿、休业补偿、障害补偿、遗属补偿、丧葬补偿等;福利设施计有22种,如伤病特别支给金、障害特别支给金、遗属特别支给金、奖学援护金等。

公务灾害补偿是公务员一项重要的经济上的权利。据统计,1996年度,各实施机关进行的灾害补偿和福利事业共有32737件(内灾害补偿26115件、福利事业6622件);灾害补偿和福利事业的金额约119亿7000万元(内灾害补偿约101亿1000万元,福利事业约18亿7000万元)(详见本书本章第六节)。

4. 安全保护要求权

(1)安全保护义务的适用领域

安全保护的义务,本来在私法上的雇佣契约及劳动契约中,作为使用者对被用者的负有的义务,被法院判例和学者著作广泛承认。在现行的公务员法中,不论是《国家公务员法》,还是《地方公务员法》,都没有对安全保护的义务作出规定。但是,自1975年2月25日最高法院判决(民集29卷2号143号),认为安全保护的义务"在基于某种特别的法律关系,进入特殊的社会的接触的关系的当事人中"一般的应该被承认,肯定了安全保护的义务对国家和国家公务员的关系也同样适用以来,安全保护义务的适用领域大幅度地扩大了。

目前,安全保护义务的适用领域,主要表现在以下四个方面。一是伴随雇佣契约、劳动契约发生的事故;二是伴随承包契约发生的事故;三是在学关系中发生的事故;四是在公务员关系中发生的事故。

(2)公务员的安全保护要求权

近年来,与公务灾害补偿相关联,国家和地方公共团体的安全保护义务的概念正在登场。国家、地方公共团体与公务员的关系是公法上的关系,这一点与雇佣契约或劳动契约有所不同。但是,前述的最高法院1975年2月25日的判决,对公务员的工作关系也肯定了安全保护的义务。即国家或地方公共团体,对于国家公务员或地方公务员,在为其执行公务设置的场所、设施或器具等或在管理其执行公务时,负有从危险中保护公务员的生命、健康等的义务。通称为关注安全的义务,也称为保护安全的义务或保证安全的义务。也就是说,政府当局如果违反了这一义务,造成了公务员的伤害时,则负有赔偿损害的责任。从另一个角度上看,这也可以说是公务员的权利。正因为如此,小高刚教授在《行政法各论》,田村浩一教授在《公务员与公物》等书中,都把安全保护要求权或安全保护的义务,作为公务员的重要权利之一[27]。

但是,必须指出,现行的公务员法,并未对安全保护的义务作出规定,所以国家或地方公共团体的安全保护的义务,可以解释为《民法》中在信义诚实的原则(民法第1条第2项)上所承担的义务,适用于国家或地方公共团体与公务员的关系之中。

5. 劳动基本权

关于劳动基本权问题,特别是公务员的劳动基本权问题,日本法学界直到现在仍有争论。本书限于篇幅,不能对此问题作专门的叙述,详情可参看东京大学社会科学研究所编著的《战后改革》第五卷《劳动改革》,佐藤昭夫编写的《劳动基本权》,以及鹈饲信成撰写的《日本公务员法》等书。

本节拟从以下两个方面,概述劳动基本权问题和公务员的劳动基本权问题。

(1)日本学者根据《宪法》的第27、28条,对劳动基本权问题作出的各种解释

《日本国宪法》第27条规定:“1)全体国民都有勤劳的权利和义务;2)关于工资、劳动时间、休息以及其他劳动条件的基本标准,由法律规定之;3)不得酷使儿童。”第28条又规定:“保障勤劳者团结的权利,及团体交涉以及其他团体行动的权利。”[28]

日本学者对《宪法》的上述两条规定,较为普遍的看法是:第一,《宪法》中所说的“勤劳者”,通常释为劳动者,并将宪法所保障的权利称为劳动基本权,也有的称为勤劳基本权[29]。第二,所谓劳动基本权,就是《宪法》第28条规定的所谓劳动三权,即团结权、团体交涉权以及团体行动权,也就是《公务员法》中所说的争议权。正如《图解法律用语辞典》中劳动基本权一条所说:“宪法第28条规定保障勤劳者团结的权利,及团体交涉以及其他团体行动的权利,保障了劳动者的团结权、团体交涉权、争议权这三种的权利。这三种权利总称为劳动基本权。”[30]这一见解在日本学术界占有优势地位。

但也有的学者认为,《宪法》第28条保障了劳动者的团结权、团体交涉权及争议权,并将此统称为劳动基本权;但也有将《宪法》第27条的所谓劳动权包括在内称为劳动基本权的场合。还有的学者更明确地指出:劳动权和劳动三权(团结权、团体交涉权、团体行动权),统称为劳动基本权。这些权利都作为社会权的基本权受到宪法的保障,国家为了保障实施这些权利负有政治上的义务[31]。

另外,还有些学者,从最广义、广义和狭义的角度来解释劳动基本权。例如,竹内昭夫等编著的《新法律学辞典》,在劳动基本权的释文中说:劳动基本权就最广义而言,是包括《宪法》27条第1项的劳动的权利,第2项的劳动条件的基准的规定,以及第28条的团结权、团体交涉权、团体行动权的关于劳动关系方面的宪法上的基本原则的总称。从广义的角度看,所谓劳动基本权,就是作为统合上述的劳动的权利和团结权、团体交涉权、团体行动权的概

念,关于劳动关系方面的宪法上的权利的总称。狭义地讲,劳动基本权,则是上述的团结权、团体交涉权、团体行动权的总称。不管在何种意义上,劳动基本权都可以理解为劳动者或勤劳者的所谓生存权的基本权或社会权的基本权的一种[32]。

(2)公务员基于它所从事的职务的特殊性,对劳动基本权受到不同程度的限制

不论是国家公务员,还是地方公务员,都是《宪法》第28条所说的"勤劳者",或者说是"劳动者"。因此,《宪法》中所保障的劳动基本权(团结权、团体交涉权、争议权),在原则上也同样适用于公务员。这一点已得到多数学者的认同,并获得最高法院的判例的确认。例如,在最高法院判例昭和四十一年10月26日(大法庭)刑集第20卷8号901页中说:"劳动基本权,不单是对私营企业的劳动者的保障,而且公共企业体的职员固不必说,就是国家公务员和地方公务员,既然都是宪法第28条中所说的勤劳者,原则上也应该受到它的保护。"[33]

但是,基于公务员所从事的职务的特殊性,它对于劳动基本权的各种权利,受到与民间企业的职员的不同的限制。现分述如下:

1)团结权

团结权是劳动者以维持和改善劳动条件为主要目的结成和运营一时性的或长期性的团结体(主要是工会)的权利。公务员也有团结权,但对某些职员,有严格的限制。

首先,从事一般行政事务的职员和教育职员原则上有团结权,但它不是根据《工会法》组织工会,而是依照《公务员法》组织职员团体(国家公务员法第108条之2,地方公务员法第52条)。职员团体是职员以维持和改善其工作条件为主要目的组织的团体或联合体,职员可以结成或不结成,参加或不参加职员团体。

其次,公共企业体即日本国有铁路、日本电信电话公社、日本专卖公社等所谓三公社,及国家经营的五种企业即邮政事业、国有林野事业、印刷事业、造币事业、酒精专卖事业等所谓五现业(别称三公社五现业)的职员,同样享有法律上的团结权,可以根据《工会法》组织工会。

但是,警察职员、海上保安厅职员、从事监狱工作的职员、消防职员和自卫队职员,却不能结成或参加与政府当局交涉的团体。也就是说,这些职员没有团结权的保障,违反者结成或参加上述团体者,将依法受到处罚(国家公务员法第108条之2第5项,地方公务员第52条第5项,自卫队法第64条第1项)[34]。

2)团体交涉权

所谓团体交涉权,即普通的劳动者(或勤劳者),通过自身组织的工会或联合体,对工资、劳动时间等劳动条件,与使用者进行交涉并缔结劳动协约的权利。但对于各类的公务员,基于其从事的职务的特殊性,对于团体交涉权有各种的限制。

首先,对于警察、消防、监狱、防卫厅及海上保安厅的职员,全面地否定其劳动基本权,其中包括与当局进行交涉的团体交涉权。

其次,从事一般的行政事务的职员和教育职员,没有本来意义上的团体交涉权和团体协约缔结权,但对于一定的事项,可按照一定的手续,与政府当局进行交涉。也就是说,他们可以通过职员团体与当局交涉,但不能缔结团体协约(国家公务员法108条之5,地方公务员法55条)。

另外,三公社五现业等公共企业体和国营企业的职员,有团结交涉权和团体协约缔结

权,但根据《公共企业体等劳动关系法》,受到许多特别的限制,如规定团体交涉的范围和劳动协约的内容,只限于公共企业体等的管理和运营以外的事项等。

3)争议权

按照《公务员法》等有关法律规定,不论是国家公务员或者是地方公务员,都不得参加、煽动或策划罢工、怠业以及其他的争议行为。

警察、消防、监狱、防卫厅及海上保安厅的职员,基于其所担任的职务的性质,均绝对没有争议权,均不得参与或策划罢工、怠业等任何的争议行为,违反这一规定者将依照法律受到惩罚。

从事一般的行政事务的国家公务员,按照《国家公务员法》的有关规定,全面地禁止其争议的行为和怠业的行为,且对策划、合谋、唆使、煽动上述的违法行为者,判处3年以下的徒刑或10万元以下的罚款(国家公务员法第98条第2项,第110条第1项第17号)。对从事一般的行政事务的地方公务员,对上述的违法行为也采取同样的处理方法(地方公务员法第37条第1项,第61条第4号)。

三公社五现业的公共企业体和国营企业的职员,按照《公共企业体等劳动关系法》的规定,禁止罢工、怠业及其他妨害业务的正常运营的一切行为,同时禁止策划、合谋、唆使、煽动上述违法行为。凡违反这一规定者,虽然不受刑事的处罚,但需要进行解雇(公共企业体等劳动关系法第17条,第18条)。地方公营企业的职员,根据《地方公营企业劳动关系法》,也采取同样的处理方法。

公务员劳动三权一览表(总理府人事局)[35]

<table>
<tr><th colspan="2">劳动三权
种类</th><th>团结权</th><th>协约
缔结权</th><th>争议权</th><th>根据条文</th></tr>
<tr><td rowspan="5">国家公务员</td><td>警察职员
海上保安厅职员
监狱职员</td><td>×</td><td>×</td><td>×</td><td>《国家公务员法》第98条第2项,第108条之二第5项</td></tr>
<tr><td>其他现业职员</td><td>○</td><td>×</td><td>×</td><td>《国家公务员法》第108条之二第1至4项,其余同上</td></tr>
<tr><td>五现业职员</td><td>○</td><td>○</td><td>×</td><td>《公共企业体等劳动关系法》第4条,8条、17条</td></tr>
<tr><td>防卫厅职员</td><td>×</td><td>×</td><td>×</td><td>《自卫队法》第64条</td></tr>
<tr><td>国会职员
法院职员</td><td>○</td><td>×</td><td>×</td><td>《国会职员法》第18条之二,《法院职员临时措置法》</td></tr>
<tr><td rowspan="4">地方公务员</td><td>警察职员
消防职员</td><td>×</td><td>×</td><td>×</td><td>《地方公务员法》第37条,第52条第5项</td></tr>
<tr><td>其他现业职员</td><td>○</td><td>×</td><td>×</td><td>《地方公务员法》第37条,第52条1至4项、第55条</td></tr>
<tr><td>单纯劳务职员</td><td>○
○</td><td>×
○</td><td>×
×</td><td>同上
《地方公营企业劳动关系法》</td></tr>
<tr><td>企业职员</td><td>○</td><td>○</td><td>×</td><td>《地方公营企业劳动关系法》第5条、第7条、第11条</td></tr>
<tr><td colspan="2">公共企业体职员
(三公社)</td><td>○</td><td>○</td><td>×</td><td>《公共企业体等劳动关系法》第4条、7条、11条</td></tr>
<tr><td colspan="2">政府有关机关职员
(公社、公团等)</td><td>○</td><td>○</td><td>○</td><td>没有特别的规定限制</td></tr>
</table>

注:除表中所列防卫厅职员、国会职员、法院职员外,关于公务员的特别职及地方公务员特别职,没有

限制劳动三权的规定

6. 保障请求权

在《国家公务员法》第三章第六节第三项中，规定了以下三个方面的保障要求权。

(1)保障对工作条件采取行政措施的要求权

按照《国家公务员法》规定，职员有权对人事院提出申请，要求人事院、内阁总理大臣、职员所属政府机关首长应采取适当行政措施，改善工资报酬和其他一切工作条件(86 条)；当有人提出前条规定的要求时，人事院必须进行必要的调查、口头审理和对其他事实的审查，对事案的裁判必须从发挥和提高职员的能力出发，做到对国民和当事人公平合理(87 条)；人事院根据前条裁决，认为改善工作条件需要采取一定措施时，属于人事院职权范围内的事情，可由其亲自处理，其他事情必须建议内阁总理大臣或职员所属政府机关首长处理(88 条)[36]。

人事院每年均对职员改善工作的要求进行裁判。1987 年至 1997 年，人事院对职员改善工作条件的要求的处理情况如下：

行政、措施要求事件处理状况[37]

区分年度	受理件数	处理件数				转入件数
		判定	解决、撤回等	驳回	计	
1987	5304	259	5006		5265	39
1988	1814	1	11	4	16	1837
1989	246	1	976	608	1585	498
1990	16	0	27	131	158	356
1991	17	0	63	63	126	247
1992	7	48	64	91	203	51
1993	18	6	25	20	51	18
1994	73	2	9	12	23	68
1995	13	2	3	13	18	63
1996	16	5	56	14	75	4
1997	30	1	8	10	19	15
计	7554	325	7214		7539	——

根据上述的统计资料，平成九年(1997 年)受理件数为 30 件，其中判定 1 件，撤回 8 件，驳回 10 件。判定的 1 件情况是：财务局某职员，认为财务局长有意拖延了他的升职提级，造成了不恰当的差别待遇，因而要求改正这一差别待遇，使自己升到行政职(一)5 级。人事院经过调查，认为申请者通过升任的选考和提级的选考，被认为是没有协调性，缺乏对工作的积极性和对事务的处理能力、工作成绩不佳，因而没有达到升任标准和提级标准，最后驳回了他的要求。

(2)保障对不利处分的不服申诉权

根据《国家公务员法》第 89 条、90 条、91 条和 92 条的规定，在职员受降薪、降职、休职、免职和其他明显不利于本人的处分或惩戒处分时，本人如果不服可根据《行政不服审查法》提出不服申诉；人事院或人事院指定的机关，在受理上述的不服申诉时，必须立即进行调查；经过调查和审理，如弄清处分的事实确实存在时，人事院应批准原处分或酌情对其修改，但如弄清该职员受处分的事由并不存在时，人事院必须取消其处分，并恢复其职员的权利，纠正职员因处分受到的不正当处理。

关于1988年至1997年人事院对不利益处分审查请求事案的处理情况请参看下表:

不利益处分审查请求事案处理情况[38]

(1987－1997年)

区分年度	受理件数	处理件数						转入件数
		判定						
		承认	修正	取消	驳回	计	撤销或驳回等	
1987	18494	1712	103	295	2855	4965	4789	68740
1988	33	21	2	0	353	376	11	68386
1989	48	9	0	1	275	285	46	68103
1990	63	30	2	2	103	137	1409	66620
1991	76	33	3	1	0	37	3003	63856
1992	226	37	1	0	0	38	2376	61468
1993	36	40	0	1	0	41	2534	58929
1994	31	35	0	2	12	49	1107	57804
1995	50	42	0	1	0	43	33	57778
1996	41	44	1	0	0	45	14	57760
1997	69	24	2	2	0	28	5	57796
计	79167	2027	114	305	3598	6044	15327	——

上表表明,1987－1997年度,共受理不利益处分审查请求事案79167件,其中判定的事案计6044件(承认处分2027件,修正处分114件,取消处分305件,驳回处分3598件),另外还有撤回、驳回等15327件。单就1997年度的情况来说,全年共受理69件,其中判定者为28件(承认处分24件,修正处分2件,取消处分2件),另外还有撤回驳回等5件。下面举两个判定的事例:

指令13－15(因就任营利企业的干部等理由处警戒免职处分)1997年4月25日议决,承认原来的警戒免职处分。理由是:请求者管区行政监察局职员,未经人事院承认就任英国营利两公司的干部,并承认参与过本国营利企业业务的事实,经判定承认原来的惩戒免职处分[39]。

指令13－11(以不正当经理为理由的惩戒免职处分),1998年3月20日议决,修改了原来的处分。具体情况是:对于国立大学某教授的处分,在处分的事实当中,被承认的事实仅是:请求者在大学讲座中作为实验实习进行辅导时,没有取得正规的手续向来访者征收磋商费,经审查认为本处分过重,一是对于辅导请求者是全部承袭前任者开始的方式,二是对于征收的磋商费请求者没有私自消费,三是请求者对大阪、神户、淡路大震灾的受灾者有过功绩,考虑到上述一些因素,将本事案的惩戒免职处分改为惩戒减薪处分(1日间减少工资月额的1/10)[40]。

(3)保障职员对公伤病死的补偿权

《国家公务员法》第93条和第94条规定,职员因公死亡或负伤、患病以及由此而死亡时,对本人或其直接扶养者受到的损害,必须建立并实行补偿制度;还规定这一补偿制度,应另由法律作出专门规定。1951年6月,日本政府制定了《国家公务员灾害补偿法》,确立了公务员因公伤、患病或死亡时必须给予补偿的制度。

自建立公务灾害补偿制度以来,每年都有一些公务员或其遗属就公务灾害补偿问题提出申诉,详见1987－1997年灾害补偿审查申述事案的处理状况。

灾害补偿申诉审查事案处理状况[41]

(1987—1997年)

区分年度	受理件数	处理件数				转入件数
		判定				
		承认	驳回	计	撤销或驳回等	
1987	1042	178	773	951	75	16
1988	26	1	20	21	0	21
1989	23	4	12	16	2	26
1990	14	3	22	25	1	14
1991	22	3	11	14	3	19
1992	9	4	13	17	0	11
1993	11	4	10	14	0	8
1994	19	4	9	13	0	14
1995	17	3	12	15	0	16
1996	22	2	15	17	1	20
1997	8	6	11	17	0	11
计	1213	212	908	1120	82	

上表表明,单按1997年计算,受理件数8件,加上上一年度转入的20件共28件;判定的件数共17件,其中申诉人的申诉被承认的6件(全部被承认的3件,部分被承认的3件),被驳回的11件,下面举两个判定的实例:

指令13-28(判定为系右膝关节内腱鞘破裂、右膝关节炎的公务灾害)1997年7月2日议决。具体情况是:为了改建室内建筑,经济企画厅一职员,在搬运铁制书库时负伤,导致右膝关节内腱鞘破裂和右膝关节炎,申诉人认为这是公务上的灾害,应给予补偿。人事院经过调查判定,作为通常业务以外的业务从事搬运工作,搬运平素没有搬运过的具有相当重量的物资,结果导致右膝关节腱鞘破裂和右膝关节炎,因而承认了申诉人的申诉[42]。

指令13-20(认定为在执行公务时因大动脉瘤发作死亡),1997年5月30日议决,驳回申诉人的申诉。具体情况是:刑务所某职员,在执行勤务中,因大动脉瘤发病死亡;其遗族认为这是公务上的灾害,因而提出了申诉。人事院通过调查认为,本灾害并不是执行勤务直接造成的,因此驳回了申诉人的申诉[43]。

注释:

①⑧ 西冈久鞆等:《现代行政法概论》(日文版),有信堂高文社,1980年版,第65页;第64-65页。

②⑯㉟ 鹈饲信成著,曹海科译:《日本公务员法》(原名《国家公务员法》),重庆大学出版社,1988年版,第93-177页;第94页;第115页。

③ 鹿儿岛重治:《要说地方公务员制度》(日文版),学阳书房,1988年版,第210-375页。

④⑫⑮ 田村浩一等:《现代行政政法大学》第9卷《公务员和公物》,有斐阁,1984年版,第84-163页;第216-217页;第99-100页。

⑤㉒ 盐野宏著,杨建顺译:《行政法》,法律出版社,1999年版,第710-720页;第715页

⑥⑬ 小高刚:《行政法各论》(日文版),有斐阁,1984年版,第330-333页;第330页。

⑦⑭㉝ 齐藤寿、梅木崇:《现代行政法论》(日文版),劲草书房,1982年版,第173-175页;第173-174页;第174-175页。

⑨ 陈水逢:《日本政府与政治》,黎明文化专业化司,第532-535页。

⑩⑪⑱㉔㉘㊱　星野英一等编著:《六法全书》(日文版),有斐阁,1993年版,第1卷第219－220页(国家公务员法第75条);第236－237页(人事院规则11－4职员的身份保障);第2卷2574页(刑法第5章);第1卷,第47页(日本国宪法第27条,第28条);第22页条(第86－88条)

⑰　伊藤正己等编著:《国民法律百科人辞典》(日文版),第3卷,行政出版公司,1991年版,第172－174页(公务执行妨害罪)

⑲⑳　人事院编:《公务员白皮书》(日文版),大藏省印刷局,平成十一年(1999年)版,第344页;第345－347页;

㉑　佐藤达夫:《国家公务员制度》(日文版),学阳书房,1977年版,第60－81页;竹之内一幸等著:《国家公务员法的解说》(日文版),一桥出版,1993年版,第56－58页。

㉓　竹之内一幸、桥本基弘:《国家公务员法的解说》(日文版),一桥出版,1993年版,第45－47页。

㉕　《行政百科大辞典》(日文版),第2卷,行政出版公司,1997年版,第295－296页(国家公务员宿舍)。

㉖　伊藤正己等编:《国民法律百科大辞典》(日文版)第1卷,行政出版社公司,1991年版第22－24页。

㉗　关于公务员的安全保护要求权问题,是近些年来作为新的课题逐渐登场的问题。本条仅依照以下四种资料写成:一是小高刚撰写的《行政法各论》一书的第333页;二是田中浩一等编著的《现代行政法大系》第9卷《公务员和公物》一书的第101页;三是《国民法律百科大辞典》第1卷的22－24页;四是《新法律学辞典》(第3版)的12－13页。

㉙　参见鹈饲信成所著《日本公务员法》;鹿儿岛重治著《要说地方公务员制度》等。

㉚　《图解法律用语辞典》(日文版),自由国民社,1980年版,第896－897页(劳动基本权)。

㉛　《行政百科大辞典》(日文版)第6卷,行政出版公司,1977年版,第389－390页(劳动基本权);《国民法律百科大辞典》(日文版),行政出版公司,第8卷,1991年版,第593－594页(劳动基本权)。

㉜　竹内昭夫、松尾浩也、盐野宏等编:《新法律学辞典》,有斐阁,1989年版,第1470－1471页(劳动基本权)。

㉞　沼田稻次郎编著:《劳动法事典》(日文版),劳动旬报社,1979年版,第747－752页。

㊲㊳㊴㊵㊶㊷㊸　人事院编:《公务员白皮书》(日文版),大藏印刷局,平成十年(1998年)版,第301页;第301页;第173页;第176－177页;第302页;第183页;第185－186页。

第六节　公务员的工资报酬

在日文中,所谓给与,可译为报酬。公务员的报酬,大致分为两部分:一是工资(工资),二是各种津贴(手当)。工资构成报酬体系的主干,是报酬中的主要部分,实际上工资约占公务员报酬总额的85%[①]。津贴包括依照法律规定的各种津贴,如调整津贴、赡养津贴、住宅津贴、通勤津贴等,主要的至少有20种以上。

本节想从工资和津贴两个方面,来阐述战后日本一般职公务员的工资报酬。

一、工资

1. 从15级制、8级制到11级制的变迁

战后初期,日本经济处于非常混乱的状态,因而在一定时期对于职员的工资,不得不采取某些暂时的应急的改正措施。

1947年10月,公布了《国家公务员法》,规定"职员的报酬根据其官职的职务和责任付给"(第62条),"职员的报酬必须按法律规定的报酬准则支付,严格禁止违反报酬准则支付金钱和有价物品"(第63条),"报酬准则必须附有工资表,工资表在考虑生活费、私营企事业的报酬和人事院决定的适当情况的基础上作成,并按每个等级或职级规定具体工资额(第64条)。

1948年5月,制定了《关于实施政府职员新报酬的法律》(昭和二十三年第46号法律)。该法将职员的职务分类为15级,并以此分类为基础制成级别工资额表,各级均定出6号俸至10号俸的工资月额。

1950年4月,以宣布失效的上述法律的内容为基础,制定了《关于一般职职员的报酬的法律》(昭和二十五年第95号法律)。按照这一现行的报酬法规定:"各职员领取的工资,基于其职务的复杂性、困难程度和责任大小,且须考虑其劳动强度、工作时间、勤务环境及其他工作条件。"(第4条)还规定:"职员的职务,根据其复杂性、困难程度和责任大小,可分成工资表中所定的职务等级。这一分类标准的职务的内容,须由人事院决定。"(第6条第3项)[②]

1957年6月,部分地修改了《报酬法》(昭和三十二年第154号法律),决定将职务级别由15级制改为8等级制,并将工资表的种类定为7种14表,即行政职工资表(1)(2),税务职工资表,公安职工资表(1)(2),海事职工资表(1)(2),教育职工资表(1)(2)(3),研究职工资表,医疗职工资表(1)(2)(3)[③]。后来,1982年10月新设教育职工资表[④],1984年10月又新设指定职工资表,于是工资表的种类便由7种14表改为8种16表。

1985年,随着行政需要的扩大及其多样化和复杂化,又对《报酬法》进行了修改,决定将8等级的报酬制度,改为现行的11级制的制度,即将行政职工资表(1)由8等级改为11级;另外,还新设专门行政职工资表,主要适用于植物防疫官、特许厅审查官、航空管制官等技术行政官职。1997年6月,又公布任期研究员法,制定任期研究员工资表。这样,工资表的种类,便由原来的8种16表,增为10种18表。

2. 一般职职员工资表的种类及适用范围

行政职工资表

行政职工资表(1)

适用于不属于其他工资表的一切职员(但报酬法第22条及附则第3项中规定的职员除外)。

行政职工资表(2)

适用于《人事院规则》中所规定的机器操作人员、办公室大楼保管员以及工作性质相似的工作人员。

专门行政职工资表

适用于《人事院规则》规定的植物防疫官、家畜防疫官、特许厅审查官及审判官、船舶检察官及从事其他需要专门的知识和技术的职员。

税务职工资表

适用于《人事院规则》规定的在国税厅工作的从事租税的赋课及征收等事务的职务。

公安职工资表

公安职工资表(1)

适用于《人事院规则》规定的警察官、皇宫护卫官、入国警备官,以及在刑务所等工作的职员。

公安职工资表(2)

适用于《人事院规则》规定的在检察厅、公安调查厅、少年教养院和海上保安厅等部门工作的职员。

海事职工资表

海事职工资表(1)

适用于《人事院规则》规定的在远洋和沿海航行的船舶和人事院指定的其他船舶上工作的船长、大副、机械师和技术员等。

海事职工资表(2)

适用于《人事院规则》规定的船舶上的职员(海事职工资表(1)中所列的人员除外)。

教育职工资表

教育职工资表(1)

适用于《人事院规则》规定的大学和相当于大学的教授、助教授、讲师、助手及其他职员。

教育职工资表(2)

适用于《人事院规则》规定的高等学校和相当于高等学校的校长、教头、教谕、养护教谕、助教谕、实习助手及其他职员。

教育职工资表(3)

适用于《人事院规则》规定的中学、小学、幼儿园和人事院指定的相当于这类学校的校长、园长、教头、教谕、养护教谕、助教谕及其他职员。

教育职工资表(4)

适用于《人事院规则》规定的高等专门学校和人事院指定的相当于高等专门学校的校长、教授、助教授、讲师、助手及其他职员。

研究职工资表

适应于人事院指定的试验所、研究所和人事院规定的从事试验研究和调查研究业务的职员。

医疗职工资表

医疗职工资表(1)

适用于《人事院规则》规定的在医院、疗养院、诊疗所等工作的医师和牙科医师。

医疗职工资表(2)

适用于《人事院规则》规定的在医院,疗养院、诊疗所等工作的药剂师、荣养士及其他职员。

医疗职员工资表(3)

适用于《人事院规则》规定的在医院、疗养院、诊疗所等工作的保健护士、助产士、护士、护士助理及其他职员。

指定职工资表

适用于《人事院规则》规定的事务次官、外局局长、大学校长、试验所或研究所所长、医院或疗养院院长及其他占有官职的职员。

附有任期研究员工资表

依照附有任期研究员法的规定,规定一定任期的被录用的职员[5]

注:上述10种18表,均分别定出若干个级、每级又分为若干个“俸号”,各类职员均按照职务工资表中所列出的级和俸号按月领取工资。

3.9种17类职员工资表(引自1999年日本出版的《公务员给与便览》[6]

(1)行政职工资表(一)

职务的级俸号	1级	2级	3级	4级	5级	6级	7级	8级	9级	10级	11级
	工资月额	工资月额	工资月额	工资月额	工资月额	工资月额	工资月额	工资月额	工资月额	工资月额	工资月额
1			188500	223600	241600	262600	282500	304400	340300	380200	430100
2	137300	174200	195600	231900	250800	271800	292000	314700	352700	392800	444800
3	141700	181100	202900	240500	260100	281100	301800	325100	365100	405400	459500
4	146300	188500	210200	249600	268900	290400	311800	335800	377200	418000	474300
5	151600	194400	218300	258900	277700	299700	321800	346500	389100	430700	488800
6	157500	199800	226400	267600	286500	309300	332000	357200	401000	443100	503200
7	163600	205100	234400	276200	295300	318900	342200	367300	412900	455300	517500
8	170000	210400	241900	284700	304000	328500	352200	377100	424900	466900	531800
9	174600	215400	248600	293100	312700	338100	361900	386900	436800	478300	546100
10	178300	219900	255100	301300	321200	347600	371400	396600	448000	489400	560400
11	187400	224400	261500	309200	329500	357200	380800	406300	458200	499200	571800
12	184200	228800	267300	316700	337200	366700	389900	416000	468000	508200	579200
13	186900	233100	272900	324000	344900	376000	398700	425200	479000	515800	536300
14	189100	236500	278100	311100	352300	385100	405900	433600	482800	522900	592500
15	191200	239600	283300	337500	358200	392900	411800	439800	489500	527500	597300
16	192800	242700	288000	343300	363300	398700	417000	445800	494200		
17		245800	292200	347200	367500	404200	421500	449900	498700		
18		248700	295900	350700	371000	407900	425300	453900	503000		
19		250700	299300	354200	374200	411600	429100	457900			
20			301800	356600	377200	415200	432900	461700			
21			303900	359000	379900	418800	436700	465500			
22			306000	361400	382600	422400	440400				
23			308100	363800	385300	426000					
24			310200	366200	388000	429600					
25			312300	368600	390700						
26			314300	370900	393500						
27			316300	373200							
28			318300	375600							
29			320300								
30			322300								
31			324300								
32			326300								

备考:本表适用于不属于其他工资表的一切职员,但《报酬法》第22条及《附则》第三项中规定的职员除外。

(2)行政职工资表(二)

职务级	1级	2级	3级	4级	5级	6级
别俸号	工资月额	工资月额	工资月额	工资月额	工资月额	工资月额
1		167600	186600	204900	231900	261000
2	123000	174400	192600	211200	239000	268500
3	126700	180500	198700	217800	246100	276100
4	130500	186500	204900	224900	253300	284300
5	134200	191900	211100	231800	260300	292500
6	138300	197100	217600	238700	267300	301100
7	143100	202500	224400	245100	274100	309700
8	147900	208100	230800	251100	280500	318100
9	154000	213600	237200	257000	286400	326300
10	160200	218900	243100	262900	292000	334200
11	167400	224600	248800	268400	297600	342000
12	174200	229800	254500	273700	303200	379400
13	180200	234700	259800	278800	308600	356700
14	185800	239600	265000	283900	313800	363200
15	190600	244400	270000	288800	318700	369500
16	195200	248700	274700	293700	323500	375600
17	199900	252900	279600	297900	328000	381500
18	204000	256800	284300	301600	332500	387000
19	207800	260100	288800	304900	336700	392200
20	210900	262700	292600	308000	340500	396900
21	214000	264800	295300	311000	344100	401600
22	217000	266900	297800	313800	347400	405900
23	220100	268600	300200	316500	350000	409300
24	222900	270300	302400	319200	352600	
25	225300	272000	304400	321700	355000	
26	227600	273700	306400	324000	357400	
27	229800	275500	308400	326200	359800	
28	232000	277200	310400	328400		
29	234000	278900	312400	330600		
30	236000	280600	314400	332800		
31	237900	282300	316400	335000		
32	239700	284000				
33		285700				

备考:本表适用于《人事院规则》中规定的机器操作人员、监管办公室大楼的人员,以及从事其他厅务工作的人员。

(3)专门行政职工资表

职务级	1级	2级	3级	4级	5级	6级	7级
别俸号	工资月额	工资月额	工资月额	工资月额	工资月额	工资月额	工资月额
1		22800	273500	311600	340300	380200	430100
2	158400	236000	285300	324400	352700	392800	440800
3	165200	247300	297300	336100	365100	405400	459500
4	174800	258600	309200	346800	377200	418000	474300

5	182000	269600	320900	357500	389100	430700	488800
6	189600	280100	332500	367500	401000	443100	503200
7	196700	290600	342600	377200	412900	455300	517500
8	204000	301000	352500	386900	424900	466900	531800
9	211300	311400	362100	396600	436800	478300	546100
10	219200	321500	371600	406300	448000	489400	560400
11	227300	329600	380900	416000	458200	499200	571800
12	235000	337200	390000	425200	468000	508200	579200
13	242400	344900	398800	433600	476000	515800	586300
14	249100	351900	405900	439800	482800	522900	592500
15	255600	357000	411800	445800	489500	527500	597300
16	262000	360500	415300	449900	494200		
17	267700	363400	418800	453900	498700		
18	273000	365900	422300	457900	503000		
19	278100	368400	425900	461700			
20	283300	370900	429500	465500			
21	288000	373400	433100				
22	292200	375900	436700				
23	295900						
24	299300						
25	301800						

备考:本表适用于《人事院规则》规定的植物防疫官、家畜防疫官、特许厅审查官及审判官、船舶检察官及从事其他需要专门知识和技术的职员。

(4)税务职工资表

职务俸号	1级	2级	3级	4级	5级	6级	7级	8级	9级	10级	11级
	工资月额	工资月额	工资月额	工资月额	工资月额	工资月额	工资月额	工资月额	工资月额	工资月额	工资月额
1			216800	235300	273400	313700	335500	368300	405100	445100	
2	153300	198000	224700	262300	282200	303100	323900	345900	378800	417500	456800
3	159600	205400	231900	271500	291500	312800	334200	356300	389300	429800	468500
4	167000	212600	239300	280700	300900	322900	344600	366700	399700	441300	480200
5	174400	218300	246800	289900	310100	333100	354800	377200	409900	452000	491700
6	182000	223000	254300	299200	319300	343500	365000	387700	420000	461900	503200
7	190800	227700	261700	308300	328500	353700	375100	397800	430100	471700	517500
8	198100	232500	267700	317000	337600	363900	385200	407900	440100	480800	531800
9	200900	236100	273600	325600	346500	373800	395100	417900	449900	489900	546100
10	203800	239300	279400	334000	355100	383500	405000	427900	459500	498700	560400
11	205900	242200	285000	342100	362300	393200	414900	437900	468500	507500	571800
12	207900	245200	290400	349600	368600	403000	424800	447700	477100	516300	579200
13	209700	248200	294800	355100	374500	412700	434700	457000	485700	525100	586300
14	211300	251200	298800	359400	380300	422600	441700	465600	494300	532600	592500
15		253300	302400	363500	385600	431500	448500	473400	502600	537000	597300
16			305800	367200	390400	437500	454400	480200	506900		
17			308000	370000	394100	443500	495000	484500	511000		

18				372600	397500	448000	463600	488700	515100		
19				375000	400900	451700	467300	192900			
20				377300	403800	455300	471000	496700			
21				379600	406500	458800	474700	500500			
22				381800		462400					
23				384000		466000					
24						496600					

备考:本表适用于《人事院规则》规定的在国税厅工作的从事租税的赋课及征收等事务的职员。

(5)公安职工资表(一)

职务	1级	2级	3级	4级	5级	6级	7级	8级	9级	10级	11级
俸号	工资月额	工资月额	工资月额	工资月额	工资月额	工资月额	工资月额	工资月额	工资月额	工资月额	工资月额
1					273600	293400	313700	335500	368300	405100	445100
2	160000	175700	183100	202600	282900	303100	323900	345900	378800	417500	456800
3	166700	183100	192400	210900	292300	312800	334200	356300	389300	429800	468500
4	173900	192400	202400	219400	201700	322900	344600	366700	399700	441300	480200
5	181100	202400	210000	226900	311200	333100	354800	377200	409900	452000	491700
6	189800	210000	217600	234400	320300	343500	365000	387700	420000	461900	503200
7	199700	217600	225000	242000	329400	353700	375100	397800	430100	471700	517500
8	199700	225000	231800	249900	338400	363900	385200	407900	440100	480800	531800
9	207300	231800	239100	258200	347800	373800	395100	417900	449900	489900	546100
10	214700	239100	247000	266300	356200	383500	405000	427900	459500	498700	560400
11	222000	247000	254900	274500	364500	393200	414900	437900	468500	507500	571800
12	228800	254000	263000	282600	372700	403000	424800	447700	477100	516300	579200
13	236100	262000	271100	290900	380700	412700	434700	457000	485700	525100	586300
14	244000	270000	279200	298800	388700	422600	441700	465600	494300	532600	592500
15	251000	277900	287300	306800	396600	431500	448500	473400	502600	537000	597300
16	259000	285800	294900	315000	403900	448000	454400	480200	506900		
17	267000	293100	302400	323500	411200	451700	459000	484500	511000		
18	274400	300400	309900	331900	417200	455300	463600	488700	515200		
19	281300	307400	317300	340000	423200	458800	467300	492900			
20	287800	314200	324600	347400	427000	462400	471000	496700			
21	294500	321000	331800	355000	430200	466000	474700	500500			
22	301100	327700	338800	363000	433300	469600	478400				
23	307300	334100	345800	371000	436600						
24	313800	340600	352800	378900	349900						
25	319900	347300	349700	383200	442900						
26	325700	354000	366500	393500	446100						
27	331600	360300	372800	399500							
28	337500	366000	378500	405500							
29	342600	371000	383600	409300							
30	346300	375500	388700	412500							
31	350200	380200	391800	415600							
32	354200	383000	394700	418800							

33	358100	385700	397500	422000							
34	360700	388400	400300	425000							
35		391000	403100	427900							
36		393700	405900								
37			408700								

备考:本表适用于《人事院规则》规定的警察官、皇宫护卫官、入国警备官,以及在刑务所等工作的职员。

(6)公安职工资表(二)

职务俸号	1级	2级	3级	4级	5级	6级	7级	8级	9级	10级	11级
	工资月额	工资月额	工资月额	工资月额	工资月额	工资月额	工资月额	工资月额	工资月额	工资月额	工资月额
1			216800	253300	273000	293400	313700	335500	368300	405100	445100
2	153300	198000	224700	262300	282200	303100	323900	345900	378800	417500	456800
3	159800	205400	231900	271500	291500	312800	334200	365300	389300	429800	468500
4	167700	212600	239300	280700	300900	322900	244600	366700	399700	441300	480200
5	175700	218300	246800	289900	310100	333100	354800	377200	409900	452000	491700
6	183800	224000	254300	299200	319300	343500	365000	387700	420000	461900	503200
7	191400	229400	261700	308300	328500	353700	375100	397800	430100	471700	517500
8	198100	234600	268600	317000	337600	363900	385200	407900	440100	480800	531800
9	202500	239600	275200	325600	346500	373800	395100	417900	449900	489900	546100
10	206800	244200	281800	334000	355100	383500	405000	427900	459500	498700	560400
11	210900	248900	288200	342100	363100	393200	414900	437900	468500	507500	571800
12	214900	254100	294000	349600	370900	403000	424800	447700	477100	516300	579200
13	218600	259300	299600	356200	378500	412700	434700	457000	485700	525100	586300
14	222000	264400	305100	361600	386000	422600	441700	465600	494300	532600	592500
15	225600	269200	310700	366600	392600	431500	448500	473400	502600	537000	597300
16	228900	273400	315400	371200	398000	437500	454400	480200	506900		
17	232100	277100	319900	374400	402900	443500	459000	484500	511000		
18	234900	280800	324100	377500	406700	448000	463600	488700	515100		
19	237500	282800	327500	380300	410200	451700	467300	492900			
20	239900		330000	383200	413400	455300	471000	496700			
21	241900		332000	386100	416300	458800	474700	500500			
22			334000	388400	419000	462400	478400				
23			335000	390700		466000					
24			338000	393000		469600					
25			340100								
26			342100								

备考:本表适用于《人事院规则》规定的在检察厅、公安调查厅、少年教养院和海上保安厅等部门工作的职员。

(7)海事职工资表(一)

职务俸号	1级	2级	3级	4级	5级	6级	7级
	工资月额	工资月额	工资月额	工资月额	工资月额	工资月额	工资月额
1			256200	308500	336900	375400	463100

2	164800	218800	265300	322400	348500	389000	476100
3	174300	227800	275000	335600	360100	402500	489000
4	184100	227500	285500	346900	371700	420300	501600
5	195900	236400	299300	358300	383200	438000	514100
6	204400	244200	313000	369700	394300	455200	526100
7	215100	252100	326100	381100	408600	467500	537700
8	221800	259600	334700	392200	422600	479400	548200
9	228100	267200	343300	403300	436100	490500	557700
10	232700	275100	351900	414200	445600	501M600	564900
11	236400	282400	360000	425000	545800	512300	572000
12	240300	289500	368700	433700	463400	521200	578700
13	244200	295900	375200	440900	471700	528600	585100
14	248100	301700	382500	448000	478600	534800	590800
15	251400	307500	389500	454900	483900	540400	595400
16	254600	312200	396200	459400	488300	545700	
17	257900	316800	402300	463000	492400	549800	
18	261000	321200	405500	466500	49650	553900	
19	263000	324300	408500	470000	500600	558000	
20		327400	411500	473600	504500	562100	
21			414500	477200	508300		
22			417500	480800	512100		
23			420500	484400	516000		
24			423500	488000			
25			426600	491700			
26			429700				
27			432800				

备考:本表适用于《人事院规则》规定的在远洋和沿海航行的船舶和人事院指定的其他船舶上工作的船长、大副、机械师和技术员等。

(8)海事职工资表(二)

职务	1级	2级	3级	4级	5级	6级
俸号	工资月额	工资月额	工资月额	工资月额	工资月额	工资月额
1			206300	234000	267000	300200
2	139600	175000	213200	241400	275200	308500
3	143500	182900	219600	249200	283900	316800
4	148400	191600	226600	258000	292000	325100
5	154300	199200	233900	566600	299200	333500
6	160200	205800	241300	274700	306100	342400
7	167100	212300	249100	282900	312700	351000
8	174700	217800	257700	289700	319300	359300
9	181900	224100	266200	296300	325500	367300
10	190200	230400	274100	302800	331600	375400
11	197800	237000	281700	309000	337500	383500
12	204200	243600	288300	314800	343300	391200
13	210600	249700	294700	320000	349100	398800

14	216000	256200	301000	325200	354500	406000
15	221300	262500	306700	329800	359500	412400
16	226600	268300	312200	334100	364400	418500
17	231800	274100	316800	337900	368800	424600
18	236700	279600	321300	341400	372700	430500
19	241800	285100	325600	344900	375800	436300
20	246300	289900	329400	348000	378800	441500
21	249600	293800	332100	351100	381800	446400
22	252600	296600	334800	353400	384800	450800
23	254600	299400	337400	355700	387800	454500
24		301800	339700	358000	390800	
25		303900	341800	360300	393700	
26		305700	343800	362600	396600	
27		307500	345800	364900	399500	
28		309300	347800	367300		
29		311100	349800	369700		
30			351800			
31			353800			

备考：本表适用于《人事院规则》规定的船舶上的职员，海事职工资表（一）中所列的人员除外。

（9）教育职工资表（一）

职务	1级	2级	3级	4级	5级
俸号	工资月额	工资月额	工资月额	工资月额	工资月额
1			259100	292700	376800
2	164200	207100	272200	308000	392500
3	172300	216100	285300	323400	405300
4	182600	225400	299300	338800	418000
5	193500	234900	313400	354400	430400
6	201300	244500	327500	369900	442400
7	208900	257500	341200	385300	454400
8	216700	270400	354800	396800	466300
9	225200	283300	368400	407800	478000
10	234800	295400	378600	417000	489700
11	242900	307600	388800	427100	501500
12	251700	319600	398700	435900	413200
13	260000	327700	407600	444600	525000
14	268000	334800	416300	452500	436700
15	275500	341700	424300	460300	547500
16	282900	348400	432000	467800	557000
17	289700	355000	439500	474500	566500
18	296300	361100	446900	480600	575800
19	302800	367200	453300	486500	585000
20	308900	373100	458600	492400	593600
21	314800	378800	463500	498100	600100
22	319900	484500	466800	503600	605200

23	324700	389500	470100	508900	610000
24	329300	393800	473400	513100	
25	333000	396900	476600	516600	
26	336300	399900	479800	520100	
27	339500	402900	483000		
28	342400	405800	486200		
29	344700	408700			
30	346900	411600			
31	349100	414500			
32	351300	417400			
33	353400	420400			
34	355600	423400			
35	357800				
36	360000				
37	362200				
38	364600				

备考:本表适用于《人事院规则》规定的大学和相当于大学的教授、助教授、讲师、助手及其他职员。

(10)教育职工资表(二)

职务	1级	2级	3级	4级
俸号	工资月额	工资月额	工资月额	工资月额
1			318900	417400
2	150－400	195100	332900	427600
3	156－900	202100	346500	437500
4	164－200	209500	357000	447400
5	172－300	217100	367400	457200
6	181－500	225100	378000	466500
7	191－600	236400	388100	475700
8	197－400	248300	398100	484600
9	205－400	260400	408000	493900
10	212200	273300	417500	503200
11	219500	286400	426700	513500
12	227100	299700	435800	522900
13	235500	313800	444500	531600
14	243400	327700	452600	539200
15	251400	340700	460600	543800
16	259600	350900	468500	
17	267600	361100	476900	
18	275500	371200	485300	
19	283300	380800	493500	
20	290300	390300	501700	
21	297000	399500	509900	
22	303300	407700	516900	
23	309500	415300	521100	
24	315500	422800		

25	321500	430000		
26	327400	436700		
27	333200	442500		
28	338800	448100		
29	344100	453200		
30	348100	457800		
31	351300	462300		
32	354400	466700		
33	357400	469700		
34	359500			
35	361600			
36	363600			
37	365500			
38	367400			
39	369600			
40	371800			

备考:本表适用于《人事院规则》规定的高等学校和相当于高等学校的校长、教头、教谕、养护教谕、助教谕、实习助手及其他职员。

(11)教育职工资表(三)

职务	1 级	2 级	3 级	4 级
俸号	工资月额	工资月额	工资月额	工资月额
1			276800	412300
2	150400	166400	290700	421400
3	156900	174800	304800	430200
4	164200	184000	318900	439000
5	172300	195100	332900	447500
6	181500	202100	346500	455600
7	191600	209500	357000	463600
8	198400	217100	367400	471100
9	205300	225100	377800	478400
10	212000	236400	386900	485300
11	218900	248300	395600	492600
12	226000	260400	404100	499900
13	233700	273300	412400	506600
14	241200	286400	420400	511900
15	248400	299800	428300	516000
16	255500	313800	435900	
17	262300	327700	443100	
18	268900	340700	450100	
19	275500	350900	456900	
20	281600	360900	463200	
21	287000	370900	468800	
22	292100	379400	473700	
23	296900	387800	478100	

24	301300	395700	481900	
25	304800	402900	485100	
26	308300	409600	488100	
27	311800	415500		
28	314400	421100		
29	316300	426400		
30	318200	431400		
31	320100	436400		
32	322000	440700		
33	223900	445000		
34		449300		
35		453000		
36		455600		

备考:本表适用于《人事院规则》规定的中学、小学、幼儿园和人事院指定的相当于这类学校的校长、园长、教头、教谕、养护教谕、助教谕及其他职员。

(12)教育职工资表(四)

职务	1级	2级	3级	4级	5级
俸号	工资月额	工资月额	工资月额	工资月额	工资月额
1		208300	259100	323400	466200
2	173100	216700	272200	338800	477900
3	184000	225700	285300	354400	489500
4	195500	235100	299600	369900	501100
5	207100	244600	313900	385300	512700
6	214100	257500	328200	396800	524600
7	221800	270400	343700	407800	536300
8	229600	283300	359100	419100	547200
9	237700	296400	374500	430400	556700
10	246000	309500	385900	442400	566200
11	254700	322700	396900	454400	575500
12	263300	335900	407700	466300	584700
13	271600	349100	417700	478000	593200
14	279500	362200	427100	489600	599900
15	287400	371400	435700	501200	605000
16	294800	380600	444100	512800	609800
17	302200	389800	451800	524700	
18	309000	398200	459400	533500	
19	315500	406600	465900	539000	
20	321300	414700	471600	544400	
21	326700	422700	477100	550300	
22	331700	430400	482200	556100	
23	336700	438000	487200	561700	
24	341200	444500	492200	566400	
25	345500	450200	495800	570700	
26	349000	455700	499400		

27	351700	460800	502900		
28	354200	465800			
29	357100	470800			
30	359900	474400			
31	362700	477800			
32	365300	481100			
33	367900				
34	370500				
35	373200				
36	375900				
37	378600				

备考:本表适用于《人事院规则》规定的高等专门学校和人事院指定的相当于高等专门学校的校长、教授、助教授、讲师、助手及其他职员。

(13)研究职工资表

职务	1级	2级	3级	4级	5级
俸号	工资月额	工资月额	工资月额	工资月额	工资月额
1			261500	304100	350600
2	137400	187600	275100	318300	363200
3	141800	197700	288700	332600	375900
4	147000	206800	302300	346900	388600
5	153400	216000	316200	358000	401000
6	161200	225600	330200	368500	417100
7	169800	237500	344100	378500	427300
8	178900	249500	354400	388300	441300
9	187700	261300	364000	397900	455000
10	195000	271700	372800	407400	468500
11	202500	282100	380700	416500	482000
12	210300	292300	387700	425600	495000
13	218300	299600	394400	434700	507700
14	226700	306500	400900	443500	519900
15	235300	313400	407300	451500	531800
16	243700	320300	413300	459400	543700
17	250100	327200	418800	467300	555600
18	256400	334000	423600	475100	566400
19	262600	340700	428200	482000	574500
20	268700	347300	432400	488900	481600
21	274400	353800	436600	494300	587700
22	279800	358900	440700	499000	593100
23	285000	363300	444800	503000	597300
24	290200	366300	448400		
25	295100	369300	451900		
26	299000	372300			
27	302800	375300			
28	305800	378300			

29	308400	381300			
30	310600				
31	312800				
32	315000				

备考:本表适用于人事院指定的试验所、研究所和《人事院规则》规定的从事试验研究和调查研究业务的职员。

(14)医疗职工资表(一)

职务	1级	2级	3级	4级	5级
俸号	工资月额	工资月额	工资月额	工资月额	工资月额
1		303200	355500	438600	
2	241000	319800	372800	451900	
3	251200	336400	390000	464300	
4	266700	353200	407200	476500	
5	283100	370100	420300	488300	
6	299400	387200	433700	500000	
7	315200	404300	446700	511200	
8	331000	417300	459000	521900	
9	346300	429000	470900	532600	
10	359500	439900	482100	542800	
11	372600	449800	493100	552900	
12	385400	459200	504100	562300	
13	394900	468500	514300	571200	
14	404000	477600	524500	580100	
15	411600	486700	533500	588800	
16	416400	495600	542500	579500	
17	421100	502100	551400	605700	
18	424400	507500	558500	612400	
19		512100	565300	617700	
20		515800	570200	622500	
21		519600	575100		
22		523400	579900		
23		527000	584200		
24		530600	588500		

备考:本表适用于《人事院规则》规定的在医院、疗养院、诊疗所等工作的医师和牙科医帅。

(15)医疗职工资表(二)

职务	1级	2级	3级	4级	5级	6级	7级	8级
俸号	工资月额	工资月额	工资月额	工资月额	工资月额	工资月额	工资月额	工资月额
1			210100	234300	271800	314700	351400	418100
2	141900	180200	217300	242700	281500	325100	363400	430600
3	147500	186900	225000	251400	291200	335500	375400	443100
4	154400	193600	233100	260100	301000	345800	387300	455600
5	161300	200300	241400	268800	310900	356100	399100	468000
6	169000	207000	249900	277500	320800	366000	410900	480400

7	176700	213800	258500	286300	330900	375500	423100	492800
8	183100	220700	267000	295200	340800	385600	435300	505400
9	189500	227700	275600	301200	350500	395500	447000	518300
10	194900	235200	284100	313200	360000	405500	457600	531100
11	200	242200	292600	322000	369400	415400	467700	539100
12	300	249100	300900	330500	378200	424600	476000	546500
13	205600	255700	309000	338500	387100	433200	482800	553400
14	210800	262300	316900	346400	395200	439600	489500	560200
15	215700	268100	324500	353000	401500	445700	496400	565600
16	220200	273600	331800	360000	407800	449900	500800	570100
17	224700	278800	338600	365400	412700	453900	505100	
18	229000	284000	344800	370300	417500	457900		
19	233300	288700	349000	374000	421500	461700		
20	236800	293200	353200	377000	425200	465500		
21	239900	296500	356900	381000	428800			
22	242900	299100	359700	384100	432400			
23	245400	301500	362500	387000	436000			
24	247300	303400	365000	389500				
25		305300	367400	392000				
26		307200	369600	394000				
27		309200	371800	397000				
28		311200	374000					
29			376300					
30			378700					

备考:本表适用于《人事院规则》规定的在医院、疗养院、诊疗所等工作的药剂师、荣养士及其他职员。

(16)医疗职工资表(三)

职务	1 级	2 级	3 级	4 级	5 级	6 级	7 级
俸号	工资月额	工资月额	工资月额	工资月额	工资月额	工资月额	工资月额
1			225800	246200	281200	318700	353500
2	155300	182700	232900	256700	289900	328500	365500
3	160900	191300	241300	264300	298600	338800	377500
4	166900	200700	248800	271900	307300	349400	389500
5	173200	206600	256300	279500	316200	359800	401400
6	181600	212700	263800	287500	325000	369700	413800
7	190200	218800	271300	295500	33700	379600	426300
8	199000	225500	278800	303600	342200	389500	438100
9	204200	232600	286400	311800	350000	399500	449600
10	209500	240500	294200	320000	357800	409700	460000
11	214900	248000	302000	328000	365600	420100	471200
12	220500	255500	309800	335700	373300	429800	480700
13	226300	262900	317300	343000	381100	438700	488900
14	232400	270400	324600	350200	388800	447600	497000
15	238300	277800	331800	357300	396500	456500	504900
16	244100	285200	338500	364200	404000	464700	512200

17	249900	292600	345100	370900	411100	472800	517100
18	255600	299900	351300	377400	417300	480700	521400
19	261400	307000	357400	383700	422200	488000	525400
20	267000	314100	363500	389600	426600	492900	
21	272300	321100	369600	395100	431000	497100	
22	277400	327400	375400	400200	435000	500800	
23	281700	333500	380700	404200	438500		
24	286300	339600	385900	407800	441200		
25	290500	345300	390200	411200			
26	294600	349400	393600	414600			
27	298200	353000	396700	417600			
28	301600	356300	399600	420200			
29	304200	359100	402400				
30	306400	361300	405200				
31	308300	363500	407700				
32	310300	365600					
33	312400	367600					
34	314500	369700					
35	316500	371800					
36	318400	374100					
37	320300	376500					
38	322400	378900					
39	324400						
40	326500						
41	328500						

备考:本表适用于《人事院规则》规定的在医院、疗养院、诊疗所等工作的保健护士、助产士、护士、护士助理及其他职员。

(17)指定职工资表

俸号	工资月额	俸号	工资月额
1	593000	7	1025000
2	658000	8	1106000
3	729000	9	1185000
4	810000	10	1269000
5	873000	11	1346000
6	937000	12	1375000

备考　本表适用于《人事院规则》规定的事务次官、外局局长、大学校长、试验所或研究所所长、医院或疗养院院长及其他有官职的职员。

4. 职员工资表平均报酬月额

职员的报酬,由工资和各种津贴构成,但其中最基本的东西是工资、赡养津贴和调整津贴。例如,1982 年,全体职员平均工资为 219872 元,赡养津贴 8774 元,调整津贴 9934 元,合计额 238580 元[⑦]。

又如,1987 年,全体职员平均工资 253330 元,赡养津贴 10563 元,调整津贴 10563 元,合计额为 276818 元[⑧]。

下面请参看 1998 年职工资表平均报酬月额一览表：

工资表别平均给与月额(平成十年)[⑨]

给与种目工资表	工资	抚养津贴	调整津贴	计
全工资表	344918	12446	19904	377268
行政职工资表(一)、(二)	313384	12127	18957	344468
行政职工资表(一)	315850	12213	19712	347775
行政职工资表(二)	283812	11094	9903	304809
专门行政职工资表	351676	15687	31496	398859
税务职工资表	352067	13969	27041	393077
公安职工资表(一)	335090	17187	16503	368780
公安职工资表(二)	348476	14886	16798	380160
海事职工资表(一)	403188	17303	35846	456337
海事职工资表(二)	318131	15164	26120	359415
教育职工资表(一)	462471	16246	21625	500342
教育职工资表(二)	387652	11003	21700	420355
教育职工资表(三)	359845	11379	11797	383021
教育职工资表(四)	433210	14683	5574	453467
研究职工资表	411157	15667	39919	466743
医疗职工资表(一)	454342	17275	49187	520804
医疗职工资表(二)	323850	11441	11712	347003
医疗职工资表(三)	297516	2535	8192	308243
指定职工资表	970878	–	86267	1057.145
第一号任期副研究员工资表	681000		68100	749100
第二号任期副研究员工资表	362308		33870	396178

注：1. 工资中，包括工资的调整额和教职调整额。

2. 在调整津贴中，包括异动保障的东西、研究员调整津贴及暂定筑波研究学园都市迁移津贴。

二、津贴

职员的报酬，除了工资以外，还有各种津贴。津贴的种类很多，概括起来有以下六类[⑩]。

1. 根据职务和工作的特殊性领取的津贴

(1)工资的调整额

按照《工资法》规定，当人事院认为在工作的复杂性、困难程度、责任大小、劳动强度、工作时间、工作环境，或其他工作条件方面和其他同级官职相比悬殊较大，月薪额不甚合适时，人事院有权根据上述情况制定合理的工资调整表，但工资调整额不得超过调整前月工资额的 25%。

(2)教职调整额

根据关于国立及公立义务教育诸学校的教育职员的报酬等的特别措施法，对义务教育的各种学校的教育职员，可支给工资月额的 4% 的调整津贴。

工资的调整额和教职的调整额，都具有工资的性质，都被视为工资的一种或一部分。

(3)工资的特别调整额

工资的特别调整额(通称管理职津贴)，支给处于管理、监督地位的职员，支付办法是按官职分为五种，第 1 种付月薪的 25%，第 2 种为 20%，第 3 种为 16%，第 4 种为 12%，第 5 种为10%[11]。

(4)特殊工作津贴

特殊工作津贴支给从事危险、艰苦、有害于健康等工作的职员。特殊工作津贴的种类，计有高处作业津贴、深处作业津贴、航空津贴、潜水津贴等37种。每种津贴均按月、小时或次数决定支付数额[12]。

(5)义务教育等教员特别津贴

该津贴发给在义务教育各学校(指学校教育法规定的小学、初中、盲人学校、聋哑学校或残废学校的小学部、中学部)工作的教职员。津贴月额不超过20200元，具体数额依其职务的级别和俸号而定。

2. 正规工作时间外的津贴

(1)加班工作津贴

受命在正规的工作时间之外加班的职员，按《报酬法》规定可领取加班津贴。津贴额为每加班1小时，领每小时工资的125%(如果从晚上10时工作到第二天早上5时，则领每小时工资额的150%)。

(2)节日津贴

即使节日赶在正常的工作日时，也须付给职员正常的报酬。

要求职员在节日照常上班时，应付给其加班津贴，津贴额为职员每小时所得报酬额的125%乘上加班的时间，此制也适用于《人事院规则》规定的在年末或年初之日工作的职员。

上述的节日是指国家《节日法》规定的日子，或者是根据第14条第4款或第5款《人事院规则》规定的除星期日外的非工作日[13]。

(3)夜班津贴

对从晚上10时工作到第二天早上5时的职员，除付给正常工资外，还须支给夜班津贴，计算方法是每工作1小时支给第19条规定的报酬额的125%。

(4)昼夜值班津贴

职员在值夜班和值日班时须支给昼夜值班津贴。所谓值夜班和值白班，指的是在正规的工作时间以外的时间和节假日的时间，不从事原来的工作，而是进行以保护官厅的房舍和与外部联络为主要内容的工作，每值班一次支给3600元(不满5小时的场合支给1800元)。又，职员在星期六和相当于星期六的日子下班时继续值夜班时，则支给5400元[14]。

(5)管理职员特别工作津贴

在处于管理和监督地位的职员当中，适用于本省厅课长辅佐等以外的职员及指定职工资表的职员，因临时、紧急及其他工作运营的需要，在周休日、节假日及年末或年初的休假日中从事工作的场合，须支给管理职员特别工作津贴。

管理职员特别工作津贴额，每工作一次，适用于指定职工资表的职员为18000元，列于《人事院规则》9－17(工资的特别调整额)别表的1种职员为12000元，2种职员为10000元，3种职员为8000元，4种职员为6000元，5种职员为4000元[15]。

3. 具有生活补贴性质的津贴

(1)赡养津贴

该津贴支给有赡养亲属的职员。其范围是无其他生活来源，基本上依靠职员的工资来维持生计的人们：一是配偶；二是满22岁以前的子和孙；三是满60岁的父母和祖父母；四是未满22岁的弟妹；五是重度身心障害者。

关于津贴的支付额，配偶者为16000元，配偶者以外的赡养亲属中，限2人每人5500元（无配偶者的职员的赡养亲属，其中1人为11000元），其他的赡养亲属每1人2000元。

（2）通勤津贴

通勤津贴主要支给下列职工：一是经常利用交通机关和付费公路，自付车费或公路费，单程距离达2公里以上者；二是骑车或使用其他交通用具，单程距离达2公里以上者；三是交通机关和自行车等兼用，单程距离达2公里以上者。

对经常利用交通机关上班者，每月通勤等所需要的运费等在45000元以内时全部报销；如超过45000元，应是超过数额的一半（以50000元为限）加上45000元。

对自行车等交通用具的使用者，单程距离5公里以下者支付2000元，5－10公里者支付4100元，10－15公里者支付6500元，15－20公里者支付8900元。20－25公里者支付11300元，25－30公里支付13700元。30－35公里者支付16100元，35－40公里者支付18500元，40公里以上者支付20900元。

对交通机关等和自行车等并用者，在自行车等的使用距离达2公里以上时，通勤津贴为交通机关运费的相当额与自行车等的补贴费的合计额。

（3）住房津贴

住房津贴主要支给租房住和自有住宅的职工。租房住的职工，每月房租在23000元以下时，其津贴支付额为从房租额中扣除12000元的额。每月房租超过23000元时，其津贴额为从房租额中扣除23000元的金额的1/2，加上11000元的额。对自有住宅的职工，津贴月额为1000元。但新建或新购住宅，自建成或购置之日算起五年之内，津贴月额为2500元。

（4）单身赴任津贴

对由于工作调动等原因，与同居的配偶者分居，长期过单身生活的职员，须支给单身赴任津贴。

津贴支给额，根据职员的住所与配偶者的住所之间的交通距离，在20000元中加上以下的额：100公里至300公里为4000元，300公里至500公里为8000元，500公里至700公里为12000元，700公里至900公里为16000元，900公里至1100公里为20000元，1100公里至1300公里为23000元，1300公里至1500公里为26000元，1500公里以上为29000元。

4. 按地区差的工作津贴

（1）调整津贴

调整津贴发给在私营企业工资、物价或生活费用特别高的地区工作的职员，还适用于靠近上述地区和私营企业工资、物价或生活费用同上述地区相当的地区工作的职员。

调整津贴月额为月薪、工资调整额和赡养津贴之和乘以下列的百分比：甲级地区×6%（在甲级地区中私营企业工资特别高的地区和官署则×10%或12%），乙区地区×3%。

（2）特殊地区工作津贴

特殊地区工作津贴发给在孤岛或生活相当不方便地方工作的职员。津贴支给额在月工资和月赡养津贴总额的25%以内。支给范围和支给额在《人事院规则》9－55（特殊地区工作津贴等）中作了具体的规定。如特殊地区官署所在地的不方便程度，将该地区分为1级至6级地区。各级地区的支给比例，6级地区为25%，5级地区为20%，4级地区为16%，3级地区为12%，2级地区为8%，1级地区为4%。

(3)寒冷地区津贴

寒冷地区津贴支给在北海道及其他寒冷地区长期工作的职员。津贴的支给范围、支给地区及支给额等,根据人事院的劝告由总理府令决定。例如,北海道根据各地的寒冷程度,划为五级支付地区,每一地区职员的津贴支给额是:职员的工资月额和赡养津贴月额的合计额,乘以从5级地区的30%到1级地区的7%的地区支给比率。

(4)筑波研究学园迁移津贴

实验、研究机关全部或一部迁至筑波研究学园的职员,可临时领取筑波迁移津贴。该津贴月额应在不超过工资特殊调整额和赡养津贴月额的合计额的10%以内。

5. 关于初任职员的调整津贴

初任职员调整津贴

1950年制定,1981年修改的《关于一般职职员的报酬的法律》第10条之3规定:对下列(1)、(2)项中所列职务的新职员,从就任之日起35年内,对3项中所列职务的新职员,从就任起5年内,应发给各项规定的初任职员调整津贴,并应逐年减少其支付金额。

(1)属于工资分类表医务职(1)的职员中难以通过录用方式来补空缺,《人事院规则》又有规定者,每月支给205000元。(2)需要有一定的医疗技术和牙科知识,难以用录用的方式来补空缺,《人事院规则》有规定者,每年支付39500元。(3)具有专门技术知识,难以用录用方式补缺,《人事院规则》有规定者,每月付给2500元。

6、相当于私营企业奖金的津贴

(1)期末津贴[16]

第19条－3 期末津贴从3月1日、6月1日和12月1日(称基准日)起15日内《人事院规则》规定的日子发给在职职员。此规定适用于基准日前一个月内退职或死亡的职员(不包括第23条第7款规定的职员,和人事院规则规定的职员)。

期末津贴额:月薪加上家庭津贴加上调整津贴乘以50%(3月份领),或乘以140%(6月份领),或乘以190%(12月份领),再乘下表不同工作时间的百分比。

上班时间		百分比
基准日为3月1日或6月1日	基准日为12月1日	
3个月	6个月	100%
2个半月以上但少于3个月	5个月以上但不到6个月	80%
1个半月以上但少于2个半月	3个月以上但不到5个月	60%
不到1个半月	不到3个月	30%

计算前款工作时间的必要方法由《人事院规则》规定。

(2)勤勉津贴

第19条－4 成绩奖从6月1日和12月1日(称基准日)起15天内在《人事院规则》规定之日根据基准日前6个月内的工作成绩发给基准日时在职的职员,此条适用于在基准日前一个月内退职和死亡的职员(不包括那些由人事院规则规定的职员)。

成绩奖的金额等于基准日时(退职职员、死亡职员按退职死亡日计),职员应领月薪和月薪调整额的总和(人事院规则规定的领导职务再加上他的月薪乘以25%以内人事院规则规定的百分比)乘以机关首长或机关首长委任者根据人事院规定的标准确定的百分比,但不得超过职员应领月薪、赡养津贴月额及其调整额总和的60%[17]。

期末津贴和勤勉津贴，总称为特殊报酬（特别给）。据说期末津贴和勤勉津贴两项合计。大致相当于4.9个月的工资[18]。

注释：

①⑩⑪⑭⑮ 伊藤达夫：《国家公务员制度》（日文版）学阳书房，1997年版，第49页；第61－62页；第64页；第67页；第69页。

② 星野英一、松尾浩野、盐野宏等编：《六法全书》（日文版），平成五年（1993年）版，有斐阁，第251页；

③④ 尾崎朝英、清水秀雄、森园幸男：《公务员给与法精义》（日文版），学阳书房，1998年版，第56－57页；第57－64页。

⑤⑨ 人事院编：《公务员白皮书》（日文版），大藏省印刷局，1999年出版，第344页；第347页。

⑥ 给与关系法令研究会主编：《公务员给与便览》（日文版）大藏省财务协会，1999年版，第16－36页。

⑦ 人事院编：《公务员白皮书》（日文版），大藏省印刷局，1983年版，第54页。

⑧ 人事院编：《公务员白皮书》（日文版），大藏省印刷局，1988年版，第51页。

⑫ 刘有锦编：《外国工资概况》第1辑，劳动出版社1982年版，第224－233页；引自曹志主编：《各国公职人员工资福利制度》上册，北京大学出版社，1988年版，第711－714页。

⑬⑯⑰ 曹志主编：《各国公职人员工资福利制度》下册，北京大学出版社，1988年版，第1472－1473页；第1474页；第1474－1475页；

⑱ 日本人事院职员局补偿课长小原进在北京作的关于日本公务员制度和人事管理的报告；引自曹志主编：《各国公职人员工资福利制度》上册，北京大学出版社，1988年版，第669－673页。

第七节 公务员的职业团体

一、职业团体制度的建立

1. 职业团体制度的建立

1947年12月，制定了《国家公务员法》，但在该法中没有劳动关系的规定。

1948年7月，随着工人运动和民主运动的空前高涨，盟军总部最高统帅麦克阿瑟向芦田内阁总理大臣发出了旨在否认公务员的争议行为及集体交涉权的书简。日本政府立即作出反应，迅速制定了第201号政令，规定否认所有的公务员的集体交涉的权利。禁止其同盟罢业及怠业的行为。同年12月，修改了《国家公务员法》，按照修改后的《国家公务员法》规定，《工会法》等劳动三法均不适用于国家公务员，同时在《国家公务员法》中设立了关于职员团体的规定，上述的有关第201号政令的措施均被吸收到其中了。

接着，根据1952年修改后的《公共企业体等劳动关系法》，规定对从事邮政、林野、印刷、造币和酒精专卖事业的现业职员，承认其有集体协约缔结权，但禁止他们搞争议行为[1]。

此后，随着1965年5月第48届国会批准ILO第87号《关于结社自由及保护团结权条约》，《国家公务员法》作了重大的修改，即在该法第三章《官职的基准》中增加了“第九节职员团体”，对过去第98条规定的、由《人事院规则》补充的关于职员团体的规定，用长达五个条文的文字予以详细的保障[②]。现行日本的职业团体制度至此可以说得到了全面的确立。

2. 职业团体制度的内容

根据1991年修改后的《国家公务员法》,职员团体制度的主要内容如下:

(1)给职员团体下了定义,规定"职员团体是职员以谋求维持改善其工作条件为目的而组织的团体或联合体。""职员可结成或不结成职员团体,也可参加或不参加职员团体。"(第108条之二第1、2、3项)

(2)划定了管理职员的范围,规定管理职员等不能与其他职员组成同一的职员团体。"管理职员等与管理职员等以外的职员组织的团体,不是本法律所说的职员团体。"(第108条之二第3项)

(3)警察职员及在海上保安厅或监狱中工作的职员,不得组成以谋求维持改善职员的工作条件为目的的并与政府当局进行交涉的团体,也不得参加这一团体。(第108条之二第5项)

(4)由于职员团体有自由选任它的干部(主要指该当职员团体的执行机关和监察机关的成员)的权利,所以职员团体的干部也可从职员以外的人中选任。

(5)根据法律规定职员团体的登记制度。关于登记的具体手续,由《国家公务员法》第108条之3和《人事院规则》17－1(职员团体的登记)规定。

(6)依法规定了登记的职员团体与政府当局的交涉事项,如职员的报酬、工作时间及福利待遇等,但职员团体与政府当局的交涉不包括缔结集体协约的权利,有关国家事务的管理及运营的事项也不能成为交涉的对象(第108条之五1－9项)。

(7)限制职员专门从事职员团体的工作,但同时建立在籍专从的许可制度(第108条之六)和短期从事职业团体工作的许可制度(人事院规则17－2)

(8)禁止对职员的不利益的待遇。即职员,不能因为是职员团体的成员,或企图结成或加入职员团体,或为职员团体进行正当的活动而受到不利益的待遇(第108条之七)[③]。

二、管理职员等的范围

1. 何谓管理职员?

《国家公务员法》第108条之三规定:管理职员不能与管理职员以外的职员组织同一的团体,由两者组织的团体不是本法中所说的职员团体。按照本法规定,所谓管理职员,一是决定重要的行政事项的职员,如事务次官、官房长官、局长等;二是参与决定重要的行政事项、处于管理地位的职员,如局次长、部长、审议官、参事官、课长等;三是对职员的任免有直接的权限处于监督地位的职员,如人事课长、秘书课长等;四是对职员的任免、分限等与职员团体的关系,接触关于当局的计划和方针的机密的事项,因此被认为其职务和责任对职员团体的成员的诚意和责任直接抵触,但处于监督地位的职员,如人事、给与、服务、预算、劳务等课长辅佐,股长(县长)等;五是在与其他的职员团体方面,站在政府当局的立场,担任执行职务的职员,如秘书、人事、劳务等股员以及守卫长等[④]。

由于上述各种的管理职员,都是当局的利益的代表者,所以不能参加职员团体,也不能与管理职员以外的职员组织同一的团体。

2. 管理职员的指定率

各省厅管理职员的指定总数,一般为5万至6万人,约占定员人数(警察职员等除外)

的11%至12%左右(指定率)。

单就1998年来说,管理职员等的指定总数为60611人,指定率即指定总数占定员(警察职员除外)人数的12.8%。从各省厅的指定率来看,从自治省的22.2%到厚生省的9.1%,指定率的差别是相当大的。参看下表:

管理职员等指定状况(平均十年3月31日)⑤

省名　　区分	定员	指定数	指定率
	人	人	%
总理府	18937	3004	15.8
法务省	33210	6314	19.0
外务省	4970	482	9.7
大藏省	72358	10032	13.9
文部省	138210	16009	11.6
厚生省	76060	6916	9.1
农林水产省	36508	5283	14.5
通商产业省	12404	1652	13.3
运输省	25467	2946	11.6
邮政省	2595	363	14.0
劳动省	24983	2640	10.6
建设省	23742	4538	19.1
自治省	589	131	22.2
人事院	708	155	21.9
会计检察院	1248	146	11.7
计	472055	60611	12.8

注:定员为1997年末给与法适用职员(所谓四现业指员和警察职员除外)的定员加上检察官的定员。

三、职员团体的注册

1.职员团体的规约

职员团体,根据《人事院规则》的规定,在申请书上填写规约的内容,即可向人事院申请注册。在职员团体的规约中,至少须包括以下事项:

一是名称;

二是目的及业务;

三是主要事务所的所在地;

四是有关成员的范围及其资格的规定;

五是关于理事及其他干部的规定;

六是包括以下第三项规定事项的业务的执行,会议及投票的规定;

七是关于经费及会计的规定;

八是关于与其他职业团体联合的规定;

九是关于规约变更的规定;

十是关于解散的规定。

为了使职员团体有资格注册和保持注册,必须规定下述程序,而且必须依照程序决定以下重大活动。首先是在制定或变更规约、选举干部及其他类似重大活动时,需要进行全体成员有平等参加机会的直接不记名的投票,超过全体人员的半数(选举干部时则为超过投票人的过半数)决定。

已经注册的职员团体,当其规约或第一项规定的申请书登记事项有变更时,根据《人事院规则》的规定,必须将其旨意向人事院申报。已经注册的职业团体在解散时,根据《人事院规则》的规定,必须将其旨意向人事院申报[6]。

2.职员团体的组织率

1997年底,注册的职业团共有2912个,组织人数为235480人(全部在职人数共为410248人),其组织率为57.4%。详见下表

职业团体的注册状况[7]

(1998年3月31日)

省名　　区分	注册职员团体数				在职者数(A)
	联合体	第一体	支部等	计	
	团体	团体	团体	团体	人
总理府	3	15	310	328	15924
法务省		1	23	24	26925
外务省		1		1	4516
大藏省	27	25	966	1018	62803
文部省	4	100	6	110	121077
厚生省	2	7	14	23	69568
农林水产省		3	316	319	30911
通商产业省		2		2	10623
运输省	1	14	20	35	22271
邮政省		1	7	8	2161
劳动省		2	23	25	22056
建设省	5	6	989	1000	19293
自治省					472
人事院		4		4	555
会计检察院		1		1	1094
其他	13	1		14	
计	55	183	2674	2912	410248
1996年度计	55	183	2684	2922	410685

组织人员数(B)	组织率(B/A)	1997年度注册件数		
		新规注册	变更注册	注册的勾销
人	%	团体	团体	团体
10389	65.2	2	244	
11465	42.6	1	14	
1380	30.6			
53255	84.8	1	581	
28295	23.4	1	68	
40549	58.3		20	
29265	94.7	2	300	9
7200	67.8		2	

18931	85.0		26	
1834	84.9		5	
19377	87.9	1	4	
12306	63.8	13	125	22
201	36.2		2	
1033	94.4		1	
			5	
235480	574	21	1397	31
239331	582	17	1745	0

注:1. 在职者数,是指 1997 年 7 月 1 日《一般职国家公务员在职状况统计表》(总务厅人事局调查)中常勤职员人数加上检察官人数。警察职员等及管理职员等的人数除外。

2. 组织人员数,是注册职员团体组织人员的合计人数(同 1 人的重复者除外)

3. 其他指成员跨二省以上的职业团体(日本国家公务员工会总联合会,日本国家公务员工会联合会行政职部会,日本国家公务员工会总联合会东北地区本部,茨城县国家公务员工会联合会一般职部会,日本国家公务员工会总联合会关东联合会,日本国家公务员工会总联合会之关东联合会琦玉县联合会,日本国家公务员工会总联合会关东联合会枥木县联合会。日本国家公务员工会总联合会近畿地区本部,国家公务员工会大阪地区联合会行政职部会,日本国家公务员工会总联合会中国地方本部,日本国家公务员工会总联合会四国地方本部,日本国家公务员工会总联合会九州地区本部,国家公务员工会九州同盟协议会行政职部会,冲绳国家公务员工会),其组织人员数包括在各该当省的组织人数中。

3. 成为法人的职员团体

注册职员团体,如想成为法人,可向人事院提出申请,并可以成为法人。1997 年度末,成为法人的注册职员团体为 364 个,其中联合体组织占 40.0%,单一体组织占 26.8%,支部、分会等组织占 11.0%,总体上占 12.5%。

成为法人的注册职员团体数(1998 年 3 月 31 日)[⑧]

区分省名	联合体	单一体	支部等	计
	团体	团体	团体	团体
总理府	1(3)	3(15)	26(310)	30(328)
法务省		1(1)	18(23)	19(24)
外务省		1(1)		1(1)
大藏省	9(27)	14(25)	82(966)	105(1018)
文部省	1(4)	16(100)	1(6)	18(110)
厚生省	0(2)	7)	7(17)	10(23)
农林水产省		1(3)	103(316)	104(319)
通商产业省		1(2)		1(2)
运输省	0(1)	3(14)	6(20)	9(35)
邮政省		1(1)	3(7)	4(8)
劳动省		1(2)	4(23)	5(25)
建设省	2(5)	2(6)	4(89)	47(11000)
人事院		1(4)		1(4)
会计检察院		0(1)		0(1)
其他	9(13)	1(1)		10(14)
计	22(55)	49(183)	293(2674)	364(2912)
法人的比例	40.0%	26.8%	11.0%	12.5%

注:1. 其他是指成员跨两省以上的职员团体。

2. (　　)内为注册职员团体数。

3. 没有注册职员团体的省此处从略。

四、与职员团体等的交涉和会见

1. 交涉

《国家公务员法》第108条之五规定:注册的职员团体对职员的工资报酬、工作时间和其他工作条件以及包括社交性或福利性活动在内的合法活动事项,提出合法的交涉申请时,政府当局应当接受它的申请;但职员团体和政府当局的交涉,不包括缔结团体协约的权利;国家的事务管理及运营的有关事项,也不能成为双方交涉的内容;能够与职业团体进行交涉的当局,应是对有关交涉事项能进行合法管理或决定的政府当局;交涉必须在职员团体从干部中指定的人员和政府当局指定的人员之间进行,其人数由职员团体与政府当局预先商定,在交涉时职员团体与当局之间须事先商定议题、时间、地点及其他的必要事项;当交涉不符合规定时,或妨碍其他职员执行职务,影响国家的事务的正常运营时,可以停止交涉;本条规定的合法交涉,在工作时间也可以进行[9]。

2. 会见

根据《国家公务员法》的有关规定,人事院每当进行关于职员的工作条件的劝告、《人事院规则》的制定或改废之际,均通过与职员团体及公务员工会的会见,听取职员的意见和要求,并将它反映到工作当中。

1997年与职员团体等的会见,在本院有189次,在地方事务局有239次,两者合计共428次。会见的内容,有关改善工资待遇的要求约占34%,关于改定级别的定数约占32%。

又,人事院的劝告,虽然是以一般职非现业的国家公务员为对象,但作为实际问题也影响到包括特别职国家公务员、地方公务员在内的全体公务员。因此,人事院会见的对象,不仅是一般职非现业的国家公务员的职员团体,而且也包括另外一些公务员、代表公务员全体的公务员工会。

五、为职员团体工作的职员的行为

1. 保有职员身份专门从事职员团体的工作(日本称“在籍专从”)

按照《国家公务员法》第108第6项的规定,职员不能专职从事职员团体的工作,但是如果得到所辖长官的许可时,可作为注册职员团体的干部专门从事职员团体的工作,但专门从事职员团体工作的时间不得超过职员在职期间5年。1997年则改为不得超过在职期间7年。

1997年底专门从事职员团体工作的干部共211人。平均每1047人的组织人数置1名专职干部,详见下表:

保留职员身份专门从事职员团体工作[11]
（“在籍专从”）的状况（1997 年 12 月 31 日）

区分省厅名	注册职员团体组织人员数	在籍专从者数	每一在籍专从者的组织人员数
	人	人	人
北海道开发厅	6980	19	367
法务省	11143	15	743
大藏省	9884	9	1098
国税厅	12180	49	861
文部省	22375	3	7458
厚生省	39465	17（12）	2321
农林水产省	29039	20	1452
通商产业省	7200	1	7200
运输省	13850	16	866
气象厅	4231	13	325
邮政省	1834	5	367
劳动省	19201	14	1372
建设省	12098	27	448
人事院	172	1	172
（冲绳国公劳）	1200	2	600
计	220852	211（12）	（平均）1047

注：1. 注册职业团体组织人数，仅为有专门从事职员团体工作者的职员团体的组织人员数。

2.（　　）内为地方专务官人数，即专门从事《地方公务员法》中规定的职员团体的人数。

2. 短期从事职员团体的工作

职员如经所辖官厅长官的许可，也可以 1 天或 1 小时为单位 1 年间 30 日的范围内，专门从事职员团体的工作。1997 年短期从事职员团体工作者共有 378 人，总的工作时间共 2690 天，每人的年平均工作时间为 7 天 1 小时。见下表：

短期从事职员团体工作的状况[12]
（1997 年）

区分省厅名	短期从事者数（A）	总计从事期间（B）		每一人平均从事期间（B/A）	
	人	日	时间	日	时间
北海道开发厅	21	131	0	6	2
法务省	7	34	0	4	7
大藏省	108	762	0	7	0
国税厅	110	663	2	6	0
文部省	1	11	0	11	0
厚生省	25	211	1	8	4
通商产业省	1	12	0	12	0
运输省	4	40	4	10	1
气象厅	12	202	5	16	7
邮政省	1	18	0	18	0
建设省	83	591	4	7	1
人事院	5	13	0	2	5
计	378	2690	0	（平均）7	4

注:1.总计工作期间是把各短期工作者1年间许可短期工作时间都计算在内的数字。对于时间单位的时间则是按照8小时换算为1天计算。

2.没有许可短期工作的职员的省此处从略。

注释:

① 伊藤达夫:《国家公务员制度》(日文版)学阳书房,1997年版,第164－168页。

② 鹈饲信成著,曹海科译:《日本公务员法》,重大大学出版社,1988年版,第31－32页。

③⑨ 星野英一等编:《六法全书》(日文版),有斐阁,1993年版,第1册,第223－225页(国家公务员法第108条之2至7);第224页;

④⑥ 竹之内一幸、桥本基弘:《国家公务员法之解说》(日文版),一桥出版,1993年版,第148页;第149－151页

⑤⑦⑧⑪⑫ 人事院编:《公务员白皮书》(日文版),大藏省印刷局,1998年版,第295页;第296－297页;第298;第299页;第300页。

⑩人事院编:《公务员白皮书》(日文版),大藏省印刷局,1999年版,第196页。

第八节　公务员的退休制度

一、退休制度的建立

退休制度是在职员达到一定的年龄时,以此为理由令其自动退职,以促使公务员队伍适当的新陈代谢,增强组织上和机构上的活力。从前,在日本,除了法官、检察官、大学的教官及自卫官等一部分人以外,国家公务员一般没有退休年龄的规定[①]。

但是,随着国民寿命的普遍延长和高龄职员的不断增加,1979年8月9日人事院对政府发出了导入退休年龄的制度。退休的年龄原则上定为60岁,1985年起开始实施关于退休制度的书简。1981年6月6日,第94届国会通过了政府提出的关于实施退休制度的《国家公务员法》的修改法案,6月11日作为部分修改《国家公务员法》的法律(昭和五十六年第77号法律)公布。1984年7月2日,制定了《人事院规则》(昭和五十九年7月2日人事院规则11－8)(职员的退休年龄),翌年3月31日施行。这样,由于《人事院规则》(职员的退休年龄)的施行,从1985年3月31日起,在一般职的国家公务员中,开始实施退休年龄原则上定为60岁的退休制度[②]。

二、退职年龄的规定

职员的退职年龄,主要有以下五个方面的规定

1.其他法律所作的特殊规定

除了临时的职员,依照其他的法律附有任期的被任用的职员,以及不需要常时勤务的占有官职的职员以外,所有的职员均有退职年龄的规定,但正像在《法院法》、《检察厅法》、《教育公务员特例法》中所看到的那样,在其他的法律有特殊的规定的场合,则须依照这些法律的规定执行。

例如《法院法》第50条规定:最高法院的法官达到70岁,高等法院、地方法院和家庭法

院的法官达到65岁,简易法院的法官达到70岁时退职[3]。

又如,《检察厅法》第22条规定:检察总长的退职年龄为65岁,其他检察官的退职年龄为63岁[4]。

再如,《教育公务员特例法》第8条规定:对大学的学长及部局长的任期,由大学管理机关决定;对教员的退职年龄,也由大学管理机关决定[5]。如1997年,部分大学的大学学长的平均年龄为67.2岁,教授为53.3岁,助教授为41.1岁,讲师为36.3岁,助手为30.5岁[6];1987年,部分大学的大学学长的平均年龄为62岁,教授为54.8岁,助教授为44岁,讲师为39.4岁。助手为33.7岁[7]。

2. 达到退职年龄的"定年退职日"

除了其他法律有特殊规定者外,职员在达到退职年龄之日以后的最初的3月15日,或者在任命权者预先指定的日子退职(以下称"定年退职日")。如随着退职年龄制度的实施,1985年3月31日达到退职年龄的退职职员共有11464人,其中给与法适用职员为8187人,给与特例法适用职员为3277人;又1985年度延长任用的职员共487人,其中给与法适用职员为354人,给与特例法适用职员为133人。

3. 退职年龄的特例

职员的退职年龄为60岁,但按照《人事院规则》规定,以下各类的职员的退职年龄,作为特例可定为65岁、63岁或超过60岁,但不得超过65岁。

(1)在医院、疗养院、诊疗所等单位工作的医师及牙科医师,退职年龄定为65岁。

(2)从事守卫、巡视、勤杂人员等厅务工作的职员,或从事劳务作业员、女炊事员、消毒妇女等所谓劳务的职员,退职年龄定为63岁。

(3)由于职务和责任的特殊性补充缺员有困难,达到60岁立即退职时明显不妥当者,其退职年龄可超过60岁,但不得超过65岁。

(4)在《人事院规则》11-8(职员的退职年龄)的第4条中,曾对以下职员的退职年龄作了特例的规定。

①退职年龄65岁者

国立公文书馆长,迎宾馆长,宫内厅次长,国税不服审判所长,国立高等专门学校的校长,社会保险厅的医疗专门官,水产大学校长,海难审判厅审判官,理事官,研究所、试验场等的所长等。

②退职年龄63岁者

a. 皇宫警察学校教育主事

b. 宫内厅职员当中的舍人,东宫内舍人,主膳长和副主膳长,主厨长和副主厨长等

c. 从事驻外使馆外务省本省及外交领事事务的职员在人事院中有规定者

d. 国立高等专门学校的教授、助教授、讲师和助手

e. 水产大学校的校长、助教授、讲师和助手

f. 海技试验官

g. 海技大学校的校长、教授、助教授、讲师和助手

h. 研究所、试验所等人事院有规定的副所长[9]

4. 达到退职年龄者的任用

基于职务的特殊性和职员执行职务的特殊情况,如果有充分的理由认为达到退职年龄

的职员,一旦达到退职年龄立即令其退职将对公务的运营产生严重的障碍时,可以令其继续延长工作。

(1)由于本职务需要有高度的专门的知识、熟练的技能和丰富的经验,不容易获得合适的后任者时;

(2)因工作环境及其他的工作条件有特殊性,由于该职员的退职出现的缺员不易得到补充,在业务的执行上产生重大的障碍时;

(3)在业务的性质方面,由于该职员的退职及职务的担当者的交替,对该当业务的继续执行产生重大的障碍时。

继续延长的期限为1年以内,如得到人事院的承认还可以延长,但最多不能超过3年。

5. 达到退职年龄者的再任用

达到退职年龄的退职者,继续延长工作之后退职时,如有特殊的需要,根据其本人的能力和经验,可以再度任用。必要条件的细目,由《人事院规则》规定,任期以不超过1年为限,但也可以更新。但自退职年龄到达日的翌日起,到任期的最后一天为止,总的来说不能超过3年。

三、退职津贴

退职津贴是职员在长期的连续工作之后退职时,作为对过去的辛勤工作的一种补偿,支给职员本人(因死亡而退职的场合则支给其遗属)的一次性退职补助金。

1953年8月公布《国家公务员退职津贴法》(昭和二十八年第182号法律)。该法后来经过许多次修改。按照1992年修改的该法(平成四年第28号法律)规定,需要服常时勤务的国家公务员(以下称"职员"),在退职时须支给其退职津贴(因死亡而退职的场合则支给其遗属)。职员以外的人,如其工作形态相当于职员者,按照政令的规定,也被视为职员同样适用于本法律的规定[10]。

1. 一般的退职津贴

退职津贴分为"一般的退职津贴"和"特别的退职津贴。"一般的退职津贴又分为普通的退职津贴、长期继续服务后的退职津贴和裁减人员的退职津贴三种。其支给的要件和支给的数额各有不同。

由于一般的退职津贴,具有连续工作的补偿性质,所以受到惩戒处分者、失职者等不支给退职津贴。又,退职以后,因在职中的行为涉及到刑事案件,被判处监禁以上的徒刑者,可令其退还退职津贴。

退职津贴每年支给一次,其支给的数额为退职前最后一个月的工资额,乘上工作期间所占的比率所得出的额的合计额。详见下表[11]:

种类	普通的退职津贴		长期连续工作后的退职津贴	裁判人员的退职津贴
支给要件	连续工作25年未满，基于自己的方便，因公务外负伤和生病（通勤灾害伤病除外）而退职，或因连续工作20年未满达到退职年龄、劝奖、公务外死亡、通勤灾害伤病等而退职。	连续工作20年未满，基于自己的方便而退职者，依照其连续工作的年数，乘上支给率中的以下的比例。	连续工作25年以上，基于自己的方便，因公务外负伤和生病（通勤灾害伤病除外）而退职，或因连续工作20年以上25年未满达到退职年龄、劝奖、公务外死亡、通勤灾害伤病等而死亡。	因公务上的负伤、患病或死亡而退职，或因连续工作25年以上达到退职年龄、劝奖、公务外死亡、通勤灾害伤病等而退职。
连续工作期间及其津贴支给额	1年以上10年以下的期间，每年支给本人最后月工资额的100%； 11年以上20年以下的期间，每年支给本人最后月工资额的110%； 21年以上24年以下的期间，每年支给本人最后月工资额的120%。	工作1年以上5年以下者，每年支给月工资额的60%； 工作6年以上10年以下者，每年支给月工资额的75%； 工作11年以上，19年以下者，每年支给月工资额的80%。	1年以上10年以下的期间。每年支给月工资额的125%； 11年以上20年以下的期间，每年支给月工资额的137.5%； 21年以上30年以下的期间，每年支给月工资额的150%； 31年以上的期间，每年支给月工资额的125%。	1年以上10年以下的期间，每年支给月工资额的150%； 11年以上20年以下的期间，每年支给月工资额的165%； 21年以上30年以下的期间，每年支给月工资额的180%； 31年以上的期间，每年支给月资额的150%。

2. 特别的退职津贴

（1）未预告而被解职的退职津贴

按照《劳动基准法》或《职员法》规定，职工未于30日前预告而被解职时，应发给30日以上的平均工资，如其所得较一般退职津贴为低时应给予补足。

（2）失业者的退职津贴

任职六个月而退职者，自退职之翌日起，如满1年仍失业者，可另给失业退职津贴。

3. 遗属的范围及顺序[12]

退职津贴在职员因死亡而退职时支给其遗属。《国家公务员等退职津贴法》第2条中规定的遗属范围如下：

（1）配偶者（包括虽未申请结婚但在职员死亡的当时与之处于事实上婚姻关系的同样状况者）；

（2）子、父母、孙、祖父母及兄弟姐妹中在职员死亡的当时主要依靠其收入维持生活者；

（3）除了上述规定者以外在职员死亡的当时主要依靠其收入维持生活者；

（4）在子、父母、孙、祖父母及兄弟姐妹中不属于上述第（2）号情况者。

领取退职津贴的顺序，依照前项各号规定的顺序；而在第2号和第4号的规定者当中，则依照在同号中所规定的顺序。在这种场合，在父母方面，以养父母为先，生身父母为后；在祖父母方面，以养父母之父母为先，生身父母之父母为后，父母之养父母为先，父母之生身父母为后。

领取退职津贴的同一顺序者，如有两人以上的场合，须按照其人数平分支给。

四、退职年金

日本公务员的退休制度,除了对退职年龄等作了一系列的详细规定外,还对退职津贴、退职年金等作了明确而又具体的规定。

但是,退职年金和退职津贴,有很大的不同。如果说退职津贴是使用者即国家依照被使用者即职员的连续工作期间,在其退职时作为一种报偿支给本人(因死亡而退职时则支给其遗属)的退职补助金,那么退职年金则是国家公务员互助会等以相互救济为目的的互助会组织,在互助会员因达到一定的会龄退职时,每年(直至其死亡时为止)支给本人或家属的养老金和补助金。退职年金的受给权者在互助会员期间,每年必须按时交纳一定数额的缴纳金。至于退职年金的数额,必须以公务员退职时的工资额为基准来确定。

然而不论是退职津贴还是退职年金,都是公务员两项重要的经济上的权利,都是通过对公务员退职以后实行生活保障,使职员能专心致志地执行公务、实现公务的有效率的运营。

1. 退职年金制度的建立

战后初期,日本职员的退职金,基本上依照1923年制定后来经过多次修改的《恩给法》的有关规定支给。如1947年最初制定的《国家公务员法》规定:“职员于相当的年限忠实服务而退职者,必须发给恩给”(第107条第1项),“恩给制度应该是对本人及本人退职或死亡时直接抚养者给予补助的制度,应按照退职或死亡时的条件,以能维持其日后适当生活为目的”(第108条)。

国家公务员的恩给制度,由于1958年《国家公务员互助会法》的实施改成退职年金。因此,根据1959年《国家公务员互助会法》的修改法律(昭和三十四年第163号法律),修改了《国家公务员法》中的一部分内容。将第三章第八节《对退职者的恩给》改成《退职年金制度》[13]。

自此以后,直到目前为止,日本历次修改的《国家公务员法》,都在第八节(退职年金制度)第107条中作了以下的四项规定:

一是职员忠实地工作相当年限后退职时,或由于公务负伤和患病退职时,以及因为公务而死亡时,必须建立并实行对本人或家属支给养老金和补助金的制度;

二是前项规定的养老金和补助金的制度的目的在于:考虑退职和死亡时的条件,保证使本人和其退职或死亡当时直接抚养的家属维持以后的适当的生活;

三是制定第一项的养老补助金制度,必须以健全的保险数理为基础;

四是前三项规定的养老补助金制度须由法律规定之[14]。

现在日本国家公务员的退职年金,均作为依照《国家公务员等互助会法》制定的长期给付之一支给。但该《互助会法》同时又规定:“依照本法律规定的长期给付的制度,对于国家公务员法第2条中规定的属于一般职的职员,即为该法第107条中规定的养老金和补助金的制度。”(国家公务员等互助会第126条之6)从而明确了《国家公务员法》和《国家公务员等互助会法》之间的关系。

至于《恩给法》,虽然迄今继续施行,但它只适用于旧官吏和旧军人,或者说今日的恩给制度,只是以从前的退职者及死亡者的遗属为对象[15]。

2. 退职年金数额的变迁

(1)退职年金的数额的确定

按照《国家公务员互助会法》规定:凡成为职员者,自任职员之日起,即取得了互助会会员的资格。会员在死亡时或退职时,从翌日起即失去了会员的资格(第37条)。该法还规定:凡互助会员期达20年以上者,自退职之日起至死亡时为止,每年均支给退职年金,即养老金。退职年金的数额,相当于工资年额的40%。但当会龄超过20年时,每超过1年则增加工资年额的1.5%,但最高限额不得超过工资年额的70%(第76条)[16]。

该法的第79条又规定:有领取退职年金的权利者,如果未满60岁时,从现年到60岁这一期间,停止支给退职年金;但某些职员在其已达到55岁但未满60岁之前,向互助会申请要求领取年金时,在其死亡之前可支给减额退职年金,但在这种场合则不支付退职年金。

(2)退职年金数额的变化

从1986年4月起,日本的《厚生年金、国民年金法》进行了修改,《国家公务员互助会法》、《地方公务员互助会法》等也相应地进行了修改。根据修改后的《国家公务员等互助会法》,退职年金改称退职互助年金,退职年金的数额也有巨大的变化。

按照1987年修改后的《国家公务员等互助会法》规定:有互助会员期间者,在下列场合下支给退职互助年金,一是互助会员期间达25年以上者,退职以后不再是会员达到65岁时,或达到65岁以后退职时;二是退职以后达到65岁者或达到65岁以后的退职者,虽然不是会员但互相会员期间已达到25年以上者时。

退职互相年金的基本额,为下列①号和②号两种金额的合计额:

①平均标准报酬月额×7.5‰×互助会员期间的月数所得出的额(相当于厚生年金的部分);

②互助会员期间20年以上者,平均标准报酬月额×1.5‰(互助会员期未满20年者则乘0.75‰)×互助会员期间的月数所得出的额(相当于职域年金的部分)[17]。

在《国家公务员等互助会法》的长期给付中,除了上述的退职互助年金外,还有障害互助年金、障害一时金和遗属互助年金,详见本章的第九节互助制度。

注释:

①⑪　佐藤达夫:《国家公务员制度》(日文版),学阳书房,平成九年(1997年)版,第132-136页;第183页

②⑥⑦⑧　人事院编:《公务员白皮书》(日文版),1982年版,第44-47页;1978年版,第61页;1988年版,第178页;1986版,第51-52页。

③　末川博编著:岩波《六法全书》(日文版),岩波书店,1983年版,《法院法》(原文"裁判所法"),第117-123页。

④⑤⑨⑩⑫　星野英一等编:《六法全书》(日文版),有斐阁,平成五年(1993年版)。《检察厅法》,第177-179页;《教育公务员特别法》,第1784-1786页;《职员的定年》,第238-239页;《国家公务员退职津贴法》,第280页;第282页。

⑬　鹈饲信成:《日本公务员法》,曹海科译,重庆大学出版社,1988年版,第102-109页。

⑭　末川博编著:岩波《六法全书》(日文版),岩波书店,1964年版,第147页;平井宜雄等编著:《六法全书》(日文版),1999年版,第272页。

⑮　伊藤正己等编:《国民法律百科大辞典》(日文版),行政股份公司,1991年版,第278页。

⑯　末川博编著:岩波《六法全书》(日文版),岩波书店,1964年版,第193页。

⑰　岩波《大六法》(日文版),岩波书店,昭和六十三年(1988年)版,第199页。

第九节　公务员的互助制度

一、互助会的组织机构

1. 互助会

国家公务员互助会(原称国家公务员共济组合)根据1958年制定的《国家公务员等互助会法》设立。该会以国家公务员的相互扶助为目的,以会员负担的缴纳金和国家承担的负担金为财源,对会员的疾病、负伤、分娩、休业、灾害、退职、障害、死亡及其被抚养者的疾病、负伤、分娩、死亡、灾害等进行一定的补助(原文为"给付"),并为会员的福利卫生事业进行帮助。现行的国家公务员互助会制度,可以说是具有日本特色的综合的社会保险制度①。

国家公务员互助会原则上在各省(部)和各厅设立,是受大藏大臣监督的公法人。各互助会的会员,都是属于各省厅的常时勤务职员,或者是在互助会中工作的专职职员。据1988年出版的《社会保障年鉴》统计,根据《国家公务员等互助会法》建立的互助会共有27个,会员的人数约1742000人(1986年度末)②。

各互助会都在各省各厅的长官(以下称互助会的代表者)指定的地区设立主要的事务所,还可以在必要的地区设立附属的事务所。这些互助会均分别作为独立的法人,进行短期给付、长期给付和福利事业。

为了有助于互助会的业务的适当运营,在各互助会均设立运营审议会。运营审议会由10名以内的委员组成。委员由互助会的代表者从会员中任命。运营审议会议定的事项,除了章程的修改、运营规则的制定和修改、每个事业年度的事业计划及其预算和决算、重要的财产的处理及重大的债务的负担以外,还可根据互助会代表者的咨询,调查审议关于互助会的业务的重要事项,并可对必要的事项向互助会的代表者提出建议。

2. 联合会

为了共同进行互助会事业中下列各项业务,设立了由各互助会组成的国家公务员互助会联合会(以下称"联合会")。联合会的业务主要有三:一是关于长期给付的事业的业务,如长期给付的决定和支付,长期给付需要费用的计算,公积金的积存等,二是关于福利事业的业务,如接受和运用会员的储蓄金等,三是关于执行国家公务员互助会审查会的事务。

联合会在东京都设立主要的事务所,并可在必要的地区设立附属的事务所。在联合会中,作为役人即干部,置理事长1人、理事10人以内、监事3人以内。理事长代表联合会,执行联合会的业务。理事依照理事长的规定,辅佐理事长执行联合会的业务。监事监察联合会的业务。理事长和监事均由大藏大臣任命。理事经大藏大臣的认可由理事长任命。大藏大臣和理事长在认为他们所任命的干部出现下列情况之一时可以解任这些干部:(1)因身心的问题不能执行职务时;(2)违反职务上的义务时。干部的任期均为2年,但可以再度任用。

为了资助联合会的业务的适当运营,在联合会内设立运营审议会。运营审议会由16名委员以内组成,委员由理事长从委员中任命。运营审议会议决的事项,除了章程的变更,运营规则的制定和修改,每个事业年度的事业计划及预算和决算以外,还可根据理事长的咨询调查审议关于联合会的业务的重要事项,并可对必要的事项向理事长提出建议[③]。

二、互助会的各种事业

国家公务员互助会及其联合会,以会员的相互扶助为目的,主要进行短期给付、长期给付、福利事业等三种事业。

1. 短期给付[④]

在日本的《广辞苑》、《广辞林》等辞书中,通常将"给付"这个词解释为"供给和交付财物"。因此,《互助会法》中所说的"短期给付",实际上就是互助会依照规定在一定的期间支给会员及其家属的各种补贴,如疗养费、分娩费、丧葬费、尹慰金、慰问金等。按照《互助会》法规定,短期给付分为以下三种:保健给付、休业给付和灾害给付。

(1)保健给付[⑤]

①疗养的补贴、入院时饭食疗养费等

a　疗养的补贴(给付)

互助会对会员非因公务的疾病或负伤,须依照规定进行疗养的补贴。疗养补贴的范围包括诊断;药剂和治疗材料的支给;处置、手术及其他的治疗;住进医院或诊疗所治疗和护理等。

b　入院时饭食疗养费

会员因非公务生病或负伤时,互助会除了对其进行疗养的补贴外,还对其饭食疗养所需要的费用,支给入院时饭食疗养费。

c　特定疗养费

会员由于非因公务生病或负伤,在接受"特定承认保险医疗机关"治疗时,互助会对其疗养所需要的费用须支给特定疗养费,特定疗养费的数额为相当于规定数额的80%的金额。

d　疗养费

互助会认为疗养的补贴以及入院时饭食疗养费和特定疗养费的支给有困难时,会员不得不在保险医疗机关及特殊承认保险医疗机关以外的医院、诊疗所及药局接受治疗、津贴或药品的场合,互助会可代替疗养的补贴支给疗养费。

e　访问护理疗养费

会员由于非公务患病或负伤,在接受"指定访问护理事业者"的访问护理的场合,互助会认为必要时可支给访问护理疗养费,护理疗养费的数额约相当于规定数额的80%的金额。

f　移送费

会员由于非公务的疾病或负伤,为接受疗养的补贴被移送到医院或诊疗所时,互助会认为必要时可对其移送所需要的费用支给移送费。

②家属疗养费、家属访问护理疗养费等

a　家属疗养费

会员的被抚养者在接受保险医疗机关及特定承认保险医疗机关的治疗时,互助会对其疗养所需要的费用须对会员支给家属疗养费。家属疗养费的数额约相当于规定的费用数额的80%或70%。

b　家属访问护理疗养费

会员的被抚养者在受到指定访问护理事业者的指定护理疗养时,互助会认为必要时可对会员支给家属访问护理疗养费。家属访问护理疗养费的数额约相当于算定的费用额的70%。

c　家属移送费

为将会员的被抚养者移送到医院或诊疗所接受与家属疗养费有关的疗养时,互助会认为必要时须对移送所需要的费用对会员支给家属移送费。

d　高额疗养费

从对疗养的补贴支付的本法第55条第2项和第3项规定的一部分负担金的数额和疗养(饭食疗养除外)所需要的费用的数额中,控除相当于作为特定疗养费、疗养费、访问护理疗养费、家属疗养费或家属访问护理疗养费支给的金额,如此项金额为明显的高额时,互助会须对受到疗养的补贴,特定疗养费、疗养费、访问护理疗养费、家属疗养费及家属访问护理疗养费的支给者支付高额疗养费。

③分娩费

会员分娩时,作为分娩费,支给相当于其标准报酬月额的金额。但此项金额如不满于政令中规定的金额时,则按照该当政令中规定的金额支给。

④配偶者分娩费

会员的配偶者分娩时,作为配偶者的分娩费,支给相当于前项规定的分娩费的70%的金额。但此项金额如不满于政令中规定的数额时,则按照该当政令中规定的金额支给。

⑤丧葬费

会员非因公务死亡时,互助会须对死亡者的家属,支给相当于本人标准报酬月额的金额的丧葬费。但这一数额如不满于政令中规定的金额时,则按照该当政令中规定的金额计算。

⑥家属丧葬费

会员的被抚养者死亡时,作为家属丧葬费,互助会须对会员支给相当于前项规定的丧葬费的70%的金额。但如这一金额不满于政令中规定的数额时,则按照政令中规定的金额支给。

(2)休业给付[6]

休业给付是指会员由于生病、负伤、分娩等原因暂不能工作期间按日支给的补贴,如伤病补贴费、分娩补贴费、休业补贴费等。

①伤病补贴费

会员非因公务患病或负伤,为了疗养暂时不能工作时,在其停止工作期间须每天支给相当于其标准报酬日额的65%的伤病补贴费。

②分娩补贴费

会员分娩时,在其分娩前的42天以内(多胎妊娠时为72天以内)到分娩后的56天以内的不能工作期间,须每日支给相当于其标准报酬日额的65%金额的分娩补贴费。

③休业补贴费

会员因被抚养者的病伤、配偶者的分娩(14日)、本人或其被抚养者意外的灾害(5日)以及会员的结婚、配偶者的死亡或其他被抚养者的丧葬(7日)等事由缺勤时,互助会对其不能工作期间须每日支给相当于其标准报酬日额的50%的金额的休业补贴费。

④育儿休业补贴费

会员在育儿休业的场合，作为育儿休业补贴费，在其因该当育儿休业未能工作期间，每日支给其标准报酬日额的25%的金额。

(3)灾害给付[7]

①尹慰金

会员因水害、火灾及其他的非常灾害死亡时，互助会须支给会员相当于本人标准报酬月额的尹慰金。

②家属尹慰金

会员的被抚养者因地震、火灾及其他的非常灾害死亡时，互助会须支给会员相当于本人标准报酬月额的70%的金额的家属慰问金。

③灾害慰问金

会员因地震、火灾及其他的非常灾害，其住宅和家产遭受损害时，互助会须根据损害的程度支给灾害慰问金。如在《互助会法》中关于第71条的别表规定：住宅及家中财产全部损失或毁坏时，支给3个月乘上标准报酬月额的灾害慰问金；住宅及家中财产烧毁或损毁二分之一以上时，支给2个月乘上标准报酬月额的灾害慰问金；住宅及家中财产烧毁或毁坏三分之一以上时，支给1个月或半个月乘上标准报酬月额的灾害慰问金[8]。

2. 长期给付

如前所述，所谓"给付"，按照日本辞书的解释，是指"供给交付财物"。至于《互助会法》中所说的"长期给付"，则是基于老龄、障害、死亡等事由，长期支给会员及其遗属的补助金。具体来说就是会员(均为职员)在长年的工作之后退职时，或由于公务伤病退职或死亡时，每年按期支给本人或其遗属的退职年金、障害年金或遗属年金。

《国家公务员等互助会法》，从1958年制定到现在经过多次修改。最初互助会法将长期给付的内容，分为退职给付、残废给付和遗属给付三种。而此中的退职给付，又分为以下五种：即退职年金，减额退职年金，通算退职年金，一次性退职金，一次性返还金；残废给付则分为两种：即残废年金和一次性残废金；遗属年金则分为三种：即遗属年金、一次性遗属金和一次性死亡金[10]。

但从1986年4月起，随着厚生年金、国民年金法的大规模的修改，《国家公务员与互助会法》等也相应地进行了大幅度的修改。根据修改后的《互助会法》，长期给付的内容改为四种，即退职互助年金、障害互助年金、一次性障害金和遗属互助年金。此制至今仍无重大变化。下面想根据1996年修改的《互助会法》，扼要地介绍一下长期给付的内容。

(1)退职互助年金

按照《互助会法》第76条、77条和78条规定，有互助会员期间者，在该当以下两种情况时，须每年支给其退职互助年金。一是互助会员期间等(除互助会员期间外，还包括依照国民年金法规定的保险费交纳完毕期间、保险费免除期间及合算对象期间的期间)达25年以上者，退职以后不再是会员达到65岁时，或达到65岁以后退职时；二是退职以后达到65岁者或达到65岁以后退职者，虽然不是会员但会员期间等达25年以上者时。

退职互助年金的基本额，为下列①号和②号两种金额的合计额：

①平均标准报酬月额×7.5‰×互助会员期间的月数所得出的额(相当于厚生年金的部分)。

②互助会员期间20年以上者,平均标准报酬月额×1.5‰(互助会员期间不满20年者则×0.75‰)×互助会员期间的月数所得出的额(相当于职域年金的部分)。

又,互助会员期间20年以上者,在取得退职互助年金的权利的当时,依靠其本人维持生活的65岁未满的配偶者,以及18岁未满的子女和20岁未满的子女处于相当于1级或2级的身体障害状态时,还可以给其加给年金。加给年金的金额,对配偶者为224400元,对子女每1人为74800元(如其中达到2人时,则分别为224400元)。

(2)障害互助年金

障害和“障害者”

障害一词可以释为障碍或妨碍,在医学上也以译为障碍、损害、毛病或故障[12]。至于“障害者”,根据1975年联合国的障害者的权利宣言,指的是“不论是先天性的还是非先天性的,由于身体的或精神的能力的不完全,自己或自身完全或部分不能确保个人和社会生活所必需的事务者”[13]。但在日本,“障害者”一词的定义,在各种法律中,通常根据各该法律的宗旨和目的确定。

正确的解释是,所谓的“障害者”,是指在身体或精神方面有明显的永久性的障碍和毛病,不能正常运用通常的机能者。“障害者”,除了分为身体障害者和精神障害者以外,还有包括以上两种病态的身心障害者[14]。

首先,根据1949年制定的《身体障害者福利法》(昭和二十四年第283号法律),“身体障害者”是指18岁以上的身体上有障碍或毛病者;其症状为一定的永久性的视觉障碍(如两眼视力均在0.1以下等)、听觉和平衡机能的障碍、声音机能或语言机能的障碍、一定程度的肢体不自由,以及心脏、肾脏、呼吸器官的机能障碍等等[15]。

其次,《精神卫生法》第3条规定,“所谓精神障害者,是指精神病人(包括中毒性精神病者),心理上的变态者,以及智力发育不全者”。现在对精神病一般根据其病因,通常分为内因性精神病和外因性精神病[16]。

最后,所谓“身心障害者”,根据《身心障害者对策基本法》(昭和四十五年第84号法律)第2条的规定,是指由于肢体不自由,视觉障碍,听觉障碍,平衡机能障碍,语言机能障碍,心脏机能障碍,呼吸器官机能障碍等固定的脏器机能障碍以及智力发育不全等精神上的缺陷(以下统称“身心障害”),长时期在日常生活和社会生活中受到相当多的限制者[17]。

总之,日本书籍中的所谓“障害者”,是身体和精神方面有明显的永久性的障碍和缺陷,不能正常运用通常的机能者。为了对“障害者”进行扶助和救济,《国家公务员等互助会法》和《地方公务员等互助会法》,与《恩给法》、《劳动基准法》、《国民年金法》、《厚生年金保险法》、《劳动者灾害补偿保险法》一样,都分别制定了所谓障害等级表。

障害互助年金[18]

按照《互助会法》第81条规定,会员由于生病或负伤,自“初诊日”起,经过1年零6个月的治疗,当症状已经固定,处于不能期待的治疗效果时(障害认定日),须根据该当障害等级的障害程度,支给障害互助年金。

障害等级根据障害的程度,从重度的障害起分为1级、2级和3级,各级的障害的状态由政令规定之。

障害互助年金的数额,由非公务的负伤和疾病所造成的障害的状态和由公务的负伤和疾病所造成的障害的状态,分别按照以下的算式算定。

〔1〕基于非公务等的障害互助年金

a 障害等级 2 级或 3 级的场合

平均标准报酬月额 ×7.5‰×互助会员期间的月数 + 平均标准报酬月额 ×1.5‰×互助会员期间的月数(互助会员期间未满 300 个月时仍按照 300 个月计算)

b 障害等级 1 级的场合

(平均标准报酬月额 ×7.5‰×互助会员期间的月数 ×125% + 平均报酬月额 ×1.5‰×互助会员期间的月数) ×125%(互助人员期间未满 300 个月时仍按照 300 个月计算)

〔2〕基于公务等的障害互助年金

a 障害等级 2 级或 3 级的场合

平均标准报酬月额 ×7.5‰×互助会员期间的月数 + 平均标准报酬月额 ×12 ×20% + 平均标准报酬月额 ×1.5‰×(互助会员期间的月数 -300 个月)(互助会员期间的月数未满 300 个月时仍按 300 个月计算)

b 障害等级 1 级的场合

平均标准报酬月额 ×7.5‰×互助会员期间的月数 ×125% + 平均标准报酬月额 ×12 ×30% + 平均标准报酬月额 ×1.875‰×(互助会员期间的月数 -300 个月) ×125%(互助会员期间的月数未满 300 个月时仍按 300 个月计算)

另外,对于障害等级 1 级或 2 级的障害互助年金的金额,在其受给权者取得这一权利的当时,有依靠其本人维持生活的 65 岁未满的配偶者时,须加算支给 224400 元(平成九年价格)的加给年金。

(3)一次性障害金[19]

会员由于非公务生病或负伤在初诊日退职时,或者在其退职之日由于生病和负伤先后支给了疗养的给付及特定的疗养费等各种费用,但自从支给这些疗养费用之后经过 5 年的时间症状已基本固定,且已处于无法取得治疗效果的状态时,须代替障害互助年金支给一次性的障害金。

一次性障害金的数额,为下列 1 号规定的金额,加上 2 号规定的金额,然后乘上 200% 所得出的总额。具体的算式如下:

(平均标准报酬月额 ×7.5‰×互助会员期间的月数 + 平均标准报酬月额 ×1.5‰×互助会员期间的月数) ×200%

(互助会员期间的月数未满 300 个月时仍按 300 个月计算)

(4)遗属互助年金[20]

会员或曾为会员者,该当于下列情况之一时,须向其遗属支给遗属互助年金。

①会员死亡时;

②曾为会员者在退职以后,由于在会员期间生病或负伤,自初诊日起不到 5 年即死亡时;

③处于障害等级 1 级或 2 级的障害状态的障害互助年金的受给权者死亡时;

④退职互助年金的受给权者和会员期间达 25 年以上者死亡时。

该当上述支给要件的①号、②号和③号的遗属互助年金额,为以下两种金额的合计额:一是相当于平均标准报酬月额的 7.5‰的金额 × 互助会员期间的月数(该当月数不满

300个月时仍按300个月计算)所得出的金额的3/4的金额;

二是相当于平均标准报酬月额的1.5‰的金额×互助会员期间的月数(该当月数未满300个月时仍按300个月计算)所得出的金额的3/4的金额。

该当上述支给要件的④号的遗属互助年金额,也为以下两种金额的合算额:

一是相当于平均标准报酬月额的7.5‰的金额×会员期间的月数所得出的金额的3/4的金额;

二是按照以下列出的a号者和b号者的区分,分别支给相当于a号和b号规定的金额乘上会员期间的月数所得出的金额;

a会员期间20年以上者,为相当于平均报酬月额的1.5‰的金额×会员期间的月数所得出的金额;b会员期间未满20年者,为相当于平均标准报酬月额的0.75‰的金额×会员期间的数所得出的金额。

另外,会员由于公务等负伤或患病,在会员期间或在退职以后死亡时,对其因公务等的遗属互助年金额,《互助会法》第89条曾作出了以下规定:尽管在第1号二和第2号二已对此作了规定,但其中的相当于平均标准报酬月额的1.5‰的金额×互助会员期间的月数所得出的金额,则"改为相当于平均标准报酬月额的3.375‰的金额×互助会员期间的月数(该当月数未满300个月时仍按300个月计算)所得出的金额"。因此,因公务等的遗属互助年金的数额,则为以下两种金额的合计额:

一是相当于平均标准报酬月额的7.5‰的金额×互助会员期间的月数(该当月数未满300个月时仍按300个月计算)所得出的金额的3/4的金额;

二是相当于平均标准报酬月额的3.375‰的金额×互助会员期间的月数(该当月数未满300个月时,仍按300个月计算)所得出的金额。

3.福利事业[21]

按照《互助会法》第98条规定,互助会和联合会对会员进行的福利事业,主要包括以下的各种事业:

(1)会员及其被抚养者的健康教育、健康座谈、健康诊查以及为保持增进其他健康所必需的事业;

(2)会员的保健、投宿或教养的设施的经营管理;

(3)供会员利用的财产的取得、管理和货款;

(4)会员储蓄金的受理及其运用;

(5)对会员的临时支出进行的货款事项;

(6)供给会员需要的生活必需物资;

(7)依照章程规定的资助增进其他会员的福利的事业;

(8)在上述各号规定的事业中的附属的事业。

三、互助会的费用负担[22]

互助会进行的各种事业所需要的费用,由会员的缴纳金和特别缴纳金及国家的负担金分担。

因此,互助会员自取得会员的资格那个月起,到失去会员资格那个月为止,每年的每个月均须交纳缴纳金。即会员的工资津贴(给与)的支给机关,每月在支给工资及其他的报酬时,须从会员的工资报酬额中扣除相当于缴纳金的金额,然后代替会员向互助会交付缴纳金。各省(部)各厅的长官(含自治大臣)及职员团体,也须根据有关的规定每月向互助会交付国家和职员团体应负担的金额。

按照《互助会法》第99条第2项规定,会员的缴纳金和特别缴纳金及国家的负担金,在互助会各种事业所需要的费用中分别占以下的比率。

1. 短期给付所需要的费用,会员的缴纳金和特别缴纳金占50%,国家的负担金占50%。

2. 长期给付所需要的费用,会员的缴纳金和特别缴纳金占50%,国家的负担金占50%。

3. 公务等障害互助年金和公务等遗属互助年金所需要的费用,国家的负担金为100%。

4. 福利事业所需要的费用,会员的缴纳金为50%,国家的负担金为50%。

5. 互助会的事务(不包括关于福利事业的事务)所需要的费用,国家的负担金为100%。

注释:

①　伊藤正己等编:《国民法律百科大辞典》(日文版),第3卷(全8卷);印刷制本凸版株式会社,平成三年(1991年)版,第316-317页。

②　健康保险组合联合会编:《社会保障年鉴》(日文版),东洋经济新报社,1988年版,第78-80页。

③⑤⑥⑦⑧⑪⑱⑲⑳㉑㉒　平井宜雄等编:《六法全书》(日文版),第1卷(全2卷),有斐阁,平成九年(1997年)版,《国家公务员互助会法》,第331-333页;第334-336页;第336-337页;第337页;第353页;第338-339;第339-341页;第341页;第341-342页;第342页;第342-343页。

④⑨　佐藤达夫:《国家公务员制度》(日文版),学阳书房,平成九年(1997年)版,第187-189页;第189-191页。

⑩　末川博编著:岩波《六法全书》(日文版),岩波书店,昭和三十九年(1964年)版,第193-197页。

⑫　宋文军、美晚成主编:《现代日汉大辞典》,中国商务印书馆,日本小学馆,1990年版,第820页。

⑬　竹内昭夫等编:《新法律学辞典》(日文版,第3版),有斐阁,平成二年(1990年)版,第706页("障害者")。

⑭⑰　林修三等编:《法令用语辞典》(日文第六次修订版),学阳书房,1986年版。第361页("心神障害者")。

⑮　《行政百科大辞典》(日文版)第3卷,行政株式会社,1977年版,第365-367页("身体障害者")。

⑯　星野英一等编:《六法全书》(日文版)第2卷(全两卷),有斐阁,平成五年(1993年1版,第3112-3116页("精神保健法")第3061页。

第十节　公务灾害补偿

一、公务灾害补偿制度的建立

1.《国家公务员法》对公伤病死的补偿的规定

1947年10月公布的《国家公务员法》,对公伤病死的补偿作了以下三条规定:一是第93条规定,职员因公务死亡,或因公务负伤、患病以及因此而死亡时,对本人及其直接抚养者,必须建立并实行补偿制度;

二是第94条规定,前条规定的补偿制度,必须规定以下事项:(一)因公务负伤或患病不能工作期间,救济职员经济困难的事项;(二)因公务负伤或患病,职员的能力长期或一生受到损害时,对其损害进行补偿的事项;(三)职员因公务负伤或患病引起死亡时,对其遗属或依靠职员生前收入维持生活者进行补偿的事项。

三是第95条规定,人事院必须尽快研究补偿制度,并将其研究成果提交国会和内阁,同时负责实施其计划[①]。

2. 人事院规则关于职员的灾害补偿的规定

1948年11月,根据《国家公务员法》,制定了《人事院规则》16－0(职员的灾害补偿)。该规则规定了关于职员的公务上的灾害和通勤中的灾害的补偿事项(第1条),确定了公务上的灾害和通勤中的灾害的范围(第2、3条),指定了主管补偿的各省厅等37个国家实施机关(包括人事院)(第5条),并明确指出人事院对实施机关补偿的实施状况,可随时进行调查或监察,以及作出的必要指示(第4条)[②]。

继《人事院规则》16－0(职员的灾害补偿)之后,后来又陆续制定了《人事院规则》16－3(受到灾害的职员的福利事业),《人事院规则》16－4(补偿及福利事业的实施),《人事院规则》13－3(关于灾害补偿的实施的审查的申述等)[③]。

3.《国家公务员灾害补偿法》关于公务灾害补偿及福利事业的规定

1951年6月,根据《国家公务员法》,并参考《人事院规则》,制定了《国家公务员灾害补偿法》(昭和二十六年第191号法令)。该法的第一条规定:本法的目的在于国家公务员法第2条规定的属于一般职的职员的公务灾害和通勤灾害迅速而又公正的进行补偿,并为促进遭受公务灾害和通勤灾害的职员恢复社会工作及保护受灾害职员及其遗属采取必要的措施,以对受灾害的职员及其遗属的生活的安定和福利的提高作出贡献[④]。

《国家公务员灾害补偿法》的特征:第一,补偿的对象,不只限于《国家公务员法》所说的职员的公务上的灾害,而且还包括职员的通勤中的灾害;第二,除了对《国家公务员法》规定的身体的损害进行补偿以外,还须将福利设施作为附属的事业予以实施。[⑤]

日本是一个法治国家。随着《国家公务员法》、《人事院规则》以及《国家公务员灾害补偿法》,分别对职员的公务灾害补偿、通勤灾害补偿以及各种福利事业作出规定并付诸实施,现行的日本公务灾害补偿制度可以说已经全面确立并日益趋于完善。

二、公务灾害和通勤灾害补偿的种类

1951年制定的《国家公务员灾害补偿法》后来经过许多次修改。按照1992年修改后的该法规定,职员的灾害补偿共有6种,1998年时则增为10种,下面仅介绍其中的7种。

1. 疗养补偿

职员因公务负伤或患病,及因通勤负伤或生病时,国家作为疗养补偿可令其进行必要的疗养,并支给必要的疗养费用。依照此项规定的疗养范围,包括诊察、取药、手术、住院、看护、移送等。

2. 休业补偿

职员因公务员负伤或患病,及因通勤负伤或患病,由于疗养不能上班工作时,国家可支给其相当于平均工资额60%金额的休业补偿[⑥]。

3. 伤病补偿年金

职员因公务或通勤负伤或患病时,可根据伤病程度支给伤病补偿年金。伤病分为三级。第1级每年支给平均报酬额×313天所得出的金额,第2级每年支给平均报酬额×277天所得的金额，第3级每年支给平均报酬额×245天所得出的金额[7]。

4. 障害补偿

职员因公务负伤或患病，或因通勤负伤或患病，引起失去或部分失去劳动能力的身体障害时，可根据身体障害的轻重程度支给障害补偿年金或障害补偿一时金。障害补偿年金对重度或中度的身体障害者，根据从第1级到第7级的等级每年支给；障害补偿一时金对轻度的身体障害者，根据第8级到第14级的等级一次支给。障害补偿年金的最高额（在障害等级第1级的场合），相当于平均报酬额的313天分的金额（每年分几次支给）。障害补偿一时金的最高额（在障害等级第8级的场合），相当于平均报酬额的503天分的金额（每年一次性支给）[8]。

5. 护理补偿

职员因公务或通勤受伤或患病，需要长期或临时雇人护理时，原来作为福利设施支给护理费，上世纪90年代中期护理费改为护理报酬。如1998年4月，护理补偿的月额如下[9]：

（1）处于常时期护理状态者

受到家庭服务员等人的护理，需要对此支付费用的场合，护理补偿的上限额从105980元提高到107100元，受到亲属的护理，不需要支付费用的场合，护理补偿额从57500元，提高到58150元。

（2）处于随时护理状态者

受到家庭服务员等人的护理，需要支付费用的场合，护理补偿的上限额，从52990元增加到53550元；受到亲属等人的护理，不需要支付费用的场合，护理补偿额从28780元，增加到29080元。

6. 遗属补偿

职员因公务或通勤死亡时，须对其遗属支给遗属补偿年金或遗属补偿一时金。职员的遗属包括配偶者、子、父母、孙、祖父母及兄弟姐妹。

遗属补偿年金，根据遗属的合计人数，每年支给一定的数额。遗属只有1人时，每年支给职员平均报酬额×153天所得出的金额，遗属如为50岁以上的遗孀或者是病残的遗孀，则支给平均报酬额×175天所得出的金额。遗属2人时，每年支给平均报酬额×193天所出的金额。遗属3人时，每年支给平均报酬额×212天所得出的金额。遗属4人是，每年支给平均报酬额×230天所得出的金额。遗属5人以上时，每年则支给平均报酬额×245天所得出的金额[10]。

7. 丧葬补偿

职员因公务死亡或因通勤死亡时，国家须对实行葬祭者支给一定金额的丧葬补偿费。例如1988年，丧葬补偿额从原来的295000元，提高到305000元（《人事院规则》16－0的部分改正）[11]。

三、遭受灾害职员福利设施的种类

《国家公务灾害补偿法》制定当时，福利设施仅有外科后处置，在温泉等地休养，支给假肢、假眼、助听器等补装具等几种设备。昭和六十年代以后，福利事业的内容逐渐扩充。据1988年日本出版的《社会保障年鉴》记载，当时作为对遭受灾害职员的福利设施共有19种，如外科后处置、支给补装具、残废者的康复、休养的费用、疗养的费用、对脊损伤者等的术后疗养、休业援护金、护理费、奖学援护金、就劳保育援护金、伤病特别支给金、障害特别支给金、遗属特别支给金、伤病特别给付金(年金)、障害特别给付金(年金、一次支给金)、遗属特别给付金(年金、一次支给金)、障害差额特别给付金等[12]。90年代以后,福利设施进一步增加,仅1998年就有22种。下面仅简介其中的12种。

1. 外科后处置

在身体障害者当中,在被认为需要外科后处置者,如为装置假肢需要进行断端部的再度手术,为减轻局部神经症状需要进一步处理等,必须进行诊断、治疗等处置(人事院规则16－3第6条)。

2. 支给补装具

对身体障害者,必须支给假肢、假眼、眼镜、轮椅、助听器等必要的补装具(国家公务员灾害补偿第22条第2项,人事院规则16－3第7条、8条)。

3. 康复费

在身体障害者当中,为使其早日康复,恢复身体的机能,可对其进行机能训练、职业训练等,并支给其所需要的费用(人事院规则16－3第9条)。

4. 休养费

对障害等级8级以上者,或对9级以下的障害被认为必要者,可使其去温泉等地休养,并支给其所需费用(人事院规则16－3第10条)。

5. 病后调养费

对因外伤造成脑器官的障害者,或对其他人事院所规定者,伤病治愈后也需要作为病后调养采取必要的措施,并支给其所需要的费用(人事院规则16－3第13条)[13]。

6. 伤病特别支给金

1981年建立的伤病特别支给金制度规定,享有领取伤病、补偿年金权利的职员,作为福利设施按照病残程度的等级,每年可领取一定数额的伤病特别支给金。病残程度分为三级,第1级每年支给114万元,第2级每年支给107万元,第3级每年支给100万元。此制一直延续到现在仍在施行,伤病特别支给金的数额也有增加[14]。

7. 障害特别支给金

根据1974年制定的障害特别支给金制度,有领取障害补偿年金权利的职员,还可依照身心障害的程度领取障害特别支付金。例如,1977年,障害特别支给金的年支付额,第1级为228万(改定前为128万元),第2级为213万元(改定前为113万元),第3级为200万元(改定前为100万元)。此制一直延续至今,支付额也有增加[15]。

8. 遗属特别支给金

按照该制规定,有领取遗属补偿年金或遗属补偿一时金权利者,还可领取一定数额的遗属特别支给金。例如,根据1977年的规定,遗属特别支给金的数额是:遗属补偿年金的受给权者为200万元(改定前为100万元);遗属补偿一时金的受给权者为200万元(改定前为100万元)、140万元(改定前为70万元)、80万元(改定前为40万元)[16]。后来支付额又有增加[17]。

9. 伤病、障害及遗属特别给付金

根据1977年4月施行的特别给付金制度,对伤病补偿年金、障害补偿(年金、一时金)及遗属补偿(年金,一时金)的受给权者,分别支给伤病特别给付金、障害特别给付金或遗属特别给付金。其给付额为原来的补偿额乘上一定的支给率(以20%为限度)所得出的额[17]。此制至今仍在施行,给付额也多次增加。

10. 障害特别援护金

该制度于1975年设立。1983年1月,根据身体障害的等级,对障害特别援护金的支付额作了以下的调整[16]

第1级,332万元(改正前228万元)

第2级,316万元(改正前213万元)

第3级,300万元(改正前200万元)

第4级,254万元(改正前176万元)

第5级,209万元,(改正前150万元)

第6级,164万元(改正前128万元)

第7级,119万元(改正前106万元)

后来又经过多次调整,如从1997年4月起,将障害特别援护金的最高额,在公务灾害的场合从830万提高到940万元,在通勤灾害的场合从470万提高到540万元[18]。

11. 遗属特别援护金

职员因公务或通勤灾害死亡时,对其遗属除支付遗属补偿年金、遗属补偿一时金外,还支付遗属特别援护金。如从1983年1月起开始提高遗属特别援助金的支给额,其中遗属补偿年金的受给权者,从200万提高到300万元;遗属补偿一时金的受给权者,按照亲属、年龄等的区分,1级从200万元提高到300万元,2级从140元提高到210万元,3级从80万元提高到120万元。此后又有几次调整,如从1997年4月起,将遗属特别援助金的最高额在公务灾害的场合从1020万元提高到1160万元,在通勤灾害的场合从540万提高到680万元[19]。

12. 奖学援护金

该制度于1967年设立。以受到公务或通勤的灾害的职员的受教育的子女为主要对象。奖学援护金的支付月额不断调整,参见以下两表:

奖学援护金的支给月额(1985年)[20]

区分	改正后	改正前
小学生等	5000元	4500元
中学生等	7000元	6000元
高校生等	9000元	7000元
大学生等	19000元	15000元

奖学援护金的支给月额(1998年)[21]

区分	提高前的额	提高后的额
小学生等	9000元	10000元
中学生等	12000元	14000元
高校生等	14000元	16000元
大学生等	32000元	34000元

四、公务灾害补偿和福利设施的实施状况

《国家公务员灾害补偿法》适用于一般职的国家公务员(1996年约108万人),因此也适用于邮政、国有林野事业等所谓四现业的职员和非常勤的职员。又,法院职员、国会职员、防卫厅职员等特别职的国家公务员(约33万人),虽然不适用《国家公务员灾害补偿法》,但它们准用该法并依照其事例实施。

关于灾害补偿的实施,人事院指定的38个国家机关(以下称实施机关),负有其第一次的责任,但人事院对补偿的实施负最终的责任,为了补偿的实施,制定《人事院规则》,指导补偿的实施机关,并对补偿和福利设施的实施进行调查等。

1.1986年度公务灾害补偿和福利设施的实施状况

20世纪80年代中期,对遭受公务灾害和通勤灾害的职员及其遗属实施的补偿共有9种,如疗养补偿、休业补偿、伤病补偿年金、障害补偿、遗属补偿、丧葬补偿等;对遭受灾害的职员进行的福利设施计有19种,如外科后处置、支给补装具、休养、疗养、护理费、休业援护金、奖学援护金等。

据统计,1986年度,灾害补偿和福利设施的总件数为29530件,总金额为96亿9530元,其中疗养补偿最多,共43亿3251万元,约占总金额的45.1%。又,1986年度每年支给的年金的实绩,除了福利设施特别给付金以外,共1814件,28亿6515万元。其中遗属补偿年金(1279件,19亿7762万元),障害补偿年金(465件,7亿2328万元),伤病补偿年金(70件,1亿6425万元)。详见以下两表:

第1表　国家公务员灾害补偿实施状况[②]

(1986年度)(单位　件,1000元)

补偿种类	件数	金额
疗养补偿	19645	4332513
休业补偿	2281	658950
伤病补偿年金	70	164249
障害补偿年金	465	723278
一时金	209	338758
遗属补偿年金	1279	1977621
一时金	6	33244
葬祭补偿	43	24963
障害补偿年金差额一时金	0	0
障害补偿年金预付一时金	0	0
遗属补偿年金预付一时金	0	0
预后补偿	0	0
走向不明补偿	0	0
合计	23998	8253575

资料来源:人事院职员局调查。

第 2 表 国家公务员福利设施实施状况㉘

福利设施种类		件数	金额
外科后处置		3	619
补装具		42	3525
康复费		6	4012
休养		15	680
疗养		21	4988
病后调养		364717	
休业援护金		2746	218359
护理费		38	19747
奖学援护金		260	42188
就劳保育援护金		8	431
伤病特别支给金		6	6288
障害特别支给金		261	82826
遗属特别支给金		51	153000
障害特别援护金		7	10860
遗属特别援护金		51	139000
伤病特别给付金		65	29518
障害特别给付金	年金	428	137857
	一时金	235	86615
遗属特别给付金	年金	1236	397598
	一时金	6	12467
障害差额特别给付金		0	0
合计		5532	1355297

资料来源:人事院职员局调查。

2.1996 年度公务灾害补偿和福利设施的实施状况

过了十年以后,即到 1996 年度,公务灾害补偿和福利设施的实施状况发生了许多变化。灾害补偿由原来的 9 种增为 10 种,福利设施由原来的 19 种增至 22 种。1996 年度,灾害补偿和福利设施的件数为 32737 件(1986 年为 29530 件),其中,灾害补偿为 26115 件,福利事业为 6622 件;总金额约为 119 亿 7000 万元(1986 年为 96 亿 887 万元),其中,灾害补偿约 101 亿 1000 万元,福利事业约 18 亿 7000 万元。

单就公务灾害和通勤灾害的件数,1996 年度共 15969 件,其中,公务灾害 14212 件,通勤灾害 1757 件。被认定为公务灾害者,因负伤造成的为 13670 件(96%),因疾病引起的 542 件(4%);至于通勤灾害,多为出勤途中的灾害,计 1205 件(69%)。详见下表:

灾害补偿及福利事业种类实施状况[24]

灾害补偿及福利事业的种类			平成八年度(1996 年度)件数	平成八年度(1996 年度)金额	平成七年度(1995 年度)件数	平成七年度(1995 年度)金额	对前年度的百分比%件数	对前年度的百分比%金额
合计			32737	119 亿 7284 万 5000 元	31201	126 亿 3024 万 8000 元	104.9	94.8
灾害补偿	小计		26115	101 亿 523 万 8000 元	24208	104 亿 1059 万 4000 元	107.9	97.1
灾害补偿	疗养补偿		20024	43 亿 4259 万 6000 元	18490	43 亿 7795 万	108.3 6000 元	99.2
灾害补偿	休业补偿		3772	11 亿 858 万 8000 元	3413	10 亿 9427 万 6000 元	110.5	101.3
灾害补偿	伤病补偿年金		57	1 亿 7546 万元	59	1 亿 8784 万 6000 元	96.6	93.4
灾害补偿	障害补偿	年金	537	10 亿 8801 万 3000 元	527	11 亿 862 万 4000 元	101.9	98.1
灾害补偿	障害补偿	一时金	114	2 亿 2870 万 8000 元	155	3 亿 2311 万 3000 元	73.5	70.8
灾害补偿	护理补偿	常时	48	3193 万 5000 元	—	—	—	—
灾害补偿	护理补偿	随时	20	638 万 8000 元	—	—	—	—
灾害补偿	遗属补偿	年金	1521	30 亿 9712 万 4000 元	1516	32 亿 2083 万 9000 元	100.3	96.2
灾害补偿	遗属补偿	一时金	3	1388 万 4000 元	5	5361 万 8000 元	60.0	25.9
灾害补偿	丧葬补偿		18	1137 万 2000 元	35	3321 万 7000 元	51.4	34.2
灾害补偿	障害补偿年金差额一时金		1	72 万 1000 元	1	788 万 2000 元	100.0	9.1
灾害补偿	障害补偿年金预付一时金		0	0	0	0	—	—
灾害补偿	遗属补偿年金预付一时金		0	0	0	0	—	—
灾害补偿	预后补偿		0	0	0	0	—	—
灾害补偿	下落不明补偿		0	0	2	322 万 2000 元	0.0	0.0

福利事业	小计		6622	18亿6760万7000元	6998	22亿1965万4000元	94.6	84.1
	外科后处置		3	461万8000元	4	187万3000元	75.0	246.6
	补装器具		73	630万4000元	76	538万5000元	96.1	117.1
	康复费		7	159万9000元	6	186万2000元	116.7	85.9
	休养		1	67000元	1	41000元	100.0	163.4
	术后调养		82	3192万3000元	100	3381万3000元	82.0	94.4
	休业援助金		3808	3亿9613万1000元	3920	4亿241万7000元	97.1	98.4
	护理费		–	–	51	3442万8000元	–	–
	家务女佣制		3	132万8000元	1	27000元	300	4918.5
	护理用器械的出租		0	0	0	0	–	–
	在家护理住宅改良援助金		0	0	–	–	–	–
	汽车贸入援助金		0	0	–	–	–	–
	奖学援助金		114	2943万6000元	141	3280万1000元	80.9	89.7
	就劳保育援助金		5	46万4000元	3	41万6000元	166.7	111.5
	伤病特别支付金		4	421万元	7	683万元	57.1	61.6
	障害特别支付金		155	7057万元	205	8739万元	75.6	80.8
	遗属特别支付金		27	8100万元	50	1亿5000万元	54.0	54.0
	障害特别援助金		145	1亿1720万元	162	1亿1195万元	89.5	104.7
	遗属特别援助金		26	1亿9520万元	50	3亿5100万元	52.0	55.6
	伤病特别付给金		53	3558万7000元	53	3462万5000元	100.0	102.8
	障害特别付给金	年金	497	2万726万1000元	485	2亿395万3000元	102.5	101.6
		一时金	132	5621万1000元	187	8846万元	70.6	63.5
	遗属特别付给金	年金	1484	6亿2452万7000元	1485	6亿5385万3000元	99.9	95.5

	一时金	3	397万1000元	9	1595万5000元	33.3	24.9
	障害差额特别付给金	0	0	1	157万6000元	0.0	0.0
	长期家族护理者援助金	0	0	1	100万元	0.0	0.0

注释:

① 《国家公务员法》(平成三年第79号法律),第93条,94条,95条,载星野英一等编:《六法全书》(日文版),有斐阁,平成五年(1993年)版,第222页。

② 《人事院规则》16－10(职员的灾害补偿),载星野英一等编:见《六法全书》(日文版),有斐阁,平成5年(1993年)版,第271－277页。

③⑧ 佐藤达夫:《国家公务员制度》(日文版),学阳书房,平成九年(1997年)版,第153页;第156－157页;

④⑥⑦⑩ 《国家公务员灾害补偿法》(1951年制定,1992年第42次修改),第1条,载于《六法全书》(日文版),有斐阁,1993年版,第265页;第266页;第266页;第266－267页;

⑤⑬ 竹之内一幸、桥本基弘:《国家公务员法之解说》(日文版),一桥出版社,1993年版,第115页;第117－119页;

⑨⑪㉑ 人事院编:《公务员白皮书》(日文版),大藏省印刷局,平成十一年(1999年)版,第182－183页;第183页;第183页。

⑫㉒㉓ 健康保险组合联合会编:《社会保障年鉴》(日文版),东洋经济新报社,1988年版,第96页;第98页;第98页。

⑭ 人事院编:《公务员白皮书》(日文版),大藏省印刷局,1982年版,第105页。

⑮⑯ 人事院编:《公务员白皮书》(日文版),大藏省印刷局,1978年版,第102页;第102－103页。

⑰ 人事院编:《公务员白皮书》(日文版)大藏省印刷局,昭和五十八年(1983年)版,第101页。

⑱⑲㉔ 人事院编:《公务员白皮书》(日文版),大藏省印刷局,平成十年(1998年)版,第157页;第157页;第294－295页。

⑳ 人事院编:《公务员白皮书》(日文版),大藏省印刷局,昭和六十一年(1986年)版,第129页。

第十一节 中央人事行政机关

一、人事院的性质

1.人事院的建立

在旧的日本官吏制度中,没有一个统一的中央人事行政机关;关于人事行政的事项,除了在法制方面进行统一运营的法制局以外,还在内阁中设立了文官考试委员会、文官惩戒委员会、文官分限(身份)委员会、文官诠衡委员会等机关,分别掌管有关官吏的考试、惩戒、保障、诠衡等事宜①。

战后初期,在官吏制度的改革浪潮中,由于美国行政考察顾问团亲自起草《国家公务员法》草案,并强烈主张建立强有力的全国性的中央人事行政机关——人事院,日本政府和国会经过反复的磋商、讨论和研究,于1947年10月21日公布了《国家公务员法》,同年11月

1 日设立了以浅井清为委员长的临时人事委员会，翌年 12 月 3 日根据关于部分修改国家公务员法的法律建立了人事院。按照井出嘉宪在《战后改革与日本官僚制》一书的说法，随着《国家公务员法》的修改和人事院的建立，代替应该破坏的旧的官吏制度，体现“一个是国家公务员，一个是国家公务员法，一个是人事院”的所谓三原则的新的公务员制度建立起来了[②]。

2. 人事院的特性

人事院是在内阁的所辖之下并对内阁保持很强的独立性的中央人事行政机关[③]。它与美国的行政委员会相似，是独立于一般的行政组织之外的特殊的行政机关。

为什么要建立人事院这种对内阁保持独立的中央人事行政机关呢？这主要是因为：第一，为了确保行政的连续性和安全性，国家公务员的人事不能被内阁这种政治部门的特定的政党或党派的政治势力所影响，也就是说根据人事行政的中立性这种观点建立的。第二，随着最近行政的复杂化和专门化，需要以科学的调查研究为基础的人事管理，近代的人事行政特别要求高度的中立性和专门性。另外，由于对公务员大幅度的限制其劳动权，作为相抵的东西，需要由与使用者即政府保持独立的机关，来代表和保护他们的利益[④]。

人事院作为中央人事行政机关具有很强的独立性主要表现在哪里呢？这一点根据《国家公务员法》第 3 条及其他各条的规定就可以看得出来。

(1)《国家公务员法》第 3 条第 1 项规定：“置人事院于内阁的所辖之下，人事院根据本法律规定的基准，必须向内阁报告工作。”第一，它只规定人事院在内阁的所辖之下，必须向内阁报告工作，但没有规定内阁有监督权[⑤]。第二，“所辖”一语只意味着比较缓和的从属关系，即一方面受到内阁的节制，另一方面则须保障独立性来完成自己的工作，这是本项所规定的人事院的第一个特性[⑥]。

(2)根据《国家公务员法》第 3 条第 2 项的规定以及其他各条的规定，人事院拥有极其广泛的权利。

第一，关于改善待遇及其他工作条件和劝告改善人事行政的事项(国家公务员法第 3 第 2 项)。

第二，关于职阶制，考试、任免、报酬、进修、分限、惩戒、苦情的处理，确保其他有关人事行政的公正以及保护职员的利益等事务(国家公务员法第 3 条第 2 项)。

第三，制定《人事院规则》和《人事院指令》(国家公务员法第 16 条第 1 项)。

第四，关于人事行政的调查(国家公务员法第 17 条第 1 项)。

第五，提出关于法令的制定、修改和废除的意见(国家公务员法第23 条)[⑦]。

(3)《国家公务员法》第 3 条第 3 项规定：在依照法律赋予人事院处理权限的部门中，人事院的决定和处分只有人事院有权审查。这就是说，赋予人事院处理权限的事项，专由人事院裁决。这一规定是基于以下两种情况决定的，一是人事院的决定和处分依照上级机关的审查和变更不能损害人事院的独立性，二是不能把人事院视为与其他的行政机关同样的上级官厅。

(4)按照《国家公务员法》第 3 条第 4 项规定。前项规定不影响就法律问题向法院提出诉讼的权利。《宪法》第 32 条规定，任何人不被剥夺在法院接受审判的权利。第 76 条第 1、2 项又规定，一切司法权属于最高法院及依法律规定设置的下级法院。不得设置特别法院。行政机关不得施行作为终审的审判。为了把人事院的决定和处分的独立性与宪法上的要求调和起来,才作出了上述的第4项的规定。即在人事院作出的决定和处分中,涉及到法律问题的事项,保留法院(司法权)进行判断的权限;从国家公务员方面来说,也保障他有对法律问题要求法院进行判断的权利。不过,如4项所说,请求法院判断的事项,仅限于法律问题,至于事实问题,人事院有最终确定的权限。但人事院确定的事实,也受审理法律问题的法院所约束⑧。

总之,人事院对国家公务员的人事管理,有规则制定等准立法的权限,不利益处分等准司法的权限,以及给与的劝告权等巨大的行政权限。鹈饲信成教授在《国家公务员法》一书中说,人事院的行政作用,依其性质可以分为两种,一为建议、计划等不约束对方的政治行为,二是决定、指定等有约束力的政治行为。

前者根据《国家公务员法》包括(甲)改善人事行政的建议(第22条),就法令的制定、修改和废除提出意见(第23条)、向国会及内阁报告工作情况(第24),对国会为适应形势而变更有关工作条件的法律提出建议(第28条),为发挥和提高工作效能制定有关职员进修的计划(第73条);(乙)制定有关职阶制的计划(第29条)、调查研究并制定报酬准则及制定修改方案(第63条、第67条)、补偿制度的研究和计划的实施(第95条)、调查研究养老金制度并提出意见(第108条)。后者有决定考核选拔标准和指定考核选拔机关(第36条)、指定考试机关(第48条)、承认临时任用其他的权力(第60条)⑨。

根据以上论述,可以得出结论,人事院是既受内阁节制,又对内阁保持独立性的中央人事行政机关。

二、人事院的构成

1.作为合议制机关的人事院

《国家公务员法》第4条规定:人事院由人事官三人组成;人事官中之一人被任命为总裁;人事院任命事务总长和在预算范围内任命为适当执行其职务所需要的职员;人事院管理其内部机构,《国家行政组织法》(昭和二十三年第120号法律)不适用于人事院。

按照《国家公务员法》规定,人事院采用合议制,人事官三人的合议体称作人事院会议。人事院会议一般每周至少一次在特定地点召开,除人事官三人外,事务总长则以干事的身份参加。人事院在行使下列职权时,须经人事会议讨论决定:

(1)制定、修改和废除《人事院规则》;

(2)取消;

(3)根据第22条规定向有关政府机关首长进行劝告;

(4)根据第23条规定向国会和内阁提出建议;

(5)根据第24条规定向国会和内阁报告工作;

(6)根据第28条规定向国会和内阁提出劝告;

(7)根据第29条规定制定职阶制;

(8)根据第36条(包括准用第37条时)规定,决定选考基准和指定选考机关;

(9)根据第48条规定考试机关;

(10)根据第60条规定,批准临时任用及其更新、限制临时任用职员人数,决定临时任用职员的资格要件,以及取消临时任用的职员(人事院规则有规定者除外);

(11)根据第63条规定制定报酬准则方案;

(12)根据第67条规定制定修改待遇准则方案；

(13)取消；

(14)根据第87条规定裁决事案；

(15)根据第92条规定决定处分；

(16)根据第95条规定制定关于补偿的重要事项的方案；

(17)根据第103条的规定，对申诉作出裁定，并向国会和内阁提出报告；

(18)根据第108条规定向国会和内阁提出建议；

(19)根据第108条之3第6项的规定，停止和取消职员团体登记的效力；

(20)经过人事院的讨论，认为需要其作出决议的其他事项[10]。

2. 人事官的任免和报酬

为了保证人事行政公正而又有效率的进行，按照《国家公务员法》第5条规定：人事官须从人格高尚、理解民主的统治组织和成绩本位主义的原则、能有效率的处理事务，且对人事行政卓有见解、年龄在35岁以上的人中挑选，经国会两院同意后由内阁任命[11]。

人事官的任免，由天皇认证。禁治产者，准禁治产者或因破产不能复权者；受监禁以上刑罚或因犯有本法第四章规定的罪行而受刑者；受过免职处分且从处分之日起不满两年者；以及结成或参加主张用暴力破坏日本国宪法或按宪法建立的政府的政党和团体者，都不能充任人事官。又，自任命之日起前五年当过政党负责人、政治顾问和其他具有同等政治影响力的政党人员，或从任命之日起前五年，经过公选当过国家、都道府县的公职候选人，根据《人事院规则》的规定，也不能成为人事官。另外，对人事官的任命，其中两人不得属于同一政党或同一的大学学部毕业。

人事官被任命后，根据《人事院规则》规定，必须在最高法院院长面前，在宣誓书签字后，才能执行职务。人事官的任期为4年，可以继续连任，但总的任期不得超过12年。

人事官的身份，受到强有力的保障，即除了因符合不够格事由而被罢免的情形之外，如果不是根据弹劾手续决定可以罢免时，不得违反本人意愿强行罢免。

人事官的报酬由法律规定。根据《特别职职员报酬法》，人事院总裁与国务大臣的工资额相同，另两名人事官与政务次官的工资额相同，以1998年的月薪额为例，人事院总裁的月薪为1682000元，调整津贴为201840元，合计1883840元；另两名人事官的月薪为1375000元，调整津贴为165000元，合计为154万元[12]。

3. 人事院的组织机构

人事院由人事官三人组成，其中一人任人事院总裁，总裁代表人事院总理院务。

人事官三人的合议体为人事院会议。在人事院会议之下，设人事院事务总局（以下简称事务总局），事务总局长官称事务总长。按照《国家公务员法》规定，事务总长是总裁执行职务的助手，在其一般监督下负责指挥、监督人事院在事务和技术方面的一切活动，制定人事院职员计划，负责人事院职员的招聘、分配和领导，兼任人事院会议干事。

在人事院事务总局之下，设立五局、一所、六个委员会和八个地方事务局，现分述如下：

管理局

管理局是人事院五局中的第一个局。它主要掌管关于人事院会议及人事官的事务，关于国家公务员制度的综合调查研究，事务总局职员的定员和人事以及人事院财务的事务，关于人事行政方面国际合作的事务，关于职阶制的事务，关于职员进修的事务（公务员研修所掌管的事务除外),关于高年龄职员退职管理的事务,关于退职年金制度的事务等。

管理局下设研修审议室和高龄对策室。前者主要负责关于进修制度的基本事项的企划和指导工作,关于培养进修的开发和指导者的工作,关于行政官吏在国外的研究员和在国内的研究员的制度的运营工作;后者主要负责关于对应高龄社会的人事行政和基本政策的制定的工作。

管理局还设立总务课、法制课、人事课、会计课、国际课及人事院图书馆等。

任用局

任用局是人事院五个局中的第二个局,主要掌理考试、任免、身份保障及派遣制度等事务。下设企画课及考试课两个课以及首席考试专门官。企划课负责任用制度的企画立案、身份保障基准的设定、任用状况的调查、选考基准的实施、临用任用的审查等工作。考试课负责人事院作为考试机关举行的竞争考试、任用候补者名簿的制成以及对人事院以外的考试机关进行协作和监督等工作。首席考试专门官则负责考试种类、考试种目及出题范围等有关考试的工作。

给与局

给与局是人事院五局中的第三个局,掌管国家公务员工资的事务,下设给与第一局、给与第二局、给与第三局、给与第四局,分别负责有关薪金、津贴等各项工作。如对工资进行调查研究,制定工资水准和职务工资表,向政府和国会提出报告、劝告和建议;实施关于工资的法令及制定为实施这一法令所必需的基准和手续;对各种津贴进行调查研究,并提出关于各种津贴的报告、劝告和建议;实施有关各种津贴的法令及制定为实施这些法令所必需的基准和手续等。

公平局

公平局是人事院五个局中的第四个局,掌管所谓"公平审查"和苦情处理等事务,如对不利益处分的不服申诉及其他不服申诉的审查,对灾害补偿及福利设施申诉的审查,对工资决定申诉的审查以及对行政措施的要求的审查等。公平局下设调整及首席审理官。

职员局

职员局是人事院五局中的第五个局,主管服务、惩戒、效率、保健、安全、福利、灾害补偿及职员团体等事务,下设职员课、福利课、补偿课、职员团体课等四个课。

公务员研修所

在事务总局中,除上述五局外,还设有公务员研修所(以下简称"研修所")。研修所主要掌管管理局管辖的关于进修事务以外的职员进修的事务,如各省厅长官推荐的上级管理者的进修、各省厅推荐的职员的进修,根据公务员录用1种考试被各省厅录用的职员的合同进修等。研修所中设立教学部,教学部下设总务课、教务第一课、教务第二课。

委员会及委员

根据1998年的统计资料,在事务总局中分设公平委员会,苦情审查委员会,灾害补偿审查委员会及考试专门委员,健康专门委员,安全专门委员。

地方事务局等

在事务总局中,还设立八个地方事务局,其名称、位置及管辖地区如下:

名称	位置	管辖区域
人事院北海道事务局	札幌市	北海道
人事院东北事务局	仙台市	青森县　岩手县　宫城县　秋田县　山形县　福岛县
人事院关东事务局	东京都	茨城县　枥木县　群马县　琦玉县　千叶县　东京都　神奈川县　山梨县　新泻县　长野县
人事院中部事务局	名古屋市	岐阜县　静冈县　爱知县　三重县　宫山县　石川县　福井县
人事院近畿事务局	大阪市	滋贺县　京都府　大阪府　兵库县　奈良县　和歌山县
人事院中国事务局	广岛市	鸟取县　岛根县　冈山县　广岛县　山口县
人事院四国事务局	高松市	德岛县　香川县　爱媛县　高知县
人事院九州事务局	福冈市	福冈县　佐贺县　长崎县　熊本县　大分县　宫崎县　鹿儿岛县

在事务局之下，除上述八个地方事务局外，还设有人事院冲绳事务所（以下简称冲绳事务所）。冲绳事务所设于那霸市，其管辖地区为冲绳县。

地方事务局和冲绳事务所，均在事务总长的指挥监督之下，负责实施其管辖区域内人事院的业务计划。

各地方事务局，均设总务课、第一课及第二课，冲绳事务所则设总务课及调查课[13]。

如上所述，人事院虽然工作十分繁杂，但机构并不庞大。

且定员人数始终稳定在700人左右。例如，人事院的职员人数，1977年为710人，1981年为711人，1987年为704人，1991年为709人，1997年为708人[14]。

三、内阁总理大臣

1. 作为中央人事行政机关的内阁总理大臣

在1965年以前，由于只有人事院是中央人事行政机关，所以《国家公务员法》的章名定为“第二章人事院”，一般职国家公务员的人事几乎全面地为人事院管辖。

但是，随着1965年5月ILO第87号条约的批准，以职员的劳动关系正常化为前提修改了《国家公务员法》，明确了作为中央人事行政机关与人事院并列的内阁总理大臣的权限。

此中最关键的规定就是新增写了《国家公务员法》第18条之2。其第1项规定：“内阁总理大臣根据法律规定，掌管职员的工作效率、福利保健、服务等事务（根据第3条第2项规定，人事院掌管的事务除外）；第2项规定：“内阁总理大臣除前项规定的事务外，还掌管对各行政机关的人事管理方针和计划等保持其统一所必要的综合调整事务。”[17]

这两项规定，一方面考虑不损害人事院作为中央人事行政机关的地位和权限，另一方面赋予作为分担管理行政事务的主任大臣的中心机关总理府长官内阁总理大臣，掌管所有公务员的工作效率、福利保健、服务等事务的权限和对各行政机关人事管理的方针、计划等综合调整的权限，就这个意义上说，具有确保宪法规定的内阁掌管有关官吏之事务这一权限的含义[18]。

具体地说，内阁总理大臣作为中央人事行政机关之一，主要掌管以下的事务：

（1）关于人事记录和人事统计的事务；

（2）工作成绩评定的实施；

（3）关于休养娱乐的实施和调整的事务及其他关于发挥和提高职员的工作效率的调查研究；

人事院机构图表(1998年3月31日)[15]

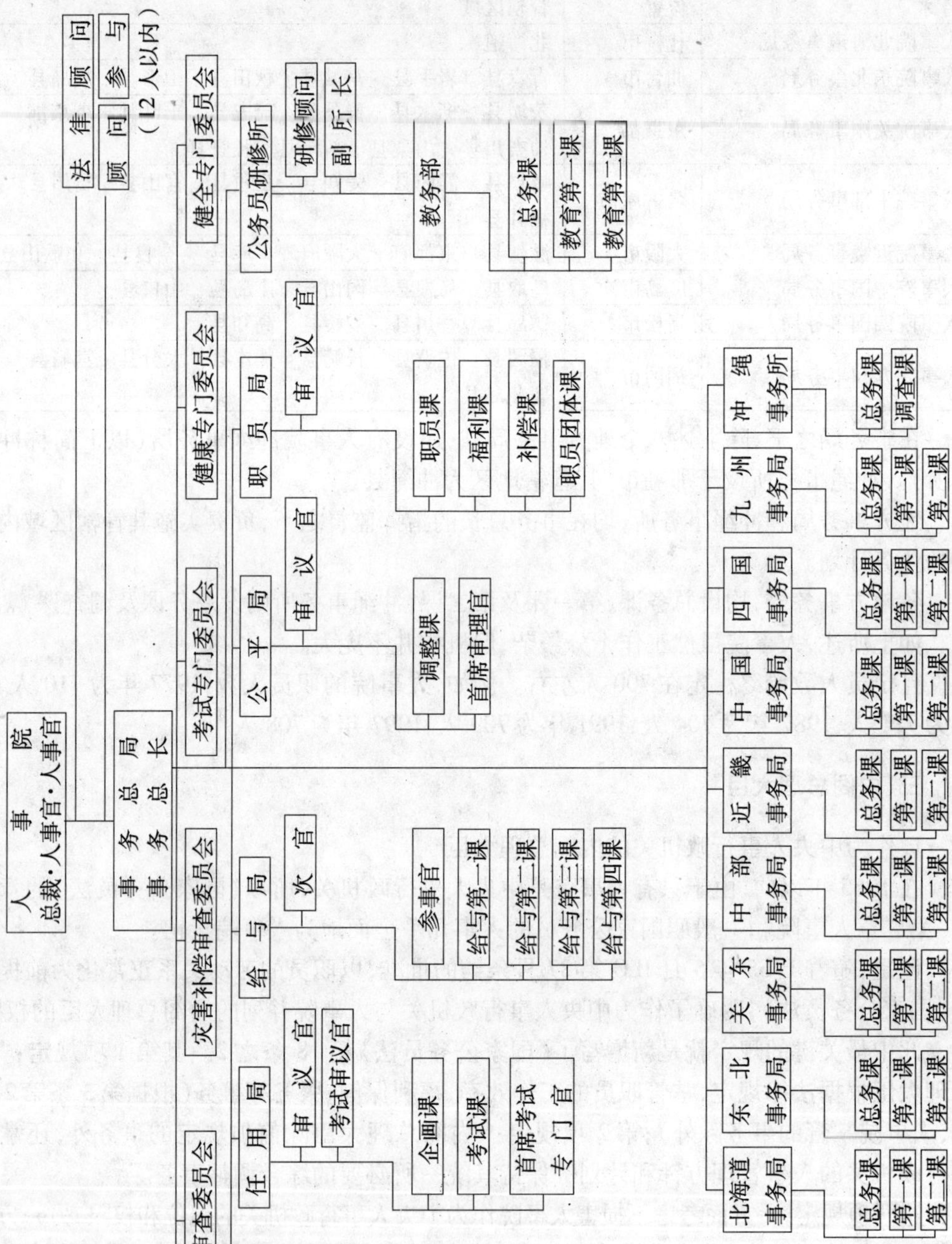

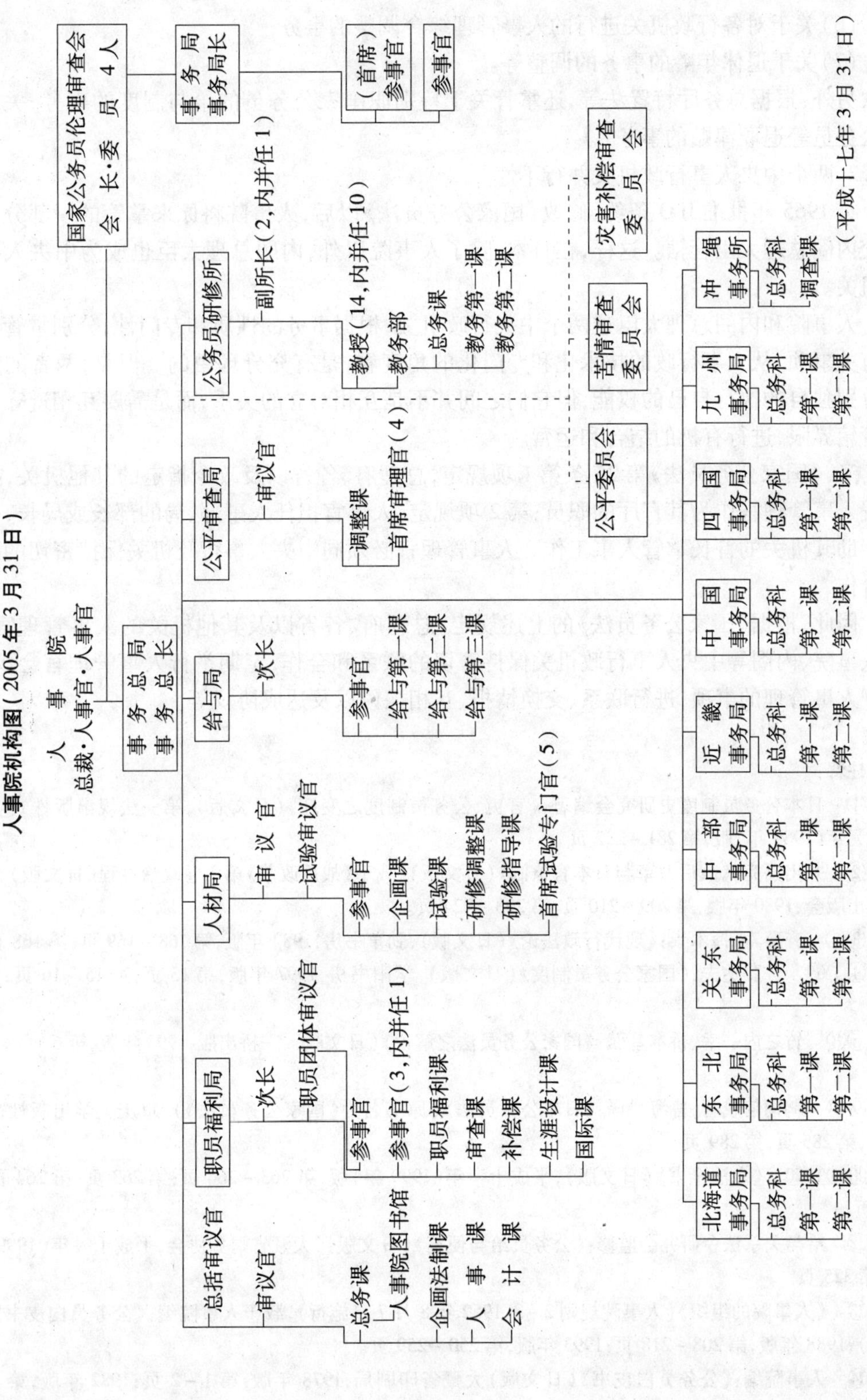
人事院机构图(2005年3月31日)
人 事 院
总裁·人事官·人事官
国家公务员伦理审查会
会 长·委 员 4人
事 务 局
事务局长
(首席)参事官
参事官
事 务 总 局
事 务 总 长
总括审议官
审议官
总务课
人事院图书馆
企画法制课
人 事 课
会 计 课
职员福利局
次长
职员团体审议官
参事官
参事官(3,内并任1)
职员福利课
审查课
补偿课
生涯设计课
国际课
人材局
审 议 官
试验审议官
参事官
企画课
试验课
研修调整课
研修指导课
首席试验专门官(5)
给与局
次长
参事官
给与第一课
给与第二课
给与第三课
公平审查局
审议官
调整课
首席审理官(4)
公务员研修所
副所长(2,内并任1)
教授(14,内并任10)
教务部
总务课
教务第一课
教务第二课
公平委员会
苦情审查委员会
灾害补偿审查委员会
北海道事务局
总务科
第一课
第二课
东北事务局
总务科
第一课
第二课
关东事务局
总务科
第一课
第二课
中部事务局
总务科
第一课
第二课
近畿事务局
总务科
第一课
第二课
中国事务局
总务科
第一课
第二课
四国事务局
总务科
第一课
第二课
九州事务局
总务科
第一课
第二课
冲绳事务所
总务科
调查课
(平成十七年3月31日)

(4)关于对福利卫生制定和实施适当的计划的事务;

(5)关于服务的事务(属于人事院掌管的事务除外);

(6)关于对各行政机关进行的人事管理综合调整的事务;

(7)关于退休年龄的事务的调整等。

另外,根据总务厅特置法等,还掌管关于特别职国家公务员的给与制度的事务,关于国家公务员等退职津贴的事务⑲。

2. 两个中央人事行政机关并行不悖

自1965年批准ILO条约、修改《国家公务员法》以后,人事院将原来掌管的一部分事务转交内阁总理大臣管辖。这样,在日本,除了人事院以外,内阁总理大臣也成为中央人事行政机关。

人事院和内阁总理大臣这两个中央行政机关,根据事务的性质和专门性,分别掌管各自的有关事项,从人事行政的技术化和专门化的角度看,是有充分理由的。但是,两者的关系是分别独自的执行自己的权能,但它们之间并不是互相对立的关系,而是需要互相遵守各自的管辖界限,进行有机的结合和运营。

又,《国家公务员法》第25条第1项规定,总理府、各省以及政令指定的其他机关,必须设置人事管理官作为其官厅的职员;第2项规定,人事官担任人事部、局的部长或局长,他必须帮助其机关的首长掌管人事工作。人事管理官必须同中央人事行政机关保持密切的联系和合作⑳。

因此,根据《国家公务员法》的上述规定,总理府、各省以及其他机关的人事管理官,均与人事院、内阁等中央人事行政机关保持密切的联系和合作,定期举行人事管理官会议,对关于人事管理的事项,进行联系、交换情报、互相探讨以及达成协议等。

注释:

① 日本公务员制度史研究会编著:《官吏、公务员制度之变迁》(日文版),第一法规出版株式会社,平成元年(1989年)版,第281－282页。

② 井出嘉宪:《战后改革与日本官僚制》(日文版),载于《战后改革》第3卷政治过程(日文版),东京大学出版会,1980年版,第209－210页,第223－224页。

③⑤ 齐藤寿、梅木崇:《现代行政法论》(日文版),劲草书房,1982年版,第168－169页;第168页。

④⑦⑲ 佐藤达夫:《国家公务员制度》(日文版),学阳书房,1997年版,第13页;第15－16页;第17页。

⑥⑧ 竹之内一幸、桥本基弘:《国家公务员法之解说》(日文版),一桥出版,1993年版,第6页;第6－7页

⑨⑱ 鹈饲信成著,曹海科译:《日本公务员法》(原书名为《国家公务员法》),重庆大学出版社,1988年版,第285页;第289页。

⑩⑪⑰⑳ 《六法全书》(日文版),平成十一年(1999年)版,第263－264页;第263页;第264页;第265页。

⑫ 给与关系法令研究会监修:《公务员给与便览》(日文版),大藏省财务协会,平成十一年(1999年)版,第325页。

⑬ 《人事院的组织》(人事院规则2－3,1952年8月7日施行),载于人事院编:《公务员白皮书》(日文版),1988年版,第208－218页;1993年版,第250－259页。

⑭ 人事院编:《公务员白皮书》(日文版)大藏省印刷局,1978年版,第1－2页;1982年版,第1－2

页;1988 年版,第 23 页;1992 年版,第 1998 年版,第 37 页。

⑮　人事院编:《公务员白皮书》(日文版),1998 年版,第 324 页(人事院机构图)。

第七章　地方公务员的各种制度

继1947年10月21日制定《国家公务员法》(昭和二十二年第120号法律)之后,1950年12月13日又公布了《地方公务员法》(昭和二十五年第261号法律)。不论是《国家公务员法》,还是《地方公务员法》,都具有基准法的性质。

所以,关于地方公务员,除了《自治法》设置根本性的规定之外,对任用、职阶制等,全部依据《地方公务员法》的规定。因此,关于地方公务员,《地方公务员法》实质上具有和《国家公务员法》同样的作用,同时,也有附属法令性的规定和特例性的规定。对于前者,有与《人事院规则》相对应的包括工资、勤务时间等的各种条例;此外,对于退职养老金,还有《地方公务员等共济组合法》;关于灾害补偿有《地方公务员灾害补偿法》。另外,作为特例性规定,有《关于地方教育行政的组织及运营的法律》、《教育公务员特例法》、《地方公营企业法》、《地方公营企业劳动关系法》以及规定被雇佣于单纯劳务的属于一般职的地方公务员范围的政令等[①]。

本章拟根据上述的各种法律和条例,参考鹿儿岛重治的《要说地方公务员制度》、坂弘二的《地方公务员制度》、地方公务员法制研究会的《地方公务员制度》(全七卷)、李天奇的《日本地方公务员制度》、鲁义的《日本地方自治制度》、盐野宏的《行政法》,小高刚的《行政法各论》,以及日本出版的各种专业辞书,如《国民法律百科大辞典》(全八卷)、《地方自治百科大事典》(全五卷)、《行政百科大辞典》(全六卷)、《新法律学辞典》等书,分别对地方公务员的范围和种类、任用和考试、考绩和进修、义务和责任、政治和经济权利、保健福利制度、地方人事机关等问题,逐一进行研讨和叙述。

第一节　地方公务员的范围和种类

一、地方公务员的范围

1.地方公务员的定义

《地方公务员法》第2条规定:地方公务员"是指地方公共团体的所有的公务员"。按照这一说法,地方公务员的范围极广,这是现在地方公务员制度的一个特点[②]。凡从事地方公共团体的公务者,具体地说就是凡从事都道府县、市町村、地方公共团体的组合、财产区及地方开发事业团的公务者,不管是通过选举的方式选出或通过任命的方式任用,也不管是正式录用或临时录用,更不管是附有期限的录用或终身任用,所有的人都是地方公务员。守卫、饮食调理员等从事单纯劳务的职员固不必说,就是非常勤的消防团员和水防团员,以及由公共职业安定所介绍雇佣的所谓失对劳务者，也都是地方公务员[3]。

但是，也有例外的情况，如地方事务官和地方警务官，主要从事都道府县的公务，但其身份却是国家公务员，而不是地方公务员。

前者是指地方事务官、地方技官、雇员和佣人等；他们在都道府县工作，但保有国家公务员的身份，如在厚生省部门，从事健康保险、厚生年金保险、船员保险、国民年金等工作的职员，或者在劳动省部门，从事职业安定所、雇佣保险等工作的职员等。

后者是指都道府县警察中警视正以上的警察官。按照《警察法》规定，在都道府县警察中，置警察官、事务吏员、技术吏员及其他的职员；而警察官的级别，又分为警视总监、警视监、警视长、警视正、警视、警部、警部补、巡查部长及巡查。在这些级别当中，警视正以上的级别的警察官，为一般职的国家公务员，统称为“地方警务官”。除此以外的都道府县警察的职员，为一般职的地方公务员，统称为“地方警察职员”[4]。

2. 地方公务员的判断基准

如上所述，按照《地方公务同法》规定，所谓地方公务员就是指地方公共团体的所有的公务员。但这一地方公务员的定义是很抽象的，其具体的内容不一定特别明白。结局是某些人是不是地方公务员的区别，必须根据具体的事例来判定，通常有以下三点判断基准：

(1) 事务的性质，即他所从事的事务是不是地方公共团体的事务；

(2) 雇佣的性质，即是否进行过作为地方公共团体的公务员的任命行为；

(3) 报酬的性质，即是不是从地方公共团体领取作为工作的等价报酬[5]。

凡符合上述三条基准者，大体上可以判断为地方公务员，但就具体的场合而言，这一基准也不能是绝对的，只是说地方公务员一般须满足这三点。因此，为了决定某些特定的人是不是地方公务员，必须针对各种情况，参考以上的主要条件，具体地进行探讨。这一点从行政实例中就可以看得出来。例如，校医（行实昭和 26. 2. 6 地自已发 37 号）、受产业技术普及员的委嘱的养蚕农业协同组合的职员（行实昭和 26. 3. 13 自治公发 72 号）等，都被定为特别职的地方公务员；因为这些职员是由地方公共团体选任，领取地方公共团体支给的报酬，并从事地方公共团体的公务。又如，凡符合三条基准者，均可以认为是地方公务员，但不能说不具备三条全部基准者就不能是地方公务员，如民生委员，经都道府县知事推荐，由厚生大臣委嘱，又是名誉职，且不支付报酬，但它却定为地方公务员（行实昭和 26. 8. 27 地自公发 360 号）。再如，水害预防组合的议员，按照行政实例的规定，就不是地方公务员（行实昭 26. 3. 14 地自公发 88 号），因为水害预防组合的事业，本来不是地方公共团体的事务，所以该组合的议员不是地方公务员[6]。

又，在国家的场合，对是否是国家公务员，按照《国家公务员法》规定，人事院有决定权；但对地方公共团体却没有这一规定，所以对是不是地方公务员有疑义时，将分别由任命权者决定[7]。

二、地方公务员的种类

1. 一般职和特别职区别的基准

《地方公务员法》与《国家公务员法》一样，也将公务员分为一般职和特别职。《地方公务员法》上最重要的区别，就是一般职和特别职的区别。区别特别职和一般职的基准，日本学者一般指出以下两点。

(1)有无适用成绩主义的原则

一般职的职员,原则上依照考试成绩和工作成绩录用和提升,全面地适用成绩主义的原则是一般职职员的身份处理的基本原则。特别职的地方公务员,根据居民的选举,议会的议决,或任命权者的特别的信任及拥有特殊的知识经验等,不一定只依照通常意义上的成绩主义进行任用。当然,特别职的任用不能随心所欲地进行,必须考虑防止产生政党分赃制的弊害,分别任用符合担任公职的适当的人才或适合规定的资格者。

(2)有无作为终身职的性格

通常,一般职的职员,均为终身任职。即,第一次作为正规的职员被任用后,只要没有特定的事由,如达到退休年龄,分限处分或惩戒处分等事由,不得违反本人的意愿令其离职,其身份根据法律受到严格的保障。这是一般职的职员的重大特征之一,与在通常的雇佣关系的场合基于契约自由的原则任意规定雇佣的时间形成了鲜明的对照。与此不同,在特别职的公务员的场合,均限有一定的任期或雇佣时间被任用,不能预想终身工作。但是,必须注意,在一般职的公务员中,像例外的临时职员那样,也不一定以终身职作为前提。

2. 特别职地方公务员的种类

《地方公务员法》第3条第3项将特别职公务员列为六种,其中的第一种又分为三个项目[9]。后来,有些日本学者将《公务员法》中列出的第一种三个项目改为三种,加上以下的五种共为八种,现分述如下:

(1)必须是经过公选或地方公共团体的议会选举、议决或同意就任之职;

这是依靠居民或其代表的信任就任的职务集团。具体地说就是指都道府县知事、市町村长、都道府县议会议员、市町村议会议员、副知事、助役、出纳长、收入役、监察委员、选举管理委员会委员、教育委员会委员、公安委员会委员、人事委员会委员、公平委员会委员、地方劳动委员会委员、收用委员会委员、海区渔业调整委员会委员、内水面渔场管理委员会委员、农业委员会委员、固定资产评价审查委员会委员以及其他就任需要公选或地方公共团体的议会的选举等之职。

又,地方公共团体的一部分事务组合的议员、管理者等的执行机关,虽然法律上没有规定需要公选或议会的议决,但由于它们在根据地方公共团体的议决制定的规约中规定了选任的方法,所以也相当于本号所说的特别职。

(2)地方开发事业团的理事长、理事及监事之职;

此职选任的方法,与地方公共团体的部分事务组合的管理者等的场合相同,根据由有关地方公共团体的议决制定的规约决定。

(3)地方公营企业的管理者及企业团的企业长之职;

这些职务由地方公共团体的行政首长从对地方公营企业的经营有见识的人当中任命,不一定依照成绩主义的原则。

(4)在根据法令或条例、地方公共团体的规则及地方公共团体机关制定的规程设立的委员及委员会(包括审议会及其他与此相当的组织)的成员中担任临时或非常勤之职;

这些职务都是非专务职,又由于其性质都是自由任用职,因而定为特别职。

(5)临时或非常勤的顾问、参与、调查员、嘱托员及相当于这些职务之职;

这些人也与第2号的人们一样,基于特定的知识和经验,以随时参与地方公共团体的行政或有其他的职业为前提,限于一定的场合执行地方公共团体的业务之职。

(6)地方公共团体的首长、议会的议长及其他地方公共团体机关的首长的秘书之职及条例指定之职;

这些职务均基于首长等的特别信任,适合于自由作用之职,故被定为特别职。

(7)非常勤的消防团员及水防团员之职

置于市町村的非常勤的消防团员及置于市町村的水防团的水防团员,都是地方公务员,可以说具有为保护地区居民的生命和财产的安全的社会事业自愿服务者的性质,但因他们不是职业的公务员,故被定为特别职。

(8)为了失业对策及公共事业或煤矿离职者紧急就业对策事业,作为失业者或煤矿离职者经公共职业安定所介绍成为地方公共团体雇佣的人员,但他们须是技术人员、手艺者监督者及担任行政事务者以外者之职;

因失业对策事业等地方公共团体雇佣的人员,由于地方公共团体的"雇佣"被定为地方公务员,又由于他们的雇佣须采用特别的方法故被定为特别职[10]。

3. 一般职地方公务员的分类

按照《地方公务员法》规定,地方公务员分为一般职和特别职;《地方公务员法》原则上适用于属于一般职的地方公务员,除法律上有特殊规定的场合外不适用于属于特别职的地方公务员。

适用于《地方公务员法》的一般职公务员,从工作时间和职务内容等方面看,有几种分类的方法,其主要的分类方法如下:

(1)常勤职员和非常勤职员

一般职的职员,根据是否需要常时勤务,可以分为常勤职员和非常勤职员。由于常勤和非常勤的区别,在法律上在身份处理方面有若干的差异。即,对非常勤职员,不作为按照条例的定数规制的对象(自治法第172条第3项)。又,在《地方公务员法》方面,不适用关于附有条件录用的规定和关于退休年龄制度的规定。即《地方公务员法》对于非常勤职员,没有预定像常勤职员那样的所谓终身任用。

关于常勤、非常勤的区别的基准,在法律上没有任何规定。国家公务员的非常勤职员的工作时间,规定一周间的正规的工作时间,等于常勤职员的工作时间的3/4以下〔人事院规则15-12(非常勤职员的工作时间及休假2)〕。地方公务员的场合,大体上可以依照国家公务员的处理方法对待。另外,按照行政实例规定,对于需要依照条例规定定数的常勤职员,有时虽然是每一日工作一次,但仍然定为常勤职员(昭和26.8.15地自行发216号),这是因为考虑到像守卫、消防职员等那样,一天通常的工作时间超过8个小时的缘故。

作为基于常勤和非常勤的身份处理的重大差别,对于非常勤职员必须根据条例支给报酬,并可以接受费用赔偿;但对于常勤职员,除必须依照条例支给工资及旅费外,还可以根据条例支付赡养津贴、调整津贴、居住津贴、通勤津贴、特殊勤务津贴、退职津贴等各种津贴(自治法第204条)。

又,在《地方公务员等共济组合法》和《地方公务员灾害补偿法》中,都把每个月通常的工作时间达22天以上的状态连续12个月以上者视为常勤职员。

(2)吏员及其他职员

按照《地方自治法》规定,一般职的地方公务员,可以分为吏员及其他职员(雇佣人)。如该法第172条、173条规定:普通地方公共团体置吏员及其他职员;吏员包括事务吏员和技术吏员,事务吏员和技术吏员奉上司之命,分别掌管事务或技术事项[⑪]。地方公共团体议会事务局的书记及其他的职员的区别(地方自治法第138条第4项)、教育委员会事务局的事务职员和技术职员与其他职员的区别(地教法19.1),也是基于同样的宗旨作出的规定。

这一吏员与其他职员的区别,可以说是来源于从前的身份法上的区别,即从前在地方公共团体中的工作者分为立足于公法上的身份关系的吏员和私法上的雇佣关系的雇佣人的这种身份上的区别。地方公务员法没有采纳这种身份上的区别,不论是吏员还是其他的职员均受到同样的身份待遇。但是,这一区别,在其他的法律中却有规定:如《地方自治法》第153条第1项规定,地方公共团体的首长,可以将属于他管辖的一部分事务,委任给吏员或令吏员临时代理;《地方自治法》第171条第2项规定,地方公共团体首长可以从吏员中任命辅助出纳长或收入役的事务的出纳员,还可以从吏员及其他的职员中任命其他的会计职员[⑫];《地税法》第1条第1项规定,在《地税法》上有一定的权限的征税吏员,可由接受地方公共团体首长委任的吏员充任;《食品卫生法》第19条第2项规定,食品卫生监视员从吏员中任命等。

(3)根据职务种类的分类

一般职的地方公务员,根据职务的内容,除了从事一般的行政事务的职员外,可以分为教育公务员、警察职员、消防职员、企业职员、单纯劳务职员等,请参看下表:

根据职务种类的分类(根据《地方公务员法》第57条的各种特例法的规定)[⑬]

职员的名称	定义	根据法令
教育公务员	《学校教育法》第1条规定的学校,该法第2条规定的国立学校及公立学校的学长、校长(包括园长),教育及部局长以及教育委员会的教育长和专门的教育职员	《教育公务员特例法》第2条
警察职员	在都道府县的警察职员中,警视正以上的级别的警察官以外的职员	《警察法》第56条
消防职员	在消防本部及消防署设置的消防吏员及其他的职员以及从事救急业务的都道府县的吏员及其他的职员	《消防法》第12条、第35条之6
企业职员	辅助执行属于公营企业管理者的权限的事务的职员	《地方公营企业法》第15条
单纯劳务职员	被雇佣从事单纯劳务者	《地方公务员法》第57条

注释

① 盐野宏著,杨建顺译:《行政法》,法律出版社,2001年版,第692页。

②⑧ 鹿儿岛重治:《要说地方公务员制度》(日文版),学阳书房,1988年版,第35页;第38－39页。

③⑥⑩ 金子善次郎编:《地方公务员制度》第1卷(日文版),行政出版株式会社、1991年初版,第40－41页;第42－44页;第47－53页。

④ 坂弘二:《地方公务员制度》(日文版),学阳书房,1992年版,第2页,第21页。

⑤ 伊藤正己等编:《国民法律百科大辞典》(日文版)第5卷,行政株式会社,1991年版,第485－486页。

⑦⑬ 石原信雄等编:《地方自治百科大辞典》(日文版)第4卷,行政株式会社,1988年版,第167页;第166－167页。

⑨ 星野英一等编:《六法全书》第2卷(日文版),有斐阁,1993年版,第472页(地方公务员法第3、4条)。

⑪⑫ 末川博编:岩波《六法全书》(日文版),岩波书店,1983年版,第773页(地方自治法第172－173

条);第773页(地方自治法第171条)。

⑭⑮　石桥孝雄编:《地方公务员制度》第4卷(日文版),行政株式会社,1991年版,第18-19页;第20-21页。

⑯　人事院编:《公务员白皮书》(日文版),大藏省印刷局,平成二年(1990年)版。第285页;平成三年(1991年)版;第287页;平成四年(1992年)版,第297页;平成七年(1995年)版,第331页;平成十年(1998年)版,第350页;平成十一年(1999年)版,第421页。

第二节　地方公务员的任用和考试

一、任用的根本基准

1. 成绩主义的原则

《地方公务员法》第15条在谈到任用的根本基准时规定:"职员的任用必须根据法律的规定,按照考试成绩、工作成绩及其他能力的实际验证进行。"[①]不言而喻,这一规定集中地体现了在职员的任用中的成绩主义或"能力实证主义"的基本原则。

因为,职员的录用或升任等,须根据考试成绩或工作成绩的评定结果等进行,以最大限度地发挥和提高地方公共团体的公务效率;另一方面,在职员当中,有些人工作成绩不良,或因身心问题难以执行职务,以及在职务上缺少必要的适合法律规定之资格者,都将违反本人的意愿予以降职或免职,这些也是基于成绩主义的原则作出的规定,它既是职员任用的根本基准,也是以确保地方公共团体的效率为目的的重要措施。

另外,作为成绩主义的基本标志即能力,还必须通过客观的实际验证。首先,所谓考试成绩,就是职员的录用考试或升任考试显示出的考试者的成绩;其次,所谓工作成绩,是以能够证明工作成绩的评定结果等工作实线的资料作为依据;最后,所谓其他能力的实际验证,指的是教师的任职许可证、医师的任职许可证、汽车司机的驾驶执照、农业改良普及员的国家考试,以及有特定的学历和经历等事实[②]。

总之,职员任用的根本基准,从法律规定到实际验证,都自始至终地贯彻了成绩主义的原则。

成绩主义的原则,是增进公务效率的不可缺少的原则,也是实现公正待遇的最为必要的条件。它既具有消除过去按照私情任用职员或猎官运动的消极的意义,同时也具有依照能力主义任用官职,最大限度地发挥公务效率的积极的意义[③]。

2. 平等待遇的原则

《日本国宪法》第14条规定:"全体国民在法律之下平等。不因人种、信仰、性别、社会身份以及门第而在政治、经济以及社会的关系中有所差别。"

根据《宪法》的上述规定,《地方公务员法》第13条在谈到平等待遇的原则时说:"所有国民在本法律的适用上一律平等,不得因人种、信仰、性别、社会地位或门第不同而区别对待;除第16条第(五)"号"规定的情况外,不得因政治见解和政治上的所属关系不同而区别对待。"除此以外,该法的第19条还提出了应试资格的平等公开的原则,规定"竞争考试必须以平等条件向所有具备人事委员会规定的应该资格的国民公开进行"。《地方公务员法》

的上述规定,可以说是将《宪法》的保障予以具体化的规定。

但是,必须特别指出,《宪法》和各种法律中规定的平等待遇的原则,并不意味着绝对的平等或画一的平等。具体的人和具体的事,必须作具体的分析和具体的对待。例如,在录用职员时,一般的警察吏员限于男性,护士限于女性等,从职务的特殊性看具有合理性,因而被认为不违反平等待遇的原则;但录用一般的事务职员如仅限于男性时,如无客观的合理的特殊的情况,则可以被解释为违反了平等待遇的原则。又如,《地方公务员法》第13条中规定的"国民"并不包括外国人,因而对外国人的任用和任用后的身份待遇并不直接适用本条的规定;但根据1982年公布的《关于在国立或公立的大学中任用外国人教员等的特别措施法》(昭和五十七年第89号法律),在国立大学及公立大学中可以任用外国人为教授、助教授或讲师,从法律的角度看这可以说是"当然的法理"的特例。

平等待遇的原则,是《地方公务员法》的适用中的最重要的原则之一,也是《地方公务员法》的任用中的最重要的原则之一[④]。因此,为了实施这一原则,《地方公务员法》第60条第1项规定,凡违反第13条的规定,实行差别待遇者,将判处1年以下的徒刑和3万元以下的罚款。

二、不够资格的条款

《地方公务员法》第16条(不够资格的条款)规定,符合以下各"号"之一者,除条例规定的情况以外,不能成为职员或接受竞争考试及选考。

1. 禁治产者和准禁治产者

禁治产者,是指精神经常处于不正常的状态,被宣告为没有管理财产能力的人。准禁治产者,是指精神处于错乱的状态,判断能力不充分,被宣告为准于禁治产者的人。这两种人都不能成为政府职员或接受竞争考试及选考。

2. 被判处监禁以上刑罚,其刑期未满或执行尚未取消者

所谓监禁以上的刑罚,指的是死刑、徒刑和监禁。由于服刑尚未期满或执行尚未取消,受到这三种刑罚者当然不能成为职员或参加竞争考试及选考。

3. 在该地方公共团体受到惩戒免职处分,从该处分之日起未满两年者

免职在惩戒处分中是最严重的处分。但由于期待本人反省的缘故,仅规定自受处分之日起两年内不能成为职员。同时,还规定只对受惩戒处分的原来的地方公共团体失去任用资格,如在A市受到惩戒免职处分者,还有可能在B町被录用为职员,当然这需要慎重地研讨原来受免职处分者有无作为职员适合法律规定的资格。

但是,对于县费负担的教职员,由于其任命权属于都道府县的教育委员会及受其委任的指定都市的教育委员会,其免职处分也由这些委员会负责进行,所以A县B町的县费负担的教职员在受到惩戒免职处分时,自免职之日起两年内不能成为A县管辖下的指定都市以外的市町村的县费负担的教职员及B町的职员,在C指定都市受惩戒免职处分者,也不能成为C指定都市的职员(包括县费负担教职员)[⑥]。

4. 作为人事委员会或公平委员会的委员犯有第五章规定之罪受刑罚处罚者

人事委员会或公平委员会的委员,作为中立的人事机关,在执行地方公务法方面担负重要的职责。因此,这些委员因违反《地方公务员法》被处以刑罚时,必然是明显的违反义务,失去了职员的资格。首先,委员在犯有《地方公务员法》第5章所规定之刑罪时,在理论上

通常是以下一些情况，如违反平等处理的原则、违背保守秘密的义务、阻碍人事委员会进行的公务员考试、提供关于考试的秘密情报以及故意妨碍关于工作条件的措施要求等。其次，这里所说的刑罚，与通常的情况不同，也包括罚款的处罚。另外，所谓"被判处徒刑"，可以解释为刑的宣判和刑的免除的宣判，与现实中刑罚的执行情况完全不同。又在被判处徒刑的场合，一般均绝对地失去作为职员的资格，只有经过一定的期间，宣布免除刑罪之后，才能不作为被判刑者处理，才能恢复担任职员的资格。

5. 在《日本国宪法》施行之日以后，组织或加入主张以暴力破坏《日本国宪法》或反对在宪法原则下成立的政府和政党及其他政治团体

公务员负有尊重和拥护宪法的义务。因此，作为企图通过暴力破坏《日本国宪法》或在《日本国宪法》之下成立的政府团体的成员，与必须遵守《日本国宪法》的公务员的本分绝对不能相容。这一不够资格的条款是绝对的。凡组织或加入这种政党或团体者，即使后来解散或脱离了这种政党或团体，在一定的期间内，也不能承认其有担任职员的资格。

三、任用的种类和方法

1. 任用的种类

包括录用、晋升、降职、调任等四种类型。

《地方公务员法》在职员的任用方面，规定为正式任用和临时任用两种。在正式任用方面，《地方公务员法》第17条1项规定："在出现职员的职位空缺时，任命权者可以按照录用、晋升、降职或调任的任何一种方法任命职员。"这就是说，作为任用的种类，分为录用、晋升、降职或调任四种，现分别介绍如下：

所谓录用是指任命现在为非职员者或临时任用为职员者担任职员的职务。

所谓晋升是根据法令、条例、规则及其他规程，任命职员担任比原来职务的级、组织上的地位等高一个级别的政府职员的职务。

所谓降职则与晋升的场合相反。但由于降职是一种身份（分限）处分，所以非根据法律规定的事由不能进行。

所谓调任是以晋升或降职以外的方法任命职员担任其他职员的职务[⑦]。

兼职、充职、事务从事、派任等任用的弹性的运用[⑧]。

职员任用的种类，虽然分为录用、晋升、降职、调任四种，但在实际的任用之际，根据法律的规定，或者说在事实上，还可以进行兼职、充职、事务从事、派任等弹性的运用。

所谓兼职，是指某些职员保有原来的职务，同时任用他担任其他职务。也称为兼任或兼务。在国家公务员的场合，兼职受到一定的限制，但对于地方公务员，从广泛重视人才、节减经费的观点出发，对兼职不作特别的限制。同时，职员在兼任其他职员职务的场合，也不得享受工资津贴（地方公务员法第24条第4项）。另外，职员的兼职有狭义和广义之分。狭义的兼职指兼任同一地方公共团体的职务，广义的兼职指兼任另外的地方公共团体的职务，或兼任地方公共团体的职务和国家的职务。还有，对特定的职务，禁止职员兼职，如禁止常勤的职员，兼任地方公共团体的议会的议员、地方公共团体的知事、人事委员会或公平委员会的委员等。

所谓充职是依照法令等的规定，使任某职的职员，自然充任其他职务的制度。例如，都道府县选举管理委员会的书记长，由知事部局的地方课长充任，或者是由于任命为地方课

长,当然会兼任选举管理委员会的书记长。

所谓事务从事,是命令担任某职的职员,从事其他职的职务。但这并不是兼职。在这种场合,不需要具体的发令行为,只对该当职员发出必须从事其他职务的职务命令即可。此外还有事务办理、事务代理等。

所谓派任是旧任命权者在任用职员担任不同任命权者的职务时进行的发令形式,但它必须有新任命权者的任用行为才算结束。派任的发令形式,虽然依照从前的惯例进行,但其法令的性质并不一样。例如,在命令市町村长部局的职员赴农业委员会工作时,它既相当于调任的情况,也可以认为是事务从事的命令。前者的场合,会有意表示出解除市町村部局的职务的意见。农业委员会需要有任命其职务的发令行为;后者的场合,派任的发令是职务的命令,不需要农业委员会的任命行为。

2. 任用的方法

如上所述,职员任用的种类有四种:录用、晋升、降职和调任。由于任用种类的不同,或人事委员会的有无等原因,任用的具体方法也有以下一些不同:

录用及晋升

在职员的任用当中,录用和晋升必须通过竞争考试或选考进行。但在设有人事委员会的地方公共团体和不设人事委员会的地方公共团体中,它们的处理方法有一些不同。即在设有人事委员会的地方公共团体,职员的录用和晋升原则上要经过竞争考试,但对于人事委员会规定的职务,如果得到人事委员会的批准,也可以通过选考进行(地方公务员法第17条第3项)。作为选考的场合,例如在录用股长级以上之职时,或晋升课长级以上之职时,则由人事委员会规则规定(关于职员的选考的规则(准则)昭和27.12.4丙行发52号)。

在不设人事委员会的地方公共团体,职员的录用和晋升可能通过竞争考试或选考的任何一种方法进行(地方公务员法第17条第4项)。

调任

关于调任,不需要通过竞争考试或选考,这是因为在任其他职务时已经进行了某种程度的能力的实际验证;当然,对新任用的职务,必须具有适合法律等规定的资格。

降职

对违背职员的意愿的降职,必须根据《地方公务员法》规定的事由,如该法第27条第2项所说,职员非因本法律规定的事由,不得违背本人的意愿降职。

四、竞争考试和选考

1. 竞争考试的若干规定

按照《地方公务员法》规定:在设有人事委员会的地方公共团体,职员的录用和晋升均要通过竞争考试,但如得到人事委员会的认可,也可以通过选考进行。在不设人事委员会的地方公共团体,职员的录用和晋升须通过竞争考试或选考进行。

从实践上看,在设有人事委员会的地方公共团体,除了若干的例外以外,通常人事委员会每年均实施依照职种的竞争考试。但是,对职员的晋升,原则上进行竞争考试的事例不多,只是在一部分地方公共团体,实施了股长晋升考试或课长晋升考试。据日本自治省统计,1980年时有3个都道府县对系长(股长)职位实行了竞争考试,应试者2687人,其中535人合格,竞争率为5:1。1983年该职位竞争考试扩展为7个都道府县,应试者11392人,其中1465人合格,竞争率增加到7.8∶1。有两个县还对课长级职员实施了竞争考试,参加者5084人,合格者221人,竞争率高达23∶1[9]。

为使竞争考试的工作能够正常的运行,《地方公务员法》在竞争考试和选考方面作了以下一些规定。

(1)竞争考试及选考的实施机关

根据《地方公务员法》的规定,实施竞争考试及选考的机关,是设有人事委员会的地方公共团体的人事委员会,及不设人事委员会的地方公共团体的各任命权者。人事委员会和任命权者可同其他的地方公共团体达成协定,共同实施竞争考试及选考;也可以根据这一协定,将这些事委托给其他的地方公共团体的机关。如市町村长共同实施职员的录用考试,或把市町村职员的录用考试委托给县的人事委员会等。

(2)竞争考试的平等公开的原则

竞争考试是从不特定多数者中选拔符合从事公务的适合法律等规定的资格者,必须根据平等公开的原则进行。即竞争考试必须以平等的条件向所有具备人事委员会规定的应试资格的国民公开进行。考试机关所属人员和职员不得妨碍应试,或以对应试者给予不良影响为目的,向其提供特别的秘密情报。凡违反这一规定损害考试,并提供情报者,将判处3年以下的徒刑和10万元以下的罚款(地方公务员法第61条第3项)。

(3)竞争考试的应试资格

《地方公务员法》第19条在谈到竞争考试的应试资格时规定:"人民委员会,作为应试者的必备资格,应规定在履行职务方面必要的、最低且适当限度的、客观而又统一的必要条件。"[10]作为这一必要的条件,可以规定应试的必备资格。如录用一般的警察职员时限于男性,录用护士时限于女性,录用在偏僻的地区工作的职员时限于在其附近地区的居住者等。但是,在录用一般的事务职员的场合,如将竞争考试的应试资格仅限于男子,这就可以解释为违反了这一公务的平等公开的原则和平等待遇的原则。

其次,由于晋升考试是以现任职员为对象,所以能参加晋升考试者的范围,限于被正式录用为人事委员会和任命权者所指定的职务的职员。例如,作为能参加股长级晋升考试的范围,可以指定任过一定年限以上主事之职者,但不承认限于在特定的部局工作者也不承认限于个别人的指定者等等。

(4)竞争考试的方法

竞争考试以正确判断是否具有履行职务的能力为目的。作为通过竞争考试实际验证应试者的能力的具体方法,除了笔试、口试、体检等以外,还有对人格品行、教育程度、经历、适性、智力、技能、一般知识、专门知识以及适应能力等进行判定的方法。通过这些方法,或者通过这些方法的结合,来实际验证应试者的能力。

在实际进行竞争考试时,考试的实施机关须通过新闻及其他适当的方法公布考试实施的日期、方法及内容,根据应试者的履历书、学业成绩表、身世、调查资料等进行书面诠衡,接着对一般教养和专门知识进行择一式和记述式(论文)的笔试,在对考试合格者通过口试判定人格、品行、知识等和通过体检判定身体的条件之后,最终决定应试者是合格还是不合格。

(5)任用候补者名册

地方公共团体的人事委员会,每次考试都要建立任用候补者名册。任用候补者名册,可分为根据录用考试的结果制成的录用候补者名册和根据晋升考试的结果制成的晋升候补者名册。由于任用候补者名册是在每次考试时制成的,所以录用候补者名册和晋升候补者名册,可以按照一般行政职录用候补者名册和土木技术职录用候补者名册等分别的个别的进行调整,但不承认按照男女性别制成的任用候补者名册。

在录用候补者名册或晋升候补者名册中,按得分顺序记载在录用考试或晋升考试中获及格分类以上者的姓名和得分。根据录用候补者名册及晋升候补者名册,职员的录用与提升,每录用或提升一人,都要从有关名册上的登记者中,由人事委员会提出,按录用考试或晋升考试分数排列的前五名志愿中录用或晋升。录用候补者名册或晋升候补者名册记载者的人数少于人事委员会应提出的志愿者人数时,人事委员会可以加上其他最适当的录用候补者名册或晋升候补者名册中登记的人员[12]。例如,对于医疗研究机关的职务,在研究职任用候补者名册的记载者人数不足时,人事委员会可以加上医疗职任用候补者名册中登记的人员。

2. 竞争考试的具体实施

(1)竞争考试的实施状况

根据《地方公务员法》的上述规定,从1952年各府县和大都市就由人事委员会实施公务员的竞争考试,后来各市町村也陆续施行。到八九十年代,都道府县及大部分市町村,都普遍实施了公务员的录用考试。各地区的作法基本相同,但每个地区均根据本地区的具体情况采取某些特殊的作法。以1986－1987年的考试为例:

东京都的公务员考试,由东京都人事委员会考试课负责进行。考试的种类很多,分为1类考试(要求大学毕业程度),2类考试(要求短期大学毕业程度),3类考试(要求高等学校毕业程度),警视厅职员考试和东京消防厅职员考试。各种考试虽无学历的规定,但有年龄的限制,以1986年的考试为例,第1类考试要求1959年4月至1965年4月出生者,第2类考试要求1961年4月至1967年4月出生者,第3类考试要求1965年4月至1969年4月出生者。考试分为两次,第一次为笔试,第二次为口试。第一次除了对专门问题的选一式、记述式考试外,还有论文考试;第二次主要是面试。考试日期,第1类考试是在7月,第2、3类考试是在8月进行第一次考试[13]。

大阪府公务员考试:大阪府职员一般要求大学毕业程度考试或高等学校毕业程度考试合格。应试资格,大学毕业程度考试,行政职不问学历、性别,但有满22岁以上28岁以下的年龄限制;高校毕业程度考试,行政职要求满18岁至21岁未满者,没有学历的规定。考试科目,大学毕业程度的行政职考试,除教养问题和专门问题择一式的考试以外,还有法律科目(宪法、行政法、民法)和经济科目(经济原论、经济政策、财政学),从一般的课题中选择三科,一律采用记述考试。初级考试的行政职考试,作为第一次考试主要出择一式的教养问题和作文问题,要求高校毕业程度的水平。第一次笔记口试,所有考试科目均设合格水平分数点,即使一科未达到分数点也视为不合格。第二次考试,大学毕业程度或高校毕业程度,均须进行面试。适性考试和身体检查。面试时,大学毕业程度者采取个别方式进行,高校毕业程度者采取集体方式进行。考试日期,大学毕业程度考试,第1次是在7月中旬,第2次是在9月上旬,高校毕业程度考试,第1次是在10月中旬,第二次是在11月上旬[14]。

京都府公务员考试,除上级考试和初级考试外,还有警察官、女警察官、女交通指导员、警察事务职员、公立学校事务职员等考试。上级考试分行政(法律、经济)、土木、电气、机械、建筑、化学、农业、农业土木、畜产、林业、兽医师、药剂师等科。应考资格:上级考试为22

岁以上 26 岁以下之男女（大学毕业程度）；初级考试为 18 岁以上 21 岁以下之男女（高校毕业程度）；警察官为 18 岁以上 27 岁以下之男子；女交通指导员、警察事务为 18 岁以上 23 岁以下；指导员仅限于女子；公立学校事务职员限于 18 岁以上 23 岁以下之男女。

爱知县公务员考试，除了第 1 次考试（大学毕业程度）、第 2 次考试（高校毕业程度）以外，还有学校事务职员录用考试，警察官录用考试，妇女警察官录用考试，交通巡视员录用考试。第 1 次考试的职种，有行政、心理、社会福利等约 14 种，第 2 次考试有事务（1、2）、土木等约 6 种。应考资格：第 1 次考试为 22 岁以上 35 岁以下，第 2 次考试为 18 岁以上 35 岁以下[15]。

北海道公务员考试，分为上级考试、中级考试、初级考试、警察官考试、交通巡视员考试。上级考试有事务系（一般行政）和技术系（农业经济、社会福利、土木、建筑等 13 种）；中级考试也分事务系（一般行政）、技术系（土木、农业改良普及员等）；初级考试也分为事务系（一般事务）和技术系（林业、农业等）。应考资格，上级考试一是 22 岁以上 31 岁未满者，二是 20 岁以上 27 岁未满者，三是不问学历 18 岁以上 22 岁未满者。不过分把重点放在年龄和学历上，按照实力本位进行录用，是北海道公务员考试的特点[16]。

20 世纪 60 至 80 年代地方自治体的公务员竞争考试状况见下表：

表 4－2－1　实施竞争考试的地方自治体统计[17]

（1966－1983 年）

		1966	1970	1974	1975	1976	1977	1978	1979	1980	1981	1982	1983
都道府县	高级职务考试	46	46	47	47	47	47	47	47	47	47	47	47
	中级职务考试	24	32	40	35	38	38	37	38	39	38	40	40
	初级职务考试	46	46	47	47	47	47	47	47	47	47	47	47
	其他考试	24	2	1	1	1	1	1	1	1	1	1	1
市区	高级职务考试	133	272	362	269	361	392	415	451	438	455	437	443
	中级职务考试	82	304	401	398	409	436	469	499	458	405	351	352
	初级职务考试	297	533	591	485	528	568	543	560	583	535	466	520
	其他考试	200	222	303	297	288	301	343	392	395	326	306	288
会计	高级职务考试	179	318	409	316	408	439	462	498	485	502	484	490
	中级职务考试	106	336	441	433	447	474	506	537	497	443	391	392
	初级职务考试	343	579	638	532	575	615	590	607	630	582	513	567
	其他考试	224	224	304	298	289	302	344	393	396	327	307	289

资料来源：［日］人事行政研究会编：《公务员》，行政 1985 年版，第 396 页。

（2）考试竞争十分激烈

地方公务员考试的竞争激烈程度，绝不亚于国家公务员的 1 种考试。根据自治省 1994 年的调查，地方公务员考试的平均竞争率，都道府县为 11.3 倍，政令指定都市为 15.4 倍，都达到历史上的最高记录。

单以东京都而论，1995 年公务员录用考试的应试者，创过去的最高记录达 23000 人，预定录用人员为 725 人，竞争倍率平均 31.7 倍。录用预定数多的 1 类事务职（大学毕业程度）应试者比上一年多 22.1%，达到比去年多 1305 人的 7223 人，2 类事务职（短期大学毕业程度）的应试者比上一年多 22%，达到比去年多 1749 人的 9685 人，竞争率分别为 48.7 倍和 50.3 倍[18]。

因此，大学毕业生进入以高校毕业生为对象的初级考试的这种现象，从前几年起就是一个问题，并不是现在才有的事。以东京都为例，四年制大学毕业者避开了要求大学毕业程度的1类考试,转向要求短期大学毕业程度的2类考试,而短期大学毕业者,则从2类考试转向要求高校毕业程度的3类考试。高校毕业生被录用的人数极少。某些县的市役所,已经多次出现大学毕业者应考收集垃圾等业务职的事例。

(3)公务员的吸引力

不论是国家公务员考试,还是地方公务员考试,竞争都非常激烈,但为什么每年都有一批大学毕业生或高校毕业生报考公务员呢?据1996年出版的《国家考试的各种情况》(日文版)一书说,这主要是由于公务员有以下五个方面的引人注意之处:

第一,身份和职业安定;

第二,不低于民间的稳定的工资报酬;

第三,官高民低的各种奖金;

第四,被关照的工作时间和休假;

第五,有保证的退职金和退职年金[19]。

3. 选考与竞争考试

按照《地方公务员法》规定,在职员的任用行为中,仅限于录用和晋升,才必须进行竞争考试或选考。之所以这样,主要是因为,录用和晋升,在判定职员对新职务的适合性方面,有许多未可知的要素,所以必须通过竞争考试或选考这种客观的实际验证的方法进行判定。

所谓竞争考试,是对想担任特定的职务者,通过不特定多数者的竞争进行选拔的方法;所谓选考,则是确认特定者有无就任特定职务的适合性的方法;两者在进行客观能力的实际验证方面具有完全相同的目的。但在设有人事委员会的地方公共团体,由于职员任命的人数比较多,人事委员会实施考试的机能又很强,所以职员的录用和晋升原则上采用竞争考试;至于在不设人事委员会的地方公共团体,由于没有专门的人事机关,实施竞争考试不一定有较好的效果,所以职员的录用和晋升可通过竞争考试或选考进行。不过,这里必须特别强调以下两点:

第一,在设有人事委员会的地方公共团体,除了若干的例外以外,职员的录用通常是采用竞争考试,但对职员的晋升,除了少数的例外情况外,一般都通过选考的方式进行。这是因为选考在日本在完成一般的年功序列型人事和基于成绩主义原则的人事的折中的机能方面起的作用较大,所以在职员的晋升时,对人事委员会规定的职务,如得到人事委员会的批准,通常是按照选考的方法进行[20]。

第二,关于竞争考试和选考,对于教育公务员等作了特例的规定。例如,根据1949年公布的《教育公务员特例法》(昭和二十四年第1号法律),对于教育公务员、大学的校长和部局长的录用及教员的录用和晋升,大学以外的学校的校长的录用及教员的录用和晋升,以及教育长的录用和专门的教育职员的录用和晋升,都不进行竞争考试,而是通过选考的方式进行。如对大学教员的录用和晋升,须根据教授会的评议,由大学的学长(校长)进行选考。之所以这样,主要是因为,教育公务员(大学的教育公务员除外)已根据教育职员免许法授予了免许状,已经进行了能力的实际验证。另外,对大学的学长(校长)、部局长及教员,从他们的职务内容上看,依照竞争考试作用也有困难[21]。

4. 选考的方法和基准

(1)选考的实施

选考与竞争考试一样,都是在职员的录用和晋升之际,判定应试者有无执行职务的能力。但选考又与竞争考试不同。竞争考试是以相对的判定应试者是否有执行职务的能力为目的，将其置于不特定多数的应试者的相互竞争的关系之中，最后按照考试分数的排列顺序确定。选考则是根据成绩主义的原则，依照选考的基准判定应试者有无执行职务的能力。所以，选考通常是以不适于进行竞争考试的职务为对象所采用的方法，它不是将被选考者置于相互的竞争关系之中，而是根据选考的基准结合本人的实际情况来判定他有无执行职务的能力。故选考和竞争考试，虽有不同之处，但并无本质上的差异。不论是选考，还是竞争考试，都须委任国家或地方公共团体的机关负责办理[㉒]。

因此，决不允许根据个人的裁量来左右选考，更不容许不经过人事委员会的选考任用不适合选考基准者；如有上述的行为，都被视为非法，任命权者都可以取消该当的违法任用。

(2)选考的方法及基准

《地方公务员法》虽然没有对选考的方法作出特别的规定，但选考也是考试的一种形态，判定被选考者有无执行职务的能力，所以它不是与竞争考试完全不同的方法，而是根据职务的内容及选考的目的等，对客观上可以判定的东西，采取准于竞争考试的方法。这可以说是根据法的宗旨所采用的一种方法。

对于国家公务员，《人事院规则》规定："选考是根据是否适合选考的基本标准，来判定被选考者有无执行该当官职的职务的能力，故根据需要可以采用经历评定、实地考试、笔试及其他方法。"(人事院规则 8－12 44)地方公共团体，为了广泛地征集适合作地方公务员的有能力的人才，并进行严格而又公正的选考，也需要进行笔记、实地、口头等各种考试及身体检查等，这种情况实际上可以说与竞争考试的内容类似。

又，在国家方面，对于选考的基准，规定有许多的必要条件，如必要的经历、学历、知识、技能等，以及必要的执照、资格等(人事院规则 8－12 45)。地方公共团体根据国家的惯例，也需要由人事委员会或任命权者拟定细则等，制定适当的基准[㉓]。

注释：

①⑩⑫㉑　星野英一、松尾浩也、盐野宏等编：《六法全书》(1)，有斐阁，平成五年(1993 年)版，第 473 页；第 473 页；第 473 页；第 1784－1786 页(教育公务员特例法)。

②⑥⑧⑪鹿儿岛重治：《要说地方公务员制度》(日文版)，学阳书房，1988 年版，第 79－80 页；第 83－84 页；第 89－92 页；第 103 页。

③④⑳㉓　金子善次郎编：《地方公务员制度》(日文版)第 1 卷，行政株式会社，平成三年(1991 年)版，第 245－247 页；第 251－253 页；第 276－277 页；第 302－304 页。

⑤　新村出编：《广辞苑》(日文第三版)，岩波书店，1984 年版，第 657 页，第 1162 页。

⑦㉒　弘宏二：《地方公务员制度》(日文版)，学阳书房，平成四年(1992 年)版，第 27－28 页；第 30 页。

⑨鲁义：《日本地方自治制度》，吉林大学出版社，1993 年版，第 79 页。

⑬⑭⑮⑯　资格问题研究会编：资格和特技丛书《国家考试的一切状况》(日文版)，启明书房，1989 年版，第 145 页；第 146 页；第 147 页；第 149 页。

⑰　人事行政研究会编：《公务员》(日文版)，1985 年版，第 396 页。引自鲁义：《日本地方自治制度》，第 78 页。

⑱⑲资格问题研究会编：资格和特技丛书《国家考试的一切状况》(日文版)，启明书房，平成八年(1996 年)版，第 348－351 页；第 351－357 页。

第三节　地方公务员的考绩和进修

一、考绩

1. 工作成绩评定的意义

考绩,即考核工作实绩,日本称为工作成绩的评定,也称为人事考课的制度。《地方公务员法》第15条规定:"职员的任用必须根据本法律的规定,按照考试成绩、工作成绩及其他能力的实际验证进行。"为了提高职员的工作效率,该法第40条又规定:"任命权者必须就职员的执行任务情况,定期进行工作成绩的评定,并采取与其评定结果相应的措施。"①

工作成绩评定的制度,是客观地掌握和评价职员的能力、性格、知识和工作成绩,判定职员在其组织体内的有用程度,并根据评定的结果使职员升职、提薪、调任及进修等,以提高整个组织体的公务效率。由于《地方公务员法》体系下的人事管理,是以能力主义、成绩主义的原则为基础,故以客观上可以理解的方法掌握职员的能力和工作成绩是一件最重要的事情。正如坂弘二先生在《地方公务员制度》一书中所说:以亲朋或私情关系处理职员的待遇称为政党分赃制,根据客观的能力的实际验证的方法处理职员的待遇则称为量才任用制②,依照能力主义、成绩主义原则建立的工作成绩的评定制度可以说就是量才任用制。

日本学者在谈到工作成绩评定制度的具体作用时,着重指出了以下五个方面:第一,工作成绩的评定,为人事管理提供了公正的基础资料,即升职或提薪的资料、考察勤勉津贴成绩率的资料、职员进修的资料以及分限处分的资料。工作成绩的评定,还是长期的人事记录,是人事管理上的重要资料③。第二,工作成绩评定的正常运行,会使被评定者了解自己在组织体内所处的地位和所作的贡献,如能充分地做到这一点,将会提高职员的志气,增进公务的效率。第三,由于确保人事管理的公正性,就会确实保证职员的正当的权利和利益。第四,职员所具有的能力将会开发伸展,如通过评定能够克服缺点,就更能伸展开发能力。第五,监督者理解部下的职员,为了想积极地理解部下的职员,将有助于充实和提高监督者的指导、监督力,从而使工作评定成为人事管理中重要的基础④。

当前,地方公共团体的人事管理,面临着职员的高学历化和高龄化,外界强烈地要求少数精锐主义,这些重要原因必然使年功序列的人事管理发生变化,促使其向能力主义、成绩主义过渡,从这个意义上讲,工作评定或人事考课的重要性必然会越来越提高。

2. 工作评定制度的内容

从上个世纪50年代起,日本地方公共团体参考国家各省厅和其他地方公共团体所实施的工作成绩评定制度及民间企业所进行的人事考课制度,逐步实施、建立和扩大了职员的工作成绩的评定制度。但由于这项工作十分复杂,阻力又比较大,所以它的进度和所取得的成果,都不像原来预想的那样大。根据1987年9月自治省所进行的关于地方公共团体的人事管理等的调查,在地方公共团体中,实施工作评定的团体,约占整个团体的7/10,其中非常重视工作评定的团体,仅占实施工作评定的团体的4/10弱。工作评定的实施内容主要如下:

(1)评定者和被评定者

工作评定的对象,即所谓被评定者,通常是课长以下的全体职员。一般职员和股长(系长)级职员占的比例最大,分别占9/10强的实施率;其次是课长辅佐级职员(8/10弱)和部分课长级职员。

具体地进行职员的工作评定者为评定人。评定人一般是处于直接监督职员的立场的课长或派出机关的首长。如果课的人数相当多,也可以考虑股长为评定人。为了纠正这些评定人所进行的评定结果的主观因素,以及为了纠正各分课之间的评定的不均衡状态,以这些评定者为第一评定人,其上还可以设第二评定人,第二评定人通常是课长之上的部长(次长)等。如果工作需要时,还可以设第三评定人。由于第二或第三评定人能从大局或全局的角度调整第一评定人的评定结果,所以能得出更客观、更准确、更公正的评定结论。

在工作成绩的评定之际,评定人应尽可能站在客观的立场,公正无私地进行评定工作,这是不言而喻的,但实际的情况是评定人很难避免主观判断的倾向,以至作出片面的错误的结论。为了防止这种偏向,设立第二、第三评定人,可能是一种方法[5]。

(2)评定的种类、次数和时期

评定的种类分为两种:定期评定和特别评定。定期评定是对附条件试用期中的职员以外的职员,每年按统一规定的日期实施。但如有特殊的规定的理由时,可以改变实施的日期。特别评定是对附条件试用期中的职员,在该期间中按统一规定的日期实施。另外,评定者如认为某些职员有特殊的需要时,也可以实施特别评定。

定期评定的实施次数,根据工作需要的情况而定,通常是一年1-3次。例如,在应用于晋升、调任、进修等场合,一年一次就已足够了;但在决定勤勉津贴时,至少每半年实施一次。

至于这一评定在一年中哪一个时期进行为适宜,也同样需要根据具体的情况而定。不过,从利用评定的结果角度看,一般认为在即将提薪、颁发奖金等时期之前进行为最适宜。

又在新录用职员的场合,或升任上一个职级需要见习期间的场合,在该期间中规定一定的时间进行的评定称为见习期间评定。由于这一评定的目的在于获得是否决定正式录用(任命)职员的基础资料,所以评定的实施时期通常选在见习期间即将结束之前。但同样是见习期间的评定,如果评定的目的仅限于获得配置、训练等参考性的资料时,评定也可以选在见习的期中进行。

在特别需要的场合,在定期评定时期以外临时进行的评定称为临时评定。临时评定事前不作特殊的规定,它通常是在下列的情况下进行:(1)对自录用以来没有进行过定期评定的职员,特别需要掌握其工作成绩时;(2)由于职员的调动等原因,继续利用原来的定期评定的结果被认为明显的不合理时;(3)因灾害、偷盗及其他事故,定期评定的资料全部丢失时。

3. 工作评定的方法

地方公共团体在进行工作评定的过程中,采取了一系列的相对有效的方法。作为这些方法的指导思想,或者说作为主体的方法,主要有以下两种:

(1)分析评定和综合评定

分析评定由于分析被评定人的行动和能力,经过评价分析的思考过程,抑制评定者个人的偏见和感情,作为获得依赖性、客观性的一种方法是很好的,但缺点是由于评定要素的选择等原因,评定的结果未必能显示出被评定者的整个人格,且有评定人容易陷入的宽大化的倾向。

综合评定由于综合地观察被评定者的工作成绩,没有在分析评定中容易出现的缺点。但综合评定不能避免主观介入的危险,缺乏可理解性,并在评定结果上没有具体性,不能应用于教育、训练等。

为了弥补上述两者的缺点,合并利用分析评定和综合评定,期待能够获得更高的妥当性和依赖性的方法。不管怎样,两者互相配合的方式,在相互采长补短的这一点上,是一个很大的特色。

(2)绝对评价和相对评价

在进行工作评定时,构成评定的比较的基础是基本标准。与预先制定的标准比较的方法称为绝对评价,被评定者之间相互比较的方法称为相对评价。相对评价比绝对评价简单,而且实施也容易。但只是了解职员的相对的评价,不能了解在何种程度上执行实际的职务。评价的基本标准宽松,容易出现宽大化的倾向。由于存在评定结果上缺少客观性等问题,故制定了绝对的基本标准。基于这一基本标准进行的评定即绝对评定被认为是适宜的。又,绝对的基准和相对的基准的差别是相对的,从制定基准的过程上看,具有相对的性格,但从制定基准完成的结果上看又具有绝对的意义。

据石桥孝雄先生编辑的《地方公务员制度》第4卷记载,工作评定的具体方法有许多种,如尺度法、成绩顺序法、工作基准评定法、多项目综合评定法、段阶选一法、人品评语法、定期测验法、勤怠记录法、业务报告法等[⑥]。下面仅介绍其中的几种方法:

①尺度法

尺度法是选择在判定能力、工作成绩及职务知识等所需要的分析的评定要素,对被评定者的各种要素进行衡量的评价。分为"连续的尺度法"和"非连续的尺度法"。"连续的尺度法"是在对每个评定要素所定出的分度的直线中核定被评定者的工作成绩,"非连续的尺度法"是将各评要素分成若干个等级,核查每个被评定者该当其中的哪一级。参见表1。

②成绩顺序法

成绩顺序法比较简单,被广泛地利用。它是相互比较被评定者,对每一个评定要素,评价被评定者成绩顺序的方法。这个方法,比其他的方法容易实施,但由于是相对的比较,容易带有评定人的主观色彩。评定的对象达20－30人以上时,处理就会出现困难,但如人数过少时,排列顺序就没有意义。且仅限于职务相同者,如顺序仅出现了整数,就不能表示量的差异。参见表2。

③多项目综合评定法

多项目综合评定法是根据几种观点,改变角度、全面评价同一人物的方法。这种方法虽然可信赖性高,但选定评价作用强的项目比较困难,且不适用于精密的序列决定。参见表3。

④人品评语法

人品评语法是通过职员平素的工作活动,评定被评定者的人品、性情及人际关系等。分为积极方面的评语和消极方面的评语。参见表4。

表1　评定尺度法(连续尺度法)⑦

（事务技术职的实例）　　　　成绩调查票　　　　现业所名______

本给组	姓名	年龄	工龄年数	学历	所属	特技	评定日期	决定点
						部课系（股）	平成年月日	

要素 大项目	要素 小项目		评定尺度（第1位　第2位　第3位　第4位）	决定点
工作状况	1. 勤勉	能不怕劳苦、竭尽全力进行工作吗？又出勤情况好吗？	（勤奋）（良好）（一般）（稍差）（极差）	
	2. 协同	一般能经常与别人一起共同工作吗？能主动与别人一起共同工作吗？	（一般能经常与别人一起协调工作）（没有与多数人共同工作的品格）（没有与别人共同工作的品格）	
工作的执行情况	3. 工作的速度	干活麻利吗？努力吗？		
	4. 工作的成果	工作的结果好吗？能正确无误地实行吗？	（良好）（勉强合格）（不佳）	
	5. 积极性	能以积极的态度从事工作吗？		
	6. 责任感	有充分的思想准备完成自己所担任的工作吗？对工作的结果有负责的态度吗？	（一般）（欠缺）	
能力	7. 知识	对所担任的工作有必要的职务知识吗？		
	8. 独创精神	平时能使先进的方法应用到工作中吗？设计过新的好的工作方案吗？		
指导计划	9. 指导监督	考虑过下级人员的技术(技能职务知识)和能力的进步和提高吗？能受到部下的信赖顺利实施指导吗？	（充分指导）（勉强做到）（缺乏指导）	
	10. 企划力	为了达到工作的预期目的，能有效果地计划其方法和程序等吗？	（取得很好的效果）（一般）（不足）	

评定者姓名	印	调整者姓名	印		评分	计	
						平均	

评定尺度法(非连续尺度法)

工作成绩评定票

姓名		职员				
所属部课		工资				
评定要素		不满意	稍好	好	非常好	超群
1. 监督部门的职务执行程度 考虑该当部门的执行职务的数量和成果						
2. 原价统制 保持有效率的操作，且最低保持原价的限度						
3. 能力的组织化 使监督部门的人的活动力得到发挥的力度						

<table>
<tr><td colspan="2">4. 折冲力
与人协调有效率地交涉的能力</td><td></td><td></td><td></td><td></td><td></td></tr>
<tr><td colspan="2">5. 个人的效率
执行不委任部下的工作的速度和效果</td><td></td><td></td><td></td><td></td><td></td></tr>
<tr><td colspan="2">7. 职务知识
掌握的情报和知识</td><td></td><td></td><td></td><td></td><td></td></tr>
<tr><td colspan="2">8. 判断力
基于健全的理性和预见的结果决心行动的程度</td><td></td><td></td><td></td><td></td><td></td></tr>
<tr><td colspan="2">9. 积极性
为了达到工作的目的自己着行实行的程度</td><td></td><td></td><td></td><td></td><td></td></tr>
<tr><td colspan="2">10. 热情
在工作指示及职务事项所担负的责任的程度</td><td></td><td></td><td></td><td></td><td></td></tr>
<tr><td colspan="2">11. 信赖性
实行工作指示及职务事项所担负的责任的程度</td><td></td><td></td><td></td><td></td><td></td></tr>
<tr><td rowspan="3">关于执行职务的总评</td><td></td><td>秀</td><td>优</td><td>良</td><td>可</td><td>劣</td></tr>
<tr><td>评定人</td><td></td><td></td><td></td><td></td><td></td></tr>
<tr><td>最终评定人</td><td></td><td></td><td></td><td></td><td></td></tr>
<tr><td colspan="3">平成　年　月　日
评定人姓名　印</td><td colspan="4">平成　年　月　日
最终评定人姓名　印</td></tr>
</table>

表2　成绩顺序法[8]

工作成绩评定票

评定要素 / 被评定者	工作量	勤　勉	积极性	适应性	正义感	企画力	接待力	顺序合计	综合顺序	评　语
注意事项	按评定要素评出每一职员的顺序									

表3 工作成绩报告书

□定期评定 （评定期间 年 月 日－ 年 月 日）

□特别评定

<table>
<tr><td>在汉字旁边注上假名
姓 名</td><td>年龄 岁
性别 男 女</td><td colspan="6">职级的名称
工资</td></tr>
<tr><td colspan="8">所属部课股</td></tr>
<tr><td colspan="8">在以下的四栏中，在您认为最合适的□内，分别画上＊号。</td></tr>
<tr><td colspan="2">(1)你对职员的工作情况印象如何？
1 □□□无限满意
2 □□□非常满意
3 □□□大体满意
4 □□□有些失望
5 □□□相当失望
6 □□□非常失望</td><td colspan="6">(2)在职员被雇佣之前，假如您像现在这样了解职员的情况，在雇佣时您会推荐他吗？
1 □□□当然不推荐
2 □□□大概不推荐
3 □□□大概推荐
4 □□□当然推荐</td></tr>
<tr><td colspan="2">(3)如果从事同一职务的同僚相当多，该职员会在其中占有哪一个位置？
1 □□□最下位(10%)
2 □□□下位(20%)
3 □□□中位(40%)
4 □□□上位(20%)
5 □□□最上位(10%)</td><td colspan="6">(4)职员的工作成绩，比职员所要求的水准，将相当于以下的哪一种？
1 □□□非常优秀
2 □□□优秀
3 □□□大体一致(比较优秀)
4 □□□大体一致
5 □□□大体一致(稍劣)
6 □□□劣
7 □□□极劣</td></tr>
<tr><td>第一评定人职务</td><td>平成 年 月 日
姓名 印</td><td rowspan="3">工作实绩判定表</td><td>评定人</td><td>平均原分</td><td>粗分</td><td>评定得分</td><td>评语</td></tr>
<tr><td>第二评定人职名</td><td>平成 年 月 日
姓名</td><td>1</td><td></td><td></td><td></td><td></td></tr>
<tr><td>第三评定人职名</td><td>平成 年 月 日
姓名</td><td>2
3</td><td></td><td></td><td></td><td></td></tr>
</table>

表4 人品评语法的考课票(例)[10]

人品评定

<table>
<tr><td>平成 年 月 日</td><td rowspan="2">极方面的评价</td><td>记入者职名</td><td></td></tr>
<tr><td>所属</td><td>姓名</td><td></td></tr>
<tr><td>性情</td><td colspan="3">爽朗 冷静 活泼 扎实 温厚 雄心 顺从
果断 毅力 忍耐 慎重 博爱 清高 和蔼可亲
公正 正直 沉着 静默 朴素 灵活 献身精神
文雅 率直 善辩 才华 大胆 勇敢 一丝不苟
节俭 礼貌 敏感 稳健 谦虚 耿直 非常认真
幽默 恬淡 聪明 细心 亲切 节制 不屈不挠</td></tr>
<tr><td>感性</td><td colspan="3">爱名誉 知识欲 有声望 克制自己 审判意识 整顿之心
义务感 同情心 牺牲精神 谦恭和蔼</td></tr>
</table>

工作态度	信念方面的 理想家般的 实际家般的	统帅般的 社交上的 理论上的	独创的 怀疑的 追随的	独立的 常识的 妥协的	活动的 计划的 思索的	规则的 直观的 进取的
记事	在以上的评语中,你对被评定的职员可在确实适合他的该当的项目之下画一条线。 在这当中,你还可以在特别重要的项目之下画两条线 除上述的评语之外,如果有适合该职员的性格、气质的评语,请记入以下的“其他”栏内。					
其他						

消极方面的评价

忧郁	虚荣	放肆	粗暴	优越感	好色狂	吃喝嫖赌
腼腆	谄媚	迷信	过敏	劣等感	撒酒疯	水性杨花
马虎	轻率	嫉妒	残酷	不正直	好打架	优柔寡断
乖僻	任性	厌世	怠惰	不稳重	爆炸性	畏缩不前
狡猾	迟钝	固执	放恣	易发火	爱流泪	漫不经心
胆怯	轻薄	愚笨	猜疑	易厌倦	借钱僻	多嘴多舌

急躁	嫌人	浪费	懒散	无常识	冷酷无情	不务正业
古怪	吝啬	傲慢	冷淡	无趣味	煽动性的	不稳定状态
其他						

职种		职员姓名	

4. 工作评定的要素

工作评定的中心内容在于在具体的事项方面评价职员的工作实绩和能力。关于职员的具体的工作实绩和能力的项目一般称为“评定要素”。当然,由于职员的职务和责任的不同,评定要素会有若干的差异[1]。例如,对担任课长级职务者,重视统率力、评价力、企画力,折冲力、判断力等,也重视积极性、责任心以及知识和技术等。对担任股长(系长)级职务者,除了指导力、折冲力、判断力、创新计画力外,还比较重视责任感、积极性、协调性,以及知识和技术等。参见表5、表6。对于一般的职员,则特别重视积极性、协调性、正确性、研究心、责任感、理解力、迅速性、工作态度、表现能力,以及知识和技术等。参见表7、表8。

表5　职种、职层别评定要素

适用区分 / 评定要素	课长及相当于课长之职务者	股长及相当于股长之职务者	一般职员	保健士 助产士 护士 准护士	技能职员劳务职员中任主任等职务者	劳务职员(有主任等职务者除外)
工作态度			○	○	○	○
责任感	○	○	○	○	○	○
积极性	○	○	○	○	○	○
协调性		○	○	○	○	○
正确性			○	○		
迅速力			○	○		
统率力	○					
指导力		○				
评价力	○					

折冲力	○	○				
企画力	○					
创造、计划力		○				
研究心			○	○		
判断力	○	○				
理解力			○	○		
表现力			○	○		
注意力					○	○
知识及技术	○	○	○	○		
熟练程度					○	
体力						○

表6　工作评定的实例(课长用)

	评定要素	着眼点	观察要素
工作实绩评定	统率力	在怎样的程度上掌握部下提高工作的效率	1 对部下的指示和命令适当吗? 2 发挥了部下的能力吗? 3 提出过意见和提案吗?
	评价力	在何种程度上能够客观、正确地评价人物和事物	1 能准确地评价人的能力和适应性吗? 2 能准确地评价事物吗? 3 能恰当地收集必要的情报吗?
	积极性	在如何的程度上积极完成自己的职责,有没有想更好地从事自己的工作的发展的态度	1 曾竭尽全力处理过困难的工作吗? 2 曾协助过本职以外的工作吗? 3 曾努力想过更有效果地进行工作吗?
	折冲力	为能实现自己的意图,怎样说服对方,使其能够理解	1 能适应各种状况进行折冲吗? 2 有无根据对手的特点回避折冲的情况? 3 能达到折冲的目的否?
	企画力	能否根据特定的目的提出某种新颖的能有效果地实现的方案	1 设想是新颖的吗? 2 是立足于广阔的视野的企画吗? 3 企画有实现的可能性吗?
	判断力	怎样作出某种确实的且适合时宜的判断	1 判断是正确的吗? 2 判断适合时宜吗? 3 在没有预期或突发的事态之际,能够采取即时对应这一事态的措施吗?
	责任感	怎样以责任感看待自己和部下的职责	1 工作完成了吗? 2 工作的报告等辅佐人员恰当吗? 3 在困难和失败之际,有无回避责任的现象?
	知识和技术	具有哪种的知识和技术,怎样将这种知识和技术反映到工作当中	1 有工作所需要的知识和技术吗? 2 有一定的知识和教养吗? 3 有提高知识和技术的愿望吗?

表7 工作评定的实例(一般职员用)

	评定要素	着眼点	观察要素
工作实绩评定	积极性	看怎样积极地完成自己的职责	1 积极地进行工作吗? 2 努力提高职务执行能力吗? 3 提出过意见和提案吗?
	协调性	看怎样和能否一方面为全体的利益保有自己的意见,另一方面与品格态度不同的人协调	1 尊重别人的立场和意见吗? 2 在工作时能为全体的利益合作吗? 3 在工作时能为工作单位的人际关系作出贡献吗?
	正确性	看怎么样正确而又出色地进行工作	1 在工作中没有错误吗? 2 工作内容优秀吗? 3 对于工作的事迹、器具、机械材料等,都正确地整理过吗?
	研究心	看怎么样和有没有更好地研究和进行工作的愿望	1 对工作的疑问点和问题点进行过研究吗? 2 在工作方面有依照订立的计划进行的思想准备吗? 3 考虑过工作的改进吗?
	责任感	怎么样和是否有对自己的职责的责任感	1 工作达到最终目的了吗? 2 报告和联络都适宜和确实地进行了吗? 3 虽然已经注意但有没有重犯同样的错误?
	理解力	看以何种程度的可靠性和迅速性能理解新生的事物和复杂的事物	1 对指示、命令的理解正确而又迅速吗? 2 确实理解工作的注意点和问题点吗? 3 采取了临机应变的措施吗?
	迅速性	看怎么样迅速处理工作	1 工作的效率高吗? 2 在工作时间中能连续不断的处理工作吗? 3 在指示的日期和时间之前完成了工作吗?
	工作态度	看是怎么样具有作为职员的自觉性和认识程度遵守工作纪律的	1 遵守上下班、休息时间等的服务纪律和工作上的准则吗? 2 服从上级的命令吗? 3 对待市民和职员亲切并公平吗?
	表现力	看是怎么样以正确而又易懂的方式进行表达的	1 能根据不同的目的、对象和场所等进行表达吗? 2 讲话通俗易懂吗? 3 文章等令人容易懂得吗?
	知识及技术	看有何种程度的科学和技术,并怎么样将它反映在工作当中	1 有工作所必需的知识和技术吗? 2 有作为公务员所必需的一般的知识吗? 3 有处理复杂困难的工作所必需的知识和技术吗?

表8　着眼点、观察要素及评定基准[15]

(一般职员用)

评定要素及着眼点	观察要素及评定基准
积极性　看怎么样积极地完成自己的职责	1 积极地进行工作吗？ A 非常积极地热情地进行工作吗？ B 积极地进行工作吗？ C 没有人督促也进行工作吗？ D 没有人督促不出力工作，依赖他人或回避工作的事时有发生 E 没有人督促不出力工作，依赖他人或回避工作的事相当多 2 努力提高职务的执行能力吗？ A 非常热情积极地提高职务的执行能力吗？ B 积极地提高职务的执行能力吗？ C 努力提高职务的执行能力吗？ D 不怎样努力提高职务的执行能力 E 几乎不努力提高职务的执行能力 3 提出意见和提案吗？ A 积极努力发现问题点，热情地提出意见和提案 B 努力发现问题点，提出意见和提案 C 如有问题便提出意见和提案 D 虽然出了问题便经常考虑退缩，常常提不出意见和提案 E 虽然出了问题但总是犹豫退缩，经常不能提出意见和提案

着眼点、观察要素及评定基准

(一般职员用)

评定要素及着眼点	观察要素及评定基准
协调性　看怎么样一方面为了全体国民的利益保留自己的意见，另一方面又与人品态度不同的人协调	1 尊重其他人的立场和意见吗？ A 经常保持自主性，又能很好地尊重别人的立场和意见 B 保持自主性，尊重其他人的立场和意见 C 保持自主性，大体上尊重其他人的立场和意见 D 没有自主性，又常常不尊重其他人的立场和意见 E 经常不尊重其他人的立场和意见 2 在工作当中为了全体国民的利益共同努力吗？ A 在工作中为全体国民的利益经常率先与别人共同努力 B 在工作中经常为全体国民的利益与别人共同努力 C 在工作当中大体上能为全体国民的利益与人们共同努力 D 在工作当中常常不能为全体国民的利益与人们共同努力 E 在工作当中不能为全体国民的利益与人们共同努力的事很多 3 在工作中在建立工作岗位上的人际关系方面有过贡献吗？ A 在工作中在建立工作岗位上的人际关系方面非常有贡献 B 在工作期间在建立工作岗位上的人际关系方面有贡献 C 在工作中在工作岗位上的人际关系很好 D 在工作中在职场中的人际关系较差 E 在工作中在职场中的人际关系很坏

着眼点、观察要素及评定基准

(一般职员用)

评定要素及着眼点	观察要素及评定基准
正确性　看怎么样正确地很出色地进行工作	1 工作中没有错误吗? A 几乎没有错误 B 大致没有错误 C 错误很少 D 错误稍多 E 错误很多 2 工作在内容方面很好吗? A 工作在内容方面很好,不需要指导 B 工作在内容方面良好,几乎不需要指导 C 工作在内容方面大致良好,指导的必要性比较少 D 工作在内容方面稍差,时常需要指导 E 工作在内容上差,多数需要指导 3 关于工作的事迹、器具、机械材料等都正确地整理过吗? A 根据任何人都可以根据需要予以利用,进行了非常正确的整理 B 根据任何人都可以根据需要利用,作过正确的整理 C 根据任何人都可根据需要利用,进行过整理 D 整理较差,时常引起工作上的障碍 E 整理极坏,引起许多工作上的事故

着眼点、观察要素及评定基准

(一般职员用)

评定要素及着眼点	观察要素及评定基准
研究心　看怎么样和有没有更好地研究和进行工作的愿望	1 研究过关于工作的疑问点和问题点吗? A 对工作的疑问点和问题点的研究非常热心 B 对工作的疑问点和问题点的研究热心 C 关心关于工作的疑问点和问题点的研究 D 对于工作的疑问点和问题点的研究热情略有不足 E 对工作的疑问点和问题点的研究热情不足 2 关心工作按照制度的计划进行吗? A 经常关心制订工作计划,依照非常合理的程序处理工作 B 关心订立计划,根据合理的程序处理工作 C 关心依照订立的计划处理工作 D 依照计划处理工作的思想准备稍有不足 E 依照计划处理工作的思想准备不足 3 考虑过工作的改善吗? A 对于工作的改善,进行了非常热心的研究并订立了计划 B 努力改进工作并制定了计划 C 关心改进工作 D 改进工作的意愿稍有不足 E 改进工作的意愿不足

着眼点、观察要素及评定基准

（一般职员用）

评定要素及着眼点	观察要素及评定基准
责任感　看怎么样对自己的职责具有责任感	1 完成工作了吗？ A 不管怎样都竭尽全力完成了工作 B 不管怎样都很好地努力完成了工作 C 不管怎样都大体上完成了工作 D 丢开工作不管的事不断发生 E 丢开工作不管的事很多 2 报告和联络适时和确实进行了吗？ A 必要的报告和联络都能经常很适时、扎实地进行 B 必要的报告和联络都能适时、扎实地进行 C 必要的报告和联络都大体上能适时、扎实地进行 D 报告和联络不适时、不扎实的情况时有发生 E 报告和联络不适时、不扎实的事情很多 3 虽然注意但没有反复发生过同类的错误吗？ A 职责的自觉性极强，完全没有反复发生过同类的错误 B 职责的自觉性强，几乎没有反复发生过同类的错误 C 认识自己的职责，反复犯同类错误的事不太有 D 职责的自觉性稍有不足，反复犯同类的错误 E 职责的自觉性不足，反复犯同类错误的事很多

着眼点、观察要素及评定基准

（一般职员用）

评定要素及着眼点	观察要素及评定基准
理解力　看以怎么样程度的可靠性和迅速性理解新生的事物和复杂的事物	1 对指示、命令的理解正确而又迅速吗？ A 能特别正确而又迅速地理解工作的目的和方法 B 能正确并迅速理解工作的目的和方法 C 能正确理解工作的目的和方法 D 理解工作的目的和方法稍迟钝 E 理解工作的目的和方法迟钝 2 能准确地理解工作的注意点和问题点吗？ A 极其准确地理解所给予的工作的注意点和问题点 B 准确地理解所给予的工作的注意点和问题点 C 大体上理解所给予的工作的注意点和问题点 D 时常不理解所给予的工作的注意点和问题点 E 经常不理解所给予的工作的注意点和问题点 3 采取了随机应变的措施吗？ A 随时采取了极其正确的随机应变的措施 B 随时采取了正确的随机应变的措施 C 大体上随时采取了随机应变的措施 D 时常没有采取随机应变的措施 E 经常没有采取随机应变的措施

着眼点、观察要素及评定基准

(一般职员用)

评定要素及着眼点	观察要素及评定基准
迅速性　看怎么样迅速地处理工作	1 工作的速度迅速吗？ A 可在一定的时间内极其快速地完成工作 B 在一定的时间内迅速完成工作 C 一定时间内的工作速度是通常的 D 一定时间内的工作速度稍缓慢 E 一定时间内的工作速度迟缓 2 在工作时间中能连续地处理工作吗？ A 能极其连续地处理工作 B 能连续不断地处理工作 C 大体上能连续性地处理工作 D 时常不能连续性地处理工作 E 经常不能连续性地处理工作 3 到指示的日子或时间完成了工作吗？ A 经常到指示的日期或时间就已完成 B 到指示的日期或时间就已完成 C 大体上到指示的日期或时间完成 D 有时候到指示的日期或时间不能完成 E 经常到指示的日期或时间不能完成

着眼点、观察要素及评定基准

(一般职员用)

评定要素及着眼点	观察要素及评定基准
工作态度　看怎么样具有职员的自觉性，遵守职员的服务纪律	1 遵守上下班、休息时间等服务纪律及工作准则吗？ A 非常好地遵守工作上的各种纪律和规则，值得成为其他人的模范 B 努力遵守工作纪律和各项规则 C 遵守工作上的纪律和各项规则 D 常有不遵守工作上的纪律和各项规则一类的事 E 经常不遵守工作上的纪律和各项规则 2 服从上级的命令吗？ A 热心服从命令 B 努力服从命令 C 服从命令 D 时常回避命令 E 经常回避命令 3 接待市民和职员亲切公平吗？ A 对市民和职员的接待颇为亲切公平，态度和内容也没有什么可说的 B 对市民和职员的接待亲切公平，态度和内容也都很好 C 对市民和职员的接待，态度和内容都良好 D 对市民和职员的接待，常有态度和内容都不好的事，有必要提醒注意 E 对市民和职员的接待，态度和内容都不好的情况很多，有提醒注意的必要

着眼点、观察要素及评定基准

（一般职员用）

评定要素及着眼点	观察要素及评定基准
表达力　看怎么样以正确、易懂的方式进行口头或文字的表达	1 能根据不同的目的、对象和场所等进行表达吗？ A 根据具体状况能极其准确地进行表达 B 根据具体情况能准确地进行表达 C 大体上能据情况进行表达 D 时常不根据具体状况进行表达 E 经常不根据具体情况进行表达 2 讲话容易听懂吗？ A 讲话很容易懂，条理也很清楚 B 讲话易懂，条理分明 C 讲话大体上容易听懂，条理也相当清楚 D 讲话不易听懂，有时条理不分明 E 讲话很难听懂，经常条理不清楚 3 文章等容易看懂吗？ A 文章等非常易懂，且内容极为准确 B 文章等易懂，准确 C 文章等大体上容易明白 D 文章稍微难懂 E 文章等难懂

着眼点、观察要素及评定基准

（一般职员用）

评定要素及着眼点	观察要素及评定基准
知识及技术　看具有何等程度的知识和技术，并怎么样反映在工作当中	1 有工作所需要的知识和技术吗？ A 精通担任的工作，有关工作所必需的知识和技术也丰富 B 精通担任的工作，工作所必需的知识和技术也相当丰富 C 通晓担任的工作，也大体上有有关工作的知识和技术 D 工作所必需的知识和技术稍有不足 E 工作所必需的知识和技术不足 2 有作为公务员所必需的一般知识吗？ A 一般的知识极为丰富 B 一般的知识丰富 C 大体上具有一般的知识 D 一般的知识稍有不足 E 一般的知识不足 3 有处理复杂困难的工作所必需的知识和技术吗？ A 对极其困难复杂的工作，也有能充分处理的知识和技术 B 对复杂困难的工作，也有能充分处理的知识和技术 C 对复杂困难的工作，也有能大体上处理的知识和技术 D 处理复杂困难的工作的知识和技术稍有不足 E 处理复杂困难的工作的知识和技术不足

注:地方公共团体的工作评定结果,除了少部分为上、中、下三级外,大多数都分为A、B、C、D、E五种。A级表明工作成绩卓越,评为A级者可以越级增加工资。B级表明工作成绩优秀,C级表明工作成绩良好,D级表明工作成绩稍差,评为B、C、D级者,一般都可以提薪。E级表明工作成绩低劣,评为E级者不能提薪,且主管首长必须对这些人进行指导,变更职务分工,或采取调动工作等措施。

本表如采用五级制时,A级一般不得超过被评人数的10%,B级一般不得超过被评人数的20%,C级一般不得超过40%,D级一般不得超过20%,E级一般不得超过10%[16]。

3. 工作评定结果的有效利用

工作评定的结果,应是人事管理中最大限度的有效利用。根据按照评定的结果所采取的措施,使能力主义和成绩主义得到彻底实施,以提高组织体的活力和开发广大职员的能力。特别重要的是决定提薪、勤勉津贴等工资报酬的运用上的有效利用,晋升、调任等作用方面的有效利用,以及进修等职员的能力开发的有效利用。

1987年9月,工作评定的实施团体,都道府县为31个(66%),指定都市为8个(80%),人口30万以上的市也有50%以上的团体。从这些团体的工作评定结果的有效利用的状况上看,与几乎所有的团体都作为晋升和调任时的资料相对应,有效利用于定期提薪者约为50%左右,作为决定勤勉津贴、特别提薪时的参考者只有30%左右,有效利用于进修的团体也仅有40%左右。

(1)提薪及勤勉津贴的决定

任用的根本标准——成绩主义的原则,也必须在工资报酬中贯彻执行。因此,根据通过工作评定的结果等所能掌握的工作成绩,必须决定普通提薪和特别提薪。同时,对勤勉津贴,也必须依照夏季和秋季的工作成绩,决定某种幅度的成绩率。

附说一下,国家公务员的场合,在《人事院规则》9－40的13条中,对夏季的勤勉津贴,在35%以上75%以下的范围以内,对冬季的勤勉津贴,在40%以上90%以下的范围以内,任命权者依照工作评定的结果决定各职员的成绩。

(2)晋升和调任

在人事管理中,晋升的意义很大。在预定升任的上一级的职位中,如没有适当地选拔升任具有必要的能力和适合性的职员,必然会降低整个组织体的生命力。因此,进行晋升考试的团体很多,同时严密地实施工作评定,旨在长期掌握职员的能力和适合性,进行所谓"适材适所"的人员配置和人才培养。

(3)进修等职员的能力开发

工作评定的结果,是掌握职员的能力、适合性等方面的某些缺陷之处或不足之处的最有效的手段,只有根据工作评定的结果才能确实地实施旨在提高职员的能力的进修工作。又,工作评定的评定要素,可以显示出各职员的职务水平,为各职员提供了自我启发或自我教育的目标。

二、进修

1. 职员能力的开发

在日本,职员的进修,通称为研修。

《地方公务员法》第39条规定:对于职员,为了发挥和提高其工作效率,必须给予其接受进修的机会;关于职员的进修,由任命权者行使;人事委员会可就进修计划的拟定及其他的进修方法等，向任命权者提出建议[17]。

根据《地方公务员法》的上述规定，地方公务员的进修目的，在于发挥和提高职员的工作效率。即职员的进修，不单纯是以增长知识和提高能力为最终目的，而是以通过增长知识和提高能力来增进公务效率、提高劳动生产率为主要目的。具体的理由，可以总结为以下三点：

第一，通过进修的途径开发职员的能力，实施民主的有效率的行政，这是行政主体一项长期的持久的义务；

第二，地方公共团体的行政，随着地方自治事业的发展，出现了越来越复杂化、专门化的趋势，为了应对这一新的行政趋势，必须通过各种进修方式进一步开发和提高职员的能力；

第三，近几年来紧密围绕行政、财政的严峻的环境，不容许进一步增加职员的人数，地方公共团体必须依靠有定员限制的职员，来应付不断增大的行政需要。提高职员的劳动生产率已经成为一个重大的行政课题[18]。

正因为如此，日本中央政府和地方公共团体，根据本国的具体情况并参考西方国家的经验，都把加强职员的进修工作作为发挥和提高公务效率的中心任务之一。

同时，基于同样的原因，不论是中央政府，还是地方公共团体，由于在职员任用、工作评定、业务进修以及工资报酬等方面，均坚定不移地贯穿着成绩主义、能力主义的原则，所以公务员的业务素质和工作效率不断提高。根据对西方主要国家行政职员（包括国家公务员、地方公务员和政府企业职员）与人口比例的统计资料：1981 年，英国为 9.9%，法国为8.7%，美国为 6.6%，西德为 6.5%，而日本则为 4.3%；1988 年，英国为 7.8%，法国为 11.1%，美国为 6.8%，西德为 6.9%，而日本仅为 3.8%[19]。

2. 进修的方法和种类

地方公共团体的职员进修，根据其进修形式、进修内容、进修对象及进修实施主体等，可以进行各种各样的分类。下面只介绍其中的两种分类。

根据实施形态进行的分类

地方公共团体的职员进修，根据其实施形态可分为以下五种：

(1)集合进修

所谓集合进修，是在一定的期间内，使职员脱离原来的工作，集体地进行进修，通常由研修专门组织主持进行。集合进修分为“研修所进修”（研修所主持的集合进修）和“部局进修”（部局主持的集合进修）两种。研修所进修是使职员有系统地学习基础性的知识，是被广泛利用的有效果的进修方法。部局进修通常是对特定职种的职员，提供专门的实际业务知识和技能。

目前，日本的都道府县以及市级机构，大都设立职员研修所、自治进修所或公务进修所，配备专职教师或聘请有关专家，具体实施职员的进修工作。如新录用职员进修，骨干职员进修，系长（股长）进修，课长辅佐进修，课长进修等，大都通过进修所进行。由于进修的对象不同，进修的时间也有不同，少则 5 至 7 天，多则 1 至 3 个月。进修的课题也不一致，具有特色的进修课题，有职员高龄化对应进修，职员高学历化对应进修，国际化对应进修，制定政策能力强化研究，女子职员对象进修，道德准则提高进修，同居民企业的交流进修以及混合进修等。据日本官方统计，仅 1980 年在研修所参加进修者，都道府县职员有 102548 人，占一般行政职员的 23.7%，指定都市职员为 37352 人，占 21.3%[20]。

另外,在自治省,1953年成立的自治大学,始终把"对地方自治体管理者实施高度研修"作为办校的基本方针。截至1982年底,在自治大学进修毕业的职员达27543人,其中都道府县职员11447人,市和特别区职员10802人,町村职员4438人,其他834人。同时,为了对消防职员的干部进行必要的高度的教育训练,在自治省的消防厅设立了消防大学,为了对消防职员进行一般的教育训练,在都道府县和指定都市设立了消防学校。还有,在警察厅的管辖之下,建立了警察大学,任务是对警察职员的高级干部进行必要的教育训练;还设立了警视厅警察学校、道府县警察学校,任务是对新录用的警察职员进行必要的教育训练。又,自治大学、消防大学和警察大学,还对地方公共团设置的各种研修机关,制定全部课程的教育计划,提供进修方法的开发等技术性的建议和援助[21]。

(2)职场进修

职场指工作场所或工作单位。故职场进修是指在各个的工作单位中通过日常的工作进行的职员进修。这种进修可以说是职员进修的基本形式。它一般以课系为单位,大都由系长(股长)职员直接主持,也有些由课长辅佐职员或课长职员直接主持。进修计划统一安排,进修内容紧密结合工作实际,重点是研修工作规程及与工作直接有关的知识和技能。关于进修的形态,以在执行日常的工作中的每个问题的个别指导为最多,其次大多是并用工作单位的会议。教员通常由本部门的领导担任。

据日本有关的调查报告显示:在培育各单位的人才方面,现阶段最有效的职员进修形式,第一是职场进修(实施职场进修的团体约占全部调查团体的90%弱),第二是集合进修(占调查团体的80%弱),第三是个人进修(占调查团体的60%强)。调查结果还表明:作为职场进修中最活跃进行的职种,在都道府县和指定都市,以一般技术系列(土木、建筑、机械、电气等职种)和医疗技术系列(药剂、保健妇、临床检查等职种)为最多,在市町村,以事务系列(事务、心理、图书管理员等职种)为最多[22]。

职场进修虽有很大的进展,但仍有许多薄弱的环节。为促进职场进修事业更大的发展,各地方公共团体提出了许多改进的建议,其内容主要有:①加强对管理、监督者的启蒙和进修工作;②培养职场进修指导者并将其安排在各个工作单位;③起草、散发并灵活运用职场进修的工作便览或参考手册;④创造便于进行职场进修工作的环境;⑤促进每一位职员的思想上的变革;⑥整备关于职场进修的实施状况、实施结果的报告制度等。

(3)个人进修

个人进修在日本称"自己启发"。所谓自己启发,是使职员自觉认识自己所必需的知识和能力,并按照自己的意思为提高和开发能力进行学习。个人进修以自学为主,不占用上班工作时间;方式也比较灵活,职员可根据工作要求和个人兴趣选学有关内容。为了鼓励职员的个人进修的积极性,行政机关应尽可能多地给以支持和援助,如对自发成立的进修小组提供必要的活动经费;鼓励职员参加函授学习,系统地学习某些专题;开设个人进修讲座,使学有成效者现身说法介绍经验等。根据广岛市职员进修的资料,1984年该市共有1183名职员参加个人进修,其中成立自发进修小组79个,887人参加学习,有关部门为其提供活动经费237万日元[23]。

但整个说来,地方公共团体职员的个人进修的气氛还不够浓厚,根据1987年地方公共团体职场进修实态调查的资料,地方公共团体职员的个人进修状况,积极地全力推进的团体,在都道府县占20%强,在指定都市占40%,在一般的市占30%强,在町村占10%强。

为了推进个人进修的工作,各地方公共团体提出了以下几种方策:

第一,管理、监督者的理解和关心

为了推进个人进修,工作单位的管理、监督者的理解和援助至为重要。创立有利于进行个人进修的组织环境,同时奖励和援助每一位职员的个人进修工作,也是管理、监督者的一项重要的任务。另外,工作单位的管理、监督者,以饱满的热情率先示范进行进修,也是推进职员个人进修的一个极其有效的方法。

第二,整备及活用个人进修的援助制度

为了引导职员进行个人进修,重要的问题在于全面建立有利于实施个人进修的个人进修援助制度。作为个人进修援助制度可能有许多种,如资金方面的援助,提供会议室等设施方面的援助,介绍参考图书和杂志,联系外部的讨论会,派遣有关成员参加自主研究会,减少加班和分配工作等工作上的照顾等等。

第三,研究反映到人事管理方面等个人进修的评价方法

将职员依照个人进修获得的能力还原到工作当中,是一件十分重要的事。正确评价通过进修获得的能力,并记载在人事记录当中,使其适当地反映在今后的人事调动、晋升等职员的人事管理,对唤起职员的个人进修的热情,或对进行能力主义的人事管理,都是非常必要的。重要的是从各个角度研究评价通过个人进修获得能力的方法[24]。

(4)委托进修

委托进修是使职员参加进修其他的团体和机关所实施的进修课程。被委托的团体和机关,主要有都道府县的进修所、自治大学、市町村职员中央研修所等国家和地方的研修机关或民间的研修机关。特别是在近年来行政的多样化、高度化的要求中,为了学习更专门的知识和技术以及开发管理职的能力,有效利用这种委托进修的团体很多。

(5)派遣进修

派遣进修是派遣职员去国内外通过从事实际的事务等期待开发能力所进行的进修。现在日本经常有派遣到国家、其他地方公共团体以及民间企业等进行进修的事例,也有派遣到大学的研究室、大学院以及国外进行研修的事例。派遣国外进修称"驻外研究员制度",主要派往美、英、法、德等国的行政学院或研究机构,学习西方国家的行政管理经验。进修时间较长,少则只有半年,多则2-3年。

根据进修内容进行的分类:

(1)职层别进修

将进修对象职员分为职务上的阶层(职层)实施的进修。作为一般的形式实施的进修,主要有新录用职员进修、骨干职员进修、系长(股)进修、课长辅佐进修、课长进修等,它们一直处于研修所所进行的进修的支柱的位置。

(2)专门进修

为授给特定领域中高度的专门知识和能力所进行的进修,如税务、会计、农业、土木、接待、报道等特定的领域的专门进修等。

(3)特别进修

特别进修包括重点学习特定科目(伦理学研修、语言学研修等)的进修和对特定的政策课题进行研究性质的进修等。前述的职层别进修和专门进修的目的在于提高定型的基础的职务执行的能力,而特别进修则多是对应包括行政在内的环境的变化,准确抓住问题的本质

并提高解决这一问题的能力。例如,上世纪90年代琦玉县举行的“政策研究讨论会”,参加者为部局长推荐的县职员及市町村职员,研究的主题为“行政的评价”、“行政的文化化”等地方自治的课题,根据基调讲课、小组讨论、集体发表、全体研讨等形式进行,时间为5天,共31小时。再如,神奈川县举行的“课题研修讲座”,参加者为有希望的职员及市町村职员,主要是对本县面临的重要课题,设定10个科目,各科目都通过基调讲义、小组讲课、公开讲座等形式进行,时间约为7天,时间约40小时左右㉕。

3. 教育公务员的进修的特例

关于教育公务员,根据其职务的特殊性对其进修工作作了若干特例的规定。

首先,《教育公务员特别例法》(1949年第1号法律)第19条规定:教育公务员为了执行其职责,必须不断地努力进行进修;教育公务员的任命权者,对于教育公务员的进修,必须建立它所需要的设备,采取奖励进修的方法以及订立关于进修的计划,并努力付诸施行。该法第20条还规定:对于教育公务员,必须给予其接受进修的机会;教员只要不影响授课,经本部门首长的批准,可脱离工作单位进行进修;教育公务员根据任命权者作出的决定,也可在现职的岗位上接受长时期的进修㉖。

其次,由于县费负担教职员的任命权者是都道府县的教育委员会,所以原则上都道府县教育委员会从事进修工作,但市町村的教育委员会也可从事进修工作,同时市町村的教育委员会还须协助都道府县的教育委员会所进行的县费负担教职员的进修工作。另外,指定都市的县费负担教职员的进修工作,推定由指定都市的教育委员会负责进行。

注释:

①⑰㉖　星野英一、松尾浩也、盐野宏等编:《六法全书》(日文版),第1卷,有斐阁,平成五年(1993年)版,第473页;第475页;第1784页。

②㉑　坂弘二:《地方公务员制度》(日文版),学阳书房,平成四年(1992年)版,第63－64页;第66－67页。

③⑤⑪⑱　鹿儿岛重治:《要说地方公务员制度》(日文版),学阳书房,1988年版,第387－388页;第386页;第386页;第379页。

④⑥⑦⑧⑨⑩⑫⑬⑭⑮⑯㉒㉔㉕　石桥孝雄编著:《地方公务员制度》(日文版)(全7卷),第4卷,平成三年(1991年)版,第199－201页;第202－216页;第209页;第210页;第213页;第215页;第223页;第225－226页;第225页,第229－234页;第227页;第148－150页;第176－177页;第179－181页。

⑲　总务厅编:《总务厅年次报告书》(日文版),1991年版,第22页。

⑳㉓　鲁义:《日本地方自治制度》,吉林大学出版社,1993年版,第84页;第82页。

第四节　地方公务员的义务和责任

一、地方公务员的义务

1. 职员服务的根本标准

(1)服务的根本标准

《地方公务员法》第30条规定:“所有职员作为全体居民的服务员,必须为公共利益进行工作,工作时须尽心竭力,专心致志。"[①]这一规定是职员服务的根本标准,是贯穿职员服务各项规定的基本原则。

首先,职员是全体居民的服务员,而不是部分居民的服务员,这是源于《日本国宪法》第15条第2项的规定,是近代公务员制度中最重要的理念。从历史上看,它与战前日本的官吏是天皇的效忠者这一点形成了鲜明的对照。从现实中看,在职员作为全体居民的服务员的这一性格中,可以看出公务员与民间企业的劳动者具有不同的特殊性的根据。

其次,职员在工作时必须尽心竭力,专心致志,并在该法第35条中具体地提出了专心致志执行职务的义务,这是公务员在为公共利益进行工作时必须自觉遵守的基本准则,它不仅具有法律上的规范的意义,而且更具有伦理上的规范的意义。

(2)职员的服务宣誓

按照《地方公务员法》第31条规定,职员根据条例规定,必须进行服务宣誓。所谓服务宣誓,是职员确认并宣布负有作为公务员的义务的行为,是以促进职员的伦理的自觉为目的的制度。按照各地方公共团体的条例规定,新录用的职员在就职时,必须在宣誓书上签名然后进行宣誓。一般职员的宣誓书,其内容及格式如下:

"我在此庄严宣誓:尊重并拥护承认主权在民的日本国宪法。

我庄严宣誓:理解地方自治的宗旨,深刻领会为民主且有效地运营公务而应尽的职责,作为全体居民的服务员诚实而又公正地执行职务。

年　　月　　日

姓名　印"

对于警察职员和消防职员,根据其职务的特殊性,规定了以下的特别的宣誓样式:

地方警察职员(都道府县)

"我庄严地宣誓,衷心拥护日本国宪法和法律,遵守命令和条例,领会地方自治的宗旨,不参加优先于警察职务、要求服从其纪律的团体或组织,不受任何人约束,不害怕任何人,也不憎恨任何人,只是凭借着良心,不偏不党且公平中正地负责执行警察的职务。

年　　月　　日

姓名印"

消防职员(市町村)

"我庄严地宣誓:尊重日本国宪法和法律,衷心拥护命令、条例、规则及规程,深刻领会消防的目的及任务,不参加要求服从其规章优先于消防职务的团体或组织,作为全体居民的勤务员诚实且公正地负责执行消防的职务。

年　　月　　日

姓名印"[②]

(3)公务员的职务上的义务和身份上的义务

职员作为全体居民的服务员,负有法律方面一定的义务。这些义务可分为职务上的义务和身份上的义务。所谓职务上的义务,是专门指在执行职务方面所必须遵守的义务;所谓身份上的义务,是指不问职务内外只要有职员的身份就必须遵守的义务。由于身份上的义务是只要是职员就必须遵守的义务,所以不论是工作时间或工作时间以外,不论是休职期间或停职期间,不论是在籍专从时间或休假时间也都适用。

在《地方公务员法》关于服务的规定当中,作为职务上的义务,有服从法令和上级职务命令的义务(第32条)和专心致志从事职务的义务(第35条);作为身份上的义务,有严禁丧失信用行为的义务(第33条),保守秘密的义务(第34条),政治行为的限制(第36条),禁止争议行为(第37条)以及从事营利企业等的限制(第38条)等③。

以下的第2至8项,就是依照上述的顺序,分别阐述职员的职务上的义务和身份上的义务④。

2. 服从法令和职务命令的义务

(1)服从法令和上司的职务命令的义务

《地方公务员法》第32条规定:"职员在执行职务时,必须服从法令、条例、地方公共团体的规则及地方公共团体机关规定的规程,并忠实地服从上司的职务方面的命令。"⑤

所有的法令及自治法规,都是直接和间接以宪法作为根据,所以职员服从法令等的义务可以说是宪法上的义务。又在日本的现行的体制下,公共的利益都是由国民和地方公共团体居民的代表机关国会或地方公共团体议会通过合法的手续制定的法律和条例来具体地决定的,所以作为全体居民的服务员必须为公共的利益进行工作的职员,在执行职务时当然必须服从作为公共利益的具体表现的法令、条例及其他的自治法规⑥。

另外,《地方公务员法》中所说的"法令等",指的是法律和根据法律制定的政令和省令,地方公共团体的自主立法——条例和规则,以及地方公共团体各机关制定的规程,如任命权者的训令和企业管理者拟定的企业管理规程等。法治主义国家中的行政,必须根据法令来进行,所以执行行政事务的职员,必须服从法令并依照法令进行工作。

上司的职务命令,是为执行法令而发布的,所以为了确保有秩序的行政事务的执行,职员当然也必须服从上司的职务命令。

总之,不论是服从法令等的义务,还是服从职务命令的义务,归根结底都具有相同的目的,即在一定的规章之下井然有序地执行行政的事务。当然,服从法令等的义务和服从职务命令的义务并不是一回事情,但有时法令等和职务命令的界限也未必明确,例如任命权者的训令既是"规程"同时也是职务命令。

(2)职务命令的必要条件

①发布职务命令的上司

人们对职务命令,经常提出各种问题,但首先一个问题是:能够发布职务命令者指的是哪些人?可以肯定回答的是,所谓上司是指他在同职员的关系中,有对职员实行指挥监督权限的人,也可以说在指挥监督的系列中处于上级职位的人。但任用上的地位处于上一级地位的人未必全都是"上司"。总之,上司与部下的关系,不是身份上的上下关系,而是职务上的职与职的上下关系。

②职务上的上司和身份上的上司

上司可分为职务上的上司和身份上的上司。所谓职务上的上司,是在执行职务方面职员的指挥监督者;所谓身份上的上司,是对职员的任用、身份、惩戒等身份处理方面有权限者。通常职务上的上司即身份上的上司,但也有两者分离的情况。例如,知事或市町村长部局的职员,在被命令从事其他执行机关的事务时,知事或市町村长是身份上的上司,而职务上的上司则是该当执行机关。又如,指挥监督地方开发事业团的职员的理事长或理事是职务上的上司,而提供这些职员的设置团体的首长则是身份上的上司。另外,在兼任属于不同的任命权者的职务的场合,或者是派遣职员的场合,则存在着复数的身份上的上司和职务上的上司。

③职务上的命令和身份上的命令

职务命令分为两种,一是职务上的命令,二是身份上的命令。前者是与执行职务直接有关的命令,如命令起草特定的公文文件或命令出差等,后者是对职员的身份下达的命令,如命令职员佩带名签或命令其赴医院疗养等。

在职务命令当中,职务上的命令只能由职务上的上司发布,但身份上的命令职务上的上司和身份上的上司都可以发布。又,身份上的命令,一般认为是专门以特别权力关系为根据而发布的命令。但身份上的命令可以解释为职务上的上司和身份上的上司都可以发布。

④职务命令成立的必要条件

为使职务命令有效地成立,必须具有以下的充分的必要条件。

首先,职务命令必须由有权限的上司发布。上司以外的高级公务员发布的命令,或对上司的权限以外的事项发布的命令等,都不能为有效的命令成立。又处于上下级关系的两个以上的上司发布的命令出现矛盾时,上级的上司的命令优先,下级的上司的命令无效。

其次,在职务命令中,职务上的命令,必须与接受这一命令的职员的职务直接有关,如不能命令税务课的职员从事卫生保健的事务等。但也有特殊的情况,如教员虽以关于教育的事务为本职工作,但也有可能命令其从事值日班或夜班的事务。

另外,职务命令的内容,不得命令法律上或事实上不容许或不能作的事项。法律上不容许的事项,如对已完成纳税的人进行扣押的命令、或命令进行犯罪行为等。事实上不能作的事项,包括物理上或社会通常观念上不能作的事项,前者如命令收用已经消灭了的物件的事项,后者如命令既没有知识又没有经验的人进行工程设计的事项等。

(3)职务命令的拘束力度

职务命令之所以能拘束部下职员的行动,主要是因为职务命令具备前述的有效的必要条件。但部下职员可以审查上司发布的职务命令,特别是违法的或不适当的职务命令。

上司发布的职务命令,如有重大的而且明显的问题或错误时,这一职务命令当然无效,部下职员没有服从这一命令的义务。例如,违反政治行为的限制,命令职员为特定的公职候选人进行选举运动的场合;或命令官厅的汽车司机,超过速率的限制开动的场合;职员当然可以拒绝执行这一命令。如果职员没有拒绝执行这类命令,并依照这种命令违法行事时,他必须为自己的违法行为承担一定的责任。例如,尽管预算中没有盈余但却根据支出的命令支出公款的职员,将成为违反法令的惩戒处分的对象,并对因违法的支出公款所造成的损害负有赔偿的责任。

当然,在职务命令中只是存在应该取消的内容的弊病时,或者对有效的职务命令只是持有疑义的场合,但只要是推定这一职务命令大体上有效,职员在这一职务命令被有权限的机关取消之前,仍有服从这一命令的义务。这是因为假如部下职员根据自己的判断,便认为上司的职务命令违法以至拒不服从这一命令,就会对维持作为行政机构的组织的一体性造成困难的缘故。

不言而喻,对上司的职务命令持有疑义的职员,可以向上司申述意见。但是,这只是部下职员对上司申述意见,只要是上司没有取消或改变职务命令,部下职员仍然必须忠实地服从这一职务命令。

3. 专心致志从事职务的义务

(1)专心致志从事职务的义务的意义

①专心致志从事职务的义务的意义

《地方公务员法》第30条在谈到服务的根本标准时就曾经指出:职员作为全体居民的服务人员,在为公众的利益工作时必须尽心竭力。该法第35条又将服务的根本标准加以具体化,明确提出了专心致志从事职务的义务,规定“职员除法律或条例有特别的规定以外,必须将工作时间及职务上的注意力全部用于完成职责,只能从事该地方公共团体应尽职责的职务”⑦。

专心致志从事职务的义务,与服从法令和上司的职务命令的义务一起,都是职员执行职务方面最基本的义务。只有职员忠实地实践这两个义务,才能确保地方公共团体的事务的有效率、有秩序的进行,才能不辜负地方居民的重托。

专心致志从事职务的义务,在民间企业的劳动者的场合也同样存在。但在民间企业的劳动者的场合,是根据一方提供劳务另一方提供报酬的所谓双边契约的私法上的义务,而公务员的场合则是基于作为全体居民的服务员的地位所建立的公法上的义务,两者的性质应该说基本不同⑧。

②“工作时间”、“注意力”及“职务”的具体含义

首先,《地方公务员法》规定:职员“必须将工作时间及职务上的注意力全部用于完成职责”,但此处必须特别注意以下两点,一是这里所说的工作时间,不只是条例中规定的正规的工作时间,而且还包括被命令时间外工作的时间和被命令休息日工作的时间;二是这里所说的职务上的注意力,也不是通常所说的注意力,而是指为了执行职务必须最大限度地发挥职员所具有的智力、体力和精神等⑨。

其次,《地方公务员法》还规定:职员“只能从事该地方公共团体应尽职责的职务”,但这里所说的“应尽职责的职务”,除了该地方公共团体的固有的职务外,还包括地方公共团体首长作为国家的机关所执行的所谓机关委任事务(自治法148　1)、市町村或市町村职员由都道府县知事委任或辅助执行的事务(自治法153　11　111)、受其他地方公共团体委托的事务(自治法252之141)、地方公共团体共同设置的机关的事务(自治法252之11　1)、地方开发事业团的事务(自治法306),以及地方公共团体为提供职员从事事务的方便而规定的地方公务员互助会和地方公务员灾害补偿基金的事务(地方公务员互助会法18　1、地方公务员灾害补偿法13　1)等。

(2)专心致志从事职务的义务的免除

专心致志从事职务的义务,是职员的最基本的义务之一。但根据法律或条例的特别规定,专心致志从事职务的义务可以免除。

根据法律的规定免除职员专心致志从事职务的义务的场合:

①休职:职员根据《地方公务员法》第28条第2项的规定受到身份休职处分的场合,由于休职者虽然保留职员的身份但不从事工作,所以职员在受到身份休职处分时,根据处分将被强制免除专心致志执行职务的义务。

②停职:职员因惩戒处分被迫停职的场合(地方公务员法第29条第1项),由于虽然保留职员的身份但不使其从事职务,所以在停职期间将被强制免除专心致志执行职务的义务。

③在籍专从的许可:职员经任命权者的许可,作为注册职员团体的干部专门从事职员团体的工作时,可作为休职者处理,在这一许可的有效时间内,免除专心致志从事职务的义务。

④合法的交涉时间：根据《地方公务员法》第55条的规定，职员出席职员团体与政府当局的合法交涉的场合，免除专心致志执行职务的义务。职员参加工会与政府当局的团体交涉的场合也可作同样的解释。

⑤根据《劳动基准法》规定的休假等：如根据《劳动基准法》规定的年度有薪休假、产前产后休假、育儿时间等场合，均免除专心致志执行职务义务。

依照条例的规定免除专心致志从事职务的义务的场合：

①关于休息日、休假日的条例：在关于休息日、休假日的条例中规定的休息日（国民的节日和祭祀日），超过《劳动基准法》的基准的年度休假、年末年初的休假、患病休假以及其他的特别休假，均免除专心致志从事职务的义务。

②关于工作时间的条例：在关于工作时间的条例中规定的休息时间，免除专心致志从事职务的义务。

③关于免除专心致志从事职务的义务的条例：根据关于免除专心致志从事职务的义务的条例，以及基于这一条例制定的人事委员会规则或地方公共团体的规则，下列的场合可免除专心致志从事职务的义务，如接受进修的场合；参加实施关于福利卫生的计划的场合；因传染病预防法交通遮断或隔离的场合；由于风灾、水灾、火灾及其他非常灾害交通遮断的场合；由于风灾、水灾、火灾以及其他的天灾地变职职员的现在住所灭失或破坏的场合；因交通机关的事故等不可抗拒的原因造成伤害的场合；作为证人、鉴定人、参考人等出席国会、法院、地方公共团体的议会以及其他官公厅的场合；行使选举权及其他公民的权利的场合等。

除了上述的各种场合外，对父母的祭日、忌辰、工作条件的措施的要求、大学函授教育的面授等场合，也可以考虑免除专心致志执行职务的义务，但一般的场合则由委任任命权者判断。

4. 严禁丧失信用的行为

（1）保持对公务的信用

职员作为全体居民的服务员从事公务，也可以说是受居民的信托执行公务。基于职员这种地位的特殊性，对职员要求高于一般国民的高度的行为规范。正因为如此，《地方公务员法》规定的职员的行为规范，不只是伦理上的规范，而且可以说是法律上的规范。如该法第33条在谈到严禁丧失信用的行为时明确规定："职员不得败坏其职务的信誉或做出有损于职员职务整体名誉的行为。"

按照《地方公务员法》的上述规定，职员在职务内外有不良的行为时，首先是损害了职员自身的信誉，同时也损害了公务整体的信誉，成为全体职员的一种不名誉的行为。

职员的不良行为，虽然是职员的个人行为，但由于它同作为职员的身份相联系而影响到公务，所以这一不良行为，不管是与职务有关系，还是与职务没有关系，都将作为损害公务的声誉而受到追究。

因此，《地方公务员法》第29条第3号在谈到职员"有与作为整体的服务人员不相符的不良行为时"，将受到警告、降薪、停职、免职等惩戒处分。

（2）何谓丧失信用的行为？

在谈到哪种具体行为是属于丧失信用的行为时，除了按照社会的通常观念对各种场合进行判断以外，要想设立一个基本标准是十分困难的。

关于职员的职务犯罪，即公务员的滥用职权罪（刑法第193条）、收贿罪（刑法第197

条)等,当然属于丧失信用的行为;与执行职务无关的犯罪,即工作时间外的伤害(刑法第204条)、酒后驾驶汽车(道路交通法65 117之2)等,也是丧失信用的行为。

另外,在不限于刑罚的场合,如违反了实行禁止争议行为的规定一类的事,也是属于丧失信用的行为。还有,虽然不是直接违反关于服务的义务的规定,如对来官厅采访者采取极其粗暴的态度的职员,也可以说是直接丧失信用的行为。

坂弘二先生编著的《地方公务员制度》一书在谈到严禁丧失信用的行为时说:"地方公务员在私生活方面,也不要被人背后责骂,经常以正身为己任,这是最重要的事。不管是时代如何,不论是过去的官公吏制度的时代,还是现今的公务员制度的时代,都应该如此。所谓公务员,就是这样的职业。"[10]

总之,职员丧失信用的行为,有各种各样的类型,必须根据社会的通常观念来决定。它决不允许任命权者肆意判断,而是必须进行客观上可以接受的判断。

5. 保守秘密的义务

《地方公务员法》第34条(保守秘密的义务)规定:"职员不得泄漏职务上所了解的秘密,退职以后也是同样。"下面想从四个方面来阐述这一规定。

(1)哪些事实属于秘密的事项

职员在执行职务时,有时碰到这样的问题:哪些事实属于保密的事项?日本学者的看法是:对于各种各样的事实,一定要在与应该被保护的公的法益或个人的法益的比较中进行判断,这一判断必须具有客观性,必须是实质性的秘密事项。例如,人事委员会预定将来使用的考试问题及市町村制成保管的犯罪人名簿,都是在性质上理所当然的公的秘密事项。又如,职员的工作成绩评定书或履历书以及其他的人事记录,如公开发表将会损害个人的利益的场合,也一般被解释为秘密事项。另外,课税原始账簿的内容,也可以说是相当于个人的秘密。

(2)职务上所了解的秘密和职务上的秘密

职员或曾为职员者不得泄漏的秘密为"职务上所了解的秘密",下面将要讲述的需要任命权的许可可以发表的秘密称"职务上的秘密"。前者是职员在执行职务方面所了解的秘密,后者是属于职员的职务管辖上的秘密。例如,税务职员公布他保管的拖欠整理簿上记载的特定个人的债务拖欠额是泄漏职务上的秘密,教员公开发表在访问儿童或学生的家庭时所了解的家庭的私人情况则是泄漏职务上所了解的秘密。

又,所谓"职务上所了解的秘密",是与职员执行的职务相关联所了解的秘密,它包括职员自己担任的职务所了解的秘密固不必说,也包括虽然没有参与某些事项但与职务直接有关所了解的秘密;但所谓"职务上的秘密"却与此不同,它只是指职员在职务的管辖上的秘密,所以职务上的秘密也可以解释为职务上所了解的秘密的一部分。

另外,从应该保护的法益的内容上看,秘密的事项可以区分为公的秘密和个人的秘密。"职务上的秘密"不一定都是公的秘密,如人事的记录应该说是职务上的秘密,但其内容则是个人的秘密。

(3)职务上的秘密的发表

按照《地方公务员法》第34条第2项的规定,当职员成为法令所要求的证人、鉴定人等,公布属于职务方面的秘密事项时,必须得到任命权者(属退职人员时,为其退职的职务或相当于此职的任命权者)的许可。任命权者,除法律方面有特别规定的以外,不得拒绝提出许可的意见。

但任命权者,如在法律方面有特别的规定时,也可以不许可发表秘密的事项。例如,在刑事事件中,要求承认职员成为证人、鉴定人或鉴定证人,发表职务上的秘密事项时,任命权者如作出了发表这一秘密将会损害国家的重大利益的判断时,可以不允许发表这一秘密的事项。

(4)对泄露秘密者的惩罚

《地方公务员法》第60条规定,凡违反本法第34条第1项、第2项的规定泄露秘密的职员,须判处1年以下的徒刑和3万元以下的罚款。对特定的职员,则依法作了以下的特别规定:

①从事或曾经从事关于地方税的调查工作者,在泄露职务上的秘密的场合,判处2年以下的徒刑和3万元以上的罚款(地方税法第22条)。

②从事关于统计主事等指定统计调查的工作者,或曾经任过统计调查员以及相当于这种职务者,在泄露职务上的秘密的场合,判处1年以下的徒刑和5000元以下的罚款(统计法19之2-1)。

③在儿童交谈所中从事交谈、调查及判定的工作者,在泄漏职务上的秘密的场合,判处6个月以下的徒刑和10万元以下的罚款(儿童法61条)。

④医师或药剂师泄露职务上的秘密时,判处6个月以下的徒刑和5000元以下的罚款(刑法134条1)[11]。

6. 政治行为的限制

第二次世界大战结束后,美国出于其战略的需要,对日本进行了政治、经济、教育、社会等一系列的民主改革,使日本结束了天皇专制主义的法西斯统治,建立了真正的资产阶级议会制度。资产阶级政党是资产阶级议会制度的主体力量。各个政党和政治团体,为了猎取官职或夺得政权,通过各种方式进行了激烈的政治较量。为了确保地方公共团体行政的公正运营,同时也是为了保护一般职员的利益并使广大职员能够公正地执行职务,《地方公务员法》对职员的政治行为进行了严格的限制,禁止职员进行特定的政治活动。

(1)政治行为的限制的理由

职员根据其作为公务员的地位,受到一定的政治行为的限制。限制的理由主要有二:

第一,职员是全体居民的服务员,不是部分居民的服务员(日本国宪法第15条,地方公务员法第30条)。这就是说,职员作为全体居民的服务员,不得偏袒部分的政党或政治团体,而是必须以中立的立场公正地执行行政的事务。

第二,从政治的影响力下保护职员,防止遭受政党分赃制的弊害。《地方公务员法》第36条第3、4项规定:"任何人不得要求、唆使或煽动职员进行本条第1、2项规定的政治活动;不得在任用、职务分配、工资津贴及职员地位等方面,在作出许诺和给予或企图给予任何有利或不利的事情,作为对职员是否进行前两项规定的政治活动的代价或打击报复。职员决不因未答应进行前项规定的不法行为而受到不利待遇。"[12]

总之,限制职员的政治行为的目的在于通过保障职员在政治上的中立性,以确保地方公共团体行政的公正运营,同时保护职员的利益及其正常的工作。

(2)职员被禁止的政治行为

《地方公务员法》中所说的职员被禁止的政治行为大体上包括以下两种行为:一是与组

成政党及其他政治团体相关联的政治行为，二是在一定的政治目的之下所进行的一定的政治行为，现分述如下：

①禁止组成政党及其他政治团体

《地方公务员法》第36条第1项规定：职员不得参与组织政党及其他政治团体的活动，或成为这些团体的役员，不得进行诸如劝诱参加或不参加这些团体的活动。必须指出：这里的所谓政党或其他政治团体，即《政治资金规正法》(1948年第194号法令)第3条中所说的"政党、协会及其他团体"的同义语；所谓参与组织，是指成为新建团体或既成团体的发起人、团体规章的起草人或结成准备会议的召集人等；所谓政党或政治团体的"役员"，是指在这些团体中，在业务的执行或监察方面，负有责任者或具有支配力者；所谓"劝诱"活动，是指以多数人为对象，有组织有计划地劝诱其参加或不参加这些团体的活动的行为[13]。

②禁止有特定的政治目的的特定的政治行为

《地方公务员法》第36条第2项规定：职员不得以支持或反对特定的政党及其他政治团体或特定的内阁及地方公共团体的执行机关为目的，或者在公选或投票中，以支持或反对特定的人或事件为目的，在其所属地方公共团体区域内，进行以下的政治活动，如在公选或投票时，进行劝诱或阻止投票等活动；策划或积极参加或领导签名运动；参与募捐及其他钱物的募集活动；在地方公共团体的厅舍或设施上张贴或让他人张贴布告或画片、利用或让他人利用地方公共团体厅舍、设施材料或资金等。

(3)依照公职选举法禁止的政治活动

按照1950年制定的《公职选举法》(昭和二十五年第100号法律)[14]规定，职员在在职时期中，不能被提名为公职候选人(公选法第89条)。职员在在职中成为公职候选人时，须辞去其职员的职务(公选法第90条)。被限制成为其候选人的所谓公职，指的是众议院议员、参议院议员及地方公共团体的议会议员或议长的职务(公选法第3条)。

该法还规定，职员不能利用其地位，从事选举运动(公选法第136条)，如劝诱投票、组织后援团体、发行报纸及其他刊物、为某些候选人竞选等。如职员违反上述规定，利用自身的地位从事选举运动时，将判处2年以下的徒刑或10万以下的罚款(公选法第239条)。

又在职员当中，选举管理会的职员、证税吏员及警察官，在在职期间不能从事任何的选举运动(公选法第136条)，如违反这一规定时，将判处6个月以下的徒刑或10万元以下的罚款(公选法第241条)。

7. 禁止争议行为等

(1)争议行为等的禁止

《地方公务员法》第37条规定："职员不得对地方公共团体机关代表，作为雇主的居民采取联合罢工、怠工或其他活动的争议行为，或进行降低地方公共团体机关工作效率的怠工性活动。任何人不得策划、共谋、唆使或煽动上述违法活动。"[15]

地方公营企业的职员及单纯劳务职员，虽然不适用《地方公务员法》的禁止争议行为等的规定，但在《地方公营企业劳动关系法》也规定，职员及工会不得对地方公营企业或地方公共团体机关，采取联合罢工、怠工及其他阻碍业务的正常运营的行为；职员及工会的会员或负责人，不能共谋、唆使或煽动上述的被禁止的行为[16]。该法还规定：地方公营企业或地方公共团体机关，作为对抗这些职员争议行为等的手段，不得进行封闭工厂。

(2)违反禁止争议行为者的责任

职员违反禁止争议行为等的规定时，将成为惩戒处分的对象，如《地方公务员法》第37条第2项所说："身为职员者当有违反前项规定的行为时，在其行为开始的同时，即失去了根据法令或条例、地方公共团体的规则及地方公共团体机关制定的规程所享有的对其任命或雇佣方面的权利，不得以此权利与地方公共团体对抗。"特别是违反《地方公务员法》第37条第1项后段的规定者，即策划、共谋、唆使或煽动一般职员的争议行为者，将判处3年以下的徒刑或10万元以下的罚款。

地方公营企业的职员及单纯劳务职员，如违反禁止争议行为的规定，依照《地方公营企业劳动关系法》第11条的规定，有可能受到解雇的处分。又，职员团体或工会，因参与或策划争议行为，给予地方公共团体造成损害时，作为民事上的不法行为（民法第709条），负有赔偿其损害的责任。

8. 限制从事营利企业等

(1) 限制从事营利企业等的行为

限制从事营利企业等的行为，大致可分为以下三种行为。

①不得兼任营利企业等的负责人

《地方公务员法》第38条规定：职员不经任命权者的许可，不得兼任以营利为目的的私人企业的公司或其他团体的负责人及其他人事委员会规则（未设人事委员会的地方公共团体，则为地方公共团体的规则）规定的职位[17]。

该法中所说的以营利为目的的私人企业的公司或其他团体的负责人，指的是根据《商法》设立的合名公司、合资公司及股份公司以及根据《有限公司法》设立的有限公司和其他以营利行为为业务的社团；所谓负责人，则是指股份公司的董事、监事等负有执行或监察的责任者。至于"人事委员会或地方公共团体规定的职位"，仅限于经营以营利为目的的私营企业的公司或团体的职位，如营利团体的顾问、评议员、清算人等。

②不得经营以营利为目的私营企业

《地方公务员法》第38条还规定，职员不得自己经营以营利为目的的私营企业。所谓"以营利为目的的私营企业"，是指以营利为目的的工业、商业、农业及金融业等。职员的家属经营以营利为目的的私营企业不在禁止之列，但利用家属的名义职员自己经营私营企业，作为逃避法律制裁的行为违反了职员的服务纪律。

③职员不得从事获取报酬的任何事业或事务

《地方公务员法》第38条又规定，职员也不得从事获取报酬的任何事业或事务。即只要是从事获取报酬的事业或事务，便不问其是否以营利为目的。至于报酬，则包括薪金、津贴等。

不过这里经常成为问题的是，职员兼任其他地方公务员的职务或国家公务员的职务的问题。首先，职员兼任其他的一般职的职务时不收取薪金，所以不产生获取报酬的问题。其次，职员兼任特别职的职务获取报酬时，必须得到任命权者的许可。另外，不论是特别职或一般职，兼任国家公务员的职务获取报酬时，也需要任命权者的许可。

(2) 从事营利企业等的许可

《地方公务员法》第38条第2项规定：人事委员会可根据人事委员会规则，制定本条第1项规定的任命权者的许可准则。即职员如得到任命权者的许可，可解除对从事营利企业等的限制。由于限制从事营利企业等是以确保职员正当地履行职务为目的，所以只有不妨害这一目的时候才能得到这一任命权者的许可。也就是说,职员虽然从事营利企业等,但必须在履行职务方面不会导致工作效率的降低,且其营利企业等不会与职员所属的地方公共团体之间产生相反的利害关系。又,在履行职务方面,由于职员需要保持与公务员身份相称的品位和信用,所以对从事不可靠、不正派的营利企业不能给予许可。

二、地方公务员的责任

前面谈到职员服务的根本标准和职员的职务上的义务及身份上的义务。下面所要谈的是:倘若职员背离了服务的根本标准,违反了职员必须承担的各种义务时,必须负一定的法律责任,现行日本法律规定的责任有四种:1. 分限处分;2. 惩戒处分;3. 赔偿责任;4. 刑事责任[18]。现分述如下:

1. 分限处分

(1)身份保障的意义

身份保障是公务员正常地进行工作、公正地执行职务的必要条件。按照《地方公务员法》第27条第1项规定,对所有职员的身份和惩戒,必须公正地进行;第2项规定:职员非因本法律规定的事由,不得违背本人的意愿降职或免职;非因本法律或条例规定的事由,不得违背本人意愿被休职;或者非因本条例规定的事由,不得违背本人的意愿被减薪。不难看出,《地方公务员法》的上述规定,从法律上保障了职员的身份地位,并通过这一保障确保安定的行政事务的执行。

(2)分限处分的种类及事由

分限处分系对于职员身份保障之界限发生变动对其身份关系所进行的处分。也就是说,所谓分限处分,是以职员的身份保障为前提,但在有一定的事由的场合,则违背职员本人的意愿对其进行不利益的身份上的变动的处分。按照《地方公务员法》规定,职员的分限处分分为四种,即免职、降任、休职和降薪。

①免职和降任

《地方公务员法》第28条第1项规定:职员在符合以下各项之一时,可以违反其意愿,将其降任或免职。

免职是违背职员的意愿使其失去职务,处分的目的虽然不同,但失去身份的效果与惩戒免职相同。降任是按照法令、条例、规则及其他的规定,使职员的官职从现有的位置任命为下一级的位置,如降低薪金的级别或官职的等级等。免职或降任的事由有四项,一是工作成绩不良;二是由于身心故障,影响执行职务或不能坚持工作;三是除前两项规定之外,欠缺其官职所必要的适当资格;四是因职制或定员的改废及预算的减少而废除官职或产生冗员时。

②休职

《地方公务员法》第28条第2项规定:职员在符合以下各项之一时,可违背本人意愿令其休职。

休职是使职员保留原来的职位,但在一定的期间不使职员从事职务的处分。处分的目的不同,但在不使职员从事职务这一点,与作为惩戒处分的停职有相同的效果。休职处分的事由有二,一是由于身心障碍需要长期休养时;二是由于刑事案件被提出诉讼时。

③降薪

降薪是决定降低职员现有的薪金额的处分。作为惩戒处分的减薪,只限于一定的期间减薪,减薪期满后即恢复原来的薪金额。但分限处分的降薪,则是变更薪金的决定本身。按照《地方公务员法》第27条第2项规定,作为分限处分的降薪,须由各地方公共团体的条例规定,但事实上各地方公共团体,迄今尚无规定降薪事由的条例。所以,现今日本,几乎没有实行降薪的处分[19]。

(3)分限处分的手续及效果

《地方公务员法》第28条第3项规定,违背职员意愿的降任、免职、休职及降薪的手续及效果,除法律有特别规定的场合外,必须依照条例作出规定。根据这一规定,1951年7月,制定了《关于职员的分限处分的手续和效果的条例》(昭和二十六年7月7日地自乙发第263号)本条例共五条,主要内容如下:

首先,在降任、免职和休职的手续方面,主要作了以下两项规定。第一,任命权者认为职员有身心故障,不能或不堪执行职务,命令其降任、免职或休职时,必须事先指定两名医师,经过诊断手续进行。也就是说,为了保证诊断书的可靠性,医师必须由任命权者指定,而不能由职员随意选定。第二,违反职员本人意愿的降任、免职或休职的处分,必须将记载处分事由的说明书提交职员本人。但提交这一说明书与分限处分的效力并无关系,它只具有根据行政不服审查法所作的提示的意义。所以,在根据本人的同意进行分限处分的场合,也可以不提交这一说明书。

其次,在休职的效果方面,主要作了以下五项规定。第一,基于身心故障的休职最多定为三年时间,超过这一时间仍然需要休养时,原则上将进行分限免职。第二,在因身心故障的休职期间中,在身心故障已经治愈的场合,必须立即命令职员复职。在休职期间没有被复职者,与休职期满的同时不需要任何的处分自动复职。第三,根据《地方公务员法》第28条第2项第2号的规定被命令休职的时间,定为该刑事案件在法院进行诉讼的时间。第四,休职者,保留作为职员的身份,但不从事职务。第五,关于休职期间休职者的工资报酬,将在条例中另行规定。

另外,工作成绩的优良与否须依照考课表(工作成绩评定书)进行,因缺欠职务上的适当资格被降任或免职者不能转任其他岗位,由于职制和定员的改变或废除降任或免职时必须采取平等处理的原则,以及禁止以职业团体活动为理由的不利益处理的原则等等,都不是分限处分的手续,所以都未能在条例中作出规定。

2. 惩戒处分

(1)惩戒处分的意义

惩戒处分是追究职员违反一定的义务的道义上的责任,以保持地方公共团体的纪律和维持执行公务的秩序为目的,由任命权者判定和进行的处分。

分限处分是为了维持和提高公务的效率而进行的处分,它在不追究职员的道义上的责任的这一点上与惩戒处分有所不同。

(2)惩戒处分的种类

按照《地方公务员法》规定,惩戒处分按照轻重的顺序分为以下四种:警告、减薪、停职和免职。

①警告

警告是在确认职员违反纪律的责任的同时,告诫其将来不再有类似的错误的处分。

②减薪

减薪是在一定期间减额支给职员工资的一定比率的处分。作为分限处分的降薪,是变更工资报酬的基本额本身的处分,但减薪则不是变更工资报酬的基本额本身,所以在经过所定的时间之后,将恢复支给原来的工资报酬的基本额。

③停职

停职是使职员暂不从事职务的处分。在使职员不从事职务这一点上,与作为分限处分的休职相同,但休职是维持公务效率而进行的处分,不是在道义上责难职员的处分,而停职是为追究职员道义上的责任的制裁,是与休职的目的不同的处分。又,对受到休职处分者,一般支给全部或一部分工资报酬,但对受到停职处分者则不能支给工资报酬。

④免职

免职是作为追究职员违反纪律的责任的制裁使该职员从特别权力关系中排除的处分(地方公营企业劳动关系法第12条的解雇也可解释为同一趣旨的处分)。作为分限处分的免职,在使受处分者失去作为职员的身份这个意义上,与作为惩戒处分的免职产生了同样的效果,但身份免职在不对职员进行制裁这一点上,又与惩戒免职有不同的目的。又,身份免职的场合,不受退职津贴和退职年金的不利益的处理,但惩戒免职的场合,在这方面则受到不利益的处理,并自处分之日起两年间不能成为该地方公共团体的职员。

(3)惩戒处分的事由

依照《地方公务员法》规定,惩戒处分的事由有以下三项。

①违反《地方公务员法》或该法第57条规定特例的法律及以这些为基础的条例、地方公共团体的规则或地方公共团体机关规定的规程时。

本条的中心内容是,违反一切的法令,都成为惩戒处分的事由。具体地说就是指:在违反《地方公务员法》第3章第6节中规定的各项服务义务时,或违反根据《地方公务员法》第57条规定的地方公务员的特例的法律,如《地方公营企业劳动关系法》、《教育公务员特例法》等所规定的服务义务时,以及违反基于这些法律或特例法制定的关于服务的条例、规则及其他的规定时,都会成为惩戒处分的对象。但实际上,不只是违反这些法律等才成为惩戒处分的事由,因为按照《地方公务员法》第32条规定,职员在执行职务时,必须服从法令、条例、地方公共团体的规则及地方公共团体机关的规程,所以不限于关于服务的法令,违反一切法令都是违反《地方公务员法》的第32条,都将作为违反一切法令的成为惩戒处分的事由[20]。

②违反职务方面的义务或怠于执行职务时

由于违反职务方面的义务是由法令和职务方面的命令所赋予的,所以违反职务方面的义务就是违反《地方公务员法》第32条所规定的服从法令和上司在职务方面的命令的义务,又由于怠于执行职务就是违反《地方公务员法》第30条和第35条所规定的必须尽心竭力、专心致志从事职务的义务,所以违反职务方面的义务和怠于执行职务,同时也就相当于前号所述的违反法令。

③有损害作为全体居民的服务员的身份的不良行为时

在职员中,有不符合作为全体居民的服务员的不良行为时,它同时就触犯了《地方公务员法》第33条规定的禁止丧失信用行为,因而通常也就相当于第1号所述的违反法令。当然,任何一种行为,是否属于不符合作为全体居民的服务员的不良行为,一定要在各种场合根据健全的社会一般理念来判断,其认定必须具有客观性。

(4)惩戒处分的手续和效果

《地方公务员法》第29条第2项规定:对职员的惩戒的手续和效果,除在法律上有特别规定的场合外,必须以条例作出规定。在各地方公共团体中,均根据这一规定制定了关于职员的惩戒手续和效果的条例[21]。其内容主要如下:

首先,在惩戒的手续方面,主要是规定警告、减薪、停职、免职等惩戒处分,必须将记载处分内容的书面材料交付给该当职员。

其次,在惩戒的效果方面,主要是规定了以下几点。一是警告的效果:即警告的效果是对有不良行为的职员的告诫,并不直接表现为其在身份上或经济上的效果,但作为警告处分的结果,也伴随着间接的效果。二是减薪的效果:即规定减薪的时间为1日以上6月以下,减薪额为工资报酬和工作地区津贴的合计额的十分之一以下,减薪期满后立即恢复处分前的工资报酬数额。三是停职的效果:规定停职时间为1日以上6月以下,停职者保留原职但不从事职务,停职者在停职期间不支给任何工资报酬。四是免职的效果:免职的效果虽然在条例中未作规定,但在其他的条例中却有规定。例如,由于免职处分是惩戒处分中最重的处分,所以免职的场合不支给退职津贴(退职津贴条例准则8.1);又根据《地方公务员等互助会法》规定,免职处分减额支给长期给付的一部分;还有受到惩戒免职处分者,在该当地方公共团体中,两年间不能再度成为职员,也不能参加竞争考试和选考(地方公务员法第16条第3项)。

3. 赔偿责任

(1)职员的赔偿责任

职员因故意或过失侵害地方公共团体和地方公共团体以外的第三者的权利时,将作为民法上的不法行为负有赔偿责任。但是,职员在执行职务时或者与执行职务相关联,给地方公共团体或第三者造成损害时,则负有公法上的特别的赔偿责任。以这种职员的公法上的赔偿责任为主有以下两种赔偿责任,即基于《地方自治法》的职员的赔偿责任和基于《国家赔偿法》的职员的赔偿责任。

(2)基于《地方自治法》的职员的赔偿责任

①负赔偿责任的职员的范围和事由

基于《地方自治法》负赔偿责任的职员的范围和事由[22]如下:

按照《地方自治法》第243条之2第1项规定,出纳长、收入役、辅助出纳长及收入役的事务的职员(副出纳长、副收入役、出纳员、分任出纳员等)、领受先付资金的职员、保管占有动产的职员及使用物品的职员,因故意或重大的过失(对于现金则为故意或过失),使其保管的现金、有价证券、物品、占有动产及使用物品等遗失或损毁时,须负赔偿责任。又具有支出负担行为、支出的命令或确认、支出或支付及确保契约履行的监督和检查等权限的职员,以及在地方公共团体的规则中指定的直接辅助属于这一权限的事务的职员,因故意或重大过失违反法令规定或怠于执行上述事务等行为,使地方公共团体遭受损害时,也须负赔偿责任。

如上所述,基于《地方自治法》规定的损害赔偿责任,原则上是以故意或重大过失为主要条件。在该当职员的行为中,不具有这种主观的必要条件时,职员则不负赔偿责任。又职员虽有轻微过失,也给地方公共团体造成损害,也同样不负赔偿责任。但对于现金的遗失,作为例外虽无重大的过失,也必须负赔偿责任。这是因为对现金的处理,要求职员负有特别慎重注意的义务的缘故。

②赔偿命令及赔偿责任的免除或消灭

地方公共团体的首长认为职员由于故意或重要过失造成地方公共团体的损害时,可使监察委员监察事实的有无并要求其决定有无赔偿责任及赔偿数额。然后根据这一决定命令职员赔偿。但是,监察委员经过调查后证明,职员由于不能避免的事故及其他迫不得已的情况才造成损害,地方公共团体首长也认为这一结论有一定的道理时,可先听取监察委员的意见并得到议会的同意时,可以全部或部分免除职员的赔偿责任。又,在监察委员的定员人数为2人以上的地方公共团体中,为了决定赔偿的数额或决定关于免除赔偿责任的意见,必须经过合议作出决定。另外,在进行大赦之际,地方公共团体根据条例的规定,可以免除出纳长、收入役等人的赔偿责任的债务,但不能免除由于本人的犯罪行为所负的赔偿责任。

③对赔偿命令的不服申诉

对地方公共团体首长的赔偿命令不服的职员,对都道府县知事的命令可向自治大臣、对市町村长的命令可向都道府县知事提出审查请求。同时,还可直接对处分者,提出异议申诉(自治法243条之6)。

由于这都是根据《行政不服审查法》所作出的规定,所以审查请求期间和异议申诉期间也遵照该法的规定。即审查请求和异议申诉,都必须在自得知处分(赔偿命令)之日的翌日起60天之内进行。但在审查请求之前提出异议申诉时,则必须在决定异议申诉之日的翌日起30日以内进行(行政不服审查法141、45)。

在异议申诉的场合,地方公共团体首长,在对此进行决定时,必须向议会咨询,而受到咨询的议会,则必须在30天以内提出意见(自治法243条之2 7、8)。

(3)基于《国家赔偿法》的职员的赔偿责任

《日本国宪法》第17条规定:"任何人在由于公务员的不法行为受到损害时,均得据法律规定,要求国家或公共团体给予补偿。"

根据宪法的上述规定,1947年10月制定《国家赔偿法》(昭和二十二年第125号法律),全文共六条,中心内容为第一、二条。

该法第1条规定:行使国家和公共团体的公的权力的公务员,在执行职务中由于故意或过失,违法地给予他人造成损害时,国家和公共团体对此负有赔偿责任;在这种场合,公务员如有故意或重大的过失时,国家和公共团体对该公务员有求偿权。

这里想着重说明以下三点:第一,本条所说的公共团体,是指地方公共团体、公社、公团等;所谓的公务员,除了有公务员身份的公务员以外,还包括被国家和公共团体委以"行使公的权力"的人。第二,本条在谈到国家和公共团体负有赔偿责任时,就违法行为来说,如果公务员是故意或有重大过失,国家就有权向公务员要求赔偿。但有争议的问题是,公务员在这种场合的责任本质上是对受害者的责任呢?还是对受害者本来应该由国家负责赔偿,国家对该公务员只能在内部关系上行使求偿权?日本法学家鹈饲信成教授对这一问题的观点是:"由于公务员的不法行为不能作为国家机关的行为归属于国家,因此对于不法行为的责任,依法直接由国家和行为者共同负责,国家首先应该支付赔偿费,对行为者只有故意或重大过失时,才能行使求偿权。"第三,本条中所谓的"故意",是指该公务员虽然知道行为的违法性,但仍然一意孤行地去做;所谓的"过失",是指由于疏忽大意不知道该行为是违法行为,但此事不是根据该公务员主观上知道或不知道来决定,而是要以通常的公务员标准来决定;所谓的"违法"的行为,也不限于违反法规,而是指广泛地侵犯私人的法益,即指公务员的职务行为,参照法律、习惯、道理及社会观点等,缺少客观上的正当性。按照本条规定,只有公务员有故意和重大的过失时,国家和公共团体才对该公务员有求偿权。因此,在职员因轻过失造成损害的场合,国家和公共团体对第三者照常负赔偿责任,但对造成损害的职员不能行使求偿权。这主要是因为,“托付公务,存在轻度过失,是当然的事情”,如果一味追求职员的轻度过失的责任,“公务员害怕被追究过失责任的结果,具有带来事务执行的停顿和荒废的危险性”。

该法第2条规定:由于道路、河川以及其他的公共营造物的设置和管理有瑕疵使其他人受到损害时,国家和公共团体对此负赔偿责任;在上述的场合,如对损害的原因另有责任者时,国家和公共团体对其有求偿权。

这里需要说明的是:所谓公共营造物“是由国家或者公共团体直接提供用于公共目的的各个有体物,不包括无体财产及人力设施”,所谓设置、管理的瑕疵“是指营造物欠缺通常应该具有的安全性,具有对他人带来危险性的状态”。例如,在道路中有坑穴,通行中的摩托车掉进坑穴被跌倒负伤的场合,国家和公共团体对这一跌伤者便负有赔偿责任,如工程承包人等有责任时,国家或公共团体则对其有求偿权。又如,对高速公路、飞机场等发生噪音、震动等,其被害者可依照本法的第2条要求救济,如公务员对高速公路、飞机场的设置管理行为有故意和过失时,可依照本法第1条的有关规定处理。

4. 刑事责任

职员触犯了刑律,将负刑事责任,自应依法论刑科罪。对于职员的刑罚,主要有以下两种,一是基于行政法规的行政刑罚,二是基于刑法的刑罚。

(1)基于行政法律的行政刑罚

行政刑罚,在各种的行政法规中,均个别地作了规定,其事例也相当多,关系到地方公务员的主要行政刑罚如下:

例如,《地方公务员法》第61条规定:凡违反本法第19条第1项后段的规定,妨碍应试或向其提供秘密情报者,将判处3年以下的徒刑和10万元以下的罚款。

又如,《公职选举法》第226条规定:凡滥用职权妨碍选举自由者,将判4年以下的徒刑。

再如,《地方税法》第22条规定:凡泄漏或窃用从事或曾经从事关于地方税的调查事务者职务上所了解的秘密者,将判处2年以下的徒刑和3万元以下的罚款。

另外,《居民基本总账法》第42条规定:凡泄漏从事或曾经从事关于居民基本总账的调查事务者职务上所了解的秘密者,将判处1年以下的徒刑和3万元以下的罚款。

(2)基于刑法的刑罚

关于职员的职务的刑法上的犯罪,可以分为职务犯罪和准职务犯罪。

①职务犯罪

所谓职务犯罪,是指根据职权进行的职务执行行为,由于超过了其正当的范围侵害了法益,构成了滥用职权的犯罪。

职务犯罪的种类和事由有如下述,但由于滥用职权的这一性格,犯罪的事由因公务员的种类不同而有差异。

例如,公务员的滥用职权,根据《刑法》第193条的规定,职员滥用职权,令人进行不履行义务的事宜,或妨碍正当的权力的执行的场合,将判处1年以下的徒刑或监禁。

又如,特别公务员的滥用职权,根据《刑法》第194条的规定,进行或辅助进行审判、检察、警察的职务者,滥用职权非法逮捕或监禁人时将判处10个月以上10年以下的徒刑或监禁。

再如,公安调查官的滥用职权,根据《刑法》第45条规定,公安调查官使人从事不履行义务的事宜,或妨害正当的权力的执行时,将判处3年以下的徒刑或监禁。

另外,船员的滥用职权,根据《船员法》第122条规定,船员对船内人员进行不履行义务的事宜,或妨害正当的权利的执行时,将判处2年以下的徒刑。

②准职务犯罪

所谓准职务犯罪,虽然是与执行职务有关联的犯罪,但它不是像职务犯罪那样职务执行行为直接与犯罪相结合,而且即使在形式上也不属于正当的职务的范围。

准职务犯罪可分为特别公务员暴行凌虐罪和收贿罪两类,其种类和事由如下:

特别公务员暴行凌虐罪,根据《刑法》第195条的规定,一是执行或辅助执行审判、检察、警察的职务者,在执行职务时对刑事被告人或其他人施以暴行或有凌虐之行为时,二是看守和护送依据法令被拘留者,对被拘留者施以暴行或有凌虐之行为时,都将判处7年以下的徒刑或监禁。

收贿罪和赠贿罪统称为贿赂罪。宫野彬教授在《趣味公务员刑法杂学读本》一书中说:日本刑法中的贿赂罪有九种,其中收贿罪七种,即单纯收贿罪、受托收贿罪、事前收贿罪、第三者供贿罪、加重收贿罪、事后收贿罪、斡旋收贿罪;赠贿罪二种,即赠贿罪、斡旋赠贿罪。

收贿罪的种类及事由[25]

区分	法令根据	犯罪事由	刑罚
单纯收贿	刑法197条	公务员或仲裁人,因其职务关系收取或约定收取贿赂时(单纯收贿罪)。	5年以下徒刑
受托收贿	刑法197条	公务员或仲裁人因其职务关系受人请托,收取或约定收取贿赂时(受托收贿罪)。	7年以下徒刑
事前收贿	刑法197条	即将成为公务员或仲裁人者,因其即将担任的职务的关系,接受请托收取或约定收取贿赂,而后来正式成为公务员或仲裁人时(事前收贿罪)	5年以下徒刑
第三者供贿	刑法197条之2	公务员或仲裁人因其职务关系受人请托,使第三者提供贿赂或约定提供贿赂时(第三者供贿罪)。	5年以下徒刑
枉法收贿	刑法197条之3	①公务员或仲裁人犯有收贿、事前收贿或第三者供贿之罪,因而进行不正当的行为或不进行正当的行为时(称枉法收贿罪或加重收贿罪)。	1年以上的有期徒刑
		②公务员或仲裁人进行不正当的行为或不进行正当的行为,收取或约定收取贿赂,或者使第三者提供贿赂或约定提供贿赂时(也称枉法收贿罪或加重收贿罪)。	1年以上的有期徒刑
事后收贿	刑法197条之3	公务员或仲裁人在其在职期间受人请托进行职务上的不正当的行为或不进行正当的行为,收取贿赂或要求及约定收取贿赂时(事后收贿罪)。	5年以下徒刑
斡旋收贿	刑法197条之4	公务员接受请托,使其他的公务员进行职务上的不正当的行为或不进行正当的行为,作为从事斡旋和所作过的事的报酬,收取贿赂或要求及约定收取贿赂时(斡旋收贿罪)。	5年以下徒刑

注:本表依照日本《刑法》第197条、《趣味公务员刑法杂学读本》赠收贿篇及《地方公务员制度》第6卷第286－287页制成。

注释：

①⑤⑦⑫⑮⑰　星野英一、松尾浩也、盐野宏编:《六法全书》(日文版)(1)有斐阁,平成五年(1993年)版,第474页;第474页;第474－475页;第475页;第475页。

②④⑩　坂弘二:《地方公务员制度》(日文版),学阳书房,平成四年(199年)版,第43－44页;第45－51页;第47页。

③⑪⑬⑳　鹿儿岛重治:《要说地方公务员制度》(日文版),学阳书房,1988年版,第127－128页;142－143页;第193－194页;第152－153页;第193－194页。

⑥⑧⑨⑯⑲　金子善次郎编:《地方公务员制度》(日文版)第6卷,行政株式会社,平成三年(1991年)版,第16－17页;第53页;第55页;第398－400页;第151页。

⑭ 《公职选举法》,见末川博创始,岩波《六法全书》,昭和五十八年版,岩波书店,第55－90页。

⑱　鹈饲信成:《日本公务员法》(中译本,曹海科译),重庆大学出版社,1988年版,第236页

⑲ 《关于职员的分限处分的手续和效果的条例》(昭和二十六年7月7日地自乙发第263号),引自金子善次郎编《地方公务员制度》6。第174－178页。

㉑ 《关于职员的惩戒处分的手续和效果的条例》(昭和26年7月7日地自乙发第263号),引自金子善次郎编《地方公务员制度》6,第242－253页。

㉒ 《地方自治法》,见末川博创始,岩波《六法全书》,岩波书店,1983年版,第744－745页。

㉓ 《国家赔偿法》,见星野英一等编,《六法全书》,有斐阁,1993年版,第1册,第537页。

㉔　宫野彬:《趣味公务员刑法杂学读本》(日文版),公务人员之友社,1988年版,第128－129页。

㉕　岩波《六法全书》(日文版),《刑法》197条;宫野彬:《趣味公务员刑法杂学读本》(日文版),赠收贿篇(108－154页);金子善次郎编:《地方公务员制度》(日文版)6,第286－287页。

第五节　地方公务员的政治和经济权利

如前一节所说的那样,职员负有各种义务和责任。但是,职员一方面负有各种义务和责任,另一方面又基于职员的身份享有许多权利。换句话说,职员的身份关系,可以说是权利和义务的复合体。

职员的权利,大体上可以分为以下四种:即执行职务的权利,工资、退职年金等经济上的权利,基于作为勤劳者的地位的劳动基本权以及为了保障这些权利的保障请求权。

在上述四种权利中,执行职务的权利和经济上的权利是职员的两种基本权利。而作为支持这两种权利的第二次的权利则是劳动基本权和保障请求权[①]。现分述如下:

一、职务上的权利

所有的国民,根据自己的能力,都有可以成为职员的基本的权利。但是,这并不是意味着国民对地方公共团体有直接请求执行职务的权利,也不是意味着国民有请求任用自己的权利。这是因为公务员的录用,必须根据考试或选考的成绩,由任命权者裁量决定。当然,职员的录用或任用,必须遵循成绩主义和平等处理的两大原则。

1.职员的身份保障

凡被正式任用的职员执行职务的权利,非因法律规定的事由,不得违背本人的意愿被降职或免职;非因法律或条例规定的事由,不得违背本人的意愿被休职;或者非因条例规定的

事由,不得违背本人的意愿被降薪。职员受到严格的身份保障。"身份保障就是不得剥夺公务员地位相应的一切权利(如享受工资、结成团体等权利)和特权(如居住宿舍、享受与职务相应的待遇等特权)[②]。

2. 公务执行的保障

职员执行职务的权利,不仅涉及到职员个人的利益,而且直接关系到公共的利益。因此,为了保障公务的执行,当职员执行职务时受到不正当的妨碍、侵害了公共利益的场合,法律上将对这种行为处以刑罚。

首先,公务员在执行职务时,对其施以暴行或威胁者,将被判处3年以下的徒刑或监禁(刑法第95条1)。又为了使公务员受到某种处分或不受某种处分,或者是为了使公务员辞职施以暴行或威胁者,也将被判处3年以下的徒刑或监禁(刑法第95条2)。

其次,都道府县的吏员进入保护设施企图检查会计账簿时,拒绝、妨碍或回避这一调查或检查者,将被判处5万元以下的罚款(生活保护法第44条1,第86条1)。另外,按照特别法的刑罚规定,也有不少的保障特定的职员执行公务的规定。

二、经济上的权利

1. 经济权利的基本内容

职员的经济上的权利,主要包括以下一些内容。首先是关于报酬以及其他的给付的权利,其次是关于报酬以及其他的给付以外的经济上的权利。

关于报酬以及其他的给付的权利,可以分为关于支给工资和各种津贴等的权利及报酬以外的给付即旅费,基于互助制度的退职互助年金和关于公务灾害补偿的权利。关于报酬以及其他的给付以外的权利,可以分为关于工作时间、休息日及休假等的权利。

以下只阐述其中的两种权利:一是关于支给工资和各种津贴的权利,二是支给退职年金和退职津贴的权利。

2. 关于职员报酬的各项原则

根据《地方公务员法》及其他的法律,关于职员的报酬即工资和各种津贴,规定了几条基本原则。这些基本的原则,首先可以分为关于决定报酬的原则和关于支付报酬的原则。而关于决定报酬的原则,又可以分为按职定酬的原则、综合均衡的原则和条例主义的原则;关于支付报酬的原则、则可以分为通货支付的原则、直接支付的原则和全额支付的原则[③]。

(1)决定报酬的原则

关于决定报酬的原则,主要有下列三项:

第一,按职定酬的原则

《地方公务员法》第24条第1项规定:职员的工资津贴必须与其职务和责任相适应。这就是说,职员的工资必须根据其官职的职务和责任确定,当然也要考虑生活费等其他因素。

按职定酬的原则,具体的表现在各种职务的薪给表中定有若干个级,而在每一级中又设有许多号(日本叫做"俸号"),这既考虑到同一职务内各种级别和各种俸号的情况,有助于职员的能力得到充分的发挥和提高,同时又通过实施普通提薪制度考虑按照生活费用提高工薪的要素,不断刺激职员工作的主动性和积极性。

地方公营企业的职员和从事单纯劳务的职员,虽然不适用《地方公务员法》第24条的规定,但根据《地方公营企业法》(1952年第292号法律),这些职员的工资津贴也必须按其职务所必需的技能和执行职务的困难程度等职务的内容和责任来确定,同时必须充分考虑发挥职员的工作效率。

第二,综合平衡的原则

《地方公务员法》第24条第3项规定:职员的工资、津贴,必须考虑到生活费及国家与其他地方公共团体职员和从事民间企业者的工资津贴与其他情况。日本学者将这种考虑到各种情况的作法称为"均衡的原则"。

地方公共团体在决定职员的工资和津贴时,虽然必须考虑上述各种要素,但在实际运用上它主要是参照国家公务员的工资和津贴来实现的。原因是国家公务员的工资津贴,是根据人事院的工资劝告,考虑生活费用和私营企业的报酬之后决定的,所以地方公共团体参照国家公务员工资的作法,自然会与国家公务员和其他地方公共团体的职员的工资保持均衡的状态。

在这方面,教育职员和警察职员的作法更为明显,如公立学校教育公务员的工资种类和数额,就是以国立学校教育公务员的工资种类和数额为基准制定的;地方警察职员的工资,也是以国家警察厅的职员的实例为基准制定的。

第三,条例主义的原则

职员的工资津贴,均以工资津贴的条例规定。不根据有关工资津贴的条例,不能向职员支付现金或有价实物。《地方公务员法》第25条第3项规定,工资津贴条例应规定下列事项:

①工资表;

②关于提薪标准的事项;

③关于加班、夜班及节假日上班的工资津贴事项;

④对特别地区勤务、危险作业及其他特别工作的补贴和对有抚养亲属的职员的补贴的有关事项;

⑤有非常勤职员的职务及全部或部分公用生活必需设施的职员的职务及其他工作条件特殊的职务时,对此进行工资津贴调整的有关事项;

⑥在实施职阶制的地方公共团体,在其职务开始适用职阶制时的工资津贴的有关事项;

⑦除前各"号"规定的以外,有关工资津贴的支付方法及支付条件等事项④。

(2)支付报酬的原则

通货支付、直接支付和全额支付,被称为报酬支付的三原则。公营企业职员和单纯劳务职员,虽然不适用《地方公务员法》,但根据《劳动基准法》第24条第1项的规定,也规定了这一同样的原则。现简述如下:

第一,通货支付的原则

职员的工资津贴必须以通货支付。所谓通货就是具有强制通用力的货币,故通货支付就是货币支付。可否用支票支给工资津贴?支票不是货币,所以在地方公共团体的财务会计制度上,禁止以支票代替货币来支付工资津贴。但以支票支付赴任旅费则是可能的,因赴任旅费不是工资,不适用通货支付的原则。

第二,直接支付的原则

职员的工资津贴,必须由地方公共团体的会计机关直接支给职员。所谓地方公共团体的会计机关,是指出纳长和副出纳长、收入役和副收入役,及辅助这些事务的出纳员和其他会计职员,以及地方公共团体指定的金融机关等。只要这些会计机关没有直接将工资津贴支付给职员,地方公共团体就不能免除支付工资津贴的责任。

第三,全额支付的原则

职员的工资津贴,必须支给其全额,不能扣除一部分支给。在支付工资的日期、根据条例的规定减少工资额时,则减额后的工资额即为工资的全额;因此,这种场合的减额,是工资计算上的问题,与全额支付的原则无关。

3.工资报酬

(1)职员工资表

①工资表的种类

地方公共团体对常勤的职员有支付工资的义务。在支给职员的报酬当中,工资占有中心的地位。

工资是对职员的正规的工作时间的工作报酬,对正规的工作时间以外的工作报酬和不直接对应正规的工作时间的工作报酬则支给各种津贴。

职员的工资由工资表规定。对于国家公务员,制定了9类17种工资表(工资表)。各地方公共团体,根据国家公务员的各种工资表,制定了采用、必要时采用或原则上不采用某些工资表的基准。

原则上采用者有:行政职工资表(一),公安职工资表(一),教育职工资表(一)(二)(三)(四),研究职工资表,医疗职工资表(一)(二)(三);

限于必要的场合采用者有:海军职工资表(一)、(二);

原则上不采用者有:行政职工资表(二),专门行政职工资表,税务职工资表,公安职工资表(二),指定职工资表[⑤]。

在职员人数比较少的市町村,可将这一基准更加简化。对消防职员,根据其职务的危险度和特殊性,可适用与一般职员不同的特别工资表。地方公营企业职员的工资表,除了考虑生活费,同一或类似的国家和地方公共团体的职员的工资以外,也考虑从事民间企业者的工资以及该当地方公营企业的经营状况等因素,根据企业管理规程决定。单纯劳务职员的工资表,不是依照职员的工资条例,而是参考国家公务员类似场合的处理状况,根据任命权者所决定的规则及其他规程决定。

②职务的级别和给号

在各工资表中,根据职员的职务的内容和责任,设立了若干个级。在决定职员属于哪一级时,前提条件是依照级别职务分类别表和级别定数。级别职务分类表一般根据工资条例决定。根据这一级别职务分类表决定职员的职务级别。如适用从事都道府县行政事务的职员的行政职工资表(一)的级别职务分类表可依照下表的规定处理[⑥]。

职务级别	职务内容
1级	执行定型的业务的职务
2级	执行需要相当高度的知识和经验的业务的职务
3级	执行需要特别高度的知识和经验的业务的职务
4级	股长的职务
5级	总括股长的职务

6级	课长辅佐的职务
7级	总括课长辅佐的职务
8级	课长的职务
9级	总括课长的职务
10级	次长的职务
11级	部长的职务

注:1."总括股长"指总管课的业务,或担任两个课的人事、预算等重要的总管业务的股长。

2."总括课长辅佐"指全盘的辅佐课长,或担任两个课以上的人事、预算等总管业务的课长辅佐。

3."总括课长"指掌管部长的业务,或担任全厅的人事、预算等重要的总管业务的课长。

在各工资表的各级中,又分为许多的给号。给号是同一级中的不同层次。

以西宫市1992年的职员薪俸表为例,行政职分8级31号,最低月薪108900日元,最高者551100日元。医疗职(一)为5级29号,最低月薪213200日元,最高640300日元。医疗职(二)为6级33号,最低月薪134300日元,最高497500日元。医疗职(三)为6级35号,最低月薪134100日元,最493200日元。消防职为7级35号,最低月薪137900日元,最高529200日元。教育职(一)为4级40号,最低月薪132500日元,最高505600日元。教育职(二)为3级39号,最低月薪132500日元,最高452600日元。

注:1.医疗职(一)薪俸表适用于医生和牙科医生;医疗职(二)适用于药剂师和营养师;医疗职(三)适用于护士。

2.教育职(一)薪俸表适用于高中教师,教育职(二)适用于幼儿园教师。

③初任薪给、升级和提薪

初任薪给即新录用职员的工资的级别和给号。在决定初任薪给时,首先依照职员的学历和工作年数,根据《级别资格基准表》,决定其职务的级别。其次根据《初任薪给基准表》,决定其级别内的给号。新规学校毕业者等没有任职经历的职员,其给号将作为最终的给号决定;在职员有任职经历的场合可依照任命权者的裁量,按照工作年数调整其给号,调整后的给号作为最终的给号决定。

升级是指职员在工资表所属的级别提升到上一位的级别。由于升级相当于任用上的升任,所以必须根据职员的工作成绩及其能力的实际考核进行。

提薪是指职员在工资表中的同一级内从原来的给号提升到高一位的给号。分为普通提薪和特别提薪。普通提薪每年一次,工资额增加1号。特别提薪对工作成绩优者,可连升2个或2个以上的给号。特别提薪一般控制在职员人数的15%以内。

(2)地方公务员的工资报酬水平

各地方公共团体,由于各自的情况不同,职员工作报酬差别比较大。一般说来,自治体财力强者,工资标准高些,自治体财力弱者,工资标准则低些。但有一点则大致相同,即他们和国家公务员一样,一般职和特别职的工资差距很大。请参看下表:

部分都道府县一般职和特别职职员⑦

平均月工资比较

1984年4月1日　　单位:万日元

	一般行政职员(平均)	知事	副知事	议长	议员
北海道	21.67	97	79	82	64
宫城县	22.39	93	70	62	55

千叶县	20.93	88	71	71	56
东京都	24.37	－	94	94	74
神奈川县	23.29	102	79	81	62
爱知县	22.59	99	80	81	65
大阪府	20.57	105	82	85	68
兵库县	21.75	105	82	85	68
鸟取县	23.34	87	67	64	51
岛根县	22.50	87	67	64	51

又,为了便于国家公务员和地方公务员的工作报酬水平的实际比较,日本采用"拉斯培雷斯指数法",以国家公务员一般行政职为基础,将对其学历、工作年限、职务等要素的综合抽样评价结果确定为100,来衡量地方公务员工作报酬水平。根据该法计算,地方公务员工作报酬(工资和津贴),几十年来一直高于公务员;1973 年为 108.7,1978 年为 107.3,1983 年为 105.9,1988 年为 103.4,1989 年为 103.0,1990 年为 102.8。见下表:

国家公务员与地方公务员工作报酬之比较[8]

拉斯培雷斯指数,以国家公务员为 100

区分	1973 年 4 月 1 日	1978 年 4 月 1 日	1983 年 4 月 1 日	1988 年 4 月 1 日	1989 年 4 月 1 日	1990 年 4 月 1 日
都道府县	110.1	107.2	106.2	104.5	104.2	104.1
指定都市	116.2	111.4	109.4	107.6	107.3	107.0
市	111.4	110.5	109.0	105.4	104.9	104.5
町村	96.6	99.0	98.3	96.8	96.5	96.5
特别区	－	110.4	109.4	107.0	106.5	106.6
全地方公共团体平均	108.7	107.3	105.9	103.4	103.0	102.8

从上表可以看出,在指定都市或市级自治体任职者平均报酬较高,其次是都道府县,两者均高于国家公务员指数。町村级自治体职员平均报酬低于国家公务员。

4. 各种津贴

地方公共团体对职员不仅要支给薪金,还需支付各种津贴。1982 年修改后的《地方自治法》(1947 年第 67 号法律)第 204 条 2 项规定,每年支给职员的各种津贴共有 20 种[9]。

(1)赡养津贴

赡养津贴作为生活费的一种补贴支给有赡养家属的职员。赡养家属指无其他生活来源、主要依靠职员抚养者,如配偶者、满或未满 18 岁的子女、满 60 岁以上的父母和祖父母、满或未满 18 岁的重度身心障害者等。赡养津贴的月额,配偶者为 15000 元,其他家属 2 人时各为 4500 元(无配偶者的职员,其中 1 人为 1 万元),另外的家属每人 1000 元。

(2)调整津贴

调整津贴是对在民间企业薪金、物价和生活费特别高的地区工作的职员作为生活补贴支给的一种津贴。调整津贴的月额大致分为甲地即大都市和乙地即准于大都市的都市两类。在甲地当中民间企业薪金特别高的大都市、津贴月额为薪金、管理职津贴和赡养津贴月额的合计额的 10%,其他的甲地为 6%,乙地为 3%。

(3)住房津贴

住房津贴支给需要租房费用的职员,其支给的月额是:凡每月房租超过 11000 元的场合,房租与 11000 元的差额达到 9500 元时则全部支给;若其差额超过 9500 时,则将超过数额的二分之一(以8500元为限)加在9500元之中。对住在公务员住宅的职员,不支给住房津贴。对住在自己住宅的职员,每月支给1000元(新建或购入后5年间每月支给2500元)。

(4)初任薪给调整津贴

初任薪给调整津贴主要是录用后一定期间支给具有科学技术等专门知识的职员,如对适用医疗职薪金表(一)的医师和牙科医师,按照工作地区在35年内每月支给239000元以内数额的津贴;对适用医疗职薪金表(一)以外的薪金表的医师和牙科医师,在35年内每月则支给43500以内数额的津贴。这种津贴自录用之日起,经过一定年数之后,每年逐渐减少其数额。

(5)通勤津贴

通勤津贴作为生活上的一种补贴支给需要通勤费用的职员。支给的对象大都利用公共交通或自行车等上班,或者两者同时兼用。津贴按月额计算,如利用自行车等上班工作者,单程距离5公里以下者,每月支给2000元;5公里以上10公里以下者,每月支给3800元;10公里以上者,每月支给5000元。

(6)特殊勤务津贴

特殊勤务津贴付给从事特殊工作的职员。这些特殊工作十分危险,非常艰苦,不利于身心健康,故支给特殊工作津贴,如从事赋课征收都道府道税务的职员,在结核疗养所、精神疗养所中从事接触患者的业务的职员,在高等职业训练学校或身体障害者职业训练学校从事职业训练工作的职员等。每种津贴均按月、日或小时决定数额。

(7)特殊地区勤务津贴

特殊地区勤务津贴支给在孤岛、生活极不方便等地区工作的职员。该津贴的月额是,按照1级地区至6级地区的级别区分,薪金和赡养津贴的月额合计额,乘上4%至25%的支给比率的数额。

(8)偏僻地区津贴

偏僻地区津贴是支给在山区、孤岛等地区公立小学、中学工作的教职员的津贴,偏僻区津贴的月额为教职员的薪金和赡养津贴的合计额,按照1级至6级的地区分乘上4%至25%的支给比率。

(9)时间外勤务津贴

职员在超过正规的工作时间工作时,对其超过正规工作时间工作的全部时间,必须支给时间外工作津贴。所谓正规的工作时间以外,不仅是需要工作的正规的工作时间以外,而且包括不需要工作的时间即根据周休二日制指定的休息时间。时间外勤务津贴每一小时的全额,一般的职员由各地方公共团体的条例确定,但它不得低于《劳动基准法》规定的基准。根据《劳动基准法》,超过该法的基准延长工作时间,或使其在不需要工作的日子工作时,必须支给通常劳动日或劳动时间工资额25%以上的补贴工资,对午后10时起至午后5时的时间外勤务,则须支给50%以上的补贴工资。

(10)夜间或白天值班津贴

夜间或白天值班津贴是支给职员夜间值班或白天值班的津贴。在通常的勤务以外进行夜间值班或白天值班时,由于它是与通常的勤务不同的间断性勤务,所以不支给时间外勤务津贴,而是支给夜间或白天值班津贴。如医院的医师值班时,每次津贴12000元(5小时未满者6000元,星期六下班后继续值班时则为18000元)。

(11)夜间勤务津贴

对将下午10时至翌日上午5时作为正式工作时间的职员,其全部工作时间均支给夜间勤务津贴。津贴的支付数额为:小时工资×25/100×夜间工作时间。

(12)假日勤务津贴

假日勤务津贴是职员在节假日中照常工作时,对其全部工作时间支给的津贴。节假日每1小时的津贴额,一般职员在各地方公共团体的条例中规定,但通常是根据国家公务员的实例,每1小时的工资额的125%的数额。

(13)管理职津贴

管理职津贴是基于处于管理和监督地位的职员的特殊性支给的津贴。管理职津贴的月额是月薪根据职务的内容乘上25%以内的一定比率的数额。

(14)期末津贴和勤务津贴

期末津贴是为了补贴职员生活费的增高每年期末支给的津贴。勤勉津贴是根据职员的工作成绩支给的津贴。

期末津贴通常是对3月1日、6月1日和12月1日在职的职员,分别于3月15日、6月30日和12月10日支给。勤勉津贴通常是对6月1日和12月1日在职的职员,分别于6月30日和12月10日支给。

一般职员的期末津贴额,为薪金、赡养津贴和调整津贴的月额的合计数,乘上根据在职时期一定比率的数额。勤勉津贴额,为薪金和调整津贴的合计额,乘上按照在职时期的一定比率和按照工作成绩的比率的数额。

据初步推算,期末津贴在3月份相当0.5个月的工资,6月份相当1.4个月的工资,12月份相当1.9个月的工资,三次合计相当3.8个月的工资;勤勉津贴在6月份相当0.5个月的工资,12月份相当0.6个月的工资。二次合计相当1.1个月的工资。所以,在正常的情况下,一年中期末津贴和勤勉津贴的合计额,相当4.9个月的工资[10]。详见下表:

	3月	6月	12月	合计
期末津贴	0.5	1.4	1.9	3.8
勤勉津贴	–	0.5	0.6	1.1
合计	0.5	1.9	2.5	4.9

(15)寒冷地区津贴

寒冷地区津贴是对在北海道及其他寒冷地区长期工作的职员支给的津贴。在这些寒冷地区中,由于燃料费等的增高,生活费用也随之提高,因此必须支给寒冷地区津贴。

寒冷地区津贴,参照国家公务员的寒冷地区津贴、按照地方公共团体制定的条例,在每年的基准日(8月31日)支给在北海道及其他寒冷地区(根据寒冷的温度分为5至1级地区)工作的职员。

(16)义务教育等教员特别津贴

义务教育等教员特别津贴,是对在小学、中学等义务教育等学校及高等学校工作的教职员,基于其职务的特殊性支给的津贴。该津贴的月额根据条例的规定控制在20200元以内。

(17)定时制通信教育津贴

定时制通信教育津贴是对从事高等学校的定时制课程或通信教育的校长、教谕、助教谕、养护教谕、养护助教谕、常勤讲师和实习助手支给的津贴。该津贴的月额,按照条例的规定，为薪金月额的10%；而校长、教头等接受管理职津贴者，则为8%以内的额。

(18)产业教育津贴

产业教育津贴是在设置农业、水产、工业、电波及商船等课程的学校，或有关于农业、农业实习、水产、水产实习、工业、工业实习、商船或商船实习的教谕及助教谕的许可证者，伴随这些课程的实习担任主要的科目时支给的津贴。该津贴的月额，按照条例的规定，为薪金月额乘上10%；而接受定时制通信教育津贴者，则为月薪乘上6%。

(19)农林渔业改良普及津贴

农林渔业改良普及津贴是对在都道府县中有从事农林渔业等改良普及事业的一定的资格的职员，基于其职务的特殊性支给的津贴。该津贴的月额是，专门技术员为薪金月额的8%以内，改良普及员为薪金月额的12%以内。

(20)灾害派遣津贴

灾害派遣津贴是在发生暴风、骤雨、大雪、洪水等灾害时，对由国家的行政机关或其他地方公共团体派遣的职员，要求其离开住所滞留在被派遣的地区的场合支给的津贴。灾害派遣津贴按日额支给，按照接受派遣的地方公共团体条例的规定，根据滞留时间和设施利用的区分，日额为2430元至4000元之间[11]。

5. 退职津贴

退职津贴是职员在长期的连续工作之后退职(包括因死亡而退职者)时，作为对过去的辛勤工作的一种补偿，每年支给职员本人或其遗属的一次性退职金。

《地方自治法》第204条②和③规定，地方公共团体可依照条例对常勤的职员(含常勤的非常勤职员)支给退职津贴，退职津贴的金额及支给方法必须在条例中规定[12]。

根据《地方自治法》的上述规定，对地方公务员的退职津贴的制度，在各地方公共团体(含部分事务组合)的条例中均有规定，但根据1953年9月10日自丙行发第49号公布的《关于职员的退职津贴的条例方案》(以下简称准则)，形成了准于《国家公务员退职津贴法》(1953年8月8日第182号法律)的地方公务员的退职津贴制度[13]。现概述如下：

(1)适用范围

可以支给退职津贴的职员的范围，不管是一般职或特别职，都必须是服常时勤务的职员(准则2①)，此外还包括每月工作达22日以上，连续工作超过12个月者，即所谓常勤的非常勤职员(准则2②)。但是，在地方公营企业中工作的一般职的地方公务员(地公劳3②)及从事单纯劳务的一般职的职员除外(准则1①)。

(2)受给权者[14]

退职津贴的受给权者，为退职的职员或因死亡而退职的职员的遗属(准则2①)。退职津贴请求权也是同样。因死亡而退职的职员，其遗属作为自己固有的权利取得了津贴的受给权，但必须注意的是他不是从死亡的职员那里继承受权。遗属的范围是：

①配偶者(包括虽未申请结婚，但在职员死亡的当时，与其处于事实上的婚姻关系的状态者)；

②子、父母、孙、祖父母及兄弟姐妹中，在职员死亡的当时主要依靠其收入维持生活者；

③除了①②规定者以外的在职员死亡的当时主要依靠其收入维持生活者；

④在子、父母、孙、祖父母及兄弟姐妹中不属于第2号规定的情况者(准则1①)。

支给津贴的顺序，依照①至④的顺序进行，在②及④的方面，依照记述的顺序进行。又在父母方面,以养父母为先,生身父母为后;在祖母方面,以养父母之父母为先,生身父母之父母为后;在养父母和生身父母的父母方面,也以父母之养父母为先,父母之生身父母为后。

(3)种类和分类[15]

职员的退职津贴,可以分为一般的退职津贴和特别的退职津贴两种,而每种退职津贴又可以分为若干种。

第一,一般的退职津贴

一般的退职津贴的数额,根据一定的支给率计算,但其支给率因退职的事由而有不同。

①普通退职的退职津贴

除了相当于②和③的场合外职员因公务外的伤病和死亡普通退职时的退职津贴的数额,为工资月额乘上依照职员的连续工作期间规定的以下比率所得出的数额的合计额。

A 1 年以上 10 年以下的期间,每年支给月薪额的 100%;

B 10 年以上 20 年以下的期间,每年支给月薪额的 110%;

C 21 年以上 24 年以下的期间,每年支给月薪额的 120%;

又,非因受伤、生产或死亡,根据本人自身的理由而退职者,其退职津贴额是:

A. 连续工作时间 1 年以上 5 年以下者,每年支给月薪额的 60%;

B. 连续工作时间 6 年以上 10 年以下者,每年支给月薪额的 75%;

C. 连续工作时间 11 年以上 19 年以下者,每年支给月薪额的 80%。

②长期连续工作后退职等的退职津贴

对连续工作 25 年以上因公务外的伤病或自身的理由退职者,连续工作 20 年以上 25 年未满因公务外的死亡、退休或劝奖退职者以及因调动工作岗位退职者的退职津贴额,为其工资月额乘上依照连续工作时间所规定的以下的比率所得出的额的合计额。

A. 1 年以上 10 年以下的时间,每年支给月薪额的 125%;

B. 11 年以上 20 年以下的时间,每年支给月薪额的 137.5%;

C. 21 年以上 30 年以下的时间,每年支给月薪额的 150%

D. 31 年以上的时间,每年支给月薪额的 125%。

③裁减人员的退职津贴

对因定员减少或机构改废退职者,或因公务上的伤病或死亡退职者以及连续工作 25 年以上因退休、劝奖或死亡退职者的退职津贴额,为其工资月额乘上依照连续工作的时间所规定的以下比率所得出的额的合计额。

A. 1 年以上 10 年以下的时间,每年支给月薪额的 150%;

B. 11 年以上 20 年以下的时间,每年支给月薪额的 165%;

C. 21 年以上 30 年以下的时间,每年支给月薪额的 180%;

D. 31 年以上的时间,每年支给月薪额的 150%。

第二,特别的退职津贴

①未受预告而被解职的退职津贴

职员在 30 天以前未受到预告而被解职时,须支给一般的退职津贴,其津贴的支给额应为未达到解雇津贴(劳动基准法第 20、21 条)或停雇津贴(船员法第 46 条)所规定的金额时的差额。

②失业者的退职津贴

职员退职后失业，须支给退职津贴，其津贴的支给额应为未达到雇佣保险法的失业给付所规定的金额时的差额。

(4)津贴支给的限制

一般的退职津贴，有一定的支给的限制。以下所列的职员，不支给退职津贴。

1)受惩戒免职处分者(地方公务员法第29条)。

2)根据《地方公务员法》第28条第4项的规定失去职务者(禁治产者和准禁治产者除外)。

3)因违反争议行为的规定被强行退职者(地方公务员法第37条第2项)。

又，职员在退职之日或翌日再度成为职员时不支给退职津贴。另外，地方公共团体的职员成为该当地方公共团体的职员以外的地方公务员时，在通算在职期间的场合，不支给退职津贴[16]。

6.退职年金

(1)普通恩给

如果说工资和各种津贴是公务员在在职期间最重要的经济上的权利，那么退职年金和退职津贴则是公务员在退职以后直至死亡时为止最重要的经济上的权利。

第二次世界大战以前，日本官吏和公吏的退职金，基本上依照1923年制定的《恩给法》支给。第二次世界大战结束以后，在一个特定的时期内，《恩给法》继续起着重要的作用。例如战后初期，都道府县的职员，官吏的退职金依照《恩给法》支给，《恩给法》的适用者包括三种人，一是在《地方自治法》施行(1947年5月3日)之际曾经是官吏者，二是在《教育公务员特例法》施行(1949年1月1日)之际曾经是公立学校的职员者，三是警察官。至于吏员的退职金，则依照退职年金条例(退隐金制度)施行，《退职年金条例》的适用者包括两种人，一是《地方自治法》施行之际曾为吏员者，二是《地方自治法》施行之后曾为吏员者。还有雇佣人的退职金，则依照旧《国家公务员互助会法》(1949年10月1日)和新《国家公务员互助会法》(1959年1月1日)实施[17]。

自1958年制定《国家公务员等互助会法》(昭和三十三年第128号法律)，1962年制定《地方公务员等互助会法》(昭和三十七年第152号法律)之后，恩给制度全面地被吸收和并入互助制度之中。《恩给法》虽然继续施行，但现今的恩给制度，仅限于解决以旧军人为中心的退职公务员及其遗属的关于恩给方面的各种问题[18]。

(2)退职年金

在《地方公务员等互助会法》公布之前，《地方公务员法》第43条曾经用过相当于《恩给法》上的普通恩给的“退职年金”这一用语。而在这更早以前，地方公共团体对于这种退职给付，还曾用过“隐退费”(原文为“退隐料”)的用语。又，这种退职给付，除了《恩给法》中的“普通恩给”以外，在《厚生年金保险法》和《船员保险法》中则称为“老龄年金”[19]。

按照1962年9月制定的《地方公务员互助会法》规定，凡成为职员者，自担任职员之日起，便取得了互助会的会员的资格(第39条)。当互助会员期间达20年以上者退职时，自退职之日起至死亡时为止，每年均支给退职年金。退职年金的数额，相当于年工资额的40%。当会龄超过20年时，每超过1年则增加工资年额的1.5%，但退职年金的最高限额不得超过工资年额的70%(第78条)[20]。

该法还规定，有享受退职年金权利者未满55岁时，在未满55岁期间不支给退职年金，但如果本人提出申请要求给付年金时,可代替退职年金支给减额退职年金(第81条)。该法又规定,互助会员期间1年以上20年未满者退职的场合,在合算加入其他的公的年金制度达25年以上时,或合算有关的国民年金以外的公的年金制度的通算对象期间达20年以上时,直至本人死亡为止,可支给通算退职年金(第82条)[21]。

又,除了地方公务员等互助会外,国家公务员等互助会、私立学校教职员互助会、农林渔业团体职员互助会等,也都作了同样的关于互助年金的规定。

(3)退职互助年金

自1986年4月起,日本的国民年金、厚生年金进行了大幅度的修改,《国家公务员等互助会法》、《地方公务员等互助会法》也相应地进行了大幅度的修改。

按照修改后的《地方公务员等互助会法》规定,互助会进行的长期给付分为退职互助年金、障害互助年金和障害一时金以及遗属互助年金三种[22]。

退职互助年金是互助会会员期间等(除互助会会员期间外,还包括依照国民年金法保险费交纳完毕期间或保险费免除期间等)有25年以上者,退职以后达到65岁时,或达到65岁后退职时,直至其死亡时为止,每年均按规定支给(地方公务员等互助会法第78条)[23]。

由于退职互助年金的支给开始年龄是65岁,而1985年改正以前退职年金的支给开始年龄是60岁,所以在附则中规定对达到60岁的受给资格者特别支给退职互助年金(地方公务员等互助会法附则第19条)。

退职互助年金的基本额,为以下的①和②的额的合计额。①的额为相当于民间勤劳者的厚生年金部分,②的额为考虑公务员的特殊性加算的职域年金部分。

所以,退职互助年金的基本额,实际上就是①平均标准报酬月额的7.5‰乘上互助会员期间的月数所得出的金额(相当于厚生年金的部分),加上②平均标准月额的1.5‰(互助会员期间未满25岁时则为0.75‰)乘上互助会员期间的月数所得出的金额(相当于职域年金的部分)的合计额[24]。

又,互助会员期间20年以上者,在取得享受退职互助年金的权利的当时,依靠其本人维持生活的65岁未满的配偶者,以及18岁未满的子女和20岁未满的子女处于相当于1级或2级的残疾状态时,还可支给其加给年金。加给年金额,对配偶者为18万元,对子女1人为6万元,2人时则分别为18万元(岩波大六法全书,1988年版,第330页);平成五年(1993年)则改为对配偶者为192000元,对子女1人时为64000元,2人时则分别为192000元(《六法全书》平成五年(1993年)版第312－313页)

鉴于不少的退职职员即互助会员均有赡养家属的问题,《地方自治百科大事典》(日本版)第4卷在退职互助年金一条中指出,退职互助年金的金额应按以下的算式计算:

相当于厚生年金的部分(平均标准报酬月额×7.5‰×互助会员期间的月数)＋相当于职域年金的(平均标准报酬月额×1.5‰×互助会员期间的月数)(如互助会员期间未满20年时,则为平均标准月额×0.75‰×互助会员期间的月数)＋加给年金额(根据退职互助年金的受给者的生年月日进行特别的加算)[25]。

三、劳动基本权

1.劳动基本权或勤劳基本权

(1)宪法中规定的勤劳基本权或劳动基本权

《日本国宪法》第28条规定:"保障勤劳者团结的权利及团体交涉以及其他团体行动的权利"[26]。这里必须说明以下两点:

第一,宪法所说的是"保护勤劳者……的权利"。问题是国家公务员或地方公务员是不是相当于这里所说的"勤劳者"。目前公认的说法是公务员也是勤劳者,最高法院的判例也持有公务员是勤劳者的见解。所以,日本著名学者鹿儿岛重治在《要说地方公务员制度》一书中说:公务员具有勤劳者的性格,并将宪法所保障的权利称为勤劳基本权[27]。

第二,日本的劳动基本权,具体地可分为团结权、团体交流权和争议权,在日本通称为劳动三权。宪法明确地提出保护团结权和团体交涉权,并未提出保护争议权。但有的学者认为争议权就包括在"其他的团体行动的权利"之中,也有些学者认为"团体行动权就是争议权"[28],所以宪法中所保护的权利,既可以称勤劳基本权,也可以称劳动基本权。

(2)职员的劳动基本权的历史沿革

职员的劳动基本权或勤劳基本权的形态,战后初期至现在经过多次变化。

首先,1946年3月1日施行的《劳动组合法》(工会法),不承认警察职员和消防职员有团结权,但承认其他的职员组织工会和进行团体交涉。同年10月13日施行的《劳动关系调整法》,禁止警察职员、消防职员及非现业职员的争议行为,但承认现业的职员进行争议行为。

1948年7月31日,日本政府根据美国占领当局的指示,公布了第201号政令,规定所有的公务员均不得对国家和地方公共团体,进行同盟罢业、怠业等争议行为[29]。

此后,随着1965年ILO条约的批准,《国家公务员法》、《地方公务员法》、《公共企业体等劳动关系法》(现在的国营企业劳动关系法)、《地方公营企业劳动关系法》等四个法律均按照第201号政令的内容进行了修改。由于这一系列的修改,在职员的劳动基本权或勤劳基本权中,团结权和团体交涉权虽然进行了重要的修改,但职员的劳动基本权或勤劳基本权的形态并没有发生根本性的变化。

(3)职员的劳动基本权的现今形态[30]

劳动基本权的具体内容,可以分为团结权、团体交涉权和争议权等三种具体的权利。在现行的法律之下,这些所谓的劳动三权被承认的范围和程度,根据职员的种类而有所不同。每一职员种类的劳动基本权的形态如下:

1)从事一般的行政事务的职员和教育职员

从事一般的行政事务的职员和教育职员,基于其作为公务员的地位,其劳动基本权与民间企业的劳动者有所不同。首先,对于团结权,不适用《劳动组合法》(工会法),但可以基于《地方公务员法》组织"职员团体"(地方公务员法第52条之1)。其次,对于团体交涉权,职员团体可以与地方公共团体的当局进行交涉,但不能缔结团体协约(地方公务员法第55条之2)。最后,禁止行使争议权(地方公务员法第37条之1)。

2)警察职员及消防职员

警察职员和消防职员,基于其维持公共的秩序和安全的职务的特殊性,以及为了执行这种职务需要保持高度的工作纪律,不承认他们行使团结权。因而也不承认其团结交涉权。当然也不承认其行使争议权(地方公务员法第37条之1)。

3)地方公营企业的职员及单纯劳务职员

地方公营企业的职员及单纯劳务职员,基于其所从事的职务的内容与同一种类的民间企业的劳动者类似,对于除了争议权以外的劳动基本权,与民间企业的劳动者几乎受到同样的待遇。即,这些职员可以依照工会法组织工会(地公劳法5－1),与地方公共团体的当局进行交涉并缔结团体协约(地公劳法7)。但是,与条例、规则或预算相矛盾的团结协约,可由有权限的机关采取必要的措施使其不发生效力(地方劳法8－10)。然而这些职员基于其作为全体居民的服务员为公共的利益进行工作的这一性质,不承认其有争议权(地公劳法第11条)。又,从事地方公营企业的事务以外的事务的单纯劳务职员,根据《地方公务员法》的规定可以组织职员团体,这种场合的团结权和团体交涉权的处理与从事一般的行政事务的职员的场合相同。

2. 职员的团结权、团体交涉权和争议权

(1)职员与团结权

如上所述,职员的法律上的团结权,因职员的种类各有不同。首先,从事一般的行政事务的职员,基于《地方公务员法》可以组织职员团体。其次,地方公营企业的职员,可以根据地方公营企业劳动关系法组织工会(劳动组合)。再次,在地方公营企业以外的工作单位从事工作的单纯劳务职员,可以根据《地方公务员法》组织职员团体,也可以根据《地方公营企业劳动关系法》组织工会(劳动组合)。另外,在职员当中,对警察职员和消防职员,全面地限制团结权,禁止组织职员团体,也禁止组织工会。

又,法律不禁止职员没有根据特定的法律,结成事实上的勤劳者团体。这种事实上的勤劳者团体也可以认为是基于《日本国宪法》第28条的团结权的一种形态。

(2)职员与团体交涉权

职员进行交涉的权利,基于职员的工作条件的决定方式的不同,其处理的情况也有不同。

首先,可以组织职员团体的职员的工作条件,由各地方公共团体的条例作出规定,所以职员团体与地方公共团体当局的交涉,不包括缔结团体协约的权利。但是,在不与法令与其他的规程相抵触的限度内,可以和该地方公共团体当局缔结书面协定(地方公务员法第55条)。

其次,可以组织工会的地方公营企业的职员和单纯劳务职员的劳动条件,只能根据条例规定工资报酬的种类和基准,原则上可以就劳动条件缔结团体协约(地方劳法第7条)。

所以,虽然都说职员的团体交涉权,但职员团体的场合和劳动组合(工会)的场合各有不同。

(3)职员与争议权[31]

职员作为全体居民的服务者为公共的福利进行工作的特殊性,禁止进行争议行为等。

首先,职员作为地方公共团体代表的使用者的居民,不得对其采取联合罢工、怠工或其他的争议行为,或进行降低地方公共团体机关工作效率的怠工性的行为,同时任何人都不得策划、共谋、唆使或煽动上述的违法行为(地方公务员法第37条之1)。

其次,地方公营企业的职员和单纯劳务职员,虽然不适用于《地方公务员法》的禁止争议行为等的规定,但《地方公营企业劳动关系法》则明文规定,职员和工会不得对地方公营企业和地方公共团体的机关,进行联合罢工、怠工及其他的妨碍业务正常运营的一切行为;同时还规定职员和工会的会员和干部,不得共谋、唆使或煽动这些被禁止的行为(地方公营企业劳动关系法第11条之1)。另外,还规定地方公营企业和地方公共团体的机关,作为对抗这些职员的争议行为的手段不得进行封闭工厂(同法11条之2)。

四、保障请求权

为了更具体地保障职员的权利,承认职员可以对人事委员会或公平委员会提出一定的请求,这种法律上被承认的手续称为保障请求权。保障请求权也是职员的一种权利。如果说执行职务的权利和经济上的权利是作为职员的第一次的权利,劳动基本权和保障请求权则是支持这种权利的第二次的权利。即,劳动基本权是为了支持经济上的权利的权利,保障请求权则是为了支持执行职务的权利和经济上的权利。

保障请求权,根据请求的目的,可以分为以下两种:即关于工作条件的措施的要求和关于不利益处分的不服申诉[22]。现分述如下:

1. 关于对工作条件采取措施的要求

(1)措施要求权者和措施要求的内容

按照《地方公务员法》规定,职员可以对工资、工作时间及其他工作条件,向人事委员会或公平委员会提出,要求地方公共团体当局采取适当的措施(法第46条)。凡故意妨碍职员提出措施要求者,将判处3年以下的徒刑或10万元以下的罚款(法61条(5))。

首先可以提出关于工作条件采取措施要求者是职员,临时职员和附有条件录用期间的职员也包括在内。但职员团体不能提出措施要求,已经退职的职员也不能提出措施要求。

措施要求的内容,当然是"职员的工作条件"。但职员的工作条件内容相当广泛,如职员的薪金、津贴、旅费等给与及其他给付,工作时间、休息日、休假日及当局为职员实施的福利卫生事业和工作场所中的办公环境等都属于工作条件的内容。

对不是工作条件的事项,不能提出措施要求。如对增减职员的定员人数,不能提出措施要求;预算额的增额问题,也不能成为措施要求的内容;职员的定员、条例的提案、工作评定制度以及关于服务的事项,也都不能成为措施要求的对象。

(2)措施要求的审查和判定

职员提出措施要求,须通过书面的形式进行。在其措施要求书中,须定明措施要求者的职务、所属部局和姓名、要求的理由和措施,然后签名盖章。

人事委员会或公平委员会在接到职员的措施要求书时,首先须对记载事项和要求内容进行调查。经过调查,如认为要求者的要求合乎法定手续时,人事委员会或公平委员会必须对案件作出裁决,并根据裁决的结果,凡属其权限之内的事项,可以自行处理。其他事项,须对该事项具有权限的地方公共团体机关,提出必要的建议。又,措施要求和审查,裁决的程序和审查,裁决后应采取的措施等必要事项,必须由人事委员会规则或公平委员会规则作出规定(地方公务员法第47条、48条)。

2. 关于对不利益处分的不服申诉

(1)对不利益处分的不服申诉

《地方公务员法》第49条之2规定,职员因违背本人意愿受到不利益处分时,可根据《行政不服申诉法》(1962年第160号法律)对人事委员会或公平委员会提出不服申诉。这里应注意以下几点:

第一,有不服申诉权者

可以对不利益处分提出不服申诉者,即为违背本人意愿受一定的不利益处分者。也就是说,受不利益的处分者,就是有不服申诉权者。但附有条件录用期的职员和临时任用的职员,不能提出不服申诉。地方公营企业的职员和单纯劳务职员,也不适用不利益处分的不服申诉制度。

第二,不利益处分的意义

职员可以进行不服申诉的处分,是惩戒及其他违反本人意愿的不利益的处分。首先是作为惩戒处分的免职、停职、减薪和警告以及作为身份处分的免职、休职、降任和降薪等任何一种不利益的处分。基于职员本人意愿的处分不能成为不服申诉的对象,但形式上是意愿免职处分,实际上本人并未真正表示辞职之意时,仍可进行对不利益处分的不服申诉。

第三,不利益处分说明书的交付

根据《地方公务员法》第49条的规定,当对职员进行惩戒等不利益处分时,任命权者必须在处分的当时,向该职员交付记载有处分理由的说明书。又职员认为将受到不利益处分时,可以请求任命权者交付记载有处分理由的说明书;任命权者在接到这一请求之后,必须在15天内交付该项规定的说明书。由于处分说明书记载了对职员进行不利益处分的理由,所以如果职员不同意上述的处分理由时,便可以对人事委员会或公平委员会提出不服申诉。

第四,不服申诉的期限

《地方公务员法》第49条之3规定,职员的不服申诉,必须在得知受到处分之日的第二天起,在60天之内提出。从受到处分之日的第二天起超过了1年后不能提出不服申诉。

(2)不服申诉的审查或再审查

接到不服申诉的人事委员会或公平委员会,必须立即对该案件进行审查,并根据审查的结果对不利益处分采取承认、修正、取消等措施(地方公务员第50条第1、3项)。这里也须注意以下几点:

第一,不服申诉书

受不利益处分者在进行不服申诉时,必须提交"不服申诉书"。在这个"不服申诉书"中,必须写明处分者的住处、姓名及出生年月日,受处分当时的职务和所属部局,处分者的职务和姓名,处分的内容和受处分的年月日,得知处分的年月日,对处分不服的理由。在请求口头审理时有哪些要求等,还须签名盖章。

第二,审查的方式

当被处分者递交"不服申诉书",提出不服申诉时,人事委员会或公平委员会必须立即审查该案件。审查方式通常采用书面审理或口头审理。特别是受处分者请求进行口头审理时,必须进行口头审理,如本人还提出了公开审查请求,口头审理必须公开进行。审查结束后,人事委员会或公平委员会,根据审查的结果确认、修改或撤销原来的处分。在这种场合下,在撤销原来的处分时,为了恢复职员的权利必须采取必要而适当的措施,纠正职员因处分而受到的不合理处置,还须指示任命权者补发职员因受处分而减少的工资。

第三,可进行再审

对人事委员会或公平委员会对不服申诉的裁决。根据当事人的请求及人事委员会或公平委员会的职权可进行"再审"。再审通常有以下三种理由:一是裁决的基础即证据是虚假的;二是有新的重要证据发现;三是对事实的判断有遗漏。人事委员会或公平委员会认为上述理由确实存在或部分存在时,可根据职权随时进行再审。当事者认为上述的理由或部分理由确实存在时,可自裁决之日的翌日起3个月以内以书面的形式提出再审的请求。在其再审的请求书中,必须写明自己的姓名、住址和出生年月日,裁决的内容和时期以及请求再审的理由等,请求者本人必须签名盖章。再审的结果,不外以下三种:1. 确认原来的裁决;2. 修改原有的裁决;3. 作出新的裁决。

第四,审查和再审查所需要的费用

在对不利益处分的审查和再审查所需要的费用当中,下列费用由当地方公共团体负担。

1. 在人事委员会或公平委员会依照职权传讯的证人当中,当事者申请的证人以外的证人的宿费、旅费和日薪;

2. 人事委员会或公平委员会依照职权进行证据调查所需要的费用;

3. 人事委员会或公平委员会送达文书所需要的费用。

因此,处分官厅申请的证人的费用,由处分官厅直接支付给证人;不服申诉人申请的证人的费用,由不服申请人直接支付给证人。

第五,不服申请和诉讼的关系

按照《地方公务员法》第 51 条之 2 规定,对违背职员意愿的不利益处分,可以向人事委员会或公平委员会提出审查请求或异议申诉,在人事委员会或公平委员会对审查请求或异议申诉作出裁决或决定之前,不得提出撤销处分的诉讼。

注释:

①③④⑥⑩㉗　鹿儿岛重治:《要说地方公务员制度》,(日文版),学阳书店,1988 年版,第 209 - 210 页;第 216 页;第 218 - 219 页;第 233 - 234 页;第 252 - 253 页;第 281 - 282 页。

②　鹈饲信成:《日本公务员法》(原名国家公务员法)(中译本),曹海科译,重庆大学出版社,1988 年版,第 94 页;

⑤⑪⑯　泷野欣弥编:《地方公务员制度》第 3 卷(日文版),行政出版会社,1991 年版,第 49 - 56 页;107 - 222 页;222 - 238 页。

⑦　全国市长会编:《日本都市年鉴》(日文版),第一法规,1985 年,第 157 页;引自鲁义:《日本地方自治制度》,吉林大学出版社,1993 年版,第 91 页。

⑧⑰㉙　坂弘二:《地方公务员制度》(日文版),学阳书房,1992 年版,第 112 - 113 页;第 133 页;第 140 - 144 页。

⑨⑫　末川博编著:岩波《六法全书》(日文版),岩波书店,1983 年版,第 738 页(地方自治法第 204 条第 2 项),第 738 页(地方自治法第 204 条之 2、3)。

⑱　健康保险组合联合会编:《社会保障年鉴》(日文版),1976 年,东洋经济新报社,第 99 页。

⑲　林修三,高辻正己等编:《法令用语辞典》(日文版),学阳书房,1986 年版,第 466 页。

⑳㉑　末川博编著:岩波《六法全书》(日文版),岩波书店,昭和三十九年(1964 年版,第 690 页(地方公务员互助会法第 78 条);第 690 - 691 页(地方公务员互助会法第 81 - 82 条)。

㉒㉓㉔　芦部信喜、高桥和之等编著:《岩波大六法》(日文版),岩波书店,昭和六十三年(1988 年)版,第 330 - 33 页(地方公务员等互助会法第 74 条 - 第 99 条);第 330 - 331 页(地方公务员等互助会法第 78 条);第 330 - 331 页(地方公务员等互助会法第 79 条、80 条)。

⑬⑭⑮㉕　石原信雄等编:《地方自治百科大事典》第 4 卷(日文版),行政出版会社,1988 年版,第 14 - 15 页;第 17 页;第 17 - 19 页;第 18 - 20 页。

㉖　《日本国宪法》第 28 条,见岩波《六法全书》(日文版),岩波书店,1983 年版,第 19 - 58 页。

㉘　宫汉俊义著,芦部信喜补订:《日本国宪法精解》(中译本),董潘舆译,中国民主法制出版社,1990 年版,第 245 - 247 页。

㉚㉛ 金子善次郎编:《地方公务员制度》(日文版)第6卷,行政出版公司,1991年版,第299－301页;第367－382页。

㉜ 《地方公务员法》第46条至第51条之2,见星野英一等编《六法全书》(日文版),有斐阁,1993年版,第495－496页。

第六节 地方公务员的保健福利制度

为了维持公务效率,需要保障职员的生活。职员的生活,基本上是由工资及其他的报酬来保障的,但除此以外还可以通过设置设施、建立制度等方法,谋求职员的福利和利益,促使职员专心致志地执行公务。

《地方公务员法》第41条和第42条规定:职员的福利及利益的保护必须适当而又公正;地方公共团体必须就职员的保健、康复及其他有关卫生福利事项制订计划并予以实施。实际上,各地方公共团体所实施的保健福利制度包括许多方面,如运动会、文化祭、开展娱乐活动、设置职员住宅及保养所等等。但除了这些自主实施的保健福利制度以外,作为关于地方公务员的法律上的制度主要有二:一是以互相救济为目的的互助制度,二是以救死扶伤为中心的公务灾害补偿制度,现分别叙述如下:

一、互助制度

1. 地方公务员互助制度的目的和背景

(1)互助制度建立的目的

1950年公布的《地方公务员法》(昭和二十五年第261号法律)的第43条(互助制度),可以说是地方公务员的互助制度的法律根据。该条明确规定:①为了对职员及其被扶养者的生病、负伤、死亡等给予适当补助,必须实施以互相救济为目的的互助制度;②在互助制度中,必须包括支给职员本人或其遗属的退职年金和一次性退职金的制度;③退职年金和一次性退职金的制度,必须以谋求职员本人或受其扶养者的适当的生活为目的;④互助制度必须适当地考虑到与国家的制度保持一致;⑤互助制度必须以健全的保险统计为基础制度;⑥互助制度必须根据法律制定[①]。

根据上述规定,依照法律制定的有两个法律,一是《地方公务员等互助会法》(昭和三十七年第152号法律),二是《关于地方公务员等互助会法的长期给付的施行法》(昭和三十七年第153号法律)。

1962年9月8日制定的《地方公务员等互助令法》的第1条,在谈到地方公务员互助会的目的时规定:"本法律为了对地方公务员的生病、负伤、分娩、休业、受灾、退职、残废及死亡或被其扶养者的生病、负伤、分娩、死亡及遭灾时给予适当的补助,决定建立以相互救济为目的的互助会的制度,并对其所实施的给付及福利事业规定必要的事项,以保障地方公务员及其遗属的生活的安定和福利的提高;同时,以促进有效率地运营公务为目的,还对地方议会议员的年金制度作了规定。"[②]

与上述法律同年制定的《关于地方公务员等互助会法的长期给付的施行法》则规定:《地方公务员等互助会法》的长期给付的制度,只适用于该法施行日以后最初成为职员者,对新制度施行前在职的职员而在施行日以后再次成为职员者，由于有适用从前的年金制度的期间，所以对依照从前的年金制度的年金的受给资格及对支给额的既得权和期待权采取尊重的措施。

《地方公务员等互助会法》和《关于地方公务员等互助会法的长期给付的施行法》，都是从1962年12月1日起施行的。所以，随着两个法律的施行，地方公务员互助会遂宣告成立。

(2)互助制度建立的背景

20世纪50年代末至60年代初，日本至少有四种建立地方公务员的互助制度的必要性[③]。

①需要将恩给制度改为互助制度

在互助制度施行之前，根据官公吏的身份建立的恩给制度，与近代的公务员制度完全不相吻合。因此，需要废止这种制度，使雇主即地方公共团体和被雇佣者即职员互相分担必要的经费，根据保险数理建立以互相救济为目的的互助制度，并作为近代公务员制度的一个环节使其逐步完善起来。

②需要统一适用于地方公务员的分散而又零乱的退职年金制度

从前，适用于地方公务员的退职年金制度，由于地方公共团体职员的职种和身份的不同，在实施职员的退职给付方面可以说是各种各样：有的根据《恩给法》施行，有的按照《恩给法》方式基于《地方公共团体的退职年金条例》施行，有的依照保险方式的《国家公务员互助会法》，有的依照《市町村职员互助会法》，有的依照《厚生年金保险法》，有的依照《船员保险法》，更有的依照不适用于市町村职员互助会法的《市町村条例》。且退职年金的给付内容，也是厚薄不均，情况极为复杂，以至在通算各种职员的相互任职时间方面造成许多困难。鉴于上述情况，特别需要改变过去分散而又零乱的制度和作法，建立统一的适用于一切地方公务员的退职年金制度。

③需要建立以国家公务员的互助制度为准则的地方公务员的互助制度

由于适用于地方公务员的各种制度，都是参照国家公务员的各种制度建立起来的，所以在退职年金制度方面，也需要保持国家公务员和地方公务员之间的均衡状态。特别是对于国家公务员，已于1959年制定了《国家公务员互助会法》，建立了给付内容较高的退职年金制度，所以不论在内容方面或形式方面，都需要建立以适用于国家公务员的互助制度为准则的地方公务员的互助制度。

④需要争取费用的均衡化

按照《恩给法》方式建立的退职年金制度将需要给付的费用列入地方公共团体的预算，依照负担现实中支给的金额的方法支付（现在的恩给就是采用这一方式），但不久就发现费用负担急剧增高，地方公共团体和职员有不堪负担的危险，因此迅即采用互助方式，根据保险数理的计算，力图负担的长时期的均衡化。从长远的眼光看，这是十分必要的。

2. 互助会及其联合会

(1)互助会的种类

地方公务员等互助会是运营地方公务员的互助制度的法人，是以需要常时勤务的地方公务员为会员所组织的团体。职员从成为职员之日起即为互助会的会员，职员在死亡或退职时即失去了作为会员的资格。所以互助会会员的人数经常有变化。据统计，1986年底，互助会会员的人数,约为328万9000人[④]。

地方公务员等互助会,对于都道府县的职员,主要根据他们的职种进行区分,对于市町村的职员,主要根据他们所属的市町村进行区分、分别组织了七个种类的互助会。每个种类的互助会的名称及作为会员的职员的范围请参看下表:

地方公务员互助会一览[⑤]

互助会的名称（ ）为互助会数	职员的范围
(1)地方职员互助会(1)	道府县的职员((1)和(3)列出的职员除外)
(2)公立学校互助会(1)	公立学校的职员及都道府县教育委员会及属于它管辖的教育机关的职员
(3)警察互助会(1)	都道府县警察的职员
(4)都职员互助会(1)	都的职员、特别区的职员
(5)指定都市职员互助会(10)	指定都市的职员
(6)市町村职员互助会(每个都道府县均设置)(47)	市町村的职员(指定都市除外)((2)中所列出者除外)
(7)都市职员互助会(30)	特定的市的职员(指定都市除外)((2)中所列出者除外)

(2)互助会的机构[⑥]

①机构

为了运营互助会的业务,除了置事务局长以下的职员外,还建立了运营审议会和组合会。

首先,在地方职员互助会、公立学校互助会和警察互助会,设立由16名委员以内组成的运营审议会。委员由主管大臣从具有一定知识的会员中任命,但其中的半数必须是代表会员者。运营审议会除了议决章程的变更、运营规则的制定和修改、制定年度事业计划及预算和决算的事项以外,还可以应理事长的咨询调查审议关于互助会的业务的重要事项,并对必要的事项向理事长提出建议(地方公务员等互助会法第6、7、8条)。

其次,在都职员互助会、指定都市职员互助会、市町村职员互助会和都市职员互助会,设立20名以内的议员(在某些市町村职员互助会可置超过20人的30人以内的议员)组成的组合会。这些互助会的组合会的议员,其中的半数可由地方公共团体的首长任命的人员充任,另外的半数则从一般的会员中选举。组合会置总理会议的议长,议长由理事长充任。组合会议决的事项,主要有章程的变更、运营规则的制定和修改,以及制定年度的事业计划和预算及决策等(地方公务员等互助会法第9、10条)。

②干部(役员)

互助会作为干部,设理事长、理事若干人和监事3人。理事长代表互助会执行业务,理事辅佐理事长执行互助会的业务,监事监察互助会的业务。

干部采用选举或任命的方法。首先,地方职员互助会、公立学校互助会和警察互助会的理事长由主管大臣任命,都职员互助会、指定都市职员互助会、市町村职员互助会和都市职员互助会的理事长,则从地方公共团体的首长选举或任命的组合会的议员选举的理事中由理事进行选举。

又,地方职员互助会、公立学校互助会和警察互助会的理事,经主管大臣的认可由理事长任命,都职员互助会、指定都市职员互助会、市町村职员互助会和都市职员互助会的理事,从地方公共团体的首长选举或任命的组合会的议员及其以外的一般的会员方面的议员当中，分别选出同样的数额。

另外，地方职员互助会、公立学校互助会和警察互助会的监事由主管大臣任命，都职员互助会、指定都市职员互助会、市町村职员互助会及都市职员互助会的监事，从有学识经验者、地方公共团体首长选举或任命的议员和一般会员方面的议员当中，各在组合会当中选出1人。

再者，干部的任期，原则上定为2年。还有地方职员互助会、公立学校互助会和警察互助会的干部，在有由于不堪执行职务的身心障碍或有违反职务上的义务等的一定的事由时，可由其任命者主管大臣或理事长将其解职（地方公务员等互助会法第11条至第15条）。

(3)联合会的组织⑦

①全国市町村职员互助会联合会

为了适当而又完满地运营市町村职员互助会和都市职员互助会的业务，以所有的市町村职员互助会和所有的都市职员互助会组织全国市町村职员互助会联合会（以下称市町村联合会）。市町村联合会是法人，主要进行以下工作：A. 向参加联合会的一切互助会提供关于市町村职员互助会和都市职员互助会在业务方面（不包括长期给付的业务）的专门的知识和资料；B. 对参加联合会的所有互助会进行工作指导，旨在适当地进行短期给付所需要的财源的计算和资产的管理；C. 管理灾害给付储备金；D. 进行福利事业等。

在市町村联合会，作为决定重要事项的机关，设立由61名议员组成的总会。总会主要议决下列事项：章程的变更；制定和修改运营规则；制定年度的事业计划及预算和决算；以及决定重要的财产的处分和重大的债务负担等。

市町村联合会，作为管理的干部，设理事长1人、理事13人及监事3人。理事长代表市町村联合会执行其业务，理事辅佐理事长执行市町村联合会的业务，监事监察市町村联合会的业务。（地方公务员等互助会法第27－38条）

②地方公务员互助会联合会

为了适当而又灵活地运营关于互助会的长期给付业务，以所有的地方公务员互助会组成地方公务员互助会联合会（以下简称联合会）。联合会主要进行以下的事业：A. 向互助会提供关于互助会的长期给付的业务方面的技术及专门的知识和资料等；B. 制定关于互助会的长期给付的会员的工资和缴纳金的比例以及期末津贴和特别缴纳金的比例；C. 管理长期给付储备金；D. 为了达到其他的目的需要进行的事业。

在联合会中，设立运营审议会，运营审议会由22名委员以内组成，委员由自治大臣从会员中任命。必须由运营审议会议决的事项为：A. 章程的变更；B. 运营规则的制定和修改；C. 年度的事业计划及预算和决算；D. 重要的财产的处分和重大的债务负担。

又，联合会为了对互助会的长期给付（包括基础年金筹款的负担）进行必要的财政的调整，设立了长期给付储备金。长期给付储备金制度是：互助会从其储存金中向联合会支付一定的金额，联合会则将这些支付的金额作为长期给付储备金进行管理和运用，在一旦长期给付（包括基础年金筹款的负担）所需要的资金不足时，联合会则向该互助会交付必要的资金⑧。

联会会，作为干部，设理事长1人、理事若干人及监事3人。理事长和监事由自治大臣任命，理事经自治大臣认可由理事长任命。理事长代表联合会执行其业务，理事辅佐理事长执行联合会的业务，监事监察联合会的业务。干部的任期均定为2年（平成八年地方公务员等互助会法第38条之2－9)。

3. 互助会和联合会对会员的事业

1962年制定的《地方公务员等互助会法》,于1964年改为《地方公务员等互助会法》。随着互助会法名称的改变,互助会的名称也由地方公务员互助会改称为地方公务员等互助会。

《地方公务员等互助会法》制定以来经过40余年,在此期间为了充实这一制度,曾进行过多次的修改和补充。特别是在1985年,为了导入国民年金制度等,进行了互助年金制度的巨大修改。

因此,本节在谈到互助会和联合会对会员的事业时,主要参照1987年修改后的《地方公务员等互助会法》(昭和六十二年第96号法律)和1996年修改后的《地方公务员等互助会法》(平成八年第88号法律)。

(1)短期给付、长期给付和福利事业⑨

互助会对会员进行的事业,大体上可分为短期给付和长期给付。日本汉字中给付这个词,有的人将它译为付给,也有些人将它译为补助或补贴。故这里所说的短期给付和长期给付,实际上就是互助会支给会员的短期补贴和长期补贴。

按照1987年修改后的《地方公务员等互助会法》规定:短期给付分为13种,即疗养补贴及疗养费,家属疗养费,分娩费,配偶者分娩费,育儿补助金,丧葬费,家属丧葬费,伤病补助金,分娩补助金,休业补助金,尹慰金、家属尹慰金,灾害慰问金等;长期给付分为4种,即退职互助年金,障害互助年金,障害一时金,遗属互助年金。

又,根据1996年修改的《地方公务员等互助会法》规定:互助会和市町村联合会,为了增进会员的福利,还可以进行以下的福利事业:

①为会员及其被扶养者的健康教育、健康访谈、健康诊查及保持增进其他的健康所需要的事业;经营会员的保健、保养、住宿或教养的设备。

②供会员利用的财产的取得、管理或贷款。

③接受或运用会员的存款。

④对会员的临时支出进行贷款。

⑤供给会员需要的生活必需物资。

⑥对资助增进其他会员的福利的事业制定章程⑩。

由于福利事业的内容较广,所以本节只谈短期给付和长期给付的事业。

(2)短期给付⑪

短期给付中的法定给付,大体上分为保健给付、休业给付和灾害给付,现分别概述如下:

①保健给付(可译为保健补贴)

根据1996年制定的《地方公务员等互助会法》,保健给付可分为以下几种。

A. 疗养补贴及各种疗养费

按照该法第56条、57条规定,会员非因公务生病或负伤时,互助会可根据有关规定,给予其疗养的补贴。补贴的范围包括诊察、药剂、手术、住宅中疗养的护理、入院时疗养的护理等。疗养的机关为互助会经营的医疗机关和药局。会员在享用医疗机关和药局的疗养补贴时,必须依照法律规定就会员的疗养补贴与互助会签订契约。

又,根据该法第57条、第58的规定,会员非因公务生病或负伤时,互助会除支给疗养的补贴外，还须根据具体的情况，支给入院饮食疗养费、特定疗养费、疗养费、访问护理疗养费和移送费。但互助会在支给各种疗养费时，必须严格依照法律的规定，根据会员的实际情况进行。

B. 家属疗养费

会员的被扶养者由于生病或负伤在保险医疗机关和特定承认保险医疗机关进行疗养时，对其疗养所需要的费用，由互助会向会员支给家属疗养费。在被扶养者在保险医疗机关等和特定承认保险医疗机关进行疗养时，家属疗养费的数额相当于对其疗养算定的费用额的70%或80%（对入院的治疗）的金额。

C. 分娩费

会员分娩时，或1年以上的会员者退职以后6个月以内分娩时，作为分娩费支给的金额为相当于1个月份的工资的金额乘上政令中规定的数值所得出的额。

D. 配偶者分娩费

会员的被扶养者即配偶者分娩时，作为配偶者分娩费支给相当于本文规定的分娩费的70%的金额。

E. 育儿补贴费

现已删除。

F. 丧葬费

会员非因公务死亡时，或曾为会员者退职以后3个月以内死亡时，互助会须对其死亡当时的被扶养者支给丧葬费，丧葬费的数额为相当于1个月工资的金额乘上政令中规定的数值所得出的额。

G. 家属丧葬费

会员的被扶养者死亡时，或曾为会员者退职以后3个月以内被扶养者死亡时，以及会员退职后在继续支给家属疗养费期间被扶养者死亡时，互助会须依照有关规定支给会员相当于1个月的工资额的70%的家属丧葬费。

②休业给付（可译为休业补贴）

A. 伤病补助金

会员因非公务生病或负伤，由于疗养不能继续工作的场合，在其不能继续工作的期间，互助会每天支给相当于其工资日额的80%的伤病补助金。伤病补助金的支给时间，对同一种伤病只支给1年另6个月的时间（对结核病患者则支给3年时间）。

B. 分娩补助金

会员分娩时，或1年以上的会员退职后6个月以内分娩时，在其分娩前的42天（多胎妊娠的场合则为72天）和分娩后的42天不能工作的时期内，须每天支给其相当于工资日额的80%的分娩补助金。

C. 休业补助金及育儿休业补助金

休业补助金

会员由于配偶者分娩、被扶养者生病或负伤，以及遭到意外的灾害等原因暂时不能工作时，互助会必须依照法律支给其休业补助金。休业补助金的数额，在其停止工作期间，每日支给相当于工资日额的60%的金额。但在支给伤病补助金和分娩补助金的场合，在这一期间内则不在此限。

育儿休业补助金

会员根据法律的规定进行育儿休业时,互助会在该会员由于育儿休业暂不工作期间必须支给育儿休业补助金。育儿休业补助金的数额为相当于会员的工资日额的25%的金额乘上政令中规定的数值所得出的额。

③灾害给付(可译为灾害补贴)

A. 尹慰金和家属尹慰金

会员或其被扶养者由于水灾、火灾及其他的非常灾害死亡时,对于会员须支给其遗属一定金额的尹慰金,尹慰金的数额相当于会员1个月工资额乘上政令中规定的数值所得出的额;对于被扶养者则须支给会员相当于该金额的70%的金额的家属尹慰金。

B. 灾害慰问金

会员因前条规定的非常灾害,其住宅和财产受到损害时,须支给其灾害慰问金。灾害慰问金的数额,根据别表所列的损害的程度,将该表所定的月数乘上工资所得出的金额,再乘上政令中规定的数值所得出的额。

(3)长期给付

①基础年金

A. 何谓年金?

在基础年金和长期给付这两项中,经常提到年金这个词。在日本的辞书中,对年金的解释是:"年金是定期支给以年为标准所定的金额的制度,是以保障由于老龄、障害、死亡等原因失去的收入为目的,根据制度的性格可以分为公的年金和私的年金,根据给付的事由可以分为老龄年金、障害年金、遗属年金等。"[⑫]在中国的辞书中,对年金的通常解释是:每年分期支给的养老金、退休金、抚恤金。

作为对公务员及其遗属的年金,基本上可以分为以下两种,一是根据《国民年金法》支给的基础年金,二是依照《地方公务员等互助会法》支给的长期给付。前者是包括职员在内的全体国民的共同年金,后者是作为公务员制度的互助年金[⑬]。故下面先谈基础年金,然后再谈长期给付。

B. 基础年金

基于国民年金法建立的基础年金制度,原则上适用于20岁以上60岁以下的一切国民,也适用于地方公务员互助会的会员即职员及其配偶者(国民年金法第7条)。基础年金制度分为老龄基础年金、障害基础年金及遗属基础年金三种(国民年金法第15条)[⑭]。又,有权接受支给两种以上的基础年金时,可以根据本人选择的任何一种年金支给。基础年金的三个种类的具体内容如下:

老龄基础年金

老龄基础年金是在国民年金的保险费交完时间达25年以上者、年龄达到65岁时支给。老龄基础年金的数额为年额60万元。这一数额为1984年度的价格,根据消费者物价指数的变动可以改动,如1989年则改为66万6000元(平成元年国民年金法第26、27条)。

障害基础年金

障害基础年金是被保险者在被保险期间达1/3以上的时期,在没有拖欠保险费的情况下,从伤病的初诊日起经过1年另6个月的日期中处于1级或2级重度障害状态时支给。其金额为1级障害者年额75万元,2级障害者年额60万元。障害基础年金的受给权者有扶养的子女时,2 人时每人年额 18 万元,第 3 人以后每 1 人年额 6 万元。

遗属基础年金

遗属基础年金是在国民年金的被保险者(拖欠被保险者期间的保险费到达 1/3 以上者除外)或老龄基础年金的受给权者死亡时支给其遗属妻及子女,其金额对其妻为年额 60 万日元,其妻有 18 岁未满之子女时,2 人时每人年额 18 万元,第三人以后每 1 人年额 6 万元。遗属只有 18 岁未满的子女时,其第 1 人年额为 60 万元,第 2 人年额为 18 万元,第 3 人以后每一人年额为 6 万元。

基础年金的费用

由于国民年金的基础年金制度是国家负第一位责任的制度,所以基础年金的给付中所需费用总额的 1/3 和国民年金事业的事务中所需费用的全额均由国库负担。对在给付中所需费用的总额的余下的 2/3,则由掌管卫生福利年金的政府及国家、地方的互助会,根据各自的被保险者的人数纳付款项承担。地方公务员的互助会纳付的基础年金款项的 1/3 由地方公共团体负担,其余的部分则由地方公共团体和会员各承担一半。

②长期给付

从 1986 年 4 月起,随着国民年金、厚生年金制度的大规模的修改,《国家公务员等互助会法》和《地方公务员等互助会法》也进行了大幅度的修改。

按照 1986 年修改后的《地方公务员等互助会法》规定,互助会实施的长期给付分为以下四种,即退职互助年金、障害互助年金、障害一时金、遗属互助年金,现分别简介如下:

A. 退职互助年金

《地方公务员等互助会法》第 78 条、79 条和第 80 条规定:互助会员期间等(包括互助会员期间、保险费交付完毕期间、保险费免除期间及合算对象期间)达 25 年以上者,退职以后不再成为会员达到 65 岁时,或达到 65 岁以后退职时,每年均支给退职互助年金。

退职互助年金的基本额,为以下两号所提出的金额的合计额:

一是相当于平均工资月额的 7.5‰的金额乘上互助会员等期间的月数所得出的额(相当厚生年金的部分)。

二是根据以下(1)或(2)的区分,分别在(1)或(2)中所提出的额(相当职域年金的部分):

(1)互助会员期间 20 年以上者,相当于平均工资月额的 1.5‰的金额乘上互助会员期间的月数所得出的额[15]。

(2)互助会员期间 20 年未满者,相当于平均工资月额的 0.75‰的金额乘上互助会员期间的月数所得出的额。

该法还规定:互助会员期间 20 年以上者,在获得享受退职互助年金的权利的当时,依靠其本人维持生活的 65 岁未满的配偶者,以及未满 18 岁的子女或未满 20 岁的子女处于相当于 1 级或 2 级的残废(障害)状态时,还须支给其加给年金。加给年金的数额经常有变化:例如,1987 年时,加给年金额,对配偶者为 18 万元,对子女 1 人为 6 万元,2 人时则分别为 18 万元;1992 年时,加给年金额,对配偶者为 19 万 2000 元,对子女 1 人时为 6 万 4000 元,2 人时则分别为 19 万 2000 元;1996 年时,加给年金额,对配偶者为 22 万 4400 元,对子女 1 人时为 74800 元,2 人时则分别为 22 万 4400 元[16]。

所以,退职互助年金的数额,基本上可以按照下列的算式计算:

相当厚生年金的部分(平均工资月额×7.5‰×互助会员期间的月数)+相当职域年金的部分(互助会员期间20年以上者,平均工资月额×1.5‰(互助会员期间未满20年者,平均工资月数×0.75‰)×互助会员期间的月数)+加给年金额⑰。

B. 障害互助年金⑱

互助会员由于生病或负伤,自初诊日起经过1年另6个月的时期仍然处于1级至3级的高度的障害状态时,或者经过1年另6个月之后,在达到65岁之前依然处于重度的障害状态时,必须依法支给一定数额的障害互助年金。

障害互助年金的基本额,须按照以下的算式计算:

非公务等的障害互助年金

障害等级2级或3级的场合

平均工资月额×7.5‰×互助会员期间的月数(300个月未满时按300个月计算)+平均工资月额×1.5‰×互助会员期间的月数(300个月未满时按300个月计算)。

障害等级1级的场合

(平均工资月额×7.5‰×互助会员期间的月数(300个月未满时按300个月计算)×125%+平均工资月额×1.5‰×互助会员期间的月数(300个月未满时按300个月计算)×125%。

公务等的障害互助年金

障害等级2级或3级的场合

平均工资月额×7.5‰×互助会员期间的月数(300个月未满时按300个月计算)+平均工资月额×12×20%+平均工资月额×1.5‰×(互助会员期间的月数－300个月)。

障害等级1级的场合

平均工资月额×7.5‰×互助会员期间的月数(300个月未满时按300个月计算)×125%+平均工资月额×12×30%+平均工资月额×1.5‰×(互助会员期间的月数－300个月)×125%。

又,对于障害等级处于1级或2级的障害互助年金的数额,在其受给权者取得这一权利的当时,如有依靠其本人维持生活的65岁未满的配偶者时,还须加付18万元(1984年度价格)的加给年金额。

C. 障害一时金

障害一时金是互助会员在会员期间,由于生病或负伤在退职之日没有达到接受障害互助年金的程度时支给。障害一时金的数额为下列两号的合算额乘上200%所得出的额。即:

一是平均工资月额的7.5‰×互助会员期间的月数所得出的额;

二是平均工资月额的1.5‰×互助会员期间的月数所得出的额。

以上两号的合算额,再乘上200%所得出的额,就是障害一时金的金额。又,互助会员期间的月数未满300个月时仍按300个月计算,还有1号的额未达45万时仍按45万元计算。

D. 遗属互助年金⑲

会员和曾为会员者,在出现以下的情况时,须对其遗属支给遗属互助年金。

一是会员死亡时;

二是曾为会员者退职以后在会员期间由于生病或负伤,从初诊之日算起经过五年的时日之前死亡时;

三是障害等级 1 级和 2 级的障害互助年金的受给权者死亡时；

四是退职互助年金的受给权者或互助会员期间达 25 年以上者死亡时。

遗属互助年金的数额，因公务等的伤病而死亡或非因公务等的伤病而死亡，分别根据不同的算式计算。

非因公务等的遗属互助年金

一是该当支给要件一、二或三的场合

平均工资月额 ×7.5‰ × 互助会员期间的月数 + 平均工资月额 ×1.5‰ × 互助会员期间的月数。（互助会员期间的月数不满 300 个月时仍按 300 个月计算）

二是该当支给要件四的场合

平均工资月额 ×7.5‰ × 互助会员期间的月数 + 平均工资月额 ×1.5‰（互助会员期间未满 25 年场合为 0.75‰）× 互助会员期间的月数。

因公务等的遗属互助年金

平均工资月额 ×7.5‰ × 互助会员期间的月数（在该当支给要件一、二或三的场合，互助会员期间的月数未满 300 个时仍按 300 个月计算）×3/4 + 平均工资月额 ×3.375‰ × 互助会员期间的月数。（互助会员期间的月数未满 300 个月时按 300 个月计算）

4. 费用负担

（1）短期给付的费用和长期给付的费用

互助会为进行给付所需要的费用，须按照短期给付所需要的费用和长期给付所需要的费用分别计算。短期给付所需要的费用，在每一个事业年度（每年 4 月 1 日起至翌年 3 月 31 日为止）中，均须使其费用的预想额（包括依照老人保健法筹措的款项和根据国民健康法筹措的退职给付的款项）与其年度的会员缴纳金和政府负担金的合算额相等。每一个事业年度均须根据收支均衡的原则决定。至于长期给付所需要的费用，则须在每一个一定的职员集团中决定，以使其费用的预想额（包括根据国民年金法为基础年金筹措的款项）与长期给付所需要的会员缴纳金和政府负担金以及预定运用收入的合算额在将来能保持平衡。由于长期给付的费用根据这种长时期的预测算定，所以至少每五年重新计算一次。

（2）缴纳金和负担金的比例

短期给付和长期给付所需要的费用，均由会员的缴纳金和地方公共团体的负担金分担，每一项费用的缴纳金和负担金的比例如下[20]：

A. 短期给付所需要的费用：缴纳金为 50%，负担金为 50%；

B. 长期给付所需要的费用（相当于 C 者除外）：缴纳金为 50%，负担金为 50%；

C. 因公务（含通勤途中）的障害互助年金和遗属互助年金所需要的费用：负担金为 100%；

D. 福利事业所需要的费用：缴纳金为 50%，负担金为 50%；

E. 互助会的事务（关于 D 中福利事业的事务除外）所需要的费用：负担金为 100%。

（3）缴纳金和负担金的征收

会员自取得会员的资格那个月起至失去会员的资格那个月的前个月为止的这一期间，须以其工资为标准所规定的金额作为缴纳金每个月交付给互助会。具体的办法是，对会员支给工资的机关，在支给会员的工资时，必须先扣除相当于缴纳金的数额，然后支付给互助会。又，地方公共团体必须每月向互助会支付其负担金，职员团体对在籍专从职员也必须每月向互助会支付一定数额的负担金。

二、公务灾害补偿

1. 公务灾害补偿制度

按照1950年12月公布的《地方公务员法》规定:职员因公务死亡、负伤或患病,或由于因公务负伤、患病而死亡或残废,以及作为船员的职员因公务去向不明时,必须补偿职员本人及其遗属或被扶养者由于上述原因而受到的损害;为了确保前项规定的补偿迅速而公正的实施,必须实行必要的补偿制度[21]。

为了具体地实施职员由于公务而受到的灾害的补偿,1967年8月制定了《地方公务员灾害补偿法》(昭和四十二年第121号法律)该法对设立地方公务员灾害补偿基金、补偿及福利设施费用的负担,不服申诉及诉讼等事项作了详细的规定[22]。此后,直到1985年度,该法进行过16次修改,如创建特殊公务灾害补偿制度、建立通勤灾害补偿制度等。

基于地方公务灾害受到补偿者,需要是服常时勤务的地方公务员,它主要是指从事常勤的一般职的职员,同时也包括知事、市町村长、副知事、助役、出纳长、收入役等特别职的职员。在非常勤的职员中,对议会的议员和行政委员会的委员及调查员、嘱托员等,规定必须依照条例制定公务灾害补偿制度(地方公务灾害补偿法第69条);对其他的非常勤的职员,如失业对策的劳务者依照《劳动者灾害补偿保险法》(昭和二十二年第50号法令),消防团员依照《消防组织法》和《消防团员等公务灾害补偿等互助基金法》(昭和三十一年第107号法令),学校医师等则依照关于公立学校的学校医师、学校牙科医师及学校药剂师的公务灾害补偿的法律(昭和三十二年第143号法律),分别实施公务灾害补偿。

总之,地方公务员由于公务负伤、患病、变成残废或死亡的场合,可以接受对此的补偿。对受到这些灾害的地方公务员的适用法规和实施补偿机关,由于该当地方公务员是常勤还是非常勤而有不同,在非常勤的场合又因职务种类的不同而有差异。详见下表:

地方公务员公务灾害补偿制度概要[23]

常勤和非常勤的区别	对象	适用法令等	补偿实施机关
常勤	全体职员	地方公务员灾害补偿法	地方公务员灾害补偿基金
非常勤	(1)临时职员等(不适用于其他法令者)	根据地方公务员灾害补偿法制定的条例	地方公共团体
	(2)临时职员等(适用于水道、交通、清扫等劳动者灾害补偿保险法第3条事业的被雇佣者)	劳动者灾害补偿保险法	国家(劳动省主管)
	(3)船员	船员保险法	国家(厚生省主管)
	(4)议员、行政委员会的委员、地方公共团体附属机关的委员	根据地方公务员灾害补偿法制定的条例	地方公共团体
	(5)统计调查员、民生委员、母子商谈员、妇女商谈员等		
	(6)失业对策事业的劳务者	劳动者灾害补偿保险法	国家(劳动省主管)
	(7)消防团员及水防团员	消防组织法及消防团员等公务灾害补偿等互助基金法	地方公共团体

	(8)学校医师、学校牙科医师及学校药剂师	公立学校的学校医师、学校牙科医师及学校药剂师的公务灾害补偿的法律	地方公共团体

2. 地方公务员灾害补偿基金

《地方公务员灾害补偿法》第3条规定，为了对地方公共团体的常勤职员实施《地方公务员灾害补偿法》规定的补偿，及对遭受公务上的灾害或通勤中的灾害的职员及其遗属的福利事业建立必要的设施，特设置地方公务员灾害补偿基金（以下简称“基金”）。

基金为法人。除设理事长、理事及监事以外，还设立由12名委员以内组成的运营审议会。运营审议会除负责审议重要的事项外，还可根据理事长的咨询，调查审议有关基金业务的重要事项，并对必要的事项向理事长提出建议。

基金作为地方公共团体的代行机关，主要从事两种事业，一是实施补偿（疗养补偿、休业补偿、伤病补偿年金、障害补偿、遗属补偿、丧葬补偿），二是进行福利设施。

基金的业务所需要的费用，由地方公共团体的负担金承担，其负担金的数额为职员的每一种类的工资报酬的总额（退职津贴除外），乘上政令中规定的一定的比率所得出的额的合算额。

基金的主要事务所设在东京都，附属事务所设在都道府县及指定都市。前者称为本部，后者称为支部。具体的事务处理，主要是认定职员遭受的灾害是不是公务灾害或通勤灾害，以及决定支给和实际支付各种补偿等，这些原则上由各个支部负责进行。

基金的组织机构见下表：

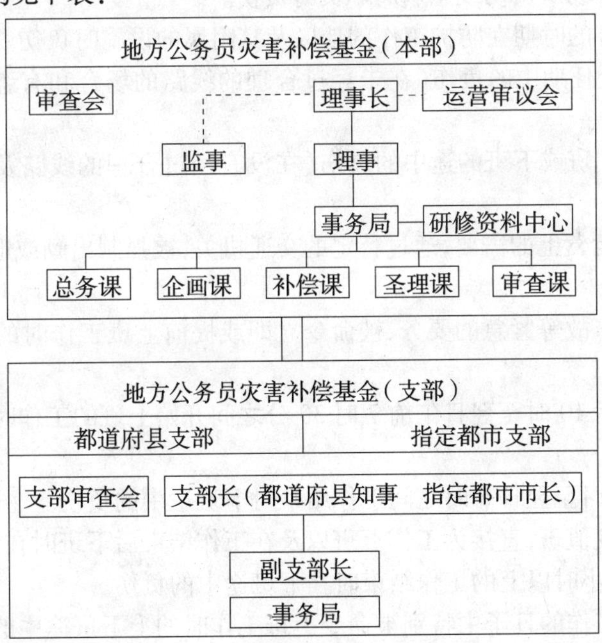

地方公务员灾害补偿基金的组织机构[24]

3. 公务灾害补偿的认定基准[25]

(1)公务上灾害的认定基准

职员的死亡、负伤或生病，或由于负伤和患病而死亡或变成残废，是否该当公务灾害的问题，必须根据企图接受公务灾害补偿者提出补偿的请求，最后由公务灾害补偿基金的有关部门认定。基金在认定这一问题时，必须听取受到灾害的职员的任命权者的意见，同时还须将认定的结果通知请求者及其任命权者。

前自治大学校校长、人事院事务总长鹿儿岛重治教授，在其所著的《要说地方公务员制度》一书中，在谈到公务灾害补偿的认定基准时指出，要判定某一灾害是公务上的灾害，必须具有两个主要的条件，一是该灾害具有业务遂行性，二是该灾害具有业务起因性。所谓业务遂行性，是指灾害是在使用者的支配管理下发生，所谓业务起因性是指灾害的发生与职务的执行有相当大的因果关系，即灾害并不是个人的或偶然的发生的[26]。因此，该书从上述的见解出发，根据基金的有关文件(基金理事长通知昭和四十八年11月26日地基补第539号)，阐述了以下的地方公务员的公务灾害的认定基准。

①负伤的场合

下列场合的负伤，原则上是公务上的负伤。但基于故意和个人因素的负伤，或由于天灾和偶然的事故发生的负伤，则是公务外的负伤。

A. 在下列的场合发生的负伤，均为公务上的负伤：

(A)在执行职务时负伤。

(B)在随着执行职务进行合理的行为(包括为了完成公务出于善意的行为)时负伤。

(C)在工作时间的开始和结束时，在进行工作上必要的准备和处理整个工作的过程时负伤。

(D)救护在工作场所负伤或患病的职员时负伤。

(E)在非常灾害的时期在防护工作的地区及其附属的设施时负伤。

(F)在出差或赴任期中的负伤(在未经过合理的线路的场合和有恣意妄为的行为时除外)。

(G)在下述的上班或下班的途中的负伤(在没有经过合理的线路及迟到或早退的场合除外)：

一是根据公务运营上的需要，通过特定的交通机关，被强制出勤或退勤时的上班或下班途中的负伤。

二是由于突然事故等紧急的要务，被命令立即或提前上班工作时的上班或下班途中的负伤。

三是被命令午后10时至翌日午前7时30分之间开始上班的工作时上班的途中发生的负伤。

四是在午后10时至翌日5时之间工作结束时下班途中的负伤。

五是被命令昼夜值班，直接为工作上班以及在工作结束后下班时在上下班途中的负伤。

六是在连续24小时以上的工作结束时在下班途中的负伤。

七是在不需要工作的日子中特别被命令上班工作时的上下班途中的负伤。

八是在国民节日及年末年初的休假时期中特别被命令上班工作时的上下班途中的负伤。

九是准于一至八的场合上下班途中的负伤。

(H)参加任命权者计划和实施的娱乐活动或任命权者与从事一定的福利卫生事业的团体共同进行的娱乐活动时发生的负伤。

B. 由于工作场所及其附属设施的设备不完备或管理上的疏忽大意，为咎于当局的责任的事由所发生的负伤。

(A)所属部局以专用的交通工具供职员上下班使用时在上班或下班的途中发生的负伤。

(B)由于工作，在工作的开始前和结束以后在设施机构内行动时发生的负伤。

(C)在休息时间和休憩时间中利用工作场所或其附属设施时发生的负伤。

C. 由于公务运营上的需要在奉命迁入的宿舍中，因宿舍的不完善及管理上的疏忽大意发生的负伤。

D. 随着执行职务因有怨恨情绪发生的负伤。

E. 由于与公务上的负伤或疾病有相当大的因果关系发生的负伤。

②疾病的场合。

A. 起因于公务上的负伤的疾病均为公务上的疾病。例如，因公务上的负伤发病的场合，因公务上的负伤使从前的疾病明显的恶化的场合等，均可定为公务上的疾病。

B. 某些职业病，只要没有特殊的反证，就可视为公务上的疾病。例如，由于从事处理有毒物质的业务中毒的场合，由于从事处理放射线的业务引起放射线障害的场合，由于从事治疗工作患上了传染性疾病的场合等等，均可定为公务上的疾病。

C. 除了上述的两种情况以外，起因于公务的明显的疾病，也是公务上的疾病。例如，由于去传染病流行的地区出差染上了传染病的场合，由于任命权者进行的预防注射发病的场合，由于宿舍的管理不完善发病的场合，由于所属部局提供的饮食物品引起食物中毒的场合等等，均为公务上的疾病。

③残废和死亡的场合

与公务上的负伤和疾病有相当大的因果关系的明显的残废或者死亡，均为公务上的残废(障害)或死亡。

(2)通勤途上灾害的认定基准

通勤途上灾害的这个所谓通勤，是指职员为了工作，通过合理的路线和方法，往返于自己住所和工作场所之间。由此引起的灾害，是公务上的灾害。但在脱离往返的路线，或中断往返的场合，除了这一脱离和中断是走读、购入日用品、赴医院看病、行使选举权等日常生活上所必需的最小限度的情况以外，这一脱离和中断后的往返途程上的灾害，不能算是通勤途上的灾害。

4. 该当或不该当公务上的灾害的具体事例[27]

(1)该当公务上的灾害的具体事例

对于职员受到的灾害是不是公务上的灾害，虽然可以根据前述的认定基准分别加以判断，但实际上这一认定基准并不容易掌握，下面想举一些该当公务上的灾害的具体事例。

例如，当局指定某职员参加娱乐活动的场合发生灾害的事例(实行昭和 31、2、27 自了公发第 30 号)；由于业务上的负伤和疾病引发的精神失常，导致在心神丧失的状态中自杀的事例(劳动省行实昭和 23、5、11 基收第 1391 号)；在公务出差时的会议中，由于业务非常繁忙和身心极度疲劳发生的脑溢血的事例(劳动省实行昭和 23、12、9 基收第 2693 号)；在作业中因被蜂子螫了休克致死的事例(劳动省行实昭和 25、10、27 基收第 2693 号)；在公务出差中公款被抢劫个人被伤害的事例(行实昭和 40、3、18 自治给第 92 号)；乘自家用车在不得已的情况下发生交通事故的事例(行实昭和42、10、25自治给发第72号外);在县立医院中集体赤痢的事例(行实昭和42、12、19自治给发第90号);因在房顶上打扫积雪的作业中发病的脑溢血导致死亡的事例(昭和44、1、31地基补第58号);在办公室内跌倒引发的头部脑震荡的事例(昭和43、12、4,地基补第492号);在结核病房中护士得了肺结核的事例(昭和44、3、31地基补第149号)等等,均属于公务上的灾害。

(2)不该当公务上的灾害的具体事例

作为不被承认为公务上的灾害的具体事例主要有:

在通常的上班的途中发生事故的事例(劳动省行实昭和22、11、6基发第208号);为工人团体的业务在旅行中发生的灾害的事例(劳动省行实昭和22、12、26基发第570号);除了从事事业场所的防护作业,或从事在事业场所中遭到灾害的同僚的救出事业,以及从事在遭到灾害的事业场所内的重要物品的搬出事业等以外,因天灾事变在业务执行中受到灾害的事例(劳动省行实昭和23、7、14基发第1030号);在娱乐活动中通常的灾害的事例(劳动省行实和昭和23、12、26基发第575号);因宿舍火灾造成灾害但业主并无重大的过失的事例(劳动省行实昭和25,2、23基收第493号);值班员在值夜班中患脑溢血的事例(劳动省行实昭和23、2、19基发第263号);未从事繁重的工作但在出差中患脑溢血的事例(劳动省行实昭和23、7、17基收第1539号);整夜工作后患肋膜炎的事例(劳动省行实昭和23、7、29基收第1983号);出差后患流行性脑脊髓膜炎但未被确认感染经路的事例(劳动省行实昭和23、8、14基收第1913号);在职员会议患心脏麻痹的事例(文部省行实昭和30、4、22委初第449号);在赴任中因包装东西发生灾害的事例(行实昭和37、11、29自治丁公发第125号);灭火作业后在收拾水龙带时发生腰痛的事例(昭和43、12、9地基补第499号)等等,均不被认为是公务上的灾害。

5. 公务灾害的补偿及福利事业[28]

1967年公布的《地方公务员灾害补偿法》,后来经过多次修改,如补偿的种类由六种改为七种等。按照1996年修改后的《地方公务员灾害补偿法》规定,地方公务员灾害补偿基金根据法律的规定,须对应该受到补偿的职员或遗属及进行丧葬者进行补偿。基金进行补偿的种类分为以下七种:一是疗养补偿,二是休业补偿,三是伤病补偿年金,四是障害补偿(障害补偿年金,一次性障害补偿金),五是护理补偿,六是遗属补偿(遗属补偿年金,一次性遗属补偿金),七是丧葬补偿。现分别简述如下:

(1)疗养补偿

职员在因公务上的负伤或患病,或因通勤中的负伤或患病的场合,作为疗养补偿须进行必要的疗养,并支给必要的疗养的费用。

根据上述规定疗养的范围包括以下六个方面:一是诊断,二是医药和治疗的材料,三是处理、手术及其他的治疗,四是在自家住宅中疗养上的管理及护理,五是住进医院或诊疗所进行治疗及护理,六是移送(平成九年地方公务员灾害补偿法第26、27条)。

(2)休业补偿

职员在因公务上的负伤或生病,或因通勤中的负伤或生病,由于疗养不能工作、不得领取工资的场合,作为休业补偿,在其不能工作期间,可支给其相当平均工资额的60%的停工补偿金(作为福利设施的休业救护金,可另加相当平均工资额的20%的金额)(平成九年地方公务员灾害补偿法第28条)。

(3)伤病补偿年金

职员因公务上的负伤或患病,或因通勤中的负伤或患病,在其治疗开始后经过1年另6个月之后仍未治愈,并处于一定的身心障害状态时,可每年支给其一定数额的伤病补偿年金。伤病补偿年金的数额,根据该当负伤或疾病所处的障害程度,依照以下各号所列的伤病等级支给。

第1级每年支给平均工资额乘上313天所得出的额;

第2级每年支给平均工资额乘上277天所得出的额;

第3级每年支给平均工资额乘上245天所得出的额。

享受伤病补偿年金者,不进行休业补偿(平成九年地方公务员灾害补偿法第28条之2及之3)。

(4)障害补偿

职员因公务上负伤或患病,或因通勤中负伤或患病,经过治疗仍处于别表中规定的障害的状态时,中等程度以上的身体障害者(区分为第1级至第7级)支给障害补偿年金,轻度的身体障害者(区分为第8级至第14级)支给一次性障害补偿金("障害补偿一时金")。障害补偿年金的数额为,依照障害的等级,每年支给平均工资额乘上别表规定的日数所得出的金额;一次性障害补偿金的数额为,依照障害的等级,一次支给平均工额乘上别表规定的日数所得出的金额。又,某些职员有本表规定的两个以上的障害等级时,可依照重的障害的等级支给(平成九年地方公务员灾害补偿法第29条)。

(5)护理补偿

有接受伤病补偿年金和障害补偿年金的权利者,根据自治省规定的身心障害的程度,处于需要常时和随时的护理状态,且已接受常时和随时的护理的场合,在其接受该当的护理期间,作为护理补偿须考虑在接受常时和随时护理时通常所需要的费用支给自治大臣规定的金额。但已进入医院和诊疗所疗养的场合则不进行护理补偿。又护理补偿以月为单位支给(平成九年地方公务员公务灾害补偿法第30条)。

(6)遗属补偿

职员因公务上死亡或通勤上死亡时,作为遗属补偿须对职员的遗属支给遗属补偿年金或一次性遗属补偿金("遗属补偿一时金")。

①遗属补偿年金

能够接受遗属补偿年金的遗属,指职员的配偶者(包括虽然没有结婚,但在职员的死亡的当时事实上处于婚姻关系者)、子、父母、孙、祖父母及兄弟姊妹,以及职员死亡的当时依靠其收入维持生活者。遗属补偿年金的数额,依照有接受遗属补偿年金的权利的遗属的人数而定。

A.1人为平均工资报酬额乘上153所得出的额(如有55岁以上的妻子以及按照自治省令的规定处于障害状态的妻子,则为平均工资报酬额乘上175所得出的额)。

B.2人为平均工资报酬额乘上201所得出的额。

C.3人为平均工资报酬额乘上223所得出的额。

D.4人以上为平均工资报酬额乘上245所得出的额。

②一次性遗属补偿金。

一次性遗属补偿金("遗属补偿一时金")在以下场合时支给:

A. 职员死亡的当时没有能接受遗属补偿年金的遗属时。

B. 在遗属补偿年金的受给权者的权利消灭的场合中,没有其他能领取遗属补偿年金的遗属,以及在已经支给的遗属补偿年金的合计额没有达到一次性遗属补偿金的数额时。

能接受一次性遗属补偿金的遗属,为在职员死亡的当时该当于下列的各号的之一者:

A. 配偶者。

B. 依靠职员的收入维持生活的子、父母、孙、祖父母及兄弟姐妹。

C. 除了以上两号以外,主要依靠职员的收入维持生活者。

D. 该当B号的子、父母、孙、祖父母及兄弟姐妹。

一次性遗属补偿金的数额,即为在政令中规定的数额。对于一次性遗属补偿金的数额,准用《地方公务员灾害补偿法》第33条第2项关于遗属补偿年金额的规定(平成九年地方公务员灾害补偿法第31－38条)。

(7)丧葬补偿

在职员因公务上的死亡或通勤中的死亡的场合,对进行丧葬者,作为丧葬补偿,考虑通常丧葬所需要的费用,支给在政令中规定的全额(平成九年地方公务员灾害补偿法第42条)。

按照《地方公务员灾害补偿法》第47条规定,地方公务员灾害补偿基金除了负责实施上述七种补偿以外,还须对受灾害的职员及其遗属的福利努力进行以下一些必要的事业。

一是关于外科后处置的事业,关于支给假手、假腿、假眼、助听器等被装用具的事业,关于恢复正常的生活的事业,以及其他为促进受灾害的职员圆满地回到社会所进行的必要的事业。

二是为援救受灾害职员的疗养生活,援救受灾害职员的护理工作,援救受灾害职员的遗属的就学事业等支给必要的资金以及其他的事业。

三是基金还须努力实行增进职员的福利,防止职员遭受其他的公务上的灾害的事业。

该法第48条还规定,除了上述的规定外,关于基金进行的补偿和福利的事业的必要的事项,由自治省令规定之。

6. 关于公务灾害的不服申诉及诉讼

对于基金进行的关于补偿的决定不服者,可对地方公务员灾害补偿基金审查会(以下称审查会)提出审查请求。对于基金的附属事务所所长进行的关于补偿的决定不服者,可对地方公务员灾害补偿基金支部审查会(以下称支部审查会)提出审查请求;如对支部审查会对审查请求的决定不服者,可进一步对审查会提出再审查请求(地方公务员灾害补偿法第51条)。这一审查请求和再审查请求,是《行政不服审查法》(昭和三十七年第160号法律)的一个环节,关于它的时效的中断,被视为审判上的请求。基金和基金的附属事务所的支部长进行的关于补偿的决定被解释为行政处分,又对这些决定有不服者,都是要求审查请求的直接利益者,即遭受灾害的职员及其遗属和被扶养者等,它不包括任命权者,也不包括职员团体。作为审查请求的内容,主要有关于灾害是不是公务灾害的认定,关于疗养的方法,关于补偿的金额,以及职员有没有重大的过失等。

审查审查请求的审查会设于基金的主要事务所,支部审查会则设于它的附属事务所。审查会由基金的理事长从有学识经验的人当中委嘱的五名委员组成,委员的任期为三年,可以再次连任。审查会设会长一人,由委员之间互选产生。支部审查会由基金的辅属事务所的支部长从有学识经验的人当中委嘱的三名委员组成,委员的任期也是三年,也可再次连任。支部审查会也设会长一人,会长不在时可由他指定的委员代行其职务。

另外,按照《地方公务员灾害补偿法》第56条规定,不在审查会对前边所说的审查请求和再审查请求作出裁决之后,原则上不能提出取消对基金或其附属事务所的首长进行的关于补偿的决定的诉讼。

注释:

①⑩⑪⑮㉘　平井宜雄、青山善充、菅野和夫等编:《六法全书》(日文版)第1卷,有斐阁,平成九年1997年1版,第556页(地方公务员法第42、43条);第581页(地方公务员等互助会法第112条(福利事业));第573-576页(地方公务员等互助会法第53-73条);第577-578页(地方公务员等互助会法第78-83条);第561-568页(地方公务员灾害补偿法第24条至第47条)。

②　末川博编著:岩波《六法全书》(日文版),岩波书店,1962年版,第683页(地方公务员互助会法第1条)

③㉓　《行政百科大辞典》(日文版)第2卷,行政出版公司,1977年版,第86-91页(地方公务员等互助会条);第4卷,第84页;

④　健康保险组合联合会编:《社会保障年鉴》(日文版),东洋经济新根社,1988年版,第80页。

⑤　伊藤正己编:《国民法律百科大辞典》(日文版)第5卷,行政出版公司,1991年版,第487-489页,地方公务员互助会条。

⑥⑦　芦部信喜等编:《岩波大六法》(日文版),岩波书店,1989年版,第325-326页;第326-328页。

⑧⑰㉔石原信雄等编:《地方自治百科大事典》(日文版),第4卷,行政出版公司,1989年版,第169页(地方公务员互助会联合会条);第14-15页(退职互助年金条);第169页。

⑨　坂弘二:《地方公务员制度》(日文版),学阳书房,1992年版,第130-133页。

⑫新村出编:《广辞苑》(日文版),第3版,岩波书店,1984年编,第1873页(年金)。

⑬⑳㉕㉖㉗　鹿儿岛重治:《要说地方公务员制度》(日文版),学阳书房,1988年版,第406页;第413页:第420-423页;第420页;第423-424页。

⑭　星野英一、松尾浩也、监野宏等编:《六法全书》(日文版)第2卷,有斐阁,1993年版,第2924-2931页(国民年金法)。

⑯　《岩波大六法》,岩波书店,1988年版。第333页;《六法全书》,有斐阁,1993年版,第494页;《六法全书》,有斐阁,1997年版,第577页。

⑰　石原信雄编:《地方自治百科大事典》(日文版)第4卷,行政出版公司,1988年版,第14-15页(退职互助年金条)。

⑱　平井宜雄、青山善充、菅野和夫编:《六法全书》(日文版)第1卷,有斐阁,平成九年(1997年)版,第578-580页;《地方自治百科大事典》(日文版),第3卷,行政出版公司,1988年版,第239-240页(障害互助年金条)。

⑲　平井宜雄、青山善充、菅野和夫编:《六法全书》(日文版),第1卷,有斐阁,平成九年(1997年)版,第580-581页;《地方自治百科大事典》(日文版),第1卷,行政出版公司,1988年版,第100-101页(遗属互助年金条)。

㉑末川博编著:《岩波六法全书》(日文版),岩波书店,1964年版,第138页(地方公务员法第45条);末村博创始:《岩波六法全书》(日文版),岩波书店,1983年版,第823页(地方公务员法第45条)。

㉒末川博编:《岩波六法全书》(日文版),岩波书店,1983年版,第827-823页(地方公务员灾害补偿法)。

第七节　地方人事机关

一、人事机关的意义

所谓人事机关,是对地方公共团体的人事行政拥有最终的权限的机关。《地方公务员法》规定,地方公共团体的人事机关,分为任命权者和人事委员会及公平委员会两种。任命权者是直接行使职员的使命、分限、惩戒等人事权的机关,而人事委员会及公平委员会则是作为专门的中立机构,为任命权者正当地行使人事权进行建议、审查等的机关。

这样,在地方公共团体中,任命权者和人事委员会及公平委员会两种人事机关并存,这在从法律上严正确保人事行政的正当实施方面具有重要的意义。

第一,它表明了地方公共团体中人事行政的重要性。地方公共团体的行政是由所有的地方公务员来实施的,人事行政能否民主、公正且有效率地施行,将直接关系到地方公共团体的行政的好坏,也是一个与增进居民福祉相关联的问题。因此,对人事行政的实施,必须确立严正的人事执行的体制。

第二,它还表明了地方公共团体的人事行政的专门性。关于从前的地方公共团体的人事行政,能够规范这一行政的法令极少,而且它的运用可以说也广泛地委任管理者的裁量。但是,在今天,各种法律、条例、规则等数量众多的法令体系规范着地方公共团体的人事行政,它的适当的运营要求具有高度的专门的知识。另外,与人事管理相关联的社会情势日益明显的复杂化,需要高水平的管理技术。为了适应这一专门化的趋势,必须在法律上确立科学的人事行政组织。

第三,它也表明了公务员的人事行政的特殊性。也就是说,公务员的身份与民间企业的勤劳者不同,受到法律的坚强的保障,公务员的工作条件,也由法律所保障。基于公务员的这种人事行政的特殊性,为了保障他们的权利和身份地位,必须整备公正而又专门的人事机关①。

二、任命权者的种类

《地方公务员法》第6条第1项在谈到任命权者时规定:地方公共团体之长官、议会议长、选举管理委员会、代表监察委员(当监察委员编制额是一人时,为该监察委员)、教育委员会、人事委员会、公平委员会及监视总监、道府县警察本部长、市町村的消防长(包括特别区联合进行消防的消防长)及其他法令或条例规定的任命权者,除法律有特别规定的以外,根据本法律及按本法律制定的条例、地方公共团体规则及地方公共团体机关规定的规程,具有对职员进行任命、休职、免职、惩罚的权限②。

该法以例示的形式,列举了上述的任命权者。除此以外,还有大量的任命权者存在。又,按照该法规定,除了基于法令的任命者以外,还对基于地方公共团体的条例的任命者作了规定,但直到现在为止基于条例设置的任命权者尚不存在。

由地方公共团体中的主要任命权者及各个部门的任命权者任命的主要的地方公务员如下:

1. 都道府县知事——副知事、出纳长、副出纳长、出纳员及其他会计职员、吏员及其他职员、专门委员、监察委员、人事委员会委员，地方公营企业的管理者，公立大学的学长、教员及部局长，教育委员会委员、公安委员会委员、地方劳动委员会委员、海区渔业调整委员会委员及内水面渔场管理委员会委员。

2. 市町村长——助役、收入役、副收入役、出纳员及其他会计职员、吏员及其他职员，专门委员、监察委员、公平委员会委员、地方公营企业的管理者，公立大学的学长、教员及部局长，教育委员会委员、农业委员会委员，消防长及消防团长。

3. 议会的议长——事务局长、书记长及其他职员。

4. 选举管理委员会——书记长、书记及其他职员。

5. 代表监察委员（监察委员编制额为一人时则为监察委员）——事务局长、书记及其他职员。

6. 教育委员会——教育长、教育委员会事务局的指导主事、事务职员、技术职员及其他职员，公立学校的校长、园长、教员、事务职员、技术职员及其他职员。

7. 人事委员会及公平委员会——人事委员会的事务局长及人事委员会或公平委员会的事务职员。

8. 都警察的警视总监及道府县警察的道府县警察本部长——警察官（警视正以上阶级者除外）、事务吏员、技术吏员及其他职员。

9. 市町村的消防长及消防团长——消防职员及消防团员。

10. 地方公营企业的管理者（包括企业长）——管理者的辅助职员。

11. 地方开发事业团的理事长——地方开发事业团的职员。

12. 市町村的农业委员会——农地主事及其他职员③。

但是，这些任命权者，虽然作为地方公共团体的机关行使任命权，但它不一定都是地方公共团体的"执行机关"。例如，公安委员会是管理警察事务的执行机关，但警察职员的任命权者则是警视总监和道府县警察本部长，又地方劳动委员会是执行机关，但其事务局的职员的任命权者则是都道府县知事。另外，公营企业的管理者，在其业务的执行方面，是代表地方公共团体的企业职员的任命权者，但它是地方公共团体长官的辅助机关，不是执行机关。

三、人事委员会及公平委员会

1. 人事委员会或公平委员会的设置

按照《地方公务员法》第 7 条规定，都道府县及十大指定都市，必须依照条例规定设置人事委员会。

十大指定都市以外的市，人口 15 万人以上的市或特别区，可按照条例规定设立人事委员会或公平委员会。

人口不满 15 万人的市、町、村及地方公共团体联合会，须根据条例规定设立公平委员会。

又，设置公平委员会的地方公共团体，根据议会决议制度的规约，可以和设置公平委员会的其他地方公共团体共同设置公平委员会，也可以委托其他地方公共团体的人事委员会处理公平委员会的事务。

2. 人事委员会或公平委员会的权限

(1)人事委员会的权限

在《地方公务员法》第8条第1项的各号中,曾经对人事委员会的权限作了一系列的规定。就其性质而言,人事委员会的权限,主要有以下三种:行政的权限、准立法的权限和准司法的权限。

首先,在行政的权限中,主要有以下七种:

①关于人事行政的记录

《地方公务员法》规定,人事委员会有权调查关于人事行政的事项、管理人事的记录,及写出有关人事的调查报告。由于人事委员会对人事行政拥有广泛的权限,所以广泛地收集和保管关于人事行政的情报和资料是其当然的职务。但是,这些权限只能在人事委员会的事务和权限的范围内行使,不允许随意干预任命权者的权限。

②工作条件等的研究及其成果的提出

《地方公务员法》规定,人事委员会有权经常研究关于职员的报酬、工作时间和其他工作条件、卫生福利制度以及其他与职员有关的制度,并将其成果提交地方公共团体的议会、行政长官和任命权者。本号所说的"报酬、工作时间和其他的工作条件",与《地方公务员法》第24条第6项的规定相同;至于"卫生福利制度",则与《地方公务员法》第42条的规定一致,相当于职员的保健、互助制度等,但由于互助制度和公务灾害补偿制度分别由地方公务员等互助会、地方公务员灾害补偿基金管辖,所以它们不是人事委员会主管的对象。又,所谓"其他与职员有关的制度",指的是工作条件和卫生福利的制度以外的一切有关职员的制度,但不属于人事委员会管辖的职员,如单纯劳务职员及企业职员的制度,则被列为对象之外。

③提出关于条例的意见

《地方公务员法》规定,人事委员会有权就制定或废除人事机关和职员的条例,向地方公共团体议会及行政长官提出意见。本号规定的趣旨,应该解释为人事委员会提交的条例草案,与议会的审议没有关系,可直接向议会或行政长官提出意见。

④向任命权者提出关于人事行政的管理的建议

《地方公务员法》规定,人事委员会可就人事行政的管理,向任命权者提出建议。正如本号的规定所说,人事委员会对人事行政管理的建议,应彻底对一般的事项进行,而不能对每个具体的问题提出建议。

⑤竞争考试及选考的实施

按照《地方公务员法》规定,人事委员会负责职员的竞争考试、选考及与此有关的事务。在设置人事委员会的地方公共团体,职员的录用和晋升必须通过竞争考试或选考进行。职员的竞争考试和选考,原则上由人事委员会实施。但是,人事委员会也可根据同其他的地方公共团体机关达成的协定共同进行;或根据同国家或其他地方公共团体的机关的协定,也可委任这些机关进行竞争考试或选考。

⑥监理职员的报酬(原文为给与)的支付

根据《地方公务员法》规定,人事委员会为了确保职员的报酬能够符合本法律和基于本法律的条例,在必要的范围内须监理对职员报酬的支付。这里所说的"监理",是调查、监督、建议的行为的总称。至于报酬即所谓"给与",则是指职员的工资和各种津贴,但不包括旅费、互助会的给付及公务灾害补偿。

⑦制定关于职员进修及工作成绩评定的综合性计划

依照《地方公务员法》规定，人事委员会有权制定有关职员的进修及工作评定的综合性计划。当然，职员的进修及工作评定的实施，是任命权者的权限。但是，人事委员会对此的权限也有巨大的意义，如制定有关进修的目的和基准的大纲和制定关于工作成绩的评定的大纲，必要时还可以对进修计划及其实施方法以及对工作成绩评定的实施提出专门的建议等。

除了上述七种主要权限外，人事委员会还有以下几种行政的权限，如制定和实施关于职阶制的计划（地方公务院法第 8 条第 1 项第 6 号），职员临时作用的承认（地方公务员法第 22 条第 2 项），向地方公共团体议会及行政长官提出关于工资表的报告和建议（地方公务员法第 26 条），职员团体的注册（地方公务员法第 53 条第 5 项），职员团体的注册的效力的停止及取消（地方公务员法第 53 条第 6 项）等。[④]

其次，在准立法的权限中，主要有以下几种。人事委员会作为准立法的权限主要是可以就有关按法律或条例属其权限的事项制定人事委员会规则（地方公务员法第 8 条第 4 项）。人事委员会制定的规则主要有：关于委任人事委员会的权限的规则（地公法第 8 条第 3 项），关于人事委员会的议事的规则（地公法第 17 条第 4 项），关于任命的方法的基准的规则（地公法第 17 条第 2 项），关于可以通过选考定职的规则（地公法第 17 条第 3 项），关于因职制的废除等离职的职员的复职的资格要件的规则（地公法第 17 条第 5 项），关于可以将国家或其他地方公共团体的竞争考试或选考的合格者作为该当地方公共团体的选考的合格者定职的规则（地公法第 18 条第 2 项），关于制定应试者的资格要件的规则（地公法第 19 条），关于制成任用候补者名册等的规则（地公法第 21 条第 5 项），关于可以将附条件的任用期间延长的规则（地公法第 22 条第 1 项），关于可以进行临时任用的场合及其资格要件等的规则（地公法第 22 条第 2、3 项），关于职阶制的实施的规则（地公法第 23 条第 3 项），关于初任薪给、升级及提薪的基准的规则（给与条例），关于对从事营利企业等的任命权者的许可的基准的规则（地公法第 38 条第 2 项），关于工作条件的措施的要求的审查手续等的规则（地公法第 48 条），关于不利益处分的不服申诉的审查手续等的规则（地公法第 51 条），关于规定管理职员的范围的规则（地公法第 52 条第 2 项），关于职员团体的注册的规则（注册条例）等[⑤]。

最后，在准司法的权限中，主要的内容如下：人事委员会作为立于公正中立的立场的机关，可以根据法律行使行政上的不服申诉的审查等的准司法的权限。具体地说，有工作条件的措施的要求的审查（地公法第 47 条）、不利益处分的不服申诉的审查（地公法第 50 条），以及对职员团体的注册的取消进行口头审理（地公法第 53 条第 6 项）等。

（2）公平委员会的权限

与设置人事委员会的地方公共团体相比，设立公平委员会的地方公共团体，一般来说其规模比较小，因而其人事行政的实施也较为简单。

公平委员会与人事委员会一样，也具有行政、准立法和准司法三种权限。

作为行政的权限，公平委员会有决定管理职员等的范围（地公法第 52 条第 4 项），注册职员团体（地公法第 53 条第 5 项），取消职员团体的注册（地公法第 53 条第 6 项）及受理职员团体要求成为法人的申请（地公法第 54 条）等。

作为准立法的权限,公平委员会可以根据法律和条例,对其所管辖的事项,制定公平委员会规则(地公法第8条第4项)。公平委员会可以制定的规则主要有:关于公平委员会的议事的规则(地公法第11条第4项),关于对工作条件采取措施的要求审查手续的规则(地公法第48条),关于对不利益处分的不服申诉的审查手续的规则(地公法第51条),制定管理职员范围的规则(地公法第52条第4项)及职员团体注册的规则等。

作为准司法的权限,公平委员会可以审查对工作条件采取措施的要求(地公法第47条),还可审查对不利益处分的不服申诉以及口头审理职员团体注册的取消(地公法第53条第6项)等。

3. 人事委员会和公平委员会的委员

(1)委员的选任

人事委员会或公平委员会由三名委员组成。委员的任期为四年,但补缺委员的任期则为前任委员的余任期间。在委员总辞职的场合,新任命的委员的任期也是前任者的余任期间。

委员由地方公共团体长官经议会同意,从人品高尚、理解地方自治的宗旨、懂得以民主及高效率处理问题,而且对人事行政工作见多识广的人士中选任⑥。

适用《地方公务员法》第16条各"号"(第4"号"除外)之一或者犯有第60－62规定之罪被判刑者不能成为委员。第16条(共有5号)称为"不够资格的条款",其中的第4号之所以被除外,是因为犯有该号之罪被判刑者已被包括在因犯有第60－62条之罪受刑事处罚者之中。

另外,新选任的委员不能与已被选任的委员属于同一个政党,这是为了避免人事委员会及公平委员会受到同一政党的强烈影响。

(2)委员的罢免

人事委员会或公平委员会的委员受到强烈的身份保障。除了基于以下两种事由外,不能违背其本人意愿进行罢免。

罢免的事由之一是:地方公共团体长官认为由于委员的身心健康原因不能执行职务时,或认为未尽到职务方面的义务,及有其他与作为委员不相称的不良行为时,经议会同意可将其罢免。在这种情况下,必须在议会的常任委员会或特别委员会召开意见听取会(地公法第9条第6号)。

罢免的事由之二是:委员的选任,其中二人不得属于同一政党。在委员三人中,有二人以上属于同一政党时,除其中的一人外,其余的人可由地方公共团体长官经议会同意予以罢免,但是不可罢免政党所属关系未变动的人员(地方公务法第9条第4、5号)⑦。

另外,委员如果符合《地方公务员法》第16条各号(第3号除外)的不够资格条款时,即失去委员职务。第3号之所以除外,是因为委员只有依照前述的事由被罢免,被罢免者已经不是委员。

还有,委员不得兼任地方公共团体议会的议员及本地方公共团体的公务员的职务。如果出现兼任上述职务的情况时,可根据地方公共团体长官的决定,令其失去职务。

(3)委员的服务

人事委员会的委员为常勤或非常勤;公平委员会的委员为非常勤。

关于委员的服务纪律,常勤的人事委员会委员的场合,适用关于职员的服务的所有规定，即适用《地方公务员法》第30条至第38条的规定，如必须进行服务宣誓（第31条），必须服从法令及职务命令（第32条），严禁丧失信用的行为（第33条），专心从事职务的义务（第35条）等等。对于非常勤的人事委员会的委员和公平委员会的委员，除了第35条（专心从事职务的义务）和第38条（从事营利企业等的限制）以外，其他各条（第30条至第34条，第36条及第37条）的规定也都适用。第35条及第38条的规定之所以被排除于适用之外，主要是考虑到他们都是非专务职。又，委员不论是常勤或非常勤，均适用《地方公务员法》第31条的规定，因此在就职时必须按照条例的规定进行服务宣誓。

另外，委员不能兼任地方公共团体议会的议员及本地方公共团体的地方公务员的职务。对议会的议员，不论是本地方公共团体议会的议员，还是其他地方公共团体议会的议员，均不能兼任；对本地方公共团体的公务员，不管是一般职或特别职，都不可兼任。

(4)委员的工资

关于常勤的人事委员会委员的工资，适用《地方自治法》（1947年第67号法律）第204条至第206条的规定，即对常勤的人事委员会的委员，不仅支给薪金和旅费，而且支给扶养津贴、调整津贴等20余种津贴。薪金、津贴及旅费的支给数额及支给方法必须依照条例进行规定。

关于非常勤的人事委员会委员及公平委员会委员的工资，则适用地方自治法第203条及第206条的规定，即对非常勤的人事委员会及公平委员会的委员，除根据工作日数支给报酬外，还须支给其为执行职务所需要费用的赔偿。

4. 人事委员会及公平委员会的议事

人事委员会或公平委员会必须从委员中通过互选方式选举委员长。委员长代表委员会处理委员会的事务。委员长有事时或缺少委员长时，由委员长指定的委员代理其职务。由于委员会是合议体的行政机关，属于委员会权限的事项必须由合议体决定，委员长不得专行决断。

人事委员会或公平委员会的会议，非全体委员出席不得召开。人事委员会或公平委员会的议事，由到会委员过半数方能表决。委员的现在成员为3人时，必须是3名委员一致赞成或者2名委员赞成。如现有委员为2人时，必须全体委员一致赞成。如可否的意见各有其一时，由于法律上无明文规定，所以可解释为委员长没有裁决权。人事委员会或公平委员会的议事，必须做议事记录并加以保存。

除了上述的规定之外，有关人事委员会或公平委员会的议事的必要事项，由人事委员会或公平委员会决定。根据这一规定，人事委员会或公平委员会，可制定人事委员会议事规则或公平委员会议事规则等[8]。

5. 人事委员会的事务局和事务职员及公平委员会的事务职员

人事委员会设事务局。事务局的组织机构，即课和股的设置，由人事委员会决定。人事委员会的事务局，设事务局长及事务职员；事务局长接受人事委员会的指挥与监督，管理事务局的各项事务。事务局职员的定员人数依照条例决定。在录用考试的实施和工资调查的统计等繁忙的时期，任命权者也可任命临时职员或非常勤职员。

公平委员会不设事务局，只设事务职员。公平委员会的事务职员，由公平委员会任免，其定员人数也由条例规定。

注释：

①④⑧　金子善次郎编:《地方公务员制度》(日文版),第1卷,行政株式会社,平成三年(1991年)版,第176－177页;第212－218页;第228－233页。

②　星野英一等编:《六法全书》(日文版),有斐阁,平成五年(1993年)版,第172页。

③⑤⑦　鹿儿岛重治:《要说地方公务员制度》(日文版),学阳书房,1988年版,第48－49页;55－56页;第61页。

⑥　坂弘二:《地方公务员制度》(日文版),学阳书房,平成四年(1992年)版,第166－167页。

第八章　从数字上看日本公务员队伍

本书的前三章，全面叙述了战后日本公务员制度的建立及其各方面的内容。但本章则不同；它主要是从数字上看公务员制度的主体即公务员的各方面情况，如公务员的人数；公务员人数的国际比较；公务员的性别构成；公务员的平均年龄和平均工作年数；公务员的学历结构；公务员的工资报酬；公务员的健康状况；公务员的伦理法和伦理规程；公务员的惩戒处分；公务员的收贿犯罪等。

又，本书的第五、六、七章，根据《国家公务员法》和《地方公务员法》的有关规定，主要是阐述一般职国家公务员的各种制度和一般职地方公务员的各种制度，一般来说不涉及特别职的国家公务员问题和特别职的地方公务员问题。但本章的大多数节，却采取与前不同的处理方法，即除了重点叙述一般职的国家公务员和地方公务员的情况外，还适当地介绍特别职的国家公务员或地方公务员的情况。

第一，在第一节公务员人数中，首先介绍了公务员的总人数，包括国家公务员一般职和特别职的人数及地方公务员一般职和特别职的人数；其次介绍了国家公务员的人数，即国家公务员一般职的含义及其人数的变化和特别职的含义及其人数的变化；再次介绍了地方公务员的人数，即地方公务员人数的构成及其人数的变化；最后又以图表的形式对国家公务员人数和地方公务员人数的变迁作了比较。

第二，在第三节公务员的性别构成中，除了重点介绍一般职国家公务员的性别构成的比率的变化以外，还根据《朝日新闻》、《日本经济新闻》刊载的资料，简要地介绍了战后日本历届内阁的女性官僚的情况。

第三，在第四节公务员的平均年龄中，主要介绍了1977年、1982年、1991年、1997年一般职国家公务员的平均年龄，并简要地介绍了近二十年来日本历届内阁阁员的平均年龄，同时还在《战后日本历届内阁总理大臣的最终学历、组阁时间及初任年龄》一表中，详细介绍了战后六十年来27名内阁总理大臣的出生年月日及其初任首相时的年龄（见第节）。

第四，在第六节公务员的工作报酬中，一是介绍了一般职国家公务员平均工资报酬月额的变化，二是介绍了特别职国家公务员工资报酬月额的变化，三是介绍了国家公务员与地方公务员的工资报酬水平之比较，四是介绍了一般职和特别职地方公务员工资平均月额之比较。

第五，在第五节公务员的学历结构中，除了重点介绍一般职国家公务员的学历结构，特别是近三四十年来一般职国家公务员学历别人员构成比率的变化以外，还着重阐述了战后六十年来27名内阁总理大臣的最终学历以及部分内阁阁员的最终学历。

第六，在第八节公务员的伦理法和伦理规程中，在简单地叙述公务员伦理的“道德项目”和公务员伦理研修（KET）的内容之后，重点阐述了界市、板仓町等自治体相继制定“伦理条例”以及自由民主党、社会民主党等迅速提出《国家公务员伦理法案》。但不论是伦理法案，还是“伦理条例”，都与一般职和特别职的国家公务员或地方公务员连续不断的贪污受贿的案件直接有关。

第七，在第十节公务员的收贿犯罪中，主要是根据日本学者在自己的著述中所列出的三个标题，20 世纪 60 代近十年间“日本公务员的受贿犯罪”、1945－1992 年“现代日本政治家公务员犯罪事件略史”以及 1988－1998“里库路特事件以后近十年间主要公务员的不祥事件”，按照时间顺序概略地介绍战后五十多年来日本政治家公务员的贪污受贿案件。这一系列的贪污受贿的不祥事件涉及的人物很广，不仅有一般职的国家公务员或地方公务员，而且有特别职的国家公务员或地方公务员。

本章前后十节的内容，主要是参考日本的报刊、杂志、《公务员白皮书》等资料，以及日本学术专著中的各种统计表编成。各节中所引用的资料，均详细注明了出处。

第一节　公务员人数的推移

日本自实施定员法和总定员法以后，官员过剩的趋向逐渐克服，公务员的总人数始终控制在一定数额以内。在上世纪的 80 至 90 年代，公务员总人数大体上是在 450 万至 459 万人上下，其中国家公务员约在 115 万至 119 万人之间，地方公务员约为 327 万至 340 万人左右。及至 2005 年，公务员总人数约为 412 万人，其中国家公务员约 96 万人，地方公务员约 316 万人。

一、从“定员法”到“总定员法”

为了克服机构臃肿和人浮于事的状况，提高广大公务人员的工作效率，日本政府逐步建立对公务人员实行定员管理的制度，即中央政府的官员和职员人数，均由专门的法律或政令作出规定，不得随意修改或增加。

1947 年 1 月，制定了《内阁法》(1947 年第 5 号法律)，规定内阁由内阁总理大臣和 20 名以内的国务大臣组成；内阁设内阁官房，置官房长官 1 人，副长官 2 人；内阁官房还设内阁总理大臣秘书官 3 人及总理大臣和各省大臣以外的国务大臣秘书官各 1 人。

1948 年 7 月，颁布了《国家行政组织法》(1948 年第 120 号法律)，规定国家行政机关设府、省、委员会和厅，总理府和各省的首长称为内阁总理大臣和各省大臣，委员会的首长称为委员长，厅的首长称为长官；还规定各省设政务次官 1 人（大藏省、农林水产省、通商产业省可设政务次官 2 人)，事务次官 1 人，秘书官 1 人。

1949 年 5 月，公布了《行政机关职员定员法》（简称“定员法”)，规定了各行政机关定员的总范围，并以此作为依据，结合各部门的具体情况，对行政机关的内部机构、各地方分支机构或各附属机构的定员人数，由总理府或省令加以规定。各行政机关首长对该机关在职的职员数额须定期向行政管理厅报告；定员对象是在行政机关经常工作的一般职的国家公务人员（两个月临时雇佣者除外)。根据这一《定员法》，日本政府对行政人员进行过几次大规模的整顿，在精简机构、削减冗员方面产生了积极的效果。

60年代末期，日本政府又改变管理方式，决定对公务人员实行总量控制，即严格控制职员总数不许突破，但在此限度内各省厅可根据具体情况进行灵活调整。以此为背景，1969年5月，佐藤内阁公布了《关于行政机关职员定员的法律》（昭和四十四年第33号法，简称“总定员法”）。该法共3条，它主要规定：第一，“为了完成内阁机关和总理府以及各省厅所管事务，经常工作所必需的常勤职员的定员总数的最高限额为50万6571人”；第二，在这个最高限额的范围内，内阁机关、总理府及各省的定员，可分别根据政令即《行政机关职员定员令》作出规定；第三，内阁总理大臣、国务大臣、政务次官等特别职公务员，宫内厅长官、侍从长、东宫大夫、式部长官等宫内厅职员，陆海空三军的自卫队官兵，以及在国营企业中工作的常勤职员，均不属于该法的最高限额的范围以内，它们的定员分别由相应的有关法律或政令予以规定。《总定员法》为行政机关确定编制，实施定员削减计划，加强公务员定员管理，提供了明确的法律依据。

二、公务员的总人数

战后初期，日本官吏队伍膨胀的情况相当严重。但是，从20世纪50年代起，由于实施《定员法》，特别是实施《总定员法》，官员过剩的趋向逐渐得到克服，公务员的总人数始终控制在一定数额以内。

80至90年代，公务员总人数大体上是在450万至459万人上下，其中国家公务员约在115万至119万之间，地方公务员约为327万至340万左右。例如，1981年，公务员总人数共为458万3227人，其中国家公务员为119万4630人（内一般职为86万7172人，特别职为32万7458人），地方公务员为338万8597人（内一般职为319万389人，特别职为19万8208人）；1984年，公务员总人数共为459万2874人，其中国家公务员为118万6313人（内一般职为85万8359人，特别职为32万7954人），地方公务员为340万6561人（内一般职为321万7561人，特别职为18万9000人）。1989年，公务员总人数共为450万7282人，其中国家公务员为117万4588人（内一般职为84万5243人，特别职为32万9345人），地方公务员为333万2694人（内一般职为320万4785人，特别职为12万7909人）；1997年，公务员总人数共为443万5538人，其中，国家公务员为115万6290人（内一般职为83万4971人，特别职为32万1319人），地方公务员为327万9248人（内一般职为326万5256人，特别职为13万992人）。详见以下各表：

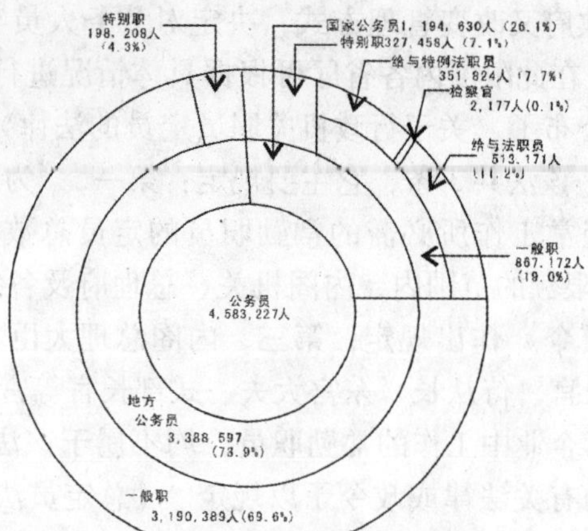

第1表　1981年公务员人数

注:1. 在国家公务员的人数当中,一般职职员的人数是依照总理府调查《一般职国家公务员在职状况统计表(1981年7月1日)》的常勤职员人数,特别职职员的人数是大藏者主计局给与课调查的1981年度末的预算定员。

2. 在地方公务员的人数当中,一般职的人数是除了临时职员以外的1981年4月1日的职员人数。特别职的人数是1981年4月1日常勤职员的定数(包括教育长)。(参考自治者《地方公务员给与均查》)

资料来源:人事院编:《公务员白皮书》(日文版),昭和五十七年版,217页。

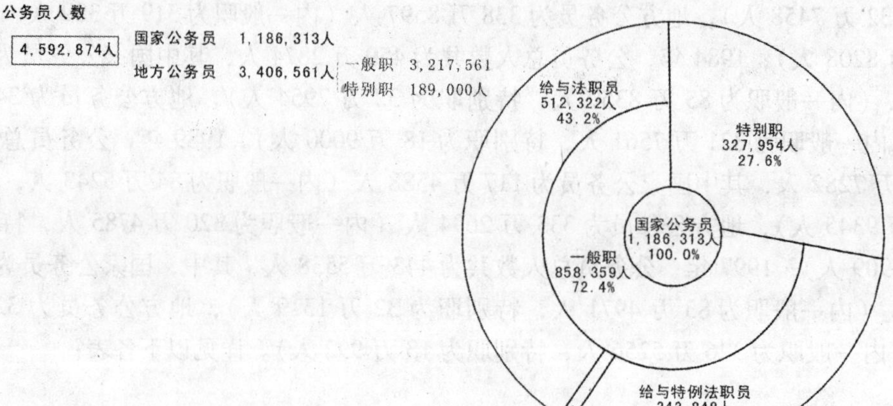

第2表　1984年公务员人数

注:1. 在国家公务员的人数中,一般职的人数是根据总务厅调查《一般职国家公务员在职状况统计表(1984年7月1日)》的常勤职员人数。特别职的人数是大藏省主计局给与课调查的1984年度末的预算定员。

2. 在地方公务员的人数中,一般职的人数是除了临时职员以外的1984年4月1日的职员人数。特别职的人数是1984年4月1日常勤职员定员的概数(含教育长)。(参考自治省《地方公务员给与实态调查》)

资料来源:人事院编:《公务员白皮书》(日文版),昭和六十年版,第231页。

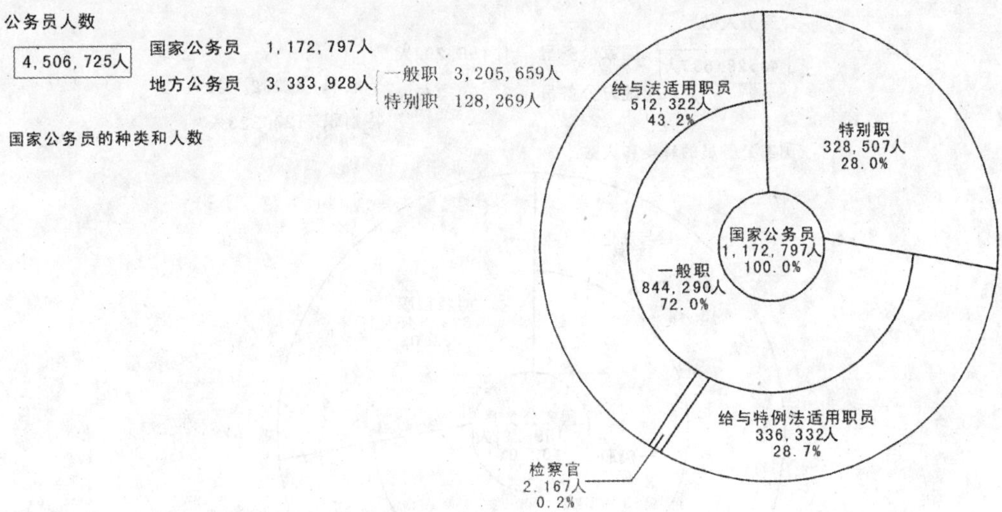

第3表　1987年公务员人数

注:1. 在国家公务员的人数中,一般职的人数是根据总务厅调查(1987年7月1日)的定员内的职员人数,特别职的人数是1987年度末的预算定员。

2. 在地方公务员的人数中,一般职的人数是除了临时职员以外的1987年4月1日的职员人数,特别职的人数是1987年4月1日常勤职员定员的概数(包括教育长)。(参考自治省《地方公务员给与实态调查》)

资料来源:人事院编:《公务员白皮书》(日文版),昭和六十三年版,第251页。

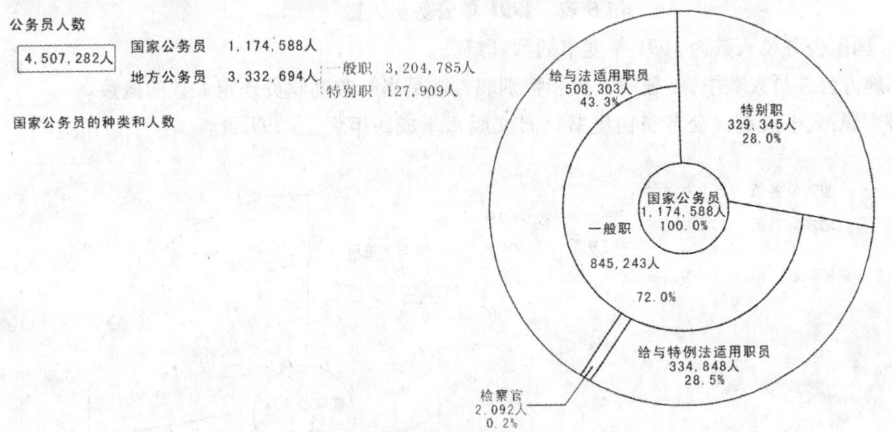

第4表　1989年公务员人数

注:1. 国家公务员的人数,是1989年度末的预算定员。

2. 在地方公务员的人数中,一般职的人数是1988年4月1日当时的职员人数(临时职员除外),特别职的人数是1988年4月1日当时常勤职员规定人数的概数(包括教育长在内)。(参考自治省《地方公务员给与实态调查》)

资料来源:人事院编:《公务员白皮书》(日文版),平成二年版,第285页。

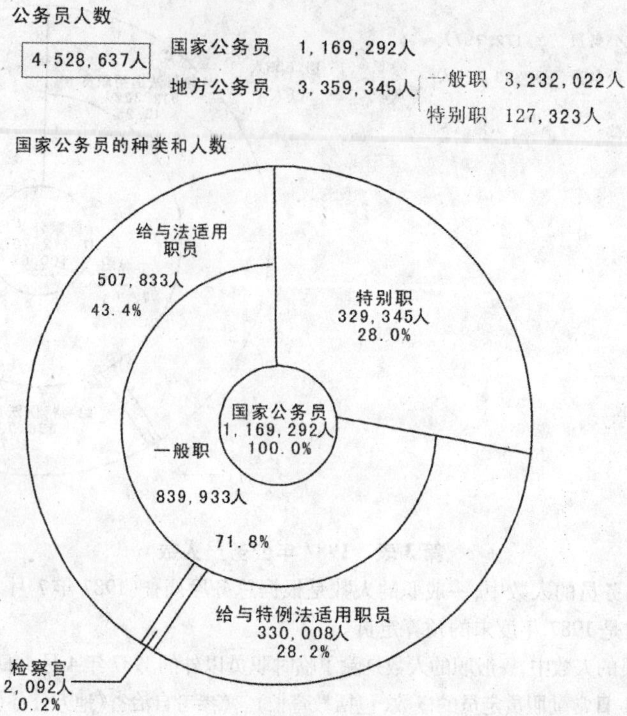

第5表　1991年公务员人数

注:1. 国家公务员人数为1991年度末的预算定员。

2. 在地方公务员人数中,一般职人数和特别职人数是当时常勤职员规定人数的概数。

资料来源:人事院编:《公务员白皮书》(日文版),平成四年版,第297页。

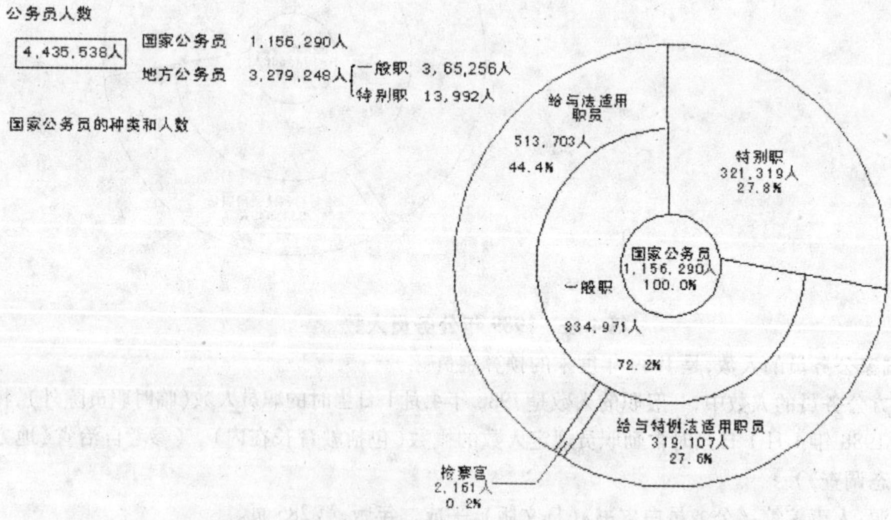

第6表　1997年公务员人数

注:1. 国家公务员人数为1997年度末的预算定员。

2. 在地方公务员人数中,一般职人数和特别职人数为当时常勤职员规定人数的概数。

第 7 表　2005 年公务员人数

- 公务员（约 412 万人）
  - 国家公务员（约 96 万人）
    - 特别职（约 30 万 5 千人）
      - 大臣、副大臣、政务官、大公使等（约 400 人）
      - 裁判官、裁判所职员（约 2 万 5 千人）
      - 国会职员（约 4 千人）
      - 防卫厅职员（约 27 万 5 千人）
      - 其他
    - 一般职（约 65 万 3 千人）
      - 非现业国家公务员（约 30 万 3 千人）（人事院劝告对象的职员）
      - 检察官（约 2 千人）
      - 国有林野事业的职员（约 5 千人）
      - 特定独立行政法人的职员（约 7 万 1 千人）
      - 日本邮政公社的职员（约 27 万 1 千人）
  - 地方公务员（约 316 万人）
    - 特别职（约 7 万 5 千人）
    - 一般职（约 308 万 4 千人）

本表的国家公务员人数，为平成十七年（2005 年）度末的预算定员。

资料来源：人事院编：《公务员白书》，平成 17 年版，公务员的种类和公务员的人数。

三、国家公务员人数

日本特别职国家公务员，除了内阁总理大臣、国务大臣、等执行带有政治色彩的重要职务的人士以外，还包括陆、海、空自卫队官兵（日本称为“自卫官”）。一般职国家公务员，主要包括两部分人，一是所谓“给与法适用职员”；二是所谓“给与特例法适用职员”。

1. 1981 年国家公务员人数

据统计，1981 年，日本国家公务员共 119 万 4630 人。其中，特别职公务员为 32 万 7458 人，内自卫官共 27 万 184 人，包括陆上自卫队 18 万人，海上自卫队 43897 人，航空自卫队 46204 人，统合幕僚会议 83 人；一般职公务员为 86 万 7172 人，此中在政府官厅、企事业管理部门任职的行政管理人员，即《给与法》适用职员为 51 万 3171 人，在国家特定企事业部门工作的五现业（邮政、林野、印刷、造币、酒精专卖）人员，即《给与特例法》适用职员为 35 万 1824 人。详见下面统计表（不包括自卫官人数）。

一般职国家公务员省厅别在职者人数

(1981 年 7 月 1 日)

(单位:人)

项目 省厅名	定员内职员	休职者	派遣职员
会计检察院	1206	1	5
人事院	709	9	3
内阁	97		
内阁法制局	71		
国防会议事务局	19		
总理府	3318		6
公正取引委员会	420		
警察厅	8135	22	4
公害等调整委员会	40		
宫内厅	1110		
行政管理厅	1480	3	
北海道开发厅	10023	31	7
经济企画厅	519	14	7
科学技术厅	2179	7	7
环境厅	872	3	2
冲绳开发厅	1098	5	
国土厅	441		
防术施设厅	99		
法务省	45659	65	
公安审查委员会	9		
公安调查厅	2002	1	
外务省	3447	17	14
大藏省	15149	24	19
造币局	15		
	(1678)	(7)	
印刷局	15		
	(6822)	(8)	
国税厅	54327	73	
文部省	129065	431	36
文化厅	789		
厚生省	73747	209	16
社会保险行	893	1	
农林水产省	26078	45	75
食粮厅	19682	39	
林野厅	1213		37
	(32113)	(81)	
水产厅	2030	2	8
通商产业省	5584	45	14
	(828)	(5)	

工业技术院	3919	11	13
资源厅	528	1	
特许厅	2322	7	
中小企业厅	180		
运输省	19047	63	16
船员劳动委员会	54	1	
海上保安厅	11751	19	4
海难审判厅	250	1	
气象厅	6524	24	5
邮政省	2707 （310383）	6 （779）	9
劳动省	25135	36	10
中央劳动委员会	76		
公共企业体等劳动委员会	107		
建设省	28482	176	43
自治省	390	46	
消防厅	159	1	
计	513171 （351824）	1439 （890）	360

注:1.(　)外表示《给与法》适用职员人数,(　)内表示《给与特例法》适用职员人数。

2. 在定员内职员中,除表上所列人员外,还有检察官 2177 人。

3. 参考总理府调查《一般职国家公务员在职状况统计表》。

资料来源:人事院编:《公务员白皮书》,昭和五十七年版,第 218－219 页。

2. 1976－1980 工资表在职者人数的变迁

(不包括自卫队人数)

工资表＼年度	51	52	53	54	55
行政职(一)	245376	245838	246285	246975	247100
行政职(二)	50749	49363	47916	46525	44910
税务职	49218	49346	49722	49801	49701
公安职(一)	18667	18736	18826	18834	18735
公安职(二)	20307	20291	20689	20832	20991
海事职(一)	680	694	688	687	692
海事职(二)	1684	1696	1673	1639	1649
教育职(一)	45271	46283	47459	48608	49674
教育职(二)	1735	1806	1864	1946	1959
教育职(三)	3092	3055	3066	3021	3064
教育职(四)	3579	3600	3676	3703	3694
研究职	10331	10341	10333	10708	10601
医疗职(一)	4449	4481	4590	4626	4683
医疗职(二)	7411	7717	7998	8223	8387
医疗职(三)	34395	35816	37315	38279	39107
指定职	1358	1374	1441	1519	1559
计	498302	500437	503541	505926	506506

邮政	307818	306518	305793	305793	306339
林野	35730	35414	34037	33271	32272
印刷	6884	6836	6777	6733	6675
造币	1708	1696	1682	1664	1654
	942	910	873	833	840
计	353082	351374	349162	348294	347780
总计	851384	851811	852703	854220	854286

注:表示年度末当时在职者的人数。

资料来源:人事院编:《公务员白皮书》,昐和五十七年版,第 37 页。

3.1985 年国家公务员人数

1985 年,日本国家公务员共 117 万 8731 人,其中特别职公务员为 32 万 7743 人,内自卫官的法定定员为 27 万 2162 人;一般职公务员为 85 万 988 人,内《给与法》适用职员为 50 万 7570 人,《给与特例法》适用职员为 34 万 1220 人。

详见下表:

一般职国家公务员省厅别在职者人数(昭和六十年 7 月 1 日)

(单位:人)

项目 省厅名	定员内职员	休职者	派遣职员
会计检察院	1221		2
人事院	705	10	1
内阁	101		
内阁法制局	71		
国防会议事务局	19		
总理府	610	3	1
公正取引委员会	425		
警察厅	8072	16	3
公害等调整委员会	40		
宫内厅	1074	1	
总务厅	3981	5	5
北海道开发厅	9131	25	4
经济企画厅	496	11	9
科学技术厅	2123	6	8
环境厅	888	1	4
冲绳开发厅	1127	2	
国土厅	449		
防术施设厅	97		
法务省	45728	78	
公安审查委员会	4		
公安调查厅	1912	4	
外务省	3789	22	13
大藏省	14561	25	26
造币局	15		
	(1589)	(4)	

印刷局	15 （6643）	（25）	
国税厅	54139	76	
文部省	132926	479	32
文化厅	756	3	
厚生省	74086	185	15
社会保险行	903	1	
农林水产省	24673	38	70
食粮厅	15890	28	1
林野厅	1303 （27780）	（60）	
水产厅	2061	4	5
通商产业省	5648	36	14
工业技术院	3736	12	9
资源厅	569	4	
特许厅	2290	14	
中小企业厅	188		
运输省	18429	67	20
船员劳动委员会	53		
海上保安厅	11871	17	5
海难审判厅	246		
气象厅	6361	28	4
邮政省	2849 （305208）	5 （697）	7
劳动省	24613	37	9
中央劳动委员会	73		
公共企业体等劳动委员会	93		
建设省	26623	85	41
自治省	379	29	
消防厅	158	1	
计	507570 （341220）	1358 （786）	308

注：1.（　）外表示《给与法》适用职员的人数，（　）内表示《给与特例法》适用职员的人数。

2. 在定员内职员中，除表上所列的人数外，还有检察官 2198 人。

3. 参考总务厅调查《一般职国家公务员在职状况统计表》。

资料来源：人事院编：《公务员白皮书》，昭和六十一年版，第 288 - 289 页。

4. 1980－1984 年工资表别在职者人数的变迁

(单位:人)

工资表＼年度		55	56	57	58	59
给与法适用职员	行政职(一)	247100	246211	245889	244882	243763
	行政职(二)	44910	43347	41378	40493	38751
	税务职	49701	49784	50002	50151	49816
	公安职(一)	18735	18611	18634	18629	18730
	公安职(二)	20991	21184	21216	21198	21053
	海事职(一)	692	690	686	681	684
	海事职(二)	1649	1635	1616	1573	1592
	教育职(一)	49674	50783	51565	52467	53092
	教育职(二)	1959	2019	2036	2061	2069
	教育职(三)	3064	3062	3100	3113	3128
	教育职(四)	3694	3711	3728	3734	3737
	研究职	10601	10559	10536	10481	10449
	医疗职(一)	4683	4786	4853	4929	5033
	医疗职(二)	8387	8612	8724	8954	9100
	医疗职(三)	39107	39886	40467	41308	41745
	指定职	1559	1580	1600	1618	1623
	小计	506506	506460	506030	506272	504365
给与特例法适用职员	邮政	306339	306482	305417	304355	301312
	林野	32272	31556	30713	29616	28373
	印刷	6675	6608	6592	6511	6358
	造币	1654	1645	1630	1611	1574
		840	810			
	小计	347780	347101	344352	342093	337617
	合计	854286	853561	850382	848365	841982

资料来源:人事院编:《公务员白皮书》,昭和六十一年版,第 43 页。

5.1997 年国家公务员人数

1997 年,国家公务员人数共 115 万 6290 人,其中特别职国家公务员为 32 万 1319 人(包括自卫官人数,但未查到数字),一般职国家公务员为 83 万 4971 人。在一般职国家公务员中,《给与法》适用职员为 51 万 3703 人,《给与特例法》适用职员 31 万 9107 人。详见下表:

一般职国家公务员省厅别在职者数(平成九年 3 月 31 日)

(单位:人)

省厅名＼项目	在职者	省厅名＼项目	在职者
会计检察院	1217	文部省	133014
人事院	683	文化厅	726
内阁	177	厚生省	58361
内阁法制局	72	社会保险行	17339
总理府	590	农林水产省	21948
公正取引委员会	520	食粮厅	10827

警察厅	7964 ·	林野厅	1436
公害等调整委员会	40		(10056)
宫内厅	1059	水产厅	2059
总务厅	3584	通商产业省	5433
北海道开発厅	7671	工业技术院	3486
经济企画厅	511	资源厅	628
科学技术厅	2100	特许厅	2469
环境厅	1003	中小企业厅	190
冲绳开发厅	1138	运输省	18703
国土厅	456	船员劳动委员会	52
防术施设厅	88	海上保安厅	12128
法务省	47018	海难审判厅	244
公安审查查委员会	4	气象厅	6187
公安调查厅	1746	邮政省	2742
外务省	4879		(296357)
大藏省	15094	劳动省	24802
造币局	15	中央劳动委员会	118
	(1403)	建设省	23774
印刷局	16	自治省	341
	(5975)	消防厅	145
国税厅	57185	计	501982 (313791)

注:1.(　)内表示《给与特例法》适用职员的人数,是外数。

2.在职者中,还有检察官2164人。

资料来源:人事院编:《公务员白皮书》,平成十年版,第351页。

6.2005年国家公务员人数

2005年国家公务员人数约96万人,其中特别职国家公务员约30万5000人,其中包括防卫厅职员约27万5000人,一般职国家公务员约65万2000人(特定独立行政法人的职员约71000人,日本邮政公社的职员约27万1000人均未计算在内)。

一般职国家公务员府省别在职者数(平成十六年1月15日现在)

(单位:人)

项　目 省厅名	在职者	项　目 省厅名	在职者
会计检察院	1239	文部科学省	134933
人事院	713	文化厅	231
内阁	588	厚生劳动省	81416
内阁法制局	71	社会保险厅	17583
内阁府	2311	中央劳动委员会	108
宫内厅	1022	农林水产省	24369
公正取引委员会	628	林野厅	559
警察厅	7815		(5479)
防卫施设厅	29	水产厅	950
金融厅	1049	经济产业省	4679

总务省	5196	资源エネルギー厅	1083
公害等调整委员会	39	特许厅	2433
消防厅	113	中小企业厅	186
法务省	46758	国土交通省	45838
公安审查委员会	4	船员劳动委员会	50
公安调查厅	1484	气象厅	5974
公务省	5208	海上保安厅	12234
财务省	14927	海难审判厅	235
国税厅	56461	环境省	1058
		计	479574 (5479)

资料来源:人事院编:《公务员白皮书》,平成十七年(2005年)版,306页。

四、地方公务员人数

1. 地方公务员人数的构成

根据1989年的资料,一般职地方公务员的人数共为321万8752人。其中一般行政部门的职员为113万2847人,特别行政部门的职员为168万2537人,公营会计职员为40万3368人。详见下表:

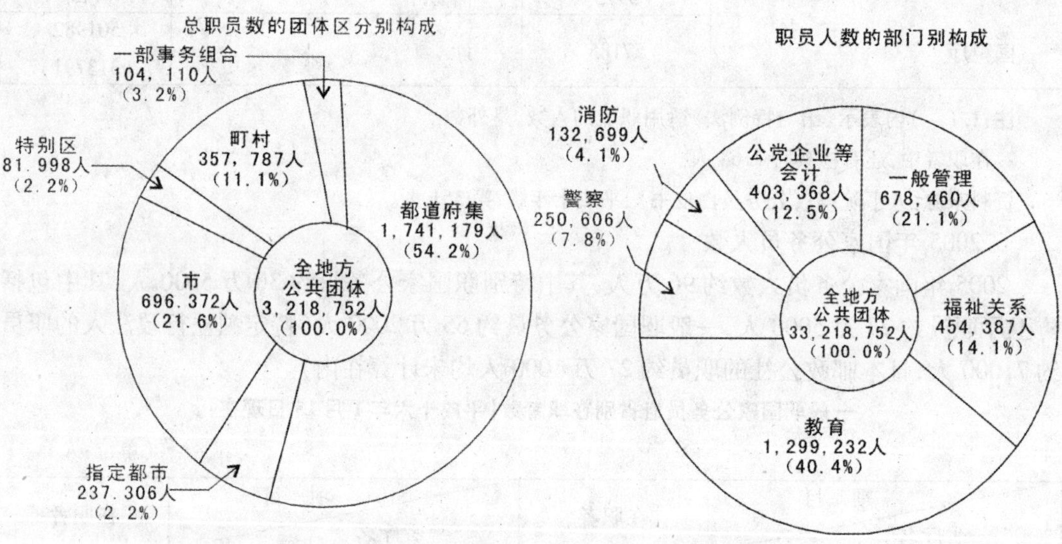

资料来源:石桥孝雄编:《地方公务员制度》第4卷(日文版),行政出版公司,1991年版,第18－19页。

2. 地方公务员人数的推移

自高速经济增长时代的极盛时期1963年以后,由于经济的增长和行政需要的扩大,地方公务员的人数大幅度增加。当时的公务员人数约210万人,之后虽然出现了经济低增长时代,但公务员的人数继续增加,到平成元年即1989年约为320万人,而在这同一个时期,国家公务员的人数却一直处于平稳发展的状态。详见下表。

国家公务员人数和地方公务员人数的变迁

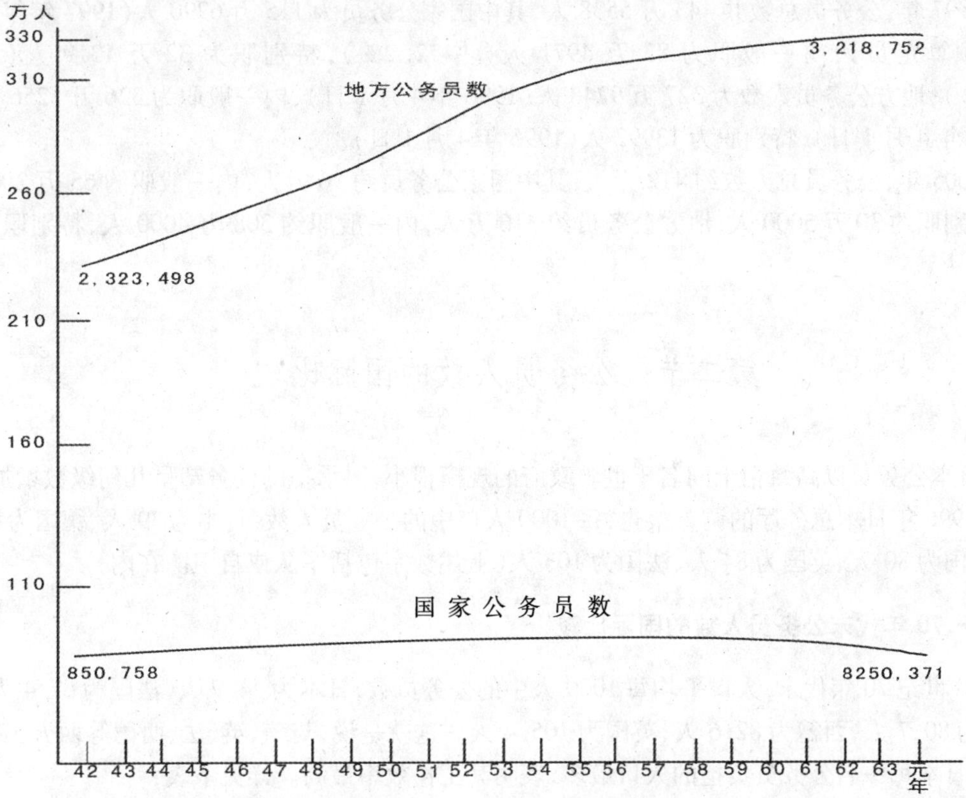

注：地方公务员数：每年4月1日，根据地方公共团体定员管理调查及地方公务员给与实态调查。

国家公务员数：每年7月1日，根据一般职国家公务员在职状况统计表（总务厅人事局）。

资料来源：石桥孝雄编：《地方公务员制度》第4卷（日文版），行政出版公司，1991年版，第20–23页。

不能否认，地方公务员人数的迅速增加，确实有一定的理由。从增加的内容来看，约有80%均为教育、警察、消防、福利等部门，不论从哪个角度看都是国家的施策和政策的必然结果。

但是，由于行政改革和削减定员的结果，地方公务员的总人数以1983年为顶点，五年间连续减少（五年间共减少16180人）；特别是一般行政部门，以1981年为顶点，七年间共减少31907人。但至1989年4月，不论是职员总数，还是一般行政部门，与前一年相比，都增加了0.1%。

90年代，根据历年出版的《公务员白皮书》的统计资料，国家公务员人数和地方公务员人数的演变情况如下：

1991年，公务员总数共452万8637人，其中国家公务员为116万9292人（1991年年度末），内一般职为83万9933人（占71.8%），特别职为32万9359人（占28.2%）；地方公务员为335万9345人，内一般职为323万2022人，特别职为12万7323人。

1994年，公务员总数共450万5342人，其中国家公务员为116万3947（1994年年度末的预算定员），内一般职为83万5746人（占71.8%），特别职为32万8201人（占28.2%）；地方公务员为334万1895人，内一般职为326万1281人（1993年4月1日），特别职为

80114人(1993年4月1日)。

1997年,公务员总数共443万5538人,其中国家公务员为115万6290人(1997年年度末的预算定员),内一般职为83万4971人(占72.2%),特别职为32万1319人(占27.8%);地方公务员人数为327万9248人(1996年4月1日),内一般职为326万5256人(1996年4月1日),特别职为13992人(1996年4月1日)。

2005年,公务员总人数约412万人,其中国家公务员约96万人,内一般职约65万2000人,特别职约30万5000人;地方公务员约316万人,内一般职约308万4000人,特别职约75000人。

第二节 公务员人数的国际比较

日本公务员以高效精干闻名于世。政府的规模很小,但承担的任务却呈几何级数增加。根据1996年日本总务厅的调查报告,每1000人口中的公务员人数,日本为39人、德国为77人、美国为80人、英国为84人、法国为103人(上述数字包括军队或自卫队在内)。

一、70年代末公务员人数的国际比较

20世纪70年代末,人口平均每1000人中的公务员数,日本为44.9人,法国为67.4人,美国为80.7人,西德为82.6人,英国为105.4人。这就是说,与美、英、法、西德等西方国家相比,日本每一名公务员负担的人口最多,表明其工作效率最高。详见下表:

公务员数的国际比较

(人口平均每千人中的公务员数)

日　本	44.9人
美　国	80.7人
英　国	105.4人
西　德	82.6人
法　国	67.4人

田原总一郎:《1980年日本的官僚》(日本版),文艺春秋株式会社,1980年版,第157页。

二、1980年公务员人数的国际比较

据日本原行政管理厅统计,日本、英国、法国、西德等国1980年的公务员总数(军人除外)在全国人口中所占比率分别为4.24%,9.99%、7.44%、6.50%。在进行公务员人数的国际比较时,一般均将政府所辖企业职工计算在内,而同期上述国家中央政府所辖企业职工在全国人口中所占比率则分别为0.81%、3.74%、1.95%、1.41%,可见日本在这方面与其他国家之间的差距更大。(福井良次著《公务员数的国际比较》,载[日]《法学家》杂志增刊第29卷,第81页。)

又,根据秦郁彦撰写的《官僚之研究》一书所说:1980年,与先进各国相比,日本公务员在全国人口中的比率,并不是很高(以每1000人口计算,英国是100人,法国74人,美国69人,西德65人,日本42人。——据1980年行政管理厅编《行政管理的现状》)。

三、1983 年公务员人数的国际比较

人口平均每 1000 人中公务员数的国际比较

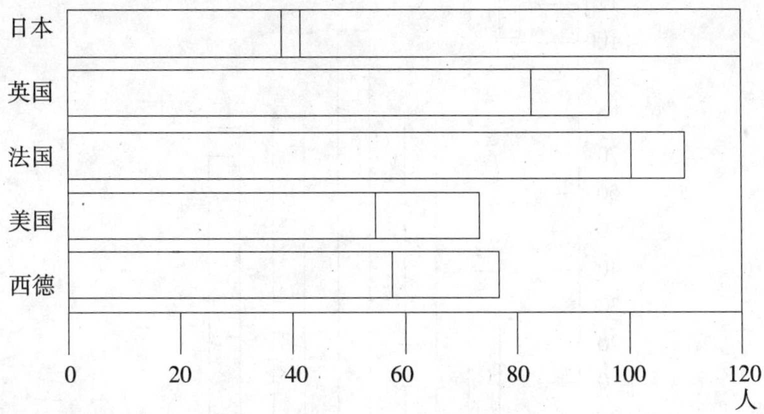

注:1.行政职员中,包括国家公务员、地方公务员和政府企业职员。

2.公务员数为 1983 年的数字。

3.资料来源:《总务厅年度报告书》,1984 年版,引自《日本大百科全书》(日文版),第 9 卷第 40 页,小学馆 1986 年版。

四、1988 年公务员数的国际比较

从国际比较上看,日本属于政府经济职能较强的国家,同时又是一个行政组织规模较小的国家,据日本政府 1992 年发表的《总务厅年度报告书》公布,英、法、美、德等国 1988 年的公务员总数(不包括军人)在全国人口中所占比率,分别为 7.8%、11.1%、6.8%、6.9%,而日本仅为 3.8%。与此相关联,日本的政府支出在国民生产总值所占比率和国民负担率(赋税负担率与社会保障负担率之和)也只大体相当于英、法、德等国的 2/3。(韩铁英著《论日本行政组织的若干基本特征》,载《日本学刊》1995 年第 6 期第 22 页。)

五、1991 年公务员人数的国际比较

将平均 1000 人中的公务员数(包括政府企业职员)作一比较。到 1991 年,除防卫部门外,日本为 38 人,美国为 69 人,英国为 73 人,法国为 112 人。日本只是美国和英国的一半,日本可以说是小政府。该文还说,日本一直自诩为世界上最小的政府,如果同总人口相比,中国公务员的数量更少,只是日本的 1/3。(叶芳和著,日本的官僚体制比中国更臃肿,载[日]《东洋经济》周刊,1995 年 5 月 14 日。)

六、1996 年公务员人数的国际比较

一般而言,先进发达国家的公务员占总人口的比率比较高,而发展中国家比较低。据多纳德罗瓦特 1985 年开展的比较调查,先进发达国家的公务员占总人口的比率为 10% 以上,发展中国家则占 4% 以下。日本作为先进发达国家属于例外,发展中国家中,阿根廷和埃及也属于例外,是公务员比较多的国家。

现在,在主要国家中,公务员占人口的比率分别是,日本占 4%,法国占 10.3%,英国占

8.4%,美国占8%,德国占7.7%。这些数字包括军队或自卫队(见图1－1)。

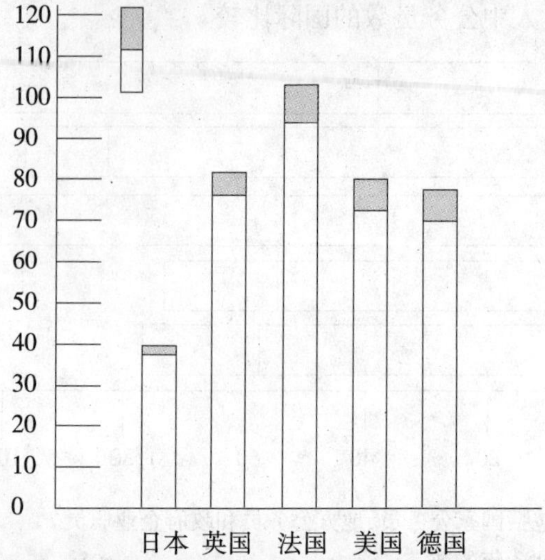

注:1.行政职员中包括国家公务员、地方公务员及政府企业职员。

2.公务员数字原则上以1995年为准。

资料来源:总务厅《年度报告》,1996年度,第50页。

图1-1　人口每千人公务员数的国际比较(1996年度调查)

片冈宽光:《论职业公务员》,熊达云、郑希宏译,上海科学普及出版社,2001年版,第6－7页。

七、警察官负担人口的国际比较

日本是世界一流的警察国家,1977年共有警察官20万2750人,其中女警察官为3800人。

从每名警察官的负担人口(1977年)来看,日本每名警察的负担人口为567人,而西德则为393人,美国为385人,法国为283人。在先进的国家中,日本每名警察的负担人数最多。也就是说,相对人口而言,日本警察官的人数是少的。

从犯罪的逮捕率来看,杀人犯的逮捕率,美国为75.5%,日本则为96.9%;强盗犯的逮捕率,美国为26.9%,西德为52.3%,日本则为81.1%;强奸犯的逮捕率,美国为51.2%,西德为72.7%,日本则为90%(以上均为1977年数字)。日本在各方面都显示了特别高的逮捕率。

从犯罪发生件数(1977年)来看,如强盗事件,在美国发生了40万4850件,在治安情况较好的西德也发生了21265件,但日本只有2095件。它是美国的1/200,西德的1/10。

不难看出,日本在先进国家中,是社会秩序最为安定的国家,这无疑与警察的顽强工作有关。(田原总一郎:《1980年日本的官僚》(日文版),文艺春秋,1980年版,第314－317页。)

第三节　公务员的性别构成

在日本,只是在第二次世界大战结束以后,才出现女性任政府官吏一事。特别是女子充任内阁阁僚,则是从20世纪60年代初才开始的。根据统计资料,从1960年的池田内阁,到2001年的小泉内阁,先后有28名女性,出任厚生大臣、外务大臣等内阁成员,至于在约50万人的一般职国家公务员的《给与法》适用职员中,女子所占的比率则逐步形成缓慢上升的趋势,如1997年占19.6%,1985年占19.9%,1991年占20.8%,1997年占22%,2004年占15%。

一、一般职国家公务员的性别构成

如以下五个统计表所示,在一般职国家公务员的《给与法》适用职员中,男子的比率约占80%左右,女子的比率约占20左右。近些年来,男子的比率略有下降,女子的比率稍有提高,如1977年,男子占80.4%,女子占19.6%;1985年,男子占80.1%,女子占19.9%;1991年,男子占79.2%,女子占20.8%;1997年,男子占78%,女子占22%,2004年,男子占85%,女子占15%。

但在现行的17种工资表中,男女的比率各有不同。如在担任事务次官、外局局长、大学校长、试验所及研究所所长以及医院或疗养院院长等职的指定职工资表中,1977年,女子占0.1%,男子占99.9%;1985年,女子占0.1%,男子占99.9%;1991年,女子占0.6%,男子占99.4%;1997年,女子占0.8%,男子占99.2%。,2004年,女子升至1%,男子减至99%。海军职工资表(1)(2),也有类似的情况。

但在医疗职工资表(3)(在医院、疗养院、诊疗所中担任保健护士、助产士、护士、护士助理等职)中,女子所占的比率最高,如1977年,女子占98.6%,男子占1.4%;1985年,女子占有98.1%,男子占1.9%;1991年,女子占97.6%,男子占2.4%;1997年,女子占97%,男子占3%。,2004年,女子占93.3%,男子占6.7%。在其他工资表中,女子也占一定的比例,如1997年,在任高等学校的校长、教头、教论、助理论等职的教育职工资表(2)中,女子占34.3%,男子占65.7%;在任医院、疗养院、诊疗所中担任药剂师、营养师等职的医疗职工资表(2)中,女子占31.6%,男子占68.4%。

表1　工资表别及性别人员构成比率

(昭和五十二年、1977年)

区分 工资表	职员数		性别人员构成比	
	人员	构成比	男	女
	人	%	%	%
全工资表	498273	100.0	80.4	19.6
行政职工资表(一)	243798	48.9	85.8	14.2
行政职工资表(二)	50723	10.2	71.6	28.4
税务职工资表	49220	9.9	90.6	9.4
公安职工资表(一)	18567	3.7	97.1	2.9

公安职工资表(二)	20298	4.1	97.8	2.2
海事职工资表(一)	675	0.1	99.9	0.1
海事职工资表(二)	1681	0.3	99.9	0.1
教育职工资表(一)	45485	9.1	93.6	6.4
教育职工资表(二)	1804	0.4	73.0	27.0
教育职工资表(三)	3448	0.7	77.5	22.5
教育职工资表(四)	3598	0.7	85.5	14.5
研究职工资表	10279	2.1	92.8	7.2
医疗职工资表(一)	4580	0.9	93.1	6.9
医疗职工资表(二)	7454	1.5	66.8	33.2
医疗职工资表(三)	35302	7.1	1.4	98.6
指定职工资表	1361	0.3	99.9	0.1

注:性别人员构成的比率,表示在同工资表中所占的比例。

资料来源:人事院编《公务员白皮书》,昭和五十三年版,第48页。

表2　工资表别及性别人员构成比率

(昭和六十年、1985年)

区分 工资表	职员数		性别人员构成比	
	人员	构成比	男	女
	人	%	%	%
全工资表	487417	100.0	80.1	19.9
行政职工资表(一)	235279	48.3	85.8	14.2
行政职工资表(二)	35058	7.2	72.0	28.0
税务职工资表	49703	10.2	91.2	8.8
公安职工资表(一)	18146	3.7	96.8	3.2
公安职工资表(二)	20546	4.2	97.2	2.8
海事职工资表(一)	642	0.1	99.8	0.2
海事职工资表(二)	1496	0.3	100.0	
教育职工资表(一)	52030	10.7	93.5	6.5
教育职工资表(二)	2105	0.4	70.4	29.6
教育职工资表(三)	3469	0.7	78.2	21.8
教育职工资表(四)	3571	0.7	85.1	14.9
研究职工资表	10132	2.1	93.4	6.6
医疗职工资表(一)	4797	1.0	91.6	8.4
医疗职工资表(二)	8903	1.8	69.5	30.5
医疗职工资表(三)	40128	8.3	1.9	98.1
指定职工资表	1412	0.3	99.9	0.1

注:性别人员构成的比率,表示在同一工资表中所占的比例。

资料来源:人事院编《公务员白皮书》,昭和六十一年版,第58页。

表3　工资表别及性别人员构成比率

（平成三年、1991年）

区分／工资表	职员数		性别人员构成比	
	人员	构成比	男	女
	人	%	%	%
全工资表	484310	100.0	79.2	20.8
行政职工资表(一)	224164	46.3	84.9	15.1
行政职工资表(二)	27609	5.7	70.6	29.4
专门行政职工资表	6556	1.4	96.5	3.5
税务职工资表	51744	10.7	89.7	10.3
公安职工资表(一)	18613	3.8	96.2	3.8
公安职工资表(二)	21007	4.3	95.3	4.7
海事职工资表(一)	640	0.1	98.9	1.1
海事职工资表(二)	1281	0.3	100.0	
教育职工资表(一)	54878	11.3	92.7	7.3
教育职工资表(二)	2202	0.5	68.2	31.8
教育职工资表(三)	3505	0.7	76.5	23.5
教育职工资表(四)	3961	0.8	86.0	14.0
研究职工资表	9729	2.0	96.0	7.0
医疗职工资表(一)	5122	1.1	91.7	8.3
医疗职工资表(二)	9253	1.9	69.6	30.4
医疗职工资表(三)	42686	8.8	2.4	97.6
指定职工资表	1360	0.3	99.4	0.6

注：性别人员的构成比率，表示在同一工资表中所占的比例。

资料来源：人事院编《公务员白皮书》，平成四年版，第205页。

表4　工资表别及性别人员构成比率

（平成九年、1997年）

区分／工资表	职员数		性别人员构成比	
	人员	构成比	男	女
	人	%	%	%
全工资表	490037	100.0	78.0	22.0
行政职工资表(一)·(二)	245384	50.1	82.5	17.5
行政职工资表(一)	225426	46.0	83.6	16.4
行政职工资表(二)	19958	4.1	69.7	30.3
专门行政职工资表	7617	1.6	92.5	7.5
税务职工资表	54100	11.0	88.1	11.9
公安职工资表(一)	19341	4.0	95.4	4.6
公安职工资表(二)	22140	4.5	92.4	7.6
海事职工资表(一)	650	0.1	98.9	1.1
海事职工资表(二)	1143	0.2	99.8	0.2

教育职工资表(一)	58486	11.9	91.4	8.6
教育职工资表(二)	2269	0.5	65.7	34.3
教育职工资表(三)	3566	0.7	74.2	25.8
教育职工资表(四)	4282	0.9	85.3	14.7
研究职工资表	9992	2.0	91.6	8.4
医疗职工资表(一)	5481	1.1	90.2	9.8
医疗职工资表(二)	9258	1.9	68.4	31.6
医疗职工资表(三)	44908	9.2	3.0	97.0
指定职工资表	1420	0.3	99.2	0.8

注:性别人员的构成比率,表示在同一工资表中所占的比例。

资料来源:人事院编《公务员白皮书》,平成十年版,第273页。

表5　工资表别及性别人员构成比

平成十六年(2004年)

(单位:%)

区分 工资表	计	性别人员构成比	
		男性	女性
全工资表	100.0	85.0	15.0
行政职工资表(一)	100.0	84.7	15.3
行政职工资表(二)	100.0	70.5	29.5
专门行政职工资表	100.0	88.6	11.4
税务职工资表	100.0	87.3	12.7
公安职工资表(一)	100.0	94.7	5.3
公安职工资表(二)	100.0	91.2	8.8
海事职工资表(一)	100.0	99.1	0.9
海事职工资表(二)	100.0	99.3	0.7
教育职工资表(一)	100.0	75.4	24.6
教育职工资表(二)	100.0	85.1	14.9
研究职工资表	100.0	84.9	15.1
医疗职工资表一	100.0	87.6	12.4
医疗职工资表一	100.0	70.8	29.2
医疗职工资表一	100.0	6.7	93.3
福祉职工资表	100.0	59.5	40.5
指定职工资表	100.0	99.0	1.0
特定任期付职员工资表	100.0	90.3	9.7
第一号任期付研究员工资表	100.0	81.8	18.2
第二号任期付研究员工资表	100.0	75.8	24.2

资料来源:人事院编《公务员白书》(日文版),平成十七年(2005年)版,第191页。

二、战后历届内阁中的女性阁僚

在日本内阁制的历史上,最初的女性阁僚是:第一次池田内阁(1960年)的中山マサ厚生大臣,第二次池田内阁(1962年)的近藤鹤代科技厅长官,第二次中曾根内阁(1984年)的石本茂环境厅长官。此后长期处于空白状态。直至1989年的第一次海部内阁,才有两名女性即高原须美子(经济企画厅长官)和森山真子(环境厅长官)入阁。在最近几届内阁中,从1998年的小渊内阁,到最近的小泉内阁,又连续七次起用了一批女性阁员。这样,截至目前,从中山マサ氏算起,先后有28名女性成为阁僚。

特别是小泉内阁中有5名女性阁员,是日本历史上女性最多的一届内阁。这5名个性迥异的女性大臣是:法务大臣森山真子,文部科学大臣远山敦子,外务大臣田中真纪子(已故首相田中角荣的女儿),环境大臣川口顺子,国土交通大臣扇千景。

第四节　公务员的平均年龄和平均工作年数

一、一般职国家公务员的平均年龄和平均工作年数

下列各表主要反映了1977年、1982年、1991年、1997年和2005年一般职职员的平均年龄和平均工作年数,从上述各表可以明显地看出以下两个基本的事实:

第一,日本公务员的年龄结构较为合理,基本上符合年轻化的要求,如中央政府约50万官员和职员的平均年龄,1977年为40.3岁,1982年为40.6岁,1991年为39.7岁, 1997年为40.1岁,2005年为40.9岁。当然,各工资表的平均年龄完全不同,平均年龄最高的首先是指定职工资表,其次是行政职工资表(二),最低的则是医疗职工资表(三),或者是税务工资表。

又每一工资表的各种人员,平均年龄也有很大的不同。例如,指定职工资表中大学校长的平均年龄,1977年为67.2岁,1983年为61.1岁,1990年为63.4岁,1997年为63.4岁;研究所所长的平均年龄1977年为48.4岁,1983年为50.8岁,1990年为51.9岁,1997年为52.2岁;医院院长的平均年龄,1983年为57.6岁,1990年为58.3岁,1997年为57.8岁。又如教育职工资表(一)中大学教授的平均年龄,1983年为53.7岁,1990年为55.9岁,1997年为56.2岁;助教授1983年为42.7岁,1990后为44.8岁,1997年为45.9岁;讲师1983年为38.1岁,1990年为40.6岁,1997年为42.7岁;助手1983年为34岁,1990年为35岁,1997年为37.7岁。

第二,日本公务员的专业化水平较高。由于公务员大都是根据专业分科的考试录用,且其平均工作年数(日本称平均经验年数)较长,所以其专业化水平颇高。如在职职员的平均工作年数,1977年为19.4年,1982年为19.7年,1991年为18.7年,1997年为18.8年,2005年为19.8年。担任事务次官、外事局长、大学校长、研究所长、医院院长等职的指定职工资表职员的平均工作年数最长,1977年为32.4年,1982年为32.9年,1991年为33.6年,1997年为33.2年,2005年为30.9年。但从事机器操作、办公室大楼监管等行政职工资表(二)人员的平均工作年数也比较长,1977年为25.6年,1982年为26.5年,1991年为27.5年,1997年为27.3年,2005年为27.2年。

表1－1　工资表别、平均年龄及平均工作年数(昭和五十二年,1977年)

区分 工资表	平均	年龄	平均经验年数	
	岁	岁	年	年
全工资表	40.3	(+0.3)	19.4	(+0.2)
行政职工资表(一)	39.4	(+0.3)	19.4	(+0.3)
行政职工资表(二)	47.7	(+0.3)	25.6	(+0.3)
税务职工资表	38.1	(+0.3)	18.6	(+0.3)
公安职工资表(一)	41.2	(-0.2)	20.1	(-0.1)
公安职工资表(二)	41.7	(+0.3)	21.5	(+0.2)
海事职工资表(一)	40.4	(+0.4)	19.0	(+0.4)
海事职工资表(二)	39.2	(+0.5)	21.2	(+0.4)
教育职工资表(一)	41.6	(+0.2)	18.1	(+0.2)
教育职工资表(二)	40.1	(+0.3)	17.5	(+0.3)
教育职工资表(三)	39.0	(+0.2)	16.6	(+0.2)
教育职工资表(四)	42.0	(+0.2)	18.8	(+0.1)
研究职工资表	40.9	(+0.3)	18.6	(+0.4)
医疗职工资表(一)	43.4	(+0.1)	18.5	(+0.1)
医疗职工资表(二)	38.0	(+0.1)	15.2	(+0.2)
医疗职工资表(三)	34.6	(0)	12.9	(0)
指定职工资表	57.8	(+0.1)	32.4	(-0.1)

注:(　)内的数额,表示对上一年的增减。

表1－2　平均年龄、平均工作年龄的变迁(全工资表)

区分 年次	平均年龄	平均经验年数
	岁	年
40　1965年	37.4	16.1
50　1975年	39.8	19.0
51　1976年	40.0	19.2
52　1977年	40.3	19.4

资料来源:人事院编:《公务员白皮书》,昭和五十三年版,第50页。

表2－1　工资表别、平均年龄及平均工作年数(昭和五十七年,1982年)

区分 工资表	平均	年龄	平均经验年数	
全工资表	40.6岁	(0.0)岁	19.7年	(-0.1)年
行政职工资表(一)	40.0	(0.0)	20.0	(0.0)
行政职工资表(二)	48.1	(0.0)	26.5	(+0.1)
税务职工资表	37.9	(-0.3)	18.4	(-0.4)
公安职工资表(一)	39.8	(-0.3)	18.6	(-0.4)
公安职工资表(二)	42.1	(0.0)	21.7	(-0.1)
海事职工资表(一)	42.7	(+0.1)	21.2	(0.0)
海事职工资表(二)	41.2	(+0.6)	23.2	(+0.5)
教育职工资表(一)	42.8	(+0.3)	19.2	(+0.3)

教育职工资表(二)	40.2	(-0.1)	17.5	(-0.1)
教育职工资表(三)	39.4	(0.0)	16.8	(0.0)
教育职工资表(四)	43.9	(+0.4)	20.6	(+0.3)
研究职工资表	42.7	(+0.3)	20.1	(+0.2)
医疗职工资表(一)	42.4	(0.0)	17.8	(-0.2)
医疗职工资表(二)	38.1	(0.0)	15.4	(0.0)
医疗职工资表(三)	35.2	(+0.1)	13.5	(+0.1)
指定职工资表	58.1	(+0.1)	32.9	(0.0)

注:(　)内的数额,表示对上一年的增减。

表2-2　平均年龄及平均工作年数之变迁(全职员)

年次 年次	平均年龄	平均经验年数
47　1972年	39.2岁	18.3年
48　1973年	39.4	18.5
49　1974年	39.6	18.8
50　1975年	39.8	19.0
51　1976年	40.0	19.2
52　1977年	40.3	19.4
53　1978年	40.4	19.6
54　1979年	40.5	19.7
55　1980年	40.6	19.8
56　1981年	40.6	19.8
57　1982年	40.6	19.7

资料来源:人事院编:《公务员白皮书》,昭和五十八年版,第51-52页。

表3　工资表别、平均年龄及平均工作年数(平成三年,1991年)

区　分 工资表	平均	年龄	平均经验年数	
全工资表	39.7岁	(-0.2)岁	18.7年	(-0.2)岁
行政职工资表(一)	38.9	(-0.3)	18.7	(-0.3)
行政职工资表(二)	48.0	(0.0)	27.5	(-0.1)
专门行政职工资表	39.4	(0.2)	17.5	(0.1)
税务职工资表	35.2	(-0.3)	15.4	(-0.3)
公安职工资表(一)	38.5	(0.2)	17.3	(0.2)
公安职工资表(二)	39.6	(-0.3)	18.9	(-0.4)
海事职工资表(一)	42.3	(0.2)	20.7	(0.2)
海事职工资表(二)	41.9	(-0.3)	24.3	(-0.4)
教育职工资表(一)	44.7	(0.2)	21.1	(0.2)
教育职工资表(二)	39.9	(0.0)	17.6	(0.0)
教育职工资表(三)	38.6	(0.1)	16.0	(0.1)
教育职工资表(四)	44.6	(0.0)	21.4	(-0.2)
研究职工资表	42.3	(-0.2)	19.3	(-0.1)
医疗职工资表(一)	42.4	(-0.1)	17.3	(-0.2)
医疗职工资表(二)	39.6	(0.3)	17.0	(0.3)

医疗职工资表(三)	36.4	(0.1)	14.5	(0.2)
指定职工资表	57.2	(0.1)	33.6	(0.2)

注:( )内的数额,表示对上一年的增减。

资料来源:人事院编:《公务员白皮书》,平成四年版,第206页。

表4　工资表别、平均年龄及平均工作年数(平成九年,1997年)

区分 / 工资表	平均	年龄	平均经验年数	
全工资表	40.1岁	(0.2)岁	18.8年	(0.1)年
行政职工资表(一)·(二)	39.8	(0.2)	19.2	(0.1)
行政职工资表(一)	39.1	(0.3)	18.5	(0.2)
行政职工资表(二)	47.8	(0.0)	27.3	(0.0)
专门行政职工资表	39.8	(0.3)	17.8	(0.2)
税务职工资表	37.2	(0.5)	17.1	(0.5)
公安职工资表(一)	40.2	(0.2)	19.3	(0.3)
公安职工资表(二)	38.8	(0.0)	17.8	(0.0)
海事职工资表(一)	42.1	(0.1)	20.2	(0.1)
海事职工资表(二)	40.5	(0.0)	22.7	(0.0)
教育职工资表(一)	45.2	(0.2)	21.5	(0.2)
教育职工资表(二)	40.9	(0.1)	18.4	(0.2)
教育职工资表(三)	9.1	(0.1)	16.4	(0.1)
教育职工资表(四)	45.4	(0.2)	22.1	(0.2)
研究职工资表	42.5	(0.1)	19.2	(0.2)
医疗职工资表(一)	43.2	(0.2)	17.6	(0.2)
医疗职工资表(二)	41.0	(0.2)	18.4	(0.2)
医疗职工资表(三)	37.6	(0.2)	15.5	(0.2)
指定职工资表	56.9	(0.0)	33.2	(0.1)

注:( )内的数额,表示对上一年的增减。

资料来源:人事院编:《公务员白皮书》,平成十年版,第274页。

二、内阁阁僚的平均年龄

1.内阁总理大臣的初任年龄

参见下节《战后日本历届内阁总理大臣的最终学历、组阁时间及初任年龄》表。

2.内阁阁僚的平均年龄

近十几年来,包括总理大臣在内,日本历届内阁阁员的平均年龄,大都在60岁左右。

竹下内阁(1987年11月至1989年6月)阁僚的平均年龄是61.47岁,宇野内阁(1989年6月至8月)为59.48岁,而海部内阁刚成立时(1989年8月)则为62.62岁。

自1989年(平成元年)以后,最年轻的内阁是细川内阁(1993年8月至1994年4月),阁僚的平均年龄为59.4岁,其次是羽田内阁(1994年4月至6月),平均年龄为59.6岁;相反,最高龄的政权是2000年7月组成的第二次森内阁,阁员的平均年龄是66.1岁,其次是1999年10月的小渊内阁,平均年龄是64岁。而2001年4月成立的小泉内阁,可以说是介于最年轻的和最高龄的内阁之间,其阁僚的平均年龄为61.5岁。

表 5 工资表别职员数、平均年龄、平均经验年数及び平均给与月额(平成十六年)2005 年

工资表	职员数	平均年龄	平均经验年数	平均给与月额	工资	扶养津贴	调整津贴	小计(基准内给与)	住居津贴	通勤津贴	その他
	人	岁	年	元	元	元	元	元	元	元	元
全工资表	290609	40.9	19.8	400402	344775	12940	23276	380991	3178	12058	4175
行政职工资表(一)	170652	40.2	19.0	381113	327555	12232	21962	361749	3312	12520	3532
行政职工资表(二)	6188	47.9	27.2	323950	283384	11428	14363	309175	2925	9219	2631
专门行政职工资表	7745	41.7	19.9	433907	366966	14152	29909	411027	4000	13100	5780
税务职工资表	53409	41.4	21.1	450149	385339	14194	29148	428681	2736	16235	2497
公安职工资表(一)	19680	42.2	21.0	386577	342872	16142	17141	376155	1826	5081	3515
公安职工资表(二)	22367	41.2	19.9	415502	364917	14947	17959	397823	3570	7364	6745
海事职工资表(一)	222	44.3	23.4	463954	398356	19041	37930	455327	2814	1211	4602
海事职工资表(一)	414	42.6	24.6	369435	319519	13469	25155	358143	2854	4081	4357
教育职工资表(一)	126	46.2	22.3	496101	450898	12278	20941	484117	2603	8286	1095
教育职工资表(二)	121	45.4	21.2	453797	401319	11694	28235	441248	3653	5384	3512
研究职工资表	1747	43.6	19.3	494591	410198	12827	49366	472391	4580	11331	6289
医疗职工资表(一)	1312	45.0	19.1	690378	478690	15673	54183	548546	5802	9251	126779
医疗职工资表(二)	961	42.0	18.8	379040	324724	10807	25077	360608	4380	11296	2756
医疗职工资表(三)	4441	37.2	14.7	329763	293809	3159	20330	317298	5370	5131	1964
福祉职工资表	262	40.1	16.7	376996	334424	9206	24401	368031	3927	3008	2030
指定职工资表	805	54.6	30.9	1057648	937563	–	108730	1046293	–	6964	4391
特定任期付职员工资表	113	39.3	–	642556	565088	–	65619	630707	–	11526	323
第一号任期付研究员工资表	11	40.4	–	555775	491182	–	53516	544698	–	11077	0
第二号任期付研究员工资表	33	33.1	–	402392	354182	–	37547	391729	–	10663	0

注:在全工资表的平均工作年数中,不包括附有特定任期的职员和附有任期的研究员。

资料来源:人事院编:《公务员白皮书》,平成十七年版,第 190 页。

又,在战后,40岁以下的年轻阁员仅有3人,即第一次岸内阁(1957年)的田中角荣邮政大臣(当时39岁),宫泽改造内阁(1992年)的船田元经济企画厅长官(当时39岁),小渊内阁(1992年)的野田圣子邮政大臣(当时37岁)。

第七节　公务员的学历结构

一、一般职国家公务员的学历结构

日本公务员的知识化水平颇高。单就一般职国家公务员《给与法》适用职员而言,高学历者的人数直线上升,低学历者的人数急剧减少,从以下两个方面就可看出来。

1. 学历别人员构成比率的演进

如以下五表所示,近几十年来,职员全体中学历别人员的构成比率是:大学毕业者(包括硕士或博士课程修业者)从1965年的13.9%,1975年的23%,1985年的32.5%,1991年的37.6%,1997年的41.6%,提高到2004年的46.7%;短期大学毕业者从1965年的11%,1975年的11.4%,1985年的14%,1991年的15.7%,1997年的17.4%,提高到2004年的18.3%;高校毕业者从1965年的50.4%,1975年的49.7%,1985年的45.4%,1991年的42%,1997年的38.7%,下降到2004年的34%;中学毕业者从1965年的24.6%,1975年的15.9%,1985年的8.1%,1991年的4.7%,1997年的2.3%,下降到2004年的0.8%。高学历者的人数直线上升,如大学和短期大学毕业者所占的比率,从1965年25%,上升到1997年的59%;低学历者的人数急剧减少,特别是中学毕业者所占的比率,从1965年约4个人有1个人,减少到1997年约40个人只有1个人。

表1　学历构成比率的推移(全工资表)

区分　年次 学历	40　1965年		50　1975年		51　1976年		52　1977年	
	职员人数	构成比%	职员人数	构成比%	职员人数	构成比%	职员人数	构成比%
大学卒	64512	13.9	113660	23.0	118662	23.9	123453	24.8
短大卒	51702	11.1	56241	11.4	57998	11.7	59543	11.9
高校卒	234220	50.4	244930	49.7	245026	49.3	243497	48.9
中学卒	114175	24.6	78509	15.9	75297	15.1	71780	14.4

注:学历构成比率表示在全体职员中所占的比率

资料来源:人事院编:《公务员白皮书》(日文版)昭和五十三年第48、49页。

表 2　学历别人员构成比率的推移

区分　学历＼年次	45　1970 年		50　1975 年		55　1980 年		60　1985 年	
	职员人数	构成比%	职员人数	构成比%	职员人数	构成比%	职员人数	构成比%
大学卒	94098	19.5	113660	23.0	138791	27.5	158336	32.5
短大卒	54354	11.3	56241	11.4	65794	13.0	67995	14.0
高校卒	240123	49.9	244930	49.7	239723	47.4	221422	45.4
中学卒	93181	19.3	78509	15.9	61398	12.1	39664	8.1

注:学历构成比率表示对全体职员所占的比率、学历为最终学历。

资料来源:人事院编:《公务员白皮书》(日文版),昭和六十一年版,第 58 页。

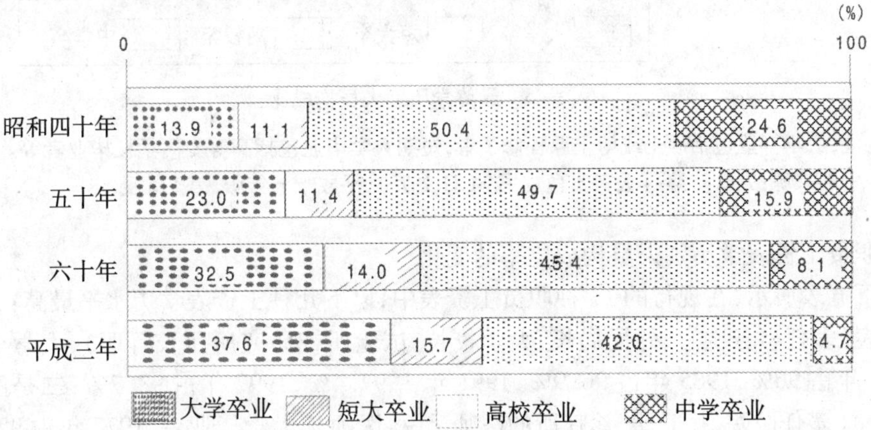

表 3　学历别人员构成比率的推移

(平成三年,1991 年)

注:大学毕业包括硕士及博士课程修了者,短期大学毕业包括高等专门学校毕业者等。

资料来源:人事院编:《公务员白皮书》(日文版),平成四年版,第 205 页、56 页。

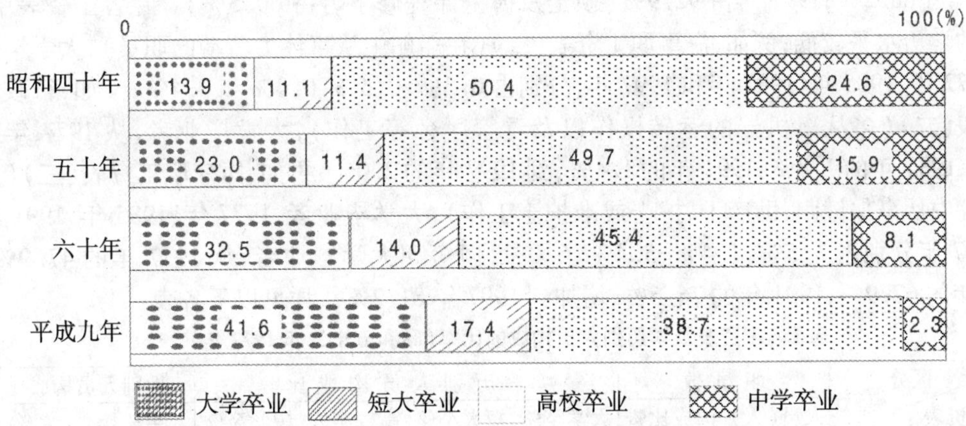

表 4　最终学历人员构成比率的推移

注:大学毕业包括硕士及博士课程修了者,短期大学毕包括高等专门学校毕业者等。

资料来源:人事院编:《公务员白皮书》,(日文版)平成十年版,第 273 页、76 页。

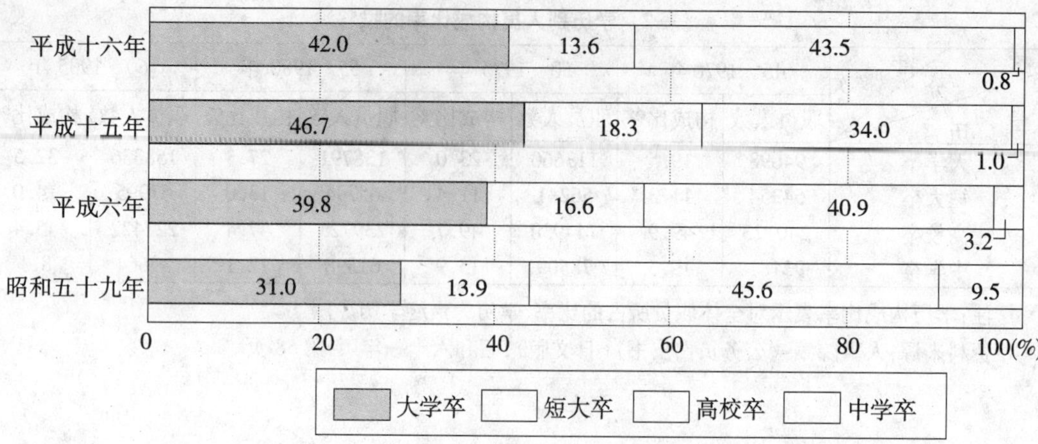

表 5　最终学历别人员构成比

注:大学毕业包括硕士或博士课程修了者,短期大学毕业包括高等专门学校毕业者等。

资料来源:人事院编:《公务员白皮书》(日文版),平成十七年版,第 175 页。

2. 各职员工资表学历别人员构成比率的变化

如以下五表所示,在现行的 17 种职员工资表中,以下几种工资表学历水平最高:一是指定职工资表(多任事务次官、外局局长、大学校长、试验所或研究所所长等职),大学毕业程度者,1977 年占 96%,1985 年占 96.9%,1991 年占 97.4%,1997 年占 98.7%;二是医疗职工资表(一)(多任医院、疗养所、诊疗所的医师、牙科医师),大学毕业者,1977 年占 92.6%,1985 年占 96%,1991 年占 99.3%,1997 年占 100%;三是教育职工资表(一)(大学教授、助教授、讲师、助手等),大学毕业者;1977 年占 92.7%,1985 年占 95.7%,1991 年占 97.6%,1997 年的 98.8%(硕士及博士课程修了者占 72.9%);四是研究职工资表(在研究所、试验所中从事调查研究或试验研究的职员)、大学毕业者,1977 年占 67.5%,1985 年占 77.3%,1991 年占 88.2%,1997 年占 92.9%(硕士及博士课程修了者占 60.5%)。在各工资表中,也有的学历水平较低;例如,海事职工资表(二)(在船舶中从事体力劳动的职员),大学毕业者,1977 年、1985 年、1991 年和 1997 年,分别占 0.3%、0.5%、0.4% 和 0.4%;又如,行政职工资表(二)(多从事机器的运转操作以及看管厅舍等工作),大学毕业者,从 1977 年的 0.5%,1985 年的 1.8%,1991 年的 1.4%,到 1997 年的 2.0%;再如,医疗职工资表(三)(多在医院中从事保健归、助产士、护士或准护士工作),大学毕业者,1977 年、1985 年、1991 年和 1997 年分别占 3.5%,4.4%、5.4%、6.0%,但短期大学毕业者,从 1977 年的 47.9%,1985 年的 67.9%,1991 年的 76.6%,增加到 1997 年 81.2%。详见以下各表:

表 1　工资表及学历别人员构成的比率(昭和五十二年 1977 年)

区分 工资表	职员数		学历别人员构成比				性别人员构成比	
	人员(人)	构成比%	大学卒%	短大卒%	高校卒%	中学卒%	男%	女%
全工资表	498273	100.0	24.8	11.9	48.9	14.4	80.4	19.6
行政职工资表一	243798	48.9	19.3	10.0	62.3	8.4	85.8	14.2
行政职工资表二	50723	10.2	0.5	1.1	24.6	73.8	71.6	28.4
税务职工资表	49220	9.9	11.1	6.6	79.3	3.0	90.6	9.4
公安职工资表一	18567	3.7	12.2	3.5	58.9	25.4	97.1	2.9

公安职工资表二	20298	4.1	20.1	16.1	44.6	19.2	97.8	2.2
海事职工资表一	675	0. 1	40.4	24.6	16.3	18.7	99.9	0.1
海事职工资表二	1681	0. 3	0.3	0.5	24.1	75.1	99.9	0.1
教育职工资表一	45485	9.1	92.7	5.8	1.3	0.2	93.6	6.4
教育职工资表二	1804	0. 4	69.9	25.7	3.6	0.8	73.0	27.0
教育职工资表三	3448	0. 7	79.8	18.5	1.6	0.1	77.5	22.5
教育职工资表四	3598	0. 7	72.5	25.4	2.0	0.1	85.5	14.5
研究职工资表	10279	1. 1	67.5	13.6	16.7	2.2	82.8	7.2
医疗职工资表一	4580	0. 9	92.6	7.4	–	–	93.1	6.9
医疗职工资表二	7454	1. 5	21.8	51.8	20.3	6.1	66.8	33.2
医疗职工资表三	35302	7.1	8.5	47.9	43.8	4.9	1.4	98.6
指定职工资表	1361	0.3	96.0	3.8	0.1	0.1	99.9	0.9

注:学历别人员构成比率表示在同一工资表内所占的比率。

资料来源:人事院编:《公务员白皮书》(日文版),1978 年版,第 48 – 49 页。

表 2　工资表别及学历别人员构成比率(昭和六十年、1985 年)

区分 / 工资表	职员数		学历别人员构成比				性别人员构成比	
	人员(人)	构成比%	大学卒%	短大卒%	高校卒%	中学卒%	男%	女%
全工资表	487417	100.0	32.5	14.0	45.4	8.1	80.1	19.9
行政职工资表一	235279	48.3	26.4	9.9	59.3	4.4	85.8	14.2
行政职工资表二	35058	7.2	1.0	1.8	33.8	63.4	72.0	28.0
税务职工资表	49703	10.2	19.3	4.2	75.2	1.3	91.2	8.8
公安职工资表一	18146	3.7	26.4	3.7	60.4	9.5	96.8	3.2
公安职工资表二	20546	4.2	27.4	21.7	38.5	12.4	97.2	2.8
海事职工资表一	642	0.1	47.3	18.7	17.8	16.2	99.8	0.2
海事职工资表二	1496	0.3	0.5	2.1	31.0	66.4	100.0	–
教育职工资表一	52030	10.7	95.7	3.3	0.9	0.1	93.5	6.5
教育职工资表二	2105	0.4	83.8	14.3	1.3	0.6	70.4	29.6
教育职工资表三	3469	0.7	90.8	8.6	0.6	–	78.2	21.8
教育职工资表四	3571	0.7	75.8	22.4	1.6	0.2	85.1	14.9
研究职工资表	10132	2.1	77.3	9.2	12.6	0.9	93.4	6.6
医疗职工资表一	4797	1.0	96.0	4.0	–	–	91.6	8.4
医疗职工资表二	8903	1.8	27.8	58.6	11.8	1.8	69.5	30.5
医疗职工资表三	40128	8.3	4.4	67.9	26.1	1.6	1.9	98.1
指定职工资表	1412	0.3	96.9	2.9	0.2	–	99.9	0.1

注:学历别人员构成比率表示同一工资表内所占的比率,学历为最终学历。

资料来源:人事院编:《公务员白皮书》(日文版),1986 年版,第 58 页。

表 3　工资表别及学历别人员构成比率(平成三年 1991 年)

区分 / 工资表	职员数		学历别人员构成比				性别人员构成比	
	人员(人)	构成比%	大学卒%	短大卒%	高校卒%	中学卒%	男%	女%
全工资表	484321	100.0	37.6	15.7	42.0	4.7	79.2	20.8
行政职工资表一	224164	46.3	30.7	10.6	56.8	1.9	84.9	15.1
行政职工资表二	27609	5.7	1.4	2.4	41.8	54.4	70.6	29.4

专门行政职工资表	6556	1.4	41.0	33.6	24.7	0.7	96.5	3.5
税务职工资表	51744	10.7	29.4	4.7	65.5	0.4	89.7	10.3
公安职工资表一	18613	3.8	31.2	3.7	61.7	3.4	96.2	3.8
公安职工资表二	21007	4.3	32.8	25.5	35.3	6.4	95.3	4.7
海事职工资表一	640	0.1	55.2	14.5	19.7	10.6	98.9	1.1
海事职工资表二	1281	0.3	0.4	3.0	40.6	56.1	100.0	–
教育职工资表一	54878	11.3	97.6	1.8	0.6	0.0	92.7	7.3
教育职工资表二	2202	0.5	92.4	6.6	0.7	.3	68.2	31.8
教育职工资表三	3505	0.7	95.6	4.2	0.2	–	76.5	23.5
教育职工资表四	3961	0.8	82.3	16.2	1.5	0.0	86.0	14.0
研究职工资表	9,729	2.0	88.2	3.6	7.9	0.3	93.0	7.0
医疗职工资表一	5122	1.1	99.3	0.7	–	–	91.7	8.3
医疗职工资表二	9253	1.9	30.3	62.0	7.1	0.6	69.9	30.4
医疗职工资表三	42686	8.8	5.4	76.6	17.6	0.4	2.4	97.6
指定职工资表	1360	0.3	97.4	2.1	0.5	–	99.4	0.6

注:学历别人员构成比率表示在同一工资表内所占的比例。

资料来源:人事院编:《公务员白皮书》(日文版),平成四年版,第205页。

表4　工资表别及最终学历别人员构成比率

(平成九年、1997年)

区分 / 工资表	职员数		学历别人员构成比				性别人员构成比	
	人员(人)	构成比%	大学卒%	短大卒%	高校卒%	中学卒%	男%	女%
全工资表	490037	100.1	41.6	17.4	38.7	2.3	78.0	22.0
行政职工资表一二	245,384	50.1	32.4	11.5	52.0	3.9	82.5	17.5
行政职工资表一	225,426	46.0	35.1	12.2	52.2	0.7	83.6	16.4
行政职工资表二	19,958	4.1	2.0	3.4	54.9	39.7	69.7	30.3
专门行政职工资表	7,617	1.6	43.4	35.2	21.0	0.4	92.5	7.5
税务职工资表	54,100	11.0	32.7	4.4	62.9	0.0	88.1	11.9
公安职工资表一	19,341	4.0	34.4	4.6	58.6	2.4	95.4	4.6
公安职工资表二	22,140	4.5	35.3	29.8	32.1	2.8	92.4	7.6
海事职工资表一	650	0.1	57.2	16.0	19.7	7.1	98.9	1.1
海事职工资表二	1,143	0.2	0.4	5.2	53.1	41.3	99.8	0.2
教育职工资表一	58,486	11.9	98.8 (72.9)	0.8	0.4	0.0	91.4	8.6
教育职工资表二	2,269	0.5	94.3	5.3	0.4	0.0	65.7	34.3
教育职工资表三	3,566	0.7	96.3	3.6	0.1	–	74.2	25.8
教育职工资表四	4,282	0.9	83.5	15.7	0.8	0.0	85.3	14.7
研究职工资表	9,992	2.0	92.9 (60.5)	2.6	4.4	0.1	91.6	8.4
医疗职工资表一	5,481	1.1	100.0	–	–	–	90.2	9.8
医疗职工资表二	9,258	1.9	31.0	65.5	3.4	0.1	68.4	31.6
医疗职工资表三	44,908	9.2	6.0	81.2	12.8	–	3.0	97.0
指定职工资表	1,420	0.3	98.7	0.2	1.0	0.1	99.2	0.8

注:1.最终学历人员构成比率表示在同一工资表内所占的比例。

2.大学毕业包括硕士及博士课程修了者,(　)内表示它所占的比例;短大毕业包括高等专门学校毕业者等。

资料来源:人事院编:《公务员白皮书》(日文版),1998年版,第273页。

表5　工资表别、最终学历别及性别人员构成比(平成十六年)

(单位:%)

区分 工资表	计	学历别人员构成比					性别人员构成比	
		大学卒	うち大学院修了	短大卒	高校卒	中学卒	男性	女性
全工资表	100.0	42.0	3.2	13.6	43.5	0.8	85.0	15.0
行政职俸级表(一)	100.0	44.7	3.3	12.6	42.6	0.1	84.7	15.3
行政职工资表(二)	100.0	4.3	–	6.0	67.0	22.7	70.5	29.5
专门行政职工资表	100.0	45.4	14.1	37.7	16.7	0.2	88.6	11.4
税务职工资表	100.0	36.5	0.5	4.2	59.3	0.0	87.3	12.7
公安职工资表(一)	100.0	43.8	0.6	5.3	49.6	1.3	94.7	5.3
公安职工资表(二)	100.0	39.1	1.6	31.5	27.5	1.8	91.2	8.8
海事职工资表(一)	100.0	34.7	–	23.0	29.3	13.1	99.1	0.9
海事职工资表(二)	100.0	1.0	–	14.0	59.9	25.1	99.3	0.7
教育职工资表(一)	100.0	85.7	49.2	14.3	–	–	75.4	24.6
教育职工资表(二)	100.0	65.3	5.8	31.4	3.3	–	85.1	14.9
研究职工资表	100.0	96.2	68.4	1.3	2.4	0.1	84.9	15.1
医疗职工资表(一)	100.0	100.0	22.2	–	–	–	87.6	12.4
医疗职工资表(二)	100.0	38.0	3.2	60.4	1.4	0.3	70.8	29.2
医疗职工资表(三)	100.0	10.3	0.3	80.8	8.8	–	6.7	93.3
福祉职工资表	100.0	80.2	2.7	13.4	6.1	0.4	59.5	40.5
指定职工资表	100.0	99.1	13.4	–	0.7	0.1	99.0	1.0
特定任期付职员工资表	100.0	99.1	16.8	–	0.9	–	90.3	9.7
第一号任期付研究员工资表	100.0	100.0	81.8	–	–	–	81.8	18.2
第二号任期付研究员工资表	100.0	100.0	100.0	–	–	–	75.8	24.2

注:在大学毕业者中包括硕士课程或博士课程修业者,在短大毕业者中包括高等专门学校毕业者。

资料来源:人事院编:《公务员白皮书》(日文版),平成十七年版,第191页。

二、内阁阁僚的最终学历

1. 内阁总理大臣的最终学历

如下表所示,战后日本27名内阁总理大臣的最终学历,大都是国立或私立大学毕业。其中东京大学毕业者共有10人,执政的时间达30年另7个半月,约占东久迩稔彦内阁至小泉纯一郎组阁这段时间(共55年另8个月)的55%。

近十多年来,情况略有变化。如从平成元年(1989年)的宇野内阁到平成十三年的小泉内阁,在10名内阁总理大臣中,早稻田大学毕业者为3人,庆应大学毕业者为2人,东京大学毕业者仅为1人。详见下表:

战后日本历届内阁总理大臣的最终学历、组阁时间及初任年龄

内阁总理大臣	生卒年月日	最终学历	组阁次数及时间	初任总理大臣时的年龄
东久迩稔彦(原皇族)	1887.12.3—1990.7.20	先后毕业于日本陆军大学(1914年)和法国陆军大学(1922年)	1945.8.17—1945.10.9	58岁
币原喜重郎	1872.8.11—1951.3.10	1895年东京帝国大学法律学科(英法)毕业,1896年高等文官考试外交科考试合格。	1945.10.9—1946.5.22	73岁
吉田茂	1878.9.22—1967.10.20	1906年东京帝国大学政治学科毕业,同年高等文官考试外交科考试合格。	先后五次组阁 ①1946.522—1947.5.24 ②1948.10.15—1949.2.16 ③1949.2.16—1952.10.30 ④1952.10.30—1953.5.21 ⑤1953.5.21—1954.12.10	68岁
片山哲	1887.7.28—1978.5.30	1912年东京帝国大学法律学科(德法)毕业。	1947.5.24—1948.3.10	60岁
芦田均	1887.11.15—1959.6.20	1912年东京帝国大学法律学科(英法)毕业。	1948.3.10—1948.10.15	61岁
鸠山一郎	1883.1.1—1959.3.7	1907年东京帝国大学法律学科(英法)毕业。	先后三次组阁 ①1954.12.10—1955.3.19 ②1955.3.19—1955.11.22 ③1955.11.22—1956.12.23	72岁
石桥湛山	1884.9.25—1973.4.25	1907年早稻田大学文学部哲学科毕业。	1956.12.23—1957.2.25	72岁
岸信介	1896.11.13—1987.8.7	1920年东京帝国大学法学部法律学科(德国)毕业,1919年高等文官考试行政科考试合格。	先后组阁两次 ①1957.2.25—1958.6.12 ②1958.6.12—1960.7.19	61岁
池田勇人	1899.12.3—1965.8.13	1925年京都帝国大学法学部法律学科毕业,1924年高等文官考试行政科考试合格。	先后组阁三次 ①1960.7.19—1960.12.8 ②1960.12.8—1963.12.9 ③1963.12.9—1964.11.9	61岁

佐藤荣作	1901.3.27— 1975.6.3	1924年东京帝国大学法学部法律学科(德法)毕业,1923年高等文官考试行政科考试合格。	连续三任首相执政达7年8个月之久 ①1964.11.9— 1967.2.17 ②1967.2.17— 1970.1.14 ③1970.1.14— 1972.7.7	65岁
田中角荣	1918.5.4— 1993.12.16	1936年中央工学校土木工学科毕业。	先后两次组阁 ①1972.7.7— 1972.12.22 ②1972.12.22— 1974.12.9	54岁
三木武夫	1907.3.14— 1988.11.14	1929年明治大学商学系毕业,1935年美国加里弗尼亚大学毕业,1937年明治大学法律系毕业。	1974.12.9— 1976.12.24	67岁
福田赳夫	1905.1.14— 1995.7.5	1929年东京帝国大学法学部法律学科毕业,1928年高等文官考试行政科考试合格。	1976.12.24 1978.12.6	71岁
大平正芳	1910.3.12— 1980.6.12	1936年东京商科大学毕业,1935年高等文官考试行政科考试合格。	先后两次组阁 ①1978.12.7— 1979.11.9 ② 1979. 11. 9— 1980.6.12	68岁
铃木善幸	1911.1.11—	1935年农林省水产讲习所毕业。	1980.7.17— 1982.11.27	70岁
中曾根康弘	1918.5.27—	1941年东京帝国大学法学部政治学科毕业,1940年高等文官考试行政科考试合格。	先后三次组阁 ①1982.11.27— 1983.12.27 ② 1983. 12. 27— 1986.7.22 ③1986.7.22— 1982.11.6	64岁
竹下登	1924.2.16—	1947年早稻田大学商学部毕业。	1987.11.6— 1989.6.2	63岁
宇野宗佑	1922.8.27—	1943年神户商业大学中途退学。	1989.6.2— 1989.8.9	
海部俊树	1931.1.2—	1954年早稻田大学法学部毕业。	先后两次组阁 ①1989.8.9— 1990.2.28 ②1990.2.28— 1991.11.5	59岁

宫泽喜一	1919.10.8— 2007.6.28	1941 年东京帝国大学法学部政治学科毕业,同年高等文官考试外交科考试和行政科考试均合格。	先后两次组阁 1991.11.5— 1992.12.11 1992.12.11— 1993.8.9	73 岁
细川护照	1938.1.14—	1963 年上智大学法学部毕业。	1993.8.9— 1994.4	56 岁
羽田孜	1935.8.24—	1958 年成城大学经济学部毕业。	1994.4.28— 1994.6	58 岁
村山富市	1924.3.3—	1926 年明治大学政治经济专科毕业。	先后两次组阁 ①1994.6.30— 1995.8.8 ②1995.8.8— 1996.1.11	71 岁
桥本龙太郎	1937.7.29—	1960 年庆应义塾大学法学部毕业。	先后两次组阁 ①1996.1.11— 1996.11.7 ②1996.11.7— 1998.7.30	59 岁
小渊惠三	1937.6.25— 2000.5.14	早稻田大学毕业。	先后两次组阁 ①1998 年 7 月 30 日年 10 月 4 日 ②1999 年 10 月 5 日－2000 年 4 月 4	61 岁
森喜朗	1937.7.14—	1953 年早稻田大学商学部毕业。	先后两次组阁 2000 年 4 月 5 日－2000 年 7 月 3 日 2000 年 7 月 3 日－2001 年 4 月 24 日	62
小泉纯一郎	1942.1.8—	1967 年庆应义塾大学经济学部毕业。	2001 年 4 月 25 日继森喜朗任第 27 任首相	59 岁

注:本表主要参考以下资料编写而成:

1.《战前日本官僚制度的制度、组织、人事》第一部主要官僚的履历。

2. 币原喜重郎、吉田茂、岸信介、池田男人、佐滕荣作、人平正芳、宫泽喜一等人的传记。

3.《日本十首相传》一书刊载的《日本历届内阁首相一览表》。

2. 内阁阁员的最终学历

三本内阁(1974.12.9—1976.12.24)阁员的最终学历

三本内阁,包括首相本人在内,共有阁员 21 人。阁员出身的学校:东京大学 10 人,京都大学 2 人,东京商科大学 1 人,东京农业大学 1 人,明治大学 1 人,中央大学大学院 1 人,早稻田大学 1 人,日本大学 1 人,早稻田技工学校 1 人,满蒙学校 1 人,高小 1 人。除上述 21 人外,还有法制局长官 1 人,东京大学毕业。(见《日本经济新闻》1974 年 12 月 10 日。)

福田内阁(1976.12.24—1978.12.1)阁员的最终学历

福田内阁,包括首相本人在内,共有阁员21人,他们出身的学校为:东京大学7人,早稻田大学5人,东北大学1人,庆应大学1人,一桥大学1人,明治大学1人,神户商科大学中途退学1人,东京商科大学专门部1人,水产讲习所1人,天草中学1人,高小1人。除上述21人外,还有法制局长官1人,京都大学毕业。(见《日本经济新闻》1976年12月25日。)

第一次中曾根内阁(1982年11月26日)阁员的最终学历

第一次中曾根内阁,包括中曾根本人在内,共有阁员21人,他们的最终学历是:东京大学8人,早稻田大学2人,庆应大学2人(包括庆大大学院1人),京都大学1人,日本大学1人,明治大学1人,中央大学1人,关东教员养成所1人,台北第二师范1人,旧制姬路高等学校1人,高小1人。另外,还有法制局长官1人,东京大学毕业。(见《日本经济新闻》1982年11月27日。)

第二次中曾根内阁(1983年12月26日)阁员的最终学历

第二次中曾根内阁,包括中曾根本人在内,共有阁员21人,他们出身的学校是:东京大学7人,早稻田大学6人,京都大学2人,东北大学2人,庆应大学1人,日本大学1人,学习院大学中途学1人,安田工业专修学校1人。此外,还有法制局长官1人,东京大学毕业。(见《日本经济新闻》1983年12月27日。)

竹下内阁(1987年11月6日)阁员的最终学历

竹下内阁,包括首相本人在内,共有阁员21人,他们出身的学校是:东京大学5人,早稻田大学3人,庆应大学2人,中央大学2人,日本大学2人,东京农业大学1人,东北大学1人,一桥大学1人,青山学院大学1人,神户商科大学中途退学1人,相模原工科学校1人,奈良师范学校1人。此外,还有法制局长官1人,东京大学毕业。(见《日本经济新闻》1987年11月7日。)

小泉内阁(2001年4月26日)阁员的最终学历

2001年4月26日组成的小泉统一郎内阁,包括小泉本人在内共有阁员18人。内阁阁员出身的学校是:东京大学6人,庆应大学4人,早稻田大学3人,一桥大学2人,防卫1人,三重县1人,宝琢音乐学校1人。(见《朝日新闻》2001年4月27日。)

早大出身的小渊、森两届内阁相继结束,庆应出身的小泉首相的内阁诞生了。

从平成元年(1989年)的宇野内阁到现在,先后经过了许多届内阁,从包括首相在内的阁僚的出身学校来看,在总数406人当中,东大、早大、庆大三所大学实际上占据其中的半数以上,达227人。此中,东大独占鳌头,共为102人;其次是早大和庆大旗鼓相当,分别为63人和62人。

2001年组成的小泉内阁,东大出身者6人,庆大出身者4人,早大出身者3人,早庆的形势开始逆转。另一方面,这一期间的10名首相,早大毕业者为3人,庆大毕业者为2人,而东大毕业者仅有1人。(见《朝日新闻》2001年4月27日。)

第六节　公务员的工资报酬

一、一般职国家公务员平均工资报酬月额

职员的工资报酬(“给与”),是由工资(“俸给”)和各种津贴(“手当”)构成的,但其中最基本的部分则是工资、赡养津贴和调整津贴。以下第1表和第2表是表示1965年至1987年职员平均工资报酬月额的演变情况;第3表表示1991年职员的平均工资报酬月额;第4表则是表示1997年职种别的从业员数,平均年龄及平均工资报酬月额;第5表和第6表,则分别表示1997年和2005年职员的平均工资报酬月额;

但这里必须说明以下两点:第一,职员的工资即基本工资,在本书的第六章第六节的工资制度(详见17种工资表)中已作了说明,故这里不再重述;第二,职员工资报酬最基本的部分是工资、赡养津贴和调整津贴,但除此以外还有许多其他津贴,如住房津贴、通勤津贴、期末津贴、勤勉津贴等,特别是期末津贴和勤勉津贴两项合计可获相当于4.9个月的工资。但由于这些津贴在本书的第六章第六节的工资制度(详见各种津贴)中已作了详细叙述,故这里也不再重述。

第1表　1965－1977年职员平均工资报酬额的变化

平均给与月额的推移(全工资表)(单位:元)

年次	工资	赡养津贴	调整津贴	计
1965年	34845	905	890	36640
1967年	42280	1095	960	44335
1969年	52385	1055	1725	55165
1971年	67900	1410	2605	71915
1973年	86925	1965	3400	92290
1975年	135497	3944	5391	144832
1977年	166083	5570	6699	178352

注:在职员的工资(　　)中,包括“工资调整额”、“教职调整额”和“差额基本津贴”。但1977年则不包括“差额基本津贴”。

资料来源:人事院编:《公务员白皮书》,昭和五十三年版,第53页。

第2表　1972年至1987年职员平均工资报酬额的变化

平均给与月额的推移(全职员)

给与种目 / 年次	工资	赡养津贴	调整津贴	计
	元	元	元	元
1972	77315	1715	3015	82045
1977	166083	5570	6699	178352
1982	219872	8774	9934	238580
1983	221134	8666	9975	239775

1984	226634	8910	10375	245919
1985	234017	9703	10821	254541
1986	246977	10140	12443	269560
1987	253330	10563	12925	276818

注:在工资中包括"工资的调整额"和"教职调整额"。

资料来源:人事院编:《公务员白皮书》,昭和六十三年版,第171页。

第3表　1991年职员的平均工资报酬月额

工资表平均给与月额(平成三年)

给与种目 工资表	工资	赡养津贴	调整津贴	计
	元	元	元	元
全工资表	284163	10582	14756	309501
行政职工资表(一)	263949	10501	14197	288647
行政职工资表(二)	245328	9486	7780	262594
专门行政职工资表	292846	15290	23329	331465
税务职工资表	271816	11162	19409	302387
公安职工资表(一)	272432	14404	12318	299154
公安职工资表(二)	296998	13322	13429	323749
海事职工资表(一)	350511	15371	26537	392419
海事职工资表(二)	279673	14324	18734	312731
教育职工资表(一)	391014	14407	17975	423396
教育职工资表(二)	318104	9053	15786	342943
教育职工资表(三)	297731	9923	8929	316583
教育职工资表(四)	369640	12837	5047	387524
研究职工资表	640720	13765	31145	385630
医疗职工资表(一)	382884	15348	40851	439083
医疗职工资表(二)	266888	8986	9344	285218
医疗职工资表(三)	240092	1482	6523	248097
指定职工资表	841324	–	66240	907564

注:职员工资(　)包括"工资的调整额"和"教职调整额"。

资料来源:人事院编:《公务员白皮书》,平成四年版,第207页。

第4表　1997年职种别从业员数、平均年龄及平均给与月额(平均九年职种别民间给与实态调查)

职种名	调查实际人员	从业员总数	平均年龄	固定支给的报酬(A)
	人	人	岁	元
支店长	1061	4122	51.7	802138
事务部长	7909	26782	51.9	729074
事务部次长	4466	17465	50.1	691030
事务课长	19251	103830	46.9	602202
事务课长代理	8283	49434	43.5	545148
事务股长	19712	129060	41.4	471060
事务主任	26833	224543	38.0	402669
事务股员	115644	1670005	30.8	291899
工厂厂长	713	2659	52.6	686741
技术部长	6297	19696	51.2	681014
技术部次长	2830	8760	50.1	615653
技术课长	14823	75595	46.5	566203
技术课长代理	4034	20493	44.5	514549
技术股长	12446	80023	41.7	483734
技术主任	16658	148445	38.9	449749
技术股员	60922	858408	31.9	343871
电话接线员(组长)	53	72	43.9	382176
电话接线员	1613	3516	37.3	272,989
汽车车库长	197	515	49.3	507683
自家乘用汽车司机	4208	12442	51.3	449018
机库职·组长	641	3359	45.9	457839
机库一般工作	2554	29366	37.7	335407
建设机械操作手	503	7733	38.4	443608
土要作业监督	70	548	43.1	449101
土要作业主任	129	1671	31.7	342091
土木职·组长	31	190	51.4	477638
木工一般工人	169	1702	44.3	369820
电工职·组长	397	937	47.4	503114
电工一般工人	2758	12022	38.5	370255

<table>
<tr><th colspan="3">平均给与月额</th><th rowspan="2">备考</th></tr>
<tr><th>其中时间外津贴
（B）</th><th>（A－B）</th><th>其中负责人员津贴</th></tr>
<tr><td>元</td><td>元</td><td>元</td><td></td></tr>
<tr><td>406</td><td>801732</td><td>99079</td><td rowspan="15">成员50人以上支店（社）长（董事兼任者除外）。
3课以上或成员30人以上的部长（董事兼任者除外）。
上记部长有事故等时的职务代行者或直属课长部下有4人以上者直属课长的组织（成员4人以上）的首长。
成员50人以上的工厂的首长（董事兼任者除外）。
同事务部长。
同事务部次长。
同事务部课长。
同事务课长代理。
同事务股长。</td></tr>
<tr><td>140</td><td>728934</td><td>66345</td></tr>
<tr><td>1176</td><td>689854</td><td>57471</td></tr>
<tr><td>2528</td><td>599674</td><td>56178</td></tr>
<tr><td>43494</td><td>501654</td><td>17262</td></tr>
<tr><td>43723</td><td>427337</td><td>4406</td></tr>
<tr><td>43686</td><td>358983</td><td>1430</td></tr>
<tr><td>30098</td><td>261801</td><td>0</td></tr>
<tr><td>1334</td><td>685407</td><td>64645</td></tr>
<tr><td>602</td><td>680412</td><td>49561</td></tr>
<tr><td>1426</td><td>614227</td><td>43416</td></tr>
<tr><td>1740</td><td>564463</td><td>41132</td></tr>
<tr><td>29908</td><td>484641</td><td>17304</td></tr>
<tr><td>67356</td><td>416378</td><td>2502</td></tr>
<tr><td>61406</td><td>388343</td><td>1203</td></tr>
<tr><td>56825</td><td>287046</td><td>0</td><td rowspan="14">部下有电话接线员4人以上。
见习、外国语的电话接线员除外。
部下有司机5人以上（只专门从事运转者除外）。
部下有机械工作工5人以上。
专使用平削般、开削般、竖削般者监督、见习除外。
部下有主任2人以上。
部下现场作业员5人以上。
部下有木工、瓦匠等5人以上、见习除外。
部下电工5人以上。
见习除外。</td></tr>
<tr><td>16344</td><td>365832</td><td>8535</td></tr>
<tr><td>8400</td><td>264589</td><td>0</td></tr>
<tr><td>97182</td><td>410501</td><td>12144</td></tr>
<tr><td>89725</td><td>359293</td><td>0</td></tr>
<tr><td>74712</td><td>383127</td><td>1346</td></tr>
<tr><td>57066</td><td>278341</td><td>0</td></tr>
<tr><td>71971</td><td>371637</td><td>0</td></tr>
<tr><td>38167</td><td>410934</td><td>14306</td></tr>
<tr><td>44757</td><td>297334</td><td>888</td></tr>
<tr><td>50977</td><td>426661</td><td>6316</td></tr>
<tr><td>49899</td><td>319921</td><td>0</td></tr>
<tr><td>82302</td><td>420812</td><td>2174</td></tr>
<tr><td>65974</td><td>304281</td><td>0</td></tr>
</table>

职种名	调查实际人员	从业员总数	平均年龄	固定支给的报酬(A)
	人	人	岁	元
△△△主任者	1743	5163	48.0	445335
锅炉技士	1768	5700	41.6	378146
作业船船长机关长	103	975	53.3	740976
作业船乘组员	167	2166	39.7	485376
守卫长	316	511	53.4	508328
守卫	3530	9424	52.4	424014
用务员	1177	4994	53.3	315455
研究所长	255	463	52.2	795894
研究部(课长)	2225	7797	47.2	634616
研究室股长	1794	8881	41.2	510802
主任研究员	3044	17231	40.1	495306
研究员	7874	69238	32.0	532166
研究辅助员	2005	12534	31.7	284710
医院院长	178	761	57.8	1537181
副院长	329	1568	51.8	1345373
医疗科长	1467	9193	45.0	1067034
医师	2672	23243	37.2	848572
牙科医师	134	537	37.0	725072
药局局长	347	1849	45.4	461525
药剂师	2282	14856	33.3	322164
诊疗放射线技师	2114	13275	36.1	388648
临库检查技师	2744	21620	35.9	342484
护生检查辅助员	142	821	43.3	259524
营养士	1703	12133	32.5	261939
理学疗法士	1161	6751	31.4	304136
作业疗法士	551	3723	29.9	285626
总护士(士)长	340	1855	53.6	505369
护士(士)长	2908	22531	45.4	415879
护士(士)	9370	177200	32.8	320651
准护士(士)	5500	107572	38.5	296127

平均给与月额			备考
其中时间外津贴（B）	（A－B）	其中负责人员津贴	
元	元	元	
70389	374946	708	有1级锅炉技士执照者。 有2级锅炉技士执照者。 定员3人以上的作业船的船长、机关长。 部下有守护5人以上。
59584	318562	98	
293531	447445	6144	
186806	298570	0	
55312	453016	1820	
43293	380721	0	
23222	292233	313	
0	795,894	47,900	成员50人以上的首长（董事兼任者除外）。 2室（股）以上成员7人以上的部（课）的首长。 成员3人以上的室（股）的首长。 下记研究员的上位者（有研究所长职名者、上记研究部（课）长及研究室（股）长除外）。
2,035	532,581	31,912	
39,703	471,099	11,727	
29,554	465,752	8,888	
46,472	305,694	0	
25,578	259,132	0	
17987	1519194	122264	部下有医师5人以上。 上记院长有事故等时的职务代行者，部下有医师1人以上。
39280	1306093	129359	
61921	1005113	49639	
74523	774049	0	
19818	705254	0	
13582	447943	29313	部下有药剂师2人以上。 无执照者。
30602	291562	0	
33767	354881	3956	
26687	315797	2518	
9669	249855	0	
14633	247306	2165	
11987	292149	4329	
7877	277749	2243	
5155	500254	58886	部下有护士长5人以上。 部下有护士（士）及准护士（士）5人以上。
21033	394846	20122	
32406	288245	0	
29713	266414	0	

职种名		调查实际人员	从业员总数	平均年龄	固定支给的报酬 (A)
		人	人	岁	元
大学学长		35	121	63.4	784184
大学学部长		253	642	60.4	812242
大学教授		2283	22640	56.2	714543
大学助教授		1689	11521	45.9	570560
大学讲师		1310	8462	42.7	497627
大学助手		581	4078	37.7	414020
高等学校校长		86	296	61.1	736413
高等学校教头		252	795	56.2	636453
高等学校教论		2719	28481	43.5	486519
远洋	船长机关长	60	679	52.0	665891
	一等航海士　机关士	57	425	44.9	767860
	二等航海士　机关士	41	282	39.1	578922
	三等航海士　机关士	34	234	40.0	561295
	远航士	9	52	30.3	428775
	甲板长　操机长	20	220	52.1	357457
	甲板长　操机手	17	88	46.3	521025
	甲板员　机关员	9	36	26.0	381832
近海	船长　机关长	30	43	50.4	660122
	一等航海士　机关士	28	40	49.8	580119
	二等航海士　机关士	31	42	47.1	511125
	三等航海士　机关士	21	31	33.1	458860
	甲板长　操机长	20	30	50.7	523815
	甲板手　操机手	35	66	41.3	520011
	甲板员　机关员	21	40	25.3	318738
沿海平水	船长　机关长	395	1561	51.8	622158
	一等航海士　机关士	337	1246	46.4	554590
	二等航海士　机关士	214	876	39.3	480217
	三等航海士　机关士	97	409	31.0	411001
	甲板长　操机长	248	807	49.7	527057
	甲板手　操机手	356	2520	40.8	455700
	甲板员　机关员	247	915	24.7	294523

其中时间外津贴（B）	平均给与月额（A－B）	其中负责人员津贴	备考
元	元	元	
0	784184	93136	
405	811837	80246	
4254	710289	4042	
2181	568379	0	
3342	494285	0	
4278	409742	0	
0	736413	83708	
681	635772	49775	
1103	485416	0	
0	665891	103632	不限定航行区域，总吨数 20 吨以上的船舶的船员。
125217	642643	0	
108020	470902	0	
102011	459284	0	
28321	400454	0	
33411	324046	0	
68849	452176	0	
63784	318048	0	
10296	649826	157525	以从北纬 63 度至南纬 11 度之间及东经 94 度至 175 度之间的水域为航行区域的总吨数 20 度以上的船舶的船员。
119306	460813	0	
126669	384456	0	
125703	333157	0	
115686	408129	0	
138923	381088	0	
69228	249510	0	
69933	552225	65881	以港内或湾内为航行区域的总吨数 5 吨以上的船舶的船员。
131089	423501	0	
101361	378856	0	
88945	322056	0	
119066	407991	0	
101004	354696	0	
62470	232053	0	

第5表　1997年职员的平均工资报酬月额

资料2－4 工资表别平均给与月额(平成九年)

给与种目／年次	工资	赡养津贴	调整津贴	计
	元	元	元	元
全工资表	337365	12145	19237	368747
行政职工资表(一)、(二)	307029	11859	18113	337001
行政职工资表(一)	309392	11954	18869	340215
行政职工资表(二)	280347	10777	9573	300697
专门行政职工资表	344161	15479	30402	390042
税务职工资表	340703	13472	26200	380375
公安职工资表(一)	327951	16837	15992	360780
公安职工资表(二)	342081	14614	16231	372926
海事职工资表(一)	398072	17305	35411	450788
海事职工资表(二)	315828	15065	25313	356206
教育职工资表(一)	454277	16064	21480	491821
教育职工资表(二)	377076	10531	20147	407754
教育职工资表(三)	350627	10962	11449	373038
教育职工资表(四)	426323	14519	5356	446198
研究职工资表	401017	15303	39004	455324
医疗职工资表(一)	446177	17333	48404	511914
医疗职工资表(二)	318717	11106	11667	341490
医疗职工资表(三)	292196	2271	8110	302577
指定职工资表	962085	－	84127	1046212

注:职员的工资包括“工资调整额”及“教职调整额”。

资料来源:人事院编:《公务员白皮书》,平成十年版,第275页。

第6表　2005年工资表职员数、平均年龄、平均工作年数及平均报酬额,参见本章的第四节的第5表。

二、特别职国家公务员的工资报酬额的变化

日本出版的《公务员给与便览》一书中所列的“特别的职员”,主要是指内阁总理大臣、最高裁判所长官等特别职的公务员,但也包括两院正副议长、国会议员等非特别职的公务员。下面只选1977年和1999年两个年度的特别职的职员的报酬额。

1. 1977年内阁总理大臣、两院议长、最高裁判所长官等的报酬额

区　分			工资月额	调整手当	合计	期末津贴
行　政	立　法	司　法				
			元	元	元	
◎内阁总理大臣	两院议长	◎最高裁判所长官	1450000	116000	1566000	6月、12月和翌年3月,分别支给1.4个月份、2个月份和0.5个月份。
○国务大臣 ○会计检察院长 ○人事院总裁	两院副议长 国会图书馆馆长	○最高裁判所判事 ○检事总长	1050000	84000	1134000	
	两院事务总长		965000	77200	1042200	

内阁法制局长官 ○公正交易委员会 ○宫内厅长官	两院法制局长	○东京高裁长官	880000	70400	950400	但对政令等有规定者，须支给期末津贴的增额部分。
		※○其他高裁长官 ○东京高检检事长	810000	64800	874800	
○检察官 ○大事官 正务次官 公害等调整委员会委员长	国会议员	○最高检次长检事 ※○及其他高检检事长	740000	59200	799200	
内阁官房副长官 总理府总务副长官 ○侍从长			730000	58400	788400	
国家公安委员会委员 公正交易委员会委员 地方财政审议会会长 中央更生保护审查会委员长 航空事故调查委员会委员长 式部官长			718000	57440	775440	

大藏省主计局给与课监修：《公务员给与全览》（日文版），大藏省财务协会，1997 年版，第 246－247 页。

2. 1999 年内阁总理大臣、众参两院议长、最高裁判所长官等的报酬额

区　分			工资月额	调整手当	合计	期末津贴
行　政	立　法	司　法				
◎内阁总理大臣	两院议长	◎最高裁判所长官	元 2304000	元 276480	元 2580480	6 月、12 月和翌年 3 月，分别支给 1.6 个月份、1.9 个月份和 0.55 个月份。但对政令等有规定者，须支给期末津贴的增额部分。
○国务大臣 ○会计检查院长 ○人事院总裁	两院副议长 国会图书馆长	○最高裁判所判事 ○检事总长	1682000	201840	1883840	
	两院事务总长		1646000	197520	1843520	
内阁法制局长官 内阁官房副长官 ○公正交易委员会委员长 ○宫内厅长官	两院法制局长	○东京高裁长官	1610000	193200	1803200	
		※○其他高裁长官 ○东京高检检事长	1492000	179040	1671040	
○检察官 ○人事官 政务次官 公害等调整委员会委员长	国会议员	○最高检次长检事 ※○及其他高检检事长	1375000	165000	1540000	

内阁危机管理监常勤的内阁总理大臣辅佐官 ○侍从长			1365000	元 1638000	元 1528800	
金融再生委员会委员 国家公安委员会委员 公正交易委员会委员 地方财政审议会会长 中央更生保护审查会委员长 航空事故调查委员会委员长 式部官长			1346000	161520	1507520	

给与关系法令研究会监修:《公务员给与便览》(日文版),大藏省财务协会,1999 年版,第 325－329 页。

三、国家公务员与地方公务员的报酬水平的比较

日本采用“拉斯培雷斯指数法”,对国家公务员和地方公务员的报酬水平进行了实际比较。该法以国家公务员的一般行政职职员为基础,将对其学历、工作年限、职务等要素的综合抽样评价确定为100,来衡量地方公务员的工资水平。按照该法计算,地方公务员的平均工资几十年来一直高于国家公务员。1974 年为 110.6,1978 年为 107.3,1983 年为 105.9,1988 年为 103.4,1989 年为 103.0。然而自昭和五十年代以降,随着采取报酬的适当化的措施,地方公共团体的拉斯培雷斯指数逐渐下降,如 1974 年至 1989 年降低 7.6,1988 年至 1989 年降低 0.4。参见下表:

团体区分别拉斯培雷斯指数(一般行政职)

以国家公务员的指数为 100

区分	1974 年 4 月 1 日	1978 年 4 月 1 日	1983 年 4 月 1 日	1988 年 4 月 1 日	1989 年 4 月 1 日	增减	
						1974 年至 1989 年	1988 年至 1989 年
都道府县	111.3	107.2	106.2	104.5	104.2	△7.1	△0.3
指定都市	116.1	111.4	109.4	107.6	107.3	△8.8	△0.3
市	113.8	110.5	109.0	105.4	104.9	△8.9	△0.5
町村	99.2	99.0	98.3	96.8	96.5	△2.7	△0.3
特别区	——	110.4	109.4	107.0	106.5	——	△0.5
全地方公共团体平均	110.6	107.3	105.9	103.4	103.0	△7.6	△0.4

泷野欣弥编:《地方公务员制度》第 3 卷(日文版),行政出版公司,1991 年版,第 267－271 页。

四、地方公共团体一般职和特别职职员工资平均月额之比较

都道的部分府县一般职和特别职职员

工资平均月额之比较

1984 年 4 月 1　　　　单位:万日元

	一般行政职员(平均)	知事	副知事	议长	议员
北海道	21.67	97	79	82	64
宫城县	22.39	93	70	62	55

千叶县	20.93	88	71	71	56
东京都	24.37	-	94	94	74
神奈川县	23.29	102	79	81	62
爱知县	22.59	99	80	81	65
大阪府	20.57	105	82	85	68
兵库县	21.75	105	82	85	68
鸟取县	23.34	87	67	64	51
岛根县	22.50	87	67	64	51

资料来源:(日)全国市长会编:《日本都市年鉴》,第一法规 1985 年版,第 157 页。

第七节　公务员的健康状况

由于公务员的年龄结构较为合理,又积极推行预防疾病、防止灾害等健康安全管理的对策,所以日本公务员的整体健康水平不断提高。国家公务员的死亡人数逐年减少:1976 年为 1606 人,1981 年为 1521 人,1986 年为 1321 人,1990 年为 1142 人,1996 年为 977 人,2005 年为 772 人,又对比一下 2005 年国家公务员与国民(18 岁—60 岁)的死亡率(对 10 万人的比率),国家公务员为 98.7,而国民则为 187.1 人。下面想从以下两个方面来阐述健康管理的对策和安全管理的对策。

一、健康管理对策的推进

1. 国家公务员健康周和安全周

为了广泛地提高职员的健康意识和安全意识,日本每年均举行国家公务员安全周和国家公务员健康周。例如,1987 年度的国家公务员安全周,以"灾害"潜伏在"安全"的背后为主题,从 7 月 1 日起进行了一个星期;国家公务员健康周,以"增进健康的三冠王:充分的运动,宽松的休养,适当的荣养"为主题,从 10 月 1 日起进行了一个星期。

2. 成人病(生活习惯病)对策的推进

为了积极地防止心脏病、脑充血等成人病,人事院自 1963 年起每年召开由健康医疗人员组成的第一部和由健康管理事务人员组成的第二部构成的"成人病管理研究会议"。1999 年 1 月,该会举行以精神健康为主题的讲演和座谈会。由于成人病大都与饮食习惯、运动习惯、吸烟、饮酒等生活习惯有密切关系,所以从 1999 年起,"成人病管理研究会议"将改称为"生活习惯病管理研究会议"。

3. 吸烟对策的推进

1997 年 4 月,人事院向各省厅发出了《关于在工作场所吸烟对策的指针》。接着在名古屋、大阪、广岛、福冈、那霸等五个都市召开了吸烟对策研究会。该会除了对《关于在工作场所吸烟对策的指针》进行说明以外,还在专门医生的建议下,对烟和健康、吸烟对策的实践及禁烟的支援等问题进行了讨论研究。1998 年 3 月,召开了成人病管理研究会议第二部会中设立的吸烟对策分科会,该会除了分析各省厅吸烟对策的现状以外,还对今后吸烟对策的推进和支援问题进行了探讨。

4. 精神卫生的对策

为了进一步强化精神卫生的对策,除了在全国9个地区配置了由精神科医生等专家组成的精神卫生指导委员会,积极支持各省厅的精神卫生对策外,还以各省厅的健康管理医生及健康管理的负责者为对象,在札幌、大阪等5个城市举行了“精神卫生专门讲习会”,努力推进指导工作场所精神管理等精神卫生的对策。1998年1月,为了研究工作场所中精神卫生对策的现状,在精神卫生指导委员会之下设立了检讨会。

5. 国家公务员死亡者人数调查

自1964年以后,每年均进行国家公务员死因调查,下面想摘出以下几年的调查数字。

昭和五十一年度(1976年度)在职职员的死亡人数为1606人,主要死因的顺位及死亡率(死亡者对10万职员的比率)是:第1位是癌症,死亡率为67.3;第2位是脑溢血,死亡率为26.4;第3位是心脏病,死亡率为21.9;第4位是意外事故,死亡率为19.5,第5位为自杀,死亡率为12.2(人事院编,《公务员白皮书》,昭和五十三年版,第94页)。

昭和五十六年度(1981年度)在职职员的死亡人数为1521人,主要死因的顺位和死亡率(死亡者对职员10万人的比率)是:第1位是癌症,死亡率为75.8;第2位是心脏病,死亡率为24.7;第3位是脑溢血,死亡率为22.8;第4位是意外事故,死亡率为14.9;第5位是自杀,死亡率为12.6(人事院编,《公务员白皮书》,昭和五十八年版,第94页)。

昭和六十一年度(1986年度)在职职员的死亡人数为1312人,死亡者的死因别顺位是癌症、心脏病、自杀、脑溢血、意外事故和肝硬化。又,国家公务员和国民(18岁至64岁)的死亡率(即死亡者对职员或国民10万人的比率)是:国家公务员为157.3,国民为257.9,国家公务员的死亡率明显低于国民(人事院编:《公务员白皮书》,昭和六十三年版,第98页,第185页)。

平成二年度(1990年度)在职职员的死亡人数为1142人;死亡者的死因顺序是:癌症、心脏病、意外事故、自杀、脑溢血和肝硬化等;国家公务员的死亡率(死亡者对国家公务员10万人的比率)是138.8,国民(18岁－64岁)的死亡率(死亡者对国民10万人的比率)是252.8(参见表1)。

平成八年度(1996年度)在职职员的死亡人数为977人;死亡者的主要死因别是:癌症、心脏病、自杀、意外事故、脑溢血和肝硬化;国家公务员的死亡率为119.4,国民的死亡率为188.8(详见表2)。

综上所述,可以看出:第一,最近二十多年来,尽管每年情况不同,但总的趋势是职员的死亡人数逐渐减少,如1976年为1606人,1981年为1521人,1986年为1312人,1990年为1142人,1996年为977人;第二,癌症始终是第一杀手,如1996年度,癌症的死亡者人数占死亡者总人数的49.8%;第三,癌症、心脏病、脑溢血等成人病死亡者人数的约占死亡者总人数的69.3%(1996年度);第四,自杀、意外事故(如车祸等)的死亡人数 直占有一定的比率。

表1　主要死因顺位及死亡率(与国民之比较)

死因＼项目		国家公务员(平成二年度)			国民(18－64岁)平成二年	
		死亡者数	顺　位	死亡率	顺　位	死亡率
总　数		1142	－－	138.8	－－	252.8
病死	癌症	513	1	62.4	1	99.3
	心脏病	138	2	16.8	2	34.8
	脑溢血	86	5	10.5	3	25.9
	肝硬化	22	6	2.7	6	11.6
	其他	139	－－	16.9	－－	41.3
	计	898		109.2		212.9
灾害死亡	意外事故	119	3	14.5	4	19.9
	自杀	117	4	14.2	5	17.3
	其他	8	－－	1.0	－－	2.7
	计	244		29.7		39.9

注:死亡率表示对国家公务员和国民10万人的比率。

资料来源:人事院编:《公务员白皮书》,平庆四年版,第221页。

表2　主要死因顺位及死亡率

(国家公务员与18－60岁国民之比较)

死因＼项目		国家公务员(1996年)			国民(18－60岁)(1996年度)	
		死亡者数	顺　位	死亡率	顺　位	死亡率
总　数		977	－－	119.4	－－	188.8
病死	癌症	487	1	59.5	1	73.6
	心脏病	131	2	16.0	2	20.7
	脑溢血	59	5	7.2	4	18.0
	肝硬化	11	6	1.3	6	5.1
	其他	110	－－	13.5	－－	33.2
	合计	798	－－	97.5	－－	150.6
灾害死亡	意外事故	70	4	8.6	5	17.8
	自杀	105	3	12.8	3	18.6
	其他	4	－－	0.5	－－	1.8
	合计	179	－－	21.9	－－	38.2

注:死亡率:国家公务员和国民均为对10万人的比率。

6. 国家公务员长期病休者实态调查

为了掌握一般职国家公务员(所谓五现业职员除外)的长期病休者的实际状况,日本每年均对上一年度国家公务员中的连续长期病休者进行实态调查。

例如,在1976年(昭和五十一年)8月中,由于患病或负伤连续1个月以上不能上班工作的长期病休者的总人数共2474人,占全体职员50万2593人中的0.49%。从性别上看,男子为1854人,占男子职员40万3653人中的0.46%;女子为620人,占女子职员98940人中的0.63%。主要伤病的顺位及长期病休者比率(长期病休者对职员10万人的比率)是:第1位"消化器官系统的疾病"为88.1,第2位"循环器官系统的疾病"为73.6,第3位"传染病及寄生虫病"为64.3(其中结核病为59.7),第4位,"精神障害"为59.9,第5位"意外事故,中毒及暴力"为43(人事院编:《公务员白皮书》,昭和五十三年版,第95页)。

又如,在1981年(昭和五十六年)8月中,由于生病或负伤连续1个月以上不能上班工作的长期病休者共有2224人,占全体职员50万8322人中的0.44%;其中男子为1657人,占男子职员40万8140人中的0.41%,女子为567人,占女子职员10万另182人中的0.57%。主要伤病的顺位及长期病休者率是:第1位"消化器官系统的疾病"为85.4,第2位"循环器官系统的疾病"为70.6,第3位"精神障害"为55.9,第4位"新生物"为44.7,第5位"意外事故、中毒及暴力"为44.3(人事院编《公务员白皮书》,昭和58年版,第94、95页。)

再如,在1986年(昭和六十一年)8月中,由于生病或负伤连续1个月以上不能上班工作的长期病休者共有1736人(占全体职员的0.35%),其中男子为1257人(占男子职员的0.31%),女子为479人(占女子职员的0.47%)。主要伤病及其顺位是:"消化器官系统的疾病"、"精神障害"、"新生物"、"循环器官系统的疾病"、"意外事故、中毒及暴力"(人事院编《公务员白皮书》,昭和六十三年版,第98－99页)。

另外,以上述1976年度、1981年度和1986年度的三次调查结果为基础,对主要伤病比较一下看,1986年度几乎在大部分的伤病方面均在减少,详见下表:

伤病别长期病休者率的年度别比较

项目 / 年度	1976年	1981年	1986年
总数	492.2	437.5	345.6
消化器官系统的疾病	88.1	85.4	60.9
精神障害	59.9	55.9	60.1
新生物	41.4	44.7	44.6
循环器官系统的疾病	73.6	70.6	42.0
意外事故、中毒及暴力	43.0	44.3	34.2
筋骨系统及结合组织的疾病	35.0	30.9	23.3
传染病及寄生虫病	64.3	31.3	19.1
神经系统及感觉器官的疾病	25.9	23.2	17.7
内分泌、营养及代谢的疾病	14.7	12.4	11.3
呼吸器官系统的疾病	13.3	9.8	10.0

注:长期病休者率表示对职员10万人的比率。

资料来源:人事院编:《公务员白皮书》,昭和六十三年版,第100页、186页。

又,为了有助于探讨关于职员的健康管理的各种施策,对一般职的国家公务员(国营企业职员及非常勤职员除外)当中,在1996年1月1日至同年12月31期间,由于负伤或患病在连续1个月以上期间不能上班工作者进行了调查。调查的结果是:长期病休者共有7026人(占全体职员的1.4%),其中男性为4630人(占全男性职员的1.18%),女性为2396人(占全女性职员的2.17%)。从总数当中的伤病情况来看,"新生物"人数最多,为1181人(占16.8%),以下分别是"精神、行动的障害"为1050人(占14.9%),"消化器官系统的疾病"为915人(占13.0%),"意外的事故"为874人(占12.4%),"筋骨系统的疾病"为673人(占9.6%)。详见下表:

伤病别长期病休者人数之比较

（单位：人）

伤病＼性别＼年	平成八年(1996年)			平成三年(1991年)		
	总数	男	女	总数	男	女
总　数	7026	4630	2396	8032	5493	2539
感染症及寄生虫症	158	105	53	186	129	57
新生物	1181	674	507	932	437	495
血液及造血器官的疾病及免疫机构的障害	67	44	23			
内分泌、营养及代谢的疾病	169	126	43	258	191	67
精神及行动的障害	1050	840	210	914	738	176
神经系统的疾病	405	270	135			
眼及附属器官的疾病	78	57	21			
耳及乳样突起的疾病	43	28	15			
循环器官系统的疾病	587	496	91	731	622	109
呼吸器官系统的疾病	141	106	35	274	204	70
消化器官系统的疾病	915	751	164	1568	1297	271
皮肤及皮下组织的疾病	40	23	17			
筋骨系统及结合组织的疾病	673	384	289	744	444	300
尿路性器官系统的疾病	148	108	40	228	162	66
妊娠、分娩及生产	375	–	375			
其　他	122	66	56	804	283	521
损伤、中毒及其他外因的影响	874	552	322	1029	716	313

7. 国家公务员定期健康诊断状况

日本每年均对国家公务员进行一般定期和特别定期的健康诊断检查。检查的范围和项目越来越多。下面仅介绍1990年和1996年的健康诊断状况。

(1)1990年度各省厅实施的定期健康诊断

一般定期健康诊断

本年度一般定期健康诊断，主要有以全体职员为对象的胸部X光线检查（受诊率为80.5%），以35岁以上职员为对象的血压测定（受诊率为76.7%）及尿的检查（受诊率为76.5%），以40岁以上的职员为对象的胃的检查（受诊率为57.4%）和肝脏机能检查（受诊率为72.8%）。又作为本年度起实施的新的检查项目，有以35岁时期及40岁以上的职员为对象的心电图检查（受诊率为58.4%）及血清总胆固醇检查（受诊率为63.7%）。每一检查项目，最后均有一个诊断意见，如结核X光线检查，需要医疗者为217人（需要医疗者率为0.05%），需要观察者为1127人（需要观察者率为0.3%）；心电图检查，需要医疗者为889人（需要医疗者率为0.5%），需要观察者为3180人（需要观察者率为1.8%）。详见第1表。

特别定期健康诊断

以从事有害的业务或有产业健康障害危险的业务的职员为对象进行了特别定期健康诊断。对象职员18万783人的受诊率为88.6%，对健康产生异常或有可能产生异常的职员，需要医疗者为752人（受诊者的0.5%），需要观察者为3272人（受诊者的2.0%）。

(2)1996年度各省厅实施的定期健康诊断

表1　一般定期健康诊断实施状况(平成二年度　1990年度)

检查	项目		对象职员数(A)	所定项目的检查			精密
				受诊实际人员(B)	受诊率(B/A×100)	平均实施回数	受诊人员(C)
			人	人	%	回	人
结核	X线检查		510,065 (100.0)	410,524	80.0	1.0	6.044
循环器官	血压测定	35岁以上	317453 (62.2)	243519	76.7	1.3	9172
		35岁未满	192612 (37.8)	97470	50.6	1.6	913
	尿检查(蛋白·糖)	35岁以上	317453 (62.2)	242876	76.5	1.3	10410
		35岁未满	192612 (37.8)	119919	62.3	1.4	1692
	心电图检查	35岁·40岁以上	260195 (51.0)	152049	58.4	1.0	4445
		35岁未满·36岁～39岁	249870 (49.0)	21086	8.4	1.0	286
	血清总胆固醇检查	35岁·40岁以上	260195 (51.0)	165821	63.7	1.0	5826
		35岁未满·36岁～39岁	249870 (49.0)	48602	19.5	1.1	1056
胃	X线间接检查	40岁以上	243918 (47.8)	139907	57.4	1.1	11970
		40岁未满	266147 (52.2)	24726	9.3	1.1	997
肝脏	肝脏机能检查	40岁以上	243918 (47.8)	177623	72.8	1.1	10950
		40岁未满	266147 (52.2)	80372	30.2	1.1	2882

注:“对象职员数”栏内的数字,表示其对全体职员所占的比例(%)

<table>
<tr><th>检查</th><th colspan="2">经过观察</th><th colspan="4">指导区分(医疗方面)</th></tr>
<tr><th rowspan="2">受诊率
(C/B×100)</th><th rowspan="2">受诊人员
(D)</th><th rowspan="2">受诊率
(D/B×100)</th><th colspan="2">需要医疗</th><th colspan="2">需要观察</th></tr>
<tr><th>需要医疗者数
(E)</th><th>需要医疗者率
(E/B×100)</th><th>需要观察者数
(F)</th><th>需要观察者率
(F/B×100)</th></tr>
<tr><td>%</td><td>人</td><td>%</td><td>人</td><td>%</td><td>人</td><td>%</td></tr>
<tr><td>1.5</td><td>996</td><td>0.2</td><td>217</td><td>0.05</td><td>1127</td><td>0.3</td></tr>
<tr><td>3.8</td><td>5059</td><td>2.1</td><td rowspan="2">5333</td><td rowspan="2">1.6</td><td rowspan="2">8254</td><td rowspan="2">2.4</td></tr>
<tr><td>0.9</td><td>452</td><td>0.5</td></tr>
<tr><td>4.3</td><td>3235</td><td>1.3</td><td rowspan="2">2270</td><td rowspan="2">0.6</td><td rowspan="2">5204</td><td rowspan="2">1.4</td></tr>
<tr><td>1.4</td><td>557</td><td>0.5</td></tr>
<tr><td>2.9</td><td>2087</td><td>1.4</td><td rowspan="2">889</td><td rowspan="2">0.5</td><td rowspan="2">3180</td><td rowspan="2">1.8</td></tr>
<tr><td>1.4</td><td>207</td><td>1.0</td></tr>
<tr><td>3.5</td><td>2610</td><td>1.6</td><td rowspan="2">1257</td><td rowspan="2">0.6</td><td rowspan="2">4478</td><td rowspan="2">2.1</td></tr>
<tr><td>2.2</td><td>557</td><td>1.1</td></tr>
<tr><td>8.6</td><td>1852</td><td>1.3</td><td rowspan="2">1583</td><td rowspan="2">1.0</td><td rowspan="2">3068</td><td rowspan="2">1.9</td></tr>
<tr><td>4.0</td><td>176</td><td>0.7</td></tr>
<tr><td>6.2</td><td>1071</td><td>1.3</td><td rowspan="2">3149</td><td rowspan="2">1.2</td><td rowspan="2">9864</td><td rowspan="2">3.8</td></tr>
<tr><td>3.6</td><td>1071</td><td>1.3</td></tr>
</table>

表2　一般定期健康诊断实施状况(平成八年度)(1996年度)

检查	项目		对象职员数(A)	所定项目的检查			精密
				受诊实际人员(B)	受诊率(B/A×100)	平均实施回数	受诊人员(C)
			人	人	%	回	人
肺	肺癌胸部X线检查	45岁以上	180258(35.5)	97703	54.2	1.0	1366
肺	肺癌胸部X线检查	45岁未满	327778(64.5)	80567	24.6	1.0	269
肺	结核构部X线检查		508036(100.0)	354557	69.8	1.0	5446
肺	喀痰细胞诊治	45岁以上	89323(17.6)	22797	25.5	1.0	136
肺	喀痰细胞诊治	45岁未满	8836(1.7)	3198	36.2	1.1	4
循环器官	血压测定		508036	368613	72.6	1.4	6873
循环器官	尿检查(蛋白·糖)		508036(100.0)	370181	72.9	1.3	9548
循环器官	心电图检查	35岁·40岁以上	261660(51.5)	153502	58.7	1.1	3894
循环器官	心电图检查	35岁未满·36岁~39岁	246376(48.5)	37517	15.2	1.0	333
循环器官	血清总胆固醇检查	35岁·40岁以上	261660(51.5)	167374	64.0	1.1	6421
循环器官	血清总胆固醇检查	35岁未满·36岁~39岁	246376(48.5)	78940	32.0	1.0	1316
循环器官	中性脂肪检查	35岁·40岁以上	261660(51.5)	165326	63.2	1.2	7376
循环器官	中性脂肪检查	35岁未满·36岁~39岁	246376(48.5)	78864	32.0	1.0	1777
循环器官	贫血检查	35岁·40岁以上	261660(51.5)	162216	62.0	1.1	3458
循环器官	贫血检查	35岁未满·36岁~39岁	246376(48.5)	73949	30.0	10.0	633
胃	X线间接撮影检查	40岁以上	246301(48.5)	108589	44.1	1.0	6913
胃	X线间接撮影检查	40岁未满	261735(51.5)	21948	8.4	1.0	732
肝脏	肝脏机能检查	35岁·40岁以上	261660(51.5)	167772	64.1	1.1	8879
肝脏	肝脏机能检查	35岁未满·36岁~39岁	246376(48.5)	83759	34.0	1.0	2195
大肠	便潜血反应检查	40岁以上	246301(48.5)	109150	44.3	1.0	2858
大肠	便潜血反应检查	40岁未满	261735(51.1)	19855	7.6	1.0	316

注:“对象职员数”栏内(　)的人数,表示其对全体职员所占的比例(%)

检查	经过观察		指导区分(医疗方面)			
			需要医疗		需要观察	
受诊率 (C/B×100)	受诊人员 (D)	受诊率 (D/B×100)	需要医疗者数 (E)	需要医疗者率 (E/B×100)	需要观察者数 (F)	需要观察者率 (F/B×100)
%	人	%	人	%	人	%
1.4	217	0.0	112	0.1	334	0.2
0.3	20	0.0				
1.5	790	0.2	311	0.4	1070	0.3
0.6	43	0.2	32	0.1	127	0.6
0.1	9	0.3				
1.9	4404	1.2	4863	1.3	7068	1.9
2.6	3721	1.0	2708	0.7	5696	1.5
2.5	2712	1.8	1219	0.6	4131	2.2
0.9	279	0.7				
3.8	3835	2.3	2778	1.1	9996	4.1
1.7	786	1.0				
4.5	4216	2.6	3045	1.2	10543	4.3
2.3	937	1.2				
2.1	1592	1.0	1121	0.5	3090	1.3
0.9	327	0.4				
6.4	1193	1.1	1340	1.0	2509	1.9
3.3	67	0.3				
5.3	4852	2.9	3721	1.5	11780	4.7
2.6	1071	1.3				
2.6	474	0.4	578	0.4	1054	0.8
1.6	39	0.2				

1996 年度的一般定期健康诊断,主要有以全体职员为对象的胸部 X 光线检查(受诊率 69.8%),血压测定(受诊率 72.6%)及尿的检查(受诊率 72.9%),以 40 岁以上的职员为对象的胃的检查(受诊率 44.1%)及便潜血反应检查(受诊率 44.3%)。以 35 岁时及 40 岁以上的职员为对象的心电图检查(受诊率 58.7%),血清总胆固醇检查(受诊率 64.0%),中性脂肪检查(受诊率 63.2%)。肝脏机能检查(受诊率 64.1%),以 45 岁以上的职员为对象肺癌胸部 X 光线检查(受诊率 54.2%)及喀痰细胞诊查(受诊率 25.5%)。每项检查的结果,均有指导性的诊治意见,如胸部肺癌 X 光线检查结果,确定需要治疗者为 112 人,需要观察者为 334 人;心电图检查结果,确定需要治疗者为 1219 人,需要观察者为 4131 人。详见第 2 表。

又,以从事有害的业务或有可能产生健康障害的业务(共 18 种)的职员为对象,在各厅均进行了特别定期健康诊断。

二、安全管理对策的推进

1. 工作场所中灾害的防止

1987 度至 1996 年度,因工作场所发生的灾害死伤的人数如下:

年度	1987	1988	1989	1990	1991	1992	1993	1994	1995	1996
死伤者总人数	476	433	415	444	439	434	409	422	381	321
其中的死亡者数	9	2	5	4	1	8	8	4	1	1

以 1996 年为例,因工作场所中的灾害死伤为 321 人,比上一个年度减少了 60 人,其中死亡的人数为 1 人,与上一个年度相同。从灾害发生的情况上看,武道训练伤害的人数最多,约占 26.5%;其次是跌倒及动作的反常和过分的动作,两者各占 13.7%;还有失事的体育活动占 9.7%。

为了防止工作场所中的灾害,推进安全管理对策,在中央和全国 9 个地区,以本省厅和地方机关的安全管理的负责者为对象,举行了安全对策会议,努力加强安全管理工作。

又对于死亡事故等重大灾害,要求有关单位写出报告,根据听取的情况进行详细的调查,并进行适当的指示或指导。

2. 放射线伤害的防止对策

为了防止放射线的伤害,在健康安全管理状况监查时,掌控放射线的管理及防止职员伤害的措施,给予必要的指示或指导,并以上一年度实施的放射线设施等实际调查结果为基础,进行放射线设施安全管理状况的实地调查。

又,对于 1997 年度科学技术厅申请的放射性同位元素等使用承认或变更承认的事项,同意了在人事院中有协议的 117 件,其中使用承认 3 件,变更承认 114 件。

3. 设备等的申报

对于需要汽锅、吊车等安全管理上必需的设备,在设置时必须向人事院申报其设备状况。1997 年度共申报 322 台,其中设置 251 台,变更 5 台,废止 56 台。通过这些审查对各机关进行必要的安全上的指导。又在设置 X 光射线装置等时,也需要向人事院提出申请,1997 年度共申请 161 台,其中设置 96 台,变更 12 台,废止 53 台。

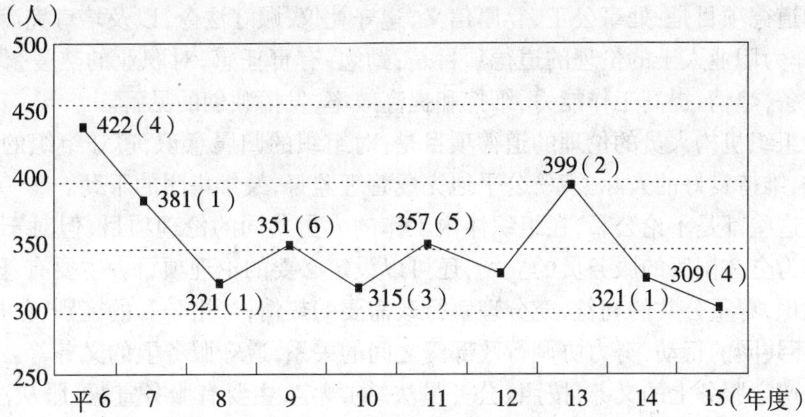

注：（　）内的人数，是死亡者的人数。

资料来源：人事院编：《公务员白书》，平成十七年版，第200页。

第八节　公务员的伦理法案和伦理条例

一、公务员伦理的“道德项目”

1.《公务员伦理——行动的准则和规范》等书的相继问世

公务员作为国民的勤务员，保持高水平的伦理观和使命感，是确保国民对行政的信赖的不可缺少的条件。

但是，从20世纪80年代起，随着公务员的贪污受贿事件连续发生，国民的不满情绪不断增长。面对这一形势，日本统治集团越来越明显地感觉到，为了阻止腐败之风的继续蔓延，恢复国民对政府的信任，必须对公务员的伦理问题进行探讨、研究和解决。

以此为背景，除了新闻、杂志等报导资料，以及人事院、总理府等的调查报告以外，先后编译出版了许多有关的学术著作，如人事行政研究会的《公务员》（1985年），田代空的《研修论》（1984年），铃木伸一的《研修技法》（1984年），井出嘉宪的《日本官僚制和行政文化》（1982年），辻清明的《新版日本官僚制之研究》（1981年），公私组织比较研究会的《公私体制之比较》（1980年），小泉仰监译的《伦理和现代社会》（1981年），伴博，远藤弘编著的《现代伦理学之展望》（1986年）以及原田三郎撰写的《公务员伦理——行动的准则和道德规范》（1988年）等等。（见原田三郎：《公务员伦理——行动的准则和规范》（日文版），行政出版公司，1988年版，第230－231页。）

2.公务员伦理的道德项目

特别是1980年，人事院发起创立公务员伦理研修研究部会，参加者有人事院、总理府、自治省、法务省的研修干部，以及学者、民间企业的研修专家及传播媒介的有关人士等。同年7月，该会提出了《关于公务员伦理的研修状况的探讨结果的报告》。报告书明确地指出，根据《国家公务员法》和《地方公务员法》的伦理规定，必须进一步培育高水平的公务员的伦理感。

在报告书中，还以例示的方式，阐述了公务员伦理的“道德项目”。例如，作为基本的社会规范的道德项目是:处事公正,笃厚信义,遵守礼仪,顺守法令,以及培育完满的人性。

又,作为职业人士的伦理的道德项目是:勤勉,有责任感,对职业的热爱,作好接待工作的精神准备,热情,提高工作能力,维持和提高效率,发挥独创的见解。

作为组织机构人员的伦理的道德项目是:对组织的归属意识,遵守组织的纪律,保持组织的名誉,维持良好的人际关系,公平地完成管理监督,鼓舞集团的干劲。

以上这些都是不论公私,在组织体内工作的人员共同的伦理项目,但对于公务员来说,基于其作为全体国民的服务员的立场,还可以设定必要的伦理项目。主要有:国民全体的服务员的意识,尊重公共的利益,充分理解行政需要的热情,严格公私的区别,公权力行使中的态度,关怀共同的行动,努力协调行政部门之间的关系,遵守服务上的义务等。

关于遵守服务上的义务,按照《公务员法》的规定,主要有服务宣誓,服从法令和上级的职务方面的命令的义务,禁止丧失信用的行为,保守秘密的义务,专心致志执行职务的义务,限制政治的行为,禁止争议行为,限制从事营利企业等。

这些道德项目,只不过是例示,其具体的内容,还需要根据工作单位的情况而定。(见原田三朗:《公务员伦理——行动的准则和道德规范》(日文版),行政出版公司,1988 年版,第 70－71 页。)

二、公务员伦理研修(KET)的内容

1. 伦理、职业伦理和公务员伦理

1981 年 10 月,人事院与国家和地方自治体研修机关组成的公务员研修协议会协作,根据人事院属下的公务员伦理研修研究部会上一个年度提出的《关于公务员伦理研修状况探讨结果的报告》,开发了公务员伦理研修科目,(Komukenshukyogikai′s Ethics Training 简称 KET)并编写了题为《为了成为可以信赖的公务员》的教材。

KET 根据人事院的公务员伦理研修研究部会的报告,将公务员伦理置于职业伦理的特殊伦理的位置。也就是说,它提出了分为阶层的伦理的见解,即作为人间共同行动的规范——伦理,将作为职业人士要求的规范内在化的职业伦理,以及将根据公务的特殊性要求的规范累积起来的公务员伦理。

因此,在这里所说的公务员伦理当中,一共包括三种伦理,一是普遍的伦理,二是职业人士中共同的伦理,三是只要求公务员奉行的伦理。

按照 KET(公务员伦理研修)的说法,社会规范是深入个人思想深处,并取得同一步调时在内心中所获得的安定感和归属感时的道德,是扎根于性格结构内部的伦理。职业伦理是职业的社会化的结果,它包括对组织上的要求的对应和作为职业人士的自我完成的两个方面。对于公务员来说,除了伦理和职业伦理以外,还加上公务员伦理,即基于国民全体的服务员的立场的特别严格的规范。(见原田三郎:《公务员伦理——行动的准则和道德规范》(日文版),行政出版公司,1988 年版,第 111 页。)

2. 培养公务员伦理研修(KET)的指导者的工作

为了提高公务员的伦理水平,确保国民对公务的信赖,在行政进修中在设置公务员伦理的进修科目的同时,还积极进行了培养公务员伦理进修(KET)指导者的工作。

公务员伦理进修(KET),是以标准 9 小时的事例研究为中心的讨论式进修,其教材《为了成为可以信赖的公务员》共分为以下五章。第一章对职业的看法;第二章公务的特性和公务员的性格；第三章公务员的道德；第四章公务员的士气；第五章职场中的实践。在本报告的最后，还提出了各阶层的伦理的见解，但对于公务员来说，必须信守三种伦理：即伦理（人间共同行动的规范）；职业伦理（有职业者行动的规范）；公务员伦理（基于国民全体服务员的立场的特别严格的规范）。

KET的宗旨是培养公务员伦理进修的指导者。它最初以股长（系长）级职员为对象，1991年度扩大到课长辅佐级职员，1997年度起又扩大到全部管理、监督者。自1981年实施之日起，到1999年3月31日为止，先后举办过169次公务员伦理进修班，培养人数共3421人。

又，1997年，作为提高公务员伦理水平的一个重要环节，编写了公务员的入门书《公务员伦理读本》。同时，由于电视对宣传公务员伦理有特殊的效果，1997年与财团法人公务员进修协议会合作，制成了公务员伦理录像《信赖》。另外，1998年度，对以各厅新录用的职员为对象的公务员进修教材《以被期待的公务员为目标》、《行政结构与公务员制度》、《公务员的服务与伦理》、《职场中的接待和礼节》等进行了必要的修改。（见人事院篇：《公务员白皮书》（日文版），大藏省印刷局，1999年版，第161－162页。）

三、各市町村议会相继制定"伦理条例"

1. 堺市、板仓町等自治体纷纷制定"伦理条例"

20世纪80年代，在国会各政党对伦理法十分困惑之际，各自治体市町村议会相继制定了伦理条例。

首先，1983年3月18日，大阪府堺市公布了《关于堺市议会议员和市长的伦理的条例》。全文共10条。中心内容有二：一是收贿的议员和市长将受到包括开除公职在内的惩罚；二是公开个人的资产。关于公开个人的资产，主要包括三个方面：一是收入（工资、红利、利息等），赠品（一次3万元以上）及受到的款待（交通、住宿、食品、娱乐等）；二是资产，首先是不动产，即除了自己居住的住宅和土地以外，其他所有的物品，固定资产的评价额，以及买卖出租的土地均须作出详细的记载，资产也包括动产，以30万元以上的动产为对象，分为15级分别详细记载；三是地位和官衔，即除了宗教的社交的政治的团体以外，须详细记载在所有的企业和团体的地位和官衔。

又，堺市的伦理条例，还规定设立审查资产报告书的伦理调查会，调查会共有13名委员，其中6人是议员，7人为市民。调查会可向市长提出意见，其抄本可供市民阅览。

继堺市之后，各地的自治体，陆续制定了伦理条例。如1983年4月新泻县板仓町，9月石川县富来町，1984年3月三重县纪势町，4月德岛县鸣门市，6月宫崎县都城市，1986年4月福冈县饭塚市，10月福冈县川崎町，1987年5月福冈县行桥市，12月宫崎县日南市，1988年4月福冈县胜山町，均公布了伦理条例。又，福冈县山田市，还在同年的9月9日，制定了政治伦理条例。但也有的像群乌县馆林市那样，虽然提出了伦理条例草案，但没有经过审议就被否决了。

上述大部分的伦理条例，均与堺市具有相同的内容。它们都适用于特别职的公务员，均以市长和议员为对象，板仓町还包括三役，饭塚市在三役之外还包括水道事业管理者，川崎町则把适用范围扩大到农业委员。山田市的伦理条例，甚至把公开资产的对象，除了市长等三役、议员个人和教育委员以外，扩大到其配偶者及其抚养的子女。家庭的条款，在美国的政治伦理法中有规定,但在日本只有山田市作了最初的决定。

2. 议长受贿和市民愤怒成为制定“伦理条例”的导火线

不管哪一个自治体,制定伦理条例的导火线,都是议员们的贪污受贿和市民对他们的愤怒。例如,在堺市,自1981年起,由于公共事业的污职事件,市议会的议员和职员相继被捕。1982年7月,发起成立“消除污职制定伦理条例的会议”,汇集了各种伦理条例的草案。同年10月,市议会举行临时会议,由于收贿议员都已辞职,余下的51名议员组成了特别委员会。1983年2月27日,特别委员会通过了伦理条例。又如,板仓町,1981年6月,由于小学校投标的收贿事件,副议长和助役辞职,后来町长也辞职。1983年4月,町议会通过了伦理条例。

总之,80年代,伦理条例虽然只限于市或町,但这种趋势如果发展下去,将来势必波及到县,进而涉及到国家。(见原田三郎:《公务员伦理——行动的准则和道德规范》(日文版),行政出版公司,1988年版,第161－172页。)

四、《伦理法》及《国家公务员伦理规程》

1.《伦理法》及基于《伦理法》制定的《国家公务员伦理规程》

在80年代末至90年代末的这十年中,日本连续发生许多起公务员贪污受贿的所谓“不祥事件”。此中主要有:1988年震撼日本政坛的“里库路特案”(涉嫌达7000余人,除了前劳动省事务次官,前文部省事务次官等人被捉拿归案外,被迫辞职的政界、财界、新闻界要员共约50人,其中包括大藏大臣宫泽喜一,法务大臣长谷川峻,前任首相中曾根,在任首相竹下登);1992年东京大学医学部附属医院的起搏器收贿案;1995年大藏省高级官员接受原直接参与者,不仅有一般职的公务员,而且有各省的事务次官及局长等干部职员。由于这些干部职员都代表各省厅的立场,并且一向是部内职员的模范,所以这些人收贿行贿的污职事件,必将严重损害国民对公务的信赖,引起国民前所未有的不满。面对这一严峻的事实,日本政府的最终对应办法是:制定公务员伦理法并按机关制定道德规则。

为了防止公务员的污职事件再次发生,根据1996年12月事务次官会议的决定,各省厅积极进行了制定职员伦理规程等工作。但是,进入1998年,随着公务员的污职事件再度频繁发生,1998年2月2日,政府设立了“关于公务员伦理问题探讨委员会”,对关于公务员伦理的法制化等问题进行了研讨。人事院除了参加本委员会以外,还建立了作为事务总长的私人研究会的“关于探讨新时代的公务员人事管理的研究会”,积极进行关于公务员伦理问题的探讨。

各政党也积极投入公务员伦理法的制定工作。1998年6月9日,在第142届国会中,自由民主党、社会民主党、新党等三党首先提出《国家公务员伦理法案》。又,民友联、和平改革、自由党及日本共产党的四个党派,也于1998年2月27日提出了《关于保持国家公务员的伦理的法律草案》。两个法案都将在第145届国会继续审议。

平成十一年(1999年)8月,以确保国民对公务的信赖为目的,制定了《伦理法》。翌年4月,《伦理法》及基于《伦理法》制定的《国家公务员伦理规程》开始全面施行。(见人事院编:《公务员白皮书》(日文版),平成十七年版,第269－288页。)

2.《总务厅职员道德规定》

另外,在制定公务员伦理法之前,政府还规定按机关制定道德规则。现在已成为各中央机关道德规范样板的《总务厅职员道德规定》(1996 年 12 月 25 日施行)第 2 条,规定了公务员的基本守则,全文共有以下两款:

(1)职员应该自觉认识到所有公务员不是一部分国民、而是全体国民的服务员,在公正不阿地履行职务的同时,还要为增加公共利益而履行职务。

(2)职员除应认识到自己的行动将影响公务员的信誉,还应该在日常行动中公私分明,不利用职务及其地位谋求一己私利。

本规定的第 4 条,还列举了所应禁止的具体事项:

(1)不准与业务关系的业主进餐(包括宴会)。

(2)不准与有业务关系的业主娱乐(包括体育活动)、旅游。

(3)工作调动、海外出差时不准接受有业务关系的业主的钱财。

(4)不准接受有业务关系的业主的中元节、年关礼品(广为散布的宣传广告用品除外)。

(5)讲演、投稿时,不准接受有业务关系的业主的报酬。

(6)不准接受有业务关系的业主的现金(包括贺礼)、支票、商品券等赠与。

(7)不准让有业务关系的业主负担理应由自己负担的债务。

(8)不准接受有业务关系的业主提供的不付费用的劳务。

(9)不准接受有业务关系的业主借予的不付费用的不动产及物品。

(10)不准从有业务关系的业主让受未上市股票。

(11)除以上各款所列外,还不准接受有业务关系的业主的招待或其提供的任何利益及方便(社会上一般允许的茶点之类除外)。

毫无疑义,公务员伦理法或职业道德规定,在阻止公务员的污职事件会起一定的作用,但不能也不可能根本解决问题。日本学者片冈宽光教授在《论职业公务员》一书中,在谈到《总务厅职员道德规定》时所提出的观点,很有参考价值,现全文节录如下:

"对于担任公务员的人来说,遵守这些被规则化了的形形色色的规定乃当然之义。公务员如不能遵守这些规则便是失格。但这些是公务员必须遵守的最低标准,并不能保证他遵守了这些规定就不会犯道德上的错误。在此意义上,设立公务员应该遵守的道德标准,可以说是道德的小道。

公务员还常常被迫在与道德标准无关的领域作出不犯道德错误的判断。如果责任是自由的相关物,有自由就有责任的话,那么公务员在做裁量时就必须承担责任。因此,人们希望他们在作出判断时不要犯道德性错误。这种情况下,有时可以根据宪法及其他法律、判例、社会规范、舆论判断哪些该做,该怎么做。这时则要求他在解释原则时不发生失误。约翰·罗认为,只有这种方法才是确保道德最确实的方法。相对于道德小道而言,可以说这些方法是道德的中道。

但是,并不能保证行政所面临的任何问题都存在法律及判例。至于社会从来没有际遇的问题,舆论也可能事先即已形成了正确的看法。如果没有能够提示明确方针的上司,那么该公务员就必须作为裁量权的行使者做出不犯道德错误的判断。这对道德状况而言乃是大道。必须行道德大道的公务员必须训练有素,面对着道德的两难选择,经常能够做出正确的判断。……(见片冈宽光著,熊达云、郑希宏译:《论职业公务员》,上海科学普及出版社,2000 年版,第 81 - 83 页。)

第九节　公务员的惩戒处分

各府省等的任命权者,在职员违反《国家公务员法》或《伦理法》以及基于这些法律发布的命令的场合,在职员违反职务上的义务或怠于执行职务的场合,在职员有与国民全体的服务员的身份不相容的不良行为的场合,将对该当职员这行免职、停职、减薪、警告等惩戒处分。

一、惩戒处分的人数

根据人事院历年发表的统计资料,20 世纪 70 年代末,特别是 80 年代初以后,公务员受惩戒处分的人数逐渐减少。如 70 年代最初几年,受惩戒处分的人数相当多,其中 1972 年受处分的人数最多,达 37326 人。70 年代末期以后,受处分的人数逐渐减少,如 1979 年为 3638 人,1985 年为 2391 人,1991 年为 1120 人,1997 年为 1455 人,1998 年为 1675 人。详见以下各表。

1. 1968－1978 年(昭和四十三年－五十二年)惩戒处分人数的推移

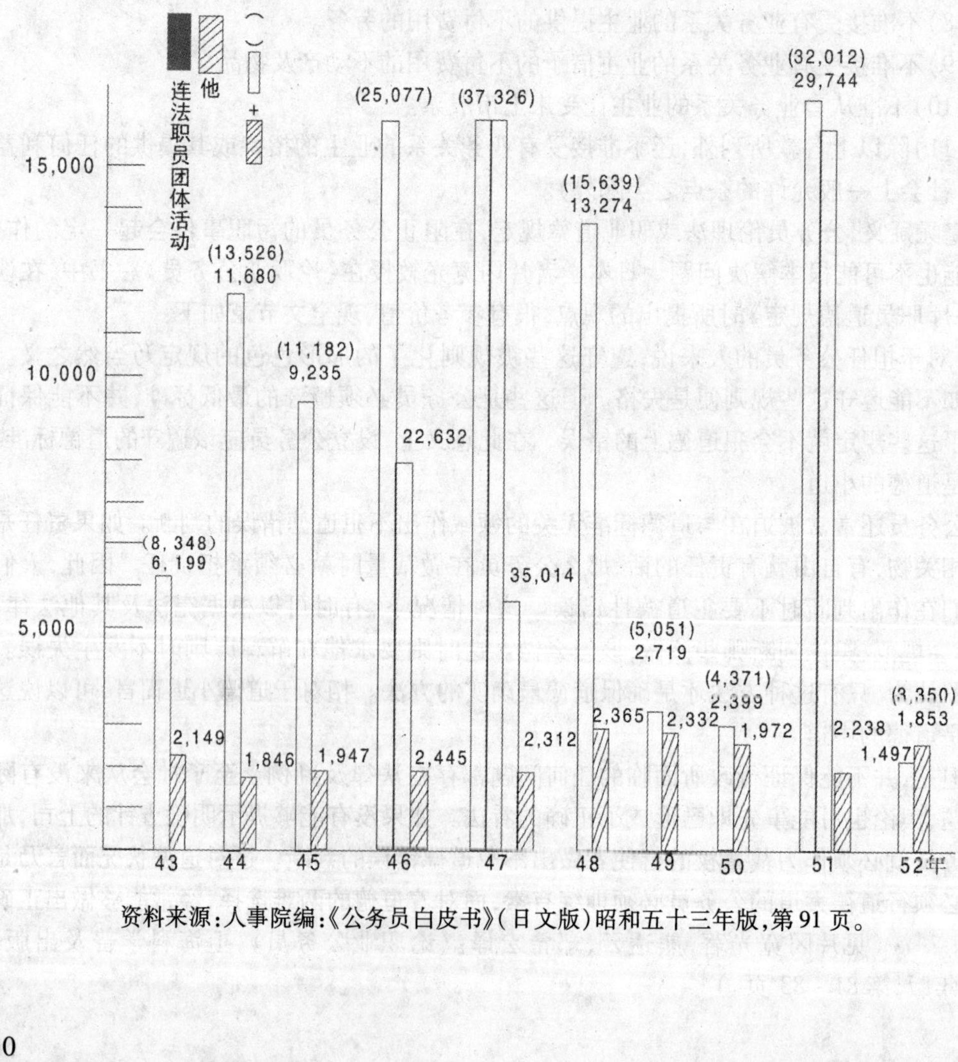

资料来源:人事院编:《公务员白皮书》(日文版)昭和五十三年版,第 91 页。

2. 1976－1985年(昭和五十一年－六十年)惩戒处分人数的推移

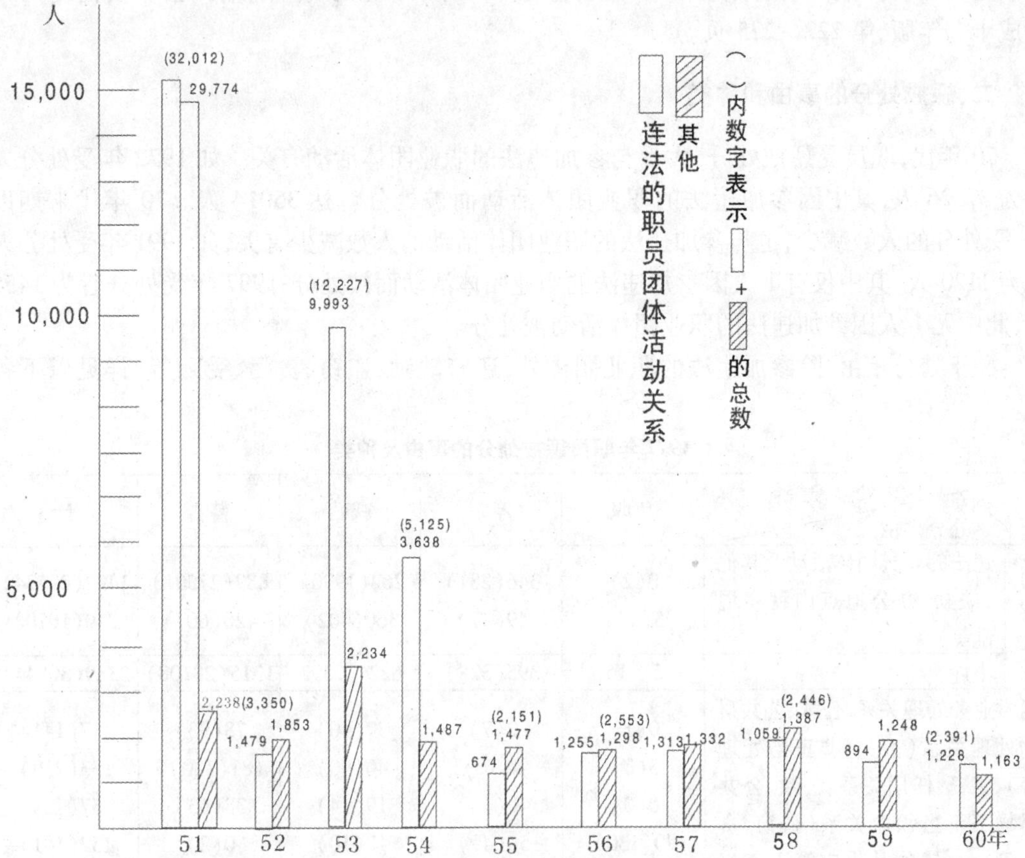

资料来源：人事院编：《公务员白皮书》，昭和六十一年版，第116页。

3. 1986－1998年(昭和六十一年至平成十年)惩戒处分人数的推移

根据历年的统计资料，1986年，受惩戒处分人数1292人，其中因参加违法的职员团体活动受处分者为118人；1987年，受惩戒处分人数1230人，其中参与违法的职员团体活动受处分者为97人；1988年，受惩戒处分人数1050人，其中因参与违法的职业团体活动受处分者为3人；1989年，受惩戒处分人数1063人，其中因参与违法的职业团体活动受处分者为1人；1990年，受惩戒处分人数1212人，其中因参与违法的职业团体活动受处分者为1人；1991年，受惩戒处分人数1120人，其中因参与违法的职业团体活动受处分者为1人；1993年，受惩戒处分人数1283人，其中因参与违法的职业团体活动受处分者为1人；1994年，受惩戒处分人数1260人，其中因参与违法的职业团体活动受处分者为2人；1996年，受惩戒处分人数1413人，其中因参与违法的职业团体活动受处分者为0；1997年，受惩戒处分人数1455人，其中因参与违法的职业团体活动受处分者为0；1998年，受惩戒处分人数1675人，其中因参与违法的职业团体活动受处分者为4人。(见1978－1999年历年公布的人事院编印的《公务员白皮书》(日文版)。)

但是，根据平成十七年公布的《公务员白皮书》记载：自1995年到2004年这十年间，一般职国家公务员受惩戒处分的人数约增加 2.3 倍。如 2004 年受惩戒处分的人数达 3190 人(免职 180 人,停职 183 人,减薪 1129 人,警告 1698 人)。(见人事院编:《公务员白皮书》,平成十七年版,第 222－225 页。)

二、惩戒处分的事由和种类

70 年代,职员受惩戒处分,大都与参加违法的职业团体活动有关。如 1972 年受处分人数为 37326 人,其中因参加违法的职业团体活动而被处分者达 35014 人。70 年代末期以后,受处分的人数减少,也与参加违法的职业团体活动的人数减少有关,如 1991 年受处分人数为 1120 人,其中仅有 1 人因参加违法的职业团体活动而被处分;1997 年受处分者为 1455 人,此中无 1 人因参加违法的职业团体活动被处分。

关于处分事由,除参加违法的职业团体外,还有缺勤、盗窃、贪污、受贿等,详见以下各表。

1.1977 年职员惩戒处分的事由及种类

处分种类 处分事由		免职	停职	减薪	警告	计
一般服务关系	违法的职员团体活动及其他(缺勤、办公地点内秩序混乱等)	0(2) 5(14)	346(281) 49(47)	262(1990) 360(402)	889(27501) 426(607)	1497(29774) 840(1070)
	小计	5　16	395(328)	622　2392	1315(28108)	2339(30844)
通常业务处理关系,公款、公共财物处理关系(丢失、非正当处理等),工资、任用关系、公款、公共财物不正当领取关系(盗窃、贪污等),金钱物品供应等不正当利益受领关系(受贿等)		0(1) 3(3) 0(0) 90(130) 19(16)	2(7) 9(16) 0(1) 50(49) 0(1)	37(40) 40(90) 19(14) 12(10) 12(12)	78(93) 81(130) 38(63) 0(2) 13(11)	117(141) 133(239) 57(78) 152(141) 44(40)
一般不良行为	交通事故 其　他(盗窃、伤害等)	0(3) 11(10)	9(3) 13(18)	72(102) 43(42)	233(210) 48(50)	314(318) 115(120)
	小　计	11(13)	22(21)	115(114)	281(260)	429(438)
监督责任关系		0(0)	0(0)	21(18)	60(23)	81(41)
小 计		128(179)	478(423)	878(2720)	1866(28690)	3350(32012)
除:“违法的职业团体活动”以外的其他处分数的合计		128(177)	132(142)	616(730)	977(1189)	1853(2238)

注:(　)内的数字表示 1976 年处分的人数。

资料来源:人事院编:《公务员白皮书》,昭和五十三年版,第 90 页。

2　1987年职员惩戒处分的事由和种类

（单位:人）

处分种类 处分事由	免职	停职	减给	戒告	计
违法的职员团体活动关系	0(0)	61(80)	0(4)	36(34)	97(118)
一般服务关系（缺勤、工作态度不良等）	2(1)	11(6)	95(125)	167(164)	275(296)
通常业务处理关系	1(1)	0(1)	28(34)	94(48)	123(84)
公款、公共物资处理关系（丢失、不正当处理等）	3(0)	0(6)	59(45)	81(123)	143(174)
贪污等关系	104(88)	15(21)	5(14)	21(33)	145(156)
收贿关系	8(11)	1(1)	2(6)	3(0)	14(18)
交通事故、交通法规违反关系	2(2)	10(8)	83(87)	147(136)	242(233)
公务外不良行为关系（窃盗、伤害等）	13(13)	18(23)	56(63)	38(32)	125(131)
监督责任关系	0(0)	0(0)	22(22)	44(60)	66(82)
计	133(116)	116(146)	350(400)	631(630)	1230(1292)
除违法的职员团体活动关系（以外的处分数）	133(116)	55(66)	350(396)	595(596)	1133(1174)

注:（　）内表示上一年的处分数。

资料来源:人事院编:《公务员白皮书》,昭和六十三年版,第184页。

3　1997年职员惩戒处分的事由和种类

（单位:人）

	免职	停职	减给	告诫	计
违法的职员团体活动关系	0(0)	0(0)	0(0)	0(0)	0(0)
一般业务处理关系（缺勤、工作态度不良等）	3(4)	9(9)	195(167)	247(244)	454(424)
通常业务处理关系（处理手续不遵守等）	3(0)	9(10)	102(100)	116(97)	230(207)
公款、公共物资处理关系（丢失、不正当处理等）	4(4)	3(10)	88(78)	124(122)	219(214)
贪污等关系	124(129)	15(7)	6(7)	22(22)	167(165)
收贿关系	6(3)	1(6)	6(8)	5(3)	18(20)
交通事故交通法规违反关系	0(1)	1(4)	77(66)	77(73)	155(144)
公务外不良行为关系	12(13)	29(26)	59(52)	27(34)	127(125)
监督责任关系	0(0)	0(0)	22(38)	63(76)	85(114)
计	152(154)	67(72)	555(516)	681(671)	1455(1413)

注:（　）内表示上一年度的处分数。

资料来源:人事院编:《公务员白皮书》,平成九年版,第289页。

4　2004年职员惩戒处分的事由和种类

（单位：人）

处分的种类 处分事由	免职	停职	减给	告诫	计
一般服务关系（缺勤、工作态度不良等）	12(3)	36(51)	260(283)	250(272)	558(609)
通常业务处理关系（业务处理不适当、报告怠慢等）	5(1)	26(16)	343(253)	594(459)	968(729)
公款、公共物资处理关系（丢失、不正当处理等）	18(20)	15(12)	178(187)	518(443)	729(662)
贪污等关系	104(105)	4(10)	12(21)	33(28)	153(164)
收贿关系	5(1)	5(1)	8(2)	6(4)	24(8)
交通事故交通法规违反关系	0(2)	11(19)	126(154)	89(71)	226(246)
公务外不良行为关系	36(30)	86(54)	101(98)	56(49)	279(231)
违法的职员团体活动关系	0(0)	0(0)	0(0)	0(0)	0(0)
监督责任关系	0(0)	0(5)	101(66)	152(126)	253(197)
计	180(162)	183(168)	1129(1064)	1698(1452)	3190(2846)

注：(　)内表示前一年的处分数字。

资料来源：人事院编：《公务员白书》（日文版），平成十七年(2005年)版，第225页。

第十节　公务员的受贿犯罪

一、日本公务员受贿罪概况

日本学者飞田清弘在日本《现代刑罚法大系》第4卷（1982年版）中，较为详细地叙述了上个世纪60年代近十年间公务员的受贿状况，现摘要地介绍如下：

根据1878年法务综合研究所发表的关于受贿罪的实际情况调查结果，近十年间全国检察机关每年受理受贿案件的嫌疑者，多则800多人，少则400多人。从近十年间的变化情况看，有的年份多，有的年份少，但没有特别明显的增加或减少的趋势，每年平均受理672人，按照罪名细分，大部是单纯受贿罪，此外的顺序是受托受贿罪、加重受贿罪、事后受贿罪、斡旋受贿罪，但这些受贿罪的数量极少。

根据法规规定可以成为受贿主体的公务员是“官吏、公吏、依法令从事公务的议员、委员和其他职员”，其中包括公开选举的公务员即国会议员、知事、市町村长，地方议会职员，由农业委员会选举的委员，以及一般公务员，即国家公务员，地方公务员，及所谓“准公务员”在内的一切公务员。

关于受贿金额，国家公务员多数不到5万日元，地方公务员则多数不到50万日元，一般认为这是因为，国家公务员的受贿者多数地位比较低。至于行贿者的人数，国家公务员受贿和地方公务员受贿的一半以上都是从一个行贿人那里受贿，其余的近半数的各类案件是从几个行贿人手中受贿的。

根据调查结果表明,收受的贿赂用于家庭生活费用的极少。公开选举的公务员有些是把资金用于政治活动,而一般公务员则大部分用于吃喝玩乐。最近的受贿与40年代战后的行贿受贿案件不同,它不是出于经济上的贫困,大部分行贿受贿案件是由于公务员职业道德观念或规范意识的低下。(见飞田清弘著,张凌译:《日本公务员受贿概况》,载于日本《现代刑罚法大系》第4卷,日本评论社,1982年版。译文见《法学译从》1989年第1期。)

二、现代日本政治家公务员犯罪事件略史(1945年8月-1992年5月)

日本前大阪府议会议员山本健治在《政治家、公务员的犯罪和事件(1945-1992年)》一书中指出:日本的政治和行政,不论在国家的水平上,还是在地方的水平上,现今都处于前所未有的危机状态。从1945年8月到现今的1992年5月关于议员和公务员的犯罪和事件,与现代日本的政治、经济、社会等的演变趋势交织在一起,大体上可以划分为以下五个时期。

1.第一时期,从1945年战败后的混乱到"1955年体制"的确立时期(1945-1955年)

在这一战败投降后引起的混乱和以后的复兴的时代中,先后发生了30余起议员和公务员的贪污受贿事件,如特殊慰安协会污职(1946年)、隐藏物资污职(1947年)、辻嘉六事件(1947年)、大阪造兵厂事件(1947年)、昭和电工疑狱(1948年)、煤矿国有管理疑狱(1948年)、日本シルリ(丝织品)事件(1949年)、五井产业事件(1950年)、海上保安厅污职(1951年)、警察预备队污职(1951年)、电通省污职(1952年)、造船疑狱事件(1954年)、东京都厅污职(1955年)、大藏省印刷局污职(1956年)等。在这些事件中,以昭和电工疑狱和造船疑狱事件的影响为最大。

昭和电工疑狱(1948.5.25-1962.11.30),是由于昭和电工股分公司,通过向政府高级官员的行贿手段,取得巨额的复兴金融金库的贷款。事发后,1948年6月,昭和电工的社长日野原节三被捕;9月,大藏省主计局长福田赳夫、经济安定本部栗栖赳夫等人被捕;10月,内阁副总理西尾末广被捕;12月,两月前下台的内阁总理大臣芦田均也被捕。到年底为止,先后被捕64人,其中被起诉者37人。历时14年零7个月,经过一审、二审、三审,除日野原、栗栖两人被判为有罪外,其他人均陆续被宣布为无罪。震动一时的昭电疑狱,就这样虎头蛇尾地结束了。

造船疑狱事件(1954年1月7日)是与"计划造船"相关联的行贿受贿事件。此案是由于造船工业会、船主协会等造船工业团体,为争取"计划造船"指标和财政贷款,以多额的献金贿赂当权的政界人士。1954年1月7日,东京地方检厅特别搜查部开始搜查,并陆续逮捕一些有赠贿受贿嫌疑的财界和政界人士,如造船工业会会长日羽周夫、运输省官房长井玄刚等人。在调查中还发现自由党干事长佐藤荣作、政调会长池田勇人也曾接受过巨额贿赂。但在4月间,当检察当局决定逮捕佐藤之际,法务大臣犬养健根据吉田内阁的意旨,依照《检察厅法》第14条的规定,动用了对检察总长的"指挥权",强行阻止逮捕佐藤。这样,在造船疑狱中,先后共逮捕71人,起诉34人,其中涉及疑狱的中心人物共23人,内16人被判为有罪;凡被判为有罪者均缓期执行,因接受回扣的特别渎职都被定为无罪。吉田内阁保驾佐藤,引起了各界人士的责难,法务大臣犬养健在发动"指挥权"的第二天,即1954年4月22日便自行辞职,而第五次内阁也于同年的12月9日倒台。

2. 第二时期,"经济政治的形成和展开"的时代(1956 - 1968 年)

这个时期从 1955、1956 年起。经过 1960 年的安保斗争,与经济高速增长的同时,实施了"经济活动、产业活动优先的政治",到其所有的弊病都表面化的 1968 年时为止。在这一以经济高速增长为主要标志,实施"经济活动、产业活动优先的政治"的时代中,先后发生 40 余起重大的议员和公务员的犯罪的事件,其主要的特征如下:

第一,国会议员的收贿犯罪事件连续发生。

例如,1957 年的"全供联"(全国供销合作社联合会)污职,是涉嫌数十名国会议员接受贿赂的事件,主要嫌疑人有河野谦三参议院议员、松野赖三自民党议员、野沟胜社会党军事基地对策委员长等人。又如,1957 年的卖春污职事件,是卖淫业者的全国组织,为阻止"卖淫等处罚法案"的成立,贿赂了 30 余名众议院议员,主要的嫌疑人真锅仪十、椎名隆同、首藤新八等自民党议员均被逮捕审查,樽桥渡、山本条吉等自民党议员虽然没有被逮捕但却受到了调查。再如,1961 年的武州铁道污职,是仅次于昭电、造船两大疑狱的战后初期的三大赠贿收贿案件之一,主要嫌疑为前运输大臣楢桥渡和自民党议员荒船清十郎等。还有,1968 年的日通(日本通运株式会社)事件,是日本通运为了垄断粮米的国内运输事业,向自民党、社会党、民社党的 47 名议员提供巨额的政治捐款,池田政之辅(众议员)、大仓精一(参议员)被起诉,其中的池田被判刑;福岛敏行等五名日通社社长和副社长也被起诉,其中的福岛被判刑。

第二,地方议会议员和地方自治体职员的贪污受贿案日益增加。

仅以东京、大阪而言,就有 1957 年大阪府议会议员的公众浴场的污职事件,1958 年东京都厅环绕工程承包契约的大规模的污职事件,1959 年东京都交通局超过本厅的污职事件的大规模的污职事件,1960 年大阪府议会议长的选举污职事件,1961 年在大阪、兵库等近畿圈发生的教科书污职事件,1965 年东京都议会的污职事件(逮捕并调查了小山真雄都议会议长、建部顺元议长等 13 名都议会的议员)。

第三,警察和刑务所的污职事件层出不穷。

松山刑务所、长野刑务所、加古川刑务所,看守和职员从收容者和关系者手中收取金钱和贵重物品的污职事件连续发生,甚至出现过被拘留的暴力团组长在刑务所内强奸少女并得看守帮助的严重事例。

第四,反映日本社会和经济变化的污职事件不胜枚举。

例如,1962 年东北开发污职,1963 年的日丰本线用地收买污职,住宅公团入居污职,1964 年奥林匹克污职,1965 年新干线工程污职等等。

3. 第三时期,"经济政治的烂熟"和结构性的腐败(1968 - 1976 年)

这一时期仍然处于经济高速增长阶段,但经济政治已经烂熟,暴露出结构性的腐败。从 60 年代中期和晚期的"学生和青年们的热情的造反"时起,经过石油冲击到洛克希德事件暴露田中首相被逮捕时为止。在这七、八年内,发生了近二十起重大的赠贿受贿的污职事件,如 1969 年的大阪市教员移动污职,厚生省承认新药污职,1970 年的铁建公团污职、粮食厅污职,1971 年大阪刑务所的入学考试问题的外泄事件,1972 年外务省冲绳交涉密约事件,1973 年科学技术厅放射性物质检查分析污职,1974 年田中首相的金脉问题事件,1975 年大阪枚方市长与暴力团粘连,国立癌症研究中心污职等。这时期的政治家和公务员的犯罪和事件的特征如下:

第一,警察官的受贿犯罪和不祥事件十分明显。

在这个时期,日本不论在经济方面还是在政治方面,或者是在风俗等社会方面,都发生了激烈的变化。由于被录用的警察官的素质的低下,使命感淡薄,因而在70年代的前半期,以首都圈、近畿圈等地区的警察为中心,频繁发生警察官的犯罪和不祥事件,如1971年大阪刑务所的大学入学考试问题的事件,1974年大阪府警南署的短枪被盗事件等。

第二,教师和教育当局的污职犯罪事件日益增多。

随着高学历风的盛行和考试竞争的过热,教师和教育界人士的污职犯罪不断增加。如1968福冈教育大学附属小学及和歌山大学附属中小学的入学考试作弊事件,1969年大阪市揭露出来的教员移动的污职事件,1971年大阪刑务所的大学入学考试问题的泄露事件等。另外,在这个时期,新闻和电视经常报道有关教师的打破廉耻的犯罪事件。

第三,随着革新的自治体在各地的增加,这些革新自治体的首长、议员、职员的污职事件愈益明显。

在1967年4月的统一地方选举中,美浓部亮吉当选为东京都知事,以后连任三期知事。在美浓部以前,川虎三出任京都府知事,吉田法晴出任北九州市长,飞岛田出任横滨市长,都分别发挥了独特的非凡的行政手腕,但自美浓部当选的四年以后,黑田出任大阪府知事,长洲一二出任神奈川县知事,这个时代的确是"革新自治体"的时代。但随着革新的自治体的增加,这些革新的自治体自首长、议员、职员不断发生贪污受贿的污职事件,1975年大阪府枚方市市长与暴力团粘连造成的国立癌症研究中心的污职事件就是其中典型的一例。

4. 第四时期,"政治经济的腐败腐朽"和田中式的政治(1976－1985年)

这是一个不能不说洛克希德疑狱和田中式的政治的时期。1976年2月,从美国传来消息:美国洛克希德飞机制造公司为了向日本全日空公司推销"三星"飞机,通过日本丸红公司有关人士和"黑幕人物儿誉士夫向日本政府高级官员赠送巨额金钱。消息传到日本后,众议院立即传讯美国消息中提到的一些人物到国会回答问题,检察部门则根据调查结果陆续逮捕了包括前内阁总理大臣田中角荣在内的政界、财界和民间的涉嫌人员,并根据案情种类分别对他们提出起诉"。

本案件由东京地方法院审理。审判的结果,在行贿方面,丸红公司董事长桧山广、专务大久保利春和伊藤春,全日空公司总经理若狭德治和副总经理渡边尚次,国际兴业公司大股东小佐野贤治及黑幕人物儿誉士夫(因本人患病,其秘书被判刑)均被判刑;在受贿方面,前首相田中角荣、运输省大臣桥本登美三郎、运输省政务次官佐藤孝行等人也都被判刑(田中的秘书夏本敏夫因脑出血住院后一直未出庭)。此中的田中角荣,根据1983年10月12日的判决,以受托受贿,违反外汇法,判处4年徒刑,罚款5亿日元。田中当即提出上诉,立即被东京高等法院驳回,后来又向最高法院起诉,结果也以失败告终。田中被指控"受托受贿"的案件,从被告人的地位之高,所控"受贿额"之巨,审理案件时间之长(拖了19年时间)来看,在战后日本的历史上可以说是创纪录的,因此有人称其为"世纪性的案件"。

田中虽然被捕判刑,但其势力仍然长期存在。如自田中下台以后,三木、福田、大平、铃木、中曾根相继组阁,但事实上除了三木以外,几乎所有的内阁都仰仗田中派的公开支持,形成所谓"田中支配"的二重权力结构体制。

特别是在这个时期,不管是国会议员,还是地方议会议员,出现了大小无数的田中,以官商勾结、权钱交易为中心的政治家和公务员的贪污受贿事件频繁发生。如1977年的通产省叙勋污职,1978 年的南阳市助役选任污职。1979 年的道古拉斯·格拉斯曼事件,1980 年的KDD 事件,1984 年和歌山下津町出纳室长贪污 27 亿日元事件,1985 年国立文乐剧场污职事件等。警察官的违法乱纪事件也很多,如 1976 年泉大津署警部的强奸事件,1978 年警视厅北泽署巡查强奸杀害女子大生事件等。教师的犯罪事件也有增无减,如 1985 年岐山县立高校教师的体罚杀人事件等。

1985 年 2 月 27 日,田中中风病倒。1993 年 12 月 16 日,田中与世长辞。黄彬华在新加坡《联合早报》撰文说:轰动世界的首相犯罪的"洛克希德案",直到 1995 年 2 月 22 日才宣告审结落幕。在这拖了 19 年岁月的冗长的司法诉讼期间里,16 名有关被告之中,已有 5 人去世,活着的 11 人全部判刑。"洛克希德案"的审结,显示出日本政治家缺乏伦理观念,官僚体系缺乏行政改革,司法界缺乏时间观念。

5. 里库路特案件和战后日本政治的终结(1986－1992 年)

在田中病倒后的前七年,又发生了一系列的政治家和公务员的贪污受贿事件,如 1986 年的福冈县道路工社污职,1987 年的今市市长污职,1988 年的高尔夫球场开发污职,1989 年的里库路特事件,1990 年的川西市长违反选举事件,1991 年的稻村利幸逃税事件,1992 年的佐川快件事件等。其中最引人注目的是里库路特和佐川快件两案件。

里库路特事件是战后日本最大一次官商勾结行贿受贿的案件。其中心内容是,里库路特公司董事长江副浩正等人,将其大量未上市的股票,以低廉价格卖给政界要人,以换取政府给予的各种好处。此案自 1988 年 6 月曝光,9 月立案侦查,历时 264 天,调查了 3800 多人,先后逮捕了 14 人(除江副浩正外,还有日本电信电话公司董事长真藤恒,劳动省事务次官加藤孝元,文部省次官高石邦男等人),起诉 17 人,被迫辞职者约 50 人。该案的根子很深,牵连到现任首相竹下登,前任首相中曾根康弘和后任首相海部俊树。为此被迫辞职者有内阁总理大臣竹下登,副总理兼大藏大臣宫泽喜一,法务大臣长谷川峻,经济企划厅长官原田宪;为此案被迫宣布脱离自由民主党者,有原官房长官藤波孝生和原内阁总理大臣申曾根康弘;为此案而辞去党的领导职务的在野党国会议员,有民社党委员长塚本三郎,公明党副书记长池田克也,公明党委员长父野绚也;为此案而辞职的财界人物,有经济同友会副代表干事牛尾治朗和诸井虔。一桩行受贿案,根子如此之深,影响如此之大,在日本可以说是史无前例,使日本近乎国无宁日。

佐川快件事件也是一起重大案件。1992 年 2 月 14 日,东京地方检察厅特别搜查部以"特别渎职罪嫌疑"的名义,逮捕了东京佐川快件公司(佐川快件公司的主要公司)总经理渡边广康,常务董事早已女润等人;其具体罪状是,未经董事会研究同意,擅自向私人关系密切的公司提出债务保证并给予借贷,给本公司造成总额达 126 亿日元的损失。但是,佐川案件的要害,不在渡边等人犯有"特别渎职罪",而是他们与政界大人物的"金钱授受关系"。据日本报纸透露,被渡边等人贿赂的自民党议员和各界名流达数百人,其贿赂金额高达数十亿日元。渡边等人贿赂议员人数之多,捐赠金钱数额之巨,超过以往任何一次与金钱政治有关的案件。例如,被称为"日本政界教父"的头号政治大腕金丸信,便因接受佐川公司 5 亿日元的"政治捐款",于 1992 年 8 月和 10 月先后辞去自民党副总裁和众议院议员的职务。又如,自民党下台后出任内阁总理大臣的细川护照,也因牵连到东京佐川快件公司提供 1 亿元"贷款"案和购买股票案,于 1994 年 4 月正式宣布辞职。

洛克希德事件、里库路特事件和佐川快件事件表明,自民党统治下"政、官、财"三位一体的金权政治和由此产生的层出不穷的政治丑闻越来越失掉民心，堪称为日本现代政治的主轴的“1955年体制”再也无法继续维持下去。田中健治关于“战后日本政治的终结”的论断非常正确。在1993年7月的第40届大选中，自民党没有超过半数，经营38年之久的自民党权力大厦就此倒台，代之而起的将是有利于政治改革的多党联合统治。

注释：

1. 山本健治：《1945－1992年政治家、公务员的犯罪和事件》（日文版），第三书馆，1992年版，第376－397页。

2. 森川哲郎：《日本疑狱史》（日文版），三一书店，1977年版，第349－358页；第259－306页。

3. 日本现代评论社编，孙雷门，申译福译：《昭和宰相列传》，天津人民出版社，1985年版，第273－2 83页。

4. 新华社参编部：《80年代重大丑闻录》，1990年版，第1－24页（刘洪潮撰写）；第25－51页（李苏人撰写）。

三、被逮捕的受贿事件贿赂全额的推移

年次	总额	每一人的平均额
1981	2亿1234万日元	74万日元
1982	4亿110万日元	174万日元
1983	2亿370万日元	92万日元
1984	4亿137万日元	222万日元
1985	2亿4122万日元	134万日元
1986	1亿9248万日元	97万日元
1987	3亿101万日元	143万日元
1988	2亿1715万日元	170万日元
1989	4亿1217万日元	350万日元
1990	2亿1025万日元	198万日元
1991		

资料来源：山本健治：《政治家和公务员的犯罪和事件》（1945－1992年），第412页。

四、主要公务员的贪污收贿的不祥事件（1988－1998年）

1999年（平成十一年）日本出版的《公务员白皮书》，对里库路特案后十年间日本主要公务员的贪污受贿事件作了叙述。下面想根据该书提供的资料，简要地介绍一下1988－1998年公务员的行贿受贿的状况。

1. 1988年里库路特事件中的劳动省和文部省

（1）里库路特案中劳动省事务次官的收贿犯罪

日本劳动省原事务次官加藤孝元，在担任劳动省职业安定局长期间，通过打高尔夫球和到皇家饭店吃饭，与里库路特公司董事长江副浩正打得火热，私下透露了劳动省对就职情报杂志的法规限制的探讨情况，并使劳动省放宽了对里库路特公司出版的《就业信息》杂志的限制。江副作为谢礼，以优惠的价格，出售加藤3000股未上市股票，加藤抛出后获利690万日元。人证物证俱在，加藤以收贿罪被判决有罪。

议员和公务员因主要刑法犯罪(受贿、贪污、渎职、诈骗、伪造文书、滥用职权)被逮捕者的所属别逮捕人员数

年度	56	57	58	59	60	61	62	63	64	65	66	67	68	69	70	71
检举总数	1392	1118	748	618	807	1025	788	706	896	991	971	771	796	808	565	507
国会议员	6		2					1					1			
国会职员															1	
裁判所	3		3	4	5	2	11	3	1	4	2	1	16	3	4	1
总理府								5	5		1	4				
自御官	3	6	1	3	1	1	1	3	1		1		1	3	1	1
防御厅职员	1	2		2		3	3				2		2	1		1
法务省	12	8	12	7	9	8	9	6	29	30	21	12	7	15	6	14
检察厅(检事)			1	1							3					
大藏省(国税)	61	52	85	44	76	92	79	119	72	32	52	37	31	36	22	17
文部省教官	2	1	2			3		3	1	1	7	2	12	1		2
文部省职员	2	7	3	1	2	2	3	5		2	4	3	1	3	1	2
农水省	25	39	15	7	11	77	22	15	16	29	26	15	34	5	23	6
通产省	18	12	2			12	17	2	14	4	26	6	7	2	2	10
运输省	18	23	10	6	10	6	15	8	7	12	7	14	11	31	3	
邮政省	10	26	7	8	15	12	16	7	20	27	17	5	8	6	6	6
劳动省															26	17
建设省	7	14	7	4	1	11	28	15	9	17	5	12	6	8	12	6
厚生省											2	8	20	12	2	9
自治・外务 他	50	13	12	4	25	20	20	26	12	173	8	21	9	11	1	1
国会公务员	218	203	162	91	155	249	224	213	182	331	183	136	166	142	115	93
警察官	7	6	4	5	7	1	1	3	3	7	9	3	3	7	4	10
警察职员	6	4	1			1		7	3	1	1	1	2			2
警察关系小计	13	10	5	5	7	2	1	10	6	8	10	4	5	7	4	12
各种议员	97	97	129	68	83	103	57	107	115	112	112	145	64	45	35	63
税务	92	58	47	28	53	45	26	38	47	22	12	16	30	16	11	15
总务关系													37	61	35	46
地方教员	45	29	21	21	27	88	57	8	22	38	19	9	29	135	23	2
教育职员	26	34	15	12	25	13	10	10	12	17	16	10	18	17	12	10
商工	5	9	5	5	11	5	23	8	15	6	5	9	8	7	4	7
农林水产	57	71	27	35	27	39	30	18	29	56	44	39	57	49	13	15
土木建筑	82	68	52	49	84	125	79	78	157	113	190	119	164	151	90	102
民生劳动													17	11	11	15
保健御生													36	37	42	27
他	597	466	223	253	232	276	238	168	231	245	282	238	74	53	107	74
地方公务员小计	1001	832	519	471	542	694	520	435	628	609	680	585	534	582	383	376
国铁	33	19	33	15	68	25	20	12	21	13	59	9	23	7	19	10
电电公社	12	9	3	9	8	49	11	7	40	4	5	14	15	10	2	2
专卖公社	66	5	16	3		1	2	7	3	9	2	7	14	18	16	1
各种公团	44	33	10	22	25	4	7	21	11	13	14		24	27	17	3
他	5	2		2	2	1	3	1	5	4	18	16	6	15	9	10
公务员小计	160	68	62	51	103	80	43	48	80	43	98	46	82	77	63	26

资料来源:山本健治:《政治家和公务员的犯罪和事件》(1945－1992年),第404页。

72	73	74	75	76	77	78	79	80	81	82	83	84	85	86	87	88	89	90
538	521	417	494	437	334	380	283	367	366	369	3473	297	299	242	277	204		
	2																	
	1																	
1	1				2		1	1	1		1					1		
														1	1			
	1			1		2		1						1	1			
	1	1	2		1	1	1	2	1			1	2	1				
6	8		4	10	8	13	2		3	9	2	6	7		2	8		
		6	1				2	3										
9	5	1	2	6	1			3	2					1	1			
	1	4					3			3			3					
5	7		2	5	3	3		2		6	2		1	2				
8	24		5	3		1		15	8	4	1	2		9	1	1		
3	5	4			2		1					1	1	2		1		
7		4	2	17	4	2			4	3	2					7		
	6	8	1	4	1	3	25	3	5	1	3	1	1	2				
3	7	3	20	1	1	8	2	4	6	2	3		3	2		1		
15	5	8	1		20	1	2	1	2	6	1	4	4	2	2	1		
2	1	1	3	1	1	1	3		7	2	2	4	4	2		4		
1	5		3	1		4	2	11	2	1	2	5	2	3	1	2		
61	84	40	46	49	44	39	44	46	41	37	19	24	28	27	8	26		
2	7	7	1	5	6	3	1	1			13					1		
	5	1		1	1						4	1		1				
2	12	8	1	6	7	3	1	1			13	4	1		1	1		
106	94	106	144	72	37	53	12	98	57	49	120	74	47	65	101	48		
51	39	38	44	54	27	31	30	27	29	35	38	34						
11	11	5	8	9	10	9	6	8	11	8	6	3	14	6	41	8		
5	4	13		4	5	4	23		4	38	5		2		3	1		
6	9	7	4	6	4	5	10	8	16	23	8	11	11	7	3	4		
4	2	9	3	8	5	4	4	1	11	4	1		2	1	5	1		
16	34	18	32	12	19	15	11	11	15	24	15	5	4	9	7	12		
109	120	78	96	85	68	89	48	95	87	56	49	54	44	43	49	31		
5	10	6	11		6	3	9	3	10	8	5	9						
49	19	13	13	33	23	26	11	15	16	22	7	17						
65	65	52	62	67	61	69	51	31	42	41	39	34	106	61	50	61		
427	407	345	417	350	265	308	215	297	298	308	293	241	230	192	259	166		
8		3	5	4	3	11		11	9	7	5	6	20	1				
8	4	2		5	5					1	6	3	1	2				
	1																	
24	4	7	12	5	6	9	18	1	2	2	5	2	3	7	1	6		
8	9	12	13	18	4	10	5	11	16	14	2	17	16	13	8	5		
48	18	24	30	32	18	30	23	23	27	24	18	28	40	23	9	11		

(2)里库路特案中文部省事务次官的收贿犯罪

前文部省事务次官高石卯男,在任职期间千方百计为里库路特公司董事长江副浩正被选为教育课程市议会委员和大学审议会委员,而江副则以低价出售1万股未上市的股票回报。事情败露后,高石依收贿罪被判决有罪。

2.1992年东京大学医学部起搏器污职事件

在东京大学医学部附属医院,负责起搏器机种选定和镶进手术工作的该医学部助教授,先后收取起搏器贩卖公司A社和B社大量的现金贿赂。该助教授被逮捕后,依收贿罪受到有罪的判决。

3.1995年大藏省过分的接待事件

大藏省东京税关长及主计局次长,因受到经营破产的原信用金库理事长及经营顾问的超乎寻常的过分的接待,受到警告处分,其后自行辞职。

4.1996年通商产业省石油商人事件

通商产业省的干部职员,受到因违反所得税法被起诉的石油商人代表的聚餐、打高尔夫球等的招待,受到超过寻常的过分招待的五名职员,分别受到警告等处分。

5.1996年厚生省社会福利法人事件

原厚生省事务官,通过前往某县的福利课长,帮助与自己有多年亲密的交际关系的社会福利法人代表,办理有关特别养护老人的养老院的补助金的事项。作为酬谢,该次官曾接受法人代表的一笔现金,事发后按照收贿罪受到有罪的判决(控诉中)。

又,厚生省的某些干部,由于协助社会福利法人代表办理补助金的事宜,除了无负担费用参加该代表主宰的医疗福利研究会以外,还由于反复受到该代表的会餐、打高尔夫球等的招待,有11名厚生省干部受到惩戒处分,其中1人因收取现金受惩戒免职处分。

6.1998年大藏省金融不祥事件

(1)原大藏省金融检查室长,受到检查对象金融机关饮食、打高尔夫球的招待,除了泄漏检查日期外,还在金融检查之际,向对象金融机关传达了购买住宅的愿望,后经该金融机关的介绍购入住宅,并获得了该当购入资金的贷款,事情败露后受到惩戒免职处分。同时,由于民间金融机关作为在临检店铺前泄漏检查日期的酬谢,受到过度的饮食、打高尔夫球等的招待,并在经过民间金融机关的中介购入自己的住宅高级公寓之际受到降低价格的处理,结果按照收贿罪作出有罪的判决。

(2)原大藏省金融检查课长辅佐,由于受到民间金融机关饮食、打高尔夫球的招待,使其代付自己与部下饮食的费用,并亲手将自己写的检查报告书交给其他的金融机关,泄漏了检查的结果,受到了惩戒免职处分;同时,又由于民间金融机关作为在新规金融商品的行政指导方面给予方便的照顾,以及在临检店铺事前透露检查日期等方便的照顾的一种谢礼,该课长辅佐受到过度的饮食、打高尔夫球等的接待,并使其代为支付自己的饮食的费用,法院按照收贿罪作出了有罪的判决。

(3)原大藏省金融检查调查官,由于受到与职务有直接关系的证券公司频繁的饮食、打高尔夫球等的招待,并因这些招待以收贿的嫌疑被逮捕起诉,在公审法庭上承认了这些事实,结果受到惩戒免职处分;同时,又由于该证券公司作为对申请的处理,对公司内管理体制的指导等各种方便的照顾的谢礼,受到过度的饮食、打高尔夫球等的接待或者供给商品券等,法院以收贿罪作出有罪的判决。

(4)原大藏省金融机关课长辅佐,由于受到民间金融机关频繁的饮食、打高尔夫球等的接待,并因这些接待以收贿嫌疑被逮捕起诉,在公审法庭上承认了上述事实,因而受到惩戒免职处分;同时,又由于民间金融机关作为对新式投资制度的采用,暗示关于审议会的情报等的谢礼,受到过度的饮食、打高尔夫球等的接待或者供给商品券等,法院根据收贿罪作出有罪的判决。

另外,在这次大藏省的金融丑闻中,由于受到民间金融机关等聚餐、打高尔夫球等的接待,有 32 人受到惩戒处分,80 人受到警告等处分,在受到惩戒处分的人当中,有本省局长和审议官两人辞职。

7. 防卫厅供应实施本部两名干部,在购入防卫装备之际,通过弄虚作假贪图私利,构成了背任罪即渎职罪;其中的一人,还接受了电气电信制造商作为谢礼提供的现金,构成了加重收贿罪,退职以后又在该制造商的有关企业以顾问费的名义接受金钱,构成了事后收贿罪。

8. 原名古屋大学医学部教授,在自己主持的医学部药理学讲座中,从进行医药品的制造、贩卖等民间企业者的三家公司分别招收职员作为研究生,使用该讲座的设施、实验机材和研究费等,实施关于新药开发的研究,然后将研究的结果提供给这些企业者。这三家企业者作为谢礼,则赠给该教授大量的现金。法院依照收贿罪,对该教授作了有罪的判决。(见人事院编:《公务员白皮书》(日文版),大藏省印刷局,1999 年(平成十一年)版,第 38 - 64 页。)

主要参考书目

一、原始资料

1. 日本出版的原始资料

内阁官报局编:《明治年间法令全书》,明治三十二年 3,明治三十二年 4,原书房,1982 年版;明治四十三年 2,明治四十三年 3,原书房,1991 年版。

内阁官房记录课编纂:《现行法令辑览》,全书共 12 卷,本书仅参考第 1、2 卷,帝国行政学会出版,1930—1942 年陆续追录补正。

法务大臣官房司法法制调查部编:《现行日本法规》,全书共 23 卷,本书仅参考第 1—5 卷,行政学会印刷所刊印,1949 年版。

内务省地方局财政课监修,帝国地方行政学会编纂;《地方事务法令类纂》,行政印刷所刊印,1938 年出版。

战前期官僚制度研究会编,秦郁彦著:《战前日本官僚制的制度、组织、人事》,东京大学出版会,1981 年出版。

日本公务员制度史研究会编著:《官吏与公务员制度的变迁》,官吏与公务员制度的资料及年表,第一法规出版株式会社,1989 年出版。

日本近代史料研究会编,伊藤隆主编:《日本陆海军的制度、组织、人事》,东京大学出版会,1982 年出版。

人事院编:《公务员白书》,国立印刷局发行,每年出版一本,本书仅复印其中的 28 本(1878 年至 2005 年)。

著者代表细野长良,新体综合注释《大六法全书》,东京法文社刊印,1941 年第 12 版。

末川博编著:岩波《六法全书》,岩波书店,1974 年版。

末川博创始,岩波《六法全书》,岩波书店,1983 年版。

芦部信喜,高桥和之等编著:岩波《大六法》,岩波书店,1988 年版。

编辑代表星野英一、松尾浩也、盐野宏:《六法全书》,全两册,有斐阁,1994 年版。

编辑代表平井宜雄、青山善允、管野和夫:《六法全书》,全两册,有斐阁,1997 年版。

给与关系法令研究会监修,大藏省财务协会发行,《公务员给与便览》,昭和五十二年(1877 年)版及平成十一年(2000 年)版。

井上毅传记编纂委员会编:《井上毅传》,史料集,全六卷,国学院大学图书馆刊印,1966 年至 1977 年陆续出版。

明治文化资料丛书刊行会编:《明治文化资料丛书》(全 12 卷 13 册),本书仅参考第 8 卷(教育篇)和第 11 卷(世相篇),开明堂刊印,明治四十五年至昭和三十六年陆续出版。

东京大学史料编纂所编:《读史备要》,讲谈社,1976 年版。

家修三郎监修:《日本史资料》(上下两册),东京法令出版株式会社,1974 年第 5 版。

历史科学协议会,中村尚美,君岛和彦,平男哲南编:《史料日本近现代史》(全三卷),三省堂,1985 年版。

矢野恒太纪念会编，司楚，訾瞭组译：《日本100年》，时事出版社，1984年出版。

矢野恒太，白崎享一著：李择一译：《日本国势图解》，商务印书馆，1936年版。

矢野恒太纪念会编，矢野一郎监修：《日本国势图会》，国势社，1985年版。

矢野恒太纪念会编，矢野一郎监修：《日本国势图会》，国势社，1992年版。

2、中国编译的文献资料

王辑五：《1600年以前的日本》，商务印书馆，1983年版。

张荫桐：《1600—1914年的日本》，三联书店，1957年版。

邹钧等编译：《日本干部管理法》，法律出版社，1984年版。

聂长振、马斌译，周一良校：《明治维新基本文献史料选译》；《世界历史》编辑部：《明治维新再探讨》，中国社会科学院出版社，1981年版。

全国人大常委会办公厅研究室编：《国外廉政法律法规介绍》，中国民主法制出版社，1990年版。

阎青义、李淳编：《世界各国公务员法手册》，吉林大学出版社，1988年版。

汪向荣、夏应元：《中日关系史资料汇编》，中华书局，1984年版。

曹志主编：《各国公职人员考试任用制度》，北京大学出版社，上下两册，1989年版。

曹志主编：《各国公职人员工资福利制度》，北京大学出版社，上中下三册，1989年版。

二、专门著作

1、日本学者撰写的专门著作（以日本官吏与公务员制度为中心）

田中惣五郎著：《日本官僚政治史》（改订本），河出书房，1954年版。

秦郁彦著：《官僚研究》，讲谈社，1983年版。（本书有中译本：秦郁彦著，梁鸿飞、王健译：《日本官僚制研究》，三联书店，1991年版）。

辻清明著：新版《日本官僚制的研究》，东京大学出版会，1981年版。

松村岐夫著：《战后日本官僚制》，东洋经济新报社，1981年版。

伊藤大一著：《现代日本官僚制的分析》，东京大学出版会，1981年版。

室伏哲郎著：《高级官僚》—利权にさぃた恶の华—世界书院，1983年版。

上本好男著：《报恩天皇制与官僚变革》，中央公论事业出版，1979年版。

田原総一朗著：《日本的官僚》，文艺春秋，1980年版。

中邨章编著：新版《官僚制与日本政治》，北树出版株式会社，2003年版。

沼田哲编著：《明治天皇与政治家群像》，吉川弘文馆，2002年版。

日本公务员制度史研究会编著：《官吏与公务员制度的变迁》，第一法规出版株式会社，1989年版。

伊藤达夫著：《国家公务员制度》（第七次改订版），学阳书房，1997年版。（此书有中译本）

鹈饲信成著：《国家公务员法》，有斐阁，1986年版。本书有中译本，鹈饲信成著，曹海科译，《日本公务员法》，重庆大学出版社，1988年版。

雄川一郎、盐野宏、園部逸夫编：《现代行政法大系》9，《公务员与公物》，有斐阁，1984年版。

竹之内一幸，桥本基弘著：《国家公务员法的解说》，一桥出版，1993年版。

片冈宽光著，熊达云、郑希宏译：《论职业公务员》，上海科学普及出版社，2001年版。

鹿儿岛重治著：要说《地方公务员制度》，学阳书房，1988年版。

坂弘二著：《地方公务员制度》，学阳书房，1992年版。

地方公务员制度研究会编著：《地方公务员制度》，全七卷，ぎょぅせい株式会社，1991年版。

人事行政调查会：《公务员人事行政的变迁》，资料·总理府·人事院，1972年版。

人事行政调查会：《人事行政的现状与对策》，资料·总理府·人事院，1974年版。

人事院编：《公务员行政的课题与展望》ぎょぅせい株式会社，1988年版。

资格问题研究会编:资格ど特技シリズ,《国家试验のすべて》,启明书房,1989年版,1995年版。

尾崎朝夷、清水秀雄、森園幸男著:《公务员给与法精义》,学阳书房,1999年版。

原田三朗(每日新闻社论说委员)著:《公务员伦理》,行政のル－ルどモラル,ぎよラセぃ株式会社,1988年版。

编辑代表滨田修,公务员污职防止对策研究会编著:《公务员の污职防止・回避讲义案》,ぎよラセぃ株式会社,1990年版。

保冈兴治著:《政治改革と腐败防止システム》,讲谈社,1991年版。

宫野彬著:《おもしろ公务员刑法杂学读本》,公人の友社发行,大馆印刷,1988年版。

早稻田大学セミナ一编:《公务员民法》,早稻田经营出版,公务员受验シリ－ズ,1992年版。

井ケ田良治,山中永佑合著:《日本近代法史》,法律文化社,1982年版。

石井良助著:《法制史》,山川出版社,1980年版。

大来佐武良著,李梅子译:《漫话现代日本官吏》,国际文化出版公司,1987年版。

盐野宏著,杨建顺译,姜明安审校,《行政法》,法律出版社,1999年版。

小高刚著:《行政法各论》,有斐阁,1984年版。

齐藤寿、梅木崇著:《现代行政法论》,劲草书房,1982年版。

西冈久鞆、松本昌悦、川上宏二郎合著:《现代行政法概论》,有信堂高文社,1980年版。

山本健治著:《政治家・公务员の犯罪ど事件》(1945—1992年),第三书店,1992年版。

森川哲郎著:《日本疑狱史》,三一书房发行,诚和印刷株式会社,1977年版。

内阁官房编:《内阁制度七十年史》,大藏省印刷局,1955年版。

山崎丹照著:《内阁制度研究》,高山书院,1942年版。

铃木安藏著:《太政官制ど内阁制》,昭和刊行会,1944年版。

大霞会编:《内务省史》,全四卷,原书房,1981年版。

明治神宫编,大日本帝国宪法制度史调查会著:《大日本帝国宪法制定史》,サンケイ新闻社,1980年版。

筒井若水、佐藤幸治、坂野润治、长尾隆一编:法律学教材,《日本宪法史》,东京大学出版社,1981年版。

佐藤立夫著:新版《宪法原论》,青林书院新社,1982年版。

和田英夫著:新版《宪法体系》,劲草书法,1982年版。

越路正巳著:《现代宪法论》,信每书籍印刷株式会社,敬文堂发行,1981年版。

市川太一著:《"世袭"代议士研究》,日本经济新闻社,1990年出版。

福地重孝著:《士族与士族意识》,春秋社,1956年出版。

原孝三郎、峰岸纯夫、佐佐木润之介,中村政则编:大系《日本国家史》4,近代1、2;5,近代1、2。东京大学出版会。

升味準之辅著、董果良译,《日本政治史》,全四卷,商务印书馆,1997年版。

升味準之辅著:《日本政党史论》,全七卷,东京大学出版会,1979—1981年出版。

户田慎太郎著:《天皇制经济的基础分析》,三一书房,1947年版。

井上清著:辽宁大学哲学研究所译:《天皇制》,商务印书馆,1975年版。

东京大学百年史编辑委员会编:《东京大学百年史》(通史两卷),东京大学出版会,1985年版。

健康保险组合联合会编:《社会保障年监》(日文版),东洋经济新报社,1976年版、1978年版、1980年版、1986年版、1987年版、1988年版。

2. 中国学者撰写的专门著作(以日本政府体制和官员制度为中心)

[清]黄遵宪著:《日本国志》,全书四十卷,如职官志两卷、刑法志五卷、兵志六卷、食货志六卷等。上海古籍出版社,2001年出版。

金长佑著:大学丛书,《日本政府》,商务印书馆,1937 年出版。

陈水逢著:《日本政府与政治》,黎明文化事业公司,1984 年再版。

蒋立峰主编:《日本政治概论》,东方出版社,1995 年出版。

赫赤、谭健等著:《日本政治概况》,中国社会科学出版社,1984 年出版。

《日本政府机构》编写组编:《日本政府机构》,上海人民出版社,1977 年出版。

齐乃宽编著:《日本政治制度》,上海社会科学院出版社,1987 年出版。

邹钧著:《日本行政概论》,吉林人民出版社,1986 年出版。

邹钧主编:《日本行政改革概论》,吉林大学出版社,1991 年出版。

肖世泽编著:《日本国会》,时事出版社,1990 年出版。

董璠舆主编:《日本司法制度》,中国检察出版社,1992 年出版。

李英著:《日本警察制度》,商务印书馆,民国 25 年出版。

鲁义著:《日本地方自治制度》,吉林大学出版社,1993 年出版。

许崇德主编:《各国地方制度》,中国检察出版社,1993 年出版。

梁忠义主编:《战后日本教育》,吉林教育出版社,1988 年出版。

朱永新、王智新主编:《当代日本高等教育》,山西教育出版社,1992 年出版。

龚祥瑞著:《文官制度》,人民出版社,1985 年出版。

杨百揆、陈子明、陈兆钢、李盛平、缪晓非著:《西方文官系统》,四川人民出版社,1985 年出版。

李广训著:《各国人事制度》,台湾五图图书出版公司,1982 年出版。

曹志主编:《资本主义国家公务员制度概要》,北京大学出版社,1986 年第 2 版。

王雷保主编,编著者有王雷保、仝志敏、刘守恒、苏玉堂、陈向群、张建明、杨柏华等,《公务员职位分类教程》,机械工业出版社,1989 年版。

劳动人事部人事教育局组织编写,主编杨柏华、仝志敏:《外国人事制度》,劳动人事出版社,1987 年出版。

李盛平、季晓煜、刘尔铎、贾湛著:《各国公务员制度》,光明日报出版社,1989 年出版。

赵锦良、鲁仁等编:《世界各国公务员制度》,中国广播电视出版社,1988 年出版。

谭健主编:《二十国人事制度》,辽宁人民出版社,1987 年出版。

谭健著:《日本政府体制与官员制度》,人民出版社,1982 年出版。

郑励志主编:臧志军副主编:《日本公务员制度与政治过程》,上海财经大学出版社,2001 年出版。

阎树森著:《日本公务员制度研究》,国家行政学院出版社,2001 年出版。

李天奇编著:《日本地方公务员制度》,福建人民出版社,1999 年出版。

文海英主编:《日本公务员制度与经济发展》,中国人事出版社,1995 年出版。

李和中著:《比较公务员制度》,中共中央党校出版社,2003 年出版。

黄达强主编:《各国公员制度比较研究》,中国人民大学出版社,1990 年出版。

苏廷林著:《国家公务员》,黄河出版社,1993 年出版。

主编仝志敏、副主编李玉海,胡振民,《国家公务员概论》,中国人民大学出版社,1989 年出版。

主编舒放、王克良:《国家公务员制度教程》,中国人民大学出版社,2001 年出版。

主编谭健,副主编胡志刚:《国家公务员手册》,社会科学文献出版社,1988 年出版。

王通讯主编:《公务员知识手册》,科学出版社,1988 年出版.

主编肖哲,责任编辑李毅臻,周启民,《八十年代重大丑闻录》,新华社参编部,1980 年出版。

主编姜清水:《陷于丑闻的政要》,长春出版社,1994 年出版。

三、史学专著

1. 日本学者编著的史学专著(以明治维新和战后改革为中心)

历史学研究会编:《明治维新史研究讲座》,全六卷,1958—1959年版。

井上清著,吕明译:《明治维新》,三联书店,1956年版。

井上清著:《日本史》20,《明治维新》,中央公论社,1969年版。

井上清、铃木正四著,杨辉译,袁庆彦校订,《日本近代史》,商务印书馆,1959年版。

井上清著,天津市历史研究所译校:《日本历史》,上中下三卷,天津人民出版社,1974—1976年版。

远山茂树著:《明治维新》,岩波书店,1976年第26次版。

远山茂树著:《明治维新与现代》,岩波书店,1968年版。

小西四郎著:新日本史大系,《明治维新》,朝仓书店,1955年版。

小西四郎著:《日本历史》19、《开国ど攘夷》,中央公论社,1969年版。

田中彰著:《日本史》24,《明治维新》,小学馆,1983年版。

历史学研究会,日本史研究会编:《讲座日本史》5,《明治维新》,东京大学出版会,1979年版。

桑原武夫著:《明治维新与近代化》小学馆,1984年版。

信夫清三郎著:《明治维新》(《日本政治史》第2卷),南窓社,1978年版。

坂田吉雄编:《明治维新史》,未来社,1979年版。

服部之总著:《明治维新史》,新泉社,1979年版。

石井孝著:《明治维新的舞台里》,岩波书店,1964年版。

维新史料编纂会编:《维新史》,全七卷,1983年版。

维新史料编纂会编修:《概观维新史》,明治书院,1944年第17版发行。

野吕荣太郎部著:《日本资本主义发展史》,岩波书店,1954年版。本书有中译本:野吕榮太郎著,吕明译,三联书店,1955年版。

平野义太郎著:《日本资本主义社会の机构》,岩波书店刊印,1934年版。

平野义太郎著:《ブルジョア民主主义革命》—その史的发展—日本评论社,1958年版。

守屋典郎著,周锡卿译,《日本经济史》,三联书店,1963年版。

楫西光速,大岛清,加藤俊秀,大内力合著,闫静先译,韩润棠校:《日本资本主义的发展》,商务印书馆,1963年版。

林屋辰三郎编:《文明开化研究》,岩波书店,1979年版。

和田繁二郎监修:《日本近代文学》,同朋会出版,1983年版。

田村真雄著:《殖产兴业》,教育社出版,1980年版。

长冈新吉著:《产业革命》,教育社出版,1980年版。

古岛敏雄编:体系日本史丛书(全24卷)第12卷,《产业史》(全三卷)第3卷,山川出版社,1981年版。

大久保利谦编:体系日本史丛书第3卷,《政治史》(全三卷)第3卷,山川出版社,1981年版。

中村吉治编:体系日本史丛书,《社会史》(全两卷)第2卷,山川出版社,1981年版。

石田良助编:体系日本史丛书第4卷,《法制史》,山川出版社,1980年版。

森未义彰等:体系日本史丛书第17卷,《生活史》(全三卷)第3卷,山川出版社,1980年版。

石井良一编:体系日本史丛书第23卷,《思想史》第二卷,山川出版社,1980年版。

杉本勲编:体系日本史丛书第19卷,《科学史》,山川出版社,1982年版。

高桥幸八郎、永原庆二、大石嘉一郎编、谭秉顺译:《日本近现代史纲要》,吉林教育出版社,1988年出版。

大限重信等著:王云五主编:《日本开国五十年史》,商务印书馆,1929年版。

板垣退助监修,后藤靖解说:《自由党史》全四册,青木书店,1955年版。

东京大学社会科学研究所,战后改革研究会编:《战后改革》(全八卷),东京大学出版会,1975—1984年陆续出版。

大江志乃夫著:《日本史》31卷(战后改革),小学馆,1982年版。

大江志乃夫著:《日本史》(全十卷),10现代,战后改革(第三章)有斐阁,1978年版。

《昭和日本史》(9),占领下の时代,晓教育图书株式会社,1981年版。

小山仁示著:《大阪大空袭》——大阪ガ坏灭した日,东方出版株式会社,1985年版。

小山仁示著:《西淀川公害》,大氣污染の被害と历史、东方出版株式会社,1988年版。

思想の科学研究会编,共同研究《日本占领》,东京德间书店,1972年版。

思想の科学研究会编,共同研究《日本占领军その光と影》,上下两卷,附《日本占领研究事典》,东京德间书店,1978年版。

儿岛襄著:《东京裁判》,上、下两卷,中央公论社,1971年版。

朝日新闻社法廷记者团著:《东京裁判》,上中下三卷,宍户整版印刷株式会社,1977年版。

伊东昭雄,小岛晋治,光冈玄,板垣望、杉山文彦、黄成武合著:《中国人の日本人观100年史》,自由国民社,1974年初版。

2. 中国学者编著的日本史学专著(以明治维新和日本通通史为中心)

李建芳著:《日本明治维新运动》,黎明书局,1937年出版。

郑学稼著:《日本明治维新史纲》,西安新中国文化出版社,1940年出版。

张水淇著:《日本明治维新前史》,南京国立编译馆,1941年出版。

何兹全著:《日本维新史》,独立出版社,1942年出版。

武安隆、王家骅著:《日本明治维新》,商务印书馆,1984年出版。

伊文成、马家骏主编,编写成员有伊文成、马家骏、朱守仁、王淼、汤重南:《明治维新史》,辽宁教育出版社,1987年出版。

王金林著:《简明日本古代史》,天津人民出版社,1984年出版。

吕万和著:《简明日本近代史》,天津人民出版社,1984年出版。

万峰著:《日本近代史》,中国社会科学出版社,1987年出版。

赵建民、刘予苇主编,编写人员有王金林、赵建民、蒋立峰、周家骅、汤重南、孙仁宗、刘予苇:《日本通史》,复旦大学出版社,1989年出版。

吴廷璆主编,编写成员除吴廷璆教授外,包括南开大学、辽宁大学、海南大学、中国民航学院等院校的许多学者:《日本史》,南开大学出版社,1997年出版。

沈仁安主编,北京大学日本研究中心编:《日本学》,仅收到八辑,北京大学出版社,1997年出版第8辑。

马家骏、汤重南著:《日中近代化比较》,日本广兴出版社,1988年版。

刘天纯著:《日本产业革命史》,吉林人民出版社,1984年出版。

刘天纯著:《日本改革史纲》,吉林文史出版社,1988年出版。

陈恭禄著:《日本全史》,中华书局,1927年出版。

金学成、曹成修著:《日本史纲》,中国建设印务股份公司,1949年出版。

张香山著:《日本》,世界知识社,1954年出版。

李纯青著:《日本问题概论》,世界知识社,1954年出版。

甘友兰著:《日本通史》,九龙自由出版社,1956年出版。

郑学稼著:《日本史》,台湾黎明文化事业公司,1977年出版。

周一良、吴于廑主编:《世界通史》,近代上册,人民出版社,1964年版。

周一良主编:《中外文化交流史》,河南人民出版社,1987年出版。

刘文英、韩安俊主编:《世界现代史教程》,辽宁大学出版社,1993年版。

徐天新、梁志明、谭圣安、李玉编著:《当代世界史》(1945—1987),人民出版社,1989年版。

王斯德主编:《世界现代史》,高等教育出版社,1988年版。

王斯德、钱洪主编:《世界当代史》(1945—1988),高等教育出版社,1989年版。

王芸生著:《六十年来中国与日本》,三联书店,1979—1981年出版。

刘思慕著:《战后日本问题》,士林书店,民国 37 年初版。

周启乾著:《日俄关系简史》,天津人民出版社,1985 年出版。

王晓秋著:《近代中日启示录》,北京出版社,1987 年出版。

沈殿成主编:《中国人留学日本百年史》(1896—1996),上下两册,辽宁教育出版社,1997 年出版。

娄贵书著:《"日本"刀刃上的文化——武士与武士道》,贵州人民出版社,2002 年初版。

3. 苏、美、英、加等国学者编著的日本历史专门著作(以明治维新和日本现代化为中心)

[苏]斯韦特洛夫著、麦德译:《日本维新三十年史》,广智书局,1939 年出版。

[苏]伯伯夫著,孔亚明译:《日本资本主义发展简史》,桂林新知书店,1939 年出版。

[苏]茹可夫著,胡明译:《日本历史讲话》,新知出版社,1949 年出版。

[苏]爱依杜斯著,谢家,王瓘译:《日本近代现代简明史》,三联书店,1958 年出版。

[苏]苏联科学院东方研究所编,E. M 茹可夫等执笔,何清新译:《日本现代史纲》,高等教育出版社,1959 年出版。

[苏]托列哈著,李鸿礼译:《战后日本人民的斗争》,北京中外出版社,1951 年出版。

[苏]茹可夫著,韩建中译:《第二次世界大战中的日本与战后日本人民的独立斗争》,高等教育出版社,1957 年出版。

[美]赖肖尔著,孟胜德,刘文涛译:《日本人》,上海译文出版社,1980 年出版。

[美]吉布尼著,吴永顺等译:《日本经济奇迹的奥秘》,科技文献出版社,1985 年出版。

[美]沃尔夫著,胡振平等译:《日本经济飞跃的奥秘》,北京军事译文出版社,1985 年出版。

[美]斯坦兹著,天津市政协编译委员会译:《日本经济高速发展的奥秘》,世界知识出版社,1982 年出版。

[美]伏格尔著、谷英等译:《日本名列第一》,世界知识社,1980 年出版。

[美]沃格尔著,刘大洪等译:《日本的成功与美国的复兴》,三联书店,1985 年出版。

[美]布莱克等著,周师铭等译:《日本和俄国的现代化》,商务印书馆,1984 年出版。

[美]安・格拉德著,叶林、李林译:《日本的土地和农民》,世界知识出版社,1957 年出版。

[美]约瑟夫・C・格鲁著:《使日十年》(1932—1942),商务印书馆,1983 年出版。

[美]约翰托兰著,郭伟强译:《日本帝国的衰亡》,新华出版社,1982 年出版。

[美]奥尔松著,伍成山译:《日本在战后亚洲》,上海人民出版社,1974 年出版。

[英]G・C 艾伦著,蔡谦译:《近代日本经济简史》,商务印书馆,1959 年出版。

[加]诺曼著,姚曾庚译:《日本维新史》,商务印书馆,1962 年出版。

四、历史人物

1. 日本学者笔下的历史人物(以幕末志士和明治大正昭和时代的高级官僚为中心)

高木俊辅著:《幕末的志士》,中央公论社,1976 年版。

坂本藤良著:《幕末维新の经济人》,中央公论社,1981 年版。

玖村敏雄著:《吉田松阴》,岩波书店,1942 年版。

奈良木辰也著:《吉田松阴》,岩波书店,1972 年版。

吉川薰著:《高杉晋作》,创元社,1971 年版。

奈良木辰也著:《高杉晋作》,中央公论社,1977 年版。

入交好修著:《武市半平太》,中央公论社,1982 年版。

池田敬正著:《坂本龙马》,中央公论社,1965 年版。

井上清著:《西乡隆盛》,上下两册,中央公论社,1970 年版。

毛利敏彦著:《大久保利通》,中央公论社,1977 年版。

大江志乃夫著:《木户孝允》,中央公论社,1977 年版。

大久保利谦著:《岩仓具视》,中央公论社,1973年版。

日本现代评论社编,孙雷门、申泽福译:《昭和宰相列传》,天津人民出版社,1985年版。

春畝公追诵会著,著作代表者金子坚太郎,《伊藤博文传》,上、中、下三卷,统正社发行,文化印刷株式会社刊印,1944年第三版。

久米正雄著,林其谟译:《伊藤博文传》,2003年版。

中村菊男著:日本首相列传①《伊藤博文》,时事通信社,1974年第12版。

御手洗辰星著:日本首相列传②,《山县有朋》,时事通信社,1974年版。

渡辺几治郎著:日本首相列传③,《大限重信》,时事通信社,1974年版。

川原次吉良著:日本首相列传④,《桂太郎》,时事通信社,1974年版。

木村毅著:日本首相列传⑤,《西园寺公望》,时事通信社,1985年版。

前田连山著:日本首相列传⑦,《原敬》,时事通信社,1985年版。

今村武雄著:日本首相列传⑧,《高桥是清》,时事通信社,1985年版。

近藤操著:日本首相列传⑩,《加藤高明》,时事通信社,1986年版。

青木得三著:日本首相列传,《若槻礼次郎,滨口雄幸》,时事通信社,1986年版。

细川隆元著:日本首相列传,《田中义一》,时事通信社,1974年版。

岩渊辰雄著:日本首相列传,《犬养毅》,时事通信社,1974年版。

岩崎荣著:汪静之,吴力生译:《广田弘毅传》,商务印书馆,民国25年版。

矢部真治著:日本首相列传,《近卫文磨》,时事通信社,1986年版。

伊藤俊一郎著:辽宁大学历史系翻译组译:《东条英机传》,商务印书馆,1972年版。

高宫太平著:日本首相列传,《米内光政》,时事通信社,1986年版。

宇治田直义著:日本首相列传,《币原喜重郎》,时事通信社,1985年版。

猪木正道著:日本首相列传,《吉田茂》,时事通信社,1986年版。

宫崎吉正著:日本首相列传,《鸠山一郎》,时事通信社,1985年版。

细川龙一郎著:日本首相列传,《岸信介》,时事通信社,1986年版。

伊藤昌浩著:日本首相列传,《池田勇人》,时事通信社,1985年版。

细川隆元著:日本首相列传,《佐藤荣作》,时事通信社,1987年版。

日本大平正芳财团编著,中日友好协会,中日关系史研究会编译:《大平正芳》,中国青年出版社出版,1991年版。

译著主持人于闺娴:《日本首相宫泽喜一》,时事出版社,1992年版。

祢津正志著,李玉、吕永和译:《天皇裕仁和他的时代》,世界知识出版社,1988年版。

牛岛秀彦著,柯毅文、颜景镐译:《日本皇太子——明仁》,军事译文出版社,1988年版。

吉田伸弥著,石观海译:《日本新天皇》,春风文艺出版社,1992年版。

土屋乔雄著,《日本资本主义史上の指导者たち》,岩波书店,1940年版。

大岛清,加藤俊彦,大内力著:人物·日本资本主义,共三册,东京大学出版会,1976年版。

坂本藤良著:阿孜古丽、李世红译:《三菱霸王岩崎弥太郎》,中国经济出版社,1992年版。

岩崎家传记刊行会编:《岩崎弥太郎传(上下两卷),东京大学出版会,1980年版。

2、中国学者笔下的日本历史人物

宋成有主编:《日本十首相传》,东方出版社,2001年出版。

日本人物辞典编纂委员会编,主编孙平化,副主编张和平,《日本人物辞典》,商务印书馆,1988年出版。

吴寄南著:《日本新生代政治家》——21世纪"日本丸"掌舵人,时事出版社,2002年出版。

中国日本史学会编:《日本历史风云人物评传》,天津人民出版社,1988年。

伊文成、王金林等:《日本历史人物传》(古代中世纪),黑龙江人民出版社,1984年。

伊文成、汤重南等:《日本历史人物传》(近现代),黑龙江人民出版社,1987 年

杨栋梁:《日本历届首相小传》,新华社出版社,1987 年。

于清高、华珏等编:《现代日本名人录》(上、下两册),时事出版社,1982 年版。

张阁林等:《日本大战犯东条英机》,商务印书馆,1986 年。

五、专业辞书

1. 日本出版的专业辞典

编辑代表伊藤正己:《国民法律百科大辞典》,全八卷,ぎようせぃ株式会社,1991 年版。

《行政百科大辞典》,全六卷,ぎようせぃ株式会社,1977 年版。

编辑代表石原信雄:《地方自治百科大事典》,全五卷,ぎようせぃ株式会社,1988 年版。

编辑代表我妻荣:《新版新法学辞典》,有斐阁,1981 年版。

竹内昭夫、松尾浩也、盐野宏等编:《新法律学辞典》,有斐阁,1990 年版。

林修三等编:《法令用语辞典》(日文等六次修订版),学阳书房,1986 年版。

《图解法律用语辞典》(日文版),自由国民社,1980 年版。

沼田稻次郎编著:《劳动法事典》,劳动旬报社,1979 年版。

国史大辞典编辑委员会:《国史大辞典》,1 至 13 卷,吉川弘文馆,1979 年至 199 年陆续出版。

河出孝雄编辑发行:《日本历史大辞典》,全 20 卷,河出书房新社,1956—1959 年出版。

下山弥三郎编辑发行:《世界历史事典》,全 25 卷(包括史料篇 22—25 卷),平凡社,1955 年版。

日本近现代史辞典编辑委员会编:《日本近现代史辞典》,东洋经济新报社,1978 年出版。

相贺徹夫编辑发行:《万有百科大事典》,全二十一卷,小学馆,1978 年第 2 版。

铃木泰二编辑发行:《グランド现代百科事典》,全三十四卷,学习研究社,1984 年版。

下中邦彦编辑发行:《世界大百科事典》,全三十六卷,平凡社,1981 年发行,1982 年印刷。

下中弘编辑发行:《世界大百科事典》,全三十五卷,1988 年初版发行,1989 年印刷。(上述两部《世界大百科事典》书名相同,但作者、内容有许多不同)。

下中邦彦编辑发行:《国民百科事典》,全 17 卷,平凡社,1976—1979 年版。

相贺彻夫编辑发行:《大日本百科事典》,全 18 卷,小学馆,1971 年版。

相贺彻夫编辑出版:《日本大百科全书》全 25 卷,小学馆,1989—1989 年出版。

《日本人名大事典》(全七卷),平凡社,前 6 卷,1937 年出版,第 7 卷,1969 年刊印。

日本近代文学馆:《日本近代文学大事典》全六卷,讲谈社,1977—1978 年版。

编辑委员代表熊谷尚夫、筱原三代平:《经济学大辞典》,1、2、3 卷,东洋经济新报社,1980 年版。

中村元、武田清子监修:《近代日本哲学思想家辞典》,东京书籍,1982 年版。

阿部重孝、城户幡太部、佐佐木秀一、篠原助市编辑:《教育学辞典》,全五卷,岩波书店刊印,1983 年版。

小西四郎监修:《幕末维新事典》,新人物往来社,1983 年版。

太田俊穗监修:《幕末维新戊辰战争事典》,新人物往来社,1980 年版。

2. 中国出版的专业辞典

《中国大百科全书》编辑部:《中国大百科全书》,中国大百科全书出版社,20 世纪 80 年代陆续出版。

辞海编纂委员会:《辞海》,全三卷,上海辞书出版社,1979 年版,1989 年版,(本人为《辞海》的主要编写人,撰写日本、德国、英国、俄国等词条 400 余条)。

世界历史词典编委会编:《世界历史词典》,上海辞书出版社,1985—1986 年版(本人为本书的编辑委员,撰写日本近现代史词目 300 余条,约 10 万余字,主要参考日本的专门著作和前述日本的各种专业辞书写成。)

《日本史辞典》,主编吴杰、副主编王金林、沈仁安、吕万和、张玉祥,复旦大学出版社,1992 年版。

3. 苏、美、英出版的专业辞典

《苏联大百科全书》(俄文版)，总编辑 Б. А 符维金斯基，第 28 卷(多卷本)，词条“明治”，《苏联大百科全书》国家科学出版社，莫斯科 1954 年版。

苏联《小百科全书》(俄文版)，总编辑 Б. А 符维金斯基，第 6 卷(全十卷)，词条“明治”，《苏联大百科全书》国家科学出版社，莫斯科 1959 年版。

《苏联历史百科全书》(俄文版)，总编辑 Е. М 茹可夫，第 9 卷(多卷本)，词条“明治维新”，《苏联百科全书》出版社，莫斯科 1966 年版。

《苏联大百科全书》(俄文版)，总编辑 А. М 普罗霍罗夫，第 17 卷(多卷本)，词条“明治维新”，《苏联百科全书》出版社，莫斯科 1974 年版。

《苏联百科辞典》(俄文版)，总编辑 А. М 普罗霍罗夫，词条“明治维新”，《苏联百科全书》出版社，莫斯科 1989 年版。

俄国《大百科辞典》(俄文版)，总编辑 А. М 普罗霍罗夫，词条“明治维新”，《俄国大百科全书》出版社，莫斯科 1997 年版。

[英]《简明不列颠百科全书》，全十一卷，中国大百科全书出版社，1985—1991 年出版。

[美]主编戴尔·古德:《康普顿百科全书》，技术与经济、生命科学、自然科学等卷，中国商务印书馆，美国康普顿知识出版社，2001—2003 年出版。

注：

1. 本书目包括以下五项：原始资料、专门著作、史学专著、历史人物、专业辞书。

2. 在本参考书目中，原来还列专题论文一项，但由于日、中、俄等国论文颇多，且有少数论文均附录在专门著作当中，故此次未列论文这一项。

3. 原来本书专设明治维新和战后改革两节，因而在参考书目中特立史学专著一项；此次虽然删去了明治维新和战后改革两节，但考虑到史学专著一项的部分内容，对本书有一定的参考价值，故在本书目中，仍然保留了史学专著一项。

刘文英
2007 年 9 月

图书在版编目(CIP)数据

日本官吏与公务员制度史:1868～2005/刘文英著. —北京:北京图书馆出版社,2008.1
ISBN 978－7－5013－3548－0

Ⅰ.日…　Ⅱ.刘…　Ⅲ.①官制—历史—研究—日本—1868～2005②公务员制度—历史—研究—日本—1868～2005　Ⅳ.D731.39

中国版本图书馆 CIP 数据核字(2007)第187279号

书名　日本官吏与公务员制度史:1868～2005
著者　刘文英　著

出版　北京图书馆出版社　(100034　北京西城区文津街7号)
发行　010－66139745　66175620　66126153
66174391(传真)　66126156(门市部)
E-mail　cbs@nlc.gov.cn(投稿)　btsfxb@nlc.gov.cn(邮购)
Website　www.nlcpress.com
经销　新华书店
印刷　北京四季青印刷厂

开本　787×1092 毫米　1/16
印张　35.5
版次　2008年1月第1版　2008年1月第1次印刷
字数　820千字

书号　ISBN 978－7－5013－3548－0/D·49
定价　88.00元